浙江大学中国语言文学研究书系

语言学的古今会通

方一新 ◎ 主编

中国社会科学出版社

图书在版编目(CIP)数据

语言学的古今会通/方一新主编. —北京：中国社会科学出版社，2023.12

(浙江大学中国语言文学研究书系)

ISBN 978-7-5227-2267-2

Ⅰ.①语…　Ⅱ.①方…　Ⅲ.①汉语—语言学—研究　Ⅳ.①H1

中国国家版本馆 CIP 数据核字(2023)第 132509 号

出　版　人	赵剑英
责任编辑	郭晓鸿
特约编辑	杜若佳
责任校对	师敏革
责任印制	戴　宽

出　版	中国社会科学出版社
社　　址	北京鼓楼西大街甲 158 号
邮　编	100720
网　址	http://www.csspw.cn
发 行 部	010-84083685
门 市 部	010-84029450
经　销	新华书店及其他书店
印　刷	北京明恒达印务有限公司
装　订	廊坊市广阳区广增装订厂
版　次	2023 年 12 月第 1 版
印　次	2023 年 12 月第 1 次印刷
开　本	710×1000　1/16
印　张	47
插　页	2
字　数	851 千字
定　价	259.00 元

凡购买中国社会科学出版社图书，如有质量问题请与本社营销中心联系调换
电话：010-84083683
版权所有　侵权必究

目 录

前言　汉语言研究所发展沿革 …………………………………（1）

商水方言中指示词及指示词短语的功能 …………………陈玉洁（1）
汉语形容词的限制性和非限制性与"的"字
　　结构的省略规则 ……………………………………陈玉洁（22）
中性指示词与中指指示词 …………………………………陈玉洁（40）
《史记》中助动词"可"和"可以"语法功能差异初探 ………池昌海（57）
《左传》名词"活用"情况的调查与分析 …………………池昌海（63）
对汉语同义词研究重要分歧的再认识 ……………………池昌海（76）
先秦儒家修辞思想的特点论析 ……………………………池昌海（89）
修辞的文化浸染与修辞研究的文化视角 …………………池昌海（103）
吴语名词性短语的指称特点：以富阳话为例 ……………李旭平（110）
吴语指示词的内部结构 ……………………………………李旭平（127）
吴语强调式人称代词：焦点化和话题化 …………………李旭平（146）
施格语言的小句结构 ………………………………………罗天华（158）
施格语言的语序 ……………………………………………罗天华（188）
论语义成分的溢出与隐入 …………………………………彭利贞（203）
情态动词受"没"外部否定现象考察 ………………………彭利贞（219）
论情态与"着"的分化 ………………………………………彭利贞（240）
从古籍丛书看中日典籍交流 ………………………………陈东辉（255）
黄丕烈题跋所反映的清中期古书价格诸问题探微 ………陈东辉（268）
类书与汉语词汇史研究 ……………………………………陈东辉（281）
清代私家藏书与学术发展之互动关系 ……………………陈东辉（293）
清代学者学术信息获取方式初探
　　——以乾嘉时期为中心 ……………………………陈东辉（303）

"不听"之"不允许"义的产生方式及成因	方一新(325)
《世说新语》斠诂	方一新(348)
东汉语料与词汇史研究刍议	方一新(356)
翻译佛经语料年代的语言学考察	
——以《大方便佛报恩经》为例	方一新(363)
普通鉴别词的提取及原则	
——以早期汉译佛经鉴别为中心	方一新(374)
试论唐五代全浊声母的"清化"	黄笑山(391)
于以两母和重纽问题	黄笑山(398)
中古二等韵介音和《切韵》元音数量	黄笑山(414)
中古 -r- 介音消失所引起的连锁变化	黄笑山(428)
《切韵》三等韵 ABC	
——三等韵分类及其声、介、韵分布和区别特征拟测	黄笑山(441)
如何位移?	
——汉语运动事件词化类型之演化	史文磊(455)
语言库藏显赫性之历时扩张及其效应	
——动趋式在汉语史上的发展	史文磊(498)
汉语运动事件指向表达的历时演变及相关问题	史文磊(531)
汉语史研究的对象和材料问题	
——兼与刁晏斌先生商榷	汪维辉(557)
说"日""月"	汪维辉(569)
"把似/把如"的词义与理据	汪维辉(595)
说"逸义"	颜洽茂(611)
试论六朝译经中词义发展演变新趋向	颜洽茂(626)
中古佛经借词略说	颜洽茂(637)
《大正新修大藏经》平议二题	颜洽茂(643)
"塌坊"名义考	真大成(653)
《朝野佥载》校补	真大成(681)
《声类》索隐	真大成(699)

前言　汉语言研究所发展沿革

一　研究所的前身及历史沿革

浙江大学的汉语言文字学研究具有悠久的历史和优良的传统。早在20世纪五六十年代，原杭州大学中文系语言教研室人才荟萃，聚集了一批著名专家。汉语史方面，有姜亮夫、任铭善、蒋礼鸿、郭在贻等；现代汉语方面，有王维贤、倪宝元、傅国通等，建树卓著，成果丰硕，具有重要的地位和深远的影响。从那时以来，汉语言文字学研究一直是我校语言学方面的特色和优长学科，得到了长足的发展。

姜亮夫先生（1902—1995）学术视野宏通，研究领域宽广，著作等身，在语言学、中国古典文献学、楚辞学、敦煌学、古史研究、工具书编纂等方面都有重要建树，他的《楚辞通故》荣获国家教委普通高校首届人文社会科学研究成果一等奖；《屈原赋校注》《瀛涯敦煌韵辑》《莫高窟年表》《昭通方言疏证》等著作影响深远。2003年，云南人民出版社出版了《姜亮夫全集》，皇皇24册。

任铭善先生（1913—1967）长期从事古汉语、古文献以及现代汉语的研究和教学工作，曾在杭州大学中文系讲授汉语史课程，开风气之先。著有《礼记目录后案》《汉语语音史概要》《无受室文存》等，与蒋礼鸿先生合著《古汉语通论》，以研究精深、持论平实著称，在众多古代汉语教材中独树一帜。

蒋礼鸿先生（1916—1995）精通文字、音韵、训诂之学，擅长口语词和方俗语词研究、古书校释和辞书编纂，在敦煌语言文字学和中古近代汉语词汇研究领域开疆拓土，贡献尤巨，享誉海内外。最受学界推崇的《敦煌变文字义通释》从初版（1959）的五万七千字，到增补定本（1997）的四十三万六千字，历时近四十年，荣获第二届吴玉章奖金一等奖、国家教委普通高校首届人文社会科学研究成果一等奖等。蒋先生还著有《商君书锥指》、《义府续貂》、《怀任斋文集》、《蒋礼鸿语言文字学论丛》、《古汉语通论》（与任铭善合著）、《类篇考索》、《目录学与工具书》及《咬文嚼字》等；2001年，浙江教育出版社出版了六卷本的《蒋礼鸿集》。

郭在贻先生（1939—1989）师从姜亮夫、蒋礼鸿先生，在训诂学、中古近代汉语词汇学、敦煌学和楚辞学等研究领域成果丰硕，影响很大，尤以考释疑难词语见长。著有《训诂丛稿》、《训诂学》、《郭在贻语言文学论稿》、《郭在贻敦煌学论稿》及《敦煌变文集校议》（与张涌泉、黄征合著）等。其中《楚辞解诂》《唐代白话诗释词》二文获中国社会科学院首届青年语言学家奖二等奖，专著《训诂丛稿》获国家教委普通高校首届人文社会科学研究成果二等奖，《敦煌变文集校议》获北京大学王力语言学奖三等奖。1988年被评为对国家有突出贡献的中青年专家。2002年，中华书局出版了四卷本的《郭在贻文集》。

王维贤先生（1922—2009）是著名的理论语言学家、汉语语法学家。主要从事现代汉语语法和自然语言逻辑研究，在运用逻辑工具研究汉语句法、三个平面的句法研究和理论语言学研究等方面有突出的成就和重要的影响。出版的著作包括《现代汉语语法理论研究》、《现代汉语复句新解》（合著）、《语言逻辑引论》（合著）、《王维贤语言学论文集》及《认知、交际和语法》等，译著有《语言学中的逻辑》《语言的逻辑分析：语言学家关注的逻辑问题》等。

倪宝元先生（1925—2001）是著名的语言学家、修辞学家，在修辞学领域辛勤耕耘近半个世纪，成果丰硕：主编了《大学修辞》《修辞的理论与实践》等多部教材和论著，成语方面著有《成语辨析》、《成语例示》、《成语辨析续编》及《成语九章》（合著）等，主编《汉语成语九用词典》、《成语范例大词典》、《汉语成语辨析词典》（合著）及《最新汉语成语词典》等。始终关注和参与修辞学学科的建设和发展，曾主编中国唯一的修辞学刊物《修辞学习》十余年，兼任顾问，直到逝世。

以上诸位先生为浙江大学（原杭州大学）汉语言文字学学科的创立、发展打下了良好的基础。浙江大学汉语史专业早在1986年就经国务院学位办批准设立了博士点，蒋礼鸿、郭在贻先生同年获批博士生导师。

此后，汉语史专业的祝鸿熹、黄金贵先生，现代汉语专业的傅国通先生也都在各自的研究领域卓有建树，为学科发展做出了较大贡献。

祝鸿熹先生曾长期担任杭州大学中文系古汉语古文献教研室主任、浙江省语言学会会长，兼任《辞海》编委暨分科主编、《大辞海》分科主编等。参加中华人民共和国成立后历次《辞海》修订工作，主编及参编辞书十多种。专著主要有《识字辨词漫笔》《古汉语常识答问》等，主编《文史工具书词典》《中学生古汉语词典》等。

黄金贵先生长期从事古代汉语的教学与研究，曾参加《辞海》（新版）及《汉语大词典》的编写工作，致力于文化类词汇的词义训诂，发表相关论文百余篇。撰著《古代文化词义集类辨考》，全书由262篇同义词辨释文章组成，分为政治、经济、服饰、饮食等八大类，将文化史、考古文物与词汇训诂三者结合，首次对古代1300余个文化词作了系统考辨，其中考释400余条；2017年出版增补本。在词汇学、训诂学、文化语言学等方面都有新的突破。

傅国通先生是著名的方言学家，在吴方言研究领域造诣很深。多次参与并主持浙江方言调查研究工作。著有《现代汉语语音》（1973）、《普通话导学》（1997）、《方言丛稿》（2010）、《浙江省语言志》（总编，2010）等。发表论文数十篇。《方言丛稿》系傅国通先生的学术论文集，收集了其有关方言研究方面的论文21篇，具有很高的学术价值。

除了上述几位先生外，在古汉语古文献方向，还有洪湛侯、曾华强、俞忠鑫等先生；在现代汉语及普通语言学方向，还有刘云泉、卢曼云、魏国珍、倪立民等——他们也都在相关的研究领域进行教学科研，著书立说，各有成就。

诸位前辈的开创与打拼，为杭州大学（1998年后为新浙江大学）中文系汉语言文字学学科的发展奠定了良好的基础，提供了充足的后劲。饮水思源，我们不能忘记前辈学者做出的卓越贡献。

二 研究所的成立与发展

浙江大学汉语言研究所系校属研究所，成立于1998年。新浙江大学成立后，按照新浙大的体制，撤（教研）室建所，把古汉语古文献教研室和现代汉语教研室合并，成立了浙江大学汉语言研究所，所辖的学科专业为汉语史和现代汉语（后合并为汉语言文字学）；数年后，增加了语言学及应用语言学。首任所长方一新，副所长俞忠鑫，成员有祝鸿熹、黄金贵、赵家莹、任平、黄笑山、黄征、陈东辉（古汉语古文献方向）、池昌海、王小潮、资中勇（现代汉语方向）。后经增补，池昌海教授担任副所长；俞忠鑫教授退休后，经过改选，黄笑山教授担任副所长（黄老师于2016年退休卸任）。目前，所长是方一新，副所长有池昌海、陈玉洁和真大成。

在学科发展方面，老杭大时期，四校合并之前，汉语史专业曾与中国古典文献学专业联合申报，成为浙江省的重点学科。2004 年，新一轮浙江省重点学科申报，本所"汉语言文字学"专业被独立列为 B 类重点学科；2007 年，又一轮次（第 5 轮）省重点学科申报，浙大计划单列，"汉语言文字学"专业再次被列为省 B 类重点学科。2011 年，新一轮省重点学科申报建设，"汉语言文字学"专业成为省 A 类重点学科。

新浙大组建后，成立了汉语言研究所。1999 年，以汉语言研究所人员为主体，成立了汉语史研究中心，于 2001 年入选教育部人文社会科学重点研究基地。

自汉语言研究所成立以来，汉语言文字学学科围绕着古代汉语、现代汉语两大块教书育人、建设发展，取得了长足的进步。以下先古汉语、后现代汉语，以进汉语言研究所的先后为序，对近十年在职或曾经在职的老师作简介。

（一）古代汉语，主要有中古汉语、训诂学、汉语词汇史等研究方向

颜洽茂教授曾兼任系、校中层干部多年，有关佛经语言词汇、佛典语料校理等方面的研究走在前列。他的《佛经语言阐释——中古词汇研究》《〈高丽大藏经〉及其文献价值》等著作先后获得浙江省政府哲学社会科学研究成果二、三等奖，在《中国语文》《古汉语研究》《中华文史论丛》，及人大复印资料《语言文字学》等刊物上发表了数十篇研究论文，成绩突出。

方一新教授多年来在中古汉语词汇研究领域辛勤耕耘，成绩可观。发表论文百余篇，所著《中古汉语语词例释》（与王云路合作）获第五届北京大学王力语言学奖。另外两部专著《东汉魏晋南北朝史书词语笺释》和《中古近代汉语词汇学》分获浙江省哲学社会科学成果二等奖。专著《东汉疑伪佛经的语言学考辨研究》（与高列过合作）获浙江省哲学社会科学成果一等奖和教育部高校人文社会科学成果二等奖，入选国家哲学社会科学成果文库。

黄笑山教授是汉语音韵研究领域的著名学者，在中古音研究领域享有崇高声誉。他的博士学位论文《〈切韵〉和中唐五代音位系统》（台湾文津出版社 1995 年版）较早将中古音分为前、后两期，构拟出前、后两期的音位系统。黄笑山教授在基础方言转移、历史音变等崭新视角下创造性地解释了系列重大音韵问题，如三等韵分类、重纽、重韵、浊音清化、反切结构、音位化构拟等方面提出了独到的见解，在继承前人的基础上将相关研究推向新的高度。

陈东辉副教授的主要研究领域为古典文献学、清代（兼及民国）学

术史、中国语言学史、中日（兼及中韩）文化交流史。已先后出版《阮元与小学》、《古典文献学论考》、《古汉语与古文献论丛》、《中日典籍与文化交流史研究》、《汉语史史料学》、《清代学术与文化新论》及《东亚文献与语言交流丛考》等专著，整理校点字数400多万的《卢文弨全集》以及《仪礼注疏详校（外三种）》等，主编《历代文献学要籍研究论著目录》等工具书7种以及《文澜阁四库全书提要汇编》等大型古文献资料汇编4种，参编《晚清四部丛刊》《稀见清代四部辑刊》等特大型古籍丛书，在国内外发表论文250余篇，曾在多篇研究综述类文章中被列为阮元研究、四库学研究、清代藏书研究等领域的核心作者之一。

姚永铭副教授潜心佛经音义和中古文字词汇研究，在《中国语文》、《古汉语研究》及《语言研究》等刊物上发表了不少高质量的论文，他的专著《慧琳音义研究》经过专家的评审，列入全国高校古委会编辑的"中国典籍与文化"研究丛书第一辑出版，受到好评。目前的在研项目为《〈篆隶万象名义〉笺正》，工程浩大。

汪维辉教授系浙江大学求是特聘教授、汉语史研究中心主任、中国语言学会副会长、浙江省语言学会副会长、教育部"新世纪优秀人才"。研究方向为汉语词汇史和训诂学，出版著作5部，整理校点语料2种，发表论文170余篇。代表著作有《东汉—隋常用词演变研究》《〈齐民要术〉词汇语法研究》《著名中年语言学家自选集·汪维辉卷》《汉语核心词的历史与现状研究》《汉语词汇史新探》《汉语词汇史新探续集》等，曾获教育部人文社会科学成果二等奖两次及其他多种奖项，承担国家社会科学基金项目2项，教育部重点研究基地重大项目3项。

（二）现代汉语，有现代汉语词汇、修辞、语法、方言等研究方向

池昌海教授，主要从事汉语修辞、词汇、语法等研究，兼中国修辞学会理事、华东修辞学会理事、浙江省语言学会副会长兼秘书长、全国语言学理论研究与教学研究会副会长；兼任《中国修辞》编委、《中文学术前沿》副主编等。近年来，主持和参加多项课题，在国内外专业刊物上发表论文70余篇，主编教材2部、专著3部（《〈史记〉同义词研究》等）。在汉语修辞、词汇及方言语法等方面的一些问题做出自己的观察和研究，提出了自己的看法。获得浙江省首届青年社会科学优秀成果奖、浙江大学光华奖、省高校科研成果三等奖、浙江省哲学社会科学奖等多项奖励。

彭利贞教授，研究兴趣主要为现代汉语语法、语义学、对外汉语教学，近些年主要致力于现代汉语情态研究，取得了不少重要成果，出版《现代汉语情态研究》等专著2部、译著《认知语言学导论》1部，在

《中国语文》《世界汉语教学》等刊物上发表论文 40 余篇,主持"汉语及其方言情态的句法语义研究"等国家社会科学基金项目 2 项、教育部人文社会科学重点研究基地重大项目 1 项、国家社会科学基金重大项目子项目 1 项,曾获"上海市研究生优秀成果(学位论文)奖"等。多年在国内外从事对外汉语教学与研究,2012 年参与创刊国际语言学双语期刊 Chinese as a Second Language Research(CASLAR《汉语作为第二语言研究》),为该刊共同主编(co-editor)。

王小潮副教授,系国家级普通话水平测试员。曾获全国优秀普通话测试工作者、首届全国青年普通话演讲大赛优秀指导教师等奖励称号。撰有《普通话水平测试的轻声和次轻音问题》《普通话水平测试中的"特殊舌尖元音"》等。

在现代方言学、语音学研究方面,还有陈忠敏教授、马良博士。

陈忠敏教授(2004—2010 年在浙大工作,现为复旦大学中文系教授)在汉语方言学、音韵学、普通语言学领域都有较高的造诣,尤其擅长吴方言(包括历史音韵和现代语言理论)的研究,曾出版过《宁波方言词典》(合作),参与《汉语方言大词典》《现代汉语方言大词典》等重要著作的编撰工作。

马良博士毕业于法国埃克斯马赛第一大学,2009—2013 年在浙江大学语言与认知研究中心和汉语言研究所工作。

三 所里的新生力量

从 2008 年开始,所里相继引进的几位年轻人都很优秀,为汉语言研究所注入了新鲜血液,充满活力。

陈玉洁,女,1979 年生。浙江大学中文系副教授、博士生导师。主要研究方向为汉语语法学、语言类型学。2007 年毕业于中国社会科学院研究生院,获文学博士学位,2007—2009 年在浙江大学从事博士后研究工作,2009—2012 年在法国高等社会科学院从事博士后研究工作。浙江大学求是青年学者,浙江省之江青年学者。2014 年获中国社会科学院吕叔湘语言学奖二等奖。近年来主要从事商水方言(北方官话)的研究和指称领域的研究。代表性著作有专著《汉语指示词的类型学考察》,还有 2 篇在《中国语文》上发表的论文。主持国家社会科学基金项目 2 项、中国博士后特别资助项目 1 项、博士后面上资助项目 1 项。

真大成,1979 年生。浙江大学中文系教授、博士生导师。2008 年 6 月获南京大学文学博士学位,2008 年 7 月至 2010 年 6 月在浙江大学中国语言文学博士后流动站从事博士后研究，2010年7月出站留校任教至今。主要从事中古汉语研究。已完成中国博士后一等资助项目"魏晋南北朝史书异文研究"、国家社会科学基金青年项目"中古文献异文的语言学考察"等项目研究。目前致力于利用出土文献及相关材料对晋唐时期汉语词汇与汉字的交互作用进行综合考察，主持国家社会科学基金一般项目"基于出土文献的魏晋南北朝隋唐汉语字词关系研究"。代表作有《说"趁"——基于晋唐间（5—10世纪）演变史的考察》《谈当前汉语常用词演变研究的四个问题》等。博士学位论文《魏晋南北朝史书词语论考》获全国百篇优秀博士学位论文提名。

史文磊，1981年生。浙江大学中文系副教授、博士生导师。研究领域为汉语词汇史、语法史及类型学。专著《汉语运动事件词化类型的历时考察》（商务印书馆2014年版），入选商务印书馆"中国语言学文库"。在 Linguistics、Studies in Language、《中国语文》和《当代语言学》等国内外著名刊物上发表论文多篇，主持国家社会科学基金、教育部人文社科基金和浙江省社会科学基金项目各1项。曾获中国社会科学院吕叔湘语言学奖二等奖、浙江省哲学社会科学优秀成果奖三等奖、浙江大学2014年十大学术进展（2015）、浙江大学优秀班主任（2011—2012）等。

李旭平，1982年生。浙江大学中文系教授、博士生导师。研究领域有形式语义学、句法语义界面、汉语方言句法、语言类型学。先后在新加坡、以色列、德国和法国从事语言学的学习和研究工作，目前的主要研究方向为理论语言学和汉语方言语法研究。现主持国家社会科学基金1项、省部级项目3项。自2013年以来，先后出版英文专著2部—*Numeral classifiers in Chinese: the Syntax-Semantics Interface*（2013，Mouton de Gruyter）和 *A Grammar of Gan Chinese*（2018，Mouton de Gruyter）。另有中文专著1部《富阳方言研究》（2018，复旦大学出版社合著）。在《中国语文》、《当代语言学》、《外语教学与研究》、Lingua、Studia Linguistica 等国内外权威期刊上发表论文近20篇。

罗天华，1982年生。浙江大学中文系副教授。主要研究方向为语言类型学、语法学、形态学等，对疑问范畴、语序、作格等领域有一定的研究。代表作为英文专著《疑问方式：中国境内语言的区域类型学研究》（2016，荷兰John Benjamins出版公司），该书2018年获第十九届中国社会科学院吕叔湘语言学奖二等奖。现主持国家社会科学基金青年项目、教育部社会科学基金青年项目各1项。

商水方言中指示词及指示词短语的功能

陈玉洁　浙江大学中文系

指示词及摘要　本文探讨商水方言中指示词短语的指称功能。在商水方言中，指示词短语可以充当动词的论元、限定词和定语标记。不同形式的指示词短语在运用中显示了不同的指称、指示和句法功能。光杆指示词的指称意义最为复杂，可以指称有定个体单数和复数，也可以指称有定类别。从句法上看，它的语法化程度最高，在一些关系从句结构和领属结构中，它已经有了强制性的语音改变，可以被分析为专用定语标记、名词化标记或领有标记。从形式上看，这种光杆指示词结构既不显示数目（不带数词），又不显示个体（无量词），所以有多种指称可能性。带上数词的"指数量名"结构只有个体指称功能，当数词为"一"时则只能指示个体单数。"指个名"结构除有定个体单数指称外，还突破了量词的个体化限制，可以用于指称有定类别，但不能用来指称有定个体复数。

关键词　商水方言　指示词短语　个体指　类指

○　引言

商水方言隶属于中原官话洛项片（贺巍，2005），本文主要探讨该方言中指示词（Dem）及指示词短语的功能，指示词短语包括光杆指示词（Dem）、"指示词+量词"（Dem+CLF）、"指示词+数词+量词"（Dem+Num+CLF）等三类结构。一般认为，普通话中"指名"和"指量名"是"指一量名"结构的省略，但在商水方言中"指名""指量名""指一量名"结构在句法语义和语用角度都存在差异，不但指称意义各异，而且指示词的指示功能也不同，即不同形式的指示词短语拥有不同的功能，并且这种差异不仅仅只表现在作限定词时，还表现在作领属语标记和关系从句标记上。本文主要探讨这些层面不同形式的指示词短语的功能，以及量词"个"在指示词短语中个体化作用的消失。

本文的例句主要来源于本文作者采集的自然口语句子，主要发音合作人王玉华（女，37岁，大专文化）、王占（女，83岁，文盲）、陈维灵（男，65岁，初中文化），有些句子经过了本文作者和发音合作人（本文作者和发音合作人母语都为商水方言）进一步的加工整理，部分对比性例句是本文作者进行问卷调查的结果。

一　商水方言NP中"一"的省略

（一）宾语位置上"一量名"结构中"一"的省略

李艳惠、陆丙甫（2002）指出，普通话中数量名结构有两种基本的解读：一种是无定解读（指称解读）；一种是数量解读（非指称解读）。当数词为非"一"数词时，其指称解读是无定的，并且不能为无指的，但"一量名"结构还可以有无指解读（陈平，1987），如：

[1] 他曾是一名菜农。

作无定解读时，"一量名"结构可能是特指的，也可能是非特指的。

[2] 他想娶一个北京姑娘。

上例中"一个北京姑娘"可以是无定特指的，即现实中已经存在一个特定的北京姑娘，也可以是无定非特指的，可以是任意一个北京姑娘（陈平，1987）。

一般认为，普通话中宾语位置上的"一量名"结构中"一"可以自由省略（数量解读除外），省略后的"量NP"在功能上和"一量NP"没有差异。例如：

[3] 他买了（一）件新衣服。

有数量解读的"数量名"结构中的数词无法省略，在普通话和商水方言中都是如此，因为数量解读不牵涉NP结构的指称，所以下文我们在对"一"的省略的探讨中不再涉及这类解读。

商水方言中的情况和普通话略有不同，"一量名"结构中"个"和其他量词存在对立。量词为"个"时"一"的省略规则和普通话类似，相当自由。

[4] 你上街去弄啥去嗳？——我去买（一）个盛汤里大碗。（非特指无定解读）

[5] 我夜个儿买了（一）个衣裳，回来一看掉了好几个扣子。（特指无定解读）

[6] 他是（一）个好学生。（无指解读）

量词不是"个"时,"一量名"结构中"一"的省略规则是:"一"只能在"一量名"结构表示非特指的情况下省略,在无指和特指解读时,"一"不能省略。①

[7] 我想买(一)件儿新衣裳,想要一个厚点儿里。(非特指,无定)

[8] 这还是*(一)件儿新衣裳里,你别扔了。(无指)

[9] 我夜个儿买了*(一)件儿新衣裳。(特指,无定)

概括来说,商水方言中"一+非'个'量词+N"的结构中非特指情况下"一"可以省略,其他情况下(包括无指和特指)则不可以省略。如果量词是"个",省略则较为自由。

"个"和其他量词的对立显示了商水方言中"个"有发展为指称标记的倾向,吕叔湘(1944:145)曾探讨过"个"的不定冠词化现象:

> "个"字是单位词,但是和别的单位词比较起来它有些地方更近似某些语言里的无定冠词……所以省略"一"字的现象,换一个看法,也可以说是单位词本身的冠词化(1944:174)。

这个推断非常符合商水方言的语言事实,从商水方言中"个"的表现来看,宾语位置上的"一个NP"中的"一"可以自由省略,"个NP"有无定解读,可以是非特指或特指的,在"是"字句中的表语位置上,还可以有无指解读,"个"的表现和在有无定冠词语言中的无定冠词用法类似,比如近似英语中的a,与其他量词相比,"个"使用范围更广,更像一个不定冠词。其他量词由于"一"不能自由省略,所以其量词特征(个体化作用)更加突出。

(二)商水方言中指示词短语的形式

指示词短语有多种表现形式,包括光杆指示词(Dem)、指示词+量词(Dem+CLF)、指示词+数词+量词(Dem+Num+CLF)等,它们可以充当动词的论元、表语、限定词或定语标记。

一般认为,在普通话中,"指数量名"结构中当数词为"一"时,可以自由省略为"指量名",当名词为话语中可以推导出来的对象时,可以省略为"指量"。

---

① 刘丹青先生指出,粤语以动词后有无量词决定是否特指,而商水方言(属于中原官话)以动词后有无数词决定是否特指。这一对立从语言类型上显示,南方方言中的量词确实存在更加发达的句法语义功能,不但和指示词能构成一组对立参项(刘丹青,2002b),和数词也能构成一组有意义的对立参项。

商水方言中的"指一量名"结构的省略和普通话也存在不同，而和上文"一量名"结构的表现类似。当量词为"个"时，"一"可以自由省略，当量词非"个"时，"一"不能省略。这显示了数词对量词的依赖，当数词出现时量词必定要出现，"一 N"和"这一 N"在任何情况下都不是合格的句法结构。当数词不出现时，量词可以不必出现，表现为光杆指示词作限定词。这种现象是量词个体化作用的强制性体现：对其进行数量计算的对象必然强调其个体性。这显示了汉语中个体量词的个体化功能，带量词的NP其内在语义特征就是个体指的，而相对立的光杆名词其本质语义特征是类指的。汉语中光杆名词无标记地表示类指，这一点许多学者进行过明确阐述，如 Chierchia（1998）、刘丹青（2002a）等，同时汉语中的量词有个体化作用（见刘丹青，2008以及 Li，2011 的分析论述）。量词在数词出现时的强制性体现了个体性/类指这组对立在商水方言中已经形成了一组严格的语法范畴。商水方言中指示词结构的形式如表1所示。

表1　　　　　　　　　商水方言中指示词短语的形式

结构形式 \ 量词	量词"个"	其他量词
指量名	这个衣裳	*这件衣裳
指一量名	这一个衣裳	这一件衣裳
指名	这衣裳	这衣裳
指一名	*这一衣裳	*这一衣裳
一名	*一衣裳	*一衣裳

从表1中可以看出，非"个"量词在"一量名"和"指一量名"结构中的表现是一致的，都受特指限制的制约。即："一"只能在非特指的情况下省略，在特指的情况下不能省略，由于"指一量名"是一个特指的短语，不符合"一"需要在非特指的情况下才能省略的条件，因而无法省略。

从共时角度来看，似乎表1中各类指示词结构之间有完整与省略之别，但从历时角度来看，情况并非如此简单。贝罗贝（1998）认为，量词出现于汉代，数量名结构出现于魏晋南北朝。Li（2010）指出，唐代开始使用的新的指示代词"这""那"出现之前，没有出现"指量名"结构，随着"数量名"对"数名"结构的代替，"指量名"结构开始代替"指名"结构，她对《敦煌变文》和《祖堂集》进行考察后发现，"指量名"结构中的指示词以"这"为多，并且量词只有"个"。吕叔湘

(1985)提出这个"个"是后缀而非量词的假设,他的理由有二。

第一,"这个""那个"的例子出现得很早(从吕所举例句来看,唐五代就已经出现),但中间加"一"的形式早期很少见,宋代以后才多起来。由此可见,"指个名"结构并不是"指一个名"结构省略"一"的结果。

第二,"个"以外的量词前面,加"一"的"指一量名"结构是早期唯一通行的形式,而不加"一"字的出现靠后。由这一观察似可以推断出,非"个"的"指量名"结构有可能来源于"指一量名"结构中"一"的省略。

吕先生(1985:200)的观察可以看出"个"和其他量词的对立。结合 Li(2010)的看法,从时间上看,各类指示词短语出现的先后顺序为:

这名 > 这个名 > 这一个名

这名 > 这一量名 > 这量名(此种结构中的量词是非"个"量词)

商水方言的情况是当量词为"个"时,三种结构都成立;当量词非"个"时,前两种结构成立,还未发展到第三种结构。

拥有具有个体化作用的个体量词是汉语的一个特点,刘丹青(2008)明确指出,个体量词是汉语中个体指这个语法范畴形成的标志,是个体指和类指构成范畴对立的标志,带量词的 NP 和光杆 NP 构成个体指和类指的对立。虽然商水方言中"个"和其他量词在指示词短语中呈现出不同的特点,不管"个"的来源如何,在商水方言中它已经发展成为一个和其他量词功能类似的通用量词,其主要功能就是把名词个体化,但由于其活跃度较高,发展出了一些不同于别的个体量词的句法语义特征。

二 指示词短语的句法语义功能

(一)研究背景

对指示词短语进行研究牵涉通指性(genericity)的概念,Krifka 等(1995)认为通指性和两个概念相关:即类指(kind-reference 或 kind-denoting)和通指句(generic 或 habitual sentences)。通指句关涉句子,和特指句(episodic sentences)构成对立(Carlson,2006),Carlson(2006)给出的定义是特指句表达特定事件,包括多个个体或多个事件的发生,而通指句总结事件和动作的规律。类指关涉名词短语自身的指称属性,和个体指(individual reference)构成对立。通指句和名词短语自身的类指之间存在语义关联,但二者并不等同,如英语中不定冠词短语 a(n) + N 可以用于通指句描述一个普遍现象,但是就其本身的指称功能而言,仍然可被解释为保持个体无定单数意义(Krifka,2004)。汉语也如此，用于个体指的"一个 N"也可以用于通指句，但我们认为这里的"一个 N"可解释为保持它个体无定指称的意义，如下例：

[10] 一个学生就应该好好学习。

通指句得到通指解读的原因比较复杂，和本文主旨关联也不大，因而我们不再深入探讨。我们所探讨的类指和个体指都是只关涉名词短语自身的指称。如"这种/这类 N"是一种用词汇明确表示的类指，表示特定的类别，因而我们称为有定类指，汉语中的光杆名词其本质语义是表示类指，这是光杆名词语法上的特征，所表示的类指我们称为一般类指或普通类指。指示单个个体的我们称为个体单数指称（singular individual），指示多个个体（集体）的我们称为个体复数指称（plural individual）。

（二）充当论元的指示词短语

光杆指示词指"这""那"可以单独而不和其他成分一起（名词或量词等）充当句子中的论元成分，商水方言中充当论元的光杆指示词主要有以下三种表现形式：

第一，自由做主语。

[11] 这都不合你里意，你想要个啥样儿里嗳？（这你都觉得不合适，你想要个什么样儿的？）

第二，自由做宾语。

[12] 我今儿个不想买这/那，带里钱不够。（我今天不想买这/那，因为我带的钱不够。）

第三，光杆指示词还可以用作方位名词，相当于普通话中的"这里""那里"。

[13] 你上那弄啥去来？（你去那里干什么？）

当光杆指示词用于指称方位处所时，其所指是有定的特定对象，而指称对象为普通名词时，由于光杆指示词没有数的区分，因而可以表示单数，也可以表示复数，由于又没有个体化量词的介入，因而常用来表示类别，其所指可以是有定的一个个体（个体单数）或有定的多个个体（个体复数）①，也可以是特定的类别（有定类指），具体指称意义由语境决定，包括与之相搭配的谓语的属性。Carlson（1977）指出，名词的指称属性和谓语特征存在关联，类指性主语一般只和属性谓语（individual-level predicates）相搭配，所以例[14]中和非属性谓语（即阶段性或事件性谓语，stage-

---

① 个体单数，即一个个体，个体复数，即多个个体的集合，个体单数和个体复数都属于个体指，和类指构成对立。

level predicates）相搭配的光杆指示词只能解读为有定个体（单数或者复数）。不过，属性谓语并不要求主语必须是类指的，所以例［15］中的"这"可以指示有定个体（单数或复数），也可以指示有定类别（类指）。①

［14］这沾上油了，你别招。（这沾上油了，你别碰。）（这个或这些，有定个体单数或有定个体复数）

［15］这管治咳嗽。（这种东西可以治疗咳嗽。）（这个、这些或这种，有定个体单数、有定个体复数或有定类指）

（三）作为限定词的指示词短语

"指一量名"、"指量名"和"指名"这些有指示词作为限定词的指示词结构都可以出现在论元位置上，我们以主语位置上的"这"为例：

［16］这一个闺女是谁嗳？（只指示个体单数，只用于直指，并且与其他同类对象构成对立）

［17］这个闺女是谁嗳？（只指示个体单数，可以用于直指，也可以用于回指、认同指）

［18］这闺女是谁嗳？（和"这个闺女"意义相同）

出现在主语位置上的指示词短语当所指为高生命度名词时，所指都是有定个体单数对象，但是不同结构在指示功能上存在一些区别。根据 Diessel（1999）的理论，从直指到回指的发展意味着指示功能的弱化，由此可见带"一"的结构指示功能更为实在，只能表示直指功能，并且与同类对象构成对立，而"一"去掉之后的形式可以表达更加虚化的回指和认同指功能，同时与同类对象构成对立的意义也消失了，这显示了无"一"结构功能的虚化。

当指示词短语所指为低生命度名词，并且出现在主语位置时，不同形式有意义上的如下对立：

［19］这一个盆他不愿意要。（个体单数，只能用于直指，并与同类对象构成对立）

［20］这个盆他不愿意要。（可以表示有定单数和类指，可以用于直指，回指和认同指）

［21］这盆他不愿意要。（可以表示有定个体单数，有定个体复数和有定类别，可以用于直指，回指和认同指）

仅从指示词的语用功能上说，高生命度名词和低生命度名词无区别，"指一量名"的功能最实在，只能用于直指，且显示远近距离对立，"指

---

① 感谢审稿人提出这一点。

量名"和"指名"无差异。但从指称意义上看,高生命度名词和低生命度名词存在差异。以高生命度名词为核心的指示词短语无论以何种形式出现,只能指示个体单数,但对于低生命度名词而言,每种形式的指示词短语都有不同的指称意义,如表2所示。

表2　以低生命度名词为核心的指示词短语在主语位置上的指称意义

序号	形式	非"个"	个	指称意义
1	指一量名	这一件衣裳	这一个桌子	个体单数指称
2	指量名	*	这个桌子	个体单数,类指
3	指名	这衣裳	这桌子	个体单数,个体复数,类指

汉语中量词是个体指的语法标记,显示个体指与类指的范畴对立(刘丹青,2008),但指示词无此功能,因而不带量词的指示词短语有多种解读可能。但指示词短语的核心为高生命度名词时,由于高生命度名词本身的个体性就很强,因而"指名"结构只能理解为个体单数解读,这种解读是语境引发的,而不是"指名"结构自身的本质语义。"指名"结构具体的指称语义由语境决定,和谓语的属性也有关,在谓语要求类指论元时,[1]"指名"结构只能指示类别,而在表示个体性事件,即特定事件的句子中,只能指称单数个体:

[22] 这电视停产了。(类指)

[23] 这电视不出影儿了。(个体单数)

无论N的生命度高低,"指一个名"只有个体单数一种解读。

对于"指个名"而言,如果名词是高生命度的,则只有个体单数解读,而如果名词是低生命度的,则"指个名"有类指和个体单数两种指称解读,类指解读显示了"个"的个体化功能的丧失。

概括来说,对于指示词短语而言,名词的生命度和谓语的属性都是决定它指称解读和语用功能的重要因素。同时,蒙审稿人指出,和指示词同现的名词的修饰性成分的多少也会影响指示词短语的指称解读。按照 Xu

---

[1] 这里所说的要求类指论元的句子,即 Krifka(2004)所谓的 kind-reference 类句子,和 Carlson(1977)所定义的属性谓语句有重合之处,但并不完全等同。蒙审稿人指出,类指主语一般只能和属性谓语相匹配,但只有部分属性谓语只能和类指主语相匹配,如"灭绝""停产""常见"等类属性谓语只要求类指主语,而很多属性谓语对同现论元的指称属性没有要求,如"喜欢吃零食"一类谓语与类指性主语和个体性主语都可以匹配。同时,还有一些非主语论元也是类指的,如"瓦特1782年发明了蒸汽机"中的"蒸汽机"也有类指解读。类指论元出现的具体句法语义环境值得进一步研究。

（1997）的观点，修饰性成分的增加会增强名词短语的有定性。所以如果名词前有多个修饰性成分，则"指个名"和"指名"被优先理解为指称有定个体，比如例［24］就优先被理解为有定个体单数：

［24］这（个）红塑料盆他不愿意要。

根据发音合作人的语感，无论加"个"与否，这个句子仍然有被理解为有定类指的可能性。这显示了商水方言中"个"的个体化作用的丧失。但是，如果再加上一个关系从句型修饰语，带"个"的名词短语，比如"这个带黄花儿里红塑料盆"，只能被理解为有定个体单数，而不加"个"的"这带黄花儿里红塑料盆"仍然有有定个体单数、有定个体复数和有定类指三种解读，这显示了"个"个体化意义的留存。

（四）指示词的话题标记功能与评论标记功能

1. 商水方言中"指示词（+个）"的话题标记和评论标记功能

下面一类句子中，所有生命度类型的名词都可以用于"指名"和"指个名"中表示一般类指：

［25］这（个）小孩儿最不听话了。（有定个体单数，一般类指）

［26］这（个）大樱桃还怪好吃里。（有定个体单数，有定个体复数，
　　　有定类指，一般类指）

这两个句子都是歧义句，其中一种解释是有定解读，当 N 为高生命度名词时，只能解释为有定个体，当 N 为低生命度名词时，有有定个体单数、有定个体复数、有定类指三种解读。在有定解读中，"这（个）"和其后的名词组成一个 NP，指示词的有定意义始终存在。

第二种解读中，"指示词（+个）+N"被理解为一般性类指短语，指示词的有定性完全消失，句子是通指句（generic sentences）。如果量词出现，则只能是"个"，不能是其他量词。

我们认为，此时的指示词和其后的名词有两种关系，其一，光杆指示词或者指量结构充当话题标记，标记其后的 N 是话题；其二，光杆指示词或者指量结构和紧随其后的 N 之间存在着比较松散的句法关系，从语音上看，指示词或指量结构和其后的名词之间存在比较明显的语音停顿，从句法关系上看，其操作域是其后的整个句子，整个句子是说话人对某种现象的一个评论，所以指示词指量结构宜于被理解为全句的评论性标记存在，而不是名词的限定性成分。

［27］这小闺女儿比小男孩儿还皮里。

例［27］"这+N"第一种解读为有定单数，"这个小女孩儿比小男孩儿还调皮"；第二种解读为类指，这又分两种情况，第一种情况下指示

— 9 —

词是一个话题标记,其后的名词是全句的话题,句法上可以做如下分析:

[28] 这小闺女儿/比小男孩儿还皮里。

意思是"说到小女孩儿,比小男孩儿还调皮",话题之后可以加话题标记"啊"。

另一种情况下,指示词以全句为操作域,全句全部是新信息和焦点信息,是说话人的评论,指示词在此是一个评论标记,句法上可以做如下分析:

[29] 这/小闺女儿比小男孩儿还皮里。

意思是:我想表达一个观点:小女孩儿比小男孩儿还调皮。

作为评论标记的"这",甚至"这个",其后可以跟"数量名"结构,但是数量名结构仍然保持数量解读,无指称意义,这一证据进一步说明评论标记和其后名词之间的关系比较松散:

[30] 这(个)一个/两个孩子可不好养活。(一个/两个孩子可不好养。)

无评论标记功能的"这一个"无此类用法:

[31] *这一个一个/两个孩子可不好养活。

"指示词+一个"也不能做话题标记,下句中"这一个"只能做"小闺女儿"的限定成分,指称有定个体单数。

[32] 这一个小闺女儿比小男孩儿还皮里。(这一个小姑娘比男孩子还调皮呢。)

作为评论标记的指示词可以是"这",也可以是"那",不同之处在于,"这(个)"的功能为接续先前的话题,而"那(个)"的功能为转移话题:

[33] 这会儿小孩儿上个幼儿园都贵里不能行。(现在小孩儿上个幼儿园都很贵。)

——可不是嗳,这(个)小孩儿可不好养活。(对啊,小孩儿可不好养啊。)

[34] 我觉摸着老张这个人不中。(我觉得老张这个人人品很差。)

——那(个)孩子这会儿可不好养活啊。(孩子现在可不好养啊。)

2. 指示词短语的话题标记功能和评论标记功能在汉语其他方言中的表现

指示词短语在通指句中的话题标记功能和评论标记功能不仅只存在于商水方言中。张伯江、方梅(1996:180)提到北京口语中的指示词有类似的功能，如下例：

[35] 哎我说，你为什么专爱租给学生们呢？这学生，可没什么老实家伙啊！

张、方明确指出，此句中"学生"有"作为一类人的概念意义"（一般类指，引者注），如果不用"这"，"则话题身份不够明确"，点明了"这"作为话题标记的功能。我们可以从例句中看出，"这"之后的"学生，可没什么老实家伙啊"是个明确的有总结意味的通指句。

所以，在对指示词的功能进行描写时，我们要区分指示词两个层面的不同功能：一类是语用层面的功能，做话题或评论标记；另一类是句法语义层面的功能，指示词是名词的限定成分。由于指示词的限定用法比较突出，或者说更为人所认可，所以描写者往往会把指示词的话题或评论标记用法划归限定用法。如湖南衡阳方言中（卢小群，2007：140）的一个句子：

[36] 你得只梦冲起吧？箇秋天又有吗桃花开吗？（你在做梦吧？这秋天又有什么桃花开呢？）

描写者认为此处"箇（这）"做定语，即限定成分，但从对句子的解释上看，它表达一个明确的通指意义：秋天没桃花，"这秋天"不指示任何秋天，"箇"应该是一个话题或评论标记。

指示词短语真正意义上的一般类指功能（非有定类指）应该是从限定成分发展而来的，应区别于这种仅仅是线性序列上相邻而和名词无句法关系的指示词短语，应该指作为限定词的指示词完全丧失了有定意义和指示功能。具体表现是有一般类指意义的"DemN"不但能够出现在句首，也能出现在句中，比如宾语位置。

按照方梅（2014）的观点，指示词短语朝话题或评论标记的发展属于典型的语用化（pragmaticalization），而从商水方言的语言事实中可以看出，这种语用化的发生受到语义因素的影响，比如只出现在类指句中。语用化和语义之间的关系值得进一步探讨。

（五）小结

从以上讨论可以看出，"指名"组合的指称功能最为复杂，可以指称有定个体单数和复数，也可以指示有定类别。这种结构既不显示数目（不带数词），又不显示个体（无量词），所以有多种指称可能性。

带上数词的"指数量名"结构只有个体指称功能，当数词为"一"时，则只能指示个体单数。

"指个名"除有定个体单数指称外，还突破了量词的个体化限制，还可以用于指称有定类别，但不能用来指称有定个体复数。

"指数量名"和"指个名"的指称意义显示了量词和"数"的密切相关度,数词"一"和量词同时出现的指示词短语只能指示个体对象,但数词一旦不出现,则带量词的指示词短语可以突破量词的个体化局限,还可以用于指示类别。

三 指示词短语的定语标记作用

(一) 定语标记的轻声变调现象

商水方言中的轻声规则和很多句法现象有联系,其中之一就是充当定语标记的指示词的语法化。在商水方言中,轻声实际上表现为一种变调现象,这类所谓的轻声变调不体现在音节的音强(轻)和音长(短)上,而是一种以变调形式体现的形态句法手段。它的特点有二:

第一,变调音节位置上位于词尾或者句尾,和受后一个音节调值影响而变调的普通变调模式不同,这些所谓的轻声变调音节都遵循依据前一个音节的调值进行变调的规律。这一特点和轻声音节总是后附于前一个音节类似。其具体变调规则如下:

35 + 轻声——35 + 55
31 + 轻声——31 + 51
55 + 轻声——55 + 51
51 + 轻声——51 + 11

第二,这类变调对应于普通话中的轻声音节,有类似的别义作用。比如"地道",当它为"地下通道"之义时,"地"和"道"都读成本调去声 51,根据商水方言中的变调规律,两个去声相结合的音节,第一个去声音节变阴平 55 调,因而变调之后调值组合形式为 35 + 51。而当它表达"很正宗"的意思时,第一个音节读本调,调值组合形式为 51 + 11。

基于以上两点,我们把这种变调形式称为轻声变调现象。

根据轻声变调规律,有时会遇到变调和原调相同的情况,此时我们只能依据旁证。比如"豁子"(原调 35 + 55),根据上述变调规则,"子"无论是否变调调值都是"55",所以无法判断是否经过了变调,这个词和短语"豁纸(35 + 55,意思是用剪刀裁纸)"同音。但以"子"作为后缀的其他名词,"子"的调值明显区别于原调,如"篓子(55 + 55—55 + 51)","笸子(51 + 55—51 + 11)","皮子(31 + 55—31 + 51)"。变调可以从变调音节的儿化中得到进一步证明。商水方言中,"子"和"儿"结合时合音为[tər],其声调在上面几个例子中明显不同,"豁子儿"中为[tər^{55}],"篓子"中为[tər^{51}],"笸子"中为"[tər^{11}]","皮子"中为[tər^{51}]。

商水方言中,通用定语标记是"里"[li⁵⁵]。如果一个名词短语中带有作为限定成分的指示词短语,且指示词短语之前有名词的其他修饰性成分,这个指示词短语常常可以代替"里"充当定语标记,本节我们考察不同形式的指示词短语充当定语标记的情况。

(二)指示词结构做关系从句标记

我们首先考察作为关系从句标记的指示词短语,关系从句结构里的指示词以"那"居多(陈玉洁,2010),所以下文多以"那"为例。在关系从句结构里,指示词短语可以和"里"同现:

[37] a. 他夜个儿相中里那个衣裳
　　　b. 他夜个儿相中里那衣裳
　　　c. 他夜个儿相中里那一个衣裳

"里"在上述结构中出现时,后面的指示词读原调 51。省略"里"之后,"那"必然要发生轻声变调现象,按照它前面的动词的声调进行变调。

[38] a. 他夜个儿相中那衣裳
　　　b. 他夜个儿相中那个衣裳
　　　c. 他夜个儿相中那一个衣裳

上述结构中的"那"按照"中"的读音进行轻声变调:"中"读 35 调,商水方言中 35 调之后的轻声为 55 调,"那"在此读 55 调。如果"相中"被调值为 55 的"买"代替,"买"的原始调值为 55,按照 3.1 节中的轻声变调规则,55 调之后的轻声为 51 调,轻声和原调相同。

做定语标记的"那个"和"那一个"都只能指示有定个体单数,这和"那个"在主宾语的限定词位置上可以指示个体单数和类别不同,这说明在内嵌较深的定语标记位置上,量词的个体化功能仍相当明确,"那个"做定语的关系从句结构只能指示有定个体对象。由此可见,"这个/那个"个体性功能的丧失只出现在主宾语的限定词位置上。光杆指示词"这""那"充当定语标记和"指名"结构的指称属性类似,有多种指称可能:有定个体单数、有定个体复数或有定类指,并且和核心名词的生命度有关,高生命度名词一般只能被理解为有定个体单数,而低生命度名词则有多种指称可能。

如果名词性结构中核心名词在语境中已经明确,则核心名词可以省略,指示词结构可以充当关系从句结构的核心,包括单个的"这"和"那":

[39] a. 他夜个儿相中那
　　　b. 他夜个儿相中那个
　　　c. 他夜个儿相中那一个

核心名词省略后，指示词必然要发生轻声变调。在这种结构中，只有"那个"和"那一个"之前可以加定语标记"里"，"那"无法和"里"共现，这说明"那"在例[39]a中的名词化标记（nominalizer）功能已经相当凸显，而本身的名词短语的功能（可以充当NP核心）在逐渐减弱，此处已经不能作为名词性短语的核心成分出现，因为不能被典型的定语（带"里"的定语）修饰。

在通用定语标记"里"不出现的情况下，兼任定语标记的指示词失去本调，变为轻声，其变调受其前一个音节声调的控制。从[38][39]两例中的b、c例句看，指示词和其后的量词或者数量结构组成一个NP性成分，还不能从NP性成分中分离，但这里出现了韵律（变调规则）和句法结构的不匹配现象：指示词的变调规则受到其前面音节的制约，并且韵律上指示词附着于前面一个音节，但是句法上并不后附于前一个音节，而和其后成分构成一个NP结构。从a例来看，韵律上指示词后附于前一个音节，指示词如果被"里"替换，指称意义完全不会改变，都有可能指示类别、个体单数或个体复数。作为名词化标记的指示形式不能和通用定语标记"里"同现，说明它不再具有"那个""那一类"之类具有代名词作用的功能，所以我们认为，此类结构中有轻声变调现象的指示词已经经历了较为明显的语法化，指示词逐渐丧失了作为代名词的功能，而可以分析为跟"里"性质类似的名词化标记或专用定语标记。①

虽然经历了比较明显的语法化，"那"和"里"也存在不同。做专用定语标记时，"那"所在的名词短语的指称对象受核心名词的生命度制约，当核心为高生命度名词时，带"那"结构只能指示有定个体单数，而带"里"结构可以指示有定个体单数和复数，也可以指示类别。当核心名词为低生命度名词时，"那"和"里"的解读类似。

当做名词化标记时，带"那"结构所指不能为高生命度名词，"卖苹果那老头"不能说成"卖苹果那"，但是可以为低生命度名词，"我夜个儿相中那衣裳"可以说成"我夜个儿相中那"，带"里"结构不受此限制，所以"卖苹果里"和"我夜个儿相中里"都是合法结构。

作为来源于指示词的成分，"这"和"那"做名词化标记还保留有指示功能和距离意义，"那"一般指示时间或空间上较远的、不在眼前的对象，"这"用来指示在说话现场或者是时间上较近的对象：

---

① 区别于兼有指示功能的兼用定语标记。

[40] 你说这我一点儿也不信。(意思是"你说的话我一点儿也不相信","你说的话"是刚刚说出的)

[41] 他说那我一点儿也不信。(意思是"他说的话我一点儿也不相信","他说的话"是距离现在时间较久的,至少是不在现在的说话现场的谈话)

一般而言,关系从句结构中的指示词以"那"为多,虽然有时候也可以用"这",这可能跟关系从句结构一般用来指示较远的对象有关(在现场的对象一般用不着使用关系从句进行详细描述或限定)。正因为此,"那"的使用范围高于"这",有时候可以覆盖"这",指示时间上较近的对象:

[42] 他前个儿上北京去了。
——你说那/这(话)我一点儿也不信,我夜个儿还见他里。

作为名词化标记来说,"那"的语法化程度高于"这"。

至于"指量"和"指一量",做定语标记时用于指示个体,当结构中中心名词被省略时,它们是代名词,只能用于指示个体单数,没有发展为名词化标记。和光杆指示词不同,它们也不是专用定语标记,作为专用定语标记,光杆形式"那"的有定功能已经丧失,① 有少许距离意义,表示对象不在现场,但是无明确的指示功能,和带上"里"之后有指示功能,有距离意义,并且表示有定的"那"意义上有非常明显的区别。

[43] 他相中那衣裳 = 他相中里衣裳 ≠ 他相中里那衣裳

前两种结构指称功能上接近于光杆名词,本质上是类指的,在不同语境中可以得到不同的指称解读,可以带限定成分,如"想买一件他相中那/里衣裳",核心名词可以另外加带"里"的领属定语构成多重定语结构,如"他相中那/里我里衣裳","那"和"里"并列用于多重定语显示了它作为专用定语标记的属性。而后一种"里"和"那"同现的结构虽然有多种指称意义"他看中的那一件/那些/那种衣服",但多种意义都是有定指称,并且指示词有明确的指示功能,用于直指、回指、认同指等,所以"那"还保留有典型的指示词功能。这类结构只有在表示有定类指时才可前加数量类限定成分,核心名词不能再带领属定语。

但是"指量"和"指一量"在做定语标记时仍有比较明显的指示功

---

① 在语境中也可以表示有定对象,但是有定并不是必然的,因为在一定的语境中也可以表示无定,这一点和不带任何限定词的光杆名词类似,所以我们认为即使带"那"的结构表示有定,也和光杆名词表示有定类似,是语境赋予的,而不是"那"本身仍保留有定意义。

能，只能指示有定个体单数，和带"里"结构意义无别：

[44] 他相中里那个衣裳＝他相中那个衣裳

[45] 他相中里那一个衣裳＝他相中那一个衣裳

(三) 关系从句的限定性限制

以指示词结构充当定语标记的关系从句，对限定性成分（句子层面的成分，如时体标记、情态成分、语气成分、补语成分（如"V完""V了"等）的限制性更强，如下所示（＊表示此处不能理解为关系从句，但是有时候作为小句是可以成立的）：

[46] 我盛过酒里那个坛子

＊我盛过酒那个坛子

[47] 他正用着里那个筷子

＊他正用着那个筷子

[48] 他该干里那个活

＊他该干那个活

[49] 他干完里那个活儿

＊他干完那个活

指示词做定语标记时，对关系从句的要求更高，关系从句中一般不能出现限定性成分，我们认为这可能是要保持主句和从句的区别度（唐正大，2005）。那些能够显示主句特征的限定性成分如果出现在关系从句结构中，商水方言中有定指示词短语又可以做宾语，所以会出现关系从句和主句无法辨识的现象，而口语中一般会排除歧义句式，所以严格限制了这些成分的出现。当通用定语标记"里"出现时，关系从句结构绝对不会被理解为主句，经常出现在主句层面的限定性成分就可以相对较为自由地出现了（当然比起主句，还是有一定的限制，此处我们将另文探讨）。

(四) 领属结构中指示结构的定语标记作用

1. 直系亲属为领有对象

所有指示词短语都不能出现在以直系亲属为领有对象的领属结构中：

[50] ＊恁这/那爸

[51] ＊俺这个/那个姥姥

[52] ＊他这一个/那一个爷

但是，当同样的核心名词所指为非直系亲属，则可以使用指示词短语（只能是"指量"和"指数量"形式，不能是光杆形式）进行指示：

[53] 俺这个舅

[54] 恁那个姥姥（此处姥姥指和自己的直系亲属姥姥平辈的母系

妇女）

[55] 他那一个妗子

使用"指数量"充当领属语标记时，带有对比意义，并且保持有指示词的远近距离意义：

[56] 他那一个舅搁哪儿来？（一定有和已知的某个舅舅相对立的意思，并且表示较远的实际距离或心理距离）

"指量"做定语标记时，可以有对立意义，但也可仅表示一种较远的距离意义：

[57] 恁那个妹妹上大学没有哎？（说话人知道听话人仅有一个妹妹，或者是说话人知道听话人有几个妹妹，此时"那个"指示其中特定的一个，有对立意义）

2. 社会关系名词为领有对象

当社会关系名词为领有对象时，光杆指示词，指量名和指数量都能充当领属标记，但光杆指示词只能是"那"，不能是"这"。

[58] 俺那老师　　＊俺这老师

[59] 恁那校长　　＊恁这校长

[60] 他那领导　　＊他这领导

光杆指示词在上述结构中没有任何指示意义，也没有距离意义，其指称意义受语境影响，比如一个人可以有多位"老师"和"领导"，所以"俺那老师"和"他那领导"可以指称个体复数对象，但是"校长"一般只有一个，所以"恁那校长"一般指称个体单数。这些领属结构虽然也是指示特定的群体或个人，但这种有定不是指示词带来的靠指示确认对象的有定，而是领属结构提供的有定，其直接证据是"那"和可以被"里"替换而意义并无变化，在实际使用中，"那"比"里"更加常用。

"指量"和"指数量"可以较为自由地出现在此类领属结构中，都只能用来指称有定个体单数对象。不过"指数量"多了和同类对象对比的意义。

3. 集体名词为领有对象

当集体名词为领有对象时，光杆指示词做领属标记表示从属关系，领属结构只能指示有定个体单数：

[61] 俺那学校　　俺这学校

[62] 恁那公司　　恁这公司

[63] 他那庄儿　　他这庄儿

此处"这/那"已经没有指示功能，和直指、回指等皆无太大关联，只保留一些距离意义，说"这"时一般对象在现场，用"那"时对象不在现场，显示了功能上的弱化。不过，出现在关系从句结构中的光杆指示词和"里"的指称功能类似存在不同，此处"这/那"用于集体名词表示从属关系，比如"恁那公司"意思是"你所在的公司"，只能指示个体单数。而"里"用于集体名词表示拥有关系，"恁里公司"表示"你们所拥有的公司"，可以指示个体单数对象，也可以指示个体复数对象。不可能为个人所拥有的集体名词，则不能加"里"，如"庄儿"不可能为个人所拥有，不能说"恁里庄儿"或"你里庄儿"。从指称功能来看，带"里"的结构表达的关系更靠近典型的领属关系，不过"里"和"那"的分工显示了"那"又朝专门的标记功能迈进了一步。

"那个"做领属语标记的功能靠近"那"。

"那一个"做领属语标记的功能比较靠近"里"，表示的结构关系是"拥有"，但同时保持自己典型的指示词功能，有指示功能和距离意义，常用来指示有同类对象与之构成对立的对象。

4. 普通名词为领有对象

光杆指示词为领属标记，领属结构有多种指称可能：个体单数、个体复数和有定类别，比如"你这衣裳"可以指"你这件衣裳"、"你这些衣裳"或"你这种衣裳"。

"指数量"为领属标记只能指示有定个体单数对象，并且有同类对立意义。

"指量"结构做此类领属语标记的指称功能和作为限定词时的功能类似：可以有，但也可以无同类对立意义，距离意义存在，指示意义留存，只是可以指示有定个体单数或者有定类别，比如"你这个玉米"，可以是"你（手中拿的这一根）玉米"，也可以是"你这种玉米"，但是不能指示有定复数。

总的来说，当用于领属结构做标记时，光杆指示词的语法化程度最高，"指量"次之，"指数量"的意义最为实在，指示词在这种结构中保持最纯粹的指示词功能。

四 结语

汉语中不区分名词的可数和不可数，在英语中不可数的名词，比如"米"和"沙子"，在汉语中都有相应的量词使之个体化，汉语中只区分类和个体，以量词作为标记。

个体指（individual reference）实际上可以分为两类：1）个体单数（singular reading）；2）个体复数（plural reading）。

DemN 结构并不显示所指的指称性质，甚至可以认为它的本质语义是表达类指的，能够指示个体只是它在语境作用下引发的意义：指示词有有定功能，常用来表示确定的对象。DemN 本质语义是用来指称确定的类别（类指）的，而当所指的个体性比较突出时，它也可以用来指示个体（包括单个个体和集体），不过我们认为这些意义是语境所赋予的语境意义。

语言学者大都承认汉语中的个体量词有个体化功能，刘丹青（2008）和 Li（2011）都详细论证了汉语量词的个体化语义特征，刘丹青（2008）还明确指出，量词的出现显示了汉语中个体指作为语法范畴的确立，加量词的名词性结构一般呈现个体指功能，而不加量词的名词性结构和光杆名词的功能类似，比如"指示词＋名词"结构、领属结构等。刘丹青（2002a）的研究也表明，汉语中领属结构可以表达类指。这些不带量词的名词性结构可以表示类指，一定语境中也可以是有定的，其表现也和光杆名词类似。

商水方言中，"Dem＋个"有了去范畴化的倾向，开始和类指产生某些混淆，但是只局限在生命度低的名词中，并且只出现在限定词位置上。数词可以增加名词短语的个体性，"这一个"类由于有数词的出现，个体性比较强，没有发展出表示类指的功能。而其他量词中，由于"这量 N"不能出现，所以不会出现"这/那"加其他量词表示类指的用例。我们看到，数词可以对个体指起强化作用，带数词的结构只能表示个体指。量词为"个"时，"一"可以较为自由地省略，造成"个"个体化逐步丧失。

对于数量名结构来说，虽然用于指称时都可以表示个体指，但是只有一量名结构能够表示无指，其他数量名结构不能。这显示了一量名结构的特殊性。所以只有一量名结构能够用于表语位置说明属性，其他数量名结构则不能。

[64] 他是一个好学生。

[65] *他们是五个好学生。

通过对商水方言中指示词短语在各类句法层面的表现的研究，我们发现，位于限定词位置时，光杆指示词和指量结构功能类似，语法化程度较高，因而功能比较复杂，而"指一量"结构意义实在，无虚化现象。

在领属结构和关系从句中作为定语标记的"指量"和"指一量"结构都没有虚化，但是光杆指示词得到了较高程度的语法化，近似通用定语标记的功能。

参考文献

Carlson, Gregory N., Generics, Habituals, and Iteratives, In K. Brown (ed.), *The Encyclopedia of Language and Linguistics (2nd Edition)*, Oxford: Elsevier, 2006: 18-21.

Carlson, Gregory N., "A unified analysis of the English bare plural", *Linguistics and Philosophy*, 1977, 1: 413-457.

Chierchia, Gennaro, "Reference to Kinds Across Languages", *Natural Language Semantics*, 1998, 6: 339-405.

Diessel, Holger, *Demonstratives: Form, Function, and Grammaticalization*, Amsterdam/Philadelphia: John Benjamins Publishing Company, 1999.

Krifka, Manfred, "Bare NPs: Kind-referring, Indefinites, Both, or Neither?" In R. B. Young & Y. Zhou (eds.), *Proceedings of Semantics and Linguistic Theory (SALT) XIII*, University of Washington, Seattle. CLC Publications, Cornell, 180-203, 2004.

Krifka, Manfred, Pelletier, F. J., Carlson, Greg N., ter Meulen, Alice, Chierchia, Gennaro & Link, "Godehard, Genericity: an introduction", In Carlson, Greg N. & Pelletier, Francis J. (eds), *The Generic Book*, Chicago: The University of Chicago Press, 1995: 1-124.

Li Luxia, The "Dem + Cl + N" and "Dem + N" constructions in Chinese-A Diachronic Prospect, 2010, 第七届国际古汉语语法研讨会, 罗斯科夫, 法国。

Li Xuping, *On the Semantics of Classifers in Chinese*, *PH. D. Dissertation*, Bar-Ilan University, 2011.

Xu, Liejiong, "Limitation on Subjecthood of Numerically Quantified noun Phrases: a Pragmatic Approach", In Xu (ed.), *The Referential Properties of Chinese Noun Phrases*, Paris: Ecole des Hautes Etudes en Sciences Sociales, 1997: 23-44.

贝罗贝：《上古、中古汉语量词的历史发展》，《语言学论丛》1998年第21辑。

陈平：《释汉语中与名词性成分相关的四组概念》，《中国语文》1987年第2期。

陈玉洁：《汉语指示词的类型学研究》，中国社会科学出版社2010年版。

方梅：《语用化与相关篇章问题》，浙江大学人文学院学术报告，2014年。

贺巍：《中原官话分区（稿）》，《方言》2005年第2期。

李艳惠、陆丙甫：《数目短语》，《中国语文》2002年第4期。

刘丹青：《汉语类指成分的语义属性和句法属性》，《中国语文》2002a年第5期。

刘丹青：《汉语名词性短语的句法类型特征》，《中国语文》2008年第1期。

刘丹青：《所谓"量词"的类型学分析（摘要）》，2002b，http://www.blcu.edu.cn/cscsl_y/newworks/liudq.doc。

卢小群：《湘语语法研究》，中央民族大学出版社2007年版。

吕叔湘：《1944個字的应用范围，附论单位词前一字的脱落》，《汉语语法论文集（增订本）》，商务印书馆1984年版。

吕叔湘著，江蓝生补：《近代汉语指代词》，学林出版社1985年版。

唐正大：《汉语关系从句的类型学考察》，博士学位论文，中国社会科学院研究生院，2005年。
张伯江、方梅：《汉语功能语法研究》，江西教育出版社1996年版。
赵元任：《汉语口语语法》，吕叔湘译，商务印书馆1968年版。

《商水方言中指示词及指示词短语的功能》，原载《中国语文》2014年第4期

汉语形容词的限制性和非限制性与"的"字结构的省略规则[*]

陈玉洁 浙江大学中文系

摘要 本文主要考察汉语形容词作定语时体现出来的限制性和非限制性功能。限制性/非限制性是修饰语在语用层面体现出来的一组对立。汉语中性质形容词、区别性和限制性构成一组无标记的匹配,同时状态形容词、描写性和非限制性构成另一组无标记匹配。加"的"之后可以称代核心的形容词一定是限制性的。除形容词的句法、语义功能外,句子情态、语序、核心名词的性质、定语的类型等都是影响形容词限制性/非限制性功能的因素。

关键词 形容词 限制性 非限制性 "的"字结构

0 引言

和"的"有关的问题一直是汉语研究中的一个热点问题,朱德熙(1961)认为,汉语中存在三类不同的"的":副词性后附成分"的1",形容词性后附成分"的2",名词性后附成分"的3"。后来研究者对朱先生分出的三个"的"进行了不同程度的归并。黄国营(1982)认为,"的1"和"的2"都不改变它前面成分的语法性质,可以归并为一类,而"的3"改变了它前面成分的语法性质,可以另立一类。张敏(1998)指出,加"的"增加了修饰语和名词之间的认知距离,所有"的"都有此类功能。郭锐(2000)认为,把"的3"看作名词化标记并不合适,

---

[*] 本研究受国家社会科学基金(基金编号:08CYY023)和中国博士后科学基金(基金编号:20080431293)资助。文章在写作和修改过程中蒙刘丹青、陆丙甫、潘海华、彭利贞、刘辉诸位先生指教,获益良多,同时感谢匿名审稿人的精彩建议。文中尚存不足之处由作者本人负责。

"的"字结构在词汇平面都是修饰性的，在句法平面才有指称性，三个"的"可作统一处理。陆丙甫（2003）也赞成"的"字的各类用法具有同一性，认为"的"的基本功能是作描写性标记的，而区别性或指别性功能是描写性一定条件下派生出来的语用功能。陆丙甫（2003）还认为，描写性和区别性都属于修饰性，描写性是从内涵角度修饰核心成分，告诉听话者"怎么样的"；而区别性及指称性强调所指的外延，告诉"哪一个/些"。从这个定义来看，描写性和区别性分属于两个层面，因而不会产生冲突，一个定语可能语义上既有描写性，语用上又有区别性及指称性，描写性和区别性可以共存于一个定语中，如"白白的"与"白的"都有描写性和区别性，只不过前者描写性更强。陆丙甫（2003）的重要贡献在于它区分了定语语义和语用两个层面的功能，并意识到描写性和区别性在同一个形容词定语中不存在冲突。但正如朱德熙（1961）所指出的，"X的"多用于指称，"XX的"一般不能视为 NP 性结构，多用于对某指称对象的性质进行描写。如果把描写性和区别性视为所有定语都具备的两个层面的功能，则不能解释朱德熙先生所指出的这一明显对立。

本文认为，定语的功能确实应该区分语义和语用层面，语义层面表现为描写性和区别性的对立，语用层面表现为限制性与非限制性的对立。

区别性是对名词核心分类，描写性是对核心的性质进行说明。通常情况下对核心进行分类和说明核心性质并不矛盾，因而一个形容词定语往往既有区别性又有描写性。如"白衬衣"和"雪白的衬衣"中，"白"和"雪白"都可以为"衬衣"分类，同时也都是对"衬衣"颜色的说明；只不过它们在语义功能的倾向性上存在差异，人们倾向于把"白衬衣"理解为"衬衣中白的一类"，而把"雪白的衬衣"理解为对既定衬衣的描写。这可能也正是"白的"和"雪白的"在应用中体现出来的差异，这种语用差异反过来又作用于语义层面，使不同类型的形容词有了不同的语义倾向性。描写性和区别性强调形容词定语本身的功能，不牵涉应用中所在 NP 的指称范围。

限制性与非限制性是在实际应用中体现出来的对立，和语境关系密切。限制性修饰语缩小 NP 的指称范围，去掉之后影响对所指的辨识，即限制性修饰语用于帮助辨识 NP 的所指。非限制性修饰语用于在所指已经依赖其他条件得以确定的情况下描写所指，非限制性修饰语无法帮助辨别所指。

本文只探讨作为名词修饰语或可以独立指称的"X 的"，"的"的功能非常复杂，因而处于谓语或补语位置上的"X 的"不在本文研究范围内，我们不讨论"这个孩子白白胖胖的"中的"X 的"。另有一个与本论题密切相关的问题，即定语标记"的"在何种情况下可以省略，本文所探讨的主要是定语的功能，某些定语修饰核心可以不带"的"，但如果它有限制性功能，就必须加"的"之后才能起称代作用，如"红衣服"在"红"有限制性功能时须说成"红的"。

一 限制性与非限制性的定义及表现

（一）限制性与非限制性的定义

对限制性（restrictive，简称 R）与非限制性（non-restrictive，简称 NR）的研究多来自有语法手段区别这对范畴的语言，如停顿与标点是辨识英语中限制性与非限制性关系从句最有效的手段，书面语中有逗号（口语中表现为语音停顿）隔开的关系从句是非限制性的，紧靠核心的则是限制性的。

Christensen 等（1957）指出，定语从句、形容词、并列结构的某一并列项、句末状语从句在功能上都有限制性与非限制性之别。不过一般对 R 和 NR 的研究都限于 NP 的修饰语。Givón（2001, Vol. 2：10 – 11）指出，限制性修饰语缩小所指的范围，功能上和有定限定词（指示词、领属语或定冠词——引者注）类似，而非限制性修饰语用更多特征来丰富对所指的描写，并不缩小所指的范围。

[1] a. There were two men standing at the bar. One was tall, the other short... That is, until the tall man opened his mouth and said...

b. There was a man standing at the bar. He was exceedingly tall, his head almost scraping the ceiling... That is, until the tall man opened his mouth and said...

前一句中，tall 是限制性的，后一句中则是非限制性的。英语中（包括口语和书面语）都无法区别形容词限制性和非限制性的对立，因而在没有其他语境的情况下，下列句子有歧义（Peterson, 1997：232）：

[2] The tired men ate strawberries.

这句话有两个解读：①tired 为非限制性的，此句意为男人们（一定范围内的所有男人）吃草莓并且他们都非常疲惫；②tired 为限制性的，此句意为一定范围内的男人们之中只有疲惫的那一部分才吃了草莓。

西班牙语也可用逗号（语音停顿）区别出限制性与非限制性的关系从句：

[3] Los combatientes que son valientes deben ser respetados.

ART champion RELATIVE PRONOUN be brave ought to be respect-PPL

勇敢的战士应该受到尊敬（特指战士中勇敢的那一部分）。

［4］ Los combatientes, que son valientes, deben ser respetados.

ART champion RELATIVE PRONOUN be brave ought to be respect-PPL

这些战士们，他们是勇敢的，应该受到尊敬（指所谈到的所有战士）。

除关系从句中的 R 和 NR 之别可靠语音手段标识之外，西班牙语还可用语序标记出形容词的 R 与 NR 功能，前置形容词功能为非限制性的①：

［5］ las altas torres
　　　ART 高 塔

高塔，描述某一特定的塔有高的特性。

后置为限制性的：

［6］ las torres altas
　　　ART 塔 高

塔之中高的那些，与不高的塔相区别。

R 与 NR 之别同样存在于有多重修饰语的 NP 中，如 the first edition of 1962，可以理解为（书）在1962年首次出版，也可以理解为在1962年出版的几版书中的第一版，在其他年份可能已经出版过多次。如果作前一种理解，1962 有非限制性功能；作后一种理解，1962 是限制性的。汉语中相对应的"1962年的第一版"有同样的歧义。

同样的修饰语在不同语境中可有不同的功能，如例［1］中 tall 在 a 句中是一个限制性信息，在 b 句中是一个非限制性信息，例［2］中的 tired 在句中有歧义，可见限制性与非限制性不是定语本身所具备的语义特征，而是在实际应用中体现出来的修饰语和核心之间的一种语用关系。确认核心名词的所指也可使用其他手段，比如手势、上下文提供的信息等语境因素，限制性修饰语的功能与这些语用因素的功能相当。

---

① 陆丙甫先生向笔者指出，西班牙语及其他罗曼语言中，前、后置定语的区别很复杂，各种文献说法不一，可能跟具体形容词有关，他认为基本趋势是前置的限制性更大（详见 Lu Bing-fu, 1998）。此处我们采用的是西班牙语法教材中的通用讲法，如常福良（2004：67）。这两种相反的说法反映的是同一种现象：西班牙语中形容词的限制性/非限制性功能可以依赖语序进行分别，只是语序手段还没有语法化为辨识这组语用功能的固有句法手段。分辨不清的现象恰好说明语序手段正处于演进的过程中。

汉语中 NP 的修饰语同样存在 R 与 NR 的对立，重音是汉语使用的使修饰语具有限制性功能的唯一手段，这一现象很容易解释，加重音使修饰语成为焦点成分，构成了与同类对象其他次类的对立，因此必然是限制性的。但重音并不是汉语中区别 R 与 NR 的特定范畴，因为虽然加重音的修饰语一定是限制性的，不加重音的修饰语却仍然存在限制性和非限制性的对立。英语中重音手段和汉语类似（Givón，2000，Vol. 2：10）：

[7] The industrious Chinese did well in California.
　　①所有的中国人都勤劳，=NR；
　　②仅有一部分中国人是勤劳的，=R。

[8] The INDUSTRIOUS Chinese did well in California.（大写表示重音——引者注）
　　①*所有的中国人都勤劳，=NR；
　　②仅有一部分中国人是勤劳的，=R。

区分 R 与 NR 的语法手段之间存在一个优先度序列：句法手段>语音手段>其他因素。句法手段控制性最强，即其他手段不能改变用句法手段区别出的 R 与 NR；语音手段（停顿、重音等）次之；其他因素（如定语的类型是性质形容词还是状态形容词等，NP 所参与的事件的情态等）对区分 R 和 NR 有一定作用，但却不具备强制性，可以因句法、语音手段而发生改变。

（二）确立限制性/非限制性的方法

采用省略法或变换法可以确定修饰语的性质。

1. 省略法，看修饰语去掉之后是否会影响 NP 指称的范围，如果影响，则该修饰语是限制性的，否则为非限制性的。

[9] 远处走过来一个女孩子，这个（戴红帽子的）女孩子显然不是她要找的人。NR

[10] *（戴红帽子的）女孩子是她妹妹。R

2. 变换法，即"X 的 Y（NP）"能否变换为"X 中 Y 的（那/一个/些）"格式，若能，则 X 为限制性修饰语，否则为非限制性修饰语。

[11] 我想要一件漂亮的衣服。[=我想要（所有）衣服中漂亮的一件，R]

[12] 我买了一件漂亮的衣服。（≠我买了衣服中漂亮的一件，NR）

用变换法可以看出其中的不同，例 [12] 意思是"我买了一件衣服，这件衣服很漂亮"，是叙述一件事实；而变换后的意思是"面对（特定的）一批衣服，我买了其中漂亮的一件"，含有一种比较的意味，由此可看出"漂亮"在例［12］中是非限制性的，而在例［11］中是限制性的。

（三）描写性/区别性与限制性/非限制性的区别和联系

在我们看来，陆丙甫（2003）所说的区别性是语义与语用功能的杂糅，而描写性则对应于我们所说的语义角度的分类。

语义功能是根据形容词的固有特征对形容词的分类，是看形容词是否能够为核心分类，可为核心分类的修饰语是区别性的，对既定对象进行描写的修饰语是描写性的。原则上来看，"雪白的"和"白的"在修饰名词时都有为名词分类的功能，同时都有描写功能，区别性和描写性是任何一个形容词本身都同时具备的功能，分类的同时也有描写功能。"白的"和"雪白的"二者实际上都有两种解读。

白衬衣	雪白的衬衣
①**衬衣中白的一类**	衬衣中雪白的一类
②对某一件衬衣的描述	**对某一件既有衬衣的描述**

但是在只出现"修饰语+名词"，无其他语境的情况下，"白的"和"雪白的"在理解上存在倾向性，"白的"倾向于理解为分类，"雪白的"倾向于理解为对既定对象的描写（上文黑体为倾向性解读）。

限制性就是说话人是否强调对核心从某种角度进行分类，即核心分类与否影响指称范围，而非限制性是定语对既定指称对象的性质加以描述，不管是否为核心分类，都不影响指称范围。我们认为，是否影响指称范围在实际运用中才能得到体现，因而应该用限制性/非限制性而不是描写性/区别性来描述更加合适。限制性/非限制性和区别性/描写性不同，二者是一种非此即彼的关系，一个句子在有了既定解读之后，修饰语不可能既是限制性的又是非限制性的。

倾向于体现区别性特征的"白"可以是限制性的，也可以是非限制性的：

［13］她穿了件白衬衫，下身配了条花裙子。

［14］给我拿件白衬衫过来。

二 形容词的限制性与非限制性

（一）汉语中形容词的功能

根据前人研究（朱德熙，1956、1961；沈家煊，1999a：301-307），汉语形容词的形式和功能存在对应关系，单音节形容词是典型的性质形容词，复杂形容词（包括重叠、带后加成分、受程度副词修饰或并列使用的形容词）是典型的状态形容词，双音节形容词则介于性质和状态之间。性质和状态"属意念上的区别，同时完整地反映在句法功能上"（朱德熙，1956：6），即性质形容词表示的是名词稳定的、长期的属性，起分类作用；状态形容词描述的是名词暂时的状态，起描写作用。同时性质和状态的分别还体现在句法功能的对立上，如能否不加"的"直接作定语，常用句法功能是作谓语还是定语等（朱德熙，1956；沈家煊，1999a：301-307）。性质、状态之别是混合了形容词的形式、句法和语义特征的分类，之所以能够混合，就是因为形容词的形式、句法和语义功能之间存在着无标记的对应。

形容词可以依据句法功能分出次类并非汉语独有的现象，Dixon（2004）指出，Macushi 语中根据句法表现可以区别出两类形容词：

	A 类	B 类
是否可修饰名词	须带名词化标记	可直接修饰名词
是否能构成完整的 NP[①]	不可以	可以
是否能作系词的补足语	可以	须带去名词化标记
是否有副词功能	有	没有

从句法功能来看，A 类形容词大致相当于汉语中的状态形容词，B 类相当于性质形容词。

Genetti 和 Hildebrandt（2004）指出，Manange 语（藏缅语的一种）形容词可以区分为简单形容词（simple adjectives）和类动形容词（verb-like adjectives）两类，同作定语时，类动形容词要加上名词化标记-pv，而简单形容词则不需要。简单形容词与类动形容词大致和汉语中的性质形容词和状态形容词相当。

刘丹青（2008）进一步指出，性质—状态语法范畴的对立广泛见于东亚语言，如藏缅、壮侗、阿尔泰语系中的语言。

朱德熙（1956：7、17-18）指出，同作定语，单音节（即性质）形容词是限制性的，复杂（即状态）形容词是描写性的，双音节形容词靠近复杂形容词。朱先生所言限制性与描写性就是看是否能够给名词分类，这组对立与本文所言的描写性和区别性相当，可以看作性质—状态对立所呈现出的一类语义特点（沈家煊，1999a：308-309），也可以看作一组独立的语义范畴。

---

① 此处作者的介绍也不够详细，大意是形容词加上某类附缀之后可以构成 NP，这样看来这类附缀和汉语中的"的"相当。

我们认为，形容词的各项功能之间存在如下无标关联模式：

	无标关联 1	无标关联 2	无标关联 3
形式	单音节形容词	双音节形容词	复杂形容词
形式—句法—语义	性质形容词	介于性质和状态之间	状态形容词
语义	限制性[①]	大多数为描写性	描写性

性质和状态分别是形容词的形式、句法与语义功能的糅合，描写性/区别性是从性质/状态对立中剥离出来的语义功能，形容词的形式、句法、语义特征之间存在着无标记的关联，因而可糅合成性质与状态的对立。

（二）"的"字结构的称代规则

朱德熙（1956，1961）指出，名词性的"X 的 3"可称代"X 的 + 中心语"，这一结构是"限制性的"。范继淹（1979）指出，"形容词 + 的"的称代规则与区别性和描写性相关联：单音节形容词作定语是区别性的，因而可以称代中心语；形容词的生动形式是描写性的，无法加"的"称代中心语，双音节形容词则两属：

单音形	双音形 A	双音形 B	状态形
大的（苹果）	重要的（问题）	奇怪的＊（问题）	雪白的＊（床单）
好的（意见）	正确的（决策）	英明的＊（决策）	热腾腾的＊（饭菜）

按照范继淹（1979）的观点，状态形容词不能加"的"起称代作用。但是朱德熙（1956）指出，有程度副词"最""比较""更"构成的状态形容词作定语时是限制性的，是状态形容词中的特殊形式。用称代规则进行测试，它们也不同于一般的状态形容词：

[15] 最贵的不一定是最好的。

[16] 那件比较新的是他的。

[17] 别哭了，我给你买一个更好的。

我们发现，典型的状态形容词"很 + A"也可以用于称代中心语：

[18] 我很喜欢毛毛熊，昨天又买了个很大的。

[19] 哪件是张三的衣服？——床上那件很新的就是。

这组例外无法使用区别性/描写性的对立进行解释。

沈家煊（1999a：293）援引姚振武（1996）指出，除"很 A"之外，其他格式的状态形容词带上"的"也可以在一定条件下名词化：

[20] 那块黄澄澄的准是金子。

[21] 这件干干净净的给你穿。

[①] 朱德熙（1956）所说的限制性是一个语义概念，我们称为区别性。

这些典型的状态形容词并不违背描写性特征，同样是对特定个体的叙述，却可以加"的"后称代名词。而具有典型区别性的单音节形容词，作定语时可以起分类（区别）功能，但却不能加"的"称代核心名词：

[22] 我五岁的时候，妈妈给我了一个<u>小盘子</u>（*小的），上面写了一行我不认识的字。

例[22]中"M+N（小盘子）"是N（盘子）中的一个小类，M+N＜N，"小"有区别（分类）作用，却不能加"的"之后称代NP。

由此看出，"形容词+的"能否称代NP与描写性、区别性存在一定关联，但却不是决定性条件。

我们认为，修饰语在运用中表现出来的限制性与非限制性功能才是决定"修饰语+的"是否能够成为一个合格NP的关键因素。可用变换法进行测试：

[23] *我五岁的时候，妈妈给了我<u>盘子中比较小的一个</u>。①

单音节形容词"小"虽有区别性特征，但功能却不是限制性的，因此无法加"的"称代名词。

综合前人研究，我们认为，汉语形容词可从形式、句法、语义、语用等层次分出如下次类，存在着这样一组无标关联：

	无标关联1	**无标关联2**
形式—句法—语义	性质	状态②
语义	区别	描写
语用	限制性	非限制性

性质形容词有分类（区别）作用，主要用于限制性功能，而状态形容词多有描写作用，主要用于非限制性功能。语言中同时存在一些有标记的关联，比如性质形容词在保持分类功能的同时可用于非限制性，而有描写性的状态形容词也可以用于从同类中确定所指，起限制性功能。把区别性/描写性和限制性/非限制性看作不同层次上的两组概念可以解释上文所提出的一系列不对应。

从上文可以看出，"的"字结构可以称代NP与形容词的语义特征（区别性/描写性）存在关联，但语义特征不能完全解释称代规则。

---

① 例句[22][23]中的画线部分句法上都没有问题，但是变换后句子意义发生了改变，这里是语用上不合格。

② 上文已经指出，性质、状态的区别是形式、句法和语义的杂糅，和区别/描写的对立是属于上下位概念，此处为了处理方便，我们把它们暂时并列。

"红帽子"中的"红"是性质形容词,一般起分类作用,通常认为可以省略中心语说成"红的";可是如果它在句中起非限制性作用,核心名词并不能省略:

[24] 刚才我还看见她了呢,她戴了一顶红帽子(＊红的)。

[25] ＊我五岁的时候,妈妈给我了一个小的,上面写了一行我不认识的字。

"小的"在句法上完全可以成立,上例"小的"省略中心语之后句法不合法我们认为是因为"小"在句中不起限制性功能,这可以用省略法证明:"小"可以省略而不改变指称范围:

[26] 我五岁的时候,妈妈给我了一个盘子,上面写了一行我不认识的字。

核心名词不能省略可以有其他方面的解释:名词省略的前提是它有语境中可以追溯到的先行词,但是此句不存在这样一个先行词,因此可以认为例[25]不合法是因为语义上不允许省略,与限制非限制无关。但我们看到即使有可以追溯的先行词,只要修饰语不是限制性的,中心词同样不可省略:

[27] 我五岁的时候,妈妈给了我一个小盘子,我用这个小盘子/(＊小的)盛了水,端到屋里去。

这说明限制性/非限制性这组语用限制,确实是话语中 NP 是否可以用修饰语加"的"称代的决定性因素。

这是句子语用上不合格。由此我们提出一个修正的"的"字结构的称代规则:

只有限制性的修饰语才可以加"的"称代 NP。

"限制性"是省略中心语的必要条件。

这条规则是对袁毓林(1995)"的"字结构称代规则的修正。袁毓林(1995)意识到语义上的区别性和描写性不足以作为"的"字结构是否可以称代中心语的依据,他最终把"的"字结构的称代规则归于语用规则:

在具体语境中,如果"X+的"能明确地指示 Y,那么"X+的"可以称代 Y。

但是这个语用规则前件本身正是需要证明的部分,和后件有同义反复的嫌疑,前件中已经假设"X+的"能够成立("明确地指示"),然后由此推出"X+的"能够成立,作为规则而言不够严密。"明确指示"本身表述就比较含糊,如下例:

[28] 衬衫他要了一件红的。
　　[29]＊＊衬衫他穿着一件红的。①
　　两句中的"红的"在"明确指示"的程度上应该相当，前面都同样有先行词，但前者能称代 NP，后者却不可以。
　　（三）形式、语义分类与"X 的"的称代规则
　　根据形式和语义特征对形容词划分出的类别也会对"X 的"产生一定的影响。
　　单音节形容词多用于分类，多音节形容词多用于描写，因而单音节形容词加"的"称代 NP 较为自由。双音节形容词则介于两者之间。音节形式是根据形容词固有的特征进行分类的。
　　语义上的区别性和描写性则是形容词在修饰名词时和名词之间表现出来的一种互动关系。前辈学人往往采用语义标准判断"X 的"是否能够称代 NP。黄国营（1982）提出，修饰语是否可以加"不"否定可用来鉴定"修饰语＋的"是否可以称代核心：

　　[30] [不] 新鲜的（蔬菜）　　　[＊不] ＊单薄的（衣服）
　　[31] [不] 发达的（国家）　　　[＊不] ＊宝贵的（生命）

　　他认为，可以加"不"否定的形容词加"的"可以称代 NP，否则则不能。依照我们的判断标准，修饰语可以加"不"否定，意味着在同一个范畴内有互相区别对立的成员（分类），因而这是一个语义标准，修饰语能够为核心分类，必然是区别性的。这些形容词不用作修饰语时都可以用"不"否定。此处使用"不"进行测试，其实就是认为区别性可以影响称代规则，但这个标准只适用于形容词，不适用于名词、动词、人称代词等其他修饰语。并且在一定语境下，不能加"不"否定的形容词也可以加"的"称代 NP：
　　[32] 这些衣服厚点儿的你拿走，单薄的就扔垃圾桶吧。
　　[33] 他认为生命有宝贵的也有轻贱的。
　　语义对称代规则的影响的另一测试标准是专有名词，专有名词受形容词修饰，一般不能被称代：
　　[34] 漂亮的＊（张小梅）　　富饶的＊（中国）
　　修饰专名的形容词不起分类作用，因而是描写性的，它无法称代中心

---

① 这句话要想成立需要加一些语境条件，如"衬衫他穿了一件红的，西服他穿了一件黑的"或"衬衫他穿了一件红的，拿着一件白的"，即要构成对立语境，对立语境中修饰语一定是限制性的，详见下文。

语证明了语义因素对称代作用的影响。但是一定情况下修饰专有名词的修饰语也可加"的"起称代作用：

［35］你希望见到一个什么样的张小梅，漂亮的还是优雅的？

［36］你想看到一个什么样的中国，富饶的还是贫瘠的？

加"不"否定和专有名词这两个语义标准不能有效说明"的"字结构的称代规则，说明语义因素不能决定"X的"是否可以称代NP。语义上的区别性、描写性通常无标记地分别应用于限制性、非限制性，因而语义因素会影响"X的"的称代作用，这一影响已经在上文的分析中得到了体现，前人常利用一些语义手段来判断"X的"是否可称代NP。语义因素的影响，就是人们从语感上判断"X的"是不是一个合格的句法结构。"红的""好的"人们常常判定是一个句法上合格的NP，虽然语义上不完整，同时常认为"红通通的""很好的"是对某对象的描述而不是一个NP。可以说，语义层面的功能影响形容词是否可以加"的"构成合格句法结构。

［37］那些红通通的就是他从陕西运来的苹果。

和语义角度的影响不同，语用角度的限制性/非限制性影响"X的"在具体应用中是否可以应用于称代NP。

（四）修正的称代规则的应用价值

1. 强调结构。

［38］小王今天也戴帽子了，她戴着一顶红帽子/??红的。

［39］小王今天也戴帽子了，她戴的是一顶红帽子/红的。

有先行词或是听说双方共知的话题是名词核心省略的条件之一，但是先行词的出现并不能保证"的"字结构可以称代NP。例［38］和例［39］的对立可以说明限制性对"的"字结构的作用。强调结构中修饰语是限制性的，因而能够使用"的"字结构称代。

2. 重读修饰语。

［40］**勤劳的**中国人

例［40］只有一个解读：指中国人中勤劳的那一部分。

［41］勤劳的中国人

例［41］有两个解读，一个指中国人中勤劳的那一部分；另一个指所有的中国人，"勤劳"是中国人的习性之一。

3. 对举格式。

中心语相同的对举或并列等格式是强限制性格式，一般不能被"的"字结构称代的结构置于对举格式中，中心语同样可以省略（沈家

煊，1999b）：①

[42] 这里有许多种动物的尾巴——兔子的、狐狸的，还有……

[43] 钱老人的理解是比祁老人和韵梅的高明得很多的。（四世同堂）

这些单独看来无法省略中心语的结构，一旦用于语境中，与其他同类成分构成区别对立，即有了限制性功能之后，就可以称代中心语。进一步证明了我们的规则，同时可以解释描写性很强的状态形容词可以称代 NP 的原因：在运用中赋予它们限制性功能。

由于限制性—区别性、非限制性—描写性分别构成无标记的组配，区别性和描写性这组语义特征会影响称代规则，在此意义上，朱德熙（1956）、范继淹（1979）所发现的规则仍然是有效的。姚振武（1996）、沈家煊（1999b）发现，某些脱离语境不可能实现的称代在运用中（尤其是呈现对比意义的等立格式中）却非常自然，这说明称代规则与语用因素有着更为直接的联系，是一种受限制性/非限制性控制的语用规则。

形容词可否加"的"称代，受到限制性/非限制性的制约，但我们必须看到区别：即使状态形容词可加"的"转指中心语，指称对象一般也是某个个体，而不是类名，这是它与单音节（性质）形容词加"的"转指中心语的最大不同，"红的"往往指称一类，但是"很大的""很新的"一般指称个体，因此前面往往带"一个""那个"等特指标记。陆俭明（1991）曾指出，状态形容词加"的"称代中心语时往往与指示词同现，现在我们给了这个观察一个比较合理的解释。

"的"字结构称代 NP 除受限制性制约之外，还需要其他条件，如上文中提到的先行词条件。"的"字结构的称代规则还与定语类型有关。汉语中作定语时不能加"的"的修饰语：指示词、量化词、数量词等在当代语言理论中被称作限定词（determiner），生成语法 DP 理论中更把这些成分视为 DP 的核心，这几类成分作修饰语都有限制核心所指的作用，但无法加"的"称代中心语②。可以加"的"的其他类修饰语，如形容词、

---

① 这些无法被转指的，就是所谓的一价名词，如："爸爸、尾巴、时间、原因、方法、意见、立场、问题、故事、身份"等。唐正大（2006）认为这属于一种"修饰语依赖型"名词，其实这类名词的修饰语也可以被称为"核心依赖型"修饰语，或者说，这类名词的修饰语是名词的补足成分（complement），而不是像一般名词修饰语，往往作附接成分（adjunct）。这类修饰语虽然是限制性的，但同样不可转指中心语，沈家煊（1999b）指出，这有另外规则的制约：中心语无法被转指，是因为它们不处于同一个理想认知模型（ICM）中。

② 度量衡量词组成的数量结构修饰名词可以加"的"，但加"的"之后已经不再是一个表示数目的数量结构，而是表示性质的修饰语，因而一定条件下可以称代核心名词，如：给我来一条三斤的（鱼）。

名词、关系从句、方位词短语等兼有 R 与 NR 两种作用，但只有在具备限制性时，它们才有可能加"的"称代中心语。"的"字结构的称代规则和核心名词的类型也有关系（详见上页脚注①）。

三 汉语形容词的功能对应

（一）形式、句法与语义之间的功能对应

1. 非谓形容词，用于分类（区别性）：

[44] 废纸　副经理　男教师　中型企业　重点中学　业余爱好　新生力量

2. 单音性质形容词，一般用于分类（区别）：

[45] 白纸　　　烈酒　　　长的棍子　　　好的教育

单音节形容词并不必然起分类作用（区别），有时可用作描写功能：

[46] 一位旅客走累了，坐在坚果树下休息，他注意到前方一根细藤上结了个巨大的南瓜。/"自然界中的一些现象真是很荒谬，"旅客暗自嘀咕，"如果让我创造这个世界，我会让万物回到它们本来的样子。大南瓜长在结实的大树上，而坚果则应该结在细藤上面。"/这时，一枚小坚果从树上掉下来，打在他的脑袋上，震惊之余，游客望着枝干暗想，"天啊，原谅我的傲慢自大吧！假如从树上掉下来的是一个大南瓜，我岂不是被砸死了？"

3. 双音形容词，一类靠近性质形容词，可直接修饰名词，一般起分类作用：

[47] 漂亮的（姑娘）　　　普通的（衣服）　　　好看的（玩具）

另一类靠近状态形容词，加"的"之后才能修饰名词，一般体现描写性：

[48] 美丽的姑娘　　昂贵的首饰　　　英明的决策

4. 复杂形式的状态形容词，一般是对个体或特定对象（specific）的描述：

[49] 笔直的马路　　湛蓝的天空　　　密密麻麻的雨点
　　　歪歪扭扭的字迹

汉语形容词的形式、句法和语义功能匹配如下：

　　　　　　　　区别　　　　　　　描写
非谓形　　　　　　+　　　　　　　　−

单音形	+	− (+)①
双音形	+	+
复杂形	−	+

区别性/描写性作为修饰语本身的内在语义特征，遵循如下序列：

非谓　　单音形　　双音形　　复杂形容词　　唯谓形容词

　　　　　　　　　　描写性增强
————————————————————————————→

　　　　　　　区别性增强
←————————————————————————————

（二）句法、语义与语用功能的对应

1. 典型的性质形容词有如下功能。

（1）语义上是区别性，语用上是限制性。

[50] 好书是百读不厌的。

（2）语义上是区别性，语用上是非限制性。

[51] 他给我买了件花衣服。

（3）语义上是描写性，语用上是非限制性：

[52] 小鸟，小草，大树②

2. 典型的状态形容词是形容词的生动形式：

（1）语义层面是描写性，常用于非限制性：

[53] 漂漂亮亮的女孩子一旦嫁作人妇，几年下来就变了个样子。

（2）语义层面是描写性，语用层面用于限制性：

[54] 白白胖胖的那个孩子就是他弟弟。

[55] 黑糊糊的那个红薯就是他烤的。

因为可以用于限制性功能，状态形容词同样可以加"的"称代中心语：

[56] 你给我拿一块干净点儿的红薯，我不要黑糊糊的。

（三）影响形容词限制性/非限制性功能的因素

1. 形容词的形式及句法、语义功能。

单音节—性质形容词—区别性—限制性；

复杂形容词—状态形容词—描写性—非限制性。

上述二种关联模式是形式及句法、语义功能对限制性、非限制性的影响。

2. 语序与现实情态/非现实情态（realis/irrealis）。

---

① 括号意为在特定情况下也可具有此类特征。
② 这是一种不太常用的、非常有标记的形式。

文旭、刘润清（2006）指出，汉语中关系从句的限制性与非限制性功能和核心名词的定指/不定指有关，核心名词定指，则关系从句是限制性的；核心名词是不定指的，则关系从句是非限制性的（他们称为描述功能）：

［57］ 我一直想要借的那本书今天终于借到了。
［58］ 我买到了一本对我写论文很有用的书。

但在核心的指称性质不变的情况下，改变一下限定词相对于修饰语的位置，修饰语的功能就发生了明显改变：

［59］ 终于有人把《野草》还回来了，这本我一直想要借的书今天终于借到了。
［60］ 对我写论文很有用的一本书不见了。

文旭、刘润清（2006）所举例句正好证明了汉语中限定词的语序对修饰语功能的影响：在限定词之后的修饰语一般是非限制性的，其前的修饰语一般是限制性的（赵元任，1968；吕叔湘，1985；陈玉洁，2007：第8章）。

改变例［60］的情态，同样的NP中关系从句也可以变成限制性的：

［61］ 我想买一本对我写论文很有用的书。

这说明，情态与语序都是对关系从句的限制性还是非限制性起作用的因素。对形容词的功能这两个因素同样有效：在现实情态的句子中，形容词功能一般为NR，非现实情态的句子中则为R：

［62］ a. 她穿了一件花衣服（NR）
　　　 b. 她想要一件花衣服。（R）
［63］ a. 小李$_i$一来到办公室，大家就喜欢上了这个漂亮的姑娘$_i$。（NR）
　　　 b. 他喜欢上了漂亮的这个姑娘。（NR）

对现实世界中的既定对象进行描写和叙述总是非限制性的，加不加定语不影响指称范围。如果在非现实世界中提出要求，那么定语自然多用于限定名词的范围。限制性与非限制性之别其实在于定语是否是强调的重点，可用重音进行标记，因而我们才把这一对立归为语用对立。

另外，核心名词的性质、不同的修饰语类别也会影响形容词的语用功能，详见唐正大（2006）、陈玉洁（2007）。

四　结语

本文主要探讨名词的修饰语（主要是形容词类修饰语）可以在何种条件下加"的"称代名词。区别性和描写性是从语义角度对形容词进行分类的，是形容词固有的语义特征，其判断标准为是否可以为核心分类。

形容词限制性、非限制性是形容词在运用中体现出来的功能，其判断标准为是否可以缩小 NP 的指称范围。我们认为，从用法来看，存在如下两组无标记对应：单音形容词—区别性的—限制性，复杂形容词—描写性—非限制性。但同时形容词可以同时具备区别性和描写性，在运用中体现限制性或者非限制性功能。

陆丙甫（2003）在分析"的"的性质时指出，"的"的出现与否体现了区别性与描写性的对立，区别性定语常不用"的"，描写性定语不可缺"的"，因而"的"与区别性定语不很匹配，而与描写性定语很和谐。按照我们的看法，把描写和区别都看作语义层面的分类，正好也符合陆丙甫所言描写性定语与"的"更为和谐的看法，因为描写性定语一般不可不加"的"，而区别性很强的定语，如单音节形容词可不加"的"。严辰松（2007）也提到，限制性功能是修饰语可以加"的"称代的必要条件，他也注意到了语境因素对称代规则的重要影响，但是他没有对限制性进行定位。他把语境看作修饰语"X"和核心名词之间的互动关系，他认为，凡是为核心分类的 X 都可以加"的"称代核心，从这一点来看，他的限制性大致相当于我们所定义的语义层面上的区别性。而我们认为，限制性是修饰语在应用中体现出来的语用功能，时刻受语境的调控，这个语境是"修饰语+核心"结构之外的、更大的语境，如果说存在互动，那么应该是整个 NP 和它所在的句子之间的互动。

修饰语在语境中实现限制性功能是修饰语能够加"的"省略核心的必要条件，这是区分限制性/非限制性的重要意义之一；同时，作为一组可以在语言中被语法化的范畴，这一对立的确立可进一步推进对形容词的研究。

参考文献

Christensen, Francis, "Restrictive and Non-Restrictive Modifiers Again", *College English*, 1957, 1: 27 – 28.

Dixon, R. M. W., "Adjective class in typology perspectives", In R. M. W. Dixon & Alexandra Y. Aikhenvald (eds.), *Adjective Classes: A Cross-linguistic Typology*, Oxford: Oxford University Press, 2004: 1 – 49.

Genetti, Carol & Kristine Hildebrandt, "The Two Adjective Classes in Manange", In R. M. W. Dixon & Alexandra Y. Aikhenvald (eds.), *Adjective Classes: A Cross-linguistic Typology*, Oxford: Oxford University Press, 2004: 74 – 96.

Givón, T., *Syntax: An Introduction* Vol. 2, Amsterdam: John Benjamins Publishing Company, 2001.

Lu Bingfu, Left-right Asymmetries of Word Order Variation: A Functional Explaination. Unpublished Ph. D Thesis at University of Southern California, 1998.

Peterson, Philip L., *Fact Proposition Event*, Netherlands: Kluwer Academic Publishers, 1997.

常福良:《西班牙语语法新编》, 北京大学出版社 2004 年版。

陈玉洁:《指示词的类型学考察》, 博士学位论文, 中国社会科学院研究生院, 2007 年。

范继淹:《"的"字结构代替名词的语义规则》,《中国语文通讯》1979 年第 3 期。

黄国营:《"的"字的句法、语义功能》,《语言研究》1982 年第 1 期。

刘丹青:《汉语名词性短语的句法类型特征》,《中国语文》2008 年第 1 期。

陆俭明:《现代汉语句法里的事物化指代现象》,《语言研究》1991 年第 1 期。

陆丙甫:《"的"的基本功能和派生功能——从描写性到区别性再到指称性》,《世界汉语教学》2003 年第 1 期。

吕叔湘著, 江蓝生补:《近代汉语指代词》, 学林出版社 1985 年版。

沈家煊:《不对称与标记论》, 江西教育出版社 1999 年版。

沈家煊:《转指和转喻》,《当代语言学》1999 年第 1 期。

唐正大:《关系化对象与关系从句的位置——基于真实语料和类型分析》,《当代语言学》2007 年第 2 期。

唐正大:《汉语关系从句的限制性与非限制性解释的规则》, 见中国语文杂志社编《语法研究和探索（十三）》, 商务印书馆 2006 年版。

文旭、刘润清:《汉语关系小句的认知语用观》,《现代外语》2006 年第 2 期。

严辰松:《限制性"X 的"结构及其指代功能的实现》,《解放军外国语学院学报》2007 年第 5 期。

姚振武:《汉语谓词性成分名词化的原因及规律》,《中国语文》1996 年第 1 期。

袁毓林:《谓词隐含及其句法后果——"的"字结构的称代规则和"的"的语法、语义功能与"的"字结构的称代规则》,《中国语文》1995 年第 4 期。

张敏:《认知语言学与汉语名词短语》, 中国社会科学出版社 1998 年版。

赵元任:《汉语口语语法》, 吕叔湘译, 商务印书馆 1968/1979 年版。

朱德熙:《说"的"》, 见《现代汉语语法研究》, 商务印书馆 1961［1980］年版。

朱德熙:《现代汉语形容词研究》, 见《现代汉语语法研究》, 商务印书馆 1956［1980］年版。

《汉语形容词的限制性和非限制性与"的"字结构的省略规则》, 原载《世界汉语教学》2009 年第 2 期

中性指示词与中指指示词*

陈玉洁 浙江大学中文系

摘要 本文区分指示和指示词，指示是一种语用功能，指示词是表达指示的形式。文章考察了语言中的中性指示词和中性指示概念，中性指示是只依赖指示功能确立所指，不需要附加任何语义特征的指示，如果语言中有专门指示词来表达中性指示现象，这个指示词就是中性指示词。中性指示词是语言的指示系统中没有距离等语义特征加入的指示词，单用时没有距离意义，但由于和距离指示词拥有共同的指示功能，中性指示词可临时插入距离指示系统，在语境中拥有距离意义，语义随语境不同而摇摆不定。中指指示词不同于中性指示词，它拥有固定的距离意义，是语言中无标记的距离指示词。

关键词 中性指示 中性指示词 中指指示词 距离意义

○ 引言

指示词除主要依赖指示功能确定所指之外，一些语义特征，如空间距离、时间距离、生命度、地理特征等也可编码进指示词，辅助指示功能更加准确地辨明所指对象。多项语义特征中，空间距离比其他意义更容易编码进指示系统（陈玉洁，2007a：第三章）。语言中的指示系统可根据编码进来的语义特征（首先是距离语义）划分出不同层级，但研究指示词的语义层级必须重视一点：属于不同对象范畴的指示词在语义区分度上可能存在不同。储泽祥、邓云华（2003）发现了一个关于指示词层级系统的等级序列，刘丹青、刘海燕（2005）改写为如下蕴含共性：

---

* 本研究受国家社会科学基金（基金编号：08CYY023）资助。文章在写作和修改过程中蒙刘丹青教授、杜轶博士等师友指教，获益良多。文中尚存不足之处由作者本人负责。

[1] 性状方式⊃时间⊃个体⊃方所

这个蕴含式的意思是：假如一种语言或方言中左侧范畴的指示词区分出 n 个层级，那么其右侧范畴的指示词至少会区分出 n 个层级，即在任意一个语言系统中，方所指示词可能分得最细，其次是个体（指人指物）指示词，性状方式指示词可能分得最为粗略。

Diessel 等（1999：2）指出，从直指功能上来说，所有语言都至少有两个相对立的指示词：近指指示词（指示靠近直指中心的对象）和远指指示词（指示与直指中心有一定距离的对象）。这个结论是在没有区分对象范畴的情况下得出的。笔者认为，任何语言中的指示词都能够表达距离远近对立，但这种对立并不一定要覆盖所有的对象范畴。

本文将在区分不同对象范畴的基础上探讨语言中的中性指示现象与中性指示词，同时分析中性指示词和中指指示词的语义差异，厘清这些概念，以便在进行语言调查时更加精确地描写指示系统。

中性指示词也称作一分指示词（刘丹青，1995），这是从指示系统的区分度上进行的命名，而中性指示词则是从功能性质角度进行的命名。中性指示词作为一种语言现象，在学者们刻画方言语法代词系统时已经得到了许多描述，但自陈玉洁（2007a）、汪化云（2008）始才把汉语中这类指示词称作中性指示词。到目前为止，对中性指示词的功能、性质，在指示系统中的地位，和距离指示词之间的关系等理论问题，除陈玉洁（2007a）有所涉及外，尚未引起足够重视。

一　中性指示现象与中性指示词

（一）语言中的中性指示

指示词的核心功能为辨明所指，即实现明确指示。从指示对象和指示词之间的关系来看，指示功能主要有直指、回指、认同指、助指等几类（参见 Fillmore，1982；Himmelmmann，1996；陈玉洁，2007）。

刘丹青（2009）把指示词定义为"主要功能为直指，也可用作回指的词类成分"，这个定义完全从指示功能角度来确立，可见指示功能对于指示词而言的核心地位。我们把仅实现指示功能、不附加任何语义特征的指示称为中性指示，如果语言中有专门实现中性指示的指示词，我们把这个词称为中性指示词。

王灿龙（2006）也认为，指示词的产生，最初只是为了一般地指称事物，后来随着认识的提高和语言的发展，指示代词开始有了远近指的区别。这种观点也说明指示词的指示功能是第一位的，远近意义是第二位的，因而在有中性指示词的语言中，中性指示词往往是使用频率最高的指示词。

吕叔湘（1990）指出，当所指对象存在于言谈现场，并且是唯一的同类对象，其身份不需要靠与其他对象的区别来辨明时，远近距离无须说明，他把这类功能的指示称为不兼区别意义的指示：

[2] 这间屋子住得下这么多人吗？

例[2]中"这"的功能是直指的一类，无须手势辅助，在有定冠词的语言中使用定冠词。直指中还有一类要辅以肢体语言，可以指示现场中的多个同类对象：

[3] 这/那个是我哥哥，这/那个是我弟弟，这/那个是我妈妈。

上述两类直指指示出现在说话人目前的对象，刘丹青（1995）把这类指示称作当前指。不管是否需要伴随手势，所指已经非常明确，因而是一种不需要区分距离远近，或者说不凸显距离的指示，如果语言中存在中性指示词，只要求确定所指时多使用这个中性指示词。但在没有中性指示词的语言中，距离等语义编码进指示系统后，指示词行使指示功能时总会凸显距离意义（虽然并不需要）。如上例[2]、例[3]选用"这"还是"那"还是会受到距离因素的影响。

指示词实现回指功能时，由于所指在上文已经出现，得到了确立，从指示意义来看也不需要说明所指远近，汉语可使用近指词或远指词，甚至没有远近区别的第三人称代词：

[4] 我昨天在街上看见一个更不怕冷的女孩子，这个/那个女孩子/她就只穿了一件毛衣。

据刘丹青先生告知（个人交流），苏州方言中，直指功能主要由能显示距离对立意义的指示词"该""归"来表示，不需要凸显距离时也使用中性指示词"䎺"，回指功能主要由"䎺"来表示。Tiriyó（Meira，2003）语中的 irë 系指示词和其他有距离意义的指示词拥有同样的形态变化，但只用于回指，并且没有远近区别。

认同指由共享知识提供有定信息，苏州话中主要由"量+名"结构表示，英语使用定冠词表示。而对于由修饰语提供有定信息的助指，苏州话一般使用"䎺"或量词，量词和"䎺"往往还兼作定语标记（陈玉洁，2007b），除非特意强调距离，一般不使用有远近距离意义的指示词。

上述例证说明，在大多数情况下，指示词只需指明所指即可，不必额外指出所指对象的距离特征，即中性指示是指示的常态，需要区别距离意义的指示反而不常见。但是如果语言中没有专门的中性指示词，则中性指示也被迫对远近距离表态，此时可有多种语义因素参与进来影响指示词的选择，比如时间距离、心理距离等，有时影响因素可以特别复杂。对于没有中性指示词的汉语普通话来说，丁启阵（2003）认为有 8 组对汉语普通话"这/那"的选择起作用的因素，这 8 组对立何时、以何种方式影响指示词的选择存在较大的随机性，因而汉语指示词的使用规则很难得到清楚的描述和学习。不过汉语中"这/那"的选择确实带有某种倾向性，如实现助指功能时，所指一般不在目前，由于指示词一般用"那"（Chen, 2004）。

没有中性指示词的语言在所有类型的指示中都要被迫对远近表态，不同语言的观察角度可能存在不同，所以汉英语的指示词有时候无法直接互译，如对自己说过的话进行总结时，英语一般说"That is……"，而汉语使用"这是……"（李虹、程平，2008）。

（二）中性指示词的特征

Alamblack 语中（Diessel, 1999：36-37），指示代词和指示形容词都不表示远近意义，表示距离远近靠加直指后缀 - ar（近）和 - ur（远）来实现。不加距离标记的指示词距离是中和的，不表示远近概念，常用定冠词来对译，Diessel 等因此认为这类指示词语用功能介于定冠词和指示词之间。我们认为这种看法混淆了指示词的语义功能和语用功能，语义上没有远近距离区别并不意味着指示功能的弱化，也并非指示词冠词化的标志。定冠词是语义距离中和的成分，但反之并不成立。只要语言中的指示词有直指等典型指示功能，不管是否表示远近距离，都可以称得上是典型的指示词。

法语中指示词与 Alamblack 语类似。指示代词由基本指示语素 celui（单数阳性）、celle（单数阴性）加上距离标记 - ci（近）和 - la（远）构成，但 celui 和 celle 在由关系从句和介词短语修饰时，不必加距离标记。① 而指示形容词 ce（单数阳性）、cette（单数阴性）、ces（复数）在使用时也常常不加距离标记，这些不加距离标记的指示词是距离中立的，同时法语中有独立的冠词 le，l'（阳性单数）、la，l'（阳性复数）和 les（阴阳性通用）。

德语指示处所的副词有三个层级：hier（近）、da（远）、dort（更远），口语中个体指示词是 dies 和重读的 das，dies 和 das 并不构成距离对立，两个词都可以表示近指或远指，如果要表示近远对立，需要附加处所指示词：

---

① 这是实现助指功能需要使用中性指示词的又一例证。

[5] das　　Haus　　da　　（那所房子）
　　　这/那　房子　那里

赣语泰和方言（戴耀晶，1999），个体指示词只有一个"格"。戴耀晶指出，当不需要区别远近的时候，泰和方言中就用"格"来指示，"格"的基本意义是近指（从戴耀晶的描写来看，这个近指实际上就是指示存在于言谈现场的对象，所以常被认为属于近指，其实实现的是典型的直指功能——本文作者注），如果要指示较远的对象，就在前面加上远指处所指示词"葛罗［ko^{42}lo^{33}］"：

[6] 格是一堆橘子 这是一堆橘子。

[7] 格栋屋是叔叔个，葛罗格栋屋是伯伯个 这栋屋是叔叔的，那栋屋是伯伯的。

和德语类似，泰和方言中个体指示词要实现远近距离对立需要依赖语义区分度更为细致的处所指示词来辅助。

语言学家对这些没有距离区别意义的指示词做过很多探讨。Harris（1978，1980）认为，法语中的指示形容词ce、cette和ces当不加距离标记单独出现时，可以视为定冠词。Anderson和Keenan（1985：280）也认为不标记（近远）距离的直指表达与定冠词无别。但是Himmelmann等（1997：53-62，引自Diessel，1999）认为，指示词并不一定要在直指功能上体现出距离对立，笔者认同这个观点。指示词一定会在某个对象范畴内体现出距离对立。一般而言，一个语言不可能连处所指示词都无法体现距离对立，同时基本指示语素或个体指示词可能出现不表示距离对立的一分现象。这种中性的指示词最容易语法化为定冠词，因此Diessel等（1999）才认为Alamblack语中不加距离标记的指示词功能上介于指示词和冠词之间。

这些没有距离区别意义的词是指示词而不是冠词。它们不具有句法强制性，并且句法上不必依赖名词才能出现，尤其是有些还可以单独使用做句子的主语或宾语，如赣语泰和方言中的"格"。法语的celui和celle还可以作为语义核心受关系从句和其他修饰语的修饰。

此类词属于指示词的另一个重要证据是，它们拥有指示词的基本功能——直指，可以在指示言谈场景中出现的对象时加手势辅佐，这是冠词所不具备的一项功能。

二　语言/方言中的中性指示词

距离语义是对指示功能的补充，在长期的发展中已经成为指示词的本质特征之一，因而语言学家常试图利用近指和远指等距离概念描写中性指示词。通过下面汉语方言中的材料我们将说明，把中性指示词纳入距离系统进行描述是不合适的。中性指示词的功能和距离语义没有进入指示系统之前的指示功能直接对应。

(一) 苏州方言中的中性指示词"瓣"

小川环树（1981）指出，苏州话中存在一个非近非远的指示词"瓣"，和日语中指示靠近听话者的对象的中指相当。石汝杰（1999）认为，苏州方言中近远指分工明确，近指词是"哀"[E⁴⁴]／"该"[kE⁴⁴]，远指词是"弯"[uE⁴⁴]／"归"[kuE⁴⁴]，被小川环树认为是中指词的瓣 [gəʔ⁴⁴]，石汝杰称为特指词，他指出，"瓣"的指示作用不确定，和近指"哀"对用时指远，与远指"弯"对用时指近。刘丹青（1995）指出，"瓣"还可以代替单用的近指或远指词，代替近指的机会更多一些，导游可以指着一块碑向游客介绍：

[8] 瓣块碑有五百年历史哉。

这例用法说明"瓣"可用作直指并伴随手势出现，是一个指示词而非冠词。可以代替单用的近指或远指词说明"瓣"单独出现时远近距离要根据语境得以解释，本身没有固定的距离意义。"瓣"用于直指（或叫当前指）时，所指对象可远可近，因而才说"瓣"既可以代替近指词，又可以代替远指词，这一结论是和没有中性指示词的指示系统，如汉语普通话，对比之后得到的结论。我们之所以认为"瓣"代替近指的机会多一些，是由于其存在于当前场景中、没有对比项的对象大多被认为是近指对象。

《汉语方言语法类编》（黄伯荣主编，1996：485）认为，苏州方言的中的"瓣"是一个中指词，有两种用法，一种表示方位介于远近之间：

[9] 哀搭是苏州，uE⁴⁴搭是杭州，瓣搭是上海（这里是苏州，那里是杭州，这里是上海）。

另一种是用在方位上无所谓远近的时候，描写者指出："大凡我们说到一样事物时，如果不着重方位远近的对比或者不需要（有时是不可能）指出远近的对比，那么要用中指的方位指示词。"这是一种典型的中性指示用法。

综合起来，苏州话中的"瓣"有如下用法：①与近指词对立使用指远；②与远指词对立使用指近；③单独使用，一般没有距离意义；④与远近指词一起出现，表示中指。

从"瓣"的语义灵活度上可以看出，它是一个属于远近指系统之外、不表距离远近的指示词，是一个典型的中性指示词，把它硬性纳入有距离意义的指示系统，使用近和远来描述它并不合适。

中性指示词虽然本身和远近无关，但和其他指示词拥有共同的指示功能，可以插入远近指系统中，临时或固定拥有远指或近指的功能，距离意义由语境赋予，一旦距离意义在中性指示词中得以固定，中性指示词就有可能跻身距离指示系统成为新的距离指示词，也有可能挤掉原来的距离指示词，取而代之。这可以解释苏州方言中"欸"为什么可以和近指对立表示远指，和远指相对表示近指，和远近指一起出现时表示中指。"欸"在与苏州话邻近的上海话中由老派的中性指示词演变成了新派的近指词，取代了老派近指词"迭"，同时仍兼中性用法（钱乃荣，1997）。而在吴江方言的个体指示词系统中（刘丹青，1999），"欸"已经成了一个与远指词 [kɔ⁵¹/ɔ⁵¹] 相对立的近指词，距离意义得以固定。

吕叔湘（1990）认为，"（苏州方言中）所谓的中指指示词不但是一个不论远近的中性指示代词，并且是一个弱化的指示代词，是由近指指示代词或者远指指示代词弱化而成"。吕先生把苏州方言中的中性指示词看作与 the 类定冠词相对应的词，这一看法有一定道理，因为中性指示词和 the 都没有距离指示意义，中性指示词虚化为冠词不必经过距离语义减弱这一环节。因而我们推测，有中性指示词的语言中中性指示词最有可能是定冠词的源头。和吕叔湘（1990）的看法不同，我们认为苏州方言中的中性指示词可能不是由近指指示词或远指指示词弱化而成的，应该有独立来源，直接证据是它可以表示远指、近指或中指，如果持弱化说，无法解释这一用法上的特殊性，并且"欸"的指示功能并没有弱化。

中性指示词实现指示功能时并不凸显距离意义，但由于当前场景中的对象可能靠近说话人或远离说话人，因此人们在描述中性指示词的特征时，总是说它既可以指远又可以指近，实际上远近意义只是言谈现场中所指对象本身的距离带来的，并非中性指示词的意义。所以确切来讲，并不是苏州方言中的"欸"可以代替单用的近指词或远指词，而是其他没有专用中性指示词的方言要借用近指词或远指词来表示中性意义。所以在用普通话对译时，"欸"要翻译成近指或远指词，看起来就像是代替近指或远指。任何语言中都有中性指示的需要，中性指示的语言环境本来不需要说明远近，但无中性指示词的语言中，中性指示也要"被迫"对远近表态，此时各种距离因素，如空间、时间、心理距离、是否存在于目前、回指自己的话还是别人的话等因素都会对指示词的选择起作用。

(二) 崇明方言中的中性指示词

崇明方言指示系统中有一组远近中和的"葛"与"ki"（刘丹青、刘海燕，2005），"葛"在与近指词对用时可以表示远指，构成一组远近对立：

[10] 吉本书我咯，葛本书是我图书馆里借咯 这本书是我的，那本书是我从图书馆里借的。

刘丹青、刘海燕还指出："'葛'的表现和苏州话中的'艐'类似，可以表示可远可近或无所谓远近，有时候'葛'所指示的对象只能理解为近指（我们认为有这种认识是因为'葛'往往用作指示当前场景中常见的对象），同时'葛'也可以跻身距离系统和远近指示词构成对立。"

[11] 哎，小张，坐勒主席台浪葛个哈人 哎，小张，坐在主席台上的那个是谁呀？
[12] 葛个我里爸爸，葛个我里姆妈，葛个我里妹妹 那是我爸爸，那是我妈妈，那是我妹妹。
[13] 葛瓶香水是我新买咯，送拨尔 这瓶香水是我新买的，送给你！
[14] 我葛本字典呢？——弗勒我葛墩呀，我昨日还拨尔咯特 我那本字典呢？——不在我这里呀，我昨天还给你了。

从我们的观点来看，例[11]句中"葛"与关系从句同现，有助指功能。例[12]、例[13]指示出现在话语现场的对象。例[14]句前一个"葛"用于领属结构，指示双方已有默契的有定对象，后一个"葛"可归为受"我"限制的助指。这些都是中性指示的环境，指示词不需要显示距离远近意义。刘丹青、刘海燕（2005）已明确指出，"葛"在距离范畴上是中性的，可以用于远近各种情况，其用例中的远近意义有的是现场实情本身具备的，不是靠"葛"来明示的，有的是靠组合关系的对立而实现的，如与近指词同现时的远指义。按我们对中性指示词的定义，"葛"是一个典型的中性指示词。

同时他们指出，"ki^{42}"是崇明方言中最高频的指示词，可能是"葛一"的合音，其意义上表示有定多于指示，句法上可以直接和名词组合，而其他指示词需要加量词之后才能和名词组合，并且"ki^{42}"不是基本指示语素，不能构成处所指示词。从这些表现来看已可把"ki^{42}"视为定冠词。这个描述恰好符合我们对中性指示词的预测，"葛"是一个典型的中性指示词，具有直指功能，因此可用于距离指示系统中，但它中性指示的特点又决定了它是指示系统中最容易发生冠词化的成分，因此"葛"发展为定冠词"ki^{42}"是一条非常自然的道路。

刘丹青、刘海燕（2005）把崇明方言的指示系统描述成：

　　　　近指　　　兼指　　　远指　　　更远指　　　更更远指
　　　吉——→←——葛（——→←——埃）
　　　讲———→←———港［——→←——埃（——→←——^埃）］
　　　　　　　　　　　ki
　　　　　　　　　　　埃（——→　←——^埃）

如果独立出中性指示词的概念，那么崇明方言繁复的指示系统可以变得比较单纯。更远指和更更远指是靠重读来区别的一组对立，由于重读常常缺少可以精确描写的系统性（如重到什么程度算一级、总共有多少个重度等级等），因此属于语法化和词汇化程度较低的指示形式。因而我们可以这样分析：崇明方言中距离意义的指示系统是一个比较简单的近—远—更远三分系统，外加上中性指示词"葛"以及由它语法化而来的定冠词 ki，可以通过重读更远指来表示更更远指，但这只是一种语用手段，并没有构成新的词汇形式，崇明方言中的距离指示系统可描述如下：

　　近指　　　　远指　　　　更远指　　　　更更远指
　　吉/讲　　　 港　　　　　埃　　　　　　^埃

（三）中性指示词与距离指示词

朱建颂（1992）提到，武汉方言中有一个不与距离指示词"这/那"对举出现的"nɤ^{35}"，用于无须区别时间、空间远近的场合。他指出，用于现场指示并伴以肢体语言时，nɤ^{35}还可以有如下用法：

[15] nɤ^{35}是生的，nɤ^{35}是熟的 这是生的，那是熟的。

[16] 我在nɤ^{35}里，他在nɤ^{35}里 我在这里，他在那里。

例[15]、例[16] 中nɤ^{35}表现出只指示位置却不区分距离的当前指用法，因而才有它同时表示远近指示对立的情况（见普通话对译）。这个nɤ^{35}也是一个典型的中性指示词，但是朱建颂未对它的功能进行进一步描写。

吴语区的震泽和盛泽方言（刘丹青，1999），个体指示词是一分的，近远都用"㪥"，与苏州话中的中性指示词"㪥"表现类似，但苏州话中另有一对表示距离远近的指示词，而震泽和盛泽方言中个体指示词不区分远近对立。

张玉金（2006：225）指出，西周语料中的"是"基本上都是用于话语复指（相当于本文所说的回指），它的功能比较靠近冠词而不是指示词。马建忠（1898）也指出，"凡前文事理，不必历陈目前，而为心中可意者，即以'是'字指之。前文事物有形可迹，且为近而可指者，以'此'字指之"。"心中可意"，即"是"依赖共享知识、双方默契等确定所指，与具有直指功能的"此"构成对立。张玉金（2006：258）又指出，"此"可以与"彼"对立地用于一句之中，而"是"没有这类用法，可见"是"无距离意义。但是，称"是"为冠词也不恰当，因为它可以独立做句子中的主语，其后不一定要加名词成分。这个只能回指的"是"和 Tiriyó 语中的 irë 系列回指词类似，也没有远近区别，和"彼""此"不在一个同级系统内，可认为上古汉语中的"是"是一个中性指示词。

毛宗武、蒙朝吉、郑宗泽（1982）认为瑶族勉语指示系统是一个近指 na：i^3、中指 na：i^6、远指 wo^3 三分的系统，近指指示距离说话人比较近的对象，中指和远指的区别不是远指指示比中指更远的距离，而是远指泛指不太固定的地方，而中指指示位置比较确定的地方，据描写者介绍，在不需要区分远近的时候，一般是用远指词 wo^3 的。近指和中指形式上有密切联系，只靠声调来区别，刘丹青、陈玉洁（2008，2009）通过大量数据分析指出，一个语言系统中指示词的形式总是存在密切关联，一般会构成最小对比对。我们推测，近指 na：i^3 和中指 na：i^6 才是瑶族勉语中根据距离划分出的远近指示词，而被作者称为远指词的 wo^3，实际上是一个中性指示词，由于它不反映距离意义，因而被认为指示位置不固定（即远近皆可），形式上和指示远近的指示词也有较大差异。

不仅仅是个体指示、性状指示等范畴中才存在中性指示词，语义区分度最为细致的处所指示词中也有可能出现中性指示词。如清流方言中（闽西客话，项梦冰，1999）有一个指示处所的"田里"，不表示空间距离意义，常用于专名之后表示固定的某一处，项梦冰称为"非距离指示"，与表示距离指示的"这里（近指）"、"扁里（中指）"和"解里（远指）"构成对立。这是处所指示词中出现的中性指示词。

[17] 去厂长田里。（去厂长处。）
　　　王老师田里借得到这本书。（王老师处能借着这本书。）
　　　我田里有。（我处有。）
　　　我东西搭在尔田里好无？（我的东西寄放在你处行吗？）
　　　佢田里个桃树一下都开花哩。（他处的桃树全都开花了。）
　　　锁神在系么人田里？（钥匙在谁处？）

中性指示不一定总要依赖中性指示词，中性指示现象在汉语普通话中就没有得到形式表现。而 Tagalog 语（Schachter，1987）使用语序手段来区别中性指示和距离指示。指示词前置于名词，是一种中性指示的用法，一般用于当前指，没有远近比较意味，后置于核心则意味着远近的对比：

[18] mahal itong galang. (Pero mura itong singsing)
expensive this-lig. bracelet but cheap this-lig. ring
这个项链很贵，但是这个戒指很便宜。

[19] mahal ang galang na ito. (Pero mura ang galang na iyan)
expensive tg. bracelet lig. this but cheap tg. bracelet lig. that
这个项链很贵，但是那个（项链）很便宜。

Diessel 等（1999：38）认为，所有语言都拥有可以标记距离的指示词。这一看法有局限性，她没有区分指示和指示词，指示是一种语用功能，指示词是表达指示的形式。表达距离指示和以什么形式表达距离指示是两个层面的概念。有多种手段可以表达距离指示，把距离意义编码进指示词中（出现独立的距离指示词）只是手段之一，上文 Tagalog 语通过语序改变这种句法手段来表达距离指示①。

距离指示也有可能通过中性指示词的不同组合方式来表现，如宁波方言（潘悟云、陶寰，1999）：

[20] 个个是我个，个个是渠个。（这个是我的，这个是他的。）

[21] 个个是我个，个面一个是渠个。（这个是我的，那个是他的。）

宁波方言中的"个"是个中性指示词，不能独立使用，要和量词"个"组合成"个个"才能充当主语、宾语，区别远近距离仍然靠中性指示词"个"和量词"个"的组合，但组合方式不同于当前指，形式为"个面一个"，比起中性指示用法增加了一个泛指处所名词"面"。

盛泽（刘丹青，1999）方言中，个体指示词不分远近，出现需要区别的对象时，可以靠手势来表示：

[22] 葛②只是茶杯，葛只是酒杯。（这只是茶杯，这只是酒杯。）

和宁波方言类似，盛泽方言中的中性指示词也可以借助处所名词"面"区别远近指：

[23] 葛只是茶杯，葛面只是酒杯。（这只是茶杯，那只是酒杯。）

当然，距离指示也可以通过中性指示词和有距离意义的处所指示词的组合来表现，如上文所举德语、赣语泰和方言，也可以通过直接在中性指

---

① 学友杜轶提示笔者，这种语言也可以看作有标示距离远近的指示词，改变语序后指示词仅表达指示功能，如同汉语普通话，这样就不构成 Diessel 等（1999）看法的反例了，这种看法也成立。

② 此处"葛"采用的是刘丹青（1999）的原例写法，也可以写作"辢"，同见于刘丹青《吴汉方言的代词系统及内部差异》。

示词上附加距离标记来表示，如法语。

三　中指指示词与指示系统的层级嵌套

（一）中指指示词

中指指示词不同于中性指示词，中性指示词不表示距离远近意义，不是距离层级上的指示词，但是中指指示词是与近指远指一样，是根据距离意义划分出来的指示词。Tiriyó 语（Meira，2003）中同时存在 irë 系中性指示词和 rë 系中指指示词，这两者的区别在研究中应该引起重视。

中性指示词既可以表示近指，又可以表示远指，这种摇摆不定的语义使它区别于中指指示词。中性指示词可以跻身于距离指示系统之内表示中指，如苏州话中的"㪇"，它与真正的中指指示词不同之处在于，它本身没有距离意义，而真正的中指指示词即使不与其他距离指示词对立使用，也是有距离远近意义的，指示远于近指而近于远指的对象，是距离指示系统内部的成员。汉语方言中的很多描写其实是混淆了中性指示词与中指指示词的。

一个语言系统中距离意义的三分指示系统可分为"近—中—远""更近—近—远""近—远—更远"三类，不过有时某一语言的指示系统具体属于哪一类别并不清晰，即使是母语者也常常有徘徊不定的情况，如孙立新（1997）先是把关中方言的指示系统划分为"近—中—远"三个层次，后（2002）又认为属于"近—远—更远"系统。单纯从距离角度来看，"近—远—更远"系统中的远指，"更近—近—远"系统中的近指也是介于更近和远指之间的中指。但我们认为，中指指示词不是仅指三分指示系统中指示距离处于中间位置，比一个远比另一个近的指示词，如果这样定义，所有的三分系统都可以称为近—中—远三分的系统。中指词有自己特别的内涵：单独使用（不与其他指示词构成对立）时表示不太远也不太近的对象，这一语义内涵是固定的，并且在与近远指词一起出现时，仅与远指词或仅与近指词构成对立时表现出来。而中性指示词单独使用时往往不表示远近，与近指词构成对立时往往指远，与远指词构成对立时往往指近，表示中指语义时只有在与远近指示词一起出现时才可以体现，中性指示词的距离意义是不固定的。

中指词指示不太远而又不太近的距离，和近远指词同为指示系统中无标记的形式，在使用中与近远指词有着同样的被选择的机会，在所指对象两两对立时仍能够根据客观距离远近被选用，形成近中或中远对立，而其他类型的三分系统在所指对象两两对立时往往优先选择远指和近指指示词构成远近对立，更近和更远指示词有自己特别的含义，更适宜于划为近指和远指之下的次层。

有些语言中的中指词语义内涵更丰富，还与听话人有关，指示靠近听话人的对象，如日语、西班牙语、格鲁吉亚语、祖鲁语，同时这些语言中的中指词也都符合上述中指词的特征。

据《汉语方言语法类编》（黄伯荣主编，1996：472），山东潍坊方言中指示代词是近指"这 tʃə²¹"、远指"那nA²¹"、中指"聂 ȵiə²¹"三分。在使用中，如果构成两两对立时，两个对象都较近但又有远近区别用"这""聂"，两个对象都较远同时又有远近区别用"那""聂"，明显的一近一远用"这""那"。可以看出，"聂"在使用中是无标记的，有固定的语义内涵，指示不太近但是也不太远的对象时就选用它，可以根据情况分别与近指词和远指词构成距离对立。"聂"是一个典型的中指指示词。

湖南冷水江方言中（陈建初，1995），近指词"以""咯"指示说话人身边或距离身边很近的对象，中指词"女₁"指示离说话人稍远或离听话人很近的对象，远指词"女₂"指示近中指以外的对象。他们的使用原则作者描述得相当清晰：

①当须用三个指示词时，根据距离由近到远用分别使用近指、中指、远指。

②须用两个指示词时，根据离说话人的远近分别选用"近—中"、"中—远"或"近—远"：

a. 一个在身边，一个稍远，用"近—中"。

b. 两个都不在身边，且距离不同，用"中—远"。

c. 一个在身边，一个较远，用"近—远"。

③单独使用时，近、远指所指距离比较清晰，中指则稍微灵活一些：

a. 说话人手中、身上和身居其中的事物只能用近指。

b. 距离说话人身边很近的事物，一般用近指，一定条件下可用中指，但决不用远指；距离说话人稍远的事物，一般用中指，也可以用远指，但决不用近指。

c. 距离说话人很远的事物或视力不及的异地事物，则只能用远指。

通过上述描写可以看出，中指词即使是在单独使用时仍然有固定的意义，指示不太近但也不太远的对象，在两两对立时，它也具有和远近指同样的被选择的机会，只根据距离远近进行选择。冷水江方言中的中指词是一个典型的中指词。

黄姑方言中（伍巍，2003），指示词也是近指"个 kə⁵"、远指"那 la⁵⁵"、中指"乃 le²¹³"三分的：

[24] 个是土种鸡（说话者指跟前），乃是杂交鸡（说话者指旁边），门口那（说话者指远处的地方）是洋种鸡。

[25] 个是赵家庄，那是李家庄，离你最近的乃才是黄家庄。

伍巍（2003）特意指出，黄姑方言中中指词"乃"在单独使用时也不会出现距离上的误会，如果说"把乃碗饭端来"，那么这碗饭肯定不在很远的地方，也不在说话者跟前。这说明中指指示词有固定语义，显示了它和中性指示词的最大不同。

刘丹青（1999）指出，吴江方言的指示系统也是近中远三分的，其中的中指可以看作中远指，因为它 a. 与近指相对指远；b. 单独使用时指远；c. 与远指相对仍然指远，只是比远稍近一些。由此可以看出，吴江方言中指词的距离语义内涵在运用中非常固定，毫不含糊。

属于闽西客话的清流方言（项梦冰，1999）指示词也是近指 ti^{24}、中指 $paiŋ^{24}$、远指 ka^{24} 三分的，这三个指示词分别指示空间上离说话人由近到远的对象。如果一个对象离说话人较近，而另外两个和说话人等距，则较近的对象使用近指词，而另外两个对象遵循时间顺序，先说出的使用中指词，后说出的使用远指词。这种情况是空间距离和时间距离综合作用的结果，也是一种典型的"近指—中指—远指"用法。项梦冰还指出，虽然清流方言中的指示词有近指、中指、远指三分，但日常语言中更常见的情形是说话人只需要作近、远两分，这种情况下指示近处的对象多用"ti^{24}"，而远处对象如果距离比较远或不在目力所及范围内倾向于使用"ka^{24}"（远指），否则倾向于选用"$paiŋ^{24}$"（中指），可见中指有固定的语义特征。

（二）层级嵌套的指示系统

安徽宿松方言（唐爱华，2000）的指示系统是近（$tæ^{21}/ti^{21}$）、远（$ŋ^{21}/ni^{21}$）、更远（uei^{21}）三分的。唐爱华指出，当各个指示词同时出现时依次指示由近及远的对象，单独出现时，近指词指示离说话人近的对象，远指词指示说话人或看见或看不见的较远的对象，而更远指只能指示视力范围之外的对象。根据唐爱华（2000）上述描述，更远指的意义其实是包括在远指词之中的，可以用远指词代替的，因此我们认为这种方言中的更远指是一种更有标记的形式，这样的"近—远—更远"三分实际上是远近二分系统下远指更为细致的分层。

黄梅方言中（汪化云，2000）指示系统是三分的"嗒—意—兀"。汪化云认为，"意""兀"合起来相当于北京话中的"那"，所以称"意"为中远指代词，并认为，中远指代词是一般情况下可代替远指代词使用，而在与近远代词对举时是中指代词的词。从这些指示词的表现来看,"嗒—意"是黄梅方言中无标记的远近指示词,"兀"是更有标记的形式,意义包含在"意"之中,并可被"意"代替,因而黄梅方言的指示系统是一个层级嵌套的系统,描述为"近—远—更远"的对立更合适。

赣语新余方言中指示词是更近、近和远三分的,据王晓军(江西新余人)告知,更近和近合起来相当于普通话中的"这",更近是表示紧靠说话人,一般是说话人拿在手中、穿在身上的对象。更近和远近指示词相比,是一个更加有标记的形式,有更多的限制条件。一般的远近对立使用近远指示词,在表示强调距离近时才使用更近指示词。因而可以认为这个系统也是二分层级下对近指更为细致的分层,是一个层级嵌套系统。

基诺语(盖兴之,1986)中,指示系统的构成非常复杂,各对象范畴区分度不一,不过仍然符合储泽祥、邓云华(2003)的预测:

个体指示词:　　　　　　近 çe³³ 这　　　　　远 khə⁴² 那　　　　更远 kha⁵⁵ 那

时间指示词:　　　　　　çe³³jɔ⁴²m̩⁴² 这会儿　　khə³⁵jɔ⁴²m̩⁴² 那会儿

方式、程度、性质指示词: çe³³lo³³ 这么　　　　khə⁴²lo³³ 那么

处所指示词:　　　　　　çe³³ 这里　　　　　　çe³³çe³³ 这里　　　khə¹⁵ 那里

　　　　　　　　　　　khə³⁵khə³⁵ 那里　　　kha⁵⁵khə⁴²

　　　　　　　　　　　　　　　　　　　　　(更远指,那里)①

从各对象范畴指示系统的形式对应中可以看出,个体指示的"近—远—更远"系统中近和远指示词是无标记的对立,他们作为基本指示语素在对立项更少的语义范畴内构成对立。更远是有标记的形式,可看作远指的下位层级。

四　结语

中性指示词和中指指示词的语义特征存在根本差异,前者不附加任何语义特征,是指示功能的直接语法化,而后者有固定的距离意义,是根据距离意义划分出的层级。中性指示词和中指指示词都可以看作指示词语义层级上的一个层级。嵌套的指示系统中,有标记的指示词和处于同一层级上的无标记指示词有时候在形式上有密切联系(刘丹青、陈玉洁,2008,2009),如采用元音拉长、重叠、重读等手段来表示。汪化

---

① 基诺语个体指示词和处所指示词所用的形式是相同的,处所指示词并没有比个体指示词多出表示地点的名词性语素。

云（2008）认为通过这些语法手段表达的指示不构成指示词的新层级。我们认为，这些语法手段虽然在不同语言/方言中语法化程度不一，仍可看作划分指示词层级系统的手段，它们客观上表达了所指对象的距离特征。

参考文献

Anderson, S. R. and Keenan, E. L., Deixis, In *Language Typology and Syntactic Description: Grammatical categories and the lexicon*, Vol. 3 Shopen (ed.), Cambridge University Press, Cambridge, 1985.

Chen Ping, *Identifiability and definiteness in Chinese*, Linguistics, 2004, 42 (6): 1129 - 1184.

Diessel, Holger, *Demonstratives: Form, Function and Grammaticalization*, Amsterdam/Philadelphia: John Benjamins Publishing Company, 1999.

Fillmore, Charles J., "Towards a Descriptive Framework for Spatial Deixis", In *Speech, Place, and Action*, Jarvella and Klein (eds.), John Wiley, Chichester, 1982.

Harris, M., *The Evolution of French Syntax: A comparative approach*, London: Longman, 1978.

Harris, M., "The Marking of Definiteness in Romance", In *Historical Morphology*, J. Fisiak (ed.), 141 - 156, The Hague: Mouton, 1980.

Himmelmann, Nikolaus P., "Demonstratives in Narrative Discourse: a Taxonomy of Universal Uses", In *Studies In Anaphora*, Fox (ed.), John Benjamins, Amsterdam, 1996.

Meira, Sérgio, "Addressee Effects' in Demonstrative Systems: The cases of Tiriyó and Brazilian Portuguese", In Friedrich Lenz (ed.), *Deictic Conceptualisation of Space, Time and Person*, John Benjamins Publishing Company, 2003.

Schachter, Paul, Tagalog, In *The World's Major Languages*, Bernard Comrie (ed.), Croom Helm, London & Sydney, 1987: 936 - 58.

陈建初：《湖南冷水江方言的代词》，《古汉语研究》增刊1995年第S1期。

陈玉洁：《量名结构与量词的定指标记功能》，《中国语文》2007b年第6期。

陈玉洁：《指示词的类型学考察》，博士学位论文，中国社会科学院研究生院，2007a年。

储泽祥、邓云华：《指示代词的类型和共性》，《当代语言学》2003年第4期。

戴耀晶：《赣语泰和方言中的代词》，李如龙、张双庆主编《代词》，暨南大学出版社1999年版。

丁启阵：《现代汉语"这"、"那"的语法分布》，《世界汉语教学》2003年第2期。

盖兴之：《基诺语简志》，民族出版社1986年版。

黄伯荣主编：《汉语方言语法类编》，青岛出版社1996年版。

李虹、程平：《指示词"this、that"与"这、那"的差异》，《现代语文》（语言研究版）2008 年第 9 期。
刘丹青：《名词短语句法结构的类型学研究》结项报告，未刊文，2009 年。
刘丹青：《吴江方言的代词系统及内部差异》，见李如龙、张双庆主编《代词》，暨南大学出版社 1999 年版。
刘丹青：《吴江方言的指示范畴：二分、三分与一分》，全国汉语方言学会第八届年会（武汉）论文，1995 年。
刘丹青、陈玉洁：《汉语指示词语音象似性的跨方言考察》（上），《当代语言学》2008 年第 4 期。
刘丹青、陈玉洁：《汉语指示词语音象似性的跨方言考察》（下），《当代语言学》2009 年第 1 期。
刘丹青、刘海燕：《崇明方言的指示词——繁复的系统及其背后的语言共性》，《方言》2005 年第 2 期。
吕叔湘：《指示代词的三分法和二分法》，《中国语文》1990 年第 6 期。
马建忠：《马氏文通》，商务印书馆（1983 年版）1898 年版。
毛宗武、蒙朝吉、郑宗泽：《瑶族语言简志》，民族出版社 1982 年版。
潘悟云、陶寰：《吴语的指代词》，见李如龙、张双庆主编《代词》，暨南大学出版社 1999 年版。
钱乃荣：《上海话语法》，上海人民出版社 1997 年版。
石汝杰：《苏州方言的代词系统》，见李如龙、张双庆主编《代词》，暨南大学出版社 1999 年版。
孙立新：《关中方言代词概要》，《方言》2002 年第 3 期。
孙立新：《关中方言略说》，《方言》1997 年第 2 期。
唐爱华：《安徽宿松方言的指示代词》，《安庆师范学院学报》（社会科学版）2000 年第 2 期。
汪化云：《汉语方言代词论略》，巴蜀书社 2008 年版。
汪化云：《汉语方言指示代词三分现象初探》，《语言研究》2002 年第 2 期。
汪化云：《黄冈方言的指示代词》，《语言研究》2000 年第 4 期。
王灿龙：《试论"这""那"指称事件的照应功能》，《语言研究》2006 年第 2 期。
伍巍：《黄姑方言中指词"乃"的研究》，《语文研究》2003 年第 2 期。
项梦冰：《清流方言的代词系统》，见李如龙、张双庆主编《代词》，暨南大学出版社 1999 年版。
小川环树：《苏州方言的指示代词》，《方言》1981 年第 4 期。
张玉金：《西周汉语代词研究》，中华书局 2006 年版。
朱建颂：《武汉方言研究》，武汉出版社 1992 年版。

《中性指示词与中指指示词》，原载《方言》2011 年第 2 期

《史记》中助动词"可"和"可以"语法功能差异初探

池昌海

摘要 "可"的使用频率远高于"可以"。"可"可以自由地单独作谓语、假设复句中的分句,也可以单独用来提问。"可以"没有这一功能。"可"后动词以被动为主,"可以"后动词以主动为主,但两者都有很多例外。"可"后动词以不带宾语为主,"可以"后动词以带宾语为主,但两者也有很多例外。"可"可以与"非"、"谓"及"得"等构成固定结构,"可以"未见相应用法。

关键词 助动词 可 可以 语法功能

○ 问题的提出

作为助动词,表"(可)能"意义的"可"和"可以"在上古汉语文献中都属常用词。对它们在用法上的不同,王力先生在《汉语语法史》的"十七章 能愿式的发展"中就作过明确的结论[①]:

"'可'字表示被动的能。在上古时代,'可'字后面的动词一般都有被动的意义。(例略——引者注)后来'可以'凝结为一个单词,表示某种情况下可以做到的事。它和'可'字不同有两点:

1.'可'字后面的动词是被动意义的,'可以'后面的动词是主动意义的。(作者在此处下加脚注道:'没有例外'——引者注)

2.'可'字后面的动词不能带宾语;而'可以'后面的动词常带宾语。"

后来有学者对上述结论提出了不同的看法。殷国光先生通过对《吕氏春秋》中"可"和"可以"用例分析认为:"两者的区别大体如此,

---

① 王力:《汉语语法史》,商务印书馆1989年版,第243页。

但并非完全如此。"① 具体表现为以下三个方面：

（1）"可"字后面的动词可以是主动意义的，共有17例。

（2）"可以"后面的动词偶尔也可以是被动意义的，共有6例。

（3）"可"字后面的动词也可以带宾语，共92例。

很显然，对"可"和"可以"两词语法功能的认识存在明显分歧。鉴于以上情况，我们选择了大型文献《史记》作为分析对象②，通过统计方法，对"可"和"可以"两个词语的语法特征作了穷尽性分析，试图更为客观、全面地解剖它们的特征。

下面就让我们看看《史记》中"可"和"可以"两词的语法功能。

一　单用与非单用

单用是指助动词"可"或"可以"在句中不修饰动词，单独作谓语，甚至单独成句。"非单用"则是指它们在句中必须修饰动词或形容词，充当状语。《史记》中作助动词用的"可"共有1209例，"可以"仅194例。可见"可"的使用频率远高于"可以"。在这些用例中，"可"单用用例有233例，占"可"用例的19.27%，而"可以"无一例单用，全部出现在句中修饰动词作状语。"可"单用时功能多样，大体分为以下几种情形。

1. 用在是非、反问等疑问句末，对句子前部分谓词性陈述进行提问。例如：

吾即以五而伐一，可乎？1828—4③／今我杀其子，不亦可乎？1715—9

也有用"其"作复指前面谓词性陈述，用"可"作是非提问。如：

今王学专利，其可乎？141—7／以暴为后，其可乎？1498—1

2. 用在特指疑问句末，作谓语。例如：

寡人欲置相于秦，孰可？2317—7／何为不可？2420—7／则谁召而可？1927—9

3. 用来对是非问、特指问作肯定或否定（与"不""弗"等连用）回答，多单独成句，也可以单独作谓语。例如：

"可以小试勒兵乎？"对曰："可。"2161—4／"谁能驯予工？"皆曰垂

---

① 殷国光：《吕氏春秋词类研究》，华夏出版社1997年版，第157页。

② 虽然我们不清楚王力先生在论述中提到的"后来"的年代下限指什么，但根据他选择的用例可知，所论范围应指上古，所以我们选择了成书年代确定、代表当时通用语言且材料丰富的这部上古后期文献作为分析对象（当然其中也有摘引《左传》等先秦文献的材料）。

③ 说明：文内用例均取自中华书局本《史记》（1982年第2版）。为了节省篇幅，引例不注篇名，只注明该例所在页码和行码。

可。39—3

"寡人欲相甘茂，可乎？"对曰："不可。"2317—8

4. 承接上下文，对前述行为等作出肯定或否定，可以单句形式实现（否定），也有表现为谓语形式（肯定）的。例如：

且以一璧之故逆强秦之欢，不可。2440—11/夫憎韩不爱安陵氏可也。1860—1

5. 用在陈述句中，作称述类动词的宾语，表达肯定或否定的态度。例如：

莫不以纵为可。2162—1

四岳举鲧治鸿水，尧以为不可，岳强请试之。28—1

6. 用在假设条件句中，提出假设前提，多为分句。例如：

可则立之，否则已。1507—5/诚可，何为不能？2729—4

7. 用在假设条件句中，对假设前提作出肯定或否定的回答。例如：

其义必立魏王后乃可。2589—5/且夫监临天下诸将，不为王不可。2573—2

8. 与"非"形成"非+名词+不可"固定结构，作谓语。例如：

君且欲霸，非管夷吾不可。1486—6

大王必不得已用臣，非六十万人不可。2340—3

二　主动与被动

主动与被动是就谓语动词与主语之间的语义关系而言的两个概念。主动句的主语为施事，被动句的主语为受事。根据这些特征，我们对处于"主语（可省）+可（可以）+动词（短语）"中的谓语"动词"是主动或被动情况进行了分析。

（一）"可+动词短语"中动词的主动与被动情况

《史记》中除了14例"可+形容词"结构用例（如：为人子可不慎乎！1520—6、物安可全乎？3237—8）外，共有"可+动词（短语）"用例962个。这962个用例可以归为被动和非被动两类。

1. 被动用例644个，占总数的67%。例如：

项氏臣可尽诛邪？2729—10/百万之众可立具也。276—9/一尺布，尚可缝。3080—8

2. 非被动用例318例，占总数的33%。为严格说明用例的特征，我们将它们分为与动、系动和主动三小类：

［1］与动（主语为动词实现的工具、方式、行为参与者等）用例有

4个。例如：

此渠皆可行舟……1407—7/借臣车一乘，可/以入秦者。2361—5
其为人智深而勇沈，可与谋。2529—9

［2］系动（主语与动词之间属判断、存现、称述等关系）类用例有77个。如：

河济之南可居。1757—6/舜之德可谓至矣！1586—3
以上两类约占总数的8%。

［3］主动用例有237个，占总数的25%。例如：
君即百岁后，谁可代君者？2019—3/子可分我余光。2316—4
今陛下可为观（guàn）……。1400—3

（二）"可以+动词（短）语"中动词的主动与被动情况

《史记》中除了6例"可以+形容词"结构外，共有"可以+动词（短语）"用例188个。这188个用例可以分为主动与非主动两类。

1. 主动类用例共有128个，占总数的68%。例如：
吾可以下报智伯矣！2521—9/臣可以为师乎？2454—6
夫搏牛之虻不可以破虮虱。305—2

2. 非主动类包括与动、系动和被动类共60例，占总数的32%。

［1］与动类共有17例。例如：
非王侯有土之士女，不可以配人主也。1981—3/绛水可以灌平阳。1855—5
今有一言可以解燕国之患，报将军之仇者，何如？2532—8

［2］系动类共有15例。例如：
先作前殿阿房……下可以建五丈旗。256—3/此知可以言时矣。3202—1
不通经术知古今之大礼，不可以为三公及左右近臣。2092—9

［3］被动类共有28例，约占总数的15%。例如：
殷有重罪，不可以不毕伐。121—2/地可以垦辟。3041—3
美言可以市，尊行可以加人。3210—12

以上统计和描写告诉我们，"可"与"可以"后面的动词并不具有被动意义与主动意义上的对立："可"后面的动词不全是被动的，被动的只占三分之二，主动的也有三分之一。"可以"后面的动词也并非全是主动的，主动的占三分之二，非主动的则占了近三分之一，完全被动的用例也有15%。显然，"可"后动词是被动意义的，"可以"后动词是主动意义的说法与事实相差甚大。

三　有宾与无宾

"可"与"可以"后面的动词在能否带宾语的能力上是否处于对立的状态呢？通过对《史记》的调查，我们发现，结果与一些现有看法有较大的不同。这可以从以下两个方面来看。

（一）"可"后动词带宾语情况

1. 不带宾语类。在962个用例中，有727例无宾，占总数的75.6%。例如：

霸王之业可致也。2408—5/燕、赵城可毋战而降也。2575—6

2. 带宾语类。能带宾语的用例有235个，占总数的24.4%。例如：

可遂杀楚使者，无使归，而疾走汉并力。2601—7

其国不可举事。1320—11/天下之国可/以义治天下。1312—3

秦要怀王不可得地，楚立王以应秦。1729—1

（二）"可以"后动词带宾语情况

1. 带宾语类。"可以"后动词带宾语的用例共143例（含被动句、与动句和系动句带宾语的共43例），占整个用例的76%。如：

吾不可以负宣公。1623—2/然陵少戆，陈平可以助之。392—1

2. 不带宾语类。"可以"后动词不带宾语的用例有45个，占整个用例的24%。例如：

夫子可以行矣。1918—4/彼妇之口，可以出走。1918—7

大将军尊重益贵，君不可以不拜。3108—10

通过以上描写，我们发现，在"可"与"可以"后面动词能否带宾语的能力上也不具对立性："可"后面的动词有75%不带宾语，但也有25%的动词可以带宾语。"可以"后面的动词有76%带宾语，但也有24%的动词不带宾语。两者对比来看，彼此是有区别的。但都只是量的问题，没有绝对的带宾语或不带宾语的特点。

四　"可""可以"与固定结构

"可"和"可以"在《史记》中，另外还有一点不同："可"可以同"非"、"得"及"谓"连用，甚至形成常用固定结构（其中"非"在前文已作介绍），而"可以"没有这个能力。下面简单介绍与"可"相关的固定结构。

1. 可+得。"得"原为动词，义为得到（用例见前），后面带名词性成分作宾语。但当"得"在"可"后意义有所虚化，有"能够"意义，侧重强调动作的被动意义,后常跟动词时,就与"可"构成了一种固定结构。因为"得"主要起强调作用,它可以省略而不影响句子结构和基本意义。共有 49 例。例如:

韩必不可得为民。2332—2/丞相可得见否？274—9/使骐骥可得系羁兮。2494—3

即便后面没有动词,"得"也与上类句中作用相同。例如:
虽欲事秦,不可得矣。2286—7/则国求无亡不可得也。2326—4

2. 可+谓。"谓"原来作为行为动词,表说、告诉等意义,后带名词宾语。当与"可"结合表示"叫、称作"等称述意义时,就形成了固定结构,后面多带谓词性宾语,其语用功能是多用于对前文中的人或事作判断或总结。《史记》中共有这类结构 67 例。如:

若仓公者,可谓近之矣。2817—8/族尽亲叛,可谓无主也。1710—4

蒯成侯……可谓笃厚君子矣。2713—2/可不谓战战恐惧,善守善终哉？1175—4

参考文献

王力:《汉语语法史》,商务印书馆 1989 年版。
殷国光:《吕氏春秋词类研究》,华夏出版社 1997 年版。

本文曾发表于《语言研究》2004 年第 2 期

《左传》名词"活用"情况的调查与分析

池昌海

摘要 《左传》共出现可活用作动词的名词89个，使用共227例。名词的意义类型有军事、制度、器具、服饰、人伦、植物、方位等11个大类。活用与本用在意义上的关联也呈现多样化的特点，并在语用上满足了先秦文本表达的特殊需要。由此可见，在古汉语尤其是先秦汉语中，活用是一个常见而有特殊价值的言语现象，也是训诂学以及古汉语教学应该重视的现象。

关键词 左传 名词 活用 兼类

一 本文缘起与"活用"的界定

（一）本文缘起

词类临时改变基本语法特点而灵活使用的情况，先秦文献中就很常见，这一现象被学者注意并加以分析也有很长的历史了[1]，但直接把这类现象称为"活用"，并从理论上加以分析的应首推现代语言学家陈承泽。他在初版于1922年的《国文法草创》一书的第三部分"文法上应待解决之诸悬案"中，用了相当的篇幅专门对"本用活用问题"进行了理论分析[2]，并在第十三部分以"活用之实例"作了举证[3]。他认为活用与本用相对，"盖凡字只有一质而可有数用，从其本来之质而用之者，谓之本用"[4]。可见，相对于"从其本来之质而用之者"，即为"活用"。自此，"词类活用"说就成为古汉语训诂语法研究以及教学中的一个重要内容。

---

[1] 王克仲：《古汉语词类活用》，湖南人民出版社1989年版，第24页。
[2] 陈承泽：《国文法草创》，商务印书馆1982年版，第18页。
[3] 陈承泽：《国文法草创》，商务印书馆1982年版，第66—76页。
[4] 陈承泽：《国文法草创》，商务印书馆1982年版，第18页。

然而,"活用"说却在此后的语法研究中不断成为讨论的对象,80多年来,相关论著不断出现。仅自20世纪80年代以来,所能看到的文章就有近20篇,专著也有2部,几乎每部古汉语教材都辟有专章(节)加以介绍。在这些论著中,虽然表述不尽相同,王力①、郭锡良②等对词类活用现象的界定和观点仍为主流说法,但也有不少研究者持怀疑甚至否定态度③。最新出版的《古汉语的名动词类转变及其发展》试图从整体上对活用现象作系统研究④。但作者实际上将重点放在了名词与动词的"转类"研究,并将"转类"与"活用"区别开来。"转类"是作者经过大量分析归纳出来的与"活用"不同的"名动兼类词"现象,"名动词"的概念也是因为"从整个名词系统来说,20%的名动兼类词未免也太多了点儿"而提出的⑤。而真正的"活用"只在最后列出了44个名词,并作为"名动词"的对立面,且由于"它们数量有限,且不成系统,没有什么规律可寻"⑥ 而一笔带过了。因此,"词类活用"到底有什么特点?该现象的理论价值和应用价值在哪儿?"活用"论者的"一定的习惯"是就什么而言的?此类问题仍然如待解之乱麻,而过去的赞同或反对论者针对的对象多零散而不成系统⑦。笔者认为,有必要按照陈承泽所提示的方法,选择一个相对封闭的语料作一个相对彻底而完整的研究,哪怕是一次尝试性解剖也是很有意义的。"当未分本用、活用之前,应不设成见,先广搜各字之用例,然后参合比较,而得其孰为本用,孰为由本用而生之活用,不

---

① 王力先生是这样界定的:"在古代汉语里,某词属于某一词类还是比较固定的,各类词在句中的职务也有一定的分工……但是,在上古汉语里,词类活用的现象比现代汉语更多一些,有些词可以按照一定的语言习惯而灵活应用。"参见王力《古代汉语》,中华书局1981年版,第340页。

② 郭锡良先生强调了该现象的临时性:"有些词可以按照一定的表达习惯而灵活运用,在句子中临时改变它的词性和基本功能。"参见郭锡良《古代汉语》,语文出版社1992年版,第613页。

③ 参见杨军《古代汉语"名词用如动词"的提法应当否定——兼论简单类词与复杂兼类词》,《汉中师院学报》(哲学社会科学版)1987年第3期;周明勇《古代汉语词类活用质疑》,《信阳师范学院学报》(哲学社会科学版)1998年第3期;赵献春《词类活用理论批评》,《雁北师范学院学报》2003年第1期;等等。

④ 张文国:《古汉语的名动词类转变及其发展》,中华书局2005年版,第1—48页。

⑤ 张文国:《古汉语的名动词类转变及其发展》,中华书局2005年版,第354页。

⑥ 张文国:《古汉语的名动词类转变及其发展》,中华书局2005年版,第355页。

⑦ 据张文国对流行的7部古汉语教材的统计,列在"名词活用作动词"一条下的有"臣、水、肉、君、友、兵、国、子、客、目、肘、刃"。参见张文国《古汉语的名动词类转变及其发展》,中华书局2005年版,第354页。

当仅于实质上求之也。"① 鉴于以上考虑，我们选择了《左传》这部"研究先秦语言最重要的典籍"②，对其中名词的临时性词类变换使用情况作了调查，并对其中的用例作了横向或纵向的比较，以期对它们作出相对客观的分析，为认识古汉语词类活用现象作进一步的尝试。

（二）本文的界定：非活用与活用

非活用是指以下几种情况。

1. 兼类，指在一定时期的文本范围内，某些词的词义引申或临时活用等导致的较为稳定的一词兼类现象，后产生的词性在很短的时期内成为该词所具有的稳定的语法功能。例如"俘"，其基本义应为"军所获也"（《说文·人部》）。如《僖公二十二年》③："楚子使师缙示之俘馘。"杜预注："俘，所得囚。"后引申为"抓住俘虏"的意义，即"取也"（《尔雅·释诂》），而产生出动词用法。例如《宣公二年》："囚华元，获乐吕及甲车四百六十乘，俘二百五十人。"经检，《左传》中"俘"的名词意义用例共12例，动词用例也有12例。《史记》中也各用1例。其他如"师"的"教人以道者"的名词与"效法"的动词、"祝"的"祭主赞词者"的名词与"祭主赞词"的动词、"城"的名词"城墙"与动词"筑城"等均属此类。

2. 破读，即通过语音变化来区别意义或功能的方法。如"衣"读平声时表示"人所以蔽体者也"（《说文解字注·衣部》），读去声时表示"衣着"（《广韵·未韵》），即"穿"，作动词用。其他如"妻""雨"，及"好"等也属同类。要说明的是，如果破读的两个音所表示的意义有联系，它们应被视为兼类词，看作一种稳定的语法现象更合适。如果意义之间没有联系，还是将它们看作不同的词更好，例如"行"，作"人之步趋"（《说文·行部》）时，读平声，为动词；作"景迹，又事也，言也"（《广韵·映韵》）时，读去声，是名词，就应看作两个词了。

3. 通假，即因为读音相同或相近而借用某个形体以表意的方式。如"颔"，《方言》卷一〇称"颔、颐，颔也"，"南楚谓之颔，秦晋谓之颔，颐其通语也"。可见，它作名词用，指"下巴"。而《襄公二十六年》有动词用例："大夫逆于竟者，执其手而与之言；道逆者，自车揖之；逆于门者，颔之而已。"杜注："颔，摇其头。"这里，"颔"的意义和功能都

---

① 陈承泽：《国文法草创》，商务印书馆1982年版，第20页。

② 郭锡良：《左传谓语动词研究序一》，张猛《左传谓语动词研究》，语文出版社2003年版，第1页。

③ 为节省篇幅，类似篇名，除非特别标注，皆出自《左传》。

发生了根本改变，应视为文字通假而成。其他如"阙"通"掘"、"风"通"讽"等也属此类。

活用是指在一定时期的文本范围内，某些词临时转变词语的基本或固有语法属性及意义的现象，具有时间的相对性、词性转变的临时性及特殊的语用效果等特点。

例如"宾"，本义为"所敬也"（《说文·贝部》），作名词用；当它表示"敬也"（《广雅·释诂》），即"将……当做宾客"义时，应为动词。如《桓公九年》："宾之以上卿。"又《庄公十年》："止而见之，弗宾。"而作动词用的"宾"在先秦文献[①]中用例极少，仅在《左传》中见6例，《墨子》中见2例，《国语》中见1例，《战国策》中见3例。而在《左传》等13部文献中，名词活用例共102例，在后期文献，如史记中有154例，可表"宾客""摈弃""靠近""臣服"等义，未见前述动词义。可见，"宾"的"将……当作宾客"的意义及其用法没有相对稳定，不应将它单列出来，所以我们将此类用法看作活用。

（三）名词"活用"的形式判断依据

先秦汉语里表示语法意义的形式很缺乏，要判断某个词语在句法结构中所实现的词类功能，难以从严格的形态入手，完全根据研究者的语感和意义，故容易流于主观。通过对《左传》名词活用情况的分析，本文认为，名词在句法结构中临时"活用"为动词，可归纳为如下句法特征。

1. $NP_1 + NP_2$ 构成陈述与被陈述或描写与被描写的关系，NP_2 就活用为动词。例如《桓公十八年》："齐侯师于首止。"句中 NP_1 "齐侯"作为施事是被陈述的对象，"师于首止"应为陈述部分，NP_2 "师"即为其中的述语，表示"陈师"或"驻军"，此时 NP_2 就由表"军队"意义的名词活用为动词。另外，当 NP_1 与 NP_2 同形而构成描写关系时，也应看作活用，如《昭公元年》"夫夫妇妇，所谓顺也"。但要注意的是，如果 $NP_1 + NP_2$ 构成判断关系，NP_2 就不能必然断定活用成动词，因为名词性成分也可以直接充当谓语或述语。例如《公羊传·宣公六年》："子大夫也，欲视之，则就而视之也。"其中 NP_1 "子"与 NP_2 "大夫"，因为构成了判断关系，NP_2 就是名词直接作谓语。

2. $NP_1 + NP_2$ 构成述宾关系，NP_2 成为 NP_1 的受事、处所等宾语，NP_1 可认定是名词活用为动词。《昭公二十五年》："季氏介其鸡。"NP_2 是名

[①] 本文所统计的先秦文献，除非特别说明，都是指《诗经》《左传》《谷梁传》《公羊传》《论语》《孟子》《墨子》《荀子》《老子》《庄子》《国语》《战国策》《韩非子》等13部。

词，句中成为 NP₁ "介" 的对象，NP₂ 就由 "介（甲）" 意义活用表 "披介"。又《哀公十六年》："圉公阳穴宫，负王以如昭夫人之宫。" 句中处所词 "宫" 成了 "穴" 的宾语，"穴" 即活用为动词，表示 "挖洞"。

3. NP₁ + NP₂ + VP 结构中，NP₂ 与 NP₁ 不构成偏正关系，而作为 VP 的方式充当状语，NP₂ 可以看作活用为副词。如《庄公八年》："豕人立而啼。"

4. X + NP + Y 中，NP 有特定标记形式，一种标记是 NP 前有状语性修饰成分 X，NP 即为活用。如《隐公五年》："不备不虞，不可以师。" 句中 "师" 前有否定副词 "不" 和助动词 "可以" 作状语，即活用为动词，义 "作战"。《左传》中类似的标记形式有 "将" "未" "能" "皆" "实" "必" "欲"，及 "以（为、与）+ NP" 等。另外一种标记是，NP 后有补语标记成分 "于"。如《僖公二十五年》："秦伯师于河上。" 句中 "师" 表 "陈师"。第三种标记是 NP 前或后有表示动作行为的关联成分，如并列、连贯等，也可以确定它活用。《哀公元年》："虞思于是妻之以二姚，而邑诸纶。" 句中 "妻……" 为前述行为，"而" 作为连贯标记，后接 NP 应该是活用，表示 "封邑"。又《襄公十八年》："必旆而疏陈之。" "而" 后为前后连贯行为的标记词，后有 "疏陈之"，前 "旆" 应为前述行为，即 "建旌旗"，"旆（旌旗）" 活用。

5. 特殊句型结构。有些句型中的名词因为所处结构中的成分特点而可以断定为活用。如 "X 矣（也），Y 哉" 是《左传》中较为常见的一种结构，用于判断、感叹等，"哉" 前多为谓词性成分。如《哀公六年》："其不失国也，宜哉！" 当 Y 是 NP 时，应看作活用为动词。《昭公元年》："楚公子美矣，君哉。" 又如，"NP₁ + 使 + NP₂ + VP" 兼语句结构中，VP 前是名词性成分，也可断定为活用。《昭公二十五年》："（楚子）使熊相祺郭巢，季然郭卷。" 句中 "郭" 均活用为动词，表示 "筑内城"。

下面，就按上述所列特征（或鉴定要求），对《左传》中名词活用情况作一基本描写和分析。

二 "活用" 为动词的名词及其意义类型

检索发现，《左传》中可以 "活用" 为动词的名词共有 89 个，共使用 227 次。从这些词的意义类型看，种类多，覆盖面广。具体情况如下（以下用例按义项列出）：

（一）军事：师、军、谍、兵、寇、介、胄、旆、戟

1. 不备不虞，不可以师。　　　　　　　　　　《隐公五年》（战斗）

2. 使女艾<u>谍</u>浇。　　　　　　　　　《哀公元年》（做间谍）
3. 其来也不<u>寇</u>。　　　　　　　　《襄公二十五年》（为害）
4. 王亦能<u>军</u>。　　　　　　　　　《桓公五年》（指挥军队）
5. 将宵<u>军</u>齐师。　　　　　　　　《定公七年》（进攻）
6. 孔丘以公退，曰："士<u>兵</u>之！"　《定公十年》（用兵器攻击）
7. 不<u>介</u>马而驰之。　　　　　　　《成公元年》（披甲）
8. 君胡不<u>胄</u>？……若之何不<u>胄</u>？乃<u>胄</u>而进。
　　　　　　　　　　　　　　　　《哀公十六年》（戴盔甲）
9. 明日，或<u>旆</u>以会。　　　　　　《定公四年》（举旌旗）
10. 褚师出，公<u>戟</u>其手。　　　　　《哀公二十五年》（做戟形）

（二）制度：国、律、庭、君、臣、禄、邑、县、户、鄙、疆、质、牢、柘、吴王

11. 楚不<u>国</u>矣。　　　　　　　　　《哀公十六年》（成为国家）
12. 乌呼哀哉！尼父，无自<u>律</u>。
　　　　　　　　《哀公十六年》（杜预注："言丧尼父无以自为法也。"）
13. 同讨不<u>庭</u>。　　　　　　　　　《襄公十六年》（朝贺）
14. 晋灵公不<u>君</u>。　　　　　　　　《宣公二年》（像人君）
15. 东郭偃<u>臣</u>崔武子。　　　　　　《襄公二十五年》（事奉）
16. 子<u>臣</u>，可以免。　　　　　　　《定公十三年》（尽臣道）
17. 无德而<u>禄</u>，殃也。　　　　　　《闵公二年》（受禄）
18. 而<u>邑</u>诸纶。　　　　　　　　　《哀公元年》（封邑）
19. 文王以为令尹，实<u>县</u>申、息。　《哀公十七年》（将……当县）
20. 乃大<u>户</u>，已责，逮鳏，救乏，赦罪，悉师。
　　　　　　　　　　　　　　　　《成公二年》（核定户口）
21. 余姑为之求士，而<u>鄙</u>以待之。《昭公二十年》（居住于边远之地）
22. 过我而不假道，<u>鄙</u>我也。　　　《宣公十四年》（将……作鄙）
23. 叔弓帅师<u>疆</u>郓田。　　　　　　《昭公元年》（划界）
24. 必<u>质</u>其母以为信。　　　　　　《成公二年》（将……当质）
25. 且鲁<u>牢</u>晋大夫过十。　　　　　《哀公七年》（致牢）
26. 使贰车反<u>祏</u>于西圃……遇载祏者。《哀公十六年》（取祏）
27. 尔欲<u>吴王</u>我乎？　　　　　　　《定公十年》（像杀吴王那样杀）

（三）宫室：郭、门、阶、坛、堞、观、井、町、坎、沟、穴、堑、隧

28. 使……季然<u>郭</u>卷。　　　　　　《昭公二十五年》（筑内城）
29. 范鞅<u>门</u>于雍门。　　　　　　　《襄公十八年》（攻城门）

30. 子路入，及门，公孙敢门焉。　　　　《哀公十五年》（守城门）
31. 阶之为祸。　　　　　　　　　　　　《隐公三年》（作台阶+凭借）
32. 坛帷，复命于阶。　　　　　　　　　《宣公十八年》（筑坛）
33. 使卢蒲嫳帅甲以攻崔氏，崔氏堞其宫而守之。
　　　　　　　　　　　　　　　　　　《襄公二十七年》（筑墙）
34. 宫室不观。　　　　　　　　　　　　《哀公元年》（造观）
35. 牧隰皋，井衍沃。　　　　　　　　　《襄公二十五年》（划设井田）
36. 规偃猪，町原防。　　　　　　　　　《襄公二十五年》（划定小路）
37. 柳闻之，乃坎用牲埋书。　　　　　　《昭公六年》（挖坑）
38. 孔子为司寇也，沟而合诸墓。　　　　《定公元年》（挖沟）
39. 夫鼠昼伏夜动，不穴于寝宫，畏人故也。
　　　　　　　　　　　　　　　　　　《襄公二十三年》（挖洞）
40. 堑防门而守之，广里。　　　　　　　《襄公十八年》（挖壕沟）
41. 隧而见之，其谁曰不然？　　　　　　《隐公元年》（掘隧道）

（四）用具：策、席、床、帷、袜、刃、钟、樽、燧、脂、椟、棺、丹、墨、朱、彤、毒

42. 舍爵，策勋焉。　　　　　　　　　　《桓公二年》（记于策）
43. 赵旃……席于军门之外。《宣公十二年》（杜预注："布席坐，示无所畏也。"）
44. 方暑，阙地下冰而床焉。　　　　　　《襄公二十一年》（置床）
45. 齐顷公帷妇人使观之。　　　　　　　《定公十七年》（用帷布遮挡）
46. 褚师声子袜而登席。　　　　　　　　《哀公二十五年》（穿袜）
47. 甲兴，公登台……请自刃于庙，弗许。
　　　　　　　　　　　　　　　　　　《襄公二十五年》（用刀杀）
48. 叔孙为孟钟。　　　　　　　　　　　《昭公四年》（铸钟）
49. 樽以鲁壶。　　　　　　　　　　　　《昭公十五年》（将……当樽）
50. 王使执燧象以奔吴师。　　　　　　　《定公四年》（燃燧）
51. 宾从有代，巾车脂辖。　　　　　　　《襄公三十一年》（涂脂油）
52. 公将为之椟。《昭公二十九年》（杜预注："为作椟也。"）
53. 曹人凶惧，为其所得者棺而出之。　《僖公二十八年》（殓入棺）
54. 秋，丹桓公之楹。　　　　　　　　　《庄公二十三年》（涂红）
55. 使宣子墨缞冒绖。　　　　　　　　　《襄公三十三年》（染黑）
56. 公取而朱其尾鬣以与之。　　　　　　《定公十年》（染红）
57. 器不彤镂。　　　　　　　　　　　　《哀公元年》（涂红）

58. 公至，毒而献之。　　　　　　　　　　《僖公四年》（下毒）

（五）人伦：人、道、义、夫、女、妇、宾、瑕疵

59. 豕人立而啼。　　　　　　　　　　　　《庄公八年》（像人）

60. 凡君不道于其民，诸侯讨而执之。　　　《成公十五年》（合道）

61. 不义宋公而出。　　　　　　　　　　　《文公二十四年》（认为合义）

62. 夫夫妇妇，所谓顺也。　　　　　　　　《昭公元年》（像丈夫）

63. 宋共姬，女而不妇。女待人，妇义事也。
　　　　　　　　　　　　　　　　　　　《襄公三十年》（以女行；以妇行）

64. 宋雍氏女于郑庄公，曰雍姞，生厉公。　《桓公十一年》（嫁女）

65. 宾之以上卿。　　　　　　　　　　　　《桓公九年》（将……当宾客）

66. （女）予取予求，不女瑕疵也。　　　　《僖公七年》（怪罪）

（六）身体：目、齿、肘、股肱、肉、角、力、疥、痁

67. 目于眢井而拯之。　　　　　　　　　　《宣公十二年》（视）

68. 使后子与子干齿。
　　　　　　　　　　《昭公元年》（杜预注："以年齿为高下而坐。"）

69. 皆肘之，使立于后。　　　　　　　　　《成公二年》（用肘推）

70. 昔周公……股肱周室，夹辅成王。　　　《僖公二十六年》（辅佐）

71. 所谓生死而肉骨也。　　　　　　　　　《襄公二十二年》（使长肉）

72. 晋人逐之，左右角之。
　　　　　　　　　　《宣公十二年》（杜预注："张两角，从旁夹攻之。"）

73. 武夫力而拘诸原。　　　　　　　　　　《僖公三十三年》（费力）

74. 齐侯疥，遂痁。　　　　　　　　　　　《昭公二十年》（患疥疮；患疟疾）

（七）方位：东、南、北、表里、邻

75. 改乘辕而北之。　　　　　　　　　　　《宣公十二年》（向北方行）

76. 诸侯之师还郑而南。　　　　　　　　　《襄公十年》（向南行）

77. 使齐之封内尽东其亩。　　　　　　　　《成公二年》（使……朝东）

78. 若其不捷，表里山河。　　　　　　　　《僖公二十八年》（以……为表里）

79. 若邻于君，疆场之患也。　　　　　　　《昭公四年》（相邻）

（八）自然：水、火、风、天、河

80. 梓慎曰："将水。"　　　　　　　　　　《昭公二十四年》（发水）

81. 宋、卫、陈、郑将同日火……郑必不火。《昭公十七年》（起火）

82. 城濮之战，晋中军风于泽。　　　　　　《僖公二十八年》（遇风）

83. 我实不天，子无咎焉。　　　　　　　　《襄公二十三年》（天佑）

84. 右河而南，必至焉。　　　　　　　　　《哀公二年》（过河）

（九）服饰：衰绖、冕、幅

85. 使太子冕，八人衰绖，伪自卫逆者。
　　　　　　　　　　　　《哀公二年》（戴丧帽；穿衰绖）
86. 于是乎正德以幅之。　　《襄公二十八年》（限制）

（十）植物：本、枝、果、麦

87. 本秩礼，续常职。　　　《文公六年》（以为本）
88. 蔡、卫不枝，固将先奔。《桓公五年》（枝撑）
89. （诸侯）不果城而还。　《僖公十六年》（完毕）
90. 晋侯欲麦，使甸人献麦。《成公十年》（食麦）

（十一）度量：度

91. 在（戚）而有嘉容，是谓不度。不度之人，鲜不为患。《襄公三十一年》（合法度）

三　名词"活用"的语义与语用分析

上文从5个方面描写了名词"活用"的形式特征，也即名词"活用"的句法特点，这些形式特征也成为判断名词能否"活用"的客观依据。本节将着重分析名词"活用"的语义和语用特点。

（一）名词"活用"前后的意义关联方式

通过对以上91个"活用"名词的考察，我们发现，这些词语在活用前后的意义之间有密切的关系，概括起来有以下几种类型。

1. 派生关系。所谓派生关系，是指某个名词作为一个事物或现象的符号，它必然与产生、操纵、改变、营造、取舍等行为属性不可分割，遂由其基本意义临时派生出一个新的用法。例如"师""军"作为周王或诸侯国所拥有的军事力量，与"出动、驻扎、攻击"等行为紧密相关，所以"师""军"可以用来表示出动、驻扎、攻击等意义。其他如"水""火""谍""穴""沟""隧""臣""女""妇"等都属此类。

2. 借代关系。所谓借代关系，是指作名词用的事物可以因为其某个因素而被代指相关行为，有的是工具与使用工具的关系。例如"旆"是战场上使用的"旌旗"，是用来标记所属和指挥的工具，所以可以直接活用为"举旗"。又如"兵"，作为兵器，当然总是与战斗、攻击、砍杀分不开的，它也就可以被临时活用表示"用兵器攻击"的意义了。有的名词因为表示事物产生的处所，可以被临时活用为在这一处所所发生的行为。例如"庭"，诸侯朝贺天子或盟国朝拜盟主，当然是在"庭"（廷）处发生，于是它也可以临时活用来表示"朝贺"行为（例13）。这一类的词语又如

"齿"、"策""鄙"（"居住于边远之地"义）、"介"、及"宾"等。

3. 比喻关系。所谓比喻关系，是指被活用的名词具有某种属性或特征，在特定的语境中被临时用来类比具有相同或相似属性的行为。例如"吴王"僚被公子光豢养的刺客专诸用剑刺死一事，在当时已传遍天下。鲁大夫武叔的仆从带着剑从朝廷上走过，并将剑末指向公若，公若就用"尔欲吴王我乎"作问，表示"你想把我当吴王一样（刺杀）吗"，情景的确相似，情急之下，活用了"吴王"。类似的词语有"阶"、"枝"、"鄙"（"当做边远之地"义）、"瑕疵"、"股肱"、及"表里"等。

从以上分析可以知道：（1）某些名词能够被"活用"，有一定的客观和心理基础，简单地说就是活用前后的意义有直接或间接的关联。这一属性，实际上陈承泽也已经谈到，虽然较为朦胧，但还是触及了实质："然物大抵有其象，而象字所形容者，往往不过其一部分；欲形容其全象或浑漠之象，必即以该名字为象……"① 正因此，活用后的意义是建立在原名词意义基础上的，它的实现意义是需要在原义基础上加以补充的，也就是陈承泽所说的"此种活用，说明之时，大抵须补他字，其所补之字即为表示其性的变动所必需之字"②。但需要注意的是，同类名词中，并不是每一个都可以活用，上述关联只是为名词活用动词提供了条件，最终变为现实，还需要特定的语用条件。（2）从名词"活用"前后的意义关系看，这也是词语义项发展、词类功能丰富的重要途径，但能否成为稳定的属性并发展为兼类词，需要看它们能否从临时性表达行为发展到普遍接受并最终成为语言系统里的基本成分。（3）"活用"与修辞需要有一定的关系，虽然多数人认为古汉语中的"活用"是语法现象，例如上述有"比喻关系"的活用名词，它们在语境中的比喻效果是很明显的，但是有修辞特色的用例并不多。在这一点上，笔者不同意将与修辞有关的"活用"限定于是汉后才有现象的说法③。

（二）名词"活用"的语用分析

古汉语尤其是先秦汉语中，词类临时活用现象不是个别的，对该现象产生的原因及其作用，学界也有不同的看法④。本文认为，名词活用现象

---

① 陈承泽：《国文法草创》，商务印书馆1982年版，第18页。
② 陈承泽：《国文法草创》，商务印书馆1982年版，第68页。
③ 张文国：《古汉语的名动词类转变及其发展》，中华书局2005年版，第357页。
④ 参见赵宗乙《古汉语"词类活用"说献疑》，《北方论丛》1995年第5期；张劲秋《"词类活用"说之再认识》，《安徽大学学报》（哲学社会科学版）1998年第5期；罗荣华《"词类活用"说之思辨》，《宁夏大学学报》（人文社会科学版）2004年第1期；王冲《浅析〈左传〉词类活用》，《黑龙江教育学院学报》2005年第1期；等等。

的根本原因是先秦汉语语法形态的缺乏。即使在现代汉语中，至少作为表示语法意义的形式标记也是不丰富的，即"汉语缺乏严格意义的形态"①。先秦汉语作为汉语的来源，形态就更为缺乏，词语的组合有一定的灵活性，这一特点为词类活用提供了条件。这一现象在现代汉语里仍不鲜见，这既是汉语语法手段灵活性的一个表现，也是丰富汉语词类功能、满足复杂表达的重要途径。但直接导致该现象产生的则是特定的语用条件，具体表现为以下三个方面。

1. 文体风格。所谓文体风格，是就文本题材而言的，如《左传》的主要内容是描述春秋时期诸侯国及其之间的战争，与战争相关的词语使用频率就比较高，有些词语就会因此而被兴活用。典型的如名词"门"，本义为"人所出入也"（《玉篇·门部》），但有33例用为动词，表示"守城门"或"攻城门"（见例29、30），这与《左传》所记内容是分不开的。又如"律"，《左传》中表名词的"法"义有5例，而表动词义的"为法"有1例（例12），另查其他12部文献，仅《韩非子》有2例，笔者觉得这样的活用与文献题材有关。其他如"师""军""旆"等也应如此。

2. 个人风格。所谓个人风格，是指活用一般不是普遍的语言运用现象，常常与作品的作者有一定的关联，如"门"的活用就集中见于《左传》，不见于先秦子史典籍中②。也正因为这些原因，我们认为，名词是否活用作了动词，不能完全看使用频率，还要比较相同时期其他典籍的使用情况。

因此，即使在某一专书中有较高甚至超过本用的使用量，但如果在其他典籍中并没有相似表现，我们也不应认定为活用，例"文体风格"中所举"门"一词便是。又如"沟"，本义为"水渎"（《说文·水部》），但该义在左传中仅用2例，而动词用例为4例，我们能否说它是兼类词甚至已转变为动词了呢？应该不能。对同时期13部文献统计表明，此种用法仅见于《左传》，可见其带有强烈的个人色彩。更有趣的是，在后期文献如《史记》《论衡》中，名词用例分别为22次、18次，也不见动词用法，因此应该认定"沟"为临时活用。因此，在区别兼类、活用与本用时，我们不能单纯地把"频率"当作标准③。

---

① 张斌：《汉语语法学》，上海教育出版社1998年版，第36页。
② 张猛对先秦《国语》《战国策》等17部典籍作了统计，"门"共用619例，皆不作谓词用。参见张猛《左传谓语动词研究》，语文出版社2003年版，第151页。
③ 殷国光在《吕氏春秋词类研究》（华夏出版社1997年版，第17—18页）中明确地提出，"出现频率5次作为分'活用'与'本用'的标准"，笔者觉得是值得商榷的。

3. 语境特点。以上原因决定了活用具有显著的语境制约特点。上文描写所显示的活用前后意义有紧密的关联，但这种关联是潜在的、临时的，没有必然性。活用后意义能否实现及如何实现，完全取决于具体的上下文，常常是一个词语在不同的语境中，可以具有不完全一样甚至差异很大的意义，临时意义的获得有时甚至不是依据前后成分，而是要把握整个语段的内容才可以完成。例如"门"，作为名词，意义是非常明确的，但出现在具体语境中作动词用时，意义是不容易确定的。"范鞅门于雍门"（《襄公十八年》），单独看，颇费神思，只有结合到上句"及秦周伐雍门之萩"，才可意会。另如"一人门于句鼆，一人门于戾丘，皆死"（《文公十五年》），从句内看，"门"到底是"攻城门"还是"守城门"，难以确定，而且联系整个语段也不是很清晰。该句前面的意思是：穆伯的两个儿子回到鲁国，受到孟献子的喜爱，后被人诬陷说两人要杀死孟献子，孟献子把传言告诉了季文子。两人听到后感到很惭愧，认为自己为人所宠爱，却被诬传要杀害宠爱他们的人。该句杜预注为："有寇攻门，二子御之而死。"据此，我们才可意会：两人感到内疚，面对进攻的人，他们"守城门"而战死。其他如"师""筛"等莫不如此。

参考文献

陈承泽：《国文法草创》，商务印书馆 1982 年版。

郭锡良：《左传谓语动词研究序一》，张猛《左传谓语动词研究》，语文出版社 2003 年版。

罗荣华：《"词类活用"说之思辨》，《宁夏大学学报》（人文社会科学版）2004 年第 1 期。

王冲：《浅析〈左传〉词类活用》，《黑龙江教育学院学报》2005 年第 1 期。

王克仲：《古汉语词类活用》，湖南人民出版社 1989 年版。

王力：《古代汉语》，中华书局 1981 年版。

杨军：《古代汉语"名词用如动词"的提法应当否定——兼论简单兼类词与复杂兼类词》，《汉中师院学报》（哲学社会科学版）1987 年第 3 期。

殷国光：《吕氏春秋词类研究》，华夏出版社 1997 年版。

张斌：《汉语语法学》，上海教育出版社 1998 年版。

张劲秋：《"词类活用"说之再认识》，《安徽大学学报》（哲学社会科学版）1998 年第 5 期。

张猛：《左传谓语动词研究》，语文出版社 2003 年版。

张文国：《古汉语的名动词类转变及其发展》，中华书局 2005 年版。

赵献春：《词类活用理论批评》，《雁北师范学院学报》2003 年第 1 期。

赵宗乙：《古汉语"词类活用"说献疑》，《北方论丛》1995年第5期。
周明勇：《古代汉语词类活用质疑》，《信阳师范学院学报》（哲学社会科学版）1998年第3期。

本文曾发表于《浙江大学学报》（人文社会科学版）2009年第3期

对汉语同义词研究重要分歧的再认识

池昌海

摘要 本文对近五十年来大陆汉语同义词研究重要分歧的本质进行了剖析和评价。文章第一部分讨论了汉语同义词研究存在的重要问题：一是理论表述上的多元、摇摆；二是认定手段上的主观、随意；三是术语、概念上的游离、朦胧；四是古今汉语同义词研究投入不均。第二部分则是对同义词的产生、研究价值以及确定标准、方法提出了自己的看法，并举例进行了分析。

一 存在的问题

从五十年来的同义词研究概述[①]来看，半个世纪以来，研究者们竭力寻找分析同义词的科学的方法、理论，使其在各个方面新说层出，体现出研究者们的辛勤与成果。但毋庸讳言，我们也发现同义词研究分歧迭出，其实质，笔者认为，在方法论上主要存在以下几个问题。

（一）理论表述上的多元、摇摆

这是指在同义词的确定标准等理论上彼此摇摆，自身理论缺乏内在的系统性和外在的排他性，具体表现为以下两个方面。

首先是同一理论系统的内在随意性，如陆善采在《实用汉语语义学》中认为"读音不同而意义相同或相近的一组词，叫做同义词"，在举若干词例证明后，却紧接着从另外一个侧面得出了结论："同义词所表示的是同一概念之内的各种细微差别。也就是说，表示同一概念之内的各种细微

---

① 参见池昌海《五十年汉语同义词研究焦点概述》，《杭州大学学报》（哲学社会科学版）1998年第2期，《人大复印资料·语言文字学》1998年第7期。

差别的词，才是同义词。"① 我们知道，"同义词"属词汇学范畴，而具有同一关系的"概念"则属逻辑学范畴，从词汇学角度立论，却得出了逻辑学的结论，其间的转移至少缺乏适当的过渡。当然，我们不能简单地否定对某个对象采用多维的方法从两个或多个侧面来展示其性质，但就意义相同或相近的"同义词"与具有同一关系的"概念"之间有一致性来说，是不合适的，因为同义词并不都表达同一关系的概念，而同一关系的概念也并不都是用同义词来表示的②。

其次是，看上去似乎坚守了理论的统一，但实际上又将并行的其他说法糅进来，使之看上去周全些，但正是这一举动显示出对自己原有说法的不确定和犹豫。这种情形最突出地体现在刘叔新先生的相关论著中。关于同义词的确定标准，刘叔新首先强调他的"对象同一"说，甚至认为"所指对象的同一，是词与词成为同义词的决定因素"③，而他在《汉语描写词汇学》（以下简称《描写》）中又将逻辑范畴与"义同、义近说"拉进来，从而在他的叙述中将三个方面糅合在了一起："不同的词语只要各自的意义（当然是一个意义）所反映的对象的外延一致，就互为同义词语。它们在意义上通常互有差异……即意义内涵上互有差异……"④ 这里显然强调了同义词的逻辑角度的规定。此后，他又将上述意思表述为"相应的词语指同样的事物对象，互为同义词语"（《描写》，第280页），这突出了"对象同一说"。而在同一著作的另一个地方则提出了"义同义近说"："有同义关系的词语，其主要理性义素或主要理性意义成分必定相同，也必须相同；意味方面，某个主要的理性义素或理性意义成分的是否强调，以及表达色彩方面等，则可以不同……"（《描写》，第282页）我们且不讨论"对象的外延一致"的词语是否"就互为同义词语"，这一点，辛菊的文章已作出了较详尽的介绍。既然"指称（亦称所指、概括等）对象的同一"是"决定因素"，按照一般的理解，就应该是最重要的，甚至是唯一的，该说法的最早提出者孙常叙先生就是这样认为的："判别同义词，唯一的依据就是它们是不是根据同一对象？"⑤ 那么，根据这一标准应该是可以规定同义词的主要属性的，词义角度的属性以及逻辑范畴的特

---

① 陆善采：《实用汉语语义学》，学林出版社1993年版，第85页。
② 辛菊：《同义词和同一关系的概念》，《山西师大学报》（社会科学版）1992年第1期。
③ 刘叔新：《同义词和近义词的划分》，南开大学中文系语言教研室编《语言研究论丛》，天津人民出版社1980年版，第58—85页。
④ 刘叔新：《汉语描写词汇学》，商务印书馆1995年版，第280页。
⑤ 孙常叙：《汉语词汇》，吉林人民出版社1956年版，第220页。

性与它并不同处一个平面，至多置于补充或附加的地位。而事实上，据《描写》的行文来看，三个方面是很难分出伯仲的。三个不同的角度提出的三种主要标准，应该说是不能轻易地糅合在一起的。糅合的结果只能使问题复杂化，如刘叔新在《描写》中认为，"威望"与"声威"有共同的反映内容，也各有强调重点，它们同义，因为它们"有同样的意义外延"。而"改进"与"改良"也有共同的"反映内容"，也各有自己的特点侧重，但却"不可能有相同的外延"，故不同义。从对这两组词语的深入分析来看，这一结论及其认定理由并不充分（详见本部分第二节）。

（二）认定手段上的主观、随意

迄今为止，共提出三种认定同义词的方法：替换法、义素分析法、同形结合法①，但没有一种被公认为是科学而有效的。在这三种方法中，首先"义素分析法"是该被摒弃的，它在其发源地——西方——至少在70年代以前就不断受到哲学界和语言学界的批评，至20世纪70年代中期后已不再作为一种有效的语义分析方法而使用②，因此，作为一种主要的词义（主要针对类义、同义现象）分析法显然是不合适的了。即使在国内，在方法论意义上也被认为有太多的主观性、经验性而难于操作，如每每在分析同义词时都很强调该方法的刘叔新自己也指出了它的致命弱点："它不可能给检验提供客观的、形式的标志。"③ 因而该方法实际上仅限于举例分析。"替换法"是从应用层面提出的判断方法，简单而直观，其操作的有效程度也极易决断；同时，它也有相应的心理依据的支持，从而使它成为鉴别同义词最容易想到的手段。只是其性质和使用的条件尚需明确。对此持完全否定态度的是刘叔新④。而"同形结合法"，据其提出者刘叔新的解释是"以逻辑及加词形式为基础的"（《描写》，第284页），其基本原理是："如果甲＋丙和乙＋丙指同样事物，那么就可以确定甲与乙有同样的对象，互为同义词。"（同上）该方法可公式化如下：若甲＋丙＝乙＋丙＝丁（同样的事物），那么，甲与乙同义。试看刘著中的两例：

A. 保护主权　维护主权：指同样的行为

---

① 参见池昌海《五十年汉语同义词研究焦点概述》，《杭州大学学报》（哲学社会科学版）1998年第2期，《人大复印资料·语言文字学》1998年第7期。
② 徐烈炯：《语义学》，语文出版社1990年版，第110—119页。
③ 刘叔新：《同义词和近义词的划分》，南开大学中文系语言教研室编《语言研究论丛》，天津人民出版社1980年版，第58—85页。
④ 刘叔新：《同义词和近义词的划分》，南开大学中文系语言教研室编《语言研究论丛》，天津人民出版社1980年版，第58—85页。

　　　　　　"保护""维护"：指同一种对象；互为同义词
　B. 博得掌声　赢得掌声：指同一种效果
　　　　　　"博得""赢得"：指同一种对象；互为同义词
　　当然，"有时，甲词语和乙词语分别加上了丙词语，但不易分辨是否指同样的事物"，则可以启用辅助措施，即"那就须换以别的词语，至能作出判断为止；或者在加上同一个词语的基础上再多加上其他的"。举例如下：
　　C　　　　a　　　　　　b　　　　　　　c
　繁荣：　a1 繁荣的城市　b1 繁荣的商场　c1 镇江是否繁荣的城市？
　繁华：　a2 繁华的城市　b2 繁华的商场　c2 镇江是否繁华的城市？
　　刘氏的结论是："a 式不易看出 a1 和 a2 是否指同样的事物；换为 b 式就比较清楚……因此 b1 和 b2 指的不是一回事。"再加了 c 式后又发现："c1 会得到毫无疑义的肯定的回答（?），而 c2 则会得到否定的回答或至少使人想作肯定回答时要再三踌躇。"因此，"'繁荣'和'繁华'各指不同的对象，是互为近义词而非同义词"。A、B 例类可称为基本式，C 例类可称为补充式。
　　我们觉得，刘氏的说法在以下三方面是难以解决的：首先，"丙"的选择条件是什么？是凭偶然性感觉吗？像 A 例，如果"丙"选择"学生""农田"等词语，虽然"同形"却无法"结合"了。其次，"丙"的选择有无数量及规则上的制约？如 C 例的操作就暴露了这一问题：既然 a、b 两组（注：c 组在语法及应用上都不通）都有效，为什么选 b 而不选 a？如果"丙"再被设定为"景象"等词语，那又如何从"意义的外延"上来区别呢？若再看刘著中的其他词例，我们就会对其所谓"同样的对象"或"相同的意义外延"等提法产生疑问。如（一）节提到的"威望"与"声威"例，如果与"他有崇高的＿＿＿"联结，我们就无法得出它们有"相同的意义外延"了。又如《描写》第 297 页列为同义词的"凶猛"与"凶悍"等，也存在同样问题。最后，如果将"同形结合法"与"替换法"比较一下，我们发现，两者有异曲同工之妙。"替换法"其本质可简述如下：设给定语言单位为"甲＋丙"，其意义为"丁"，如果"乙＋丙"的意义也等于或基本等于"丁"（即甲＋丙＝乙＋丙＝丁），那么，"甲"与"乙"为同义词。看上去两者不同处有二：一是"丁"的所指不同，前者指"同样的事物（对象）"，后者指"基本（主要）意义"。但根据刘著所述，"（事物）对象的本质特点和重要的一般特点，反映到词语的意义中来，是词语意义的主要理性义素或主要理性意义成分……"上举刘著词例也表明，所谓"同样的事物对象"也就是词语的指称内容。可见，"事物对象"与"词语（理性）意义"是从不同侧面对同义属性而运用的同义概念,因此,此"丁"与彼"丁"所指应该相同。二是叙述的角度不同,前者是选择一个词语(丙)与待检测两词(甲、乙)进行组配,通过比较查看两词的意义相同度,后者则是对有甲、乙组配成单位中的甲(用丙等)进行替换,通过比较查看两词的意义相同度。从实质上看,两者都是通过词与词搭配的方法来检测词语同义关系的。由此可见,"同形结合法"与"替换法"间是貌合神离的关系。①

(三)术语、概念上的游离、朦胧

同义词研究中另一个较明显的现象就是有的研究者使用术语、概念时缺少明晰而准确的界定。这种情形可以带来两种结果:一是容易使其立论在一定程度上失去了表述上的精确性。如刘叔新在《描写》中"同一种(样)事物(对象)""同样的对象"等概念,表述本身的多样就已违反了科学表达的同一律,更为严重的是,概念自身没有给出明确的界定。根据字面意义及其陈述似指词义指称的客观对象,即奥格登、理查兹语义三角中"referent"②,如作者在对"保护"与"维护"二词运用"同形结合法"与"主权"组配时,认为它们都"指同样的行为",结论是"指同一种对象"(《描写》,第284页)。这里,"同样的行为"当为词语所指的客观对象,在作者看来也即"同一种对象"。而在解释"同形结合法"时又将"同样的对象"与"同一种事物"两个概念画上了等号:"两个词语单位若指同样的对象,那么各与同一个对象的词语相联结,得出的两个联结体必然也指同一种事物。"(《描写》,第284页)但作者在此前讨论确定标准时又将"事物对象"与词义等同起来(《描写》,第280页)。另外一种结果是它也容易给他人造成误解,产生不必要的争论。如关于同义词的分类,传统的或多数研究者都分为等义词与近义词两类,其中"近义词"这一概念就颇有争议。有的将近义词界定为"(意义)并不完全相等,有种种细微的差别,应用上也不能任意替换"的词③,有的界定为"指称的事物、现象相近相似,指称的意义大同小异,从而在用法上或色彩上也往往存在差别的一些词的组系"等④。从他们的陈述来看,所谓"近义词"首先是属于同义词家族的部分成员,只是相对于"等义词"而言,是指词语间词义并不完全相等,而是在<u>主要意义相同</u>的前提下,在应用特征、附属色彩等

---

① 詹人凤在《现代汉语语义学》(商务印书馆1997年版,第98页)中也有类似看法:"这种方法我们认为与替换说在实质上是相同的。"
② C. K. Ogden & I. A. Richards, *The Meaning of Meaning*, Ark Paperbacks, 1985, p. 11.
③ 胡裕树:《现代汉语》,上海教育出版社1981年版,第265页。
④ 武占坤、王勤:《现代汉语词汇概要》,内蒙古人民出版社1983年版,第116页。

方面有差异的次类词；其次，"近义词"不包括那些没有共同的主要意义作基础，仅仅相互间有类属关联的词语，如"美丽"与"中看"，虽然"美丽"一定包含"中看"成分，两者相互关联，但两词所含成分的"差异"远大于关联因素，而且在实际表达中，语用价值也绝不相同、相似。

然而，尽管对"近义词"界定彼此间表述稍异，但大多研究者忽视了上述强调的诸方面。这便给所谓"争议"带来了可能，虽然这一"争议"仅仅是名词之争。如不同意将"近义词"划归"同义词"的研究者，主要理由是前者不"指同一对象"，而后者"指同一对象"；在意义上，前者是"概念属性中有某些相近相似或者相同的非本质的共同特点"（孙常叙，1956年，第237页）、主要理性意义成分不一致（刘叔新，1995年，第287页）、"近义词只指那种所指不一而又有相近的意义关系的词群"[1]，而后者则相反。

从上述论述来看，他们所指的"近义词"与上面多数或传统的研究者所用的"近义词"存在着质的不同（如周荐即说："同义词间的意义和近义词间的意义关系是有着本质的区别的。"出处同上），本不应产生争执，但一些论者却将两者牵扯了起来："是否指同一的事物对象，成为同义词和近义词的区别标志和划分准绳"[2]，"不应将同义词语、同义关系等也称为近义词语、近义关系，而必须视同义与近义为两种判断有别、不容相混的范畴"。（《描写》，第286页）之所以说这一争论仅仅是名词之争，理由如下：一是如上所述，从理论上讲，孙、刘、周等所言的"近义词"与多数或传统研究者所言的"近义词"，本质上不同，两者实是风马牛不相及的；二是从实践看，两种说法在具体分析时出现交叉现象，即被刘等批评不该归为同义词的"近义词"用例，在刘著中却被处理为同义词，只是不再叫"近义词"，而称"一般同义组"。下面以《现代汉语同义词词典》（刘叔新主编，简称《词典》）与《现代汉语词汇概要》（武占坤、王勤著，简称《概要》）为例，略举几个作一比较：

词例	干预—干涉	功劳—功勋	鼓动—煽动	希望—期望	盗窃—偷
《词典》	同义 147 页	同义 161 页	同义 164 页	同义 495 页	同义 458 页
《概要》	近义 129 页	近义 128 页	近义 129 页	近义 130 页	近义 111 页

---

[1] 周荐：《近义词说略》，《复印报刊资料》（语言文字学）1991年第1期。
[2] 刘叔新：《同义词和近义词的划分》，南开大学中文系语言教研室编《语言研究论丛》，天津人民出版社1980年版，第58—85页。

从该表可知，两方在对实际词语的划归上有共同性，区别在于所给予的名称；三是反对者自己也同意同义词中有些词之间是近义关系，所以不能称为"近义词"是因为该概念已被用作称没有同义关系而意义相近的词。如刘在《描写》中说："彼此有同义关系的词语，绝大多数由于只存在意义上的细微差别，从某种逻辑推理（?）来说，就未必不是近义。但是既然那些彼此意义相近而没有同义关系的词语已称为近义词语（?），为了在词汇学中分清两类性质不同的词语关系，就不必把同义现象也看作近义现象……"（第286页）这段话至少有两点值得考虑：首先，作者也认同那些"有同义关系的词语，绝大多数由于只存在意义上的细微差别"，它们之间实质上有"近义"关系；其次，正如上面所分析的，被多数或传统的研究者称为"近义词"的绝非"那些彼此意义相近而没有同义关系的词语"，将此类词称为"近义词"的也仅有孙常叙、刘叔新、周荐等屈指可数的几位，这一点，连周荐自己也承认，不过是在说明反对方的正确时用作反衬的："正是在这主张近义是同义词语的根本性质的观点占压倒多数的背景下，有学者（据其下文应指刘叔新——引者注）独树一帜，指出了把近义看作同义单位的本质特征并进而把近义混同于同义的做法的危害性。"① 足见，坚持"近义词"不是"同义词"的说法无论在理论上还是在实际操作中都没有充足的理由，纯属名词之争（这可能也是迄今国内大中学校汉语教材中绝大多数仍坚持将"近义词"作为同义词成员的真正原因）。所谓"独树一帜"（按：这一评价本身与周的行文也有矛盾之处——在该书第98页又指出刘的观点系来自孙常叙的《汉语词汇》，并对此加以深化，可见持相反意见并非一人，而且远早于刘，因此"一帜"固有，而"独树"却不实）的真实价值也可能应重新评估。

（四）古今汉语同义词研究投入不均

综观近几十年的研究，相对来说，现代汉语同义词研究投入的力量远多于古汉语的，尤其是理论方面。后一方面的研究在《汉语词汇研究史纲》中少有反映，但实际上还是有一些的。近期有代表性的如高守纲的《古汉语词义通论》（语文出版社1994年版）一般地讨论了同义词的定义等；冯蒸的《说文同义词研究》（首都师范大学出版社1995年版）对《说文》中可能的同义词进行了归类，马景仑的《段注训诂研究》（江苏教育出版社1997年版）中列专章总结了段注中同义辨析的方法及成果；而王凤阳的《古辞辨》（吉林文史出版社1993年版）、黄金贵的《古代文

---

① 周荐：《汉语词汇研究史纲》，语文出版社1995年版，第95页。

化词义集类辨考》（上海教育出版社 1995 年）则主要以类义词、同义词为对象辨析了古代一些语词间的同异，洪成玉、张桂珍的《古汉语同义词辨析》（浙江教育出版社 1987 年版）和王政白的《古汉语同义词辨》（黄山书社 1992 年版）则集中考辨了一些同义词的异同。但皆系纵向综论类型，这对科学总结某一共时状态的词汇结构系统以及认识当时社会文化背景都缺少针对性，而弥补这一缺陷的、系统地对某一断代文献作较全面的研究尚处空白状态。

二　本文的认识及尝试

首先，必须申明的是，确定同义词的认定标准、划定范围等工作，其目的在于方便我们欲开展的工作，即认识同义现象，辨析具有同义关系的词语间的差异，最终为更好地表达自己的思想、情感等服务（古汉语同义词研究与此相比则另有价值）。在这一点上，我们同意周祖谟先生的看法："我们研究同义词的积极意义在于如何从许多意义相似的同义词辨别出它们彼此不同之点，以便在应用时能够选用恰当的词，正确地表达出自己的思想感情，至于不同的词是否属于同义词范围之列，似乎不是很重要的问题。"[①] 当然，"不是很重要"并不是不重要，在具体研究中，为保持研究范围的相对确定及研究系统的相对完整，对同义词确立相对稳定的界定范围应该是必要的。

我们认为要较妥当地找到同义词的标准、范围及做好辨析，基础的工作是正确地解释同义词作为一种语言现象产生的客观基础、主观需求，并在此基础上探求这种现象可能存在的逻辑差异状态，最后据此归纳上述所提及的标准和方法。

（一）同义词产生的客观基础与主观需求

1. 客观基础。不管"同义词"该如何定义，作为词语中的异形同义的现象是一个自有语言以来便存在的事实。那么，这一事实产生和存在的客观基础是什么呢？本文认为，首先，客观对象本身的界限相对模糊性产生同义词。如"广阔"与"辽阔"便是此类情形，两词都有"既宽且阔"义，但有时侧重于"广大"，有时侧重于"辽远"；又如"优良、优秀、优异"等；古汉语中的"旦、朝、晨、夙"等词也属此类。其次，历史文化的变异导致同义词的产生。人类社会的等级价值观念促成了相应同义词的出现这一现象，便是很好的例子，如同是表"失去生命"意义，

[①] 周祖谟：《汉语词汇讲话》，人民教育出版社 1959 年版，第 47 页。

在秦汉及先秦时期用"死、崩、薨、终、卒"等不同形式来表示，而同为"在外过夜"意义，现代则有"住宿、下榻"诸形式。再次，地域差异也会产生同义表达。同一语言系统内，不同地区对某一事物、行为或状态等常会采用不同形式的表达。如秦汉时期，同为"猪"义，"北燕朝鲜之间谓之，关东西或谓之彘，或谓之豕，南楚谓之"（参见《方言·卷八》）；在现代，同为"厨房"义，吴语区说"灶头间"，福州说"灶前"等。最后，词义演变导致同义词。原来不同义的词经过一定年代的意义演变而具有同义关系，如"穷"与"贫"本不同义，前者指仕途不济或无业，但既因"穷"，则当与"贫"相关，如孔颖达疏《左传·昭公十四年》"分贫振穷"时说："大体贫穷相类，细言穷困于贫。贫者家少财货，穷者全无生业。"因此，"穷"后来分离出"贫"义，从而与"贫"构成同义关系。又如"囹圄、狱、牢"等，也属此类情形。

2. 主观需求。同义词的生成既有上述的客观基础，同时也有主观上的需要：第一，显示描述对象的细微差异。如"皮、肤"在秦汉时期就有适用对象上的不同，故《史记》中"肤"仅用于述人，"皮"则主要用于述兽畜；而《淮南子·说山训》中的"宁一月饥，无一旬饿"，就体现出"饥"在程度上较"饿"浅；而"趋、走、奔"则能表现古代的礼仪规约（参见《说文解字段注·奔》）。第二，表现作者的主观态度。如对同一个人"死"的记述，《史记》与《汉书》多选择不同的词，如司马迁记汉时大臣时多用"卒"，而班固则多用"薨"，如丞相申屠嘉、陈平及樊哙、灌婴等概莫能外。我们知道，按儒礼，"卒"指士之死，而"薨"指大夫之死，两书用词的不同表现了作者的态度与情感。第三，取得表达上的特殊效果。同义词除了可以满足内容上的要求外，还可以实现表达形式上的特殊效果，如为前后对称、语音节奏以及语体风格协调等提供选择手段。

（二）同义词差异的三维表现

以上从两个方面讨论了同义词产生的可能基础，下面我们将宏观地对具有同义关系的词语所可能出现的差异进行简要构拟。笔者认为，其差异可以从三个方面（即三个维度）来看：首先，词语指称对象本身的差异。如古汉语中"商、贾"被视作同义词，历来有"坐"贾"行"商之辨。此辨实则为指称对象之辨。又如"功劳"与"功勋"则源于两者指称对象的范围大小不同等。另外，指称对象本身的文化伦理差异也会表现以词语聚合的形式，如"帝、皇、后、王、皇帝"构成同义词群，但它们所具有的历史内涵是有相对时代限制的。其次，语言符号意义的差异是同义词之间不同的主要方面。词义特征便为基本表现，如程度、情感色彩、称述视角等，其他如语法能力等都可构成同义词的差异。最后，语用（修辞）能力的差异，包括词语的应用能力和修辞价值。应用能力虽不是词语本身的属性，但在同一意义的词族中应用能力的差异也是它们特性的外在反映，因此也当视作词间差异的构成因素。需要说明的是，以上是就整个同义词来说的，在具体分析中我们会发现，同义词的差异除了一些共同参数如适用对象、情感色彩、语体风格外，还有一些是为特殊词类所具有的，如名词可有事物质地的不同，如古汉语里"扇"与"阖"都有"门窗"义——《说文·门部》："阖，门扉也。"；《说文·户部》："扇，扉也。"段注则进一步引郑元注解析出它们在质地上的差异："《月令》：'乃阖扇。'注云：'用木曰阖，用竹苇曰扇。'安析言如此，常言则不拘。"而动词则可有行为施事的差异，如"住宿"与"下榻"，则因行为施事地位等不同而作不同的选择等。而这一特点在现有的研究中多被忽略了。

（三）确定标准

在经过上述讨论之后，我们来看看在研究过程中如何给所研究的对象下一个相对明确的定义，框定一个相对稳定的范围。通过上面的讨论可知，同义现象从产生的角度上说，源于不同的词语的指称内容相同、相近，无论其具体途径差异如何；从实际价值角度上说，在于实际表义上的丰富性与表达风格上的多样性。有鉴于此，笔者拟对"同义"提出如下的界定和说明：若干个词语间，如在同一意义层面上有一个相同、相近的义位内容（对于单义词来说也可理解为词义核心），则诸词语具有同义关系。关于该定义及同义关系构成，要说明以下几点：

1. "同义"是就词的某一个义位而言的，并非针对整个词及其意义。

2. 所谓"同一意义层面"，指构成同义关系的词义在逻辑层面上应属同一层次，不得越级串联，如"马"—"白马"虽有共同义位或词义核心，但具种属关系，不同义。

3. 具有同义关系的词语的最终判定是规范作品（包括口头与书面）的实践用例，要经得起实践的检验。因为确定研究对象的依据是对象本身的存在状态，旨在研究的科学、方便，而不能方枘圆凿，要求实际材料为自己的理论作出牺牲。

4. 定义中"近义"指在同义（指理性意义）前提下词语间在附属表达色彩上有差别的情况，相对于"等义"而言，如"鼓动"与"煽动"、"迎接"与"迎迓"等，而不包括仅仅出于某种形式的关联所产生的相近，如"富丽"与"美丽"，有人认为是同义词，但它们仅仅是因含有共同的语素"丽"而造成的误解。为避免在理论及实际操作中可能带来的混乱，本文拟在给同义词分类时将有同有异的称"基本同义词"，将完全同义的称"特殊同义词"。

5. 关于词性与同义关系。从理论上说，研究同义词，"意义"无疑应该是首要的依据，词性属于句法范畴，不必把两者放在一个层面上考虑。承认这一点，并不是回避词性问题。这主要是由词性的性质所决定的。我们知道，词性决定于词充当句法成分的能力及它的组合能力所反映出的抽象的语法属性，它实现的是语言单位之间的结构功能，而不记载和表现人对客观对象的正确或歪曲的认识结果，因此，我们不能从某个词的词性得到其具体词义。但我们又须进一步地看到两者间的关联，那就是，从逻辑上说，同类词性的词的意义在反映客观对象及人对客观对象的认识的特征上，是具有词义指称的共同类属性的。如名词类的词记录的是人对客观对象、主观世界等事物、概念的命名；而形容词类的词的意义是对事物、行为的属性、状态的反映……因此，我们可以从某个词的词性中得到其相对词义指称的共同类属性。词语间同义，当然首得有词义指称的共同类属性这一前提，这就势必推导出"同义词语应该有相同的词性"的结论。根据这一结论，我们觉得"刚毅"与"毅力"、"勇敢"与"勇气"[①]是不能成为同义词语的。但语言终归属人文现象，偶然性当然不可忽视，加上各人认识角度及程度的不同……如个别词的定性["永久"与"永远"，刘叔新（《词典》）定为副词，林祥楣则认为前者为形容词，后者为副词[②]]、兼类词的认定等，因此，在实际操作中，个别的、例外的存在是正常的。否则，即使避而不谈，也无助于问题的解决。如"突然"与"忽然"等词语，即使按"同形结合"法也不好说就不是同义词："他突然倒下了"与"他忽然倒下了"，"突然刮起了风"与"忽然刮起了风"等两对"词语单位"间在"所指的事物对象""意义的外延""主要理性义素或理性意义成分"上有什么区别？然而在刘叔新先生主编的《现代汉语同义词词典》里是找不到这类词例的。

（四）辨别方法

在给同义关系作了界定以后，我们能采用什么方法或步骤来辨别同义词呢？笔者觉得"类比"与"归纳"两种方法的结合是比较可行的。"类比"指将待确定及待辨别的若干词语意义尤其是内含这些词语的语

---

① 胡裕树：《现代汉语》，上海教育出版社1995年版，第233页。
② 林祥楣：《现代词语》，语文出版社1995年版，第160页。

句意义进行综合比较，较全面地得出各个词语意义、语法及语用等方面的特点；"归纳"指在此基础上总结若干区别特征。具体步骤是：假设有待确定或辨别的"同义词"：A、B、C、D，第一步是找出含有上述词语的所有（这在理论上可行，在实际上只能是尽可能）典型用例。第二步是运用替换①的方式初步确定这些词的同义资格。与此同时，在对每个词语在典型例句中的特征进行概括的基础上（得出的词义特征称聚合特征），我们还要对不同词语的例句在可替换或不可替换的情形中找寻其存在的同和异（得出的特征称组合特征）。第三步是对前面得出的词义聚合特征和词义组合特征进行细致的归纳，按一定秩序梳理出该组同义词语间的差异。

最后，根据上述讨论，我们对"鼓动""煽动"两词的词义同异举例作一简析。其中同点有三：

1. 共同义位——皆可指用语言、文字等激发人们的情绪，使他们行动起来（做）。

2. 语用能力——皆只用于转述（指记述或陈述他人行为，与"自述"相对）。

3. 附属色彩——皆可用于口语或书面语。

异点有五：

	"鼓动"	"煽动"
1. 施事动机	善良（鼓动他去学英语）	险恶（煽动他们闹事）
2. 行为状态	个体或群体性行为	群体行为
3. 附属色彩	中性	贬义
4. 语法特点	后面常带主谓结构成兼语式	可直接带动词宾语（煽动罢工）
5. 运用语境	普通	特殊（多见于政治性表述）

---

① 关于"替换"法，需作若干说明。首先，这一方法不是最终的判定手段，因为有些词例在附属表达色彩或习惯用法上的特点而导致它们在实际运用中并不能自如替换，如"煽动"与"鼓动"两词，在句子"他们＿＿＿不明真相的群众到省政府门前闹事"中，其中空处一般用"煽动"，而在句子"经他一＿＿＿，不少人都去学习气功了"中，其中空处则多用"鼓动"；其次，这一方法的使用有前提限定，即在理论上替换前后的两个语言单位的实质或基本意义（essential meaning）应相同或相近，如上举两词，在实际运用中不能随便替换，但在理论上，替换前后在"用语言、文字等激发人们的情绪，使他们行动起来（做）"这一本质意义上有共同性，但在附属表达的情感色彩上不同，从而将两者确定为（基本）同义词；最后，因为上述两点，我们认为，"替换法"只能看作同义词认定的辅助方法，因而，"可替换性"也就不能被视作同义词的基本属性之一。

参考文献

C. K. Ogden & I. A. Richards, *The Meaning of Meaning*, Ark Paperbacks, 1985.

池昌海：《五十年汉语同义词研究焦点概述》，《杭州大学学报》（哲学社会科学版）1998年第2期，《人大复印资料·语言文字学》1998年第7期。

胡裕树：《现代汉语》，上海教育出版社1995年版。

林祥楣：《现代词语》，语文出版社1995年版。

刘叔新：《汉语描写词汇学》，商务印书馆1995年版。

刘叔新：《同义词和近义词的划分》，南开大学中文系语言教研室编《语言研究论丛》，天津人民出版社1980年版。

陆善采：《实用汉语语义学》，学林出版社1993年版。

孙常叙：《汉语词汇》，吉林人民出版社1956年版。

武占坤、王勤：《现代汉语词汇概要》，内蒙古人民出版社1983年版。

辛菊：《同义词和同一关系的概念》，《山西师大学报》（社会科学版）1992年第1期。

徐烈炯：《语义学》，语文出版社1990年版。

詹人凤：《现代汉语语义学》，商务印书馆1997年版。

周荐：《汉语词汇研究史纲》，语文出版社1995年版。

周荐：《近义词说略》，《天津教育学院学报》1990年第4期。

周祖谟：《汉语词汇讲话》，人民教育出版社1959年版。

本文曾发表于《浙江大学学报》1999年第1期第29卷，1999年2月

先秦儒家修辞思想的特点论析

池昌海

摘要 先秦儒家修辞思想很丰富,从系统性上看,体现出如下五个特点:鲜明的伦理色彩,强烈的使命意识;极端的二元对立,明确的精英取向;辩证的文质一体,单一的根本标准;零散的叙述模式,缺序的结构体系;直觉的断言推理,乏力的逻辑论证。

关键词 先秦 儒家 修辞思想 特点

先秦儒家修辞思想,是指通过先秦儒家典籍中表述的修辞观点的总汇而构成的系统,这些典籍包括哲学散文等,如《论语》《孟子》《荀子》《周易》《礼记》,也包含体现出浓厚的儒家精神的文学作品,如《诗经》《左传》等。"先秦儒家修辞思想"作为一个独立的概念虽然尚未有人提出,但相关研究已经有了不少,然而,系统地对此加以勾勒和概括的成果还不曾看到。通过笔者的考察,我们认为,先秦儒家修辞思想在总体上具有以下五个特点。

一 鲜明的伦理色彩,强烈的使命意识

与中国春秋战国时期同步,古希腊也有一些圣哲对修辞作过论述,但与中国修辞思想在很多方面都有明显的差异。如其中的代表人物、古希腊圣哲亚理斯多德(公元前384—前322)在《修辞学》著作中就对修辞术作了清晰的界定:"一种能在任何一个问题上找出可能的说服方式的功能。"[1] 该著的十九个章节,几乎所有的内容都是从不同的角度对"修辞术"的表现、方法、功能等作了分析。与其定义相吻合,亚氏完全将修辞看作了一种能力或技术,即便偶或提及"美德"或"品质"等个人道

---

[1] 亚理斯多德:《修辞学》,罗念生译,生活·读书·新知三联书店1991年版,第24页。

德范畴与修辞的关系,① 也是从一般意义上说的,如他将"美德"界定为"似乎是一种能取得并能保持好东西的功能,一种能在任何情形下给所有的人许多重大的好处的功能"。② 很显然,亚氏所说的能影响论辩效果的"美德"或"品质"适合整个人类,具有普适性,并没有融进西方独有的某个宗教或哲学色彩的价值观念。与此不同,如梁漱溟先生将中国传统社会定位为"伦理本位的社会"③,儒家的修辞思想,虽然也有对修辞行为一般表现及其属性的认识,如关于修辞目的、修辞功能、修辞与时间、对象等语境因素的关联等,但其核心为:浓厚的儒家价值观念才是衡量修辞行为动机和效果的关键标准。《周易》就鲜明地提出了"修辞立其诚"这一命题。它表明,修辞不仅具有工具意义,不仅仅是作为"找到说服能力"的手段,而是为"立诚"服务的。孔子再三强调"谨而信"(《论语·学而》)、反对"巧言",因为它可以"乱德"(《论语·学而》),"鲜矣仁"(《论语·阳货》),因为他认为"言谈者,仁之文也"(《礼记·儒行》),只有"辞令顺,而后礼义备"(《礼记·冠义》),否则,"今人而无礼,虽能言,不亦禽兽之心乎?"(《礼记·曲礼上》)另外,在孔子看来,君子与小人就是两种相对立的人格,而且在修辞行为上也是水火不容的——"君子约言,小人先言"(《礼记·孔子闲居》),"所谓庸人者,口不能道善言"(《荀子·哀公》),孟子、荀子等也表达了相同的思想。可见,在儒家哲学系统里,修辞不仅仅是运用语言的行为,而是带有浓厚文化内涵的哲学系统的一部分,这一点在本身就作为古典哲学家的孔子、孟子和荀子等的论述中得到了充分的证明。温科学对美国著名修辞学学者奥利佛的相关论述的介绍从另一个角度说明了这一点。④ 而中国著名修辞学家王希杰也对此作了很充分的说明,并认为这是中国传统修辞学的一个独特而有价值的地方。⑤ 郭友鹏则据此认定:"在汉民族的文化心态中,潜伏着一种西方文化人士无法企及的浓厚的政治伦理色彩。"⑥ 陈炯则将上述属性概括为"伦理性",⑦ 笔者认为这些论述都是有道理的。

---

① 亚理斯多德:《修辞学》,罗念生译,生活·读书·新知三联书店1991年版,第69页。
② 亚理斯多德:《修辞学》,罗念生译,生活·读书·新知三联书店1991年版,第43页。
③ 梁漱溟:《中国文化要义》,学林出版社1987年版,第79页。
④ 温科学:《中国古代修辞学属于哲学——西方人眼中的中国修辞学(之一)》,《修辞学习》2002年第2期。
⑤ 王希杰:《略论"修辞立其诚"》,《苏州教育学院学报》2000年第1期。
⑥ 郭友鹏:《汉语修辞的文化意义说略》,《文化的语言视界——中国文化语言学论集》,上海三联书店1991年版,第265—269页。
⑦ 陈炯:《略谈中国古代修辞学的特征》,《修辞学习》2002年第6期。

先秦儒家修辞思想的伦理色彩不仅表现在对修辞属性的界定上，还体现在对修辞效果的终极评判所确定的原则上。就古希腊修辞思想来说，在亚理斯多德看来，修辞（术）好坏的判断标准只有一个："在于在每一种事情上找出其中的说服方式。"① 其最终目的还是在于说服对方。也正因此，刘福元才将"说服和劝说"归纳为西方古典修辞思想中对修辞目的的评价准则。② 与此不同，中国传统的儒家修辞思想对修辞价值的判断标准提出了一个根本性的原则，那就是是否符合并有助于传达、实现儒家提出的基本思想和范畴，也即是否符合"仁""义""智""信"等理念（详见下文）。儒家修辞思想将儒家哲学范畴确定为判断修辞效果的基本原则，与其基本的哲学诉求与社会理想是一致的。

与鲜明的伦理色彩紧密关联的是，先秦儒家修辞思想还表现出强烈的社会使命意识。同西方古典修辞思想中将修辞行为的目的定位于技术层面不同，中国传统儒家修辞思想直接将修辞活动的形式、内容与哲学范畴甚至社会理想、价值观念等联系起来，从而往儒家修辞思想里灌注了强烈的社会甚至政治使命感。这一使命感的具体内容就是不断强调修辞（"言"）在儒家先哲们视若生命的儒家理想及其实现过程中的作用，从而使修辞活动成为实现儒家社会理想的重要途径。

从正面看，"言"作为交际手段，它当然可以在一般意义上为言说者的个人成功提供帮助。"不有祝鮀之佞，而有宋朝之美，难乎免于今之世矣"（《论语·雍也》），就可以看作修辞的基本功能。但在儒家修辞思想里，修辞的功用绝非如此单纯。在孔子等看来，"言"本身就是体现"仁"这一儒家核心理念的有效形式："礼节者，仁之貌也；言谈者，仁之文也。"（《礼记·儒行》），不仅如此，"言"的形式或内容决定了事业的成败，而事业的成败又将直接导致礼乐等儒家价值观的能否实现："名不正，则言不顺；言不顺，则事不成；事不成，则礼乐不兴；礼乐不兴，则刑罚不中；刑罚不中，则民无所措手足。"（《论语·子路》）如果言谈能符合忠信的原则，那么，"言忠信，行笃敬，虽蛮貊之邦，行矣"（《论语·卫灵公》）。

从负面看，如果不能按照儒家所认可的原则以及运用方式去修辞，不能将"言"与"仁""义""礼"等儒家精神有机结合起来，那么这样的修辞一定会导致不好的结果，所谓"言不顺，则事不成"就是这个道理。

---

① 亚理斯多德：《修辞学》，罗念生译，生活·读书·新知三联书店1991年版，第24页。
② 刘福元：《达意与说服——中西修辞学传统之异初探》，《云梦学刊》1999年第2期。

所以,"君子于其言,无所苟"(《论语·子路》)。同样,如果能说会道,甚至连《诗》也都能运用自如,但不能为君主治国成就功业,那也没有意义:"诵《诗》三百,授之以政,不达;使于四方,不能专对;虽多,亦奚以为?"(《论语·子路》)因此,言辞必须合乎"忠""信"之义,否则,"言不忠信,行不笃敬,虽州里行乎哉"?(《论语·卫灵公》)

儒家修辞思想中的上述浓厚的伦理色彩和强烈的社会使命意识,构成了中国传统修辞思想与西方古典修辞思想的一个重要区别,也是我们提出儒家修辞观的根本理由。①

二 极端的二元对立,明确的精英取向

所谓"二元对立"与"精英取向",是就修辞思想中有关修辞主体的属性确定问题而言的。现代修辞学以及语用学在修辞主体的确定上,有非常明确的界定,甚至不言自明地以言语行为的参与者为对象,并且不认为这一修辞主体具有阶级或道德上意义上的对立甚至类别性不同,只是在文化修养、性别、年龄、职业等角度上会给修辞主体在进行修辞活动时带来不同程度的影响。对此,古希腊修辞思想也大体接近,就其代表作《修辞学》而言,亚理斯多德多次提到了言说人的个人品德问题,但他仍然是从技术层面而言,强调好的品德或性格能影响听众的接受效果。即便如此,他所说的"品德"与儒家修辞思想还是有极大的不同。在该著的第一卷第二章中有这样一段话:"当言说者的话令人相信的时候,就是凭他的性格来说服人,因为我们在任何事情上一般更相信好人。由于这个缘故,我们对于那些不精确的、可疑的言说,也完全相信。但是这种相信应当由言说本身引起的,而不应当源于听者对言说者的性格预先有的认识。"② 可见,在亚氏看来,好的品德当然有助于言说或修辞效果,但这是就演说本身而言的,与他固有的或听者原先所预想的品德没有必然关系。正是在这个意义上,亚氏在该段的后面又接着谈到了善良品德对演说的积极意义。在第二卷第一章中,亚氏更是详细地列举了演说者能使人信服的三种品质:"见识、美德和好意。"③ 但同样要注意的是,亚氏在这里所强调的也并不是与演说者自身的阶层地位相关联的道德类型,仍然是着意于演说技巧层面的,下面这段话就作了很好的注

---

① 池昌海:《孔子的儒学修辞观》,《古汉语研究》2000 年第 4 期。
② 亚理斯多德:《修辞学》,罗念生译,生活·读书·新知三联书店 1991 年版,第 25 页。
③ 亚理斯多德:《修辞学》,罗念生译,生活·读书·新知三联书店 1991 年版,第 70 页。

解："我们可以从美德的分析中获得方法，使我们显得有见识，有品德，因为我们可以用使别人显得是这样一个人的同样方式使自己显得是这样一个人。"①

先秦儒家修辞思想对此的理解就几乎完全不同。对此，个别研究者已经窥见了中西古典修辞思想所表现出的差异，尽管只是点到为止。如刘福元在文章中就作了这样的总结："先秦修辞学所讨论的说写者一般是君子、圣人、帝王等统治阶层的人物，以言说作为统治人民、治理国家的手段。"而"西方修辞学所说的演说看，除了统治阶级的人物，也包括平民。诉讼演说的主体就是平民"。② 实际上，我们可以进一步发现，先秦儒学大家们在讨论修辞行为时，首先将修辞主体划分成了两个类型，即君子与小人。③ 君子与小人无论在伦理道德的把握上还是对人生意义的理解上，无论在对物质利益的态度上还是在对国家大事的走向上等，都是完全不同的。虽然按照荀子的理解，在"欲""利"等的追求上，所有人都有一些共同点，荀子在《荣辱篇》里就曾说："材性知能，君子小人一也。好荣恶辱，好利恶害，是君子小人之所同也。"但也就在此句的后面，马上就从更根本的方面指出了两者的性质差异："若其所以求之之道则异矣。"也正是两者在根本属性上的差异，导致了儒家修辞观中对修辞主体也作了截然对立的界定。"君子"的话语是诚信的，是符合仁义道德的，是可以行乎"蛮貊"的，如孔子就说过："君子貌足畏也，色足惮也，言足信也。"（《礼记·表记》）而"小人"的话语正好相反，是不可信的："言无常信，行无常贞，唯利所在，在所不倾，若是则可谓小人矣。"（《荀子·不苟》）小人即便是"辩"，也是"訾""口""争"（《荀子·非相》）。所以，两相比较，在内容上是完全对立的："小人辩言险，而君子辩言仁也。"（《荀子·非相》）甚至在方式上都不同："君子约言，小人先言。"（《礼记·孔子闲居》）从效果方式等方面综合起来看，差异也规定得很明确："少言则径而省，论而法，若佚之以绳，④ 是士君子之知也。其言也诒，其行也悖，其举事多悔，是小人之知也。"（《荀子·性

---

① 亚理斯多德：《修辞学》，罗念生译，生活·读书·新知三联书店1991年版，第70页。
② 刘福元：《达意与说服——中西修辞学传统之异初探》，《云梦学刊》1999年第2期。
③ 当然在具体讨论时，可以出现多种层级划分，如《荀子·哀公问》中孔子甚至将人分为了五个等级："人有五仪：有庸人、有士、有君子、有贤人、有大圣。"但实际上，庸人与其他四类不仅仅存在量的差异，更有质的区别，前者应归入"小人"一列，后四类则应归入"君子"一列，孔子于该段接下去的解释就非常清楚地证明了这一点。
④ "'佚'，据上下文，疑为'扶'，校正的意思。"高长山：《荀子译注》，黑龙江人民出版社2003年版，第470页。

恶》)"少言而法,君子也;多言无法而流湎然,虽辩,小人也。"(《非十二子》)等。

以上分析充分显示出儒家修辞观中对修辞主体所作的二元身份划分。这种认定本身显然完全是从道德立场上着眼的,现在来看,无疑带有过于勉强的主观成分,极端地将修辞主体的道德等品质内容以及话语内容与话语手段、形式和效果,不恰当地糅合起来,在两者之间强硬地建立了关联。这种思想是值得讨论的,至少论说者并没有进行充分的论证。

更为特别的是,儒家修辞观还在将修辞主体进行简单极端二分的基础上,进行了极为有倾向性的取舍,这就是从先圣们的言论以及本文前面所引述的材料中可以看到的,孔子、孟子、荀子等,毫无例外地充分肯定君子所具有的品性,将君子作为儒家的理想人格进行解释、宣传、肯定。相关联的,君子所具有的言语属性也就自然成为褒赞的对象;与此相反,小人的品性也就成了不齿的对象,是冥顽不化、愚昧无知的代名词,他们的言语能力和形式,也就成了被彻底贬斥的内容。从而在修辞主体极端两分的基础上,毫无保留地选择了代表所谓精英的"君子"一方。因此,"极端的二元对立,明确的精英取向",也是先秦儒家修辞思想的一个重要特色,这也完全可以看作儒家哲学思想在修辞观中的延伸和表现。

不过,对以上认识有两点需要作一些说明。

首先,"君子"与"小人"的划分界限与条件,乃至其产生的过程,从孔子到荀子等都没有一个明确的说明,以致这两个以及相关的称谓,更多的是主观性极浓的价值定性,对其形象的内涵与外延,都缺乏准确的定位。虽然我们可以找到类似"君子喻于义,小人喻于利"(《论语·里仁》)之类的判断,但所谓"义"、"利"以及"仁"等范畴,其本身的含义也较为模糊,对它们的理解可以因不同的人、不同的时代而做出不尽相同的理解。

其次,我们应该看到,儒家对两种极端品德类型的界定不具有血统意义;也就是说,在儒家看来,所谓君子与小人并不是生而成就的。这一特点在孔子和孟子的理论体系中,尚未找到相应的论述,但后期的代表人物荀子却对前贤做了可贵的补充或修正。在荀子看来,所有人的本性都是相同的,即"人之性恶,其善者,伪也"(《荀子·性恶》),但性恶只是就其本来天性而言的,后天却完全可以通过实践与道德修养进行修正完善。所以,荀子在《荣辱篇》中陈述了"禹"(代表善)和"桀"(代表恶)在三个方面的相同表现,但却有截然不同的社会角色价值。他们之所以具有完全不同的人生结果,并不是天生决定的,而是自己的努力与道德实践所导致的(即"变故""修为")。所以也是在该篇,荀子做出了这样的结论:"尧、禹者,非生而具者也。夫起于变故,成乎修为,待尽而后备者也。"(《性恶》)正因为有了这样的修正,既让我们看到了儒家学说在整个问题上的灵活态度与可取性,更有助于为上述极端二元品德类型的理解提供一个较为合理的逻辑铺垫,不至于得出儒家修辞思想乃至哲学伦理体系在这个问题上完全机械甚至腐朽的结论。

三 辩证的文质一体,单一的根本标准

在修辞形式与内容的关系上,儒家认为,修辞活动首先应该以"达意"为基础。孔子在《论语·卫灵公》中所说的"辞达而已矣",就是这一思想的典型代表,强调以平实的言辞形式准确地表达内容。在这一个意义上,内容的充实就是首先要考虑的问题,所以孟子在《离娄上》中就说出了"言无实不祥"的命题,荀子则在《正名》中从辞与义的角度对此作了肯定的说明:"君子之言,涉然而精,俯然而类,差差然而齐。彼正其名,当其辞,义务白其志义者也。"我们认为,儒家的上述思想与现代修辞学中所提出的规范修辞理论是有相似性的。所谓"辞达而已"正是在修辞的一般层面上,强调形式与内容的规范意义的吻合,修辞形式能明白晓畅地将意义或内容传达出来,就是目的。

但儒家修辞思想家们显然也没有忽略在"达"基础上的带有文采效果的"文",更没有反对修辞活动中需要丰富多彩的灵活甚至超常表达。所以,孔子说出了这样一系列话语:"情欲信,辞欲巧"(《礼记·表记》),"言之无文,行而不远"(《左传·襄公二十五年》),"不有祝鲍之佞,而有宋朝之美,难乎免于今世矣"(《论语·雍也》)。孟子也同样提倡好的言辞:"禹恶旨酒而好善言"(《孟子·离娄下》),"言近而旨远,善言也"(《孟子·尽心下》)。荀子则从君子能言善辩的角度提倡修辞能力,"君子必辩"(《非相》)就是他的口号,认为学者、君子都应该"好言""乐言":"学者,然而不好言,不乐言,则必非诚士。"(《非相》)从这里简单所列可知,儒家修辞思想并不只是将修辞局限于规范消极层面,而是同时肯定表达文采形式多样的重要性,并将这一属性上升到作为君子、士的必备能力的高度来看。如果将前面所强调的质朴达意为要的思想称作"质",将肯定和提倡文采的修辞称作"文",那么至少我们看到了儒家修辞对"文""质"两个方面的肯定,甚至在某种意义上,儒家修辞思想还可能更为看重"文"的一端。荀子在《非相》中讲的一段话就很能说明

问题："故君子于言无厌，鄙夫反是，好其实不恤其文，是以终身不免埤污、佣俗。"在这里，荀子十分强调君子对言语能力的看重，而驳斥了只看重内容、不屑于形式的观点，认为正因为有了这样的错误观点，才使小人鄙夫难得有事业上的成就。也正是在这个意义上，几乎所有的修辞思想史论者都借用孔子的话语得出了"文质彬彬"，即"文""质"辩证地统一是儒家修辞思想的核心的观点。

这一结论本身是正确的，但我们需要注意的是，"文""质"是在什么条件下才能做到辩证的统一？似乎缺乏有效的令人信服的论证。正如上文所做出的证明一样，我们认为，儒家修辞观中的"文""质"之所以能辩证地统一，其条件就是儒家伦理道德观念为根本。也就是说，在一般修辞活动中，"辞达而已"就可以"白其志义"了，这就是我们现在所说的规范修辞。如果在这个意义上不能"达"，或违反了儒家的伦理规范，那就是"游言""浮言"，对此，当然就要"慎言""谨言""寡言"了，因为"巧言"一定会"乱德"，说话的人也被骂作了"禽兽"："今人而无礼，虽能言，不亦禽兽之心乎？"（《礼记·曲礼》）《诗》固然重要，但如果只会背诵而不能灵活运用并为实现政治等使命服务，那也是没有任何意义的。但是，如果在规范修辞层面基础上，能有效地传达儒家思想，实现儒家理念，那就不能反对对言辞的加工修饰，反而要强调对言辞的润饰美化，孔子等对美好文辞的赞美，其案例无一不是符合这一精神的。孟子也有同样的表现：当孟子面对有人指责他好辩时，就急急忙忙地这样解释："予岂好辩哉？予不得已也……我亦欲正人心，息邪说，距诐行，放淫辞，以承三圣者。"（《滕文公》）很显然，他想申辩的是，他不是单纯地喜欢辩论，追求的不是形式本身，而是为了捍卫礼义，承袭先圣之德。手段是因为目的而存在的。荀子则更明确地从理论上作了对比性的说明："言而非仁之中也，则其言不若其默也，其辩不若其呐也；言而仁之中也，则好言者上矣，不好言者下也。"（《非相》）

由此可见，与前面讨论相关，儒家修辞观在处理形式与内容的关系时，实际上仍然是将与儒家伦理思想紧密结合在一起的内容作为修辞的根本基础来强调的，"文""质"相谐，并非简单的形式与内容的和谐结合，而是以儒家哲学理念为黏合剂的。所以，我们认为在儒家修辞观中所体现的仍然是单一的价值标准：儒家伦理思想至上。

也正是有了这样的特点，势必会导致儒家修辞观可能走上另外一个极端，那就是，为了达到儒家思想家们所追求的哲学终极目的，手段是可以变通的，甚至可以以另一种相反的方式来获得。孟子就曾说过："大人者，言不必信，行不必果，唯义所在。"（《离娄下》）如果从表面上看，整个命题与孔子在《子路》篇中所强调的"言必信，行必果"就构成了矛盾。但实质上，孟子的这个结论是前面所介绍的儒家修辞观里单一价值标准所必然导致的结果。孔子也用同样的逻辑处理了表面上矛盾的事情：有人因管仲不能及时殉主而责备管仲不仁时，孔子抛弃了他一贯强调的君君臣臣的理论，认为管仲所违背的是小义，而获得的是帮助齐桓公九合诸侯的历史功绩，这就是"仁"①。这些又从反面验证了儒家修辞思想中存在的价值单一的倾向。

四 零散的叙述模式，缺序的结构体系

先秦儒家修辞思想，除了在学理内容本身所具有的上述特点外，在理论的叙述和论证方式上也体现出汉文化早期共有的特点，那就是，观点的表达往往呈现出零散随意性，在整体系统性上也缺乏明确的先后秩序，更缺少严谨的内在结构；与此同时，在结论的论证上，常常是直觉式的断言或推理，不注重论点与论据的关联，更谈不上论证过程的充分和科学，很容易给人以简单或无端的感觉。先谈前一个方面。

所谓叙述上的零散，是指就某个单一或复杂观点的表达常常似随意性地出现在某个文献的具体章节中，就内容而言，它与篇（章）内的其他内容并无内在的紧密关系。如果联系相关同类观点来看，它们彼此之间又散落于互相关联不明显的篇章中，而且无论从空间上，还是从内容上，很难得到逻辑学上的解释。这就产生了就某个哲学思想体系而言至少在修辞思想的表述上，其系统的逻辑结构是残缺或不严谨的。这一特点产生的根本原因在于，先秦儒家（也包括其他流派）哲学文献中所有关乎修辞或语言的论述，都不具备独立的本体论资格，而是基于儒家哲学伦理思想的论述中，涉及修辞或语言时的结果，是儒学思想的一个组成部分，更是实现儒家终极目标的手段或途径之一。在学理上，修辞思想应该只是儒家哲学的附庸。②况且就其主体思想的构成以及表达来看，也很难说就形成了一个形式严谨的模式、结构完善的体系了。有学者将中国古代修辞学的特征之一称作"附庸性"③，附庸性是儒学修辞思想上述特点的根本原因。

---

① 《论语·宪问第十四》。
② 温科学：《中国古代修辞学属于哲学——西方人眼中的中国修辞学（之一）》，《修辞学习》2002 年第 2 期。
③ 陈炯：《略谈中国古代修辞学的特征》，《修辞学习》2002 年第 6 期。

孔子的言论多数是其弟子后来连缀而就的，一些言论还散落在其他后世文献中。就《论语》而言，在其二十篇文字中，据笔者的调查，唯有《八佾》和《微子》两篇没有相关修辞的讨论，其他十八篇都有涉及修辞思想的文字，而且多数篇内不止一处。如首篇《学而》中即有如下文字：

（1）子曰："巧言令色，鲜矣仁！"

（2）子曰："弟子入则孝，出则悌，谨而信，① 泛爱众，而亲仁。行有余力，则以文学。"

（3）子曰："与朋友交，言而有信……"

（4）子曰："君子食无求饱，居无求安。敏于事而慎于言，就有道而正焉，可谓好学也已。"

从所选录的四例可见，首先它们彼此之间在《学而》篇内并不依次而叙；其次，四例之间在内容上也很难勾画出内在的关联，完全是从不同的角度针对不同的主题而言的，并且每一个话题都缺少相应的话语环境。这一特点同样表现在整个《论语》中。

如果联系先秦其他文献来看，我们还可以看到，《左传》、《礼记》以及《荀子》等文献中均有不同数量的孔子论修辞的言辞，这些文字，也同样体现出上述特点。

这当然是有原因的，诸子之间也有差异。写作或印制上的特点就很重要。但显然这不是根本的原因，也就是说出现上述特点绝非用技术层面的理由可以解释的。比如《孟子》全部内容以及《荀子》中的大多数篇章，都是经作者自己编纂而成的，其中的篇章特点与孔子的《论语》也有了很大的不同，但仔细阅读后，我们仍然可以发现上述问题同样存在。

就荀子而言，其留给后世的著作《荀子》，在学科形态上与《论语》有了很大的不同，全书共三十二篇，② 每篇都有相对集中的主题。但仔细分析可以发现，很多篇内的内容并不集中，常出现与主题关联不大的话语。该著有十五篇论及修辞行为，但相关论述体现出与《论语》几乎一致的特点。

---

① "'谨'，寡言叫谨。"杨伯峻：《论语译注》，中华书局1980年版，第5页。

② 《荀子》一书的真伪以及其中某些内容的作者问题，学界一直存有争议。笔者采纳《荀子译注·前言》的观点。该文作者倾向于接受梁启超的观点，认为："《荀子》一书大部分为荀况自著，但《儒效》《议兵》《强国》等篇，皆称'孙卿子'，大约是其弟子记录而成。并且，《大略》以下六篇，结尾荀卿弟子所记荀子之语及杂录传记，此六篇可能是汉儒所杂录，非《荀子》之旧。实际上，《大略》以下六篇的内容同荀子的思想体系并不矛盾，虽非出自荀卿之手，但却是分析荀子思想的重要文献资料。"高长山：《荀子译注》，黑龙江人民出版社2003年版，第1页。

仅就第一篇《劝学》而言，至少有如下的文字讨论了修辞问题：

（1）是故质的张而弓矢至焉，林木茂而斧斤至焉，树成荫而众鸟息焉，醯酸而蜹聚焉。故言有招祸，行有招辱也。君子慎其所立乎！

（2）君子之学也，入乎耳，箸乎心，布乎四体，形乎动静。端而言，蝡而动，一可以为法则。

（3）不问而告谓之傲，问一而告二谓之囋。傲，非也；囋，非也；君子如向矣。

（4）问楛者，勿告也；告楛者，勿问也；说楛者，勿听也；有争气者，勿与辩也。故必由其道，然后接之；非其道，则避之。

（5）故礼恭，而后可与言道之方；辞顺，而后可与言道之里；色从，而后可与言道之致。

（6）未可与言而言谓之傲，可与言而不言谓之隐，不观气色而言谓之瞽。故君子不傲、不隐、不瞽，谨顺其身。

就它们的内容看，（1）关乎言语行为的社会效应，而且偏重于消极方面来说的；（2）则君子在言语行为上的方式和特点，提倡轻声地说话，小心地行动，并将其作为法则的一个构成部分来看；（3）与（2）同属一段，但却是就问答的方式，谈论问与答的时机、信息量的多少等问题；（4）在与（3）隔了一个大段后，再次谈论言语交际的对象、内容等与可否交际之间的关联；紧接其后的（5）却换了一个角度，从言语交际的礼貌原则来谈论礼貌与交际内容之间的关联；（6）则有强调之意，对（4）（5）所论进行明确，谈论了言语交际的时机、对象之间的关联，并最后总结了君子在该方面应有的品质：不傲、不隐、不瞽，谨顺其身。

从以上六个例子的介绍可以看出，除了后三个相对集中于原文的一个段落外，其他两段分别属于不同的段落，而这两个段落的主要意旨并不在于讨论言语表达问题，彼此之间从内容上也并无必然关联。如果结合到该篇的主题《劝学》来看，以上所关涉的从逻辑上讲应都是有关言语交际的基本特点、方式与原则等问题，但事实上并不都是。因此，笔者认为在叙述方式上呈现出明显的零散性，从而必然造成总体来说结构上难以构成清晰明确的系统。当然以上特点并不单纯地体现在儒家论著中，在道家、墨家、法家等论著中也有同样的表现。

由于儒家文献所具有的上述特点，笔者认为在归纳先秦儒家修辞思想时，最基础也是首先要做的，就是尽可能穷尽式地收集相关论述的所有材料，做到没有遗漏；在此基础上，按照内部的逻辑进行排比归纳，不隐讳，不回避，尽可能地构拟出完整的思想框架，以系统性的结构展现其修辞思想内容。在归纳和分析时，尽可能客观，不多作发挥和演绎。但无论做得如何仔细和谨慎，我们都不敢说所得到的结论完全勾勒出了他们的修辞思想，都只能是为更科学地认识先秦儒家修辞观添砖加瓦。

五 直觉的断言推理，乏力的逻辑论证

就我们所讨论的对象看，无论是《论语》《孟子》《荀子》还是《周易》（主要指其中的《系辞》），显然都不是记事类的文献，而是带有明显哲学意味的论述性文字，将其中的《孟子》《荀子》称作散文，显然也不是相对于小说诗歌等体裁而言的。即便《孟子》记载了若干个故事，但那仍然是为他的政论服务的。

但我们在考察他们的修辞思想论证时发现，几乎所有的观点都是以直觉体悟式的断言推出的，也就是说均以突兀的结论说出，大多数缺少严密的逻辑论证，谈不上论据的科学与充分。实际上，这些理论绝大多数是作者个人生活阅历经验以及学力感悟而得到的经验之谈。毫无疑问，这些结论中，很多是很有道理的，也经得起事实的考验，但因为缺乏实证的基础与严谨的论证，相当一些论断也很脆弱，难免容易给人以武断的感觉。

通过分析，我们认为，这一特点不特体现在儒家思想体系中关乎修辞的论述，它与儒家哲学思想的整个表述风格（包括当时其他流派的哲学体系，如庄子、老子）的整体风格是一致的，因此，有人将这一种强调直觉体悟和经验断言的表述风格归结为中国传统的思维体现方式之一，作为中国传统文化的一个重要内容来看待。[①] 笔者认为，先秦儒家修辞思想也是以直觉体悟式的断言与缺位的逻辑论证为其言事风格的。

以语录体形式言事说理的《论语》就是典型：其中我们共得到相关修辞论述材料五十二条，都是以直接断言的形式下结论，没有进行直接或间接的论证，在本文第四节中所举出的例子就是代表。另外三部非语录体的文献也同样体现出这一特点。虽然它们在篇章总体结构上与《论语》有了很大的不同，但深入局部来看，仍体现出与《论语》一样的特点。《荀子》修辞思想的论证特色，我们可以从第四节所列举的材料看出。《孟子》中的三十多段材料也莫不如此，这里再举三个代表用例：

（1）士未可以言而言，是以言餂之也；可以言而不言，是以不言餂之也，是皆穿逾之类也。　　　　　　　　　　《尽心下》

[①] 参见李泽厚《试谈中国的智慧》，《论中国传统文化》，生活·读书·新知三联书店1988年版，第18—43页。

(2) 不仁者可与言哉？安其危而利其菑，乐其所以亡者。不仁而可与言，则何亡国败家之有？有孺子歌曰："沧浪之水清兮，可以濯我缨；沧浪之水浊兮，可以濯我足。"孔子曰："小子听之：清斯濯缨；浊斯濯足矣。自取之也。"夫人必自侮，然后人侮之；家必自毁，而后人毁之；国必自伐，而后人伐之。太甲曰："天作孽，犹可违；自作孽，不可活。"此之谓也。

《离娄上》

(3) 大人者，言不必信，行不必果；惟义所在。　　《离娄下》

《周易》也同样如此，这里也仅举三例以相证：

(4) 君子进德修业，忠信所以进德也，修辞立其诚，所以居业也。① 知至至之，可与言几也。知终终之，可与存义也。　　《乾》

(5) 子曰："乱之所生也，则言语以为阶。"　　《系辞上》

(6) 将叛者，其辞惭，中心疑者其辞枝；吉人之辞寡，躁人之辞多，诬善之人其辞游，失其守者其辞屈。　　《系辞下》

例（4）提到了"修辞立其诚"这样一个伟大的带有浓厚儒家色彩的命题，但修辞与"诚"之间到底是什么样的关系？如何才能使"诚"立等，作者未加详证，只有结论。例（5）则强调了言语与祸乱的直接关系，当然有一定的道理，但因为缺乏具体的语境与论证，就易使这个命题产生以下问题："乱"与"言"是何种关系？按照这里的判断形式就是全称肯定的，似乎"乱"就是由"言"直接导致的。然而，这样的判断难免失之武断："言"的作用仅仅是消极的吗？"言"能消弭祸乱的例子也古已有之，《论语》中所举的祝鮀正是依靠言语交际能力为卫国争取了利益，避免了灾难。例（6）也大可斟酌：言辞形式与言说者的品德心理状态果真有如此直接必然的联系吗？有什么可靠的材料可以证明呢？显然这不是作者要注意的，所以我们所看到的都是不需要论证的结论。这种论证方式的优劣及其影响，不是本文要论述的，但至少我们要看到先秦儒家哲学家（其实其他流派的论著也一样）们在谈论修辞思想时在论证方式和风格上所表现出的独特性，而认识了这个独特性才有可能对他们的思想有更加稳妥和科学的理解，使我们后人在继承和发扬先哲思想时有更坚实的学理基础。

---

① 《周易·系辞下》中对"业"做了简洁的解释："化而裁之谓之变，推而行之谓之通，举而错之天下之民谓之事业。"是故笔者将"业"释作君子的事业，即修身、齐家、治国、平天下。

参考文献

陈炯:《略谈中国古代修辞学的特征》,《修辞学习》2002年第6期。

池昌海:《孔子的儒学修辞观》,《古汉语研究》2000年第4期。

高长山:《荀子译注》,黑龙江人民出版社2003年版。

郭友鹏:《汉语修辞的文化意义说略》,《文化的语言视界——中国文化语言学论集》,上海三联书店1991年版。

李泽厚:《试谈中国的智慧》,《论中国传统文化》,生活·读书·新知三联书店1988年版。

梁漱溟:《中国文化要义》,学林出版社1987年版。

刘福元:《达意与说服——中西修辞学传统之异初探》,《云梦学刊》1999年第2期。

王希杰:《略论"修辞立其诚"》,《苏州教育学院学报》2000年第1期。

温科学:《中国古代修辞学属于哲学——西方人眼中的中国修辞学(之一)》,《修辞学习》2002年第2期。

亚理斯多德:《修辞学》,罗念生译,生活·读书·新知三联书店1991年版。

杨伯峻:《论语译注》,中华书局1980年版。

本文曾发表于《浙江社会科学》2007年第5期

修辞的文化浸染与修辞研究的文化视角

池昌海

国内的文化——语言的研究者们，无论是邵敬敏先生等划定的三大流派（1991），还是林归思先生区别的六种类型（1992.2），视角都放在了符号语言的静态系统上，或解析汉语词语附载的文化信息，或讨论人名地名等中的文化因素，乃至探索句法结构与文化关联及汉字与汉文化的联系。所有这些工作所取得的成果是令人鼓舞的，并且还有更多的课题亟待解决。与语言符号的文化属性研究轰轰烈烈的景象不同，一直为传统修辞学关注的言语活动领域几乎成了文化语言研究的盲点。我们认为，这种局面的形成虽然可以理解，但不应视为正常。因为修辞行为同样浸染着深厚的文化底蕴，修辞学则应该增加新的视角，修辞行为理应成为文化语言研究的另一块热土，修辞学则须注入新的活力。

修辞活动是指人们为提高表达效果直接运用语言进行的有效言语行为[1]（有关修辞的理解分歧不小，可参见谭永祥著《汉语修辞美学》，北京语言学院出版社1992年版），是人类在长期生产、生活等历史过程中经积淀提炼的成功而优秀的言语行为技巧及格式。我们知道，"语言忠实反映了一个民族的全部历史、文化，忠实反映了它的各种游戏和娱乐，各种信仰和偏见，这一点现在是十分清楚了"[2]，那么，作为潜性语言符号的显性实现——言语行为是否也会附载上特定的民族历史、社会文化诸因素呢？答案应该是肯定的。这主要是"由于修辞在本质上是一种文化现象，它不单纯是一种语辞的修饰技巧，而是语言运用中对文化和社会情境进行的一种调适"[3]。当

---

[1] 本文使用的"言语行为"作字面理解，指运用语言符号而实现的各种活动，它包含修辞行为。与奥斯汀的语用学意义的"speech acts"不同。

[2] 帕默尔：《语言学概论》中译本，商务印书馆1983年版，第139页。

[3] 陆建民、谭志明主编：《语言与文化多学科研究》，北京语言学院出版社1993年版，第296页。

然，我们不否认修辞行为具有一定程度的人类共通性，如"And then the whining schoolboy, wigh his satchel. And shining morning face, creeping like nail. Unwillingly to school……"（Shakespeare）中的比喻在构成上与汉语就没有区别。但修辞行为更加重要的、也少为人注意到的却是其特定的文化属性。就刚提到的莎翁用例而言，虽然构成形式上与汉语明喻无异，但其喻体（蜗牛）的选择却有西方特色。修辞行为的这一属性为传统修辞研究者们忽略了。本文将主要分析汉语修辞行为的汉文化浸染表现，最后据此简要提出对汉语修辞研究的未来展望。

一　修辞的社会文化浸染

对汉语来说，修辞的文化浸染可以从两个方面来认识。

首先，汉语言符号与汉语修辞。

修辞这一言语行为，必须借助语言符号而实现，语言符号的工具性成为修辞行为的必要条件。但很多修辞行为直接根源于汉语言符号自身的特征。与语言符号这一极具民族文化特点的载体休戚相关的言语行为乃至修辞格式无疑也浸染着浓厚的民族色彩。如汉语的音节表义、音高变化、非形态化、组句及与单音节表义相应的方块表意汉字等特点造就了重形式均衡整齐美的对偶、顶真、回环及叠字、析字等辞格。如对偶的形成与发展同中国古典文学体裁如诗、词、曲、赋有着共生关系，即便是在现代言语行为中它仍有旺盛的生命力，如散文、小说及对联、新闻报章等而这一切无不有着汉语言符号自身特征的支持。这在现代英美等西方言语体系中是不可想象的。

与此不同，言语行为还可因语言符号的特点产生其他的表达手段。如汉语音节的元音优势决定了中国韵文作品的押韵特点，"韵脚""韵部"几乎等同于"韵母"，而声调的抑扬则为诗词创作中的平仄对仗提供了条件。英语则不同，其音节的元辅音的交叠排列及复辅音等特点决定了"韵头"（rhyme）的复杂性，如从位置上说有"头韵"（alliteration）、"行内韵"（internal rhyme）和"脚韵"（end rhyme）；从音节上看，有"单音节韵"即"阳性韵"（masculine rhyme）、"双音节韵"，即"阴性韵"（feminine rhyme）；还可以从韵的音质分为常韵、弱韵、视韵、元音韵、辅音韵、复合韵等。英语诗的格律（metre）却是由长短音和轻重音构成的。这些不为传统修辞学关注的内容应被视作言语表达手段，它们是特定语言符号的派生结果。

汉语词语的音节构成及表义特点也给汉语言语行为提供了诸多潜力。

我们知道，古代汉语词以单音节为主，这便为中国古典诗、词等体裁整齐对称的结构形式提供了条件，以此为基础发展成的以双音节形式为主的现代汉语词语除了具备上述功能外，还为现代言语行为中音节匀称、节奏鲜明等乐感构成准备了材料①，而成语、惯用语、歇后语等固定短语又为特定的语体实现增添了风采。

就语言组织规律来看，汉语的形态缺乏、语序稳定及意合组配等特点造就了汉语言语修辞行为的特殊表现。从"窈窕淑女，君子好逑"到"举头望明月，低头思故乡"再到"小桥流水人家"等千古佳作的形成正是源于汉语的组配特点。回文、列锦等辞格也同样有这一特点的支持，古今文学创作上的回文佳作和精彩的列锦表达为汉文学家族增添了诸多色彩。不仅如此，汉语组配的这一特点还生动地作用于非文学语体中，如新闻报章的标题就有大量的"违规"现象，却被大众认可："克里斯蒂机场大骂记者""冲出国门宁波农民养鱼旧金山""王军霞神行万米轻松摘桂冠东道主不敌韩国坐三难忘二"等。

仅就以上讨论足见汉语言语活动、修辞行为与汉语言文字有着密切的依承关系，然而无论是它们之间的共生关系，还是其隐含的文化价值，人们对它们的关注都是远远不够的。

其次，汉民族传统文化与修辞行为。

萨丕尔说："言语这人类活动，从一个社会集体到另一个社会集体，它的差别是无限度可说的，因为它纯然是一个集体的历史遗产，是长期相沿的社会习惯的产物。言语是一种非本能性的、获得的、'文化的'功能。"② 可见，修辞行为作为有效的理想的言语表达，其附载的文化属性只会较一般言语行为更加显著。其表现，我们可从两个方面看。第一，修辞行为与传统文化；第二，修辞价值观与传统文化。前者主要表现为汉民族思维方式、传统伦理及哲学观念等对具体修辞行为的影响。由于汉民族思维重整体、形象等特点，几千年来的言语活动呈现出相应的风格：强于类比，弱于分析；重于具象，少有抽象。正如高名凯先生在《汉语语法论》中说的："中国语是表象主义的。……在表现具体的事物方面，是非常活泼的，而在抽象关系的说明方面，则比较的没有西洋语言那样精确。"这既表现在口语中，如从现代人们的口头交际上溯至先秦西汉时期的纵横论辩家们的言语行为和修辞方式，也表现在书面

---

① 胡裕树：《现代汉语》，上海教育出版社1995年版，第434—435页。
② 萨丕尔：《语言论》中译本，陆卓元译，陆志韦校，商务印书馆1985年版，第4页。

语言作品中，文学作品固不必说，即便是文学批评甚至哲学论著等理论化表述也表现出相似特征，如刘勰在《文心雕龙》论《风骨》中，由"诗总六义"的"风冠其首"而讨论文学作品的形式（"辞"）和内容（"情"）之关系。作者不以抽象表述而代之以类比形象地说明了这一问题："故辞之待骨，如体之树骸；情之含风，犹形之包气。……"直到近代学者王国维在《人间词话》中论"词之境界"时，其表述为："有有我之境，有无我之境，'泪眼问花花不语，乱红飞过秋千去！'、'可堪孤馆闭春寒，杜鹃声里斜阳暮！'，有我之境也；'采菊东篱下，悠然见南山'、'寒波澹澹起，白鸟悠悠下！'，无我之境也。"古代哲学论说则几近玄妙，如黄老论"道"，庄孟说"气"……莫不让后世学人费心劳神，犹难得其真谛。与此形成对比的是西方的言语行为方式。如古希腊哲学家亚里士多德的《工具论》就是典型代表，其表述的精确性和科学的系统性是同时期中国哲学著作所难以望其项背的。即使是文论著作也呈现出另一番表述方式，如亚氏在《诗学》中讨论悲剧的六大成分时的言语风格也同样是抽象而精确的。显然，汉语修辞行为与文化属性间的关联有待进一步整理和研究，这对于科学认识东西方言语行为差异的历史渊源是不可少的。与古代一脉相承，现代的言语修辞行为也同样延续着相关特征。稍需强调的是，随着中西文化交流发展，国人在理论化言语表述中精确性、抽象性等特点逐渐增多，但在一般日常性书面或口语表述中，原有特征古风犹存。另外，在长期的以"中庸"见爱贬斥"自我"的儒家文化的影响下还形成了独特的汉民族交际方式：以否定或自贬的方式对待他人的恭维与赞扬。这与西方表述正好相反，何自然先生曾举过一个生动的例子来说明言语行为与文化背景的关联。其他如饭桌上中国人的劝食用语、分手时礼貌赠言……无不带有鲜明的民族特色。描述并解释清楚这些言语活动方式及其文化根源，理应是修辞研究者的职责。此外，长期的言语行为中形成的极富表达力的修辞方式也多与社会文化相关联，而不应仅仅被看作言语形式技巧。这表现在修辞方式的结构构造上，如对偶格的形成与汉文化背景有着紧密的关系[1]；也表现在辞格构成成分的聚合体上，如前面提到的比喻喻体的文化选择就是代表，田懋勤先生对此作过令人信服的讨论[2]。

第二个方面则指不同的社会文化背景还可能锻造出相应的修辞价值观

---

[1] 李海侠：《对偶与汉文化》，《汉语学习》1990 年第 6 期。
[2] 田懋勤：《喻体选择的文化透视》，《川东学刊》1994 年第 4 期。

并以此影响或引导修辞行为。因受东方整体型思维方式①的影响，中国古典修辞观的朴素的方式与其他学科认识一样表现出明显的综合性与直觉化，缺乏或摒弃形式分析与系统性，以"零珠碎玉，吉光片羽"的形态诉诸表达。在具体的修辞观上，古代的先哲们又同样以汉文化的伦理、政治至上等的标尺来规矩衡量言语活动，强调"言"与"心"一致，"言语"与"教化"的统一。对此，我们可以从先贤们的语录中明确地体会到。如在孔子的学以经世、振周礼兴古乐的儒家看来，"德"、"仁"与"言"是不可分的，因而认为"巧言乱德"②，"巧言令色，鲜矣仁"③，"有德者必有言，有言者不必有德"。④ 主张修辞只需"辞达而已矣"。⑤ 他甚至将言语活动与国家兴亡直接挂钩："名不正，则言不顺；言不顺，则事不成；事不成，则礼乐不兴；礼乐不兴，则刑罚不中；刑罚不中，则民无所措手足。"⑥ 而老子的绝圣弃智观也体现为返璞归真的修辞观："知者不言，言者不知"⑦ "信言不美，美言不信；善言不辩，辩言不善"⑧；荀子也认为言辞只是"理""义"的奴仆，否则便为"奸说"⑨；而"修辞立其诚"⑩ 则渗透着浓厚的政治功能泛化色彩。类似语录不胜枚举。仅此足见这些带有浓厚的中国哲学、伦理、政治色彩的修辞观的真谛及其对漫长历史中言语活动的指导作用。有关研究也有待深入。与中国情况不同，在西方，以亚理斯多德为代表的《修辞学》远在古希腊时期就建立了一套完整而科学的理论体系，而不是将修辞活动视作教化、政治等的附庸。在他看来，修辞术是"一种能在任何一个问题上找出可能的说服方式的功能"⑪ 尽管亚氏也谈到修辞效果与言说者品行的关系⑫，但并未认

---

① 季羡林：《神州文化集成丛书·序》，新华出版社1991年版，第1—6页。
② 《论语·卫灵公》。
③ 《论语·学而》。
④ 《论语·问宪》。
⑤ 《论语·卫灵公》。
⑥ 《论语·子路》。
⑦ 《老子·道德经》。
⑧ 《老子·道德经》。
⑨ 《荀子·非十二子》。
⑩ （魏）王弼、（晋）韩康伯注，（唐）孔颖达正义：《周易正义》，中华书局1980年版，第3页。
⑪ 亚理斯多德：《修辞学》中译本，罗念生译，生活·读书·新知三联书店1991年版，第24页。
⑫ 亚理斯多德：《修辞学》中译本，罗念生译，生活·读书·新知三联书店1991年版，第24页。

为两者间关系有必然性，更没有推而广之到教化乃至国家兴亡的高度，而全面地从修辞的技巧、听众的心理及表达风格等上展开讨论。他认为修辞术是"说服的方式""论辩的手段"，从而将修辞行为置入语言学范畴。

二 修辞研究的文化视角

仅就上文简要类举可知，无论是具体的修辞行为还是其背后的修辞观，多浸染上厚重的民族文化的风霜。这一特点近两年来已引起少数研究者的关心。但总的看来，这种研究还亟待深入。自标志着汉语现代修辞学体系建立的《修辞学发凡》以来，修辞研究的对象被局限于言语活动技巧本身，无论是"语词调整"说，还是"同义形式的选择"说等莫不如此，即便是最近出版的《大学修辞》（上海教育出版社1994年版）也将"修辞"定义为"对语言材料的加工"。这些研究工作无疑是基本的、必要的，但修辞学面临的困境与挑战昭示我们修辞学的范围、对象及方法论等诸方面迫切需要更深入的讨论与科学化。否则，我们只能袭用原有的方法面对层出不穷的言语行为与作品，只是在语料范围量的扩大上做文章，甚或停留在某些辞格的命名、归类等静态结构分析上。这显然与修辞学在理论上应有的认识价值和实践上的应用功能的要求相距甚远。修辞学的科学化近年来不断成为学界热点，如张志公（1982）、宗廷虎（1981）、胡范铸（1990）、王希杰等（1993）、潘庆云（1991）等学者们都从修辞对象的定位、范围的明确及吸收其他学科方法等方面作了有益的探讨，许多研究者的研究实践也促成了丰硕成果的诞生。除此之外，我们认为修辞学的科学化、文化视角的引进在方法论意义上是不可或缺的。因为"修辞学虽然有全人类共性的一面，可以建立一般修辞学；但是它更重要的乃是民族的文化特色，所以个别的具体的修辞学比起一般的修辞学具有更好的社会效益和实用价值"。[①] 因此，如果将传统修辞学注重的言语活动形式或结构的研究看作表层研究，那么文化视角的切入则进一步将对修辞行为的认识推向社会文化生成机制的深层研究。这对于加深对修辞行为本质的认识、汉语修辞学的更加繁荣及文化语言研究的发展都是很有意义的。

参考文献

何自然：《语用学概论》，湖南教育出版社1988年版。

胡范铸：《科学主义与人文主义的分野——中国修辞学研究方法的研究》，《云梦学

[①] 王希杰：《修辞学新论》，北京语言学院出版社1993年版，第17页。

刊》1990年第2期。
胡裕树：《现代汉语》，上海教育出版社1995年版。
季羡林：《神州文化集成丛书·序》，新华出版社1991年版。
李海侠：《对偶与汉文化》，《汉语学习》1990年第6期。
林归思：《中国文化语言学的类型化趋势》，《汉语学习》1992年第2期。
陆建民、谭志明主编：《语言与文化多学科研究》，北京语言学院出版社1993年版。
帕默尔：《语言学概论》中译本，李荣等译，商务印书馆1983年版。
潘庆云：《九十年代修辞学的新格局和新面貌》，《修辞学习》1991年第4期。
萨丕尔：《语言论》中译本，陆卓元译，陆志韦校，商务印书馆1985年版。
邵敬敏、方经民：《中国理论语言学史》，华东师范大学出版社1991年版。
谭永祥：《汉语修辞美学》，北京语言学院出版社1992年版。
田懋勤：《喻体选择的文化透视》，《川东学刊》1994年第4期。
（魏）王弼、（晋）韩康伯注，（唐）孔颖达正义：《周易正义》，中华书局1980年版。
王希杰：《修辞学新论》，北京语言学院出版社1993年版。
王希志：《论修辞学的性质和定义》，《云梦学刊》1993年第1期。
亚理斯多德：《修辞学》中译本，罗念生译，生活·读书·新知三联书店1991年版。
张志公：《修辞是一个过程》，《修辞学习》1982年第1期。
宗廷虎：《从修辞学的发展看修辞学对象和任务的研究》，《复旦古学学报》1981年第4期。

本文曾发表于《汉语学习》1996年第3期

吴语名词性短语的指称特点:以富阳话为例

李旭平　杭州　浙江大学中文系

提要　本文探讨北部吴语富阳话中四类名词性短语在独用或者被修饰时的指称特点,其中包括名词短语、量名短语、数量短语和指示词短语。首先,富阳话的普通名词,无论是否有修饰语,都只能表示类指或通指,而没有定指和不定指等个体指用法。其次,富阳话需要借助量词来表示个体指,只有量名短语才可以表示无定或有定,其中当有修饰语时,量名短语只能为有定。数量短语是强无定性的表达,一般不能接受关系从句等修饰语的修饰,但是概数词"两ь"是个例外,它可以有定指的用法。指示词短语是一种有定表达,但富阳话没有"关内式"关系从句,只有"关外式"关系从句,即关系从句只能出现在指示词左侧,这与富阳话的光杆名词的语义制约有关。

关键词　光杆名词　量词　指示词　类指　有定　无定

一　引言

通过对比研究普通话和广东话名词短语,Cheng 和 Sybesma 等(1999)指出普通话的光杆名词可以有类指(kind)、不定指(indefinite)和定指(definite)三种解读,如例(1),而广东话的光杆名词只有类指和不定指的用法,而没有定指的用法,如(2a-b)。作为补偿机制,当表示定指时,广东话则使用量名结构,如例(2c)。

(1)普通话
  a. 鲸鱼是哺乳动物。　　　　　　[类指]
  b. 我看见了鲸鱼。　　　　　　　[不定指]
  c. 鲸鱼受伤了。/*条鲸鱼受伤了。　[定指]

(2) 粤语（Cheng 和 Sybesma 等，1999：510-511）
  a. 狗中意食肉。　　　　　　　　　　［类指］
  b. 吴菲去买书。　　　　　　　　　　［不定指］
  c. 狗要过马路。/ *只狗要过马路。　　［定指］

从另一个角度看，这两个语言的光杆名词和量名短语一定程度上呈现互补分布。普通话的量名短语只能有不定指的解读，要表示定指则可使用光杆名词，而粤语的量名可以有不定指或定指的解读，而它的光杆名词不表定指。因此，粤语量词的功能比普通话要更为发达一些，或者说普通话的光杆名词的语义诠释比粤语的更为宽泛。刘丹青（2002b）指出，粤语和吴语都属于"量词强势型"语言，而普通话则是"指示词强势型"语言。如果从名词性短语的指称关系来看，吴语富阳话的指称类型应该与广东话更为接近，但它们也不全然一样（参见表1）。① 根据后文的论述，跟普通话和粤语相比，吴语的光杆名词的使用范围最受限制，它一般只能表示类指（或通指），而不能表示定指和不定指，后者的任务落到了"量名"短语的身上。从这个角度看，吴语可能是一种比粤语更具有"量词强势型"这一类型特点的语言。②

表1　普通话、粤语、吴语中光杆名词和量名短语的语义内涵

	普通话		粤语 广东话/香港粤语		吴语 富阳话	
	光杆名词	量名短语	光杆名词	量名短语	光杆名词	量名短语
类指	+	—	+	—	+	—
定指	+	—	—	+	—	+
不定指	+	+	—	+	—	+

在名词短语跨方言语义差异的背景下，本文考察北部吴语富阳话中四类名词性短语独用或被修饰时的指称性质，其中包括光杆名词（NP）、量

---

① 富阳话属于吴语太湖片临绍小片，通行于杭州市富阳区，约有65万母语者。本文所用语料主要体现了富春江江南一带乡镇（灵桥，春江）所使用的富阳话的用法特点。本文作者为富阳话母语者。
② 根据刘丹青（2002a：416）对苏州话的论述，由通用量词"个"构成的量名短语"个+名词"甚至可以表示"类指"（a-b），但是特殊量词则只有个体指示的用法（a'-b'）。不过，富阳话的"量名"无类指用法。综合比较这几个语言，可能苏州话的量名短语所表示的语义范围是最为广泛的。
  a. 个蛇是蛮怕人葛。（这蛇是挺让人害怕的。）　a'. 条蛇咬仔俚一口。（这蛇咬了他一口。）
  b. 个电脑我也勿大懂。（这电脑我也不大懂。）　b'. 部电脑拨俚弄坏脱哉。（这台电脑被他弄坏了。）

名短语（ClP）、数量短语（NumP）和指示词短语（DemP）。就修饰语而言，我们以关系从句为例考察它对名词中心语的语义限制或要求。

普通话的关系从句一般由定语标记"的"引导，可以修饰光杆名词（3）或者指示词短语（4）。当修饰光杆名词时，该短语可以有定指和通指（generic）两种解读。例（3a）主语位置的光杆名词"同学"为定指，表示某个（或某些）特定的戴眼镜的同学；例（3b）的主语则为通指，泛指任何戴眼镜的同学。当关系从句修饰指示词短语时，它可以出现在指示词辖域的内部（4a）或外部（4b），前者称为"关内式"关系从句，后者为"关外式"关系从句（唐正大，2007术语）。根据赵元任考察[1]，例（4a）的关系从句是描述性的，例（4b）的关系从句是限定性的（参见唐正大，2005对这两类关系从句功能差异的讨论）。

(3) a. [$_{RC}$戴眼镜的] 同学走丢了。　　　　　[定指]
　　b. [$_{RC}$戴眼镜的] 同学学习都很用功。　　[通指]
(4) a. 那个 [$_{RC}$戴眼镜的] 同学是上海人。　["关内式"关系从句]
　　b. [$_{RC}$戴眼镜的] 那个同学是上海人。　["关外式"关系从句]

富阳话的关系从句必须由结构助词"葛"引介[2]。相较于普通话，吴语富阳话关系从句的中心语类型更为丰富和复杂，它可以是（a）光杆名词、（b）量名短语、（c）指示词短语（或数量短语）。富阳话这三类关系从句的构成和所表达的意义与普通话的关系从句有明显的差异。

首先，富阳话中关系从句修饰光杆名词时，该名词短语往往表示通指，而不能表示定指。

(5) a. [[我买葛] 书] 都打折过格。[关系从句+光杆名词：通指]
　　b. *[[我买葛] 书] 寻勿着嘚$_{T2}$。[关系从句+光杆名词：不定指]

其次，富阳话有两类普通话没有的关系从句。第一类，富阳话的关系从句可以修饰量名短语，表示定指，如例（6a）。第二类，我们可以在例（6a）的基础上在该名词性短语前再加上一个定指量词，构成"量词+关系从句+量词"，我们称为"框式量词式"关系从句（参见方梅，2004讨论的"框式指示词式"从句）。

---

[1]　赵元任，*A Grammar of Spoken Chinese*，University of California Press，1998。
[2]　同属于北部吴语的苏州话，它有不同的语法标记来引介关系从句。根据刘丹青（2005）的考察，苏州话至少包括以下三种从句标记形式：
　a. 定语标记"葛"（相当于普通话里的结构组词"的"）：[[小张买葛] 书] 穷好看。
　b. 定指量词：[[小张买] [本] 书] 穷好看。
　c. 半虚化的处所词——体标记，如"勒海"：[（我摆勒海$_{在/着}$）饼干] 啥人吃脱哉？

(6) a. [[补鞋子葛] 个老倌家伙] 到何里哪里去嘚ᵀ²? [关系从句 + 量名：定指]

b. [个 [(补鞋子葛) 个老倌家伙]] 到何里哪里去嘚ᵀ²? [框式量词式关系从句：定指]

再次，富阳话只有"关外式"关系从句，而无"关内式"关系从句，即指示词只能出现在关系从句的域内。

(7) a. [[我早间早晨买葛] 唔搭那本书] 打折过格。[关系从句 + 指示词]

b. * [唔搭本 [我早更买葛] 书] 打折过格。*[指示词 + 关系从句]

富阳话和普通话几类名词性短语被关系从句修饰时的指称差异简单归纳如表2所示。

表2　　普通话和富阳话名词性短语修饰后的指称异同

	修饰短语内部结构	普通话	吴语富阳话
第一类	关系从句 + 光杆名词	通指	通指
		定指	——
第二类	关系从句 + 量名短语	——	定指
	量词 + 关系从句 + 量名	——	定指
第三类	关系从句 + 指量 + 名词	限定性	限定性
	指量 + 关系从句 + 名词	描述性	

注："——"表示无此用法。

二　光杆名词的指称：通指和类指问题

（一）"通指"和"类指"的界定

在讲述富阳话光杆名词的指称之前，我们有必要对几个涉及指称的术语进行梳理，尤其是"通指（句）"和"类指（句）"这一组概念，以便我们更好地理解不同作者使用该术语时候的具体内涵是什么。

通指句（generic sentences）包括类指句（kind generics）和特征句（characterizing statements）两大类。类指句是指对某类物体的类属特征作出描述的句子（"kind generics involve reference to an entity that is related to specimens" Krifka et al.，1995）。这类句子往往出现在科学性较强的语境和文体中，如生物或自然课本之类，如例（8）所示。其中，"绝种""进化"等谓语只能是表示某类物体或物种的特征，而不表示某个特定个体

— 113 —

的特征。刘文将其称为"属性谓词"（kind-level predicate），其相应的主语则必须解读为类指（kind referring）。所以，(8a) 表示"熊猫这种动物快绝种了"，(8c) 表示"爱迪生发明了灯泡这种东西"。

(8) a. 熊猫快绝种了。　　　b. 鸟是恐龙进化而来的。
　　c. 爱迪生发明了灯泡。　d. 金丝猴很罕见。

特征句表示对某个个体集合或情景集合的某种特征总结和概括（"characterizing statements express generalizations about sets of entities or situations" Krifka et al., 1995）。英语中这类句子的主语一般为光杆单数（bare singulars）或者光杆复数（bare plurals）形式。从形式上看，它们均为无定短语，但是在指称上，它们不特指任何具体个体，即所谓的通指。汉语中光杆名词是典型的通指表达，如 (9c)，但是"一量名"和"这量名"也可以用于特征句表通指，如 (9d) 和 (9e)（刘丹青，2002a；方梅，2002）。这一类通指表达区别于类指表达，因为它们只表示单数或复数个体的集合，即表示可以被通指算子 GEN 约束的变量 x。

(9) a. A gentleman opens doors for ladies.
　　b. Potatoes contain vitamin C.
　　c. 猫吃鱼，狗吃肉骨头。
　　d. 一个学生应当刻苦学习。
　　e. 这女人全是死心眼。

类指句的通指特征来源于"类指名词"本身，而特征句的通指性则是植根于整个句子或命题，即整个句子表示对某个个体的某种特征进行概括（Cohen, 2001）。两者的区别在于，特征句需要足够多的个体具备这个特征，从而使之成为一种规律或概括（generalization），而类指句的谓词所表述的特征只适用于某类个体，而不能是某个个体的特征概括。例 (8) 和例 (9) 这两类通指句中的主语均可以被称为广义上的通指成分（generic NP），其中可以称类指句的主语为类指名词（kind terms），而可以称特征句的主语则为狭义上的通指成分。[①]

张伯江、方梅（1996：156—157）在讨论"这女人全是死心眼"这

[①] 关于 generic 这一术语的使用，有以下两点需要注意。第一，generic 可以作名词，如 BP generics 和 IS generics，此时一般表示通指句，即 BP 和 IS 分别作主语的通指句。第二，generic 可以作形容词使用，如 definite generic NPs（Krifka, 2002），以及 generic indefinite singulars 和 generic bare plurals（Cohen, 2001）。它表示对 definite NPs、IS 和 BP 这种本身有多种解读的名词性短语的一种限制和选择，如区分类指和个体指，或区分特指和非特指。因此，从广义上看，generic NP 可能的解读应该包括类指解读和（狭义上）的通指解读。

类句子时，指出此处的"女人"不是特指某个具体的女人，而是指"所有女人"。"这种着眼于一类事物通称的名词被称为通指成分（generic NP 或译为类指）……汉语里通指成分典型的用法是在名词前加'这种，这类'一类成分，而不能加'这个，这几个'等。"（方梅，2002）"通指"这一汉译术语最早可能追溯到陈平（1987）。从严格意义上看，张、方文中所说的通指对应于特征句中的主语，即狭义上的通指表达。

刘丹青（2002：411）专文讨论了汉语中的"类指"。他指出，"类指专指 Chierchia（1998）所说的 kind-denoting 或者 reference to kinds。它大致相当于文献中更常用的 generic（译为通指或类指），但 generic 的含义更加复杂多样"。他（2002：420）在后文又明确强调，"类指（kind-denoting）是一种凸显内涵、暂时抑制了全量外延的成分，可视为 generic（类指、通指）这个术语最原型的理解；generic 这个术语所指称的，除了 kind-denoting 以外，还包括若干种偏离原型的变体"。纵观全文，刘丹青（2002）文章中并未使用"通指"这一术语，但从他所讨论的通指句的例子来看，"类指句"应该是包括类指句和特征句两类句子，所以他的"类指表达"可能更接近广义上的"通指表达"，包括表类名词和特征句中的通指主语。

由于 generic 这一术语本身对应于两个不同的概念，我们可以分别从广义和狭义上去理解。为了避免 generic 引起的歧义，本文拟采用"广义的通指表达包括类指表达和狭义的通指表达"这一分类架构。

（二）光杆名词的指称

在吴语富阳话日常对话中，光杆名词的诸多限制，其频率要大大低于量名短语。具体来说，富阳话的光杆名词往往只有（广义）通指的用法，而没有表示个体指称的定指或者不定指之类的用法。富阳话表示定指或者不定指的功能一般由量名短语承担。

在真实的日常语境中，由于方言语域（register）的限制，我们很少使用或听到用方言表示类指句；即使偶尔会听到，也往往是从普通话直接对译而来。尽管方言中类指句较为贫乏，但是我们还是可以在其他语境中观察到光杆名词表示类指的用法。虽然类指名词的典型位置是主语或话题，但是富阳话中光杆名词可以出现在动词宾语的位置上，表示类指。如例（10）的"书"、"饭"和"香烟"都应该解读为类指。

(10) a. 我读书_{上学}去。
b. 好_{可以}吃饭嘚_了。
c. 吃香烟吃勒_了三十年！

我们认为，例（10）只表示"读书"（study）、"吃饭"（dine）或"抽烟"（smoke）这个事件整体，本身不涉及名词的指称为有定或无定，所以它类似于"宾语融合结构"（object incorporation）。该结构中的光杆名词应解读为类指（kind denoting），而不表示具体个体的不定指或定指。汉语的该类结构类似于英语的 NV 复合词，如例（11）的 baby-sitting 和 apple-picking 这样的表达，其名词为光杆形式，并且不能作代词的先行词。对比例（11）和例（12）：

(11) a. Jane is baby-sitting. *It/ *she/ *they/the baby is acting cranky.

　　　a'. Jane is looking after babies. They/the babies are acting cranky.

　　b. I went apple – picking. *They/the apples were sweet.

　　　b'. I picked apples. They/the apples were sweet.

(12) a. 我读书去。#渠蛮难读。

　　b. 好可以吃饭嘚。#渠将刚刚烧好。

　　c. 吃香烟吃勒三十年。#渠蛮贵。

相对于类指句，富阳话中的特征句在日常的使用还是较为常见的，毕竟归纳、总结还是一种具有一定普遍性的日常言语行为。例如（13a）和（13b）均应分析为"特征通指句"。如（13a）表示，"作为一种常识，蒸的菜比炒的菜更健康"，其中的主语"菜"不特指某一盘菜，大致可以解读为所有或凡是蒸的菜，是一种（狭义）通指表达（Krifka et al., 1995）。特征句最大的特点就是它所表示的规则/规律允许反例的存在。比如，（13c）并不表示所有的山东人都比浙江人高，而是一般说来，存在"北高南矮"的趋势。

(13) a. 菜炒葛还是蒸葛健康。[光杆名词：（狭义）通指]

　　b. 外国，肉还是菜贵，水还是牛奶便宜！

　　c. 山东人比浙江人长高。

普通话的光杆名词不仅可以表示类指和（狭义）通指，也可以表示无定和有定等个体指称用法。比如，"晚上，我吃了面"的意思可以理解为"我吃了一点儿面"，其中的宾语为无定。再如，"面，我早吃完了"中的"面"则解读为有定。关于普通话光杆名词有定和无定在句子中如何分布，以及受何制约，前人已经有大量的研究，我们这里不再赘述。但是，在吴语富阳话中，光杆名词没有无定或者有定的解读。普通话这两个例子中的光杆名词的地方，富阳话都会相应地使用"量名"短语来表示有定或无定的个体指，如例（14—15）。

(14) a. 我昨晚头吃勒了*（碗/丢点）面。　　（无定）

b. 旧年子，阿拉造勒了＊（间）房子，买勒了＊（部）车子。
　　c. 我今朝要则和（两个）朋友一总生一起吃饭。
（15）a. ＊（部）脚踏车破掉嘚了。　　（有定）
　　b. 你，＊（碗）面，吃吃光！

由此可见，普通话的光杆名词是通指（包括类指和狭义通指）、有定和无定三分对立的格局，但是吴语富阳话的光杆名词的语义功能非常单一，只能表示通指，而表示个体指称的定指和不定指的功能则由量名短语承担。对浙江境内其他一些吴语方言的光杆名词的解读，如桐庐话和东阳话，也存在着和富阳话类似的情况。

（三）关系从句中光杆名词的指称

我们现在需要探讨的问题是，当光杆名词被关系从句修饰时，它的解读是否和单独使用的情况一样？

例（16）展示了"葛"引导的关系从句修饰光杆名词的情况。这里有三点需要注意。第一，这三个例句均为典型的特征通指句，是对一般情况的概括，而非事件句（episodic sentence）；第二，［关系从句＋光杆名词］一般只能出现在主语或者话题的位置上；第三，其中［关系从句＋光杆名词］不表示定指或特指，而是通指性名词短语。它们的解读与例（13）中的光杆名词类似。

（16）a. ［［讲过葛］摊头话语］要算数。
　　b. ［［苍蝇叮过葛］菜］吃不得格。
　　c. ［［上半年生葛］小人小孩］还是［［下半年生葛］］好。

即使有时候被关系从句修饰的名词短语有很强的有定性倾向，但它们的使用环境仍是通指句。在例（17）的两种情况下，都不是指特定的一餐饭或者一包香烟，而是泛指"你烧的饭"和"他吃的香烟"。（17a）有一定的情态意义，表示"你烧的饭我永远不来吃"，是对不可能情况的一种概括；（17b）是对"他吃的香烟"的特征的一个概括。

（17）特征通指句（characterizing generics）
　　a. ［［你烧葛］饭］我勿来吃。
　　b. ［［伊吃葛］香烟］都蛮贵格。

当表示定指或特指时，中心语往往必须为量名短语或者指示词短语。试比较例（17）与例（18）：

（18）事件句（episodic sentences）
　　a. ［［你日中中午烧葛］顿饭］我勿吃。
　　b. ［［伊将刚吃葛］格支香烟］蛮呛格。

[关系从句+光杆名词] 唯一不用于通指句的情形是，当主句的谓语表示数量关系时，该复杂短语似乎可以表示有定。如（19a）表示他所造房子的数量之多；（19b）表示我今天摘的茶叶数量多于前天摘的茶叶数量。

(19) a. [[伊造过葛] 房子] 无千得万_{成千上万}。
　　　b. [[我今朝摘葛] 茶叶] 比前日子_{前天}多。

综上，吴语富阳话中，普通名词，无论是使用其光杆形式，还是使用其非光杆形式（如被关系从句等修饰性成分修饰），它都只能解读为类指或（狭义）通指，不可能得到定指或不定指这些表示个体指用法。因此，从句法上看，吴语光杆名词的最大投射只能是名词短语（NP），而不可能是数量短语（NumP）或限定词短语（DP），即它没有所谓的空（empty）的量词或限定词。

三　量名短语的指称：个体指

吴语富阳话中使用不同的名词短语形式来表示通指和个体指。我们在第二部分看到，富阳话的光杆名词只能表示通指，但是不能表示有定和无定等个体指的用法。在这个语言中，我们往往需要借助量词来表示个体指，其中背后的语义机制可能是量词可以将光杆名词从其类指解读转换（type-shifting）成相应的个体指解读。

（一）量名短语的有定性和关系从句的关系

根据 Li 和 Bisang 等（2012）的考察，富阳话中量名结构在不同语境中可以解读为有定或无定。这两种解读的区分很大程度上取决于它们的句法位置和信息结构。一般来说，位于动词前的量名短语解读为有定，而动词后的量名短语则为无定，因为前者往往充当（次）话题，后者充当焦点表新信息。① 详见例（20）：②

(20) a. SVO：[个美国老师]_{有定}买勒了 [本中文书]_{无定}。
　　 b. SOV：[个美国老师]_{有定} [本中文书]_{有定}买嘚了₂。
　　 c. OSV：[本中文书]_{有定}，[个美国老师]_{有定}买嘚了₂。

当光杆名词有修饰语时（如人称代词、形容词、介词短语和关系从

---

① Li 和 Bisang 等提出的该规律适用于一般情况下（default setting）量名短语所获得的解读。一些特殊的动词或者谓语形式可以违逆（overriding effects）这一规律。比如，心里动词"喜欢"所带的宾语，虽然出现在动词后，但是它可以解读为有定。

② 富阳话中完整体标记"了₁"的语音形式为 leʔ 或 teʔ，其本字应为"得"，而完成体标记"了₂"常见的语音形式为 die，应该是"得"和语气词的和音形式。

句），它们只能解读为有定。如例（21）所示，这些复杂名词短语可以不求助于存在量化词"有"或者分配算子"都"，独立作主语，并且表示定指。

(21) a. [[我] 本书] 无掉_{不见} 嗲_{了2}。　　　[人称代词+量名]
　　 b. [[桌床浪_{桌子上}] 本书] 无掉_{不见} 嗲_{了2}。　[介词短语+量名]
　　 c. [[红葛] 本书] 无掉_{不见} 嗲_{了2}。　　　[形容词+量名]
　　 d. [[我买葛] 本书] 无掉_{不见} 嗲_{了2}。　　[关系从句+量名]

我们着重介绍量名短语被关系从句修饰的情况。我们在例（20）提到量名短语本身有有定或无定两种解读的可能，但是，一旦它们被关系从句修饰后，该复杂量名短语只能解读为有定，如例（22）。

(22) a. [[门口种葛] 株杨梅树] 一卯_{一次} 勒_{都}还未生过。
　　 b. [[你写拨_{给}我葛] 封信] 我看勒_{了}三卯_{三次}。
　　 c. [[你上日子_{昨天}买葛] 双球鞋] 多少钞票？

[关系从句+量名] 的有定性可以从它被允准的句法位置得到验证。富阳话中被关系从句修饰的量名短语只能出现在动词前的论元位置。如例（23）所示，普通话被关系从句修饰的名词性短语也表示定指，它可以出现在动词后作宾语。但是，吴语富阳话中，当宾语是 [关系从句+量名] 时，它不能出现在 SVO (24a) 的语序中，只能通过前置（object preposing）等手段，出现在 SOV (24b) 或者 OSV (24c) 这两种语序中。

(23) 我弄丢了 [你昨天买的那双球鞋]。　　　[普通话]
(24) a. *我无掉_{弄丢} [你昨日子_{昨天}买葛双球鞋] 嗲。[富阳话]
　　 b. 我克_{把} [你昨日子_{昨天}买葛双球鞋] 无掉_{弄丢}嗲。
　　 c. [你昨日子_{昨天}买葛双球鞋] 我克_{把}你无掉_{弄丢}嗲。

量名结构表示有定时，其指称为说话者和听话者都"熟悉"的某个个体，即能从语境中获知足够信息确定谈论的对象（刘丹青，2005；Li 和 Bisang 等，2012："familiarity"）。我们认为，关系从句的作用就是补充说明这部分语境信息，或使该语境信息显性化，从而有助于听话者确定说话者谈论的具体对象。

"关系从句+量名结构"除了使用个体量词表示单数之外（见例21—22），也可使用非个体量词或者不定量词表有定复数（plural definites）。例（25a）使用集体量词"班"，表示一个复数概念"这班人"或者"这些人"。例（25b）中"种"是一个不定量词，可以对应于普通话的"些"；当表示有定时，它的意义为"这些"。这两例中，关系从句的作用和例（22）中相似，提供足够的语境信息，增加谈论复数个体的辨识度。

(25) a. [[谈天葛] 班人] 我一个勒_得_勿认识。
b. [[阿拉_我们_格卯_现在_吃葛] 种_些_水] 是山泉水。

很多学者（如 A. Li, 1999）认为，虽然汉语没有定冠词，但是它可以存在一个完备的 DP 结构（如：[$_{DP}$ D [$_{NumP}$ Num [$_{ClP}$ Cl [$_{NP}$ N]]]]），因为它有指示词和人称代词这些定指性成分的存在。Li 和 Bisang 等（2012）提出，吴语（富阳话）也有一个类似的 DP 结构，并且认为吴语的定指量词必须实现在 DP 层面，即量词只有由量词中心语移位到限定词中心语后（Cl^0–to–D^0 raising），才能得到一个有定的解读。换言之，无定的量名短语，量词处于 Cl^0 的位置，而有定的量名短语，量词处于 D^0 的位置。

我们认为，之所以富阳话中的量名短语一旦有了关系从句之类的修饰语，它只表有定而不表无定，是因为汉语没有"*数+关系从句+量+名"或者"*指+关系从句+量+名"这样的线性关系。归根结底是因为，汉语的关系从句的中心语一般要求为有定，不能是无定，如普通话中的"关系从句+指量名"或"关系从句+光杆名词_有定_"，而相应在吴语中需要迫使量词移位到限定词 D^0 的位置或者使用指示词来满足这一有定性要求。

我们会在第四部分专门讨论数量短语的指称问题，我们也会考察数量短语和关系从句之间的制约关系。

（二）"框式量词式"关系从句

普通话中关系从句有两种基本形式，"指示词+关系从句+名词"和"关系从句+指示词+名词"，见例（4）。除了这两种常见形式以外，方梅（2004）发现在北京话中有所谓的"框式指示词"关系从句，即指示词可以分别出现在关系从句的前后，"指示词+关系从句+指示词+名词"。

(26) a. 就是［那］最酸的，被各种糟人玷污得一塌糊涂，无数丑行借其名大行其道的［那个］字眼。
b. 所以另找了别人——就是［那］曾被李四爷请来给钱先生看病的［那位］医生。

吴语富阳话中有类似方梅（2004）讨论的北京话"框式指示词"关系从句，但是组成框式成分的往往是量词，即"量词+关系从句+量词"，我们称为"框式量词式"关系从句。

根据我们的观察，富阳话中"框式量词式"关系从句只适用于"主语关系化"（subject relativization）如例（27），不适用于"宾语关系化"（object relativization）如例（28）。

(27) a. [个 [[欢喜吃咖啡葛] 个老师]] 叫何事_什么_名字？
b. [个 [[看门葛] 个老倌]] 是山里人。

c. ［班［［割稻葛］班人］］到何里_哪里_去嘚_了2_?
(28) a. *［袋［［上个月买来葛］袋米］］吃光嘚_了2_。
b. *［只［［伊敲破葛］只碗］］勿值铜钿_不值钱_。
c. *［篇［［你写葛］篇文章］］叫何事_什么_?

除此之外，表示工具的名词也可以被关系化：
(29) a.［把［［烧开水葛］把茶壶］］呢?
b.［部［［接客人葛］部车子］］拨_给_伢_他们_借去嘚_了2_。
c.［只［［泡茶葛］只杯子］］无掉_弄丢_嘚_了2_。

以上（27）—（29）三组例子，如果删除最左边的量词，所有句子全部成立。换言之，并不是所有的中心语为量名短语的关系从句都能被嵌入另一个量词。"框式量词式"关系从句只接受可主语或介词宾语关系化，但是不接受直接宾语的关系化。我们认为其中的原因和关系从句与中心语的语义关系直接相关。

我们在文章第一部分提到，富阳话的关系从句需要结构助词"葛"强制出现，起到引导关系从句的作用。但是，（27）和（29）中的例子，关系从句引导词"葛"可以被删除。删除"葛"后的例子分别重复如例（30）和例（31）。

(30) a.［个［欢喜吃咖啡个老师］］叫何事_什么_名字?
b.［个［看门个老倌］］是山里人。
c.［班［割稻班人］］到何里_哪里_去嘚_了2_?
(31) a.［把［烧开水把茶壶］］呢?
b.［部［接客人部车子］］拨_给_伢_他们_借得去嘚_了2_。
c.［只［泡茶只杯子］］无掉_弄丢_嘚_了2_。

（30）例中被关系化的主语一般都是表人名词（［+Human］）或表有生命度的名词（［+animate］）。中心名词被关系化后，它们类似于普通话用"的"字结构表示一类人，如"喜欢喝咖啡的""看门的""割稻的"这一类结构。不过，例（30）中"量词+关系从句+量词+名词"一般表示具有某特征的群体的某个具体代表。同样，例（31）中介词宾语（更确切地说，工具格宾语）被关系化，所以它们可以表示具备特定功能的某一个工具，类似于"烧开水的"、"接客人的"和"泡茶的"。这两类关系从句中，中心语和关系从句往往有某种较为单一的语义关系，比如主语关系化从句的中心语往往为施事者（agent），而工具格宾语关系从句的中心语往往表示工具（instrument）。相对而言，直接（或间接）宾语关系化从句中，中心语和关系从句的关系的语义关系较为复杂，可以是受事

(patient)、历事（experiencer）或受益者（beneficiary）等。

例（30—31）两组例子中结构助词"葛"的省略或许正是和这种特殊的语义相关。我们可以暂且理解为主语/工具名词关系化过程中，关系从句和中心名词的语义紧密度较高。最后，我们指出，例（27）和例（30）[或者（29）和（31）]虽然在意义上没有太大的区别，但是关系化标记"葛"的有无会影响名词短语的内在结构。简单来说，我们认为（32a）是核心标记手段；（32b）是从属标记手段，关系引导词"葛"是关系从句标记（参看刘丹青，2005 对苏州话的讨论）。

(32) a. [只 [泡茶只杯子]]
    b. [只 [[泡茶葛] 只杯子]]

本小节总结如下，吴语富阳话必须使用"量名"短语表示个体指。"量名"单独使用时，它可以表示无定或者有定，其相应的句法地位应分别为 ClP 和 DP。但是，量名成分一旦被关系从句等修饰性成分所修饰，它只能表示有定，这是关系从句受"中心语有定性"这一语义要求的制约所导致的。

四 数量短语和指示词短语的指称特点

（一）数量短语的强无定性

汉语（如普通话和吴语富阳话）中，数量名短语表示某种数量信息，它通常表无定。如（33a）中"三个同学"只有在存在量化词"有"出现的情况下，才能作主语；（33b）中如果没有全称量化词"都"，无定表达"三篇文章"也不能出现在主语的位置上。

(33) a. *（有）三个同学得勒门口等你。
    b. 三篇文章*（都）写好嘚。

我们在前文 3.1 小节提到，关系从句所修饰的中心语一般需要有定短语。这一论断在数量短语中得到了很好的验证。如例（34）所示，富阳话中，数量成分一旦被形容词、介词等成分修饰后，所得到句子的接受度并不高。

(34) a. ??? 桌床浪_{桌子上}四本书是我格。
    b. ??? 厚葛三床被放勒何里，我忘记掉嘚。
    c. ??? 竹葛五个衣架破掉嘚。

提高例（34）中相关例句接受度的其中一种手段是在数量短语前插入指示词，如远指词"唔搭"（音：nta）。但是，由于富阳话的个体指示词源自方位指示词，比如"唔搭"本义"那儿"，因此"唔搭+数量名"

所指物体需要能够提供足够的方位信息，否则句子还是不自然。对比例（34）和例（35）：

(35) a. 桌床浪_桌子上_唔搭_那_四本书是我格。
  b. ??? 厚葛唔搭_那_三床被放勒何里_哪里_，我忘记掉嗨_了2_。
  c. ??? 竹葛唔搭_那_五个衣架破掉嗨_了2_。

另外一种更为有效地提高这些句子的接受度的方法是把例（34）这些句子中的确数词换成高降调的概数词"两_几_"，如例（36）。

(36) a. 桌床浪_桌子上_两_几_本书是我格。
  b. 厚葛两_几_床被放勒何里_哪里_，我忘记掉嗨_了2_。
  c. 竹葛两_几_个衣架破掉嗨_了2_。

换言之，富阳话中表示确量的数量短语一般不能被修饰，而表示约量的数量短语"两+量+名"可以被修饰语修饰。这是由"两_几_^高降调"本身的特殊性所决定的。带"两_几_^高降调"的数量短语和量名短语一样，可以表示有定或无定，其具体解读有句法位置决定，如动词前（37a）和动词后（37b）的区别。不过，当有关系从句修饰时，该数量短语只能表示有定，如（37c）。因此，例（36）的情况和（37c）实属同一种情况。

(37) a. 两_几_斤橘子你放好勒_在_何里_哪里_？　　[有定]
  b. 我早更买勒两_几_斤橘子。　　[无定]
  c. [[娜阿姨担_拿_来葛] 两_几_斤橘子] 你放好勒_在_何里_哪里_？

我们提出，当数量短语"两_几_^高降调+量+名"表示有定时，数词"两_几_^高降调"需要有数词中心语的位置提升到限定词中心语的位置，即 Num^0-to-D^0 提升。换言之，在数词范畴中，由于使用频率等因素，概数词"两"的语法化程度可能要高于其他数词，它更容易被重新分析成表示定指的成分。

（二）指示词短语的强有定性

指示词短语一般表示定指，所以它们应该很容易接受关系从句的修饰。前文提到，普通话中关系从句和指示词至少有两种语序，即"关系从句+指示词+名词"和"指示词+关系从句+名词"，可分别称为"关外式"和"关内式"关系从句（唐正大，2005）。通过比较书面和口语文本对比研究，唐正大（2005，2007）发现，在书面语中"关外式"和"关内式"都使用，但是在口语中"关内式"基本不说。这一观点在我们考察的吴语富阳话的口语材料中得到了极好的验证。

富阳话的远指代词为"唔搭"，近指代词为"格"，在关系从句中远指代词的使用频率要大大高于近指代词。据我们观察，富阳话只有

"关外式"而无"关内式"关系从句,即关系从句往往出现在指示词左侧。对比使用远指代词的例(38)与例(39),近指代词的例(40)与例(41)。

(38) a. [[你昨日子借来葛] 唔搭那本书] 呢?
b. [[渠上半年去葛] 唔搭那个地方] 叫何儿什么名字?

(39) a. *[唔搭那本 [[你昨日子借来葛] 书]] 呢?
b. *[唔搭那个 [[渠上半年去葛] 地方]] 叫何儿什么名字?

(40) a. [[你手把里驮拿葛] 格只杯子] 我美国买来格。
b. [[你将刚刚刚讲葛] 格句滩头话] 蛮有道理。

(41) a. *[格只 [[你手把里驮拿葛] 杯子]] 我美国买来格。
b. *[格句 [[你将刚刚刚讲葛] 滩头话]] 蛮有道理。

我们认为,之所以富阳话没有类似于普通话的关内式关系从句和以下原因有关。吴语中指示代词必须和量词一起出现,即"格/唔搭+量词"才等于this/that。一旦"格/唔搭+量词"这个成分出现在最左边后,关系从句所修饰的中心语变成了光杆名词,而非量名短语,这是富阳话所不允许的。正如我们第二和第三部分论述的,光杆名词被关系从句修饰只能表示通指;关系从句为事件谓语时,中心语往往需要由量名短语充当。所以像例(39)和例(41)这样的结构在富阳话中是不合语法的。

但是,指示词可以脱离量词,单独置于短语的最左边。省略量词时"唔搭"为处所指示词,表示"那里"的意思。此时,"唔搭"不和后面的名词短语构成成分,所以可以有例(42)这样的例句:

(42) a. 唔搭那儿 [黑颜色葛件衣裳] 是何侬谁格?
b. 唔搭那儿 [底在叫葛只狗] 是阿拉我们格。

本小结总结如下,吴语富阳话中的数量短语是强无定性短语,而指示词短语则是强有定性短语,它们指称性的差异决定了它们能否被关系从句修饰。因为关系从句需要有定语中心语,因此我们只有"关系从句+指示词短语"的语序,而没有"关系从句+数量短语"的语序。

五 总结

本文对吴语富阳话的几类名词性的指称特点进行了较为详细的考察,现对相关观点总结如下。

第一,无论是否有修饰语,富阳话的光杆名词一般解读为通指或类指,它通常作特征通指句的主语。换言之,类指是富阳话的光杆名词的固有解读,关系从句等修饰语并不能作为一个类型转换算子(type-shifter)

将光杆名词从类指解读转换成表示个体的集合。这是富阳话光杆名词区别于普通话和粤语一个最为明显的语义区别。

第二，富阳话表示个体指时，需要借助量词才能实现。光杆量名短语可以表示有定和无定。关系从句能赋予量名短语一个有定的解读，这些复杂短语通常出现在情景句的动词前。这从另一个侧面说明了，富阳话的量名短语不是与生俱来就是有定的，其定指性需要在语境中得以确定，并且从句法上看它借助修饰语等句法成分［或"提升"（raising）这一句法操作］才能实现。

第三，富阳话的数量短语一般情况下表示无定，也不能接受关系从句的修饰，但是唯独概数词"两ɻ"除外，它可以有有定的解读，并且可以被关系从句修饰。这说明富阳话中的关系从句本身要求中心语为有定性成分。此外，我们也观察到富阳话的关系从句可以修饰指示词短语，但是只有"关外式"关系从句，而"关内式"从句几乎没有。我们认为富阳话中关内式关系从句的缺失是其光杆名词表示类指，不接受由"事件谓语"构成的关系从句修饰所导致。

参考文献

Chao, Yuen-Ren, *A Grammar of Spoken Chinese*, Berkeley and Los Angeles, University of California Press, 1968.

Cheng, Lisa and Sybesma Rint, "Bare and not-so-bare Nouns and the Structure of NP", *Linguistic Inquiry*, 1999, Vol. 30: 509 – 524.

Cohen, Ariel, "On the Generic Use of Indefinite Singulars", *Journal of Semantics*, 2001, Vol. 18: 183 – 209.

Krifka, Manfred, "Bare NPs: Kind Referring, Indefinites, Both or Neither?" *Proceedings of Semantics and Linguistic Theory*, 2002, Vol. 13: 180 – 203.

Krifka, Manfred, Pelletier, F. J., Carlson, Greg N., ter Meulen, Alice, Chierchia, Gennaro and Link, Godehard, 1995, Genericity: an Introduction. In Carlson, Greg and Pelletier, Jeff (1995), *The Generic book*, 1 – 124.

Li, Audrey, Yen-Hui, "Plurality in a Classifier Language", *Journal of East Asian Linguistics*, 1999, Vol. 8 (1): 5 – 99.

Li, Xuping and Walter, Bisang, "Classifiers in Sinitic Languages: From Individuation to Definiteness-marking", *Lingua*, 2012, Vol. 122 (4): 335 – 355.

陈平:《释汉语中与名词性成分相关的四组概念》,《中国语文》1987 年第 2 期。

方梅:《从章法到句法——汉语口语后置关系从句研究》,《庆祝〈中国语文〉创刊五十周年学术论文集》, 商务印书馆 2004 年版。

方梅:《指示词"这"和"那"在北京话中的语法化》,《中国语文》2002年第4期。
刘丹青:《汉语关系从句标记类型初探》,《中国语文》2005年第1期。
刘丹青:《汉语类指成分的语义属性和句法属性》,《中国语文》2002a年第5期。
石汝杰、刘丹青:《苏州方言量词的定指用法及其变调》,《语言研究》1985年第1期。
刘丹青:《所谓"量词"的类型学分析》,北京语言大学对外汉语教学研究中心讲座摘要,2002b年。
唐正大:《关系化对象与关系从句的位置——基于真实语料和类型分析》,《当代语言学》2007年第2期。
唐正大:《汉语关系从句的类型学研究》,博士学位论文,中国社会科学研究生院,2005年。
张伯江、方梅:《汉语功能语法研究》,江西教育出版社1996年版。

《中国语文》2018年第1期

吴语指示词的内部结构

李旭平　杭州　浙江大学中文系

提要　本文对以普通话为代表的"指示词发达型"语言和以吴方言为代表的"量词发达型"语言的指示词进行对比研究,试图揭示并解释两者在微观句法上的系统性差异。我们认为,(1) 普通话的指示词既可以作指示代词,也可以作指示限定语,而吴语的指示词往往只能充当指示限定语,代词性用法需要依赖量词才能实现;(2) 普通话的指示词是一个功能性成分,它具有定指性这一语义特征,在句法上可以实现为限定词中心语 D^0,其补足语只能是数词短语(NumP),以满足它的次范畴特征要求;(3) 在使用定指量词的语言中(如吴语富阳话和东阳话),跟在指示词后的成分不能是表示无定数词短语,只能是表示定指的量词或者概数词。这类语言的指示词本身并无定指标记功能,指示短语的定指性源自实现在限定词中心语位置的定指量词或定指数词。而这些吴方言的指示词在句法上只能实现为 DP 附接语或者其他成分,不能实现为限定词或者限定词标志语。文章最后提出,吴语中表示个体指示的指示词(demonstratives)具有一定的内部结构,至少可以解构为"指示语素 + 有定成分"。

关键词　指示词　有定性　定指量词　数词　吴语

一　引言

本文秉承"新描写主义"精神,以形式句法为基本理论工具,细致描写有关汉语(包括方言)指示词的一些微观语言事实,并解释相关跨方言的微观句法和语义差异,由此得到更为全面的有关汉语指示词的"区别性语义特征和句法环境"(胡建华,2017)。汉语南北方言在很多方面存在系统性差异。就名词性短语的指称而言，刘丹青（2002）提出北方汉语属于"指示词发达型"语言，而以吴语和粤语为代表的南方汉语方言则是"量词发达型"语言。具体而言，从指称方式看，普通话使用指示词表示定指，而吴、粤语则使用量词表示定指，即所谓的"定指量词"（Li, 2013 术语：definite classifier）①。但是，无论是指示词发达型语言还是量词发达型语言，它们都有指示词②。普通话一般使用指示词短语表定指，如例（1），而拥有定指量词的汉语南方方言，其有定短语至少包括指示词短语和定指量名短语这两种形式，如例（2）—（3）所示。

(1) a. <u>这/那</u>本书是金庸写的。　［普通话］
    b. *<u>本书</u>是金庸写的。
(2) a. 唔搭<u>那</u>本书金庸写格_的。　［北部吴语：富阳话］
    b. <u>本书</u>金庸写格_的。
(3) a. 侬<u>那</u>本书是我格。　［南部吴语：东阳话］
    b. <u>本书</u>是我格。

本文针对普通话和吴语中 DP 结构的句法实现方式，重点考察以下三个问题：（一）有定性是否是指示成分的恒定内在语义特征？（二）"指示词发达型"和"量词发达型"语言中指示成分有无句法语义区别？它们是否具有相同的定指功能，句法上是否都实现为 DP 内部成分？（三）在"量词发达型"语言中，指示成分和定指量词的句法关系如何？它们的语义分工是什么？

就上述问题，我们提出以下观点。第一，具有定指量词的吴方言中，其名词性短语的有定性由定指量词或定指概数词来实现，而指示词本身并不表达定指功能，它们在句法上是形容词性的，主要起到限定的作用。第二，吴语的指示成分一般源自处所成分，它们可以是处所短语或黏着性处所词素，在句法上可以实现为 DP 的附接语或附缀于 D^0 亦或成为 DP 的标志语（[Spec DP]）。这是与普通话指示词最显著的区别之

---

① 有关吴语定指量词的用法，请参看石汝杰和刘丹青，《苏州方言量词的定指用法及其变调》，《语言研究》，1985 年第 1 期，陈兴伟（1992）等；有关粤语定指量名的讨论，请参看施其生（1996）、Cheng 和 Sybesma（1999）、单韵鸣（2005，2007）等；有关定指量词的跨语言考察和类型学研究，请参看陈玉洁（2007）、Li 和 Bisang（2012）、王健（2013）和盛益民（2017）等。

② 注：我们此处所说的指示词可以理解为英语的 demonstratives，它并非严格对应"词"的概念，泛指在汉语方言中能表示个体指示的最小语法单位。

一，普通话的指示词"这/那"一般被分析为限定短语的中心语，属于功能词类①。

结合以上问题，本文认为吴语的指示词（demonstratives）不是一个原生句法成分（not a syntactic primitive），它们具有一定的内部结构，至少可以解构为一个指示成分和一个定指成分。这一观点不仅适用于吴语也适用于英语，比如英语的指示词 *this/that* 可以解构为 *th-is* 和 *th-at*，其中 *th-* 为有定成分，*-is/-at* 为指示成分。

二 普通话和吴语指示词的用法差异

普通话和吴语均没有印欧语中常见的（不）定冠词，它们一般被称为"非冠词型语言"（article-less languages）。相对于定冠词，指示词是一个更具有普遍性的句法范畴（Lyons，1999）。虽然普通话和吴语没有定冠词，但是它们都有指示词。根据我们的观察，这两种语言的指示词的用法有显著差异，它们的语法性质也并不相同。我们认为，普通话的指示词具有定指性，它们能作限定词或代词，而吴语（富阳话和东阳话）的指示词没有表示定指的功能，不能充当指示代词，只能作为方位形容词来对定指量词等有定成分起到限制作用。

（一）普通话指示词的用法

普通话的指示词有"这"和"那"，两者有代词性用法（demonstrative pronouns）和限定词性用法（demonstrative determiners）（Diessel，1999；陈玉洁，2010）。根据朱德熙（1982：85），"这"和"那"各有两个形式，zhè/nà 或 zhèi/nèi，从来源上说，zhèi/nèi 是"这一"和"那一"的合音。

首先，普通话的指示词"这/那"可以单独作论元，指代语境中出现的某个个体。这可以看作指示词的代词性用法。不过，普通话指示词独用一般出现在主语位置（4a-b），宾语位置较为限制（4c-d）。其中，位于主语位置的"这/那"可以有 zhè/nà 和 zhèi/nèi 两种读音，而宾语位置只能读作 zhè/nà（朱德熙，1982：86）。

(4) a. 这是鲁迅写的小说。
    b. 这是我的咖啡，那才是你的。
    c. *我见过这，没见过那。
    d. 一天到晚就知道喝这喝那。

---

① 文中出现相关英语术语主要包括限定词短语（DP）、指示词短语（DemP）、数词短语（NumP）、量词短语（ClP）、名词短语（NP）、标志语（specifier）、附接语（adjunct）。

其次，普通话的指示词能充当限定语，可以分别后接光杆名词（5）、量名成分（6），或数量短语（7）等名词性成分。

在普通话口语和书面语中，指示词直接加名词是一种非常普遍的现象，如例（5）①。指示词加可数名词时，通常表示单数个体（5a–b）；指示词和不可数名词结合时，可以理解为一定数量的物体（a certain portion of stuff），如例（5c）在不同语境中可以有"这杯水""这点水"等解读。这两种情形下，"指名"短语均可理解为单数。"指名"可以视为"指量名"，其中的单数解读来自"量名"短语，因为汉语的名词和指示词均无明显单数/复数倾向（number neutral），而量词的"个体化"功能（individuation）蕴含单数 [+singular] 这一特征（Li, 2013）。

(5) [指示词 + 名词]
  a. 这孩子是谁家的？
  b. 我把那破手机扔了。
  c. 这水太烫了，不能喝。

普通话的指示词可以后接"量名"成分，构成"指量名"短语，并且我们可以在指示词后插入弱读的数词"一"，由此得到"指一量名"，两者无明显语义区别。因此，我们认为，普通话的"指量名"是从"指一量名"通过省略弱读"一"而得到的，如例（6）（参见吕叔湘，1944对重读和弱读"一"的区别）②。

(6) [指示词 + (一) + 量词 + 名词]
  a. 这（一）个孩子是谁家的？
  b. 我把那（一）个破手机扔了。
  c. 我读过你手上拿的那（一）本书。

换言之，普通话的"指量名"实为"指数量名"的一种省略形式。普通话"指数量名"结构中的数词可以是任何自然数或概数。不过，在英语

---

① 根据吕叔湘（1985：195），"在近代汉语里指示词跟名词之间以加'个'或者别的单位词为常例"。他甚至推测，在一些指示词直接加名词的例子中，"很有可能把口头说着的'个'或别的量词在笔底下省去了的"。不过，我们认为，普通话的"指+名"结构很可能和近代汉语的"指+个+名"并无直接关系，因为吕叔湘（1985）认为，近代汉语指示词后的"个"是一个词尾，而非量词。有关"指示词+名词"这一表达在语篇中的用法和语用特点，请参看方梅（2002）。

② 吕叔湘（1985）指出，从历时的角度看，近代汉语的"指量名"的出现要早于"指一量名"。但普通话中这两个结构并不一定得按照近代汉语的路径发展，或者说普通话的"指量名"不一定就直接继承于近代汉语的同形结构。此外，我们不能否认"指一量名"中"一"可省略这一特点。

等一些语言中，指示词不能和概数词共现，比如 * these several students 不合乎英语语法，因为 several 一般会被分析为限定词或量化词。普通话的数词可以和指示词任意结合，这说明它们不具备量化词的性质，而应该分析为形容词性成分。

（7）[指示词 + 数词 + 量词 + 名词]
    a. 这三个孩子是谁家的？
    b. 我把那两个破手机扔了。
    c. 我教过那几个学生。

从表面上看，光杆名词、量名成分和数量成分等不同成分都可以充当指示限定词"这/那"的补足语，其实这些不同的名词性成分都可以视为数词短语（NumP），只不过很多时候其中的数词或量词没有具体的语音形式而已。具体来说，"指+量+名"可以认为有一个空的（null）数词"一"，即 [$_{DemP}$这 [$_{NumP}$∅ [$_{ClP}$本 [$_{NP}$书]]]]，而"指+名"则有一个空的数词和量词，即 [$_{DemP}$这 [$_{NumP}$∅ [$_{ClP}$∅ [$_{NP}$书]]]]。我们从例（5）相关例子看到"指名"的单数解读证明了名词短语上应该有一些功能节点表示 [+singular] 这一语义特征，该功能投射只能是 NumP。

（二）北部吴语富阳话指示词的用法

北部吴语富阳话的指示系统是一个近指和远指两分的系统，但它有两个近指成分"勒里"或"葛"，以及一个远指语素"唔搭"。其中"勒里"和"唔搭"具有处所指示意义，分别相当于"这儿"和"那儿"。我们把它们看作"基本指示语素"，但它们无法单独使用表示个体指示（陈玉洁，2010 术语）。"葛"是吴语乃至汉语南方方言中普遍存在的一个指示语素（一般称为"k 系"指示词），在富阳话中它也不能单独充当论元。富阳话的指示短语至少有三个区别于普通话的典型特点。

第一，无论主语还是宾语位置，吴语富阳话的指示词都不能单独使用来表示个体指示，如例（8）。虽然富阳话有定指量词，但是量词不能独用表示指代功能，如例（9）。根据盛益民（2017），定指量词可细分为"准定冠词型"和"准指示词型"两类，只有后者才有独用表示指代功能。富阳话属于"准定冠词型"，它一般使用"指示语素 + 量词"这一特定形式来实现指代个体的功能，如例（10）。

（8）* [指示语素] 单用表个体指
    a. *葛是新车子。
    b. *勒里_{这儿}是杯子，唔搭_{那儿}是盘子。

c. *葛，我还未看过。

(9) *［量词］单用表个体指

a. *部是我新车子。

b. *只是杯子，*只是盘子。

c. *本，我还未看过。

(10) ［指示语素+量词］表示个体指

a. 葛部_{这辆}是新车子。

b. 勒里只_{这只}是杯子，唔搭只_{那儿只}是盘子。

c. 葛本_{这本}，我还未看过。

第二，吴语富阳话的基本指示语素不能修饰光杆名词，但是可以修饰量名短语。即它没有"指名"短语（11），只有"指量名"短语（12）。根据李旭平（2018），富阳话中的光杆名词只有类指或通指的解读，只有借用量词后，才能将名词从类指表达转换成名词谓词，从而获得个体指解读。我们这里讨论的指示词短语是典型的个体指表达，所以量词也必须强制使用。

(11) *［指示语素+名］

a. *葛_这小人叫何尔_{什么}名字？

b. *葛_这菜我还未吃过。

c. *唔搭_那桌床_{桌子}去抹一抹！

(12) ［指示语素+量+名］

a. 葛_这个小人叫何尔_{什么}名字？

b. 葛_这只菜我还未吃过。

c. 唔搭_那张桌床_{桌子}去抹一抹！

虽然富阳话和普通话都有"指量名"短语，但是我们并不能在富阳话的指示词和量词间插入数词"一"。这是区别于普通话的一个显著差异。对比例（6）和例（13）。

(13) *［指示语素+一+量+名］

a. *葛_这一个小人叫何尔_{什么}名字？

b. *葛_这一只菜我还未吃过。

c. *唔搭_那一张桌床去抹一抹！

第三，吴语中任何含有自然数的数量短语都不能被指示语素所修饰，如例（14）。这是区别于普通话的第三个特点。该现象在吴语中具有一定的普遍性，刘丹青、刘海燕（2005）和盛益民（2014）分别注意到崇明方言和绍兴柯桥话的指示词有此限制。注意，当例（14c）中的指示成分"唔搭"被理解为一个处所指示成分时，该句是可以接受的，"唔搭"相当于"那儿"。此时它并不是一个个体指示词。

(14) * ［指示语素＋数＋量＋名］

　　a. *葛_这三个小人叫何尔_{什么}名字？
　　b. *葛_这四只菜我还未吃过。
　　c. 唔搭_{那儿}三张桌床_{桌子}去抹一抹！

但是，如果数量短语的数词由概数词"两$^{高降调}_{几}$"充当时，它们则可以被指示语素直接修饰。吴语中"两"读作曲折调时表示自然数"二"，而读作其他变调形式时，则表示概数"几"。

(15) ［指示语素＋两$^{高降调}_{几}$＋量＋名］

　　a. 葛_这两$^{高降调}_{几}$个小人叫何尔_{什么}名字？
　　b. 葛_这两$^{高降调}_{几}$只菜我还未吃过。
　　c. 唔搭_那两$^{高降调}_{几}$张桌床_{桌子}去抹一抹！

从富阳话指示词短语的讨论来看，有以下两点需要注意。第一，富阳话的指示语素只能和量名结合，但"指量名"不能省略成"*指名"或者扩展成"*指一量名"。第二，富阳话除了"指两_几量名"以外，没有"指数量名"短语。换言之，富阳话的指示语素的后接成分不能是数词短语（NumP），这一点与普通话显著不同。

（三）南部吴语东阳话的指示词用法

南部吴语东阳话的指示词在用法上与北部吴语富阳话类似，但是东阳话的指示成分在修饰数量成分时受到了更为严格的限制。东阳话的指示系统同样是近指和远指两分，其中"噶"ka 为近指词素，"侬"nom 为远指词素。东阳话表示近指的指示词和通用个体量词同音，均为 ka。为了避免先入为主，我们统一用 ka 和 nom 来表示相关例子。

第一，东阳话的指示语素 ka 和 nom 不能独立作指示代词，它们需要和量词共现来表示指代功能。如例（16a）"nom－本"和例（16b）"ka－本"均在指示语素后使用量词"本"，而例（17a）中"nom－ka"和例（17b）中"ka－ka"则使用通用量词 ka。但是，东阳话的定指量词可以独用表示指代功能，如例（16c）。因此，东阳话属于盛益民（2017）所说的"准指示词型"定指量词，而富阳话的定指量词则属于"准定冠词型"。

(16) * ［指示词独用］

　　a. <u>nom－本</u>是《红楼梦》。　　a'. *<u>nom</u> 是《红楼梦》。
　　b. <u>ka－本</u>是《红楼梦》。　　b'. *<u>ka</u> 是《红楼梦》。
　　c. <u>本</u>是《红楼梦》。

(17) a. <u>nom－ka</u> 是大学生。　　a'. *<u>nom</u> 是大学生。

　　　　b. <u>ka-ka</u> 是大学生。　　　　　　b'. <u>ka</u> 是大学生。

　　另外需要注意的是，例（16b'）和例（17b'）虽然都使用 ka 做主语，但是只有后者是可以接受的。我们认为，例（16b'）中的 ka 是一个指示语素，而例（17b'）中的 ka，是通用量词"个"。东阳话中的量词可以单独使用作论元，因此例（17b'）其实对应于例（16c）"本是红楼梦"，而不是"＊这是红楼梦"。

　　第二，东阳话和富阳话的指示语素在修饰名词和量名短语时的用法基本一致。东阳话没有普通话中常见的"指名"用法，如例（18），也没有"指一量名"，只有"指量名"，如例（19）。

　（18）＊［指示语素＋名］

　　　　a. ＊<u>ka</u> 书我买了。　b. ＊<u>nom</u> 人我没见过。

　（19）［指示语素＋（＊一）＋量＋名］

　　　　a. <u>ka</u>（＊一）本书是我格，<u>nom</u>（＊一）本书是你格。

　　　　b. <u>ka</u>（＊一）部车我骑过，<u>nom</u>（＊一）部车还未骑过。

　　第三，东阳话的指示语素修饰数量短语时有不同于富阳话的语法表现。东阳话中只有 ka 可以修饰数量短语，nom 不可以，如例（20）。如果近指语素 ka 和远指语素 nom 的用法具有平行性，那么出现这一差异的可能解释是，例（20a）中的 ka 不是近指语素 ka，而是通用量词 ka。例（20a）实际上构成了一个双量词结构，即"通用量词 ka＋数＋量＋名"。

　（20）＊［基本指示语素＋数＋量＋名］

　　　　a. <u>ka</u> 三个学生我不认识。

　　　　b. ＊<u>nom</u> 三个学生我不认识。

　　东阳话往往使用复杂指示成分 ka-ka 或 nom-ka 来修饰数量短语，如例（21）。我们猜测，ka-ka 和 nom-ka 中的第二个语素 ka 应该是通用量词，这样一来 ka-ka 和 nom-ka 应该具有短语性质。这两个指示短语修饰数量短语时，对数词的选择没有限制，任何自然数都可以出现在该结构中。

　（21）［复杂指示成分＋数＋量＋名］

　　　　a. <u>ka-ka</u> 三个/五个学生我勿认得。

　　　　b. <u>nom-ka</u> 三个/五个学生我勿认得。

　　第四，关于东阳话中概数词和指示成分的共现问题。东阳话同样使用变调的数词"两$^{423-34}$"来表示概数"几"。它可以有定指的用法，但是表定指时只能被基本指示语素修饰，不能被复杂指示短语修饰。

　（22）a. <u>ka</u> 两$^{34}_{几}$个人我认得，<u>nom</u> 两$^{34}_{几}$个勿认得。

　　　　b. ＊<u>ka-ka</u> 两$^{34}_{几}$个人我认得，<u>nom-ka</u> 两$^{34}_{几}$个勿认得。

东阳话和富阳话一样,均没有"指名"和"指数量名"的表达。但是与富阳话不同,东阳话的指示语素一般只有和定指量词结合才具有指称的功能,包括"指量名"和"指 – ka$_{通用量词}$数量名"。

综上,我们可将普通话和南北吴语中指示语素的用法差异简单总结为表1:

表1　　　　普通话、富阳话和东阳话指示短语的类型

	普通话	北部吴语$_{富阳话}$	南部吴语$_{东阳话}$
指示代词	+	—	—
指示语素 + 名词	+	—	—
指示语素 + 量词 + 名词	+	+	+
指示语素 + 自然数 + 量词 + 名词	+	—	—
指示短语 + 自然数 + 量词 + 名词	—	—	+
指示语素 + 约数$_几$ + 量词 + 名词	+	+	+

从表1我们可以看到,普通话的指示词既有代词用法,也有限定词用法。相比而言,吴语富阳话和东阳话指示语素的用法则受到了较多限制。首先,它们的基本指示语素均无代词性用法,要实现指代功能,需要借助量词。其次,富阳话和东阳话的基本指示语素只能出现在"指量名"和"指两$_几$量名"这两个结构中。最后,虽然富阳话和东阳话的基本指示语素都不能修饰数量名短语,但是东阳话可以用复杂指示成分(指示短语)修饰数量成分,而富阳话没有复杂指示形式。

三　吴语指示词短语的有定性来源

通过对富阳话和东阳话指示语素的分布和用法的描述,我们需要解释以下问题。第一,为什么吴语中的指示语素无代词用法,而需要借助量词来实现指代功能?两者的句法关系如何?第二,为什么吴语的指示语素只能修饰定指性成分,如定指量名短语和定指数量名短语?第三,东阳话复杂指示词 ka-ka 和 nom – ka 的内部结构又是如何?

虽然普通话没有定冠词或不定冠词这些天然的限定词(determiner),但是很多学者(Tang, 1990; Li, 1999)均认为,汉语的名词性短语同样具有一个完备的 DP 结构:$[_{DP} D [_{NumP} Num [_{ClP} Cl [_{NP} N]]]]$。李艳惠(Li, 1999)认为,普通话中,指示词连同人称代词、专有名词等有定成分,均出现在限定词的位置,充当限定词中心语 D^0。我们认同李艳惠对普通话指示词的这一句法分析,但由于吴语指示词的特殊性以及定指量词

的存在，我们不能把普通话的这一句法分析直接应用到吴语。我们认为，吴语指示词的句法性质与普通话的指示词有本质区别，它们不能充当限定词这一句法角色，甚至不能出现在限定词短语内部。理由如下。

第一，虽然普通话和吴语都有"指量名"短语，但是两种语言"指量名"短语的句法结构并不相同，尤其是量词的句法位置不同。

我们从例（5）看到，普通话的"指量"可以插入数词"一"，但是富阳话例（12—13）和东阳话例（19）均不允许"一"出现在指示词和量词之间。我们认为，在吴语的"指量名"短语中，量词具有标示有定性的作用（definiteness marking），即带有 [+definite] 的特征，因而句法上原本基础生成于量词中心语位置（Cl^0）的量词经由核心移位（Cl^0 - to - D^0 raising），提升到限定词的中心语位置（即 D^0 位置）进行特征核查（feature-checking），最终得到一个表有定的指量名短语。相反，普通话中没有定指量名的表达，句法上量词出现在量词中心语 Cl^0 的位置而不需要提升，因此数词"一"的插入并不影响结构的合法性（Simpson，2005；Li 和 Bisang，2012；Li，2013）。

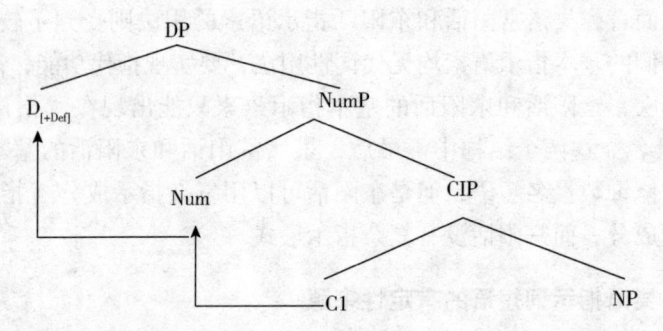

第二，吴语和普通话指示词短语"指示词+数词+量词+名词"的构成也有明显差异。

普通话的指示词可以后接数量短语，并对数词没有任何限制，可以是任意的自然数或概数，如"几"，如例（7—8）。但是，富阳话中，不仅"指一量名"不合语法，其他自然数也不能出现在"指示词+数词+量词+名词"中，如例（14）。唯一例外的是，当数量短语的数词为概数词"两$_几^{高降}$"时，该结构是合语法的，如例（15）。

我们认为，吴语富阳话指示词短语中自然数和概数的对立和它们能否表示定指性密切有关。定指量词型吴语中，不仅量词可以表示定指，概数词也可以表示定指（王洪钟，2008；Li and Bisang，2012）。如例（24）所示，当概数词短语出现在动词后（如宾语的位置）时，它解读为无定；

当它出现在动词前（如主语的位置）时，它们则解读为有定，依语境而表示"这几个"或"那几个"。概数词"动前表有定""动后表无定"的这一分布特点与定指量词完全一致（Li and Bisang, 2012）。从句法上看，概数词"两$_几$"在句法上需要经过 Num^0 到 D^0 的提升，从而获得有定的解读。

  （24）a. 我买得了两$_几^{高降调}$个苹果。　　　　　　［无定概数词"两$_几$"］
    b. 两$_几^{高降调}$个苹果我吃掉嘚。　　　　　　［有定概数词"两$_几$"］

  我们提出，富阳话指示词短语"指示词+量词+名词"或"指示词+概数词+量词+名词"的有定性源自定指量词或定指概数词，而指示词本身并不能表示有定。这可以很好地解释自然数和概数词与指示词结合时的对立区别。

  第三，我们从例（21）和例（22）看到，东阳话中"自然数+量+名"只能被复杂指示成分 ka-ka 和 nom-ka 修饰，而概数词短语"两$_几$+量+名"则只能被基本指示语素 ka 和 nom 修饰。我们认为，复杂指示成分 nom-ka 和 ka-ka 的第二个语素是通指量词"ka$_↑$"，它具有有定性，因此它可以赋予无定短语"数+量+名"一个有定的解读；而概数词本身可以通过 Num^0-to-D^0 raising 机制获得有定解读，因此它们可以和基本指示语素结合。

  就吴语指示词和定指量词的句法关系，我们提出以下观点。首先，我们认为，虽然吴语没有定冠词，但是 DP 结构在该语言中是确实存在的。量词短语或概数词短语均可以解读为有定，它们必须落到同一句法位置，该位置只可能是某一功能的投射。而最有可能的投射就是 DP，量词或概数词可以经由中心语移位到限定词中心语的位置 D^0，从而获得有定解读。因此，所谓的定指量词，其有定性是源自 DP 结构本身的赋义机制，即限定词中心语的 [+definite] 特征。它们不同于英语中的定冠词 the，它与生俱来就是一个定指标记，是 iota 算子（Sharvy, 1980）。

  其次，就我们所考察的两种吴方言来看，指示语素并不能直接修饰无定成分，如"数量名"，无法赋予无定短语一个有定解读；相反，吴语的指示语素只能和本身具有有定性的成分结合，如"量词+名词"或"两$_几$+量词+名词"。这说明，指示词短语本身必须解读为有定性，但是该语义特征来自处于 D^0 位置的定指量词或者定指数词，而非源自指示词。我们认为，有定指量词的吴方言其指示成分不起定指标记的功能；它们不属于 DP 内部成分，应该实现在 DP 外部，如 DP 修饰语等。

四 指示成分句法特征的跨吴语考察

吴方言中指示成分和定指成分共现这一现象，表面上看很类似于文献中报道的西班牙语（Bruge，2002）、罗马尼亚语（Giutsi，1997）等罗曼语族语言的相关现象，如例（25—26）所示。若仔细观察，两者其实并不完全一样。罗曼语中的指示词不仅可以和定冠词共现，而且也能脱离定冠词单独使用表定指，如例（25a）或例（26b）。Bruge（2002）、Giutsi（1997）等都认为，西班牙语和罗马语中的指示词应该出现在 DP 标志语的位置，以此来实现有定性。Alexiadou 等（2007）提出了"DP 分裂说"（split DP），认为指示词短语和定冠词应该实现为两个不同的功能投射，[DemP [DP [NP]]]，其中处于左缘的 DemP 表示熟悉度、特指性（specificity）、指示性（deixis）等语用信息，而 DP 表示定指性这一语义核心。

(25) a. este/ese/aquel   libro   [西班牙语]
     this/that/that   book
  b. el libro   este/ese/acquel
     the book   this/that/that

(26) a. baiatus   acesta   (frumos)   [罗马尼亚语]
     boy-the   this   nice
  b. acest   (frumos)   baiat (frumos)
     this   (nice)   boy (nice)
  c. frumosul   (*acesta)   baiat
     nice-the   (*this)   boy

但是，我们已经看到吴语的指示成分本身并不能表示有定性，它们依赖于定指量词或定指概数词等有定指成分来实现有定性。因此，我们认为，吴语的指示成分不可能是 DP 内部成分，即它们既不能是限定词中心语 D^0，也不可能是限定词短语标志语 [Spec DP]，我们也不能套用"DP 分裂假说"。

我们现对"指+数+量+名"短语作更为细致的跨吴方言考察，试图弄清吴语指示成分的句法性质究竟是什么？吴语指示词短语的内部结构和具体实现是否有更细微的差异？

（一）富阳话的指示成分：DP 附接语

基于吴语富阳话中指示成分不能赋予相应无定名词性成分有定解读这一认识，我们认为，它们不可能是 DP 内部成分。具体来说，它们既不能是限定词中心语 D⁰，也不可能是限定词短语标志语〔Spec DP〕。它们只能被分析为 DP 附接语。

(27)

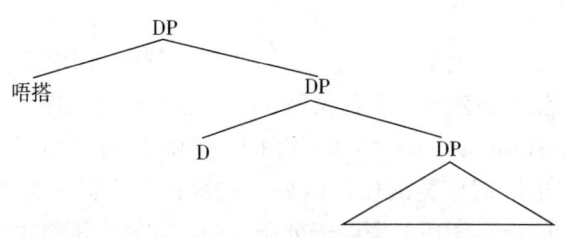

```
         DP
        /  \
      唔搭   DP
            /  \
           D    DP
                /\
```

第一，从词源上看，富阳话的"基本指示语素"不是功能性成分，而是词汇性的。富阳话的近指词"勒里这儿"和远指词"唔搭那儿"本质上是处所名词（locative nouns），而非代词（demonstrative pronouns），如例（28）。我们可以把例（28）中的"勒里"和"唔搭"看作短语性的，可以投射为两个处所短语（lexical projection）。

(28) a. 勒里是学校，唔搭是祠堂。
　　　b. 我坐得勒里，你坐得唔搭。

第二，富阳话的指示成分可以和其他的修饰成分互换位置，如形容词或关系从句等。处所性成分，如"唔搭"和"勒里"，的确既可以出现在修饰语之后例（29a），也可以出现在修饰语之前例（29b）。例（29b）有明确的方位指示解读，是一种直指用法（可以伴手势），而例（29a）则为个体指解读①。但是，对于吴语中固有的指示成分"葛"则没有处所意义，因此它只能紧邻定指量词，如例（30）。

(29) a. 戴眼镜格的唔搭那儿〔个〔学生〕〕
　　　b. 唔搭那儿戴眼镜格的〔个〔学生〕〕
(30) a. 红格的葛本书
　　　b. *葛红格的本书

第三，张志恒、李昊泽（2015）区分了名词性短语中的内、外修饰语，即名词前的修饰语为"内修饰语"，如"那两把〔塑料的〕椅子"，指示词前的修饰语为"外修饰语"，如"〔塑料的〕那两把椅子"。他们

---

① 根据 Panagiotidis（2000），希腊语的指示词也可以出现在两个不同的句法位置，当指示词出现在限定词左边时（DP‑initial），它只能表示直指功能（deictic）；当它们出现在名词后时，它们只表示回指功能（discourse anaphoric）。

(i) . a. afto to vivlio to kalo b. i nei katiki afti
　　　 this the book the good　 the new inhabitants these

认为，外修饰语是附接语，而内修饰语是一个功能投射的标志语。如果我们前文的分析"定指量名是一个 DP 结构"正确的话，那么量名左边的成分，如指示词，都可以看作外修饰语，它们也应该符合附接语的分析。

我们这里之所以把富阳话的指示短语成分分析为 DP 附接语而非标志语，是出于它没有有定性这一语义特征、无法和限定词中心语之间形成特征配合（Spec-Head agreement）的考虑。这一分析可以很好地把定指量词型吴语和非定指量词型吴语加以区分。在吴语桐庐话中虽然没有定指量名，但是它们的指示词还是来源于处所成分。在这类语言中，处所指示成分可以表示定指功能，它们可以被分析为 DP 标志语，起到有定性的作用。换言之，在 DP 层面区分标志语（specifier）和附接语（adjunct）是有意义的。

（二）东阳话的指示成分：黏着性指示词缀

虽然富阳话和东阳话的指示成分均不能表示个体指，但是它们在形态句法上还是有明显的差异。我们以远指语素 nom 为例说明。

第一，东阳话的远指成分 nom 虽然有处所义，但是一般不单用作处所名词，如例（31a）。其处所义可以从前置词（preposition）"在"的表达形式可见一斑。东阳话的"在"区分了近指的"荡$_{在这儿}$"和远指的"nom$_{在那儿}$"，如例（31b）。这符合吴语"在"义前置词远近二分和源自处所成分两条基本规律。看起来，东阳话的远指语素 nom 可以表示方位，但是一般不单用，更像是一个黏着性语素。

(31) 我坐在这儿，你坐在那儿。

  a. *我坐 [$_{PP}$荡$_{在这儿}$ [$_{NP}$ka]]，你坐 [$_{PP}$nom$_{在那儿}$ [$_{NP}$nom]]。

  b. 我坐 [$_{PP}$荡$_{在这儿}$ [$_{NP}$ ka 块儿]]，你坐 [$_{PP}$nom$_{在那儿}$ [$_{NP}$ nom 那块儿]]。

第二，虽然东阳话的指示成分 nom 源自处所表达，但是它们在指示短语中并不能移位，比如和其他形容词交换位置的操作是不成立的，如例（32—33）。在指示短语中，远指语素 nom 或前附于定指通用量词 ka$_↑$ 或其他定指量词，它是一个黏着性指示词缀，而不是指示词或短语。

(32) a. 最厚格 [nom-ka] 三本书

  b. [nom-ka] 最厚格三本书

  c. *nom 最厚格 ka 三本书

(33) a. 最厚格 [nom 本] 书

  b. [nom 本] 最厚格书

c. *nom 最后格本书

吴语苏州话、上海话的情况与东阳话情况相同。苏州话的基本指示"埃_这"和"喂_那"不能单用，是黏着性词素（石汝杰，1999）。同样，指示短语也有单数和复数的分化，单数指示短语"指量名"短语只用基本指示语素，而复数指示短语"指数量名"则使用复杂指示词"埃个"或"喂个"（刘丹青，2017）。

(34) a. 埃只鸡
　　　b. 埃*（个）三只鸡
　　　c. 喂*（个）十个人

我们认为，由于东阳话的"ka/nom"以及苏州话的"埃/喂"都是黏着性指示词素，它们只能附缀于限定词中心语，如 ka-ka 或 nom-ka 中的定指量词 ka 或者其他量词，分别构成"指量名"和"指 ka↑数量名"。因此，东阳话中的复杂指示表达 ka-ka↑ 和 nom-ka↑ 是一个短语性成分，它们可以解构为一个基本指示语素和一个定指成分，如表定指的通用量词 ka↑。

指示成分附缀的其中一个可能结果是词汇化，即指示语素和通用量词有可能固化成为一个指示词。比如绍兴话中的"指示语素＋个_通用量词"的功能基本等同于"指示词"，相当于普通话的"这/那"，如例（35—36）所示（盛益民，2014）①。

(35) a. 亨_许本书／亨_许两_几本书
　　　b. *亨_许三本书
(36) a. 亨_许个本书／亨_许个两_几本书
　　　b. 亨_许个三本书

（三）台州椒江话指示成分

台州椒江话也属于定指量词型语言，但是它的指示表达有别于富阳话和东阳话，应单独处理。具体来说，东阳话和苏州话都是使用"处所指示词＋量词"表示指代功能，但是椒江话使用"处所指示词（＋处所名词）＋量词"或"处所名词＋量词"构成指示短语。

椒江话的基本指示语素包括近指的"以"和远指的"解"。它们不仅可以单独使用表示处所，也可以后加处所名词。处所名词后再加处所成分，看上去似乎有点冗余，其实不然。我们在前文提到，富阳话的基

---

① 绍兴话的远指词"亨"本字为处所词"许"（潘悟云、陶寰，1999；盛益民，2012）。根据曹志耘（2008）的《汉语方言地图集》，吴语太湖片的苕溪小片、苏嘉湖小片等，使用表示处所的"许"作为远指语素是一种较为普遍的现象。

本指示语素"唔搭"和"勒里"可以表示处所，其实它们也能后加处所名词，如"勒里头这头/唔搭头那头"，"勒里岸这边/唔搭岸那边"。椒江话的"以/解+处所名词"中的指示语素读作本调 31，如例（37a），而单独使用时需变调为 51，如例（37b）。我们认为，无论变调与否，"以"和"解"均应视为处所词，其中"以"的意思是"这里"，"解"为"那里"。

(37) a. 我徛以³¹边，你徛解³¹边。

b. 我徛以³¹⁻⁵¹，你徛解³¹⁻⁵¹。

它们在指示词短语中的用法较为复杂。第一，椒江话中单数表达"指量名"短语可以实现为"指示语素+量+名"（38a），"处所名词+量+名"，如"边 =side"（38b）或者"指示语素+处所名词+量+名"（38c）。这三个结构中，我们均不能插入数词"一"。

(38) a. 以（*一）本书：这本书。

b. 边（*一）本书：这边/那边本书。

c. 以边（*一）本书：这边本书。

第二，当指示词短语表示复数时，我们只能使用处所名词，如"边"（39b）或复杂指示成分"指示语素+处所名词"，如"以边"（39c）。但是，例（39a）所示，基本指示语素"以"无此用法。

(39) a. *以三本书。

b. 边三本书。

c. 以边三本书。

由于椒江话中的基本指示语素本质上是处所词，"以边"或"解边"应该分析为处所短语。但是，不同于富阳话，我们认为，"以边"之类的处所短语不应该分析为 DP 附接语，它们应该实现在 [Spec DP] 的位置。因为它们能够赋予无定的数量短语一个有定的解读，如例（40）。其中处所短语"以边"的中心语应该是处所词"边"，它可以负载定指信息。

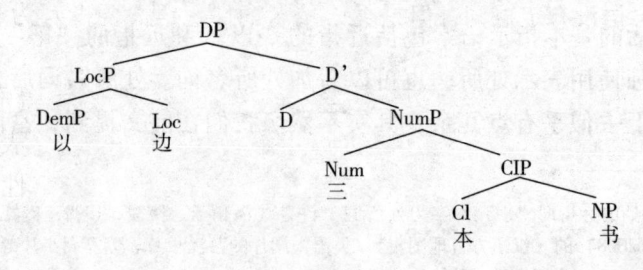

虽然 Giutsi（1997）提出了"限定词双实现过滤"限制（doubly filled D filter），即在 DP 结构中，D^0 或者 Spec DP 其中一者被显现实现即可，应该尽量避免两个成分同时实现。但是，该句法限制在不同语言中的适用性不同（Alexiadou et al.，2007）。

通过椒江话的例子，我们看到即使在同一语言中，我们既可以只实现 [Spec DP]，如"[$_{DP}$ 以边 [$_D$ [$_{NumP}$ 三 [$_{CIP}$ 本 [$_{NP}$ 书]]]]]"或只实现 D^0，如"[$_{DP}$ 本$_i$ [$_{NumP}$ [$_{CIP}$ t$_i$ [$_{NP}$ 书]]]]"，也可以两者同时实现，如"[$_{DP}$（以）边 [$_D$ 本 [$_{NP}$ 书]]]"。

（四）小结

从以上论述来看，我们不能忽视吴方言指示成分源自处所表达这一共性的"外衣"下所隐藏的较为细微的形态句法差异。以上三种吴方言中指示成分的性质和内部结构可以总结为表2：

表 2　　　　　　　　吴语指示成分的内部差异和类型

	指示成分来源	指示成分性质	定指成分	指示成分句法位置
富阳话型	处所	短语	量词/概数词	DP 附接语
东阳话型	处所	黏着词素	量词/概数词	附缀于 D^0 成分
台州话型	处所	词	量词或处所名词	DP 标志语的组成部分

五　总结

Diessel 等（1999）指出，有些语言没有典型的指示代词，指示代词的论元功能需要有一个指示形容词加一个名词、代词、量词之类的要素构成（转引自刘丹青，2017）。其实，不光是指示代词表示指代功能时需要一个专门的代词性成分，指示形容词也具备这样一个复杂的内部结构，如我们见到的东阳话的"指示语素 + ka + 数量名"。因此，我们认为，指示词不是一个原生句法成分，它具有一定的内部结构，它们至少可以解构为"指示语素 + 定指语素"。

虽然吴语没有定冠词，但是吴语的名词性短语需要投射为 DP 结构，其中的有定性特征 [+definite] 实现在限定词中心语的位置，不同的功能性成分，如量词或概数词，可以通过移位到该句法位置获得定指解读，比如通过特征核查等手段。我们认为，以富阳话和东阳话为代表的定指量词型语言中，"指量名"或"指数量名"等指示词短语的定指性源自定指量词或定指数词，其中指示词不具标示定指的作用，它们应该实现为 DP 的外部成分。

指示词具有内部结构这一特性具有一定的普遍性,不仅适用于汉语这类分析性较强的语言,也适用于英语指示词的分析。比如,英语的 this/that 可以解构为定指语素 th - 和指示语素 -is/-at。Dechaine 和 Wiltschko(2002:422)也提到,英语中的 the/them/this 等词内成分的 th - 具有一定的聚合性(paradigmatic),它们可以解构为 [D-φ]:

(41) a. [_D th - e]
b. [_D th - [is]]   [_D th - [ese]]
c. [_D th - [at]]   [_D th - [ose]]

参考文献

Alexiadou, Artemis, Liliane Haegeman and Melita Stavrou, *Noun Phrase in the Generative Perspective*, Berlin: Mouton de Gruyter, 2007.

Bruge, Laura, "The Positions of Demonstratives in the Extended Nominal Projection", In Guglielmo Cinqueed., *Functional Structure in DP and IP*, Oxford: Oxford University Press, 2002.

Cheng, Lisa L. -S. and Sybesma Rint, Bare and not so Bare Nouns and the Structure of NP, *Linguistic Inquiry*, 1999, 30, 4: 509 - 542.

Dechaine, Rose - Marie and Martina Wiltschko, "Decomposing Pronouns", *Linguistic Inquiry*, 2002, 33: 409 - 442.

Diessel, Holger, *Demonstratives: Form, Meaning, and Grammaticalization*, John Benjamins Publishing Company, 1999.

Giusti, Giuliana, "The Categorical Status of Determiners", In Liliane Haegeman ed., *The New Comparative Syntax*, London: Longman, 1997.

Li, Xuping and Walter Bisang, "Classifiers in Sinitic Languages: From individuation to Definiteness Marking", *Lingua*, 2012, 122, 4: 335 - 55.

Li, Xuping, *Numeral Classifiers in Chinese: The Syntax - Semantics Interface*, Berlin/New York: Mouton de Gruyter, 2013.

Li, Yen - Hui Audrey, Plurality in a classifier language, *Journal of East Asian Languages*, 1999, 8: 75 - 99.

Lyons, Christopher, *Definiteness*, Cambridge: Cambridge University Press, 1999.

Panagiotidis, Phoevos, Demonstrative determiners and operators: The case of Greek, *Lingua*, 2000, 110: 717 - 742.

Sharvy, Richard, "A More General Theory of Definite Descriptions", *The Philosophical Review*, 1980, 89, 4: 607 - 624.

Simpson, Andrew, "Classifiers and DP Structure in Southeast Asia", In Guglielmo Cinque and Richard Kayne eds., *The Oxford Handbook of Comparative Syntax*, New York:

Oxford University Press，2005.

Tang, Chih-Chen Jane，Chinese Phrase Structure and the Extended X'-theory. Ph. D. diss. , Cornell University，1990.

曹志耘：《汉语方言地图集》，商务印书馆2008年版。

陈兴伟：《义乌方言量词前指示词与数词的省略》，《中国语文》1992年第3期。

陈玉洁：《汉语指示词的类型学研究》，中国社会科学出版社2010年版。

陈玉洁：《量名结构与量词的定指标记功能》，《中国语文》2007年第6期。

单韵鸣：《论广州话语篇中的"量+名"结构》，《广东教育学院学报》2005年第6期。

单韵鸣：《粤语有定的"量+名"结构——基于交际话语和SVO语序的制约》，《华南理工大学学报》（社会科学版）2007年第5期。

方梅：《指示词"这"和"那"在北京话中的语法化》，《中国语文》2002年第4期。

胡建华：《走向新描写主义》，《"当代语言学前沿：走向新描写主义"论坛》，曲阜师范大学，2017年。

李旭平：《吴语名词性短语的指称特点：以富阳话为例》，《中国语文》2018年第1期。

刘丹青：《汉语类指成分的语义属性和句法属性》，《中国语文》2002年第5期。

刘丹青：《汉语指代词的若干库藏类型学特征》，《语言研究集刊》2017年第1期。

刘丹青、刘海燕：《崇明方言的指示词——繁复的系统及其背后的语言共性》，《方言》2005年第2期。

吕叔湘：《"个"字的应用范围，附论单位词前"一"字的脱落》，《汉语语法论文集》增订本，商务印书馆1984［1944］年版。

吕叔湘著，江蓝生补：《近代汉语指代词》，学林出版社1985年版。

潘悟云、陶寰：《吴语的指代词》，李如龙、张双庆主编《中国东南部方言比较研究丛书（第四辑）·代词》，广州暨南大学出版社1999年版。

盛益民：《汉语方言定指"量名"结构的类型差异与共性表现》，《当代语言学》2017年第2期。

盛益民：《论指示词"许"及其来源》，《语言科学》2012年第3期。

盛益民：《吴语绍兴柯桥话参考语法》，博士学位论文，南开大学，2014年。

施其生：《广州方言的"量+名"组合》，《方言》1996年第2期。

石汝杰：《苏州方言的代词系统》，李如龙、张双庆主编《中国东南部方言比较研究丛书（第四辑）·代词》，暨南大学出版社1999年版。

石汝杰、刘丹青：《苏州方言量词的定指用法及其变调》，《语言研究》1985年第1期。

王洪钟：《海门话概数词"多［ta1］"的定指用法》，《中国语文》2008年第2期。

王健：《类型学视野下的汉语方言"量名"结构研究》，《语言科学》2013年第4期。

张志恒、李昊泽：《普通话和粤语的内、外修饰语》，《语言科学》2015年第5期。

朱德熙：《语法讲义》，商务印书馆1982年版。

《当代语言学》2018年第4期（xupingli@zju.edu.cn）

吴语强调式人称代词:焦点化和话题化

李旭平　杭州　浙江大学中文系

摘要　本文从句法角度对吴语强调式人称代词的句法分布和功能特点进行分析解释。吴语强调式人称代词的分布不能用主宾语的区别来界定，它们可以出现在话题或者对比焦点的位置上。陈忠敏（1996）把吴语中强调式人称代词前缀/zəʔ/构拟为"是"。在此基础上，我们认为，强调式代词前缀"是"是从"句首光杆'是'字句"（Paul and Whitman, 2008）演变而来的。"是"最初是一个焦点标记，它和代词经重新句法分析（syntactic reanalysis）后"融合"（fusion）成为强调代词，具有焦点标记作用。同时，我们还认为，富阳话的三套人称代词反映了代词系统的一个循环发展过程（cyclic development），具体包括以下三个阶段，即基式（basic form）＞强化式（enforced form）＞弱化式（weakened form）。

关键字　吴语　是　强调式代词　焦点化　话题化

一　吴语人称代词的强调形式

很多学者注意到在一些北部和中部吴语中有两套不同的人称代词系统。比如，钱曾怡早在1983年就注意到，嵊县长乐话有两套人称代词，其中一套是在另一套的基础上加前缀/zəʔ/。我们把加有前缀的称为强调式人称代词（emphatic pronouns），而基式的那一套代词称为简单式或非强调式。钱乃荣（1999）提到在上海的一些郊区，如松江、奉贤等地，也有以/z/开头的强调代词存在。根据陈忠敏和潘悟云（1999）、陈忠敏（1996），两套人称代词共存的现象一般常见于北语吴语的三个地区：上海地区、湖州地区和临绍地区。我们把这些学者在不同的吴方言里发现的两套代词系统归纳如表1所示：

表1　　　　　　　　　吴语强调式人称代词

	第一人称单数	第二人称单数	第三人称单数	
嵊县长乐	zəʔ – ŋo	zəʔ – ŋ	zəʔ – i	钱曾怡（1983）
湖州	zɿ – ŋ	zɿ – n	zɿ – dʑi	
绍兴	zeʔ – ŋo	zeʔ – noʔ	zeʔ – ɦi	陈忠敏（1996） 陈忠敏、潘悟云（1999）
南汇惠南	zeʔ – βu	zeʔ – noŋ	zeʔ – ɦi	
宝山城厢	zɿ – ŋ	zɿ – ɦi	zɿ – ɦi	
松江	zəʔ – nu	zɿ – ɦi	zɿ – ɦi	
奉贤		zeʔ – noŋ	zeʔ – ɦi	钱乃荣（1999）

我们对表1作几个简单的说明。首先，在表1中，我们只列举了强调式代词，而没有单独列出简单式代词。从形式上来看，强调式代词由两部分组成：前缀+基式。其实前缀所附部分（即短杠后面的基式）就是这些语言中相应的简单式代词。其次，各个方言里的强调代词的前缀不尽相同，比如可以是 zəʔ、zeʔ 或者 zɿ，但是这些前缀的辅音都为浊声母 z。最后，这些语言中并不是所有的三身代词都有强调式代词，比如奉贤话里的第一人称单数就没有相应的强调代词。

就吴语的简单式代词而言，它们的语源和本字比较清楚。一般认为，大多数吴语方言里，第一人称的本字是"我/我侬"，第二人称的本字是"尔"，而第三人称的本字是"渠"（吕叔湘，1985；陈忠敏、潘悟云，1999）。比较难确定的是，强调式代词的前缀究竟是什么？陈忠敏（1996）和陈忠敏、潘悟云（1999），从音韵和历史文献的角度入手，认为吴语中强调式代词前缀，如/zəʔ/或者/zeʔ/，它们的本字应该为"是"。我们现在就把陈忠敏（1996）的观点简单归纳如下。

根据陈忠敏（1996：62）的论述，"是"是上声纸韵禅母字，而第二套代词中的前缀起声母在各地吴语里都是读浊的舌尖擦音/z/，所以很明显两者的声母是一致的，而韵母中喉塞音/ʔ/的出现是吴语中常见的促化现象直接导致的。陈还指出，在绍兴话里，作为系动词的"是"和代词前缀同音，都为/zeʔ/。由此，陈认为强调代词的前缀应该为"是"。注意，宁波方言（市区老派）的强调式人称代词的前缀和系动词"是"的发音一致，均为/zɿ/（汪维辉，个人交流）。

此外，陈忠敏还从历史口语文献中发现，"是+人称代词"早在唐五代就已经出现。下面两个例子摘自陈忠敏（1996：63）：

(1) 诗云："灵秀家风也且从，是汝家风作摩生。"

（2）和尚此间还著这个人不？诗云："是我这里别有来由。"

陈忠敏把人称代词前缀/zeʔ/构拟为"是"，从音系和史料上来看，具有很强的可信度和合理性。本文主要探讨吴语强调式人称代词的句法特征和语义功能。我们将着重探讨以下两个问题：（i）简单式代词和强调式代词是否有语法上的对立？如果有的话，它们的具体区别是什么？（ii）"是"在古汉语中既可为系动词也可以为指示词，那代词 z 系前缀究竟是从哪一个方向发展而来？

二 吴语富阳话的三套人称代词

在我们调查的北部吴语富阳话的一些方言点，也发现有类似的这两套代词系统共存的现象，甚至有三套代词共存的现象。在下文，我们将以北部吴语富阳话为例来探讨吴语强调式代词的一些特有的语法特征和功能。①

根据我们初步考察，富阳方言里有三套不同的人称代词共存的现象。从形式上看，第一套人称代词是简单式人称代词，而第二套和第三套是强调式人称代词。具体说，第二套人称代词是在第一套的前面加上一个用以塞擦音开头的音节/zəʔ/，而第三套人称代词有浊化的喉音/ɦəʔ/做前缀。另外需注意的是，富阳话的第一人称复数没有相应的强调代词形式。这三套人称代词具体如表 2 所示：

表2　　　　　　　　　　富阳话三身代词系统

	第一套 单数	第一套 复数	第二套 单数	第二套 复数	第三套 单数	第三套 复数
第一人称	ŋy	ɦia-la 或 la	zəʔ-ŋy	/	ɦəʔ-ŋy	/
第二人称	n	na	zəʔ – n	zəʔ – na	ɦəʔ – n	ɦəʔ – na
第三人称	ɦi	ɦia	zəʔ – ɦi	zəʔ – ɦia	ɦəʔ – ɦi	ɦəʔ – ɦia

富阳方言的这三套人称代词，从使用频率上看，第一套简单式代词是最常用的，第二套和第三套强调式代词相对使用频率要低一些，但是第三套比第二套更为常用。从后文的论述来看，我们认为，吴语强调式代词是

---

① 富阳市位于浙江西北部，属杭州地区管辖。它东接萧山，南连诸暨，西临桐庐，北与临安、杭州西湖区和余杭区相接。富阳境内有多种方言，其中包括太湖片吴语和瓯江片吴语（温州移民）、畲语（新登双江），以及徽语（新安江移民）。通常我们说的"富阳说话"或者"富阳摊头"指的是吴语太湖片临绍小片的吴语。本文考察的是富阳市区和富春江南岸东路的富阳话，后者主要指的是富春江大桥南岸以东一带的村镇，包括春江、灵桥、大源和里山一带，作者为富阳话母语者。

一种有标记的语法形式（marked forms），简单式和强调式使用频率的差异主要是由它们的语法功能的不同所引起的。

在对有关吴语代词相关文献的梳理中，我们发现像表1所列的两套代词并存的情况在一些吴语点相对较为普遍，但是像富阳话这样三套代词并存的情况很少见。其他吴语方言里两套代词共存的现象，主要指的是类似富阳话中的第一套和第二套代词共存的现象。不过，我们很少发现有关对以喉音/ɦ/开头的第三套人称代词的论述，更难见到对像富阳话里第一套和第三套并存，或者第二套和第三套并存的现象的讨论，而三套代词并存的现象的讨论就少之又少。

其实，富阳话第二套代词的前缀/zəʔ/和第三套的前缀/ɦəʔ/还是有一定的相关性的。我们认为前缀/ɦəʔ/是/zəʔ/在语音上的弱化后的一个结果。从音位学上来讲，从浊声母变成一个喉音是一种很惯常的现象，即通常所说的"去口腔阻塞化"（debuccalization）。① 其实富阳话母语者在发第三套代词的时候，仍能感觉到开口时喉部的紧缩感和轻微的浊音。

在接下去的语法部分讨论中，我们也将发现第一套代词和第二、第三套有明显用法上的区别，但是第二套和第三套代词在用法上完全一致。所以这也间接证明第二套和第三套人称代词只是同形不同音而已。

我们现简单列举富阳方言强调式人称代词的几个用例。为了便于书写，我们在相关例子中把第二套z系代词记为"z+基式人称代词"，第三套h系代词则记作"h+基式人称代词"。以下例子均来自我们调查的真实语料：

(3) a. z 渠，春游去，勿去格。他，去春游，都不去的。
　　　b. h 我都晓得格喋。我都知道了的。
　　　c. z 渠则和你总也没姻缘。她和你总也没缘分。

在下文的讨论中，我们只讨论富阳话的简单式和强调式代词之间的语法对立。

三　强调式人称代词的分布和语法区别

虽然在很多有强调式人称代词的吴方言里，简单式和强调式人称代词之间的语法对立已经慢慢弱化并且一定程度上可以自由互换。"吴语里，带'是'前缀的代词和不带'是'前缀的代词已经没有意义上的区别"（陈忠敏，1996：63），但是，在富阳话里，这两套代词系统还是有很强

---

① 这种由/z/变成/ɦ/的语音变化在宣州片吴语中是一种非常常见的现象。

的语法对立。简单式代词系统和强调式代词系统不是随时都可以相互替换，它们有各自的语法环境和语法意义。在本小节，我们将讨论富阳话中的简单式和强调式人称代词在主语、宾语、定语（领属成分）等句法位置出现的可能性。

（一）主语还是话题

我们认为，富阳话中强调式人称代词和主语位置没有绝对关系，它和话题位置直接相关。

我们首先考察富阳话简单式和强调式人称代词单独作主语和宾语的可能性。先来看下面一组例子①：

(4) a. (h/z) 你去叫 (*h/*z) 渠声。你去叫他一声。
 b. (h/z) 你拨 (*h/*z) 我打 (*h/*z) 渠顿。你给我打他一顿。
 c. (h/z) 娜你们部电脑拨 (*h/*z) 我去担勒来拿来。你们给我那台电脑去拿来。

从上面三个例子可以比较直观地看到，在主语位置，前缀 h/z 可有可无，但是宾语位置上，如动词后（4a-b）或者介词后（4c），前缀 h/z 不能出现。换言之，简单式和强调式人称代词都可以作主语，但是只有简单式代词可以作宾语，强调式不作宾语。

绝大多数汉语人称代词不区分主格、宾格或领格。通常情况下，汉语的人称代词除了单独作主语和宾语外，它们还可以作领格代词修饰名词。比如，我们可以用普通话说"［他们的书］不见了""我爱［我妈妈]"等。在富阳话中，简单式代词作领格比较自由，但是似乎强调式代词有一些限制。请看例（5）的用例：

(5) a. 我早间头到 (*h/*z) 娜你们屋里去过喋了。去去，(h/z) 娜你们屋里一个人勒都没。我早晨到你们家去过了，去之后，发现你们家一个人也没有。
 b. (h/z) 娜你们兄弟克把 (*h/*z) 伢他们只狗打死喋了。你弟弟把他们的那只狗打死了。

如例（5a）所示，领格短语"娜屋里"分别出现在第一个分句的宾语位置，和第二个分句的主语位置。我们只可以将第二个分句的领属代词前加强调式前缀 h/z，但是在第一个分句则不能使用"h/z 娜屋里"的表达形式。同样，例（5b）也反映了这一主语和宾语的对立。例（5b）的主语可以由领属短语"娜兄弟"或"h/z 娜兄弟"充当，但是宾语只能

---

① (h/z) 表示前缀可有可无，(*h/*z) 表示前缀不能出现，*(h/z) 表示前缀不能省略。

是使用简单式代词的"伢只狗"。所以,领属短语带 h 前缀和 z 前缀的人称代词时似乎只能作主语,不能作宾语。这样一来,有强调式代词的领格短语的具体分布也有主宾语的不对称。

很多人可能会由此想到,这是否与人称代词的"格"有关。换言之,是否有可能强调式代词是主格代词,而简单式代词可以兼作主格和宾格代词。我们认为这一假设不能成立。它很容易被例(6)推翻。

(6) a. 你欢勿欢喜(*h/*z)渠格_的?你喜不喜欢她?

　　b. (h/z)渠,你欢勿欢喜格_的?她,你到底喜欢不喜欢的?

在例(6)中,第三人称代词"渠"都是动词"欢喜"的直接宾语,但是例(6a)中"渠"位于其基础生成的句法位置(base-generated position),这时强调代词不能使用。而例(6b)中,宾语由底层位置移位到句首,位于话题的位置,这时所有简单代词和强调代词都是可以接受的。所以如果强调代词真的是主格代词的话,它们应该不受"话题化"这些机制的影响,即无论是否在话题位置,它们都不能作宾语,可是结果却不然例(6b)。

同时,主宾格这一区别也不能很好地解释它们作领属成分的情况,因为它们在例(5)中是作领格代词,而非主格和宾格。换言之,如果一个语言真的有主宾格代词之分的话,领格代词可以由主格或者由宾格代词充当,但是很少有可能会出现像例(5)这种不对称的分布,即有时候主格代词可以作属格,有时不可以。

基于这两点,我们认为,把简单式代词和强调式代词归结于主宾格之分是不恰当的。这种可能应当排除。其实在例(4—5)中,强调式代词不仅充当句子的主语,而且同时,从语篇的角度看,它们也充当句子的话题。如果我们把例(6b)的宾语话题化这一用例结合起来,我们就会发现,一条更准确的规律是,强调式代词一般充当句子的话题。[①]

胡建华、潘海华和李宝伦(2003)提出吴语在主谓之间有一个次话题的句法位置。强调式人称代词也可以出现在次话题的位置。需要说明的是,例(7b)中,第一个"(h/z)渠"是次话题,而动词"打"后的宾语"渠"则可以看作一个复指代词(resumptive pronoun):

(7) a. 你,(h/z)渠,欢勿欢喜格_的?你,她,到底喜不喜欢的?

　　b. 你,(h/z)渠,拨(*h/*z)我打渠顿。你,他,给我打他一顿。

---

① 据汪维辉先生告知,宁波方言(市区老派)的强调式代词的用法和富阳话类似,一般只能出现在主语或者话题的位置,但是不能出现在动词后的宾语位置。

（二）焦点敏感性

例（4—7）只反映了强调代词的一些基本用法，描述了这两类代词的不加任何重音或者没有其他语音语法手段时的用法。根据调查，我们发现在某些特定的环境中，强调式代词是可以出现在宾语位置的。其中一个可能就是，在表示对比的场景中，强调式代词可以出现在宾语的位置，如例（8—9）。

(8) a. 老师欢喜（*h/*z）你。老师喜欢你。
    b. 老师欢喜（h/z）你，不欢喜（h/z）伊。老师喜欢你，不喜欢他。
(9) a. 拨勒（*h/*z）我一个苹果一个橘子。给我一个苹果一个橘子。
    b. 拨勒（h/z）我一个苹果，拨勒（h/z）伊一个橘子。给我一个苹果,给他一个橘子。

从例（8—9）可以看出，强调式人称代词在简单句的宾语位置一般不能出现，如例（8a）和例（9a），但是在并列复句或者转折复句中，强调式代词可以以对举的方式出现，如例（8b）和例（9b），此时对举代词所指的两个个体表示对比意义（contrastive meaning）。

第二种允准强调式人称代词出现在宾语位置的手段是使用重音。如例（10—11）所示，如果强调式人称代词加了重音后（用 [　]$_F$ 表示重音），也可出现在宾语位置。

(10) a. 老师欢喜（*h/*z）你。老师喜欢你。
     b. 拨勒（*h/*z）我一个苹果一个橘子。给了我一个苹果一个橘子。
(11) a. （h/z）你来教 [h/z 渠]$_F$！你来教他！
     b. （h/z）渠叫 [h/z 你]$_F$ 一总生一起看电影去！他叫一起看电影去！

我们认为，在这两种情况下，强调人称代词之所以能够在宾语位置上使用是由于它们都是句子的焦点成分，具体来说是对比焦点（contrastive focus）。其中，例（8b）和例（9b）的对比焦点是用句法手段来实现的，如对举，而例（11）是通过语音手段，如重音来实现的。

我们"焦点化"的观点能够很好地解释以下两种情况：（i）强调型代词能否出现在是非问句中，如例（12）；（ii）强调型代词能够出现在否定句中，如例（13）。

(12) a. 葛本书是不是（h/z）渠格？这本书是不是他的？
     b. 阿拉我们是不是则和（h/z）伢一总生一起去？我们是不是和他们一起去？
(13) a. 葛本书不是（h/z）渠格。这本书不是他的。
     b. 阿拉我们不是着和（h/z）伢一总生一起去。我们不是和他们一起去。

根据一般的语义学和语用学理论，疑问句和否定句都表现出一定的焦点敏感性（focus sensitivity），即被提问或被否定的成分都通常能成为焦点成分。在我们给出的例子中，如例（12），强调式代词是被提问的成分，而在例（13）中，强调式代词是被否定的成分，它们都成为被强调的成分，成为焦点。这也进一步证明了，吴语（富阳话）强调式人称代词的使用和它们的主宾格没有必然关系。

综上所述，吴语强调代词可以在两种情形下使用。第一，它们可以出现在话题的位置；第二，它们出现在一个（对比）焦点的位置。其中，焦点位置对于话题位置，是强调式代词的一种标记性的用法。

四 强调式代词和光杆"是"字句

在本文第一部分，我们陈述了，陈忠敏（1996）从音系上构拟了吴语代词前缀为"是"的可能性。这一构拟具有较大合理性和可行度。我们认为，陈忠敏（1996）的语音构拟也适用于富阳话，富阳话代词的前缀/zəʔ/也应该为"是"。富阳方言里的系动词"是"发作/zʅ/一音，而第二套代词前缀为/zəʔ/，两者的声母一致，均为浊声母/z/。从"是"到代词前缀的音变过程应该和其他吴语点类似。

虽然我们同意吴语强调代词的前缀为"是"，但是对"是"的功能，我们所持的意见和陈忠敏不完全一致。陈忠敏没有具体讨论简单式和强调式这两种代词在用法上的区别。通过引用刘坚等（1992）的用例和解释，他认为在代词前加"是"是为了"加强指示性"，后来指示意退化，它们和一般的代词形式没有区别。我们都知道，在中古汉语，"是"既可以作系动词也可以作指示词。陈没有细谈"加强指示性"究竟是什么意思。但是，根据我们对刘坚等文章的理解，"指示性"主要是指"是"作指示词的用法，相当于普通话中"这"的指示用法，而非"是"作系动词的用法。

关于人称代词前加"是"的用法在唐五代的白话文献中很常见。通过对《祖堂集》的调查，刘坚等（1992）认为"是+人称代词"这一用法呈现以下三个特点：(i) "是+人称代词"一般置于句首；(ii) "是+第二人称"的用例（共43例）远远高于"是"加第一人称代词（共3例）和第三人称代词（共4例）；(iii) 人称代词既可为单数也可为复数。注意，温振兴（2010）指出，这些禅录中"是"的特殊用法体现了吴语等南方方言的语言特点。

（14）a. 是你远来大艰辛，还将本来不？（卷三《菏泽和尚》）

b. 是你诸人欲知保任，向高高山顶立，向深深海底性。（卷十《福清和尚》）

c. 及至用时，是渠总不得知东西。这里便是不辨缁素，不识清浊。（卷八《曹山和尚》）

关于它的性质主要有三种说法（详见温振兴，2010）。（一）前缀说：袁宾（1990）认为唐宋禅录中此类"是+人称代词"的"是"兼有句首语助词和代词前缀的作用，称为准前缀。（二）音缀说：刘坚等（1992）认为"用于三身代词前面的'是'，最初是为了加强其指示性而用的，后来用惯了，相当于一个音缀"。（三）助词说：江蓝生、曹广顺（1997）把此类"是"的性质描述为"用在句首人称代词之前，为助词，无实义"。

以上三种观点都把"是"当作一个助词之类的虚词，没有实际词汇意义。换言之，根据他们的观点，在这些白话文本中，"是+人称代词"和普通人称代词似乎没有用法或者语义上的区别。

或许像诸位学者说的一样，但是到了唐五代这个阶段前缀"是"已经十分虚化。但是，我们认为，代词前缀"是"最初不是一个无意义的助词，最早它应该是从系动词"是"演化而来，而非指示词"是"。具体说，代词前缀"是"保留了系动词"是"作焦点标记这一功能，它有突出对比（contrast）和强化（highlighting）等作用，并且"是+人称代词"最初也应有强调作用。刘丹青（2001）在讨论疑问词"什么"一词的演变时候也持相同观点。吕叔湘（1985）认为，汉语中的"什么"由"是（何）物"演变而来。刘丹青（2001：9）进一步主张把此处系动词"是"看作一个焦点标记，起焦点强化作用。即，"何物"先构成强调式"是何物"，凝固后再缩减为"是物"，最终变成"什么"。

我们认为，吴语强调式人称代词的前缀"是"是从光杆"是"字句的句首的焦点标记"是"演化而来。

很多汉语方言的系动词"是"可以用来标识焦点，其中也包括普通话和吴语富阳话。Paul 和 Whitman（2008）区分了普通话中两种带"是"的焦点句。第一种为"是…的"结构，即通常说的"分裂句"（cleft sentences），如例（15），第二种为光杆"是"字结构，即后面没有"的"字，如例（16）。

(15) a. 我是去过北京的。　　　　[分裂句]

b. 他是在北京学汉语的。

(16) a. 是我去北京了。　　　　[光杆"是"字句]

b. 他是在北京学汉语。

Paul 和 Whitman 认为，分裂句的焦点一般是"是"字后面的直接成分，这是由它们的特定句法位置所决定的，而光杆"是"字句的焦点成分，可以是"是"字后面的任何成分，它主要由重音（stress/prominent prosody）决定。

比如例（17a）的焦点只能是"在北京"（17b），而不能是"学汉语"（17c）。相反，例（18a）它的焦点可以是"北京"（18b）或者是"学汉语"（18c）。

(17) a. 他是在北京学汉语的。　　　　　　　　[分裂句]
  b. 他是［在北京］_{焦点}学汉语的，不是上海。
  c. #他是在北京［学汉语］_{焦点}的，不是英语。

(18) a. 他是在北京学汉语。　　　　　　　　　[光杆"是"字句]
  b. 他是［在北京］_{焦点}学汉语，不是上海。
  c. 他是在北京［学汉语］_{焦点}，不是英语。

在 Paul 和 Whitman（2008）的文章中，他们特意提到了句首光杆"是"字句，如例（16a）和例（19）。他们认为，句首光杆"是"字句可以表示对整个句子命题的强调（19a），也可以表示对"是"字后主语的焦点强化（19b）。

(19) a. 是［我不想去］_{焦点}，不是天太晚的缘故。
  b. 是［我］_{焦点}不想去了，不是他。

反观吴语的人称代词，我们认为强调型人称代词是由句首光杆"是"字句演变而来的，而不是来自分裂句或者句中光杆"是"字句。

我们现在来重新审视陈忠敏（1996）所列举的《祖堂集》例子。

(20) a. 诗云："灵秀家风也且从，是汝家风作摩生。"
  b. 和尚此间还著这个人不？诗云："是我这里别有来由。"
  c. 是你远来大艰辛，还将本来不？若有本即合识主，是你试说看。

从例（20）中的三个例子，我们都可以看到"是+代词"都位于主语的位置。其实，这三例中的"是"都还保留有一定的动词性质和表示焦点的作用。它们和例（19）中的"是"的功能基本一致。比如，例（20b）还是可以有如下两种解读：例（21a）和例（21b）分别等同于例（19a）和例（19b）。

(21) a. 是［我这里别有来由］_{焦点}
  b. 是［我这里］_{焦点}别有来由

我们由此推测，句首光杆"是"字句中，系动词"是"和作主语的代词经常同时出现。在语言的长期使用中，这两个成分逐渐"融合"（fusion）成一个独立的句法成分。这是吴语强调代词/zəʔ/的来源。我们构拟一下重新分析过程作为强调代词的产生机制：

是_焦点标记 + ［代词］_焦点成分 + 谓语 > ［是+代词］_焦点成分 + 谓语 > 强调式代词 + 谓语

我们推断，吴语强调式人称代词经历了三个阶段的发展：

第一阶段："是"为系动词，在句首"是"字句中起焦点标记作用，即构成句首光杆是字句；

第二阶段：焦点标记"是"和代词形成强调式代词，仍带有焦点比较作用；

第三阶段：强调式代词不再有焦点标记功能（即"去强调化"），需要依靠重音来实现焦点。

从现如今的富阳话的强调式人称代词用法来看，它们现在只可以作话题成分，不能作焦点成分，除非它们被重读或用于对比焦点结构中。所以，现在富阳话的代词系统正处于第三阶段，它们已经没有表示焦点的作用。这种去焦点化或者去强调化表现为以下两方面：

它们的位置不再局限于谓语前面的论元位置，它们可以从谓语前的论元位置扩展到谓语后的论元位置，比如，（焦点化）宾语位置。

判断动词"是"和基式代词融合之后，它的语音形式也发生了弱化，语音形式从/zɤ/变为/zəʔ/。语音形式的弱化通常伴随语法功能的虚化（Heine and Kuteva，2005）。

我们前文没有区分富阳话里的第二套和第三套人称代词。两者在语法上没有明显的区别：它们出现的语法位置基本一致，表示的语法意义也基本一样。不过，从语音上看，第三套/ɦ/系代词是第二套/z/系代词的一个弱化形式（参见本文第二部分的讨论）。从使用频率上来看，在日常生活中，目前第三套比第二套使用得更多。从使用的年龄层看，第二套更多为老派的使用（三四十岁以上）。

所以，虽然第三套代词是第二套代词的一个弱化形式（weakened form），但是第二套代词这种强化形式（enforced forms）似乎是逐渐式微，和弱化的代词形式（weakened forms），即第三套代词，相互竞争。我们由此认为，富阳话的三套人称代词形成了一个循环发展的过程（cyclic development）：基式（basic forms）> 强化（enforced forms）> 弱化（weakened forms）（参见刘丹青，2001 有关语言强化，更新的机制）。

五 结语

本文对吴语中强调式人称代词进行了系统的句法分析。我们发现,强调式人称代词的分布不能用主宾格来解释,而应该从语篇和信息结构去看。具体来说,强调式代词可以做话题或者对比焦点。我们还从句法的角度构拟了强调代词发展的三个阶段:(i)"是"作为句首焦点标记;(ii)"是"和简单代词重新分析为一个单独的语法成分并且具有焦点标记作用;(iii)"是+代词"逐渐失去焦点标记作用,只能借助重音的手段来实现焦点。我们由此认为,吴语中强调式代词的前缀为"是"保留的是"是"作为系动词表示焦点的作用。这进一步证明了,陈忠敏(1996)从语音和史料出发构拟的/zəʔ/为"是"的可靠性。

参考文献

Heine, Bernd and Kuteva, Tania, *Language Contact and Grammatical Change*, Cambridge: Cambridge University Press, 2005.

Paul, Waltraud and John Whitman, *Shi...de* Focus Clefts in Mandarin Chinese, *The Linguistic Review*, 2008, 25, 3/4: 413–451.

陈忠敏:《论北部吴语一种代词前缀"是"》,《语言研究》1996年第2期。

陈忠敏、潘悟云:《论吴语的人称代词》,李如龙、张双庆主编《代词》,暨南大学出版社1999年版。

胡建华、潘海华、李宝伦:《宁波话与普通话中话题及次话题的句法位置》,《话题与焦点新论》,徐烈炯、刘丹青主编,上海教育出版社2003年版。

江蓝生、曹广顺:《唐五代语言词典》,上海教育出版社1997年版。

刘丹青:《语法化中的更新、强化与叠加》,《语言研究》2001年第2期。

刘坚、江蓝生、白维国、曹广顺:《近代汉语虚词研究》,语文出版社1992年版。

吕叔湘:《近代汉语指代词》,学林出版社1985年版。

钱乃荣:《北部吴语的代词系统》,《中国东南方言比较研究丛书》第4辑,上海教育出版社1999年版。

钱曾怡:《嵊县长乐话语法三则》,《吴语论丛》1983年。

温振兴:《近代汉语准前缀"是"的方言属性》,《宁夏大学学报》(人文社会科学版)2010年第1期。

袁宾:《禅宗著作词语汇释》,江苏古籍出版社1990年版。

本文英文版原载 *Diversity in Sinitic Languages*,牛津大学出版社2015年版

施格语言的小句结构

罗天华

提要 本文探讨施格语言小句的一些结构特征,主要涉及格标记和一致、逆被动结构、双及物结构等三个方面。在对78种施格语言进行取样分析的基础上,得出了施格语言小句结构的16条形态、句法共性,并据此提出名词施格比代词施格更常见、逆被动/被动结构和施格格局之间没有必然联系、双及物结构的次类与施格格局的下位类型关系密切等。文章也指出了汉语非宾格现象与类型学施格格局的差异,认为前者的本质是动词的及物性问题,而后者是核心论元与动词之间语法关系的标记模式。

关键词 施格 小句结构 语法关系 标记模式 逆被动 双及物

一 引言

(一) 研究问题

本文主要讨论施格(ergative,或译"作格")语言小句的三项结构特征:核心论元结构、被动和逆被动结构、双及物结构。其中,核心论元语法关系的标记模式是施格研究的主要内容(Dixon,1979,1994;Plank,1979,1985;Comrie,2013ab;Siewierska,2013a),本文把生命度(含人称)、时、体等"分裂施格"现象(split ergativity)和"活动"标记模式(active alignment)都纳入广义的施格格局;逆被动结构常常被认为与施格格局密切相关(Comrie,1989:110-116;Schulze,2010;Polinsky,2013),本文将在更多的施格语言中检验这种关联是否存在;双及物结构则是以往施格研究涉及较少的问题,因而本文也将在这个方面作一些尝试性的探讨。总的目标是,在更深层次、更多方面发掘施格语言小句结构在形态、句法方面的特征。

（二）施格格局

典型的施格格局（ergative alignment），是指论元 A、S、P 与动词之间语法关系的编码方式表现出：(i) 用于 A 的标志不同于 S、P；(ii) A 独用一个标志，多为显性形式；S、P 合用一个标志，多为零形式。这种标记方式和常见的受格格局迥异，如下所示（Dixon，1979，1994：1-22）：

$$(\text{nominative})\text{主格} \begin{cases} A & \text{施格（ergative）} \\ S & \\ & \text{通格（absolutive）} \end{cases}$$
$$(\text{accusative})\text{受格} \quad P$$

但是，施格语言的标记模式常常有例外，施格格局或仅限于一定范围（如特定的生命度、时、体），或在施格之外还使用其他标记模式（如主格—受格标记模式），表现为施格与其他标记模式的分工协作，即所谓"分裂施格"。

"分裂施格"的实质是一些语言的语法标记模式虽有施格表现，但是不纯、不典型、不以施格一贯到底。事实上，典型的施格格局只是一种理想状态，迄今未见实证语言。换言之，绝大多数施格语言（如果不是全部的话）实际都是分裂施格语言，分裂是施格格局的内在属性、是施格概念本身的一部分（Silverstein，1976；Nichols，1992：65）。

核心论元与动词之间语法关系的标记模式主要有两种落实方式：一是在名词短语、代词上添加格标志，二是在动词上添加表一致关系的人称标志。据 Comrie（2013ab）、Siewierska（2013a）对数百种语言的考察，语法关系的标记模式主要有表 1 中的几种基本类型：

表 1　　核心论元语法关系的标记模式

I.（代词上的）格标记	II.（名词上的）格标记	III.（动词上的人称）一致
施格 Ergative（A/SP）	施格	施格
活动 Active（ASa/SpP）	活动	活动
三分 Tripartite（A/S/P）	三分	/
受格 Accusative（AS/P）	受格	受格
中性 Neutral	中性	中性
/	/	等级 Hierarchical
/	/	分裂 Split

相应的，施格格局的 A/｛SP｝对立既可体现在名词、代词上，也可

体现在动词人称一致形式上。例如，在例（1）Dyirbal 语中，（1b）及物动词主语"母亲"（A）使用施格标记 -ŋgu，而（1a）不及物动词主语"父亲"（S）与（1b）及物动词宾语"父亲"（P）均为零形式的通格标记。在例（2）Konjo 语中（一种印尼南岛语），na 是施格成分（A）独用的标志，而 -i 是通格成分（S、P）合用的标志。

(1) Dyirbal (Dixon, 1994: 10)

  a. ŋuma banaga-nʸu

  父亲.ABS 回来 – NFUT

  "父亲回来了。"

  b. ŋuma yabu – ŋgu bura-n

  父亲.ABS 母亲 – ERG 看见 – NFUT

  '母亲看见了父亲。'

(2) Konjo (Friberg, 1996: 140 – 141)

  a. na-peppe' – i Amir asung – ku

  3.A – 打 – 3.P Amir 狗 – 1

  "Amir 打了我的狗。"

  b. a' – lampa-i Amir

  INTR – 走 – 3.S Amir

  "Amir 走了。"

表 1 中的"活动"标记模式显然也是一种分裂施格。"活动/非活动"（active/inactive）指 S 在内部可以按施事性的强弱分为 Sa、Sp 两类，其中 Sa 上的标记与 A 一致（"活动"），Sp 上的标记与 P 一致（"非活动"）（参看 Klimov, 1973, 1974; Comrie, 2013ab）。藏语拉萨话口语是一种"活动"语言，例如"我去了拉萨"中的"我"可以被标记为 Sa，表示"我特意去拉萨"；也可以被标记为 Sp，表示没有自控的情况，例如"我被带到拉萨"（Chang 和 Chang, 1980: 21）。下面 Koasati 语例子中，第一人称单数标记 -li 在（3a）里标示的是 A，在（3b）里标示的是 S；第一人称单数标记 ca- 在（3c）里标示的是 P，在（3d）里标示的是 S；这是动词一致关系的"活动"标记模式。

(3) Koasati (Kimball, 1991: 189, 204, 120, 118)

  a. okolcá hóhca-li-halpí: s

  井 挖 – 1SG.A – 能力

  "我会挖井。"

  b. tálwa-li-mp

唱 – 1SG. S – HEARSAY
"（他说）我在唱歌。"
c. ca-pa：-batápli-t
1SG. P – LOC – 打 – PST
"他打了我的后背。"
d. ca-o：w – ílli – laho – V_c
1SG. S – LOC – 死 – IRR – PHR. TERM
"我会淹死。"

"活动"标记模式与"分裂施格"的不同之处在于，"分裂施格"多涉及生命度、时、体等因素对施格格局的制约，例如一些施格语言的普通名词论元使用施格标记系统、人称代词论元使用受格标记系统，而"活动"格局则直接根据施事性的强弱在语义上对 S 作出 Sa、Sp 之分。换言之，"分裂"的限制主要是功能上的，而"活动"限制的直接原因是语义上的。但无论如何，二者都是施格格局的非典型表现，其差异主要体现在表现形式上，未必在偏离典型的程度上有何不同。

要言之，本文考察的现象是一种较广意义上的施格格局，包括了典型的施格、"分裂施格"和"活动"标记模式。

（三）语言样本

我们逐一核查了 Comrie（2013ab）涉及的 190 种语言和 Siewierska（2013a）涉及的 380 种语言的语法标记模式，发现施格语言 75 种；我们又补充了 3 种已经为学界所广泛认同的施格语言：Dyirbal 语、Kham 语、藏语，共得施格语言 78 种。之所以选择补充这 3 种语言到样本中，是因为它们的研究相对充分，在施格文献里被较频繁地提及；另外，Kham 语和藏语作为汉藏语言的代表，对样本的地域分布也多少起到一些平衡作用。

大体上，这 78 种施格语言作为一个随机的样本是合适的。首先，这些施格语言来自 41 个语系，具有较广泛的发生学代表性，地域分布也较广。其次，各语系的代表语言数量与其所涵盖的语言总数成比例，语言数量较多的语系其代表语言也较多，语言数量较少的语系其代表语言相应减少。

78 种施格语言的简况见附录 2。这些语言的语料和结构特征均取自文献，如参考语法、研究论文等。

二　核心论元结构

这一节讨论核心论元与动词之间语法关系的标记模式，主要包括施格格局的两种落实方式：名词/代词论元上的格标记、动词上的"一致关系"标记。在讨论动词一致时，又兼及动词上附着的人称标记的类型。

（一）名词格标记

样本语言中，名词格标记的各次类及其实证语言如下（下标数字表示语言数量）：

活动$_{(6)}$：Basque, Drehu, Georgian, Imonda, Kham, Tibetan；

施格$_{(34)}$：Araona, Atayal, Bawm, Bribri, Burushaski, Chukchi, Coos (Hanis), Dani (Lower Grand Valley), Dyirbal, Epena Pedee, Gooniyandi, Greenlandic (West), Hunzib, Ika, Ingush, Kewa, Ladakhi, Lak, Lezgian, Ngiyambaa, Paumarí, Pitjantjatjara, Sanuma, Shipibo-Konibo, Suena, Trumai, Tsimshian (Coast), Tukang Besi, Una, Wambaya, Wardaman, Yidin^y, Yup'ik (Central), Zoque (Copainalá)；

受格$_{(2)}$：Guaraní, Koasati；

中性$_{(14)}$：Abkhaz, Acoma, Apurinã, Arapesh, Canela-Krahô, Carib, Chamorro, Jakaltek, Ket, Lakhota, Taba, Tunica, Wichita, Yagua；

不明$_{(22)}$：Acehnese, Amuesha, Arawak, Campa (Axininca), Cavineña, Kapampangan, Karitiâna, Konjo, Larike, Macushi, Mohawk, Nadëb, Nasioi, Oneida, Päri, Tlingit, Tonkawa, Tsou, Tzutujil, Uma, Warekena, Yuchi.

这些语言在谱系分布上有如下一些特点：

活动语言有6种，分属6个不同语系。

施格语言中，澳大利亚$_{(7/7)}$①、Nakh-Daghestanian$_{(4/4)}$、Eskimo-Aleut$_{(2/2)}$、Chibchan$_{(2/2)}$语系的语言均属该类，汉藏语$_{(2/4)}$也有一些语言属于该类。

另外，名词格标记类型不明的22种语言中有6种是南岛语（样本有南岛语11种）。

名词格标记模式、代词格标记、动词一致三个参项之间的关系如表2②：

表2　　　　　　　　　名词论元的格标记模式

名词格标记	代词格标记	动词一致
Act 6	Act 5；Neu 1	Erg 1；Neu 3, Acc 1, n/i 1

---

① 谱系分布中的分数，分子为某参项的实证语言数，分母为该语系在样本中的语言总数。下同。

② 表格中的数字为实证语言数，表中字母缩写参看附录2。下同。

续表

名词格标记	代词格标记	动词一致
Erg 34	Erg 20；Acc 6，Neu 6，n/i 2	Act 2，Erg 4；Spl 6，Acc 12，Neu 10
Acc 2	Acc 1，n/i 1	Act 2
Neu 14	Erg 1；Neu 9，None 2，n/i 2	Act 9，Erg 5
n/i 22	n/i 22	Act 13，Erg 9

由表 2 可知，在施格语言中：

如果名词格标记为活动，那么代词格标记以活动居多$_{(5/6)}$[①]；

如果名词格标记为施格，那么代词格标记以施格居多$_{(20/34)}$，动词一致以受格$_{(12/34)}$、中性$_{(10/34)}$居多；

如果名词格标记为中性，那么代词格标记以中性居多$_{(9/14)}$，动词一致只有活动、施格两种且以活动居多$_{(9/14)}$。

如果名词格标记为受格，那么动词一致为活动$_{(2/2)}$。但由于样本语言里名词格标记为受格的语言较少（2 种），这个观察尚需进一步的证据。

此外，名词的各类标记模式大多都能在代词标记模式中发现，但前者的实证语言数量往往多于后者（参看 2.2 节）。

（二）代词格标记

样本中，代词格标记的各次类及其实证语言如下：

活动$_{(5)}$：Basque，Drehu，Imonda，Kham，Tibetan；

施格$_{(21)}$：Araona，Atayal，Bawm，Bribri，Burushaski，Chamorro，Chukchi，Dani（Lower Grand Valley），Epena Pedee，Gooniyandi，Ingush，Kewa，Ladakhi，Lezgian，Sanuma，Shipibo-Konibo，Trumai，Tukang Besi，Una，Wardaman，Zoque（Copainalá）；

受格$_{(7)}$：Dyirbal，Guaraní，Ngiyambaa，Paumarí，Pitjantjatjara，Wambaya，Yidin^y；

中性$_{(16)}$：Abkhaz，Apurinã，Arapesh，Carib，Georgian，Greenlandic（West），Hunzib，Jakaltek，Ket，Lak，Suena，Taba，Tsimshian（Coast），Tunica，Yagua，Yup'ik（Central）；

非以上类型$_{(2)}$：Canela-Krahô，Wichita；

不明$_{(27)}$：Acehnese，Acoma，Amuesha，Arawak，Campa（Axininca），

[①] 正文中的下标数字，若为分数，则为某类型的实证语言数量和相应语言总数之比；若为整数，则是某类型的实证语言数。下同。

Cavineña, Coos (Hanis), Ika, Kapampangan, Karitiâna, Koasati, Konjo, Lakhota, Larike, Macushi, Mohawk, Nadëb, Nasioi, Oneida, Päri, Tlingit, Tonkawa, Tsou, Tzutujil, Uma, Warekena, Yuchi.

这些语言的谱系分布有如下特点：

活动语言中，2种属汉藏语，样本的另外2种汉藏语为施格标记，即汉藏语的代词格标记模式为活动或施格。

施格语言中，Trans-New Guinea 语系语言有3种，该语系另1种语言为中性。

受格语言中，澳大利亚语系有5种语言，该语系另2种语言为施格，即澳大利亚语言的代词受格较多。

中性语言中，Eskimo-Aleut 语系均属此类(2/2)；Nakh-Daghestanian 语系有2种语言属此类，另2种为施格，即 Nakh-Daghestanian 语系语言的代词格标记为中性或施格。

代词的格标记模式与名词格标记、动词一致之间的关系如表3：

表3　　　　　代词论元的格标记模式

代词格标记	名词格标记	动词一致
Act 5	Act 5	Erg 1；Neu 3，n/i 1
Erg 21	Erg 20；Neu 1	Erg 3，Act 1；Spl 2，Neu 8，Acc 7
Acc 7	Erg 6；Acc 1	Act 1；Spl 3，Neu 2，Acc 1
Neu 16	Erg 6，Act 1；Neu 9	Act 6，Erg 5；Spl 1，Acc 4
None 2	Neu 2	Act 1，Erg 1
n/i 27	Erg 2；Neu 2，Acc 1，n/i 22	Act 17，Erg 9；Acc 1

从表3中得到的一些概括：

如果代词格标记为活动，那么名词的格标记模式也是活动(5/5)；

如果代词格标记为施格，那么名词的格标记模式绝大多数也是施格(20/21)；

如果代词格标记为受格，那么名词的格标记模式大多是施格(6/7)；

如果代词格标记为中性，那么名词的格标记模式也多为中性(9/16)或施格(6/16)。

总体上，代词格标记类型与动词一致类型之间的关联并不密切，而代词格标记或与名词格标记一致，或截然相反。表4是样本语言的名词和代词格标记模式的比较：

表4　　　　　　　名词格标记、代词格标记模式之比较

	施格	活动	受格	中性	不明/其他
名词格标记	34	6	2	14	22
代词格标记	21	5	7	16	29

在总体上，名词论元的施格、活动比例要高于代词论元，而受格比例要低于代词论元。例如Dyirbal语的普通名词采用通格—施格形态，人称代词采用主格—受格形态（Dixon，1979，1994：14-15；Comrie，1989：131）。

（4）Dyirbal（Dixon，1994：14-15）

　　a. ŋama　　banaga-nʸu
　　　我们.NOM　回来-NONFUT
　　"我们回来了。"
　　b. nʸurra　　ŋana-na　　bura-n
　　　你们.NOM　我们-ACC　看见-NONFUT
　　"你们看见了我们。"

又如Yidinʸ语，代词使用主格—受格标记系统，而其他名词短语使用施格—通格标记系统（Comrie，1989：73）。代词系统都倾向于取受格格局，这可能是一条语言共性。Blake（1979）指出，几乎所有澳大利亚Pama-Nyungan语言的名词上都可以有施格标志，其中第一、第二人称（及部分第三人称）代词多用受格标记，如Dyirbal、Kalkatungu、Ngawun、Walbiri、Yidinʸ等语言。另据Comrie（1989：131），澳大利亚语言由生命度等级决定格标志的使用，受格往往限于接近生命度等级顶端的名词短语：在Dyirbal语里限于第一、第二人称代词，在Arabana语里限于人类名词短语，在Thargari语里限于有生命的名词短语；相反，施格只见于接近等级底端的部分。又如，Ritharngu语有一个用于代词的主格—受格标记系统，有一个用于人类和有智慧动物的三分系统，还有一个用于其他名词（即无智慧动物和无生命物）的施格—通格标记系统。再如，在某些东北高加索语言中（例如Lak语），名词用施格—通格标记系统，而人称代词用中性系统。

这种倾向也可以从受格语言的历时演变得到一些启示。例如在从古盎格鲁—萨克森语到现代英语的演变过程中，英语的屈折形态已经销蚀殆尽，唯独第一、第三人称代词仍然保留有主格、受格的区别（例如I-me，he-him），显示出受格格局在人称代词系统中的强大生命力。

此外，Jiwarli语（一种澳大利亚语言，已消亡）的第一人称单数代词

ngatha 使用主格—受格屈折形态（第二人称代词 nhurra 可以有主格—受格形态，也可不用），无生命名词、代词使用施格—通格屈折形态，其他有生命名词、代词取"三分"格局（Austin，2001；"三分"指 A、S、P 标记各不相同）。此外，上文提到，一些东北高加索语言的受格格局多见于代词系统，施格格局多见于名词系统。这都说明施格标记倾向于使用在生命度低的名词短语上（Comrie，1989：131）。

这种施格/受格标记模式分工是可以预见的。因为高生命度的名词短语往往施事性更强，因而更可能充当主语，若成为宾语，则是有标记的。同样，施格语言中，低生命度的名词短语的施事性更弱，因而更可能充当通格论元，若成为施格论元，则是有标记的，这都符合类型学里的标记模式。

（三）动词一致

样本中，动词一致的各次类及其实证语言如下：

活动(26)：Acehnese，Acoma，Amuesha，Apurinã，Arapesh，Arawak，Campa（Axininca），Guaraní，Ika，Ket，Kewa，Koasati，Lakhota，Larike，Mohawk，Nasioi，Oneida，Taba，Tlingit，Tonkawa，Tsou，Tunica，Warekena，Wichita，Yagua，Yuchi；

施格(19)：Abkhaz，Atayal，Basque，Canela-Krahô，Carib，Cavineña，Chamorro，Jakaltek，Kapampangan，Karitiâna，Konjo，Lak，Macushi，Nadëb，Päri，Trumai，Tzutujil，Uma，Yup'ik（Central）；

分裂(6)：Burushaski，Chukchi，Ngiyambaa，Paumarí，Tsimshian（Coast），Wambaya；

受格(13)：Bawm，Coos（Hanis），Dani（Lower Grand Valley），Georgian，Gooniyandi，Greenlandic（West），Hunzib，Pitjantjatjara，Suena，Tukang Besi，Una，Wardaman，Zoque（Copainalá）；

中性(13)：Araona，Bribri，Drehu，Dyirbal，Epena Pedee，Imonda，Ingush，Ladakhi，Lezgian，Sanuma，Shipibo-Konibo，Tibetan，Yidin^y；

不明(1)：Kham。

这些语言在谱系分布上的一些特点：

Arawakan 语系语言均为活动(5/5)，南岛语系也有一些语言为活动(4/11)；

Cariban、Mayan 语系语言均为施格(2/2)，南岛语系也有一些语言为施格(5/11)；

Trans-New Guinea 语系多数语言为受格(3/4)，澳大利亚语系也有一些语言为受格(3/7)。

动词一致模式及其与名词/代词格标记、动词上的人称标志之间的关联如表5：

表 5　动词一致模式与名词/代词格标记、动词上的人称标志的关联

动词一致	名词格标记	代词格标记	动词上的人称标志
Act 26	Erg 2；Neu 9，Acc 2，n/i 13	Erg 1；Neu 6，Acc 1，None 1，n/i 17	A+P 23，A 3
Erg 19	Erg 4，Act 1；Neu 5，n/i 9	Erg 3，Act 1；Neu 5，None 1，n/i 9	A+P 11，P 5，A 3
Spl 6	Erg 6	Erg 2；Neu 1，Acc 3	A+P 5，A 1
Acc 13	Erg 12，Act 1	Erg 7；Neu 4，Acc 1，n/i 1	A+P 11，A 2
Neu 13	Erg 10，Act 3	Erg 8，Act 3；Acc 2	No 13
n/i 1	Act 1	Act 1	A+P 1

从表5得到的一些观察：

若动词为活动或施格，则名词、代词的标记方式无法预测，但中性较多；

若动词为分裂，则名词也为施格(6/6)，代词标记模式无法预测；

若动词一致模式为受格、中性，则名词、代词以施格居多。（若名词、代词也不是施格，则该语言不是施格语言。不过，名词、代词也可以取活动标记模式，但这些情形均不见于样本）

在"动词上的人称标志"一栏中，A人称标记和P人称标记相比，前者不仅语言数量较多（9种），且分布在动词一致的各模式中（中性类除外）；后者语言较少（5种），且分布受限，仅见于动词一致类型为施格的语言中。

"动词上的人称标志"（verbal person marking）是与核心标记（head-marking）相关的一个参项，指动词上附着的与论元相关的人称信息，主要有 A、P、A+P、A/P、无标志等五种（Siewierska，2013b）。例如，在英语中，如果主语是第三人称单数，那么动词常常使用一个 –s 后缀，这是一种"A标志"；汉语动词上没有主宾语的人称信息，属于"无标志"一类。

样本中，动词上人称标志的各次类及其实证语言如下：

A+P 标志(51)：Abkhaz, Acehnese, Acoma, Amuesha, Apurinã, Arapesh, Arawak, Basque, Bawm, Burushaski, Campa（Axininca）, Carib, Chukchi, Coos（Hanis）, Dani（Lower Grand Valley）, Georgian, Gooniyandi, Greenlandic（West）, Guaraní, Ika, Jakaltek, Kapampangan, Ket, Kham, Koasati, Konjo, Lakhota, Larike, Macushi, Mohawk, Nasioi, Ngiyambaa, Oneida,

Päri, Pitjantjatjara, Tlingit, Tonkawa, Tsimshian（Coast）, Tukang Besi, Tunica, Tzutujil, Uma, Una, Wambaya, Wardaman, Warekena, Wichita, Yagua, Yuchi, Yup'ik（Central）, Zoque（Copainalá）；

A 标志(9)：Atayal, Chamorro, Hunzib, Kewa, Nadëb, Paumarí, Suena, Taba, Tsou；

P 标志(5)：Canela-Krahô, Cavineña, Karitiana, Lak, Trumai；

无标志(13)：Araona, Bribri, Drehu, Dyirbal, Epena Pedee, Imonda, Ingush, Ladakhi, Lezgian, Sanuma, Shipibo–Konibo, Tibetan, Yidin^y。

可以看到，附着于动词上的人称标志，以同时有 A、P 标记居多(51/78)，有 A 和/或 P 标记(65/78)比无 A/P 标记多。这样的比例是可以预料的，因为施格语言的核心标记比例较高，动词上常常附着了主宾语的人称信息。

在语系分布上，Arawakan(5/5)、Cariban(2/2)、Eskimo-Aleut(2/2)，Iroquoian(2/2)、Mayan(2/2)语系语言，其动词上的人称标志均为 A+P，澳大利亚(5/7)、南岛(6/11)语系语言的 A+P 比例也在半数以上。

此外，Nakh–Daghestanian 语系的动词上的人称标志比较独特，4 种语言里，2 种为无标志，1 种为 A 标志，1 种为 P 标志。

动词上的人称标志的分布及其与名词/代词格标记、动词一致模式的关联如表 6：

表 6　动词上的人称标志及其与名词/代词格标记、动词一致模式的关联

动词上的人称标志	名词格标记	代词格标记	动词一致
A+P 51	Erg 17，Act 3；Neu 11，Acc 2，n/i 18	Erg 9，Act 2；Neu 12，Acc 4，None 1，n/i 23	Act 23，Erg 11；Spl 6，Acc 11，n/i 1
A 9	Erg 5；Neu 2，n/i 2	Erg 3；Neu 3，Acc 1，n/i 2	Act 3，Erg 3，Spl 2，Acc 2
P 5	Erg 2；Neu 1，n/i 2	Erg 1，Neu 1，None 1，n/i 2	Erg 5
No 13	Erg 10，Act 3	Erg 8，Act 3；Acc 2	Neu 13

从表 6 难以直接得出动词人称标志与各参项之间的关联，看来仅仅根据动词上的人称标志情况，尚不足以直接判断名词、代词的格标记模式和动词的一致模式。另外，上文曾谈到动词一致模式与名词、代词格标记模式之间的关系并不十分紧密，足见名词/代词格标记与动词一致之间的关联比较松散，甚至于存在某种对立，这反映了核心标记和从属语标记类型之间的对立——毕竟双重标记（double marking）语言只是少数。

双重标记语言较少的一个原因是"双重标记、单重表达",即一个标志负载双重语法意义。这或可归结为经济原则的作用:从需要的程度来看,简单形式可以表达的内容,尽量不用复杂形式表达。双重标记的一部分是冗余标记,在自然语言中无疑是少数和个别的。从历时角度来看,这或许代表了双重标记向单重标记的演变趋势(对双重标记的专门研究,参看 Plank,1995)。

三 逆被动结构

在文献中,逆被动结构常被认为与施格格局密切相关(Comrie,1989:110-116;Schulze,2010;特别参看 Polinsky,2013 及其引用文献),这一节将在样本语言中检验这种关联是否存在。作为比较,这一节也考察了被动结构与施格格局之间的关系。

(一)被动和逆被动

"被动"是把受事提升为当事而把施事降级(通常可省略)。如下面英语例子(5b)的 the boy 本为施事,经被动转换之后就降级为一个由介词 by 引导的旁格论元;汉语例子(6)"张三"的被动化过程与此类似。

(5)英语

a. The boy kicked the ball.

b. The ball was kicked by the boy.

(6)汉语

a. 张三打了李四。

b. 李四被张三打了。

"逆被动"(antipassive)则是与被动相反的"镜像"语法结构或操作,指把施事降级为当事并把受事降级(常常取与格、工具格)。例如 Chukchi 语,经逆被动操作后,(7a)中的施事"年轻人"降级为(7b)中的当事,(7a)中的受事"担子"降级为(7b)中的工具格成分:

(7)Chukchi(Kozinsky *et al.* 1988:652;Polinsky 2013)

a. ʔaaček – a   kimitʔ – ən   ne – nlʔetet – ən

年轻人 – ERG   担子 – ABS   3PL. SUBJ – 挑 – AOR. 3SG. OBJ

"那伙年轻人挑走了那个/一个担子。"

b. ʔaaček – ʔt   ine – nlʔetet – gʔe – t   kimitʔ – e

年轻人 – ABS   ANTIP – 挑 – AOR. 3SG. SUBJ – PL   担子 – INSTR

"那伙年轻人挑走了那个/一个担子。"

(7a)是及物结构,–ən 是附着于动词上的与施格主语、通格宾语一致的标志；(7b) 是逆被动结构（动词上有逆被动前缀 ine-），动词的后缀 -gʔe-t 仅与通格主语一致，不与宾语一致（宾语转而使用旁格/工具格标志 -e）。

Dixon (1979, 1994: 13) 曾把 Dyirbal 语的及物到逆被动转换模式总结为：NP_A NP_P V+时态 → NP_S NP_{DAT} V+$ŋa-y$+时态。这个式子或可推广到其他一些施格语言：逆被动转换往往伴随论元角色的降级和动词时态的变换（通常有显性的逆被动形态标志）。不过，被降级的受事不一定取与格，例如上文 Chukchi 语 (7b) 取工具格，也可以取处所格，如例 (8) 中的 -k：

(8) Chukchi（Comrie 1989: 116）
En-aɣtat-kə-lʔ-a   qaa-k   ʔaaček-a vinretərkəninet ŋevəčqetti.
antip-追逐-neg-participle-erg 驯鹿-loc 青年-erg 他-帮助-他们 女人-abs
"那个没有追逐驯鹿的青年正在帮助那些妇女。"

另外，降级后的受事也不一定在话语中出现（正如被动变换中被降级的主语也不一定出现一样——例 (5) 中，英语经被动转换后，by 引导的降级主语常可省略）。据 Polinsky (2013)，若降级的（旁格）受事出现，则该逆被动结构称作"旁格受事"类型（patient-like argument expressed as oblique complement, OblP），若降级的受事不出现，则是"不明确受事"类型（patient-like argument left implicit, ImpP）。据 Ploinsky 对 194 种语言的考察，"旁格受事"和"不明确受事"两类语言分别有 30 种和 18 种，另外 146 种语言没有逆被动结构。

把逆被动结构考虑进来的直接原因是，在施格语言中，许多语法手段都依赖通格成分起作用，而逆被动可让主语带通格。例如，Chukchi 语的关系小句化只能发生在通格论元上，该语言的不及物主语和及物宾语都能直接被动化（如 9b），然而要想把及物主语关系小句化，则首先需要把及物主语逆被动化（带通格，如 11a-b），若不如此则句子不合格（如例 10b）：

Chukchi (Polinsky, 2013)
(9) a. ŋinqey pəkir-gʔi
    男孩.ABS   到-AOR.3SG
    "男孩到了。"

  b. [pəkərə-lŋ-ən]   ŋinqey
    到-PARTICIPLE-ABS   男孩
    "到了的那个男孩"

(10) a. tumg – e   ŋinqey   rəyegtetew – nin
朋友 – erg   男孩．ABS   救 – AOR．3SG．3SG
"朋友救了男孩。"

b. ＊［ŋinqey   rəyagtala-lʔ-ən］   tumgətum
男孩．ABS   救 – PARTICIPLE – ABS   朋友
（"救了那男孩的那位朋友"）

(11) a. tumgətum   ŋinqey – ək   ine – nyegtele – gʔi
朋友．ABS   boy – LOC   ANTI – 救 – AOR．3SG
"那位朋友救了那男孩。"

b. ［ŋinqey – ək   ine – nyegteleẃ – lʔ – ən］   tumgətum
男孩 – LOC   ANTIP – 救 – PARTICIPLE – ABS   朋友
"救了那男孩的那位朋友"

(10a) 没有把及物主语逆被动化,因此不能被关系小句化(10b 不合语法);(11a) 把及物主语逆被动化了,因此 (11b) 的关系小句化合乎语法。

逆被动在结构上的功用还不限于此。在一些澳大利亚语言中,逆被动还能帮助识别不同小句中的同指主语(Comrie, 1989: 114 – 118),逆被动(和被动)在 Dyirbal 语里有满足句法"支点"(pivot)的作用,在 Quiché 语里有区分歧义的作用,在 Eskimo、Tzutujil(Quiché、Tzutujil 均属 Mayan 语言)等语言里有"体"的意义(Dixon, 1994: 146 – 152);另外,有些没有句法"支点"的语言也使用逆被动、被动。下面 Quiché 语例子中,(12a) 可作两种解读,而 (12b) 因为有了逆被动标志 čeː,则消除了歧义:

(12) Quiché(Dixon, 1994: 150)
a. xačin   š – Ø – uː – kuna-x   riː   ačih?
谁   COMPL – 3SG – 治愈 – ACTIVE   那   人
"谁治好了那人的病?"或"那人治好了谁的病?"

b. xačin   š – Ø – uː – kuna-n   čeː   riː   ačih?
谁   COMPL – 3SG – 治愈 – ANTIP   为他   那   人
"谁为那人治好了病?"

除了这些"功用"以外,逆被动化也带来一些"后果"。正如受格语言被动结构的使用导致语序的改变一样,逆被动结构的使用也可能导致施格语言语序的改变。例如 Dyirbal 语的 OAV 语序,经逆被动转换之后就成为 SV［O］(降级的与格成分 O 常可省略)。

— 171 —

逆被动跟受事的受影响程度（affectedness）、个体化程度（individuation）紧密相关。具体的，逆被动结构往往与习惯性、延续性、反复性、未完成的事件相关，逆被动结构中的宾语往往个体化程度很低：例如Bezhta语逆被动结构中的宾语为复数，West Greenlandic语的宾语为无定，Archi语的宾语为非特指，Diyari语的宾语为类指，Mayan语的宾语为不明确论元（Polinsky，2013）。在话语结构中，这种个体化程度很低的成分常被省略。这种观点与Silverstein（1976）、Dixon（1979，1994）等的研究结论有相悖之处。Silverstein和Dixon认为逆被动和施格格局相关，而施格格局则多用于已完成、过去的事件。

如何看待这二者之间的矛盾？一种可能是，逆被动结构并不更常见于习惯、延续、反复、未完成的事件。另一种可能是，逆被动结构不是施格语言的特征。据Polinsky（2013）的初步统计，使用逆被动结构的48种语言里，施格语言31种，受格语言17种，二者的对立并不十分明显。在我们的样本中，有逆被动表现的语言19种，无逆被动的语言30种。因此，我们倾向于认为，把逆被动必然地和施格语言类型联系起来没有充分的依据。

（二）逆被动与其他参项的关联

样本中，施格语言的被动与逆被动之间的关联情况如表7：

表7　　　　　　　　　　　被动与逆被动的关联

被动	逆被动	逆被动	被动
有 25	有 7（OblP 6、ImpP 1），无 10，n/i 8	有 19　OblP 14，ImpP 5	有 6，无 7，n/i 1；有 1，无 4
无 50	有 11（OblP 6、ImpP 4），无 19，n/i 20	无 30	有 10，无 19，n/i 1
不明 3	有 1（OblP），无 1，n/i 1	不明 29	有 8，无 20，n/i 1

在样本里，有被动表现的语言（25种）少于无被动的语言（50种），有逆被动表现的语言（19种）少于无逆被动的语言（30种），换言之，被动和逆被动都不是施格语言常见的语法结构。逆被动不必是施格语言的特征，被动也不是施格语言的特征，把被动和逆被动必然地和施格语言类型联系起来，均缺乏足够的证据。

从表7来看，存在这么一种倾向：施格语言中，无被动/逆被动都占了多数。不过，被动语言中的逆被动比例要稍低于逆被动语言中的被动比例(7/19)。

另外，在同时有被动、逆被动结构的 7 种语言中，"旁格受事"语言的数量多于"不明确受事"(6:1)。换言之，如果某施格语言有被动和逆被动表现，那么它多使用"旁格受事"结构，而"不明确受事"逆被动结构则多用于有逆被动但没有被动表现的语言(4/5)。

对两种形式的逆被动结构，Polinsky（2013）列出了它们在 194 种（施格和非施格）语言里的分布，表 8 是其数据和本文样本的比较（样本中有 29 种语言的逆被动情况不明）：

表 8　　　　Polinsky（2013）与本文样本的比较

	Polinsky（194）	本文（78）
逆被动（不明确受事）	18	5
逆被动（旁格受事）	30	14
无逆被动	146	30

可见，无论在施格语言中，还是在一般语言中，"不明确受事"的比例都低于"旁格受事"；在有逆被动结构的语言中，"不明确受事"在施格语言里的比例(5/19)比在一般语言中的比例(18/48)更低。由此得出一条倾向共性：如果一种语言有逆被动结构，那么它较多为"旁格受事"，较少为"不明确受事"，且"不明确受事"在施格语言里的比例尤低。

被动结构与基本标记模式之间的关联如表 9：

表 9　　　　被动结构与基本标记模式之间的关联

被动	名词格标记	代词格标记	动词一致
有 25	Erg 7，Act 4；Neu 6，Acc 1，n/i 7	Erg 5，Act 3；Neu 7，Acc 1，n/i 9	Erg 9，Act 6；Spl 2，Acc 4，Neu 3，n/i 1
无 50	Erg 26，Act 1；Neu 8，Acc 1，n/i 14	Erg 16，Act 1；Neu 9，Acc 5，None 2，n/i 17	Act 19，Erg 10；Spl 4，Acc 9，Neu 8
不明 3	Act 1，Erg 1；n/i 1	Act 1；Acc 1，n/i 1	Act 1；Neu 2

有被动结构的语言（25 种），其基本标记模式难以预测；

无被动结构的 50 种语言里，名词施格占 26 种，代词施格 16 种，动词一致活动 19 种、施格 10 种，这都是在各类中比例较高的。

表 10 是被动结构和各类型施格格局之间的关联：

表 10　　被动结构与各类型施格格局（含施格、活动）的关联关系

被动	名词施格	代词施格	动词一致施格
有 25	11（7+4，44%）	8（5+3，32%）	15（9+6，60%）
无 50	27（26+1，54%）	17（16+1，34%）	29（19+10，58%）

有无被动之间，各类比例都非常接近。这也正是前文所提及的，被动结构难以预测施格语言格标记、动词一致类型。

表 11 是逆被动结构与基本标记模式之间的关联：

表 11　　逆被动结构与基本标记模式的关联

逆被动	名词格标记	代词格标记	动词一致
有（ImpP）5	Erg 2；Neu 2，n/i 1	Erg 1；Neu 2，n/i 2	Erg 2，Act 1；Acc 2
有（OblP）14	Erg 9，Act 1；Neu 2，n/i 2	Erg 5，Act 1；Neu 3，Acc 2，None 1，n/i 2	Erg 7；Spl 1，Acc 3，Neu 3
无 30	Erg 14，Act 4；Neu 8，Acc 2，n/i 2	Erg 9，Act 3；Neu 8，Acc 4，None 1，n/i 5	Act 12，Erg 2，Spl 4，Neu 6，Acc 5，n/i 1
不明 29	Erg 9，Act 1；Neu 2，n/i 15	Erg 6，Act 1；Neu 3，Acc 1，n/i 16	Act 11，Erg 8；Spl 1，Neu 4，Acc 3

"旁格受事"类逆被动语言的施格比例比"不明确受事"高。"不明确受事"或无逆被动结构的语言，其格标记和动词一致几乎无法预测。

表 12 反映了被动、逆被动结构与双及物结构之间的关联（对双及物结构的讨论见第 4 节）：

表 12　　被动、逆被动结构与双及物结构之间的关联

		被动			逆被动			
		有	无	不明	ImpP	OblP	无	不明
双及物	DO	4	4	0	0	0	6	2
	IO	9	15	1	2	6	12	5
	SO	4	4	0	0	4	3	1
	mix	2	3	1	0	1	2	3
	n/i	6	24	1	3	3	7	18

从表 12 得到三点观察：

被动结构在各类型双及物结构语言中的分布比较均衡；

逆被动结构在间接宾语、第二宾语型双及物结构中的分布也比较均

衡，但双宾语结构的语言没有逆被动结构；

第二宾语结构的语言，没有"不明确受事"型逆被动结构。

四 双及物结构

这一节讨论两个问题：施格语言双及物结构的特征、各类双及物结构与各类施格格局之间的关联。双及物结构是以往施格研究中涉及较少的问题，因而这一节的内容无疑是尝试性的。

（一）双及物结构的类型

当代语言类型学把带有一个施事（agent）、一个接事（recipient，或译"接受者"）[①]和一个客事（theme，或译"客体"）[②]的结构称为双及物（ditransitive）结构（参看 Croft, 2003: 142 – 144, 152 – 154）。

一般认为，双及物结构可有表13中的三种编码形式（Haspelmath, 2013；参看 Dryer, 1986, 陆丙甫、罗天华, 2009）：

表13　　　　　双及物结构的编码形式

编码分类 语义分类	1. 间接宾语编码	2. 双宾语编码	3. 第二宾语编码
客事	直接宾语	宾语	第二宾语
受事		宾语	第一宾语
接事	间接宾语		

需要说明，这里的编码主要是指形态编码，不包括语序编码。这里形态编码的依据是看哪些论元合用同样的标志，即"匹配"（alignment）的方式，通俗地说，就是归并的问题：哪些论元采用同一标志而归并、匹配为一类。

（i）间接宾语（indirect object）格局，其特征是客事跟受事采用同一标志，接事专用另一个标志（许多语言采用与格标记或把这个标记称为与格）并被看作间接宾语。如英语的 to give a book to him 和汉语的"送一本书给他"，这里的"另一个标志"是介词 to 和"给"。汉语的间接宾语结构还有另一种形式，如"向某人赠送礼品"，其中的间接宾语不仅采用了前置词标志，并且从以动词为定位标准的角度看，其位置也不同于

[①] 有的研究把 recipient 称作 addressee（听事），这是另一种跟 recipient 相似的论元角色，或者是动词为言语活动时的 recipient；有的把 recipient 称作 G（goal）（如 Croft, 2003: 143）。

[②] 即双及物结构中的受事，区别于单及物动词的典型受事（patient）。

受事。

（ii）双宾语（double object）格局，其特征是客事、接事都跟受事合用同一个形态标志，统称"宾语"，如英语的 to give him a book 和汉语"给他一本书"，以及不少方言中（如老派上海话、赣语泰和话）类似"给一本书他"的格式，其中客体和接受者都采用跟典型受事宾语同样的零标记。

（iii）第二宾语（secondary object）格局，其编码归类跟间接宾语编码方式相反，其中接事反而跟受事采取同样的编码形式，称为第一宾语（primary object），而客事单独成一类，称为第二宾语。不妨拿英语的 rob somebody of something 做例子，其中的接事采用零标志，客事反而采用另一个专门标志 of。汉语的"把"字句也有第二宾语结构的特征，如"我把这本书送给了张三"，其中客事用了"把"作为专门标记，而接事反而跟受事一样用零标记，并且占据直接宾语的位置。但不宜把"把"字结构一概看作第二宾语结构，因为许多"把"字句中并没有接事第一宾语。

可以看出，在哪个论元在编码形式方面向典型受事看齐方面，间接宾语格局和第二宾语格局正好相反。事实上也有些动词可以兼用两种格局，如英语的 provide，可以用间接宾语格局（to provide something to somebody 提供某人某物），也可以用第二宾语格局（to provide somebody with something 提供某物给某人）。

此外，一些语言同时使用多种双及物结构，这些语言的双及物结构被称为"混合"结构。例如前文提到汉语兼有间接宾语结构和双宾语结构，也是一种混合类型：

（13）汉语
a. 我送他一本书。（双宾语结构）
b. 我送一本书给他。（间接宾语结构）

（二）施格语言的双及物结构

从样本来看，各语言使用双及物结构类型存在一定的偏好。除 31 种施格语言的双及物结构情况不明以外，在另外 47 种施格语言中：使用间接宾语结构语言最多，为 25 种；第二宾语结构和双宾语结构均为 8 种；混合类型最少，为 6 种。

这 47 种施格语言与 Haspelmath（2013）378 种语言（完全覆盖本文的 47 种施格语言）双及物结构的比较如表 14：

表 14　　　　　　　　Haspelmath（2013）与本文样本的比较

	施格语言（47 种）	一般语言（378 种）
间接宾语结构	25	189
双宾语结构	8	84
第二宾语结构	8	66
混合结构	6	39

很明显，在双及物结构各次类的实证语言的比例上，施格语言跟一般语言非常接近。

在谱系分布上，各种双及物结构的代表语言未呈现出明显的特点，但施格语言稍多的 Mayan 语系（Jakaltek、Tzutujil 语）、Nakh–Daghestanian 语系（Ingush、Hunzib、Lak、Lezgian 语）均使用间接宾语结构。施格语言的双及物结构与其亲缘谱系之间的关系并不十分紧密，这也反映了各种施格语言之间的语法结构差异较大。

下面是样本语言的双及物结构情况：

间接宾语$_{(25)}$：Abkhaz, Arawak, Basque, Burushaski, Canela-Krahô, Chukchi, Epena Pedee, Georgian, Guaraní, Hunzib, Imonda, Ingush, Jakaltek, Koasati, Ladakhi, Lak, Lezgian, Macushi, Sanuma, Suena, Tibetan, Trumai, Tsimshian (Coast), Tzutujil, Yidin^y.

双宾语$_{(8)}$：Araona, Ket, Lakhota, Pitjantjatjara, Shipibo–Konibo, Taba, Tukang Besi, Wambaya.

第二宾语$_{(8)}$：Chamorro, Coos (Hanis), Gooniyandi, Greenlandic (West), Kham, Ngiyambaa, Wardaman, Yagua.

混合宾语$_{(6)}$：Acehnese, Apurinã, Bawm, Drehu, Dyirbal, Ika.

不明$_{(31)}$：Acoma, Amuesha, Arapesh, Atayal, Bribri, Campa (Axininca), Carib, Cavineña, Dani (Lower Grand Valley), Kapampangan, Karitiâna, Kewa, Konjo, Larike, Mohawk, Nadëb, Nasioi, Oneida, Päri, Paumarí, Tlingit, Tonkawa, Tsou, Tunica, Uma, Una, Warekena, Wichita, Yuchi, Yup'ik (Central), Zoque (Copainalá).

（三）双及物结构与基本标记模式的关联

施格语言的双及物结构类型是否与名词/代词格标记、动词一致模式相关？表 15 反映了这四个参项之间的对应关系：

表 15　　　　　　　双及物结构与基本标记模式的关联

双及物	名词格标记	代词格标记	动词一致
IO 25	Erg 13, Act 4; Neu 3, Acc 2, n/i 3	Erg 8, Act 3; Neu 7, Acc 2, None 1, n/i 4	Erg 8, Act 3; Spl 3, Neu 8, Acc 3
DO 8	Erg 5; Neu 3	Erg 3; Acc 2, Neu 2, n/i 1	Act 3; Spl 1, Acc 2, Neu 2
SO 8	Erg 5, Act 1; Neu 2	Erg 3, Act 1; Neu 2, Acc 1, n/i 1	Act 1, Erg 1; Spl 1, Acc 4, n/i 1
mix 6	Erg 3, Act 1; Neu 1, n/i 1	Act 1, Erg 1; Acc 1, Neu 1, n/i 2	Act 3, Neu 2, Acc 1
n/i 31	Erg 8; Neu 5, n/i 18	Erg 6; Neu 4, Acc 1, None 1, n/i 19	Act 16, Erg 10; Spl 1, Acc 3, Neu 1

从表 15 得到的一些观察：

双及物结构为间接宾语型的语言，名词格标记以施格居多$_{(13/25)}$，代词格标记和动词一致以施格、中性居多；

双及物结构为双宾语型的语言，名词格标记只有施格、中性两种，并以施格居多$_{(5/8)}$；

双及物结构为第二宾语型的语言，名词格标记以施格居多$_{(5/8)}$；

双及物结构为混合宾语型的语言，其基本标记模式难以预测。

五　汉语相关现象

界定施格语言必须要有形态标记上的区分做依据，现代汉语没有这种形态手段，因而不是类型学意义上的施格语言，对于这一点，Li & Yip（1979）、吕叔湘（1987）较早已有说明。从施格格局的两种落实方式来看（Comrie, 2013ab; Siewierska, 2013a），现代汉语的主宾语不使用格标记，动词上也不附着人称标记，即 A、S、P 三者均无标记，没有 A/｛SP｝的对立。

但是，我们也注意到学界陆续有把类型学施格理论应用于现代汉语研究的尝试，主要涉及作格动词、动词分类以及"把"字句等问题。

先看作格动词（ergative verbs, unaccusative verbs）问题。曾立英（2009：33, 101-118）指出，现代汉语有 160 余个作格动词，因此属于作格语言（即本文"施格语言"）。这种分析的问题在于，"作格动词"（非宾格动词）的有无和多寡从来都不是鉴别"作格语言"的标志。形式语法的非宾格动词不能用于鉴别施格语言类型，因为几乎所有的语言都有非宾格动词，但毫无疑问，大多数语言并不是施格语言。

动词的及物性分类与此直接相关。金立鑫、王红卫（2014）提出了汉语一元、二元动词的四分格局，他们不使用"非宾格动词""作格动词"，而使用了"（非）施格动词"的术语，其动词分类如表16：

表 16　　　　　　　汉语一元、二元动词的四分格局

动词类型	及物性	对应论元
通格动词	不及物	通语（通格成分）
施格动词	及物	施语（施格成分）
及物动词	及物	宾语
不及物动词	不及物	主语

这种分类的实质是，把一元非宾格动词（作格动词）称为"通格动词"，把双元非作格动词称为"施格动词"，与黄正德（2008）的分类在本质上并无二致，没有必要另立新名目"通格/施格动词"。（有关汉语动词的及物性分类参看黄文的分析，在此不赘述）

另外一种比况是将"把"字句中的"把"看作通格标志，认为"他把我气死了""把我气死了"中的"把"标记的是通格成分"我"。对此，Li 和 Yip（1979）已有反驳分析，认为"把"标记的是宾语而不是主语，并指出官话"把"字句、粤语"将"字句都不是施格格局，汉语从任何角度来说都不是施格语言。这种分析是有道理的，因为通格成分通常比施格成分无标记，如果"把"是汉语的通格标记，那么汉语的施格标记是什么？如果说是零形式，显然是缺乏说服力的。

此外，还有研究从施格角度分析了汉语的主语问题（如曾立英、杨小卫，2005）。这些把施格格局框架应用于现代汉语研究的尝试，我们将另文详细评述。

总之，现代汉语有种种形式语法的非宾格表现，但不是类型学意义上的施格语言。非宾格研究与施格研究界限分明，我们不能不注意汉语研究中把二者混为一谈的一些情况，也不能不谨慎对待将类型学施格分析直接用于汉语研究的一些做法。因此，在汉语作为第二语言的动词教学中，可以参照形式学派的非宾格分析（及物性分析），而不是套用类型学的施格分析（形态分析）。

六　结语

本文通过对78种施格语言的取样分析，选择与小句结构相关的基本

标记模式、逆被动结构、双及物结构等三个参项,在此基础上得到了施格语言小句结构的一些形态、句法特征以及二者的关联,总结为16条(组)共性(见附录1)。

从这些共性来看,施格语言小句结构的形态和句法之间有着千丝万缕的联系,这些关联有着相当的广度,是深层的、有理据的、可解释的。因此,有理由认为这些关联不(全)是任意的。

施格格局的本质是动词与论元之间语法关系的编码落实方式,也是识别语法关系的标志,或附着于名词/代词论元,或附着于核心动词,表现为形态上 A 与 S、P 之间的对立。判断一种语言是不是施格语言,标准是:名词/代词格标记或动词一致至少有一种采用"施格"或"活动"格局。汉语没有这种形态句法表现,因此与施格语言相去甚远。

附录1 施格语言小句结构的形态、句法共性

共性1. 施格语言大多有分裂施格表现,分裂是施格格局的内在属性。

共性2. 施格格局多见于名词系统,代词系统倾向于取受格格局。

共性3. 施格多用于标记低生命度、定指度的 A,受格多用于标记高生命度、定指度的 P。

共性4. 在如下名词等级上,越往左边的,其生命度、定指度越高,越符合 A 的特征,越倾向于取受格标记;越往右边的则越符合 P 的特征,越倾向于取施格标记:第一人称代词>第二人称代词>指示代词/第三人称代词>专有名词>普通名词(人—有生—无生)。

共性5. 施格格局倾向于出现在过去时、完成体、肯定、非命令语气中,受格格局则倾向于出现在非过去时、未完成体、否定、命令语气中。

共性6. 形态(形式)上,如果一个格标志是零形式,在受格语言里是主格,在施格语言里是通格。句法(功能)上,如果一个论元是必须的,在受格语言里是主(格)语,在施格语言里是通(格)语。

共性7. 施格语言的名词格标记模式与其他基本标记模式有如下关联:

如果名词格标记为活动,那么代词格标记以活动居多;

如果名词格标记为施格,那么代词格标记以施格居多,动词一致以受格、中性居多;

如果名词格标记为中性,那么代词格标记以中性居多,动词一致只有活动、施格且以活动居多;

如果名词格标记为受格,那么动词一致为活动。

名词的各标记模式大多都能在代词标记中发现，但前者的实证语言数量往往多于后者。

共性8. 代词格标记模式与其他基本标记模式有如下关联：

如果代词格标记为活动，那么名词的格标记模式也是活动；

如果代词格标记为施格，那么名词的格标记模式绝大多数也是施格；

如果代词格标记为受格，那么名词的格标记模式大多也是受格；

如果代词格标记为中性，那么名词格标记也多为中性或施格；

代词格标记倾向于和名词格标记一致。代词格标记类型与动词一致类型之间的关联不十分紧密。

总体上，名词施格比代词施格更为常见。

共性9. 动词一致类型与其他基本标记模式有如下关联：

若动词为活动或施格，则名词、代词的标记方式无法预测，但中性较多；

若动词为分裂，则名词以施格居多，代词标记模式无法预测；

若动词为受格、中性，则名词、代词以施格居多。

共性10. 动词上的人称标志与基本标记模式有如下关联：

A 人称标记和 P 人称标记相比，前者不仅语言数量多，而且分布在动词一致的各种模式中（中性类除外）；后者语言较少，且分布受限，仅见于动词一致类型为施格的语言中。

附着于动词的人称标志，以同时有 A、P 标志居多，有 A 和/或 P 标志比无 A/P 标志多。

仅从动词上的人称标志情况，不足以直接判断名词、代词的格标记模式和动词一致模式。名词/代词格标记与动词一致之间的关联比较松散，甚至于存在某种对立。

共性11. 各双及物结构类型在施格语言中的比例，与在一般语言中的比例非常接近。

共性12. 双及物结构与基本标记模式有如下关联：

间接宾语型的语言，名词格标记以施格居多，代词格标记和动词一致以施格、中性居多，动词人称标志以 A + P 居多；

双宾语型的语言，名词格标记只有施格、中性两种，并以施格居多；

第二宾语型的语言，名词格标记以施格居多，动词人称标记多为 A + P；

混合宾语型的语言，其基本标记模式难以预测。

施格语言的动词人称标志均以 A + P 居多，但间接宾语结构语言 A + P 的比例少于半数。

共性13. 被动、逆被动都不是施格语言常见的语法结构，也不是施格语言的必然特征，把被动、逆被动和施格语言类型联系起来，没有充分的依据。相反，施格语言中，无被动/逆被动均占多数。

共性 14. 如果某施格语言兼有被动和逆被动结构，那么它多使用"旁格受事"结构，而"不明确受事"逆被动结构多用于有逆被动、但没有被动表现的语言。如果一种语言有逆被动结构，那么它较多为"旁格受事"类型，较少为"不明确受事"，且"不明确受事"在施格语言里的比例尤低。

共性 15. 被动、逆被动结构与基本标记模式有如下关联：

有被动结构的语言，其基本标记模式难以预测；无被动结构的语言，名词/代词以施格较为多见，动词以活动、施格较为多见。

"旁格受事"类逆被动语言的施格比例比"不明确受事"高。"不明确受事"或无逆被动结构的语言，其格标记和动词一致几乎无法预测。

共性 16. 被动、逆被动结构与双及物结构有如下关联：

被动结构在各类型双及物结构语言中的分布比较均衡；

逆被动结构在间接宾语、第二宾语型双及物结构语言中的分布也比较均衡，但双宾语结构的语言没有逆被动结构；

第二宾语结构的语言，没有"不明确受事"型逆被动结构。

附录 2　78 种施格语言简况

下表（及正文）的缩写符号主要参照"莱比锡注释规范"（The Leipzig Glossing Rules）和"世界语言结构地图集"（The World Atlas of Language Structures，WALS）。

部分缩写符号：A（agent-like argument）施事，ABS（absolutive）通格，ACC（accusative）受格，ACT（active）活动，AntiP（antipassive）逆被动，DO（direct object）直接宾语结构，DTC（ditransitive construction）双及物结构，ERG（ergative/ergativity）施格，ImpP（antipassive with patient–like argument left implicit）（逆被动结构）不明确受事，IO（indirect object）间接宾语结构，mix 混合，n/i（no information）缺乏信息，Neu（neutral）中性，N 无（某项特征），None 非以上类型，NOUN（alignment of case marking of full noun phrases）名词格标记模式，OblP（antipassive with patient-like argument expressed as oblique complement）（逆被动结构）旁格受事，P（patient-like argument）受事，Pass（passive）被动，PRN（alignment of case marking of pronouns）代词格标记模式，S（sole argument of the intransitive verb）不及物动词的唯一论元，Sa（agentive S）施事性 S，SO（secondary object）第二宾语结构，Sp（patient S）受事性 S，Spl（split）分裂，VERB（alignment of verbal person marking）动词一致模式，VPM（verbal person marking）动词上的人称标志，Y 有（某项特征）。

下表部分语系/语言名称缩写：Campa（A）：Campa（Axininca），Chukotko-Kam.：Chukotko-Kamchatkan, Dani（LGV）：Dani（Lower Grand Valley），Greenlandic（W）：Greenlandic（West），Nakh-Daghest.（Nakh-Daghestanian），Tsimshian（C）：Tsimshian（Coast），Trans-New G.：Trans-New Guinea, Zoque（C）：Zoque（Copainalá）.

表中的分数，分子为样本语言的数量，分母为该语系在 WALS 中的语言总数。

Family	Language	NOUN	PRN	VERB	VPM	DTC	Pass	AntiP
Arauan（1/6）	Paumarí	Erg	Acc	Spl	A	n/i	Y	N
Arawakan（5/28）	Amuesha	n/i	n/i	Act	A+P	n/i	Y	n/i
Arawakan（5/28）	Apurinã	Neu	Neu	Act	A+P	mix	Y	N
Arawakan（5/28）	Arawak	n/i	n/i	Act	A+P	IO	Y	n/i
Arawakan（5/28）	Campa（A）	n/i	n/i	Act	A+P	n/i	N	n/i
Arawakan（5/28）	Warekena	n/i	n/i	Act	A+P	n/i	N	n/i
Australian（7/179）	Dyirbal	Erg	Acc	Neu	No	mix	n/i	OblP
Australian（7/179）	Gooniyandi	Erg	Erg	Acc	A+P	SO	N	OblP
Australian（7/179）	Ngiyambaa	Erg	Acc	Spl	A+P	SO	N	N
Australian（7/179）	Pitjantjatjara	Erg	Acc	Acc	A+P	DO	N	n/i
Australian（7/179）	Wambaya	Erg	Acc	Spl	A+P	DO	N	N
Australian（7/179）	Wardaman	Erg	Erg	Acc	A+P	SO	N	OblP
Australian（7/179）	Yidin[y]	Erg	Acc	Neu	No	IO	N	OblP
Austronesian（11/325）	Acehnese	n/i	n/i	Act	A+P	mix	n/i	n/i
Austronesian（11/325）	Atayal	Erg	Erg	Erg	A	n/i	N	n/i
Austronesian（11/325）	Chamorro	Neu	Erg	Erg	A	SO	Y	OblP
Austronesian（11/325）	Drehu	Act	Act	Neu	No	mix	Y	n/i
Austronesian（11/325）	Kapampangan	n/i	n/i	Erg	A+P	n/i	N	ImpP
Austronesian（11/325）	Konjo	n/i	n/i	Erg	A+P	n/i	N	n/i
Austronesian（11/325）	Larike	n/i	n/i	Act	A+P	n/i	n/i	n/i
Austronesian（11/325）	Taba	Neu	Neu	Act	A	DO	Y	N

— 183 —

语言学的古今会通

续表

Family	Language	NOUN	PRN	VERB	VPM	DTC	Pass	AntiP
Austronesian (11/325)	Tsou	n/i	n/i	Act	A	n/i	N	n/i
Austronesian (11/325)	Tukang Besi	Erg	Erg	Acc	A+P	DO	Y	N
Austronesian (11/325)	Uma	n/i	n/i	Erg	A+P	n/i	N	n/i
Basque (1/12)	Basque	Act	Act	Erg	A+P	IO	Y	OblP
Border (1/5)	Imonda	Act	Act	Neu	No	IO	N	N
Burushaski (1/1)	Burushaski	Erg	Erg	Spl	A+P	IO	Y	N
Caddoan (1/5)	Wichita	Neu	None	Act	A+P	n/i	N	N
Cariban (2/20)	Carib	Neu	Neu	Erg	A+P	n/i	Y	n/i
Cariban (2/20)	Macushi	n/i	n/i	Erg	A+P	IO	Y	N
Chibchan (2/16)	Bribri	Erg	Erg	Neu	No	n/i	N	n/i
Chibchan (2/16)	Ika	Erg	n/i	Act	A+P	mix	N	N
Choco (1/5)	Epena Pedee	Erg	Erg	Neu	No	IO	N	N
Chukotko–Kam. (1/5)	Chukchi	Erg	Erg	Spl	A+P	IO	N	OblP
E. Bougainville (1/3)	Nasioi	n/i	n/i	Act	A+P	n/i	N	n/i
Eskimo–Aleut (2/18)	Greenlandic (W)	Erg	Neu	Acc	A+P	SO	Y	OblP
Eskimo–Aleut (2/18)	Yup'ik (Central)	Erg	Neu	Erg	A+P	n/i	N	OblP
Iroquoian (2/8)	Mohawk	n/i	n/i	Act	A+P	n/i	N	n/i
Iroquoian (2/8)	Oneida	n/i	n/i	Act	A+P	n/i	N	N
Kartvelian (1/4)	Georgian	Act	Neu	Acc	A+P	IO	Y	N
Keresan (1/2)	Acoma	Neu	n/i	Act	A+P	n/i	N	ImpP
Macro–Ge (1/17)	Canela-Krahô	Neu	None	Erg	P	IO	N	OblP
Mayan (2/35)	Jakaltek	Neu	Neu	Erg	A+P	IO	Y	ImpP
Mayan (2/35)	Tzutujil	n/i	n/i	Erg	A+P	IO	Y	OblP
Mixe–Zoque (1/12)	Zoque (C)	Erg	Erg	Acc	A+P	n/i	N	ImpP
Muskogean (1/7)	Koasati	Acc	n/i	Act	A+P	IO	Y	N
Na-Dene (1/24)	Tlingit	n/i	n/i	Act	A+P	n/i	N	n/i
Nakh–Daghest. (4/28)	Hunzib	Erg	Neu	Acc	A	IO	N	ImpP
Nakh–Daghest. (4/28)	Ingush	Erg	Erg	Neu	No	IO	N	N
Nakh–Daghest. (4/28)	Lak	Erg	Neu	Erg	P	IO	N	OblP
Nakh–Daghest. (4/28)	Lezgian	Erg	Erg	Neu	No	IO	N	N
E. Sudanic (1/73)	Päri	n/i	n/i	Erg	A+P	n/i	Y	OblP
NW Caucasian (1/7)	Abkhaz	Neu	Neu	Erg	A+P	IO	N	N

续表

Family	Language	NOUN	PRN	VERB	VPM	DTC	Pass	AntiP
Oregon Coast (1/3)	Coos (Hanis)	Erg	n/i	Acc	A+P	SO	Y	n/i
Panoan (1/11)	Shipibo-Konibo	Erg	Erg	Neu	No	DO	N	N
Peba-Yaguan (1/1)	Yagua	Neu	Neu	Act	A+P	SO	N	N
Penutian (1/26)	Tsimshian (C)	Erg	Neu	Spl	A+P	IO	N	n/i
Sino-Tibetan (4/149)	Bawm	Erg	Erg	Acc	A+P	mix	N	n/i
Sino-Tibetan (4/149)	Kham	Act	Act	n/i	A+P	SO	Y	N
Sino-Tibetan (4/149)	Ladakhi	Erg	Erg	Neu	No	IO	N	n/i
Sino-Tibetan (4/149)	Tibetan	Act	Act	Neu	No	IO	n/i	N
Siouan (1/13)	Lakhota	Neu	n/i	Act	A+P	DO	N	N
Tacanan (2/4)	Araona	Erg	Erg	Neu	No	DO	Y	n/i
Tacanan (2/4)	Cavineña	n/i	n/i	Erg	P	n/i	N	n/i
Tonkawa (1/1)	Tonkawa	n/i	n/i	Act	A+P	n/i	N	n/i
Torricelli (1/13)	Arapesh	Neu	Neu	Act	A+P	n/i	N	N
Trans-New G. (4/88)	Dani (LGV)	Erg	Erg	Acc	A+P	n/i	N	N
Trans-New G. (4/88)	Kewa	Erg	Erg	Act	A	n/i	N	N
Trans-New G. (4/88)	Suena	Erg	Neu	Acc	A	IO	N	N
Trans-New G. (4/88)	Una	Erg	Erg	Acc	A+P	n/i	N	N
Trumai (1/1)	Trumai	Erg	Erg	Erg	P	IO	N	n/i
Tunica (1/1)	Tunica	Neu	Neu	Act	A+P	n/i	N	n/i
Tupian (2/23)	Guaraní	Acc	Acc	Act	A+P	IO	N	N
Tupian (2/23)	Karitiana	n/i	n/i	Erg	P	n/i	Y	n/i
Nadahup (1/3)	Nadëb	n/i	n/i	Erg	A	n/i	Y	n/i
Yanomam (1/3)	Sanuma	Erg	Erg	Neu	No	IO	Y	OblP
Yeniseian (1/3)	Ket	Neu	Neu	Act	A+P	DO	Y	N
Yuchi (1/1)	Yuchi	n/i	n/i	Act	A+P	n/i	N	n/i

参考文献

Austin, Peter K., "Word Order in a Free Word Order Language: The Case of Jiwarli", In: Simpson, Jane et al. (eds.), *Forty years on: Ken Hale and Australian languages*, 305-324. Canberra: Pacific Linguistics, 2001.

Blake, Barry J., "Degrees of ergativity in Australia", In: Frans Plank (ed.), 291-305, 1979.

Chang, Kun and Betty Shefts Chang, "Ergativity in spoken Tibetan", *Bulletin of the Institute of History and Philology*, *Academia Sinica*, 51 (1): 15 – 32, 1980.

Comrie, Bernard, Alignment of Case Marking of Full Noun Phrases, In: Dryer, Matthew S. & Haspelmath, Martin (eds.), (Available online at http://wals.info/chapter/98, Accessed on 2015 – 07 – 10, 2013a.)

Comrie, Bernard, Alignment of Case Marking of Pronouns, In: Dryer, Matthew S. & Haspelmath, Martin (eds.), 2013b. (Available online at http://wals.info/chapter/99, Accessed on 2015 – 07 – 10.)

Comrie, Bernard, *Language universals and linguistic typology* (2nd edition), Chicago: University of Chicago Press, 1989.

Croft, William, *Typology and universals* (2nd edition), Cambridge: Cambridge University Press, 2003.

Dixon, R. M. W., *Ergativity*, Cambridge: Cambridge University Press, 1994.

Dixon, R. M. W., Ergativity, *Language*, 55: 59 – 138, 1979.

Dryer, Matthew S., Primary Objects, Secondary Objects, and Antidative, *Language*, 62: 808 – 845, 1986.

Dryer, Matthew S. and Haspelmath, Martin (eds.), *The World Atlas of Language Structures Online*, Leipzig: Max Planck Institute for Evolutionary Anthropology. (Available online at http://wals.info, Accessed on 2015 – 07 – 10, 2013.)

Friberg, Barbara, Konjo's peripatetic person markers, In: Steinhauer, H. (ed.), *Papers in Austronesian Linguistics* 3: 137 – 171, Canberra: Australian National University, 1996.

Haspelmath, Martin, Ditransitive constructions: the verb "give", In: Dryer, Matthew S. & Haspelmath, Martin (eds.), (Available online at http://wals.info/chapter/105, Accessed on 2015 – 07 – 10, 2013.)

Kimball, Geoffrey, *Koasati grammar*, Lincoln, Nebraska: University of Nebraska Press, 1991.

Klimov, G. A., *Očerk obščej teorii ergativnosti* (Outline of a general theory of ergativity), Moscow: Nauka, 1973.

Klimov, G. A., "On the Character of Languages of Active Typology", *Linguistics*, 131: 11 – 26, 1974.

Li, Ying – che and Yip, M., The Bǎ – Construction and Ergativity in Chinese, In: Frans Plank (ed.), 103 – 14, 1979.

Nichols, Johanna, *Language Diversity in Space and Time*, Chicago: The University of Chicago Press, 1992.

Plank, Frans (ed.), *Double Case: Agreement by Suffixaufnahme*, Oxford: Oxford University Press, 1995.

Plank, Frans (ed.), *Ergativity: Towards a Theory of Grammatical Relations*, London: Academic Press, 1979.

Plank, Frans (ed.), *Relational typology*, Berlin: Mouton, 1985.

Polinsky, Maria, Antipassive Constructions, In: Dryer, Matthew S. & Haspelmath, Martin (eds.), (Available online at http://wals.info/chapter/108, Accessed on 2015-07-10, 2013.)

Schulze, Wolfgang, The Grammmaticalization of Antipassives, Manuscript, 2010.

Siewierska, Anna, Alignment of Verbal Person Marking, In: Dryer, Matthew S. & Haspelmath, Martin (eds.). (Available online at http://wals.info/chapter/100, Accessed on 2015-07-10, 2013a.)

Siewierska, Anna, Verbal Person Marking, In: Dryer, Matthew S. & Haspelmath, Martin (eds.), (Available online at http://wals.info/chapter/102, Accessed on 2015-07-10, 2013b.)

Silverstein, Michael, "Hierarchy of Features and Ergativity", In: R. M. W. Dixon (ed.), *Grammatical Categories in Australian Languages*, 112-71. Canberra: Australian Institute of Aboriginal Studies, and New Jersey: Humanities Press, 1976.

黄正德:《题元理论与汉语动词题元结构研究》,见沈阳、冯胜利主编《当代语言学理论和汉语研究》,商务印书馆2008年版。

金立鑫、王红卫:《动词分类和施格、通格及施语、通语》,《外语教学与研究》2014年第1期。

陆丙甫、罗天华:《中国境内语言的双及物结构语序》,《汉藏语学报》2009年第3期。

吕叔湘:《说"胜"和"败"》,《中国语文》1987年第1期。

曾立英:《现代汉语作格现象研究》,中央民族大学出版社2009年版。

曾立英、杨小卫:《从"作格"角度谈主语系统的选择》,《汉语学报》2005年第4期。

原载 Chinese as a Second Language Research (《汉语作为第二语言研究》), 2015, 4.2: 223-249。

施格语言的语序

罗天华

提要 本文以78种施格语言为样本,在语言类型学的框架下讨论施格语言的语序模式。主要探讨三个方面的问题:一,厘清施格语言语序的基本面貌,包括小句语序、名词短语修饰语语序、附置词位置;二,发掘各项语序特征之间的关联,认为语序特征之间是密切相关的而不是各自独立的;三,比较施格语言和一般语言的语序,指出其共性和差异,在此基础上丰富和修正已有的语序类型学研究成果。文章也提出了施格语言的8条语序共性。

关键词 施格语言 语序 小句 名词短语修饰语 附置词

一 引言:"自由语序语言"

施格语言(ergative languages, ergative,又译"作格")在一些文献中常被称为"无基本语序语言""自由语序语言"(参看 Jelinek, 1984; Bobaljik, 1993; Laughren, 2002)。这种标签是缺乏根据的,因为语序类型学研究极少讨论施格语言的语序情况(如 Greenberg, 1966; Hawkins, 1983; Siewierska, 1998; Song, 2011, 2012),同时,施格研究也未对该类语言的语序整体面貌作过说明(如 Plank, 1979; Dixon, 1994; Manning, 1996)。

本文不认为施格语言的语序无章可循。"自由语序"的论断显然有违常识,若一种语言的语序毫无规律,将无法实现交际和思维的功能,也难以为母语人所习得。同时,这种论断也不符合对施格语言的实际观察。例如,南岛语系 Papuan 语族语言的基本语序是 SOV(Li & Lang, 1979);澳大利亚 Pama-Nyungan 语族多为施格语言,其最常见的语序为 SOV 和 SV(Blake, 1979)。下面是三种澳大利亚语言(Jiwarli、Warlpiri、Ngarla)的情况:

据 Austin（2001）对 Jiwarli 语（澳大利亚西部语言，20 世纪 80 年代消亡）一则长篇语料的统计，该语言的小句语序情况如表 1（"完整/不完整"指及物小句是否同时有主宾语两个论元，表中数字是小句数量或比例；下同）：

表 1　　　　　　　　Jiwarli 语小句语序（Austin，2001）

不及物（35）	及物（完整，11）		及物（不完整，18）	
SV 25	SVO 5	OSV 3	OV 6	VS 1
VS 10	SOV 2	OVS 1	VO 10	SV 1

Warlpiri 语（澳大利亚中部语言）的情况与此类似。据 Swartz（1988：158）对一项口语语料的统计，该语言的小句语序如表 2（参看 Simpson，2007）：

表 2　　　　　　　　Warlpiri 语小句语序（Swartz，1988：158）

不及物（112）	及物（完整，34）			及物（不完整，82）	
SV 73	SVO 16	VSO 2	OSV 0	OV 16	VS 5
VS 39	SOV 3	VOS 3	OVS 7	VO 38	SV 3

Ngarla 语（澳大利亚西部濒危语言）的语序稍有差异。据 Westerlund（2007）的研究，不及物陈述句 82% 以上是 SV 语序；对于单及物结构，小句语序的出现频率由高到低是：SOV、SVO、VSO、VOS、OSV、OVS。如表 3：

表 3　　　　　　　　Ngarla 语小句语序（Westerlund，2007）

不及物	及物		
SV 82%	SOV 36%	VSO 19.5%	OSV 11%
	SVO 19.5%	VOS 11%	OVS 3%

可以看到，Jiwarli、Warlpiri、Ngarla 三种施格语言的小句语序较为自由，但有一些共同特征：(i) 不及物小句以 SV 语序居多 [这印证了 Dixon（1994：10-11，49）的观点：不及物小句中，通格（absolutive）成分 S 往往前置于 V，并最有可能出现在句首位置]。(ii) 及物小句中 SOV、(S) VO 语序较为常见。

这两条特征是不是施格语言语序的一般特征？是否还有其他特征？下文即以 78 种语言为样本，尝试厘清施格语言语序的基本面貌，发掘语序特征之间的关联，并与一般语言的语序作比较，在此基础上得出施格语言的一些语序共性。

二 本文施格语言样本

施格格局指及物动词的施事论元（A）独用一个标志（施格），不及物动词的当事论元（S）与及物动词的受事论元（P）合用一个标志（通格，常为零形式）。这种标记模式与宾格语言刚好相对：在宾格语言中，P独用一个标志（宾格），A、S合用一个标志（主格，常为零形式）（Dixon, 1994：8-18；Comrie, 2013）。

与施格格局密切相关的一种语法标记模式是"活动"格局（active alignment），指一些语言的S按照施事性的强、弱有Sa、Sp之分，在标记模式上Sa与A相同（施格）、Sp与P相同（通格）。一般的，S是无标记的，这是施格语言的重要形态特征，但"活动"语言的特殊之处在于：S有一部分（Sa）可以取施格标记。施格格局和"活动"格局的比较如图1（虚线表示标记模式相同）：

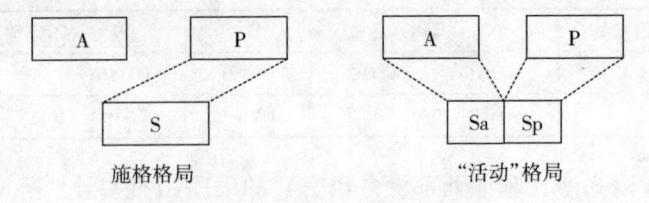

图1 施格格局和"活动"格局

考虑到典型、彻底的施格语言极少（Silverstein, 1976；Dixon, 1994：14），而"活动"语言有部分施格—通格特征，本文在选取施格语言时也把"活动"语言考虑在内。即判断一种语言是不是施格语言，我们的标准是：语法标记模式为施格或"活动"格局。需要说明，施格标记主要有两种，一是依附于名词/代词的格标志、小词，二是附着于动词上的人称指示标志（verbal person marking）。分别举例如下：

(1) Hunzib 语（van den Berg, 1995：122；引自 Comrie, 2013）

  a. kid yut'-ur

   女孩 睡-过去时

   "女孩睡了"

  b. oždi-l kid hehe-r

   男孩-施格 女孩 打-过去时

   "男孩打了女孩"

(2) Konjo 语（Friberg, 1996：141, 140；引自 Siewierska, 2013）

a. na-peppe'-i　Amir　asung-ku
3. A-打-3. P　Amir　狗-1
"Amir 打了我的狗"
　　b. a'-lampa-i　Amir
不及物-走-3. S　Amir
"Amir 走了"

例（1）是名词施格标记，施格标志-l附着于"男孩"；例（2）是动词人称施格标记，动词前缀 na-为 A 独用的施格标志，区别于 S、P 合用的动词后缀-i。

按上述标准，无论是名词/代词标记还是动词一致形式，都需要显性的形式标志以识别动词与 A、S、P 的语法关系，因此这是一条形态标准。需要注意，类型学研究以形态标准判断施格格局，与形式语法、系统功能语法等学派按动词语义（致使性、及物性）认定"作格"（非宾格）有根本不同（参看 Dixon，1994：18-22；Comrie，2013；Siewierska，2013）。

按照这条标准，我们在《世界语言结构地图集》（Dryer & Haspelmath，2013）中选取施格语言 75 种（参看 Comrie，2013；Siewierska，2013），并补充了 3 种已经为学界所广泛认同的施格语言作为本文讨论的样本：Dyirbal（一种澳大利亚语言）、Kham（一种尼泊尔藏缅语）、藏语，共得施格语言 78 种。总体上看，这些语言的谱系来源广泛（分属 43 个语系）、地域分布较广、语法结构类型也较为多样，是一个合适的语言样本（对该样本语法标记模式、小句结构的详细讨论，参看罗天华，2015）[①]。

[①] 这些语言包括（括号内斜体字为所属语系）：Acehnese，Atayal 泰雅语，Chamorro，Drehu，Konjo，Kapampangan，Larike，Taba，Tsou 邹语，Tukang Besi，Uma（*Austronesian*）；Dyirbal，Gooniyandi，Ngiyambaa，Pitjantjatjara，Wambaya，Wardaman，Yidiny（*Australian*）；Amuesha，Apurinã，Arawak，Campa（Axininca），Warekena（*Arawakan*）；Ingush，Hunzib，Lak，Lezgian（*Nakh-Daghestanian*）；Bawm，Kham，Ladakhi，Tibetan 藏语（*Sino-Tibetan*）；Dani（Lower Grand Valley），Kewa，Suena，Una（*Trans-New Guinea*）；Carib，Macushi（*Cariban*）；Bribri，Ika（*Chibchan*）；Greenlandic（West），Yup'ik（Central）（*Eskimo-Aleut*）；Mohawk，Oneida（*Iroquoian*）；Jakaltek，Tzutujil（*Mayan*）；Tsimshian（Coast）（*Penutian*）；Araona，Cavineña（*Tacanan*）；Guaraní，Karitiana（*Tupian*）；Paumarí（*Arauan*），Basque（*Basque*），Imonda（*Border*），Burushaski（*Burushaski*），Wichita（*Caddoan*），Epena Pedee（*Choco*），Chukchi（*Chukotko-Kamchatkan*），Nasioi（*East Bougainville*），Georgian（*Kartvelian*），Acoma（*Keresan*），Canela-Krahô（*Macro-Ge*），Zoque（Copainalá）（*Mixe-Zoque*），Koasati（*Muskogean*），Tlingit（*Na-Dene*），Päri（*Nilo-Saharan*），Abkhaz（*Northwest Caucasian*），Coos（Hanis）（*Oregon Coast*），Shipibo-Konibo（*Panoan*），Yagua（*Peba-Yaguan*），Lakhota（*Siouan*），Tonkawa（*Tonkawa*），Arapesh（*Torricelli*），Trumai（*Trumai*），Tunica（*Tunica*），Nadëb（*Vaupés-Japurá*），Sanuma（*Yanomam*），Ket（*Yeniseian*），Yuchi（*Yuchi*）.

三 施格语言的语序

本文主要考察施格语言的三方面语序特征：小句语序（clause order, word order at the clause level），即主谓宾的顺序；名词短语修饰语语序，即领属语、形容词、指别词、数词、关系小句等修饰语与核心名词的顺序；附置词的位置，即附置词与名词短语的顺序。

（一）小句语序

样本语言的小句语序如表4所示，包括三项特征：(i) S、V、O 三者语序，(ii) S、V 二者语序，(iii) V、O 二者语序。

表4　　　　　　　　施格语言的小句语序

S.V.O	SOV 31	SVO 7	VSO 5	VOS 2	OSV 1	OVS 1	无定 20	不明 11
S.V	SV 49	VS 12	无定 11	不明 6				
V.O	OV 44	VO 19	无定 9	不明 6				

可以看到，施格语言的小句结构并非缺乏基本语序：有基本语序的语言（47种）远比无基本语序的语言（20种）常见；S、V、O 的6种基本语序排列均有发现，并且 SOV 语序较为常见。

按 S、V、O 三者的语序排列，SV 语言仅有 39 种（SVO 31 种、SVO 7 种、OSV 1 种）；而按 S、V 二者的语序排列，SV 语言为 49 种；前者的数量少于后者。导致这两组数字差异的原因是：一些 S、V、O 三者语序无定、不明的语言，其 S、V 二者语序是确定的，因为 S、V 两项的语序显然比 S、V、O 三项更容易确定。

类似的情形也见于 V、O 二者的语序。按 S、V、O 三者的语序，得到 OV 语言 33 种（SOV 31 种、OSV 1 种、OVS 1 种）；而按 O、V 二者的语序，得到 OV 语言 44 种；前者的数量少于后者。这同样是因为一些 S、V、O 三者语序无定、不明的语言，其 V、O 两项的语序较为明确。

需要说明，样本语言中没有非 SOV、OSV、OVS 语言使用 OV 语序的情况，也没有非 SVO、SOV、OSV 语言使用 SV 语序。

在谱系分布上，Trans–New Guinea[4/4]、Chibchan[2/2]、汉藏语系[4/4] 语言均为 SOV 语序，Nakh–Daghestanian[3/4] 语系语言多为 SOV 语序，Arawakan[3/5] 语系语言多为 SVO 语序①。

---

① 下标数字中，分子为某项特征的实证语言数量，分母为该语系的语言总数。下同。

（二）名词短语修饰语语序

样本语言中，核心名词与领属语、形容词、指别词、数词、关系小句等修饰语的语序情况如表5[①]：

表5　　　　　　　　施格语言的名词短语修饰语语序

名词与领属语（N.G）	GN 50，NG 12，N｜G 6，不明 10
名词与形容词（N.Adj）	NAdj 38，AdjN 20，N｜Adj 9，不明 11
名词与指别词（N.D）	DN 42，ND 16，混合 5，不明 15
名词与数词（N.Num）	NumN 35，NNum 20，N｜Num 4，不明 19
名词与关系小句（N.R）	NR 20，RN 10，混合 12，内置 3，不明 33

据表5，施格语言名词短语的修饰语中，领属语、指别词、数词倾向于置前，形容词、关系小句倾向于置后。如何解释这种语序分布差异？

Hawkins（1983：88-114）提出两条语序原则以解释跨语言名词修饰语语序的差异："重度原则"（the Heaviness Serialization Principle）和"移动原则"（the Mobility Principle）。重度原则的表述：关系小句＞领属语＞形容词＞指别词/数词，该序列按重度（heaviness）从左至右递减，后置于名词的可能性也在递减。移动原则的表述：形容词/指别词/数词＞关系小句/领属语，左边三种成分比右边两种成分的可移动性更大，更容易靠近核心名词。这是相互竞争的两条语序动因（competing motivations）：一方面，重度越大的修饰语越倾向于后置中心名词，而重度小的成分倾向于前置；另一方面，一些修饰语比另一些修饰语有更大的可移动性，更容易偏离原来的位置。

样本中，形容词、指别词、数词、关系小句与名词的语序均符合重度原则，而形容词、数词、指别词和名词之间的语序有较多变体，可由移动原则解释。但是，领属语前置于核心名词不符合Hawkins的两条动因，其原因尚待深究。一种可能的解释是领属语的定指程度较高，具有前置倾向，且GN是核心居后语序，与（S）OV语序有和谐关系（样本语言多为OV语序）。当然，也可能是这两条语序规则对施格语言不完全适用。

另外，在谱系分布上，施格语言的名词修饰语语序有如下特点：

领属语：Mayan语言[2/2]均为NG语序，南岛语[6/11]多为NG；Chib-

---

① 术语缩写：N名词（短语），Adj形容词，R关系小句，G领属语，D指别词，Num数词；Adp附置词，Pr前置词，Po后置词，Inpo中置词。另外，"A｜B"指A、B语序可互换，"混合"指兼用多种语序、不以某一种为常式，"内置"指中心名词位于修饰性关系小句内部。下同。

chan$_{(2/2)}$、Iroquoian$_{(2/2)}$、Trans – New Guinea$_{(4/4)}$、汉藏$_{(4/4)}$语言均为 GN，Arawakan$_{(3/5)}$语言也多为 GN。

形容词：Chibchan 语言$_{(2/2)}$均为 NAdj 语序，Arawakan$_{(3/5)}$、汉藏$_{(3/4)}$、澳大利亚$_{(5/7)}$语言也多为 NAdj；Nakh – Daghestanian$_{(4/4)}$语言均为 AdjN。

指别词：南岛语言$_{(6/11)}$多为 ND 语序；Cariban$_{(2/2)}$、Iroquoian$_{(2/2)}$语言均为 DN，Arawakan$_{(3/5)}$、Australia$_{n(5/7)}$、Nakh – Daghestanian$_{(3/4)}$语言也多为 DN。

数词：Trans – New Guinea$_{(3/4)}$、汉藏$_{(3/4)}$语言多为 NNum 语序；Cariban$_{(2/2)}$、Mayan$_{(2/2)}$、语言均为 NumN，Nakh – Daghestanian$_{(3/4)}$、Arawakan$_{(3/5)}$、南岛$_{(6/11)}$语言也多为 NumN。

关系小句：Mayan$_{(2/2)}$语言均为 NR 语序；Nakh – Daghestanian$_{(3/4)}$语言多为 RN。

（三）附置词位置

样本中，附置词相对于名词短语的位置及实证语言数量如表 6。

表 6　　　　　　　　　施格语言的附置词位置

后置词	前置词	中置词	无附置词	不明
47	14	1	7	9

施格语言以后置词居多，这不难从小句语序类型推断出来。因为样本语言的小句语序以 SOV（或 OV）居多，根据语序"和谐"原则（word order harmony，参看 Greenberg，1966；Hawkins，1983），后置词与 SOV 均为核心居后类型，是和谐的语序关系。

在谱系分布上，样本中 Cariban$_{(2/2)}$、Chibchan$_{(2/2)}$、Nakh – Daghestanian$_{(4/4)}$、Trans – New Guinea$_{(2/2)}$、汉藏$_{(4/4)}$语系语言均用后置词，Mayan 语言$_{(2/2)}$均用前置词，南岛语$_{(7/11)}$也多用前置词。

四　施格语言语序的内部关联

样本语言中，小句语序、名词短语修饰语语序和附置词位置三者之间的关联如表 7。

表 7　　　　　　　　　施格语言的语序关联

小句	名词短语修饰语	附置词
SOV 31	GN 29，N｜G 2；　　NAdj 18，AdjN 9，N｜Adj 3，不明 1；ND 7，DN 19，混合 3，不明 2；　NNum 13，NumN 12，N｜Num 2，不明 4；　　NR 3，RN 10，混合 5，内置 3，不明 10	Po 30，无 1

续表

小句	名词短语修饰语	附置词
SVO 7	NG 2, GN 4, N｜G 1； NAdj 5, AdjN 2； ND 2, DN 5； NNum 1, NumN 6； NR 3, 混合 1, 不明 3	Po 3, Pr 4
VSO 5	NG 5； AdjN 5； ND 3, DN 2； NumN 5； NR 3, 不明 2	Pr 5
VOS 2	NG 1, GN 1； NAdj 1, AdjN 1； ND 1, DN 1； NNum 1, 不明 1； （N.R）混合 1, 不明 1	Pr 1, 无 1
OSV 1	GN	Po
OVS 1	NG； NAdj； NNum； NR	Pr
无定 20	NG 2, GN 12, N｜G 3, 不明 3； NAdj 11, AdjN 2, N｜Adj 4, 不明 3； ND 2, DN 13, 混合 2, 不明 3； NNum 3, NumN 11, N｜Num 1, 不明 5； NR 8, RN 0, 混合 3, 不明 9	Po 10, Pr 2, Inpo 1, 无 4, 不明 3
不明 11	NG 1, GN 3, 不明 7； NAdj 2, AdjN 1, N｜Adj 2, 不明 6； ND 1, DN 2, 不明 8； NNum 1, NumN 1, N｜Num 1, 不明 8； NR 2, RN 0, 混合 2, 不明 7	Po 3, Pr 1, 无 1, 不明 6

SOV 语言（31 种）以 GN、NAdj、DN、RN 语序居多，数词前置/后置数量相当，后置词占绝对优势。关系小句作为名词短语的修饰语因为重度较大往往后置，SOV 语言的小句修饰语却以关系小句前置居多，一个重要的原因是，为了避免"中心嵌套"（center-embedding）导致句子结构复杂，即论元成分与核心动词之间因为线性距离过大而增加句子理解的难度（参看 Comrie, 1989: 145 – 153）。

SVO 语言（7 种）以 GN、NAdj、DN、NumN、NR 居多，前置词比后置词略多。

VSO 语言（5 种）均为 NG、AdjN、NumN、NR、Pr。语序在整体上较为一致、领属语后置，这是 VSO 语言的两个突出特点。

此外，VOS 语言（2 种）的各种语序很不一致，OSV 语言（1 种）的语序是 GN、Po，OVS 语言（1 种）的语序是 NG、NAdj、NNum、NR、Pr。

在小句语序无定的语言中（20 种），SV – VS、VO – OV 语序数量相当，但 GN、NAdj、DN、NumN、NR、Po 占绝对优势。SV – VS、VO – OV 数量相当，可能是这类语言的小句语序难以确定的真正原因。

这些语序分布与以往的一些研究结论不尽相同。例如，类型学研究先驱 Gabelentz（1894）指出，"施格语言的领属定语和形容词定语语序往往相反，且领属语前置于名词、形容词后置于名词；反之，若有领属语前置、形容词后置语序,则往往有施格格局(但概率稍低)"①,即施格格局蕴含领属语—名词(GN)和名词—形容词(NAdj)语序。施格格局与名词的领属语、形容词修饰语语序的关联如表8(引自 Plank,2005):

表8　施格格局与名词—形容词/领属语语序的关联(Gabelentz,1894)

施格格局	形容词、领属语分置名词两侧	实证语言
+	+	Basque, Eskimo, 藏语 [Hurrian, Papuan, Urartean, 澳大利亚语言]
+	-	澳大利亚语言
-	+	
-	-	[德语、古希腊语……]

这种观察不完全准确。本文样本中(见表9),领属语和形容词分置核心名词两端的语言有 34 种$_{(29+5)}$,而在同一侧有 17 种$_{(5+12)}$,虽然前者的实证语言数量是后者的两倍,但后者的数量也较为可观。

表9　施格格局与名词—形容词/领属语语序的关联(本文样本)

	NAdj	AdjN	NAdj	不明
NG	5	5	2	0
GN	29	12	5	4
N∣G	3	2	1	0
不明	1	1	1	7

又如,Klimov(1973:79)提出"施格语言的主语和动词分置句子两端:主语居首、动词居末,宾语倾向于无形态标志,主语往往有形态标志"。亦即施格语言的小句语序是 S(O)V,施格成分有标记,通格成分无标记。该共性的前半部分与本文样本相悖:样本中有不少语言的小句语序并非 S(O)V,例如有 SVO 语言 7 种、VSO 5 种、VOS 2 种。

再如,Trask(1979)认为"施格系统多见于 SOV 语言,较少见于VSO 语言,不见于 SVO 语言"。该论断与 Klimov(1973)部分相悖,因为 Klimov 排除了语序为 VSO 的施格语言,也不符合本文样本的语序分布。本文样本语言中虽然 SOV 语序最为常见,但除 SOV、VSO 语序之外,施格格局也见于其他 4 种语序排列,其中 SVO 语言 7 种(约占施格语言总

---

① 参看"语言共性库"(The Universals Archive)第 240 条。下文 Klimov(1973)、Trask(1979)两条蕴含共性在共性库中的编号为 258、1267。http://typo.uni-konstanz.de/archive。

数的9%）。

上述几项研究与本文之所以存在某些不一致之处，原因可能有多方面，其中一个可能因素是语言样本的使用与否以及样本覆盖语言数量的多寡。

五 施格语言与一般语言语序比较

以往的语序类型学研究极少注意到施格、宾格语言的区分，因而语言取样常有所失衡。覆盖面是样本代表性的重要参数，语序类型研究长期以来对施格语言缺乏起码的考虑，这是一个值得注意的问题。这一节将比较施格语言与一般语言①语序特征（Dryer, 2013a-i）的共性与差异，并检验已有研究的一些语序共性（Greenberg, 1966）是否也适用于施格语言。

（一）Dryer（2013a-i）的语序研究

Dryer（2013a-i）对一般语言的小句语序、名词短语修饰语语序以及附置词的位置作了大规模考察。表10比较了本文样本与Dryer的研究（n = 语言总数）。

表10　　　　　　　　施格语言与一般语言语序比较

语序	施格语言（n=78）	一般语言（Dryer, 2013a-i）
S. V. O	SOV 31, SVO 7, VSO 5, VOS 2, OVS 1, OSV 1, 无定20, 不明11	SOV 565, SVO 488, VSO 95, VOS 25, OVS 11, OSV 4, 无定189（n=1377）
S. V	SV 49, VS 12, 无定11, 不明6	SV 1193, VS 194, SV ǀ VS 110（n=1497）
V. O	OV 44, VO 19, 无定9, 不明6	OV 713, VO 705, OV ǀ VO 101（n=1519）
N. G	GN 50, NG 12, N ǀ G 6, 不明10	GN 685, NG 468, GN ǀ NG 96（n=1249）
N. Adj	NAdj 38, AdjN 20, N ǀ Adj 9, 不明11	AdjN 373, NAdj 878, N ǀ Adj 110, 其他5（n=1366）
N. D	DN 42, ND 16, 混合5, 不明15	DN 542, ND 561, 其他121（n=1224）
N. Num	NumN 35, NNum 20, N ǀ Num 4, 不明19	NumN 479, NNum 607, N ǀ Num 65, 其他2（n=1153）
N. R	NR 20, RN 10, 内置3, 混合12, 不明33	NR 579, RN 141, 内置24, 混合64, 其他16（n=824）

---

① "一般语言"指不特别区分施格、宾格等标记模式语言。

续表

语序	施格语言（$n=78$）	一般语言（Dryer, 2013a-i）
N. Adp	Po 47, Pr 14, Inpo 1, 无 7, 不明 9	Po 576, Pr 511, Inpo 8, 无 30, 其他 58（$n=1183$）

可以看到，施格语言的 SVO、VO 语序比例远低于一般语言，而 GN、DN、Po 比例大大高于一般语言。一般认为，核心论元标记的主要功用在于识别施受关系（Comrie, 1989：127），SVO 语序是无标记的施事—动作—受事语序，因而较少需要施格标志来指明施事。一个相关事实是，与 SOV 语言相比，SVO 语言不仅施格格局较少，宾格格局也大为少见。此外，样本语言以（S）OV 语序居多，按照语序和谐原则，GN、DN、Po 语序较多也不难预计。

表 10 反映施格语言的 SVO、VO 语序较少。VO 包括了 SVO、VSO、VOS 三种语序，SVO 语序较少已经得到明确，但 VSO、VOS 的情形尚不清楚，需要与更多的一般语言作比较。表 11 收集了一些已有的小句语序研究①（为方便比较，这里列入了表 10 Dryer 2013a 的数据；参看 Lu, 1998）。

表 11　　　　施格语言与一般语言小句语序比较

	语言数	SOV	SVO	VSO	VOS	OVS	其他/不明
Greenberg 1966	30	37.00	43.00	20.0	0.00	0.00	0.00
Ruhlen 1975	427	51.50	35.60	10.50	2.10	0.00	0.20
Ultan 1978	79	44.00	34.60	18.70	2.70	0.00	0.00
Mallinson & Blake 1981	100	41.00	35.00	9.00	2.00	1.00	1.00	11.00
Tomlin 1986	1063	44.78	41.79	9.20	2.99	1.24	0.00
Dryer 2013a	1377	41.03	35.44	6.90	1.82	0.80	0.29	13.73
施格语言	78	39.74	8.97	6.41	2.56	1.28	1.28	39.74

表 11 进一步印证了施格语言与一般语言相比 SVO 语序比例较低；此外，VSO 语序比例也较低，而 VOS 语序比例大致相当。

---

① 含小数的数字为百分比。"其他/不明"一类在各项研究中差异较大，可能是有些研究剔除了语序无定、不明的语言或者仅记录倾向性语序，例如 Ultan（1979）在统计各语序比例时未计入 4 种语序不明的语言。

（二）Greenberg（1966）的语序共性

Greenberg（1966）的样本包括 30 种语言，对施格、宾格格局没有特别偏好，在这方面是一个随机的样本，其中有 3 种语言与本文样本重合：Basque，Burushaski，Guaraní。

我们用 78 种施格语言的材料检验了 Greenberg（1966）的一些语序共性，发现其中有些是基本可靠的（共性 1、2、3、4、18），有些是部分可靠的（共性 10、27、41），还有一些是不可靠的（共性 9、12、17、20）和暂不明确的（共性 5、11、24）。

总体情形是，Greenberg 的整体共性预测常常是可靠的（例如共性 1 关于主宾语序、共性 2—4 关于附置词位置），但涉及具体结构特征时，有些共性并不适用于施格语言（例如共性 9 关于附置词和疑问小词/词缀位置的关系、共性 12 关于小句语序和特指疑问词位置的关系）。这反映出施格语言作为一个有别于一般语言的群体，有其相对特殊的形态、句法结构特征。

在施格语言中寻求这些语序共性的反例并非本文的目标。不过，以上讨论显示，施格语言有其固有的语序特征，类型学研究（特别是形态句法研究）不应忽视施格语言的存在，需要在语言取样时有适当的反映。只有在充分考虑语言多样性的基础上建立起来的语言共性才更为可靠。

六 结语：施格语言的语序共性

施格格局的本质是动词与核心论元之间语法关系的形态编码方式。语序也是一种编码，是更高层面的信息组织方式，可看作一种"广义形态"①。从形态看语序、从狭义形态看广义形态，这是本文的基本视角。

这里列出前文提及的施格语言的一些语序共性（见下）。这些共性以倾向性居多，但这些倾向性绝非源于偶然，因为其内部关联有着相当的广度和深度。事实上，倾向性往往是受到了干扰的共性——"纯"共性、无例外的共性只是一种理想状态，因为任何语言语法系统的演变，其内部子系统不可能完全同步，而语言群体中的各成员（单个语言）的演变也不可能完全同步。正是因为语言内部和外部都存在差异，特征就表现为规律和例外，共性常表现为倾向性。

---

① 有学者认为句法配置也是一种广义形态，并注意到许多语言都或多或少地具备"句法施—通格"现象。例如金立鑫、王红卫（2014）指出，汉语的句法问题中有相当一部分都与句法的施—通格配置相关并可从中获得解释。对此，作者另有专文讨论。

这些共性主要限于小句语序、名词短语修饰语语序、附置词位置以及三者之间的关联，较少涉及其他，例如 5.2 节提及的语序与疑问表达方式之间的关联（Greenberg 共性 9 – 12）。毫无疑问，本文只触及施格语言形态—句法关联这个课题的冰山一角，至于形态—句法关联的其他方面，我们将另文讨论。

施格语言的语序共性（部分）：

共性 1. 施格语言中，各种小句语序类型都有发现并以 SOV 最为常见；施格语言使用 SOV 语序的比例远高于一般语言，SVO、VSO 语序比例远低于一般语言。

共性 2. 施格语言中，SV 比 VS 常见，OV 比 VO 常见；SV、VO 语序比例远低于一般语言，OV 语序比例远高于一般语言。

共性 3. 施格语言的主语（包括及物/不及物动词主语）多位于句首，且常常无标记。

共性 4. 施格语言名词短语的修饰语中，领属语、指别词、数词倾向于前置，形容词、关系小句倾向于后置；领属语、指别词、关系小句前置的比例远高于一般语言。

共性 5. 施格语言以后置词居多，使用后置词的比例远高于一般语言。

共性 6. 施格语言的小句语序与其他语序参项有如下关联：SOV 语言以 GN、NAdj、DN、RN 居多，NNum、NNum 数量相当，Po 占绝对优势；SVO 语言以 GN、NAdj、DN、NumN、NR 居多，Pr、Po 相当；VSO 语言均为 NG、AdjN、NumN、Pr、ND、DN 相当。

共性 7. 如果一种施格语言是非问句的疑问小词位于句首或句末，那么其小句语序多为 SOV、SVO、VSO 之一；如果位于句子第二位置，那么其小句语序为 SOV。

共性 8. 如果一种施格语言有 VO 语序，那么其特指疑问词的位置无法预测；如果有 OV 语序，那么其特指疑问词往往不出现于句首。

参考文献

Austin, Peter K., "Word order in a free word order language: the case of Jiwarli//Simpson", Jane et al., *Forty Years On: Ken Hale and Australian Languages*, Canberra: Pacific Linguistics, 2001: 305 – 324.

Blake, Barry J., "Degrees of ergativity in Australia//Plank", Frans, *Ergativity*, London: Academic Press, 1979: 291 – 305.

Bobaljik, Jonathan D., "On Ergativity and Ergative Unergatives", *MIT Working Papers in*

Linguistics 19 (*Papers on Case and Agreement II*), 1993: 45-88.

Comrie, Bernard, "Alignment of Case Marking of Full Noun Phrases; Alignment of Case Marking of Pronouns", Dryer, M. S. & Haspelmath, M. *The World Atlas of Language Structures Online*, Leipzig: MPI-EVA, 2013. http://wals.info/chapter/98-99.

Comrie, Bernard, *Language Universals and Linguistic Typology* (2nd edition), Chicago: University of Chicago Press, 1989.

Dixon, R. M. W., *Ergativity*, Cambridge: Cambridge University Press, 1994.

Dryer, Matthew S., 2013a-i. Order of subject, object, and verb; Order of subject and verb; Order of object and verb; Order of adposition and noun phrase; Order of genitive and noun; Order of adjective and noun; Order of demonstrative and noun; Order of numeral and noun; Order of relative clause and noun, Dryer, M. S. & Haspelmath, M, *The World Atlas of Language Structures Online*, Leipzig: MPI-EVA, 2013. http://wals.info/chapter/81-83, 85-90.

Dryer, Matthew S. & Haspelmath, Martin, *The World Atlas of Language Structures Online*, Leipzig: MPI-EVA, 2013. http://wals.info/.

Gabelentz, Georg von der, *Die Sprachwissenschaft: Ihre Aufgaben, Methoden und bisherigen Ergebnisse*, Leipzig: Tauchnitz, 1894.

Greenberg, Joseph H., Some universals of grammar with particular reference to the order of meaningful elements//Greenberg, J. H. *Universal of Language* (2nd edition), Cambridge, Mass: MIT Press, 1966: 73-113.

Hawkins, John A., *Word Order Universals*, New York: Academic Press, 1983.

Jelinek, Eloise, Empty categories, case, and configurationality, *Natural Language and Linguistic Theory*, 1984, (2): 39-76.

Klimov, G. A. *Očerk obščej teorii ergativnosti* [Outline of a General Theory of Ergativity], Moscow: Nauka, 1973.

Laughren, Mary, Syntactic constraints in a "free word order" language//Amberber, M. & Collins, P. *Language Universals and Variation*, Westport: Praeger Publishers, 2002: 83-130.

Li, C. N. & Lang, R., The Syntactic Irrelevance of an Ergative Case in Enga and Other Papuan Languages//Plank, Frans. *Ergativity*, London: Academic Press, 1979: 307-324.

Lu, Bingfu, Left-right asymmetries of word order variation: a functional explanation, PhD dissertation, University of Southern California, 1998.

Manning, Christopher D., *Ergativity: Argument Structure and Grammatical Relations*, Stanford: CSLI Publications, 1996.

Plank, Frans et al., *The Universals Archive*, http://typo.uni-konstanz.de/archive, 2000.

Plank, Frans, *Early Typology*, Unpublished manuscript, Universität Konstanz, 2005.

Plank, Frans, *Ergativity: Towards a Theory of Grammatical Relations*, London: Academic

Press, 1979.

Siewierska, Anna, Alignment of verbal person marking, Dryer, M. S. & Haspelmath, M., *The World Atlas of Language Structures Online*. Leipzig: MPI – EVA, 2013. http://wals.info/chapter/100.

Siewierska, Anna, *Constituent Order in the Languages of Europe*, Berlin: Mouton de Gruyter, 1998.

Silverstein, Michael, Hierarchy of features and ergativity//Dixon, R. M. W., *Grammatical Categories in Australian Languages*, Canberra: Australian Institute of Aboriginal Studies, 1976: 112 –171.

Simpson, Jane, Expressing Pragmatic Constraints on Word Order in Warlpiri//Zaenen, Annie et al., *Architectures, Rules, and Preferences: Variations on Themes by Joan W. Bresnan*, Stanford: CSLI Publications, 2007: 403 –427.

Song, Jae Jung, Word order typology//Song, J. J., *The Oxford Handbook of Linguistic Typology*, Oxford: Oxford University Press, 2011: 253 –279.

Song, Jae Jung, *Word Order*, Cambridge: Cambridge University Press, 2012.

Swartz, Stephen M., Pragmatic Structure and Word Order in Warlpiri//*Papers in Australian Linguistics* 17, Canberra: Pacific Linguistics, 1988: 151 –166.

Tomlin, Russell S., *Basic Word Order: Functional Principle*, London: Croon Helm, 1986.

Westerlund, Torbjörn, "A grammatical sketch of Ngarla: a Language of Western Australia", M. A. thesis, Uppsala University, 2007.

金立鑫、王红卫：《动词分类和施格、通格及施语、通语》，《外语教学与研究》2014年第1期。

罗天华：《施格语言的小句结构》，*Chinese as a Second Language Research*，2015年第2期。

原载《外国语》2016年第4期

论语义成分的溢出与隐入

彭利贞

提要 词项中先天具备的语义成分实现为语形的过程是复杂的,会受到许多因素的控制。本来隐入在词项中的某种语义成分在特定的条件下实现为某种语形,形成语义成分的溢出。现代汉语中的心理动词、与身体部位有关的表动作或状态的词项在生成句子时存在语义成分溢出的现象。病句说、羡余说、影子论元不可实现说不足以解释这种语法现象。语义成分的溢出是句法、语义结构上的内在要求,是说话人的认知过程的体现,是语用表达的需要,也是语言发展精细化的结果。

关键词 语义成分 溢出 隐入

引言

有些语义成分对于某一词项来说是固有的、唯一的,对语言使用者来说也是"不言而喻"的。从语言的经济角度来看,这类语义成分在成句过程中本应隐入该词项中,不会在语形上得到实现(realization)。但是,我们发现,现代汉语中存在着这类语义成分实现为语形的现象,我们称为语义成分的溢出。已有的文献在分析类似现象时,提出过病句说、羡余说、影子论元不可实现说。我们认为,这些观点不足以解释现代汉语语义成分溢出的出现机制。我们将描写现代汉语的语义成分溢出现象,并从句法要求、语义结构、语用表达、认知机制等角度对这种现象的动因作出解释。

一 语义分解与语义成分的溢出与隐入

(一) 词项的语义分解

可以对词项进行语义分解。如果认识和分解的方法与过程正确的话,语义分解的结果，可以得到这个词项包含的所有语义成分。可以认为，这些语义成分对该词项而言是先天固有的。已经有许多研究结果表明，语义与语形之间存在着映射（mapping）关系，语句的生成过程，也可以看作从语义成分到句法形式的映射过程，换句话说，也就是语义成分的实现过程。一个词项在句法上的种种表现都可以看作该词项先天具有的语义成分本身的要求，对某一词项而言，某种语法形式的存在，本质上是它的语义成分实现的结果。然而，这种词项中先天具备的语义成分实现为语形，这一过程是非常复杂的，会受到许多因素的控制。

（二）语义成分的实现过程

对下边（1）中的两个句子的理解过程的分析，在一定程度上可以反观这种过程的复杂性。

（1）a. 他喝多了。
　　 b. 他喝醉了。

应该说，（1a）和（1b）在语用意义上并无多大差别，也就是说，它们表述了至少是相似的事实。但是生成这两个同义形式的过程是不一样的，或者说，在这两个句子的生成过程中起控制作用的因素是不同的。

（1a）可以有多种可能性，如果把它看成事件的一种类型，那么，它可以有（2）中所表达的这种类型的多个实例：

（2）a. 他喝水喝多了。
　　 b. 他喝药喝多了。
　　 c. 他喝酒喝多了。

但是，在语境自由或者说中性（neutralized）语境的情况下，说话人和听话人会通过语用规约自动地把（2a）和（2b）过滤掉，而自然地把（2c）作为语义解释指派给（1a），并得到与（1b）相同或至少是相近的意义。

而（1b）的情形则很不一样。在可能世界中，（3）中的句子表述的事件或其他更奇怪的事件也都可以认为是成立的（如在类似"盗泉"，《西游记》中的"女儿泉"这类可能世界中）。

（3）a. 他喝水喝醉了。
　　 b. 他喝药喝醉了。
　　 c. 他喝酒喝醉了。

但是，"醉"的语义控制使人们在理解（1b）的时候，会自然地从另一个角度来说，也是强制性地把（3a）和（3b）过滤掉，而只得到（3c）作为它的语义解释。

（三）语义成分的溢出与隐入

（1a）和（1b）的区别在于，词项"醉"的语义里，存在［＋原因：酒］这一成分，所以，说话人、听话人在生成和理解（1b）时，在他们的认知域里自然而然地会有［＋原因：酒］；而词项"多"的语义成分没有［＋原因：酒］，要寻找导致（2c）成为（1a）最典型的理解的原因，如果把注意力放在词项"多"上，多半是徒劳的。换句话说，（1a）的语义赋值是由语言外部因素决定的，而（1b）的赋值则是由语言内部成分决定的。

问题还在于，（1a）对（2）里的三个句子表述的事件有更高的接受度，语境的改变，可以很容易地使它们中的每一个都有可能成为（1a）的最典型的理解。而（1b）对（3）中的一些句子则没有那么高的接受度，如果把一些极端的语境排除在外，（1a）对（3a）和（3b）是排斥的，而对（3c）的接受则是自然的。在实际的语言事实中，与（1b）同义的句子除（3c）以外，还可以有别的一些。为了方便，把原来的两个句子也罗列如下：

(4) a. 他喝醉了。［即（1b）］

 b. 他喝醉酒了。

 c. 他喝醉了酒。

 d. 他喝酒喝醉了。［即（3c）］

 e. ?他酒喝醉了。

 f. ?酒他喝醉了。

从语义分解的角度上看，"醉"这一词项中已经有［＋原因：酒］这种语义成分，这使（4a）在语形上不出现"酒"就是自足的，也就是说，（4a）在表层上不实现词项"醉"中的语义成分［＋原因：酒］的情况下，已经表达了与（4）中的其他各句的相同的内容，（4a）和（4）中的其他各句在逻辑上是等值的。它们之间可以看成互成镜像（mirror）的关系。因此，我们就有理由认为，原本在（4a）中隐入在词项"醉"中的语义成分［＋原因：酒］，由于某种原因在（4）中的其他各句中溢出来了。

当然，语义成分的溢出是有条件的，比如，溢出的语义成分出现的句法位置必须与该成分的特征相吻合，（4e）和（4f）的合式性有点儿不确定，在一定程度上证明了这一点。而相对于其他各句来说，（4a）则代表了语义成分溢出的反向操作，那就是语义成分的隐入。

二 语义成分的溢出与隐入在现代汉语中的表现

（一）现代汉语心理动词在成句过程中的语义溢出

对现代汉语的心理类动词进行语义分解，都能得到［+心里］这种语义成分。［+心里］这一语义成分对心理类动词来说是先天的、唯一的、理所当然的。但是语料显示，这类词在句法上常常将［+心里］这一语义成分"溢出"。在实际语形中，这一语义成分的实现除"心里"本身外，还有别的一些表现，如"心"、"心中"、"心下"和"心内"等。如：

(5) a. 经理，我心里老惦念着您行里的公事，所以总不想回去。（曹禺《日出》）
　　 b. （向鲁妈）别问我，妈，我心里难过。（曹禺《雷雨》）
　　 c. 司令员有些惊异，心里便喜欢这个小姑娘。（毕淑敏《转》）
　　 d. 我心里很反感。（毕淑敏《预约死亡》）
　　 e. 我在心里嘲笑他。（毕淑敏《预约死亡》）

(5a) 到 (5d) 句中的"惦念"、"难过"、"喜欢"及"反感"都是表示心理活动或状态的词，在去掉各句中的"心里"之后，它们表达的心理事件并不发生质的变化。和 (5e) 比较，可以表现得更清楚。"嘲笑"的方式是多种多样的，这种方式的多样性表现为在"心里"所处的句法位置上有许多选择的可能。"嘲笑"之于"心里"，既非唯一，更非当然，而删去 (5e) 的"心里"，自然就不能保留同样的语义值。

值得注意的是，这种溢出并不是必然的，比如，(5c) 的前一个分句中的"惊异"这两个词项同样是表心理动作的词，［+心里］语义成分在句法上则没有得到体现，这说明语义成分的溢出与它的反向操作（隐入）甚至可以在同一个句子相似的句法环境里出现。

（二）与人体部位有关的动作、状态动词的语义成分溢出

同样，有些动作、状态是只有某一特定的人体部位才能发出或具有的，这时，表示该动作、状态的词项也就固有地隐含了这一人体部位的语义成分。比如，"拿"之于［+手］，"踢"之于［+脚］，"顶"之于［+头］，"看""瞪""瞧""望""盯"等之于［+眼睛］，"饱""饿"之于［+肚子］，等等。但是，语料也显示，现代汉语用这些特定人体部位才能发出的动作或具有的状态动词来表达事件或事态时，表示这些人体部位的词也伴随动词在句法表层上出现。如果把表示动作、状态的动词、形容词看作中心语，我们也可以说，是这些词项在实现为句法形式时，溢出了这些表示特定的人体部位的语义成分。下边是一些这类例子：

(6) a. 只为肚子才出来受罪,肚子饱了就去睡,还用想什么呢,还用希望什么呢?(老舍《骆驼祥子》)

b. 怎么也没怎么,就是肚子饿了!(毕淑敏《跳级》)

c. 张文不经意地回答,并用脚踢了踢提包。(毕淑敏《送你一条红地毯》)

d. 他仍用眼睛盯着那个吐掉他的菜的女同事。(王朔《我是"狼"》)

e. 有时候头顶着一片嫩萍,有时候口中吐出一些泡沫。(老舍《骆驼祥子》)

f. 其间一个少年,项带银圈,手捏一柄钢叉……(鲁迅《故乡》)

g. 钱康以手捂住杯口:"这杯我不喝。"(王朔《无人喝彩》)

当然,我们也能从语料中找到大量的这种人体部位依然隐入在有关的词项,而不在句法形式上实现的例子,而且在数量上远远超出语义溢出的例子。

有时候,这种语义成分还在动词之后以宾语或补语的形式溢出,如,

(7) a. 我尝了一口,果然易于承受接受多了。(王蒙《坚硬的稀粥》)

a'. 我尝了一下,果然易于承受接受多了。

b. 警察踢我一脚,"我看你们都不像好人"。(王朔《一半是海水,一半是火焰》)

b'. 警察踢我一下,"我看你们都不象好人"。

c. 呛人的柴烟,熏得我睁不开眼睛。(刘舰平《船过青浪滩》)

d. 到了家门口,他已喘不过气来。(老舍《四世同堂》)

e. 兵丁们两人一组搬运一包,二人轮流着把包儿顶在头上。(老舍《猫城记》)

(7a) 和 (7b) 两句里的"口""脚"换成泛义动量词"下",语义上并没有缺损多少,这在一定程度上证明了它们是从"尝"和"踢"这两个词项中溢出的,换成泛义动量词后,则可以看作这些语义成分又隐入这些词项中了。

(7c) 至 (7e) 三句,从某种意义上说是"不听话的",也就是说,我们虽然也可以把加点部分看作相应词项语义成分的溢出,但这三句显然不能进行相对的反向隐入语义的操作(硬要作此操作,结果很不自然。),这一点在后文说明语义成分溢出的动因时再作说明。

（三）唯一工具论元动词的语义成分溢出

有些动作是要靠一定的人体以外的工具来完成的，有些动作可以选择多个工具来完成，如"砍"，而有些动作的完成则有唯一工具，如动作"锯、锁、钉、锤、凿、锄、铲"之类。（8）就是一例：

(8) a. 有个人攒了一笔钱，他把钱放在家中的箱子里，用锁把箱子锁好，把钥匙时刻带在身上。（肖英《听妈妈讲笑话》）

b. 它们中间出现了无数有趣的裂隙，像是用锯子锯出来似的。（余华《一九八六年》）

对（8）的两句子进行反向的隐入操作，即删去"用锁"和"用锯子"，显然是可行的。陈昌来也证明，"事实上，在话语中没有工具成分，或工具在句子结构出现不出现并不影响句子语义的完整表达"。①

（四）含另一词语义成分的动词的语义成分溢出现象

以上三种现象都可以看作语义结构中某种论元成分的溢出。有些词项包含了另一个或另一些词项所具有的语义成分，被包含的语义成分有时以另外的词项的形式溢出。比如，有些动词包含了词项"给""使"所具有的语义成分，这类动词实现为句法形式时，可以有两种表现，一种是以词项形式溢出；另一种是该词形式不出现的隐入。

(9) a. 送给他一本书
　　a'. 送他一本书
　　b. 踢给他一个球
　　b'. ?踢他一个球

(10) a. 对这些傻娘儿们的鬼话、废话我一句也不想多听，只能让我恶心。（王朔《枉然不供》）
　　a'. 肖科平，你这不是成心恶心我么？（王朔《无人喝彩》）
　　b. 这个消息只会使他难过。
　　b'. *这个消息只会难过他。

（9a）的词项"送"有"给"的语义成分，虽然隐入而在语形上未加体现，（9a'）却仍是合式的句子。而"踢"这个词项中并不包含"给"这一语义要素，所以，进行语义隐入操作后的句子（9b'）的合式性是令人怀疑的。（10）中词项"恶心"隐含有[＋致使]这种语义要素，所以（10a）和（10a'）都是合式的。（10a）可以看作[＋致使]语义成

---

① 陈昌来：《论现代汉语"工具"成分在话语中的隐现》，《山西师大学报》（社会科学版）1998 年第 1 期。

分以具体的词项"让"这一形式溢出，（10a'）则是它相应反向操作，即语义成分隐入的结果。关于（10a）和（10a'）之间的镜像关系，彭利贞曾有较具体的论述。① 而（10b'）之所以不合式，是因为"难过"这一词项中没有［＋致使］这一语言成分，从而不可能进行相应的语义成分隐入操作。

三　不同视角对语义成分的溢出现象的不同解释

前文一直把语义成分的隐入看作语义成分溢出的反向操作，似乎是把语义成分的溢出看作这一对语义操作的起点，其实这样做仅仅是为了分析上的方便。因为我们观察语言事实时首先注意到的是那些已经在语形上因溢出而实现的有形成分，然后再反过来寻找它可能的对应形式。实际上，语言的经济性原则，使我们有理由把语义成分的隐入看作语义机制操作的起点。陈昌来对"工具"成分隐现的分析在一定程度上证明了这一点。② 假如这种假设是符合语言事实的，那么我们的注意力就应该集中在语义成分的溢出现象上，看一看这些语义成分为什么会溢出。

如何看待这种语义成分的溢出，由于视角不同，对类似的现象产生过不同的解释。

（一）从规范角度提出的病句说

吕叔湘、朱德熙③第五讲有"烦冗"一节，把类似的语言现象归入"赘余"，属于表达上的语病。"从表面上看，并没有重复，也不是堆砌，但实在都是些废话，就是鲁迅所说'可有或无'的东西，去掉了于意思无损失。"所以下列句子（书中原例）中加点的词语都是"多余"的：

（11）他看到了这一切之后，内心感到了无限的痛苦与愤怒。

（12）可是它在二次大战中，曾被炸弹炸成废墟。

可是，前文第二节表明，类似的表达在语言事实中却是存在的，而且并不少见。

---

① 彭利贞：《论使宾动词》，《杭州大学学报》（哲学社会科学版）1993年第2期。
彭利贞：《说使宾动词句的相关句式》，《杭州大学学报》（哲学社会科学版）1995年第1期（另见人大复印报刊资料《语言文字学》1995年第7期）。
彭利贞：《论使役语义的语形表现》，《语文研究》1997年第1期。

② 陈昌来：《论现代汉语"工具"成分在话语中的隐现》，《山西师大学报》（社会科学版）1998年第1期。

③ 吕叔湘、朱德熙：《语法修辞讲话》（1952年开明书店第一版），辽宁教育出版社2002年版，第196页。

(二) 从表达角度提出的羡余说

杨明义①把类似的现象看作语言使用过程中出现的羡余。所不同的是，杨文不把这种现象看成语病，而是语言使用过程中出现的结果。但杨文提及的许多羡余现象从严格的意义上来说，不应该看作真正的羡余，因为把那些所谓羡余成分删去，与原句的语义值有很大的差别。许多所谓的羡余成分之所以在语形上出现，是因为对该成分进行过"语义具体化规则"（specification）操作。这在如下两个选自杨文的例子中得到了一定程度的表现。

(13) 在她三岁那年，好的家乡发生了一场水灾，她们一家不得不外出逃难。

(14) 我只好硬着头皮，讪讪地向她开口借被子。

按杨文的分析，"逃难"必得"外出"，所以是羡余的；然而，"外出"却并不一定是"逃难"；"借被子"可能一定得"开口"，但是同样明显的是，对于"开口"而言，"借被子"却一定不是唯一的选择，所以两个语言单位在语义成分上是并不存在类似于本文分析的那种语义的溢出与隐入的关系。

而本文讨论的语义成分溢出现象，倒更像是真正的羡余，而且，从杨文的定义出发，类似于本文讨论的语义成分溢出的现象，是更深层次的羡余，即语义上的羡余。但羡余一般被看作语言使用上的非常态，而语义成分的溢出现象则很难说是一种非常态，这一点在心理动词的 [+心里] 语义成分的溢出上，可以看得更清楚。所以，有必要从其他角度来看看语义成分溢出的现象出现的机制。

(三) 从语义结构角度提出的影子论元不可实现说

Pustejovsky②在讨论论元结构（argument structure）的时候，把词项的论元分成4类，包括（一）句法上已经实现的真论元（true argument），（二）参与物性（qualia）结构中的逻辑表达，但在句法上不一定表现出来的缺省论元（default argument），（三）语义上融入词项的影子论元（shadow argument），（四）修饰、限制逻辑表达的真附接语（true adjuncts）论元。这4种论元中，只有（一）是一定在句法表层上能真正实现的。（四）在句法上常表现为表时间、地点的附加语，可以认为它们跟

---

① 杨明义：《汉语连谓结构中的羡余现象初探》，《汉语学习》1998年第4期。
杨明义：《现代汉语状之于动的羡余现象探略》，《南开学报》（哲学社会科学版）1999年第4期。

② Pustejovsky, J., *The Generative Lexicon*, MIT Press, 1995, pp. 62–67.

中心语动词没有直接的关系。而其中的（二）（三）两类与本文讨论的对象则有很大的相似性。请对比下列两组中的句子。

（15）a. 他打我。
　　　 b. 他用手打我。
　　　 c. 他用右手打我。
　　　 d. 他用棍子打我。

（16）a. 小王漆家具。
　　　 b. 小王用漆漆家具。
　　　 c. 小王用红漆漆家具。

（15）中，"打"的最原始的基本工具义是［＋手］，如果从这个角度上考虑，在中性语境中，语言使用者自然选择（15b）作为（15a）的语义赋值，在无标记的情况下，"打"在现代汉语社团中的理解就是"用手"。但是，在语境黏着的场合，"打"的工具义具有多项选择性，（15c–d）则是为了用某种标记来标定"打"的特殊意义。从典型性的角度上看，对（15a）而言，（15b）是原型性的，而（15c–d）和其他赋予特别的工具义的"打"则在不同程度上处于典型性较低的地位上。（15b）中的"手"就是前文所说的缺省论元。（15b）可以看作"手"这一工具义从"打"这一词项中溢出而生成的句子。

（16）的情形有点不同。原因是名词"漆"作为"原料"是动词"漆"唯一的论元。［＋原料：漆］这一语义成分是融入动词词项"漆"中的。这就是所谓的影子论元，或者说是隐藏的论元。Pustejovsky 认为这种论元在句法上是不能或无法表达出来的，也就是说，（16b）应该看作不合式。要使这种论元在句法上得到表现，必须对这类论元进行次类（subtyping）或话语具体化（discourse specification）操作。比如，（16c）的"红漆"就是经过这种操作才实现为句法形式的，"红漆"是"漆"的下位概念，实际的话语给动词词项"漆"中隐入的［＋原料：漆］这一论元赋予了特别的值。所以（16c）能成为合式的句子。

但是，二（一）、二（二）中的许多带有论元性质的语义成分，都可以看作 Pustejovsky 所说的缺省论元或影子论元，它们即使没有经过下位分类或话语具体化操作，也在句法形式上得到了体现。当然，他是在分析英语的论元结构时得出这一结论的，也许，在这一点上，汉语与英语有不同的特点，或者说，在影子论元上，英语、汉语也表现出某种类型学意义特征。所以，我们有必要寻找别的解释角度。

四　语义溢出的一些可能的动因

（一）语义成分的溢出有其句法、语义的结构上的内在要求

语义成分的溢出首先可能是句法、语义结构上的内在的要求，我们可以从如下一些方面找到一些线索。

1. 语义成分溢出在现代汉语构词中的表现

有些构词是通过语义成分溢出操作来完成的，可以看作语言内部成分的相互制约导致了语义成分的溢出的一个旁证，假如从词的结构、短语结构到句子结构确实存在层递式的体现关系的话。如：

口吃、口吻、眼看、心思、心意、心烦、脚踏车、手提包、手搭凉棚、脚踩（踏）两只船

2. 语义成分溢出是句法上的强制要求

回过头来看看例（7）、（7c）和（7d）中的加点成分看起来在实际上是不能进行语义隐入操作的，即使可以，在原来的句法槽上，也还要留下代替成分，所以，可以认为，是动词对某种句法位置的特殊要求，使这些语义成分必须溢出。比如，（7）中加点的成分都可以看作相应动词的域内论元，该动词在生成句子时，首先要求在这一位置上进行论元配置，以填补这个句法空位，而又找不到别的可供选择的论元，或者说，要配置论元的话，则非溢出成分莫属，从而强制地形成了语义成分的溢出。

我们也发现，在动词前位置上如果出现其他限制性成分时，则常常出现溢出成分的隐入，或者说增加了隐入的可能性。也就是说，当主要动词前位置完全空缺时，语义成分溢出的可能性最大。如，

(17) a. 茶房一气说完，扭头就走，好像永远不再想回来。（老舍《马裤先生》）

b. 她听着，心里不再想反对他了。（张承志《北方的河》）

(18) a. 一旦我走了以后，我会日夜思念它们的，它们也会思念我的。（张重光《请高抬贵手》）

b. 我们默默地紧紧握手，湿润的眼睛相对无言，心里同时都在思念那位刚刚故去的朋友，他的可爱，他的好处。（马连儒《百篇散文名作鉴赏》）

（17a）和（18a）中的"想"和"思念"之前，本来也有可能溢出［+心里］这种成分，但是因为在它们前位置上已经有别的成分占据，在表层上则不再出现"心里"。在此种情形之下，非要作语义成分溢出操作时，则"心里"只能被"挤"到已有的动词成分之前的位置上，这从与

(17b) 和 (18b) 的对比中可以看得更清楚。(5a) 的"想"与 (5b) 的"惊异"前没有溢出"心里",亦可认为是这一语法位置已有别的成分占领而造成的。

3. 句法结构上的平衡要求语义成分溢出

为了和句内某一成分形成对举,以求上下文在结构上的平衡,也是语义成分溢出的原因。如,

(19) 她独自在屋中走来走去,几次三番地要穿好衣服找爸爸去,心想到而手懒得动。(老舍《骆驼祥子》)

(20) 我这个人顶喜欢痛痛快快的,心里想要什么,嘴里就说什么。(曹禺《北京人》)

(21) (只是) 大伙嘴上都不说,心里朝也思暮也想。(毕淑敏《跳级》)

(19) —(21) 加点的部分都可以认为是为了追求行文的整齐、形成结构上的照应而促成语义溢出的。(6f) 可作同样的分析,"带银圈"大概会有多种可能性,可以是"项",也可能是其他部位,因为它的前边出现了"项",在后一句中,虽然"捏"已经有 [+手] 这一语义成分,但"手"还是溢出而在形式上得到实现。

(二) 语义溢出是说话人认知过程的再现

语义溢出也是说话人生成句子时认知过程的再现,主要表现为量的象似性、说话人的视角和完形感知。

1. 语义成分的溢出体现的量的象似性规则

Givón[①] 认为,语言中存在量的象似性规则 (iconic quantity),即表达式越长表达的概念信息量也越大。从说话人的角度看,说话人心理上认为有增加表达上的重要性的必要,所以有目的地增加了相应的形式上的量。从听话人的角度看,语言材料的量与被处理信息的重要性和可预测性程度是相对应的。即说话人在处理增加的形式量时,处理的时间更长,产生的心理过程更复杂,从而增加了信息的重要性并提高了可预测性的程度。这也能在一定程度上说明,语义成分溢出操作的结果,为什么会给听话人一种强调的意味。

2. 语义成分的溢出和隐入,也表现了说话人不同的视角

以 (22) 和 (23) 为例:

---

① Givón, T., *Syntax: A Functional-Typological Introduction*, Vol. 2, Amsterdam: Benjamins, 1990, p. 996.

(22)（她）手指着自己吃了一半的稀粥咿咿呀呀叫着，手扶着车栏使劲往起站，一次又一次跌坐回去，弄出很大声响。（王朔《一点正经没有》）

(23) 宋江因见了这两人，心中欢喜，饮了几杯，忽然心里想要鱼辣汤，便问戴宗道："这里有好鲜鱼么？"（《水浒传》）

"手""心中""心里"虽然是从其后的动词溢出的，但却起到了转换叙述角度的作用，从心理过程的角度来说，也就是起到了视角（perspective）变换的作用。这些成分为动作增加了一个背景（ground），并从而凸显了动作，这也能说明，语义成分溢出后，比之隐入的情形，为什么在语感上有突出动作的效果。

3. 语义成分溢出体现了完形感知的认知要求

另外，邻接的事物使人更易于作完形（gestalt）感知①。在认知结构里，(22) 中的"手"与动作"指"及"扶"比"她"有更近的邻接关系；(23) 中的"心中"与"欢喜"、"心里"与"想"的邻接关系比"宋江"与那两个动作的邻接关系要近。也就是说，"宋江欢喜"与"宋江心中欢喜"所形成的意象图式是有差别的。另外，在四（一）节中提到，动词前位置完全空缺的情况下，语义成分溢出的可能性最大，也从一个侧面说明了这种邻接以成完形的机制的存在。这样，语义成分的溢出虽然增加了心理扫描的时间，但是却从完形效果上使感知变得更容易。这一点可以解释如下语感：即语义成分溢出增加了表达的生动性，带有更多的描述色彩。

（三）语义溢出的更直观的动因是语用表达上的需要②

在前文的分析中我们已经指出，语义成分的溢出在语感上有突出动作的效果；语义成分的溢出也增加了表达的生动性，使表达更具形象性。这可以看作语义溢出操作后产生的表达效果，但从另一侧面看，也可以认为，说话人为了追求特定的表达效果，在说话过程中使语义成分溢出。从这一角度上看，表达的需要也是语义成分溢出的动因。

1. 表达形象性的驱动

说话人有意增加语言表层上的成分数量，以增加听话人对这些编码的心理扫描时间，来达到形象化的目的，从而给听话人留下更深刻的印

---

① Ungerer, F. and H. J. Schmid, *an Introducton to Cognitive Linguistics*,（1996）《认知语言学入门》，外语教学与研究出版社 2001 年版，第 33 页。

② "语用表达"是根据匿名审稿人的意见增加的。

象。如：

(24) a. 她心里很激动，十分思念林育南。(汪幸福《林彪堂兄林育南的曲折婚恋》)

b. 她很激动，十分思念林育南。

a. 内心里她希望司令员的儿子移情于她，所以暗示了方佩几次……(张欣《岁月无敌》)

b. 她希望司令员的儿子移情于她，所以暗示了方佩几次……

从语义结构上看，(24a) 与 (24b) 是等值的，所不同的是，说话人为了增加话语的形象性，而把"(内)心里"作为描写成分加入了话语中。

通过 (7a) 与 (7a′)、(7b) 与 (7b′) 的对比也能进一步说明语义成分溢出与形象化表达的关系，因为有溢出成分"口"与"脚"，(7a) 比 (7a′)、(7b) 比 (7b′) 更具有形象性。

下边的例子中，溢出成分"心里"是作为中心词项的修饰成分出现的，这些"心里"虽然也可以删除而不影响语义的值，但"心里"的存在，增加了句子的描写性。有趣的是，因为 (25a) 和 (25c) 中有"出"这个趋向成分，所以"心里"的出现，让听话人觉得"心里"像一个容器，而心理词项表达的心理意义好像是从这个容器中出来的，这就使语句更具形象性。

(25) a. 她不知道，她说不清自己心里的感觉。(池莉《凝眸》)

b. 一个男生肯说出心里的悲伤，这令人感动。(秦文君《女生贾梅》)

c. 中国使馆的人员看出了他心里的想法，接着解释说……(魏世仪《"黄色钥匙"归国记》)

2. 表达精确性的体现

有时候，语义成分的溢出是说话人追求表达的精确性造成的。

在取缺省的情况下，例 (26) 的"满意"只能是"心里"上的，但是，增加不同的认知域参数，可能改变这一状况。例 (26) 的说话人认为满意不但有"心里"的，而且也有"表面"的，所以当前面出现"表面上"的"满意"后，随后的"心里"的溢出则成为必然，不然就无法达到精确的表达。

(26) 白脸姑娘说，"我不但表面上对自己特满意心里对自个儿也特满意，混成这样不错啦"。(王朔《一点正经没有》)

人们在理解某一词项的固有成分时，往往取其种类意义，比如"炸"这一词项的语义成分中有 [+爆炸物]，除了"炸弹"外，还有其他。所以，虽然最典型的爆炸物还是"炸弹"，但在例（12）中"炸弹"一词还是作为溢出成分在表层上得到体现。这也是说话人追求表达的精确性的结果。例（8）亦可作类似的理解。

3. 语篇连贯的运作

如果把篇章也看作语用因素，那么篇章连贯也是语义成分溢出的语用表达原因之一。这一点在后续句中表现得更明显。如，

(27) 放电影的前一晚，卢非易一车将他们载来，我却正在洗手间，听得外面车门关得砰砰响，心里着急。（阿城《且说侯孝贤》）

(28) 有一天我下夜班，本来就昏昏沉沉的没睡实，浑身不舒服，心里面就特烦。（张欣《梧桐梧桐》）

例（27）、（28）中"着急""烦"的［+心里］语义成分溢出的原因可能是："着急"、"烦"离"我"的位置较远，中间隔着另外的一个甚至多个事件，而"着急""烦"前若再用"我"同指前边的"我"又显得累赘，大概出于这些考虑，说话人以"心里"和前边的"我"形成篇章中的框—棂关系①来取得篇章上的照应。

（四）从历时的角度看，语义溢出是语言发展精细化的结果

与共时平面上的语言使用一样，经济性原则也左右着语言的发展，内在地要求用尽可能少的形式表达最多的内容。另外，表达的日益精细，也要求语言朝精细化的方向发展。从古汉语以单音节为主发展成为现代汉语以双音节为主，除了受语音发展本身的规律控制以外，更本质的动因应该是表达上的需要，即最大限度地区分同音词这种需要。同样，一个语言符号负载的语义成分太多，存在着潜在的缺陷，即因为该语言符号的不确定性，而容易导致歧解，造成理解上的障碍，所以，词汇、语法成分也存在精细化的内在要求。

Givón. T.② 认为，一些形态成分聚集于主要动词，部分是这些标记成分的历史发展原因造成的，这种发展就是所谓的主要动词的重新分析（re-analysis）。这种重新分析过程是渐进而持续的，在这一过程的开端，那些充当时态、体、情态的标记成分在语义、句法、形态上都包含在动词本身。我们发现，这一想法同样可以为本文的语义成分的溢出现象分析提供参考。

---

① 廖秋忠：《廖秋忠文集》，北京语言学院出版社 1992 年版，第 30—44 页。

② Givón, T., *Syntax: A Functional-typological Introduction*, Vol. 2, Amsterdam: Benjamins, 1984, p. 270.

我们对《论语》《易传》《左传》进行调查，初步的结果表明，虽然孟子后来说"心之官则思"，但这三部文献中"思"（在这三种文献中没有发现"想"这个词）的前位置没有一例出现"心"之类的成分。《世说新语》中有"思""想""念"，还是没有发现在它们前边有表"心"之类思考器官的成分。而到《水浒传》《红楼梦》的"想"的前位置上则较多出现"心里"这类成分的用例。如《红楼梦》的动词"想"，我们找到动词"想"的用例 1412 个，其中计有"心想" 23 例，"心里想" 42 例（其中包括"心里就想，心里是想，心里又想"之类在"心里"与"想"之间插入其他成分的用例，以下各类同此），"心下想" 14 例，"心中想" 17 例，"心内想" 6 例，"心上想" 3 例，共计 105 例。

根据这种粗略的调查结果，可以从历时的层次窥见"想"这一心理动词前成分溢出现象发展的基本轨迹。这一发展过程很可能支持了这么一种假设，即原始语言的语言符号个体的负担比现代语言中的符号个体的重得多，比如，就动词而言，它在原始语言中包含了现代语言中围绕动词出现的所有"卫星"成分，只是随着语言的发展，语言在使用过程中在精细化的要求驱动下，那些"卫星"成分才逐步地从动词这个"容器"中"溢出"来，并渐进式地固化为对这一动词的语法要求。成分溢出的时间越早，在现代语言中越有可能成为一个中心词项生成句子时的强制性成分。而本文讨论中的语义成分的溢出现象，则也许仍处于历时的"溢出"过程中。从这种意义上看，这种语义成分的溢出其实也是语言演化（evolution）的组成部分。当然，这一假设尚需更多的材料和分析加以证实。

五 结语

语义成分的溢出现象是语义结构与语法结构不一致的一种表现：从语义结构看，该词项本身在语法表层上是自足的，即它自身就完全能承载说话人要表达的信息，但在语言事实中，却又存在该词固有的语义成分溢出而实现为"额外"语形的现象。

从规范的角度说这种现象是病句，从表达的角度上说这种现象是说话过程中出现的羡余，或从论元结构的角度上论述其中的影子论元不能实现，都不足于解释这一存在的语言事实。

一种语言现象的出现，首先是语言内部的句法、语义结构的要求。句法空位的填入要求、前后文句法结构的相互控制，可以从语言内部部分地解释语义溢出现象的动因。从认知过程上看，语义溢出现象也可以看作量的象似性在语法上的表现,而说话人视觉的变换,也可以认为是语义溢出现象的一种认知外部动因。任何语言现象都是在使用过程中产生的,说话人追求生动性、形象化、精确化、篇章连贯等表达效果,也会导致语义成分的溢出。从语言发展的角度上看,语言溢出现象是语言发展精细化驱动的结果,从这种意义上说,语义溢出是语言演化的一种表现。

On the overflow and concealment of semantic components

Abstract:The process of inherent semantic components' formation of a lexical item is complicated and controlled by various factors. A semantic component veiled in a lexical item will overflow under special circumstances. The semantic components may overflow in time of the sentence generating of such lexical items in modern Chinese as psychological verbs, or items relevant to motion or state of different parts of figure. Semantic components overflow is the internal requirement of syntax, semantic structure and pragmatic expression, the representation of speaker's cognitive process as well as the outcome of the attenuating of language developments.

Key words:semantic component; overflow; concealment

本文原载于《语言科学》2004年第5期(又见人大复印资料《语言文字学》2004年第12期)

情态动词受"没"外部否定现象考察

彭利贞

提要 本文从认知与功能等方面分析了现代汉语情态动词受"没"外部否定这一语法现象。"没"与动力情态的现实特征决定了只有表达动力情态的情态动词能受"没"的外部否定。"没"对多义情态动词的多个义项在语言理解过程中有过滤作用。"没 ModVp"的语义结构是：否定主体使事件实现的致能条件，表达主体对实现过去事件的致能条件的缺失；但从对致能条件的否定可达到对事件实现的否定。

关键词 情态 情态动词 现实 外部否定 "没"

引言

情态（modality）是说话人对命题真值或事件的事实性状态所持的态度。情态作为一个语义范畴，具有跨语言特征。但是，以什么样的语言形式来表达情态语义，不同的语言之间却又有类型学意义上的区别[1]。跟英语等许多语言一样，汉语的情态语义的主要表现手段之一是情态动词（modal）。

在情态句中，否定可以有外部否定与内部否定。一般把对情态的直接否定叫作外部否定，把对命题或事件的否定叫作内部否定。现代汉语的外部否定与内部否定的否定标记，在出现的位置上，相对其他一些语言，显得比较整齐。也就是说，否定标记在与情态动词同现时，否定标记出现在情态动词前时，是对情态的直接否定，即外部否定；否定标记出现在情态

---

① Palmer, F. R., *Mood and Modality* (2nd edition), Cambridge: Cambridge University Press, 2001. p86ff.

动词之后时,是对命题或事件的否定,即内部否定。

现代汉语的情态动词与两个基本的否定标记"不"和"没"的外部否定相容性上表现出这样的特点:能用"没"否定的,也能用"不"否定,但既可以用"不"进行否定的而又能用"没"进行否定的情态动词却只有"能"、"能够"、"敢"、"肯"、"要"、"想"和"愿意"。① 下边是一些情态动词受"没"否定的句子。

(1) 芬尼在悉尼,她没能赶回来。(赵波《晓梦蝴蝶》)
(2) 最可惜的是,丈夫没能够同她一起活到今天,默默带走了她生活中的一半……(向韬《穆舜英与"楼兰美女"的发现》)
(3) 没敢给您沏太浓的茶,怕您睡不着。(毕淑敏《预约财富》)
(4) 二头真压不住火了:"揍你个狗东西!"他可是还没肯动手。(老舍《抓药》)
(5) 可我当时也没要完全置你于死地。(王朔《人莫予毒》)

对于这种语法现象,吕叔湘②、周小兵③已有所论及,但为了加深对这一句法现象的认识,有必要对它作更深入和全面的考察。本文着眼于语义分析和认知解释,考察现代汉语情态动词受"没"外部否定这一语法现象,主要分析哪些情态动词能受"没"外部否定、为什么现代汉语的情态动词中只有部分成员能用"没"进行外部否定、这种句法现象背后的语义与认知动因是什么,并在此基础上分析情态动词受"没"外部否定这种句法格式的语义结构上的特点。

一 现实与非现实

初步的观察显示,现代汉语中只有一部分情态动词能受"没"的外部否定,与情态动词表达的情态语义类型有关。更确切一点说,是"没"与情态的现实性的特征决定了有些情态动词可以受"没"的外部否定,而另一些情态动词则无法接受"没"的外部否定。

---

① 周小兵认为,表示有能力、有胆量或主观意愿的助动词(如能₁、可以₁、要₁、肯、敢、愿意)前可以加"没"。我们在语料调查中,除"能、敢、肯、要"以外,未发现在其他助动词前加"没"的用例。"没想"用例在文学作品多见,"没愿意"很少,但在互联网搜索中能找到一些用例;然而,"想"和"愿意"的情态动词身份尚存争议。周小兵:《句法、语义、篇章——汉语语法综合研究》,广东教育出版社1996年版,第42页。

② 吕叔湘:《现代汉语八百词》(增订本),商务印书馆1999年版,第384页。

③ 周小兵:《句法、语义、篇章——汉语语法综合研究》,广东教育出版社1996年版,第42页。

(一) 情态类型

Palmer[①]认为，情态动词表达的情态语义有三种类型，即与可能性、必然性有关的认识（epistemic）情态，与允许、义务有关的道义（deontic）情态和与能力、意愿有关的动力（dynamic）情态。

现代汉语情态动词也表达这三种类型的情态意义，表认识情态的如"一定、应该、会、可能、能"等；表道义情态的如"必须、应该、可以、能"等；表动力情态的如"可以、会、能、敢、要、肯"等。

前文（1）（2）中的"能"与"能够"的语义是[能力]，（3）中的"敢"是[勇气]，（4）（5）中的"肯"和"要"则是[意愿]，它们指的都是使命题可能成真的动力条件，表达的都是动力情态。从这几个例子来看，只有表动力情态意义的情态动词才能受"没"的外部否定。

(二) "没"的现实性质

关于"没"的性质，已有文献有的从时间意义的角度上加以说明，如吕叔湘[②]认为，"'没'否定动作或状态已经发生，限于指过去和现在，不能指将来"。更多的则从体（aspect）的角度来定义，如丁声树[③]认为，"'没有'加动词，否定行为已经发生"。吕叔湘[④]也说，"没"是"完成态（了）和经验态（过）的否定"。戴耀晶[⑤]、聂仁发[⑥]则都认为"没"有[现实][⑦]这种语义特征。聂仁发还强调，"没"的时间意义体现在"体"而不在"时"上。

与体标记联系起来，可以认为"没"是对现实体"了"、经历体"过"和持续体"着"[⑧]的否定。对此，聂仁发[⑨]说，"'没有'对'了、着、过'的否定，都是对实现体的否定"，因为"'了'表示对实现体的

---

① Palmer, F. R., *Mood and Modality* (2nd edition), Cambridge: Cambridge University Press, 2001, p. 22.

② 吕叔湘：《现代汉语八百词》（增订本），商务印书馆1999年版，第383页。

③ 丁声树：《现代汉语语法讲话》，商务印书馆1961年版，第198页。

④ 吕叔湘：《疑问、否定、肯定》，《中国语文》1985年第4期。

⑤ 戴耀晶：《试论现代汉语的否定范畴》，《语言教学与研究》2000年第3期。

⑥ 聂仁发：《否定词"不"与"没有"的语义特征及其时间意义》，《汉语学习》2001年第1期。

⑦ 聂仁发称[实现]。聂仁发：《否定词"不"与"没有"的语义特征及其时间意义》，《汉语学习》2001年第1期。

⑧ 关于"体"，参见戴耀晶《现代汉语时体系统研究》，浙江教育出版社1997年版，第33—93页。

⑨ 聂仁发：《否定词"不"与"没有"的语义特征及其时间意义》，《汉语学习》2001年第1期。

肯定,'没有'表示对实现体的否定,'没有'与'了'一样,也能表示现代汉语动词的实现体"。而"'持续'、'终结'包涵有'实现',只有实现了的活动才可能有持续、终结"。

从时的角度来说明的,认为"没"在时间意义上指向过去和现在,具有非未来的特征;从体的角度界定的,则强调"没"是对现实体的否定。

我们认为,还可以从现实与非现实的区别来界定"没"的性质。

有的语言从时(tense)的角度来对事件进行定位,比如从绝对时的角度把事件定位在过去、现实或将来;或者定位在过去与非过去;或者定位在未来与非未来。也有的语言并不存在对事件定位的时态系统,在这些语言中,则从现实(realis)与非现实(irrealis)的区别来对事件进行定位。Comrie[1]认为,现实指的是已经发生或正在发生的情境,非现实则是现实之外的所有情境。Chafe[2]则认为,现实指的是通过感知(perception)观察到的已经成为事实的客观现实,非现实指的则是通过想象构建出来的主观想法。Mithun 等[3]给出过相似的定义,他认为现实与非现实的区别在于,前者描述实现了(actualized)的、一直在发生的或实际上正在发生的情境,它可以通过直接的感知(direct perception)来了解,而后者描述的情境纯属思维领域,只能通过想象来了解。

对照这种现实与非现实的区别,结合"没"在语言中表现出的否定对象,有理由认为,"没"是对现实情境(situation)的否定,也就是说,从现实与非现实的区别来看,"没"具有现实的性质。

(三) 非现实的情态

我们认为表达认识情态与道义情态意义的情态动词之所以不能受"没"外部否定,是因为这两种情态都具有非现实的特征,与"没"的现实特征存在语义结构上的冲突。

先看道义情态。

道义情态管辖的事件在时间指示上指向未来,因为说话人不可能就已经发生的事件或正在发生的事件对句子的施事发出道义上的要求。当说话人说出例(6)时,在说话人的心里,"好好学习"是未然的,这样才有

---

[1] Comrie, B., *Tense*, Cambridge: Cambridge Uni. Press, 1985, pp. 39 - 40.

[2] Chafe, W., "The Realis - irrealis Distinction in Caddo, the Northern Iroquoian Languages, and English", In: Bybee, J. and S. Fleischman (eds.), *Modality and grammar in discourse*, Amsterdam and Philadelphia: John Benjamins, 1995, pp. 349 - 365.

[3] Mithun, Marianne, *The Languages of Native North America*, Cambridge: Cambridge Uni. Press, 1999, p. 173.

可能对"你"发出"应该"所表达的［义务］。而变换成相应表示已然事件的例（6'），或者是句子的合格性令人怀疑，或者"应该"所表达的情态语义类型发生了变化，已经不再是道义意义，而是如例（7）中的"应该"所示的认识情态。即对已然事件"你看过她的诗"在一定的前提之下对这一事件真实性作出的推断。

（6）你应该好好学习，才对得起妈妈。（毕叔敏《跳级》）

（6'）*你应该已经好好学习。

（7）你应该看过她的诗。（钱钟书《围城》）

（7'）你应该没看过她的诗。

所以道义情态管辖的事件与非未来的时间意义不匹配，也就是说，当情态动词表达道义情态意义时，它们所管辖的句子中不能出现表示非未来时间意义的成分。就否定成分而言，当"没"出现在情态动词管辖的短语中时，该情态动词就不可能表达道义情态意义。如例（7）和（7'）所示，当"应该"管辖的短语中出现"过""没"这些与过去时间意义有关的成分时，"应该"表达的就不是道义情态意义［义务］，而是认识情态［盖然］。

另一方面，道义情态本身的时间指示也是说话时间的现在之后，也就是说，道义的存在，也是在说话时间的现在之后。比如说，当说话人说"必须按时出席"时，听话人施行"按时出席"这一道义要求，只能在说话时间的现在之后，在时间意义上指向将来；而"必须"所表达的［必要］这种道义要求也只能在说话时间那一刹那之后才开始存在，从这种意义上说，道义情态的时间指示上具有未来的特征。

在虚拟状态下，我们也可以说"你昨天应该来的"。看起来，"应该"表达的［义务］存在于"昨天"，也就是说，这种［义务］的时间意义是"昨天"所表示的过去。但是，听话人是无法在"昨天"施行"应该"表达的道义要求的，因为，"应该"所表达的［义务］也是说话人在说话时间的现在所说出而在说话时间的现在之后才出现的。换句话说，当道义情态管辖的事件存在于过去的时间时，说话人是在说话时间的现在"陈述"对过去某一事件本来存在而至今未施行的道义要求。而从语气（mood）角度上看，"你昨天应该来的"明显具有反事实（counterfactual）性，是典型的非现实范畴。

综上所述，道义情态具有非现实的特征，正是这一特征决定了表达道义情态的情态动词无法受具有现实特征的"没"的外部否定。

再看看认识情态。

认识情态从可能性上来表达说话人对命题或事件的真值或事实性的态度。在时间意义上认识情态也有其自身的特征，它对事件可能性或必然性的判断本身与时间意义没有直接关系，它可以对各个时间上（过去、现在、将来）发生过、正在发生或将会发生的事件进行可能性大小的判断。但是，作出判断的时间总是与说话时间相重合，也就是说，不管认识情态管辖的命题或事件的时间特征如何，认识情态本身在时间上总是指向现在的。

如例（7'）所示，"没"的内部否定管辖的已然事件，可以出现在情态动词之后，表示对过去事件真值的推断。例（8）是另一个这样的例子。

(8) 我是新来的，你应该没见过我的。

也就是说，如例（7'）和（8）所示，"没"作为内部否定对句子表达的命题进行否定时，情态动词"应该"所表达的认识情态与内部否定的"没"是相容的，它所表达的是对已然事件事实性缺失的［盖然］推测，但是，这种［盖然］推测的存在则也是在说话时间的现在才出现的，换句话说，认识情态管辖的事件在时间意义上可以指向过去，但这种认识情态本身在时间意义上却是指向现在的。

认识情态的存在总是与说话时间的现在重合，说明时间指示对认识情态的理解没有意义，或者说，在人们理解认识情态时，由于在时间意义上不存在任何区别，也可以认为认识情态与时间指示无关，或者说，认识情态只具有泛时特征。

更重要的是，认识情态具有非事实（non-factual）特征。当说话人以认识情态来表达对命题或事件的态度时，与说话人说出一个对事实或真实命题的断言（assertion）有本质的区别。我们可以这样说，即使是最大的可能性（即［必然］）的表达也不是事实或真命题的断言，它还是只停留在非事实的阶段。

可见，认识情态也具有非现实特征，与"没"的现实特征在语义组合时存在冲突。

（四）动力情态的边缘地位

动力情态的地位历来存在争议。因为它不像认识情态和部分道义情态那样，直接表达说话人的态度，也就是说，典型的情态意义是说话人取向（speaker-oriented）的，而动力情态却是主语取向（subject-oriented）的，特别是有时候是施事取向（agent-oriented）的。在句法表现上，表达动力情态的情态动词与表达另外两种类型情态意义的情态动词也不一样，具体表现在动力情态动词对于主语来说是可控的。

从可能世界的角度来看动力情态，则动力情态与另外两种情态同样有非现实的性质，因为，当我们说"他能开大卡车"时，并不意味着"他开大卡车"就是一个事实。

但是，动力情态毕竟与另外两种情态意义有所不同。当说话人说"他能开大卡车"时，在很大程度上具有断言的意味，即对主语"他"能力的断言，而不是表达说话人对"他开大卡车"的主观态度。所以，当说话人就主语的动力作出陈述时，也可以理解为具有现实的性质，即在现实情境中，主语具有做某事的［能力］、［勇气］或［意愿］。另外，当说话人对主语的动力作出陈述时，在中性语境下，这种动力的时间指示一般具有非未来的特征，也就是说，说话人是在对主语非未来的动力状态作出判断。这也符合现实情境的时间意义特性。

这样看来，表达［意愿］、［勇气］或［能力］的动力情态是非典型的情态，它处于现实与非现实的过渡地带。动力情态表现为现实特征时，它与"没"的现实语义特征没有冲突。我们认为这正是有些表达动力情态的情态动词能受"没"的外部否定的原因。

二　"没"对情态动词的多义滤除

在"一"中节我们从"没"与情态的现实与非现实特征上初步证明了只有表达动力情态的情态动词才能受"没"的外部否定。这一节我们分析现代汉语多义情态动词接受"没"的外部否定之后的单义化，以此来进一步证明只有表达动力情态的情态动词才能受"没"的外部否定。

（一）情态动词的多义特征

不同语言的情态动词都在不同程度上存在多义（polysemy）特征。英语的情态动词一般都存在两种甚至三种类型情态语义之间的多义[①]。现代汉语的情态动词也在一定程度上存在这种多义现象，但是不像英语的情态动词表现得那么整齐，也就是说，只有部分情态动词表现出两种或三种类型的情态类型意义之间的多义性。在能受"没"外部否定的情态动词当中，"敢""肯"分别表［勇气］和［意愿］，只涉及一类情态语义，即［动力］，是单义的；而"要"和"能"（"能够"）则能表达不止一类情态意义，其中"要"有［意愿］、［必要］和［必然］义，而"能"也有［能力］（包括［条件］［用途］等与［能力］有相似特征的"物力"

[①] 参见 Palmer, F. R., *Modality and the English Modals* (2nd edition), New York: Longman Group Ltd., 1990, pp. 24–29。

义)、[许可] 和 [可能] 义。如，例（9）（10）（11）中的"能"就分别表示了这三种情态语义。

(9) 不歧视，您刑满后能自食其力，让人敬重。(王朔《你不是一个俗人》)

(10) 我不能骗您，我不能说没有，希望没和您的道德观冲突。(王朔《顽主》)

(11) 好，好，好得不能再好了。(王朔《千万别把我当人》)

"能"在以上3例中分别表现了三种情态语义，即例（9）中的 [能力]，(10) 中的 [义务] 和例（11）中的 [可能]，分属三个情态语义类型，即动力情态、道义情态和认识情态。

(二) 情态动词单义化

多义的情态动词在被"没"外部否定后，只剩下一种情态意义，即动力情态意义，下边看一看"能"与"要"被"没"外部否定后的单义化倾向。

1. "能"的单义化

前文已经提及，"能"是一个多义的情态动词，它可以表达三类情态语义，即动力情态 [能力]、道义情态 [许可] 和认识情态 [可能]。

"能"受"没"外部否定后，只表达一种情态语义，即 [能力] 这种动力情态意义。从这种意义上说，"没"对"能"的三种情态意义起到了过滤作用，即外部否定的"没"滤除了"能"的 [可能] 和 [许可] 语义，而只剩下 [能力] 义，从而使"能"在"没能"这一格式中呈现出单义（monosemy）性。如例（1）及下边的例（12）和（13），

(12) 她没能把门撞紧，便昏倒在地。(刘心武《一窗灯火》)

(13) 邹安没能给孩子喂成奶的原因，不是邹安。(毕淑敏《天衣无缝》)

这三例"没能"中的"能"都只表示 [能力]，属于三种情态意义中的动力情态。"能"受"没"外部否定后，只能表达一种情态意义，即动力情态意义，从这种意义上说，外部否定的"没"对"能"的情态语义表达存在强制的选择，即外部否定的"没"只选择与表达动力情态语义的"能"同现，而排斥表达另外两种情态意义的"能"。这一点可以证明只有表达动力情态的情态动词能受"没"的外部否定。

2. "要"的单义化

"要"也是个多义的情态动词，它可以表达动力情态 [意愿]、道义情态 [必要] 和认识情态 [必然]。但是，"要"被"没"外部否定后，只表达动力情态义：[意愿]。也就是说，"要"被"没"外部否定时，

"要"被滤除了两种情态意义,而只剩下[意愿]这一种情态义。如例(5)和下边的例(14)和例(15),

(14)我上告他,不过想扳平个理,并没要送他去坐牢呀?(陈源斌《万家诉讼》)

(15)我没要和他定婚,是他哀告我的,现在……(老舍《二马》)

这三例中的外部否定标记"没"把多义情态动词"要"的认识情态[必然]与道义情态[必要]义滤除掉,而只剩下动力情态[意愿]义。这也可以证明只有表[动力]情态义的情态动词才能受"没"的外部否定。

三 动力情态的内部差异

与"能"一样,"可以""会"也能表动力情态中的[能力]义,然而,同样表达动力情态[能力]义,"能"可以受"没"的外部否定,而"可以""会"却不能用"没"进行外部否定。看来,并非如前文分析过程所暗示的那样:只要是表达动力情态的情态动词就可以受"没"的外部否定。

对于这一现象,我们初步的解释是:动力情态内部语义成分之间存在差异,有的语义成分与外部否定的"没"相容,有的语义成分却与外部否定的"没"不相容,表现到语言形式上,同样是表达动力情态,有的情态动词可以受"没"的外部否定,而有的却不能。

"能"、"会"和"可以"表达的动力情态意义都是[能力],下边我们就分析一下"会""可以"表达的[能力]与"能"表达的[能力]之间存在什么差异,看看是否可以从这种差异中找到"会"和"可以"表达[能力]时不能受"没"否定的原因。

(一)"会"表达的[能力]

表达[能力]的"能"可以受"没"外部否定而"会"却不行,原因在于"会"表达的[能力]具有如下一些特征。

1. 恒定特征

相对于"能"表达的[能力]的变化特征,"会"表达的[能力]具有恒定特征。

渡边丽玲[①]就"会"与"能"在表[能力]时的区别作过有趣的分析,在论及表[能力]只能用"能",不能用"会"时,提及两种本文

[①] 渡边丽玲:《助动词"能"与"会"的句法语义分析》,见陆俭明主编《面临新世纪挑战的现代汉语语法研究:'98 现代汉语语法学国际学术会议论文集》,山东教育出版社 2000 年版,第 476—486 页。

认为值得关注的情况：一是表示"特定时间或条件的能力"时；如例（16）；二是"当要强调在独特、个别状况中的能力，或者强调在数量上发挥时"，这一点，吕叔湘①也认为，"表达达到某种效率，只能用"能"，不能用"会"。如例（17）。

（16）a. 他的病好了，能下床了。
　　　b. *他的病好了，会下床了。

（17）a. 小李会刻钢板，一小时能刻一千多字。
　　　b. *小李会刻钢板，一小时会刻一千多字。

例（16）因为表现了［能力］在时间上的变化，例（17）因为强调了数量上的变化，所以只能用"能"而不能用"会"，这表明"会"表达的［能力］具有无变化的特征。鲁晓琨②认为，"会"表示的"本领"意义具有"恒常性"特征，也就是说，这种"'本领'是超时空的，不因特定的时间空间而变化"。说的也是这样的意思。

2. 习性特征

渡边丽玲③认为，例（18a）是因为"强调能耐不大或不好的习性"，才不能变换成（18b），也就是说在"强调能耐不大或不好的习性时"，只能用"会"，而不可以用"能"。如：

（18）a. 这只狗会咬人。
　　　b. *这只狗能咬人。
　　　c. 这只狗一次能咬很多人。
　　　d. 这只狗一次会咬很多人。

其实，这与习性的好坏没有必然的关系。倒是跟"习性"（generic）本身有关。如果我们想描写一只特别的狗，有一种特定的本领，则这种"习性"尽管不好，也可以用"能"，如例（18c）。这是因为，这种能力是经过限定的。而（18d）尽管仍然合语法，但是"会"表达的情态意义已经从［能力］变成了［盖然］，属于另一类情态意义，即认识情态。这一事实告诉我们，"能"可以表达经过限定的能力，而"会"表达未经限定的能力。这一点从渡边丽玲对表能力的"能"与"会"在句法上的表现的分析也能得到印证。她发现，"能"与"会"在句法上最大的对立，表达在"能"后的动词可以带状语、补语、数量结构或介词结构，而"会"的宾语里不

---

① 吕叔湘：《现代汉语八百词》（增订本），商务印书馆1999年版，第415—416页。
② 鲁晓琨：《现代汉语基本助动词语义研究》，中国社会科学出版社2004年版，第239页。
③ 渡边丽玲：《助动词"能"与"会"的句法语义分析》，见陆俭明主编《面临新世纪挑战的现代汉语语法研究：'98现代汉语语法国际学术会议论文集》，山东教育出版社2000年版。

出现这些句法成分。我们认为,隐藏在这种事实背后的原因,正是"能"表达的[能力]可以从各个不同的角度进行限定,而"会"表达的[能力]则不能进行这种限定,而应该保持"习性"的性质。

当然,我们也可以说类似"他会唱三首英文歌"这样的句子。这个句子中"会"后的动词短语中出现了数量结构,似乎与渡边的分析不合。其实,这与所谓"数量"指向有关,渡边的分析应该强调所谓的"数量"应该是指向动词本身而不是指向主要动词(main verb)的宾语的。比如,在"他会唱三次英文歌""他会唱三个小时英文歌"中,由于"三次""三个小时"这些"数量"指向的是主要动词,即对这些主要动词本身进行了限定,这两个句子中的"会"也就不再表达[能力],而表达了别类情态意义。

3. 均质特征

我们可以进一步借用石毓智①的离散量与连续量的概念来说明为什么同样表[能力]的"会"不能用"没"进行外部否定。

根据他对"量"的概念的定义,我们认为,表能力的"会"与"能"都是非定量词,所以可以被否定。但是,从"会"表达的能力不能接时空、数量之类的限定这一点来说,"会"的[能力]在内部结构上不能进行清晰分解,具有"连续量"的均质特征,也就是具有"无界"的特征。所以,"会"可以用"不"进行外部否定而不能用"没"进行外部否定;而"能"的[能力]却可以从不同的角度进行限定,每一种限定都有相对清晰的边界,是一种离散量,每次限定的[能力]都具有"有界"②③的特性。当"能"的[能力]具有"离散量"或"有界"特征时,"能"可以受"没"的外部否定;当然,语言的使用者也可不对"能"的[能力]进行"有界"化操作,这时,"能"也可以受"不"否定,所以,"能"表示的[能力]具有"连续量"和"离散量"的双重特征。

以上说到的"会"表达的[能力]的三种特征,其实只是从三个方面来说明这种[能力]内部均质性,也正是"会"表达的[能力]的这种内部均质性特征,使"会"虽然表达动力情态,却不能受"没"的外部否定。

---

① 石毓智:《肯定和否定的对称与不对称》,北京语言文化大学出版社2001年版,第31页。
② 沈家煊:《"有界"与"无界"》,《中国语文》1995年第5期。
③ Talmy, L., *Toward a Cognitive Semantics* (*V. I*), Cambridge, Mass.: MIT Press, 2000, p11ff.

(二)"可以"表达的[能力]

另一个情态动词"可以"也表[能力],而且,与"能"表达的[能力]一样,也带有离散量特征的[能力]。如例(19a)可以变换成例(19b),但不能变换成例(19c)。

(19) a. 我完全可以养活你嘛。(《北京人在纽约(电视剧记录)》)
   b. 我完全能养活你嘛。
   c. *我完全会养活你嘛。

也就是说,按以上的分析,从量的离散性特征来说,"可以"与"能"表达的[能力]是一样的。可见,"可以"不能受"没"的外部否定,应该另有原因。

初步观察表明,表[能力]的"可以"不受"没"的外部否定,与"可以"表达的[能力]之量大特征有关。我们可以从如下两个方面来说明"可以"表达的[能力]存在这种量大的特征。

1. [能力]的量级

"能"表达的[能力]与"可以"表达的[能力]之间存在量级差别的关系。这一点可以从表达[能力]的"可以"的否定替补(suppletive)形式上得到证明。也就是说对表[能力]的"可以"进行否定时,其形式不是"不可以",而是"不能",这说明"可以"和"能力"表达的两种[能力]存在量上的级差关系。

"可以"表[能力]时没有相应的否定形式。吕叔湘[1]注意到,"表示可能"(即本文所谓的[能力])的"可以","表示否定时,通常说'不能',不说'不可以'"。所以,例(20a)中"可以"相应的否定式是例(20b)中的"不能",而不是例(20c)中的"不可以"。例(20c)中的"可以"被"不"外部否定后,表达的已经不是[能力],而是[许可],已经成为道义情态。即"可以"与"不"一起施行"禁止"的言语行为。

(20) a. 他说你需要什么帮助,我可以提供。(赵波《晓梦蝴蝶》)
   b. 他说你需要什么帮助,我不能提供。
   c. 他说你需要什么帮助,我不可以提供。

根据沈家煊[2]、戴耀晶[3]、石毓智[4]得出的"否定的量向大确定"的否定规律,我们可以作这样的分析:因为"能"表达的[能力]比"可

---

[1] 吕叔湘:《现代汉语八百词》(增订本),商务印书馆1999年版,第337页。
[2] 沈家煊:《不对称和标记论》,江西教育出版社1999年版,第94页。
[3] 戴耀晶:《试论现代汉语的否定范畴》,《语言教学与研究》2000年第3期。
[4] 石毓智:《肯定和否定的对称与不对称》,北京语言文化大学出版社2001年版,第36页。

以"表达的［能力］的量小，所以，用"不能"来否定表更大量［能力］的"可以"。

2. "可以"表达的［能力］的极大量

"可以"表［能力］时，前边既不能受"不"外部否定，也不能受"没"外部否定，这说明表［能力］的"可以"与外部否定完全不相容。

这种现象的出现，我们认为与"可以"表达的［能力］的极大量特征有关。

关于否定与量特征的关系，石毓智[①]认为，"量大的事物肯定性强"，"语义程度极大的词语，只能用于肯定结构"。情态动词的语义量特征也支持石毓智的看法。现代汉语的"肯定"、"得"（děi）表达的都是［必然］义，在认识情态中具有最大量特征，对它们的否定都是通过量级比它们低的"可能""一定"等的否定替补来实现的；"必须"、"得"（děi）[②]表达的都是［必要］，在道义情态中也具有最大量的特征，对它们的否定，也是通过在道义情态中量级比它们低的"应该"或"可以"的替补否定来达到的。看来，在现代汉语表达认识情态与道义情态的情态动词中都存在这种具有语义极大量的情态动词，它们都不能被否定。

现在的问题是，表达动力情态（至少是表［能力］）的情态动词之间是否也存在这种具有极大量语义特征的成员。要证明这种成员的存在，还得看一看表［能力］"可以"与"能"在语义量特征上还存在什么区别。

Sweetser[③]接受 Talmy[④]关于用"动力与障碍"（force and barrier）概念来解释根情态（root modality）的分析思路来解释英语 can 和 may 这两个情态动词语义上经常出现交叉（overlap）的原因。她用了一个有趣的比喻：can 可以看成汽车中装满汽油的油箱，而 may 则可以看作车库开着的门，二者都会对汽车开出这一情况（situation）发挥相似的影响，所不同的是 can 是积极的致能条件（enablement），而 may 是对障碍的否定，即无障碍。

这一分析正好在一定程度上可以比附汉语表示能力的"能"与"可以"的分析。即"能"从正面发出致能条件，而"可以"则从负面的角

[①] 石毓智：《肯定和否定的对称与不对称》，北京语言文化大学出版社2001年版，第53页。
[②] "得"（děi）是多义情态动词，存在认识情态［必然］与道义情态［必要］之间的多义。
[③] Sweetser, E., *From Etymology to Pragmatics*, Cambridge：Cambridge Uni. Press, 1990, p51ff.
[④] Talmy, L., "Force Dynamics in Language and Cognition", *Cognitive Science*, 1988, 12, pp. 49 – 100.

度对"障碍"进行否定。相原茂①和鲁晓琨②对"能"与"可以"的分析印证了这种看法。相原茂认为,"能"基本上表示主体的内在能力,"可以"则不过是说没有障碍。鲁晓琨则说,表"能力"的"可以"强调客观上无妨碍,"能"强调主体的内在能力及意愿,而"可以"则无意愿义。也就是说,汉语的情态动词"能"与"可以"也可以作这样的理解,即"能"表达的[能力]是一种包括主体内在意愿的内在能力,而"可以"表达的[能力]则是主体使某一事件成真时无障碍的能力。

表[能力]的情态都是从命题成真的可能性来对命题进行限制的。可以这样来理解"能力"和事件的"实现"之间的关系:即从"能力"到事件的"实现"存在级差;从"动力与障碍"到事件的实现,存在这样一个理想认知模型(ICM):有"能力"而无"障碍"最有实现的可能。

按照这一理想认知模型,"可以"表达[能力]时,是最接近现实的,也就是说,从"能"表达的[能力]到"可以"表达的[能力],再到事件的"实现"(即事件成真)这一级差系列中,"可以"的表达的[能力]最接近于事件的"实现",从这种意义上说,"可以"表达的[能力]处于[能力]系列的最高级,也就是说,表[能力]的"可以"是"语义程度"极大的词。就是因为这一点,表[能力]的"可以"不能受到外部否定,因而也不能受"没"的外部否定。

四 对"致能条件"的否定

我们可以把"没 ModVp"③的语义结构作如下的概括:"没 ModVp"否定的是事件实现主体的某种致能条件(enablement),表达的是主体对过去事件实现的动力缺失。

(一)"障碍"的映射:"没"

前文已经提及,Talmy④、Sweetser⑤都曾试图以"力量与障碍"这种物质世界的概念来说明情态动词的认知语义特征,他们认为,物质世界的动力与障碍与情态动词所表现的语言使用者的心理空间的概念存在着映射

---

① 相原茂的观点转引自鲁晓琨《现代汉语基本助动词语义研究》,中国社会科学出版社 2004 年版,第 74—107 页。

② 鲁晓琨:《现代汉语基本助动词语义研究》,中国社会科学出版社 2004 年版,第 74—107 页。

③ 下文把情态动词记为 Mod,句中的主要动词短语记为 Vp。

④ Talmy, L., "Force Dynamics in Language and Cognition", *Cognitive Science*, 1988, 12, pp. 49 - 100.

⑤ Sweetser, E., *From Etymology to Pragmatics*, Cambridge:Cambridge Uni, Press, 1990, p51ff.

关系。按照他们的说法，"能"、"敢"和"肯"等情态动词都含有［致能］的语义属性，即它们都有"力量"的性质。当一定的条件得到满足时，这些致能性力量就能按照说话人或事件的实施主体的意愿实现预期的目标；当这些力量遇到障碍时，这些"致能"力量就会被阻断而不能达成这些目标。在语言形式上，前者表现为对动力情态的肯定，后者表现为对动力情态的否定。而情态动词前的"没"正是这种外在的物质世界的"障碍"映射到心理概念结构后在语言中的表现。

（二）致能条件的表现："意愿"

这种所谓的"致能"条件在"没 ModVp"格式中常常是以事件实施的主体的"意愿"出现的，也就是说，在"没 ModVp"格式生成的句子中，"致能"常常以"意愿"的方式出现。其句法表现是，这种句子所在的上下文中能找到表达主体意愿的小句。

致能条件可以从起始句中找到，这些起始句的意义表明，"没 ModVp"所在的句子的施事都是首先有实施某种行为的意愿，或者有某种外力迫使施事施行某种行为。

(21) 陶影拼命心记，还是没能记全作家的话。(毕淑敏《一厘米》)
(22) 口中也想说两句知恩感德的话，可是没能说出来。(老舍《四世同堂》)
(23) 他想破口大骂，而没敢骂出来。(老舍《四世同堂》)
(24) 妈妈哭着递给我她头上的银簪——只有这一件东西是银的。我知道，她拔下过来几回，都没肯交给我去当。(老舍《月牙儿》)

例（21）到（24）的起始句表明，句子的施事有施行某种行为的愿望，表现在"想"做什么这一点上。

（三）动力的缺失：障碍

与动力相对的是障碍，这种障碍也能从"没 ModVp"格式句所在的上下文中找到其载体。它或以起始句的形式出现，或以后续句的形式出现，预先或补充说明施事最后动力缺失的原因。例如：

(25) 怕你不要，我刚才就没敢当着众人给你。(毕淑敏《阿里》)
(26) 马先生从一进门到现在，始终没敢正眼看温都太太；君子人吗，那能随便看妇人呢。(老舍《二马》)
(27) 当天晚上我们都没能吃饭，车咕嘟得太厉害了，大家都有点头晕。(老舍《开市大吉》)
(28) 这最后的称赞，他没肯指出姓名来，怕桌子传给那个人，而他的屁股遭殃。(老舍《牛天赐传》)

例（25）先说明障碍的出现，例（26）—（28）补充说明是什么样的障碍。就像（25）、（28）所表现的那样，这种障碍常常来自"意愿"相反的因素，如"怕"之类。

这种障碍也可由带"致使"义的语言成分来表现。我们发现这样的现象，即"没ModVp"格式所生成的句子常充当"使"或表示致使结果的"得"的补足成分，如（29）（30），

（29）瑞丰听到安儿胡同与烤肉，口中马上有一大团馋涎往喉中流去，噎得他没能说出话来，而只极恳切的点头。（老舍《四世同堂》）

（30）这种自警自惕，使他没敢和任何人瞪眼吵嘴，可也没使他高兴。（老舍《蜕》）

在这些句子中，"得"和"使"标示了障碍的来源。

（四）意愿与障碍的同现

这种"动力与障碍"也可以在上下文中同时出现。一般先出现表现意愿的小句，后出现说明障碍的小句。如（31）至（33）：

（31）晚饭，他到厨房去帮着烙饼，本想和祁少奶奶说些家长里短；可是，一提起家中，他就更不放心，所以并没能说得很痛快。（老舍《四世同堂》）

（32）大家都觉得这不是买木耳的好时候，而都想责备她一半句。可是，大家又都知道她是一片忠心，所以谁也没肯出声。（老舍《四世同堂》）

（33）有心试试钢琴，一想天太晚了，没敢弹。（老舍《二马》）

以（33）为例，第一小句的"有心"，表示施事有施行某种行为的意愿，第二小句则说明障碍的出现，最后以"没敢"表达这种结果：因障碍的出现而使主体失去致能条件，并从而没实现"弹钢琴"这一行为。例（31）和（32）可作同样的分析。可以这样说，例（33）较典型地表现了"没ModVp"格式的语义结构和认知价值：

施事本来具备某种作为动力的致能条件，可是因为某种原因形成的障碍，从而阻断了这种致能条件去实现某种行为。

（五）致能缺失的情感反应

还有一点可以证明致能条件的存在。那就是出现事件不能实现这种结果后，主语对此会作出"后悔""可惜"等形式的情感反应。如：

（34）他只好回家吧，虽然很后悔没能厮杀一阵。（老舍《牛天赐传》）

（35）有一个家伙对我转述另一个家伙的评价，说我只是这个时代的

一个跳蚤，只可惜没能跳得更高。（王朔《王朔自选集序》）

（34）（35）由"没 ModVp"生成的小句都作了"后悔""可惜"的补足成分，这些补足成分都可以看作由于致能条件缺失后，主体出现情感反应的表现。这从一个侧面证明，这种所谓的致能条件的确是存在的。

五 从否定致能条件到否定现实事件

下面主要通过"没 ModVp"与"没 Vp"对比，从二者的差异上进一步分析"没 ModVp"在语义结构上的特征。先分析"没 ModVp"与"没 Vp"在语法形式与语用上的联系，进而从语义结构上的联系上证明："没 ModVp"语义结构的本质是从否定致能条件达到对现实事件的否定。而"没 Vp"表示的只是纯粹的对已然事件的否定，该格式生成的句子只表达对某种事实的客观叙述。

（一）Vp 句法形式上的一致性

一般来说，情态句与非情态句在语法形式上会有区别，因为，情态语义对特定的语法形式往往有选择性。但是，我们发现，"没 ModVp"与"没 Vp"在 Vp 的语法形式特征上有比较高度的一致性，最突出的表现是，当我们把"没 ModVp"中的 Mod 去掉之后，"没 Vp"在语法上仍然是合式的。例如：

（36）a. 虽然没能找到赵万全的女儿，并不是一无所获。（肖复兴《长发》）

b. 虽然没找到赵万全的女儿……

（37）a. 但她没敢挑剔过厂长，厂长不是平常意义上的女人。（毕淑敏《女人之约》）

b. 但她没挑剔过厂长……

（38）a. 其中两只是他的杰作，一直没肯给人。（冯骥才《雕花烟斗》）

b. 其中两只是他的杰作，一直没给人。

（36a）—（38a）句中的 Mod 都可以去掉，而变换后的 b 句在语法上依然合式。

要说明这种现象，可以有两种假设：（一）"没 ModVp"与"没 Vp"完全等值，这时，Mod 是冗余的，由"没 ModVp"格式生成的句子表达的也是对事件实现的已然否定；（二）两种格式只在语形上等值，而在语义和语用上有着内部的差异。

（二）Mod 出现具有强制性

语言的经济原则要求我们慎重判断某一成分是否属于所谓的冗余现

象，而且我们也发现，有时候，Mod 在句中的出现具有强制性，也就是说，Mod 的隐现即使在句法表层是也不是完全自由的。比如说，（39）（40）就不能作如同（36）—（38）那样的变换。

(39) 你的女儿我没能留得住她，但你的老婆我可以治。（毕淑敏《生生不已》）

(40) （牛老太太）很想奖励她们一番，可是她的话有分寸："哎，没敢惊动亲友；这怎说的，又劳你的驾；来看看小孩吧。"（老舍《牛天赐传》）

对于（39），因为"能"后的"留得住她"表示的是一种未来的可能性，"没"却是对非未来的否定，在语义上有冲突。至于（40），虽然在句法表层上去掉"敢"而"没惊动亲友"仍然合语法，但是在此语境之下却不再合用，从语用的角度看，这儿的"敢"有它独到的价值。从这种意义上说，一个语义成分在句法上看似自由的隐现，不一定出现语义、语用上的完全平行。所以，"没 ModVp"与"没 Vp"只在句法表层上部分地存在变换关系。也就是说，Mod 在格式中的出现并不是冗余的，它有着自身的语义与语用价值。

（三）语用价值上的差异

值得注意的是，"没 ModVp"与"没 Vp"二者的语用价值是不一样的。致能条件中隐含的"意愿"等主观因素，在一定的语境中，在两种格式中都能得到识解。但得到这种理解时的关联度[①]是不一样的。看看（41）：

(41) 有的重伤员只反复地喊："同志，我对不起祖国，没能完成任务！"（老舍《无名高地有了名》）

我们很容易得到这种隐含意义：施事有实现"完成任务"的强烈意愿。这种隐含意义给句子带上了很强的主观色彩。这是"能"出现的必然结果，因为情态总是关乎主观的。而要是把句子变成"没完成任务"，首先我们会觉得在此语境下不一定得体，原因在于：在不出现"能"的情况下，句子只是说出了一个事实，而类似于"没能"所具有的主观上的意义，如有可能，则也是要通过语境效果才能达成的认知结果，但是"没能"的"在主观上作过努力、因为障碍出现而未能实现'完成任务'而后悔"等意义，是不用更多的语境效果就能得到的认知结果。从这种

---

① Sperber, D. & D. Wilson, *Relevance: Communication and Cognition*, Cambridge: Harvard University Press, 1995, p.123.

意义上说,"没能"在识解同样的隐含意义时具有更高的关联度。

(四)语义结构上的衍推关系

1. 从"没 ModVp"推出"没 Vp"

虽然"没 ModVp"在语义结构上比"没 Vp"多了"致能条件"这一要素,使它与"没 Vp"存在本质上的区别,但是,从命题真值上看,"没"归根结底还是产生了对已然事件否定的实际效果。也就是说,与"不"对情态的否定不同,"没"在否定动力情态的同时,也达到了对事件实现的否定这种效果,也就是否定了该命题的真值。从(42a)都能推出(entail)相应的(42b),也就是a→b。

(42) a. 他这次没能猜对。　　b. 他这次没猜对。
　　　a. 她一直没敢上厕所。　　b. 她一直没上厕所。
　　　a. 终于没能够把闺女留住。　　b. 终于没把闺女留住。
　　　a. 他并没肯那么办。　　b. 他并没那么办。

就像前文已经提及的那样,这里暗含了这样一种理想认知模式:要实现某种行为,要使某种事件成为现实,行为的实施主体首先要有某种致能条件。也就是说,致能条件是行为实现的动因,行为的实现是后于致能条件而存在的。

2. 否定的量向上蕴含

"没"否定低量的"ModVp"可以达到对高量的"Vp"的否定。

沈家煊[①]、戴耀晶[②]、石毓智[③]都曾从量的角度讨论过否定的性质。否定的量向大确定,即否定的量向上蕴含,所以有可以通过对量小的否定来达到量大的否定。致能条件与行为实现之间的关系与量小量大之间存在平行的相似性,就是说,也可以认为二者之间存在一种级差关系,致能条件的级差低,行为实现的级差高。而"没"正是通过对"能力""意愿"等"致能条件"量小的低级否定,达到已然现实的相对量大的高级否定。所以人们在解释"没 ModVp"时,会产生它与"没 Vp"等值的错觉;而通过对致能条件的否定,实际上也确实达到了对事件实现的否定的语义效果。

3. 不充分的致能条件

与"没肯 Vp"格式同样与[意愿]有关的"没要 Vp"格式,在与

[①] 沈家煊:《不对称和标记论》,江西教育出版社1999年版,第94页。
[②] 戴耀晶:《试论现代汉语的否定范畴》,《语言教学与研究》2000年第3期。
[③] 石毓智:《肯定和否定的对称与不对称》,北京语言文化大学出版社2001年版,第36页。

"没 Vp"的关系上表现出不同的特点。"要"(如果把"想"算作情态动词,也包括"想")表达的[意愿]不是充分的"致能条件",所以从"没要(/想)Vp"不一定能推出"没 Vp"。拿例(5)来说,"当时没要完全置你于死地",从上下文来看,当时是达到了"完全置你于死地"的效果的,也就是说,从"当时没要完全置你于死地"不能推出"当时没完全置你于死地"。(14)和(15)二例亦可作同样分析。

在电影《秋菊打官司》中,秋菊是在村长被公安带走后说(14)这句话的,即从"没要送他去坐牢"不能推出"没送他去坐牢";而(15)"我没要和他定婚"也不一定就能推出"我没和他定婚"。

对这一现象,我们认为其原因在于:"要"和"想"表达的[意愿]与"肯"表达的意愿有所不同。"肯"的[意愿]的产生,有外力的作用,即先有外在的环境对句子主语提出某种要求后,才会有"肯不肯"的问题。《现代汉语词典》也说"肯""表示接受要求"①。在外力作用下同意实行某种事件,所以"肯"的[意愿]易于成为致能条件;而"要"与"想"都只是无外力作用下的自发的[意愿],可以看作一种动力不足的[意愿],不能自然地成为致能条件。就像(43),也不能从(43a)必然推出(43b),而例(44)虽然主语"没想发脾气",而"发脾气"的事件却实现了。这也就是"没要(/想)Vp"不一定蕴含"没Vp"的原因。

(43) a. 我没想真砍他,我就是想吓唬吓唬他,让他说实话。(王朔《过把瘾就死》)

b. 我没真砍他。

(44) 祁老人真没想发脾气,可是实在控制不住了自己。(老舍《四世同堂》)

结语

"没"只能外部否定"能""能够""敢""肯""要""想""愿意",是因为只有动力情态与"没"的现实特征没有冲突。"没"不能否定表达具有非现实特征的道义情态和认识情态的情态动词。从这种意义上说,外部否定的"没"与情态语义的表现形式同现时,对多义的情态动词表达的多种情态语义有过滤的功能,它可以滤除道义情态与认识情态而只保留

---

① 鲁晓琨把"肯"的这一语义称为"回应选择性"。鲁晓琨:《现代汉语基本助动词语义研究》,中国社会科学出版社 2004 年版,第 209 页。

动力情态。

　　同样表示［能力］的动力情态词"会""可以"不能被"没"否定，是因为"会"表示的［能力］具有均质特征，"可以"表示的［能力］具有极大量特征。

　　"没 ModVp"与"没 Vp"在句法形式上存在着较高的一致性，给人以两种格式等值的错觉。其实二者在语形上并不存在完全的平行性，在语用价值上也存在差异。要得到致能条件中隐含的"意愿"等主观因素这一语用成分的识解，二者的关联度有本质上的不同。

　　"没 ModVp"与"没 Vp"存在语义上的区别："没 Vp"表示的只是纯粹的对已然事件的否定，表达对某种事实的客观叙述；"没 ModVp"否定的是事件实现主体的某种致能条件，表达的是主体对过去事件实现的动力缺失。

　　"没 ModVp"与"没 Vp"在语义上也有内在的联系：动力情态的现实否定的语义结构是从对致能条件的否定达到对事件实现的否定，所以从前者一般可以推出后者。这一现象的动因是二者存在语义量上的级差，从前者的否定可以达到对后者的否定。

On the external negation of dynamic modality with MEI

Abstract　Co-occurrence of external negative mark "MEI" and modals is analyzed from the perspective of cognition and function in this thesis. External negation with "MEI" is only compatible with dynamic modality because of the realis feature of "MEI" and the dynamic modality, and therefore, "MEI" has the function to filter the several semantic items of polysemic modals in Mandarin Chinese. Semantic differences and inherent connection are in existence between construction "MEI + ModVp" and "MEI + Vp". That is, "MEI + Vp" negates realis events, while "MEI + ModVp" negates the enablement for the subject to actualize the events and represents the dynamic absence of the subject; simultaneously, negating the enablement can negate the actualization of the events.

Key words　modality；modals；realis；external negation；"Mei"

　　本文原载于（日本）《现代中国语研究》第七期（2005 年 10 月）

论情态与"着"的分化

彭利贞

提要 体与情态之间有密切的关系。现代汉语持续体标记"着"与情态成分之间存在着同现限制关系，不同的"着"要求与表达不同的情态类型的情态成分同现。"着"表达静态持续义时，与之同现的情态成分表达认识情态；"着"表达动态持续义时，与之同现的情态成分则表达根情态，即道义情态或动力情态。根据"着"的不同，可以得到情态表达成分确切的语义解释；根据情态类型的不同，可以看出"着"的内部分化。当"着"在不同的语境效果下表达不同的体意义时，与之同现的多义的情态动词的意义解读也产生相应的变化。

关键词 情态　体　认识情态　根情态　持续体　同现　分化

引言

"着"是现代汉语中重要的体标记，但对它存在不同的认识，特别是对它的内部构成，或者换句话说，存在几个"着"，在看法上存在分歧。我们注意到，"着"与表达不同情态类型的语言成分同现时，表现出不同的意义，所以，本文打算以不同的情态类型为维度来看待体标记"着"的内部差异，以此深化对"着"的认识。同时，我们也可以用"着"为参照，加深对情态的认识。

一　"着"与情态

现代汉语体标记"着"在不同的语境中存在不同的意义，而情态也存在不同的类型。作为讨论的基础，先简要讨论一下"着"的不同语义、情态的不同类型及二者之间可能存在的关系。

（一）"着"的内部构成

对体标记"着"的研究，已经比较深入，但也存在认识上的分歧。木村英树[①]、袁毓林[②]、戴耀晶[③]从不同角度对"着"进行过分析。对"着"表达的意义的认识尽管存在差异，但至少在下面两点上已经达成一致：（一）"着"表达状态；（二）"着"表达的状态在不同的环境中会出现差异。我们认为，这种差异，结合说话人说话的方式（即语气，mood）来看，可以看得更清楚。例如：

（1） a. 他坐着，不动。

　　　b. 你坐着，别站着。

　　　c. 你坐着，别动。

（1a）用的是直陈语气（indicative），说话人说出的是一个现实（realis）[④]事件，"着"在这种句子中表达的是一个静态事件；而（1b）和（1c）用的是祈使语气（imperative），表达的是非现实（irrealis）事件，说话人在（1b）中要求听话人"进入""坐"的状态，在（1c）中要求听话人"保持"该状态，"着"也呈现出动态特征。

在下文的分析中，我们会发现，正是"着"的"静态"与"动态"特征，影响了它与不同的情态表达成分的同现，或者说，"着"的语义结构的差异，影响了与之同现的情态成分的情态意义的表达。

（二）情态的不同类型

我们综合Lyons[⑤]和Palmer[⑥]对情态（modality）的定义认为，情态是说话人对命题的真值或事件的现实性状态表达的主观态度。根据Palmer[⑦]从类型学角度给出的情态分类，结合现代汉语的情态动词（modals）的语义分析，我们认为现代汉语的情态动词表达了如下三类情态意义：

动力（dynamic）情态，表达人或事物使句子表达的事件成真的致能条件（enablement），涉及能力、意愿、勇气等概念。现代汉语表达这类

[①] 木村英树：《关于补语性词尾"着/zhe/"和"了/le/"》，《语文研究》1983年第2期。

[②] 袁毓林：《现代汉语祈使句研究》，北京大学出版社1993年版，第47—61页。

[③] 戴耀晶：《现代汉语时体系统研究》，浙江教育出版社1997年版，第89页。

[④] Givon, T., "Irrealis and the Subjunctive", *Study in Language*, 1994, 18 (2), pp. 265 – 337.

[⑤] Lyons, J., *Semantics* (V. 2), Cambridge：Cambridge University Press, 1977, p. 452, pp. 787 – 849.

[⑥] Palmer, F. R., *Mood and Modality* (1st edition), Cambridge：Cambridge University Press, 1986, pp. 14 – 22.

[⑦] Palmer, F. R., *Mood and Modality* (2nd edition), Cambridge：Cambridge University Press, 2001, p. 22.

情态意义的情态动词有：能、会、可以、想、愿意、要、肯、敢等。

道义（deontic）情态，表达说话人对事件成真的可能性与必然性的观点或态度，涉及许可与必要等概念，表达这类情态意义的情态动词主要有：可以、能、应该、必须、得（děi）等。

认识（epistemic）情态，它表达说话人对命题为真的可能性与必然性的看法或态度，表达这类情态意义的情态动词主要有：可能、能、应该、会、一定等。

其中，前两类情态也可以合称为根情态（root modality），从与认识情态相对的角度上也可以称为非认识情态（non-epistemic modality）。

情态动词常常表现出多义特征。许多语言的情态动词大部分都存在多义现象。现代汉语的情态动词也有一部分，如"能、会、应该、要、一定、得、肯定"等，也表现出多义特点。这些情态动词可以表达认识情态意义，也可以表达道义情态或动力情态意义。这些多义的情态动词在具体的句子中一般可以获得单一的情态解释，或者表达认识情态，或者表达非认识情态；而它们得出某种语义解释，重要的影响因素之一是它们所处的句法环境，这些句法环境因素就包括我们讨论中的"着"。

由于现代汉语的多义情态动词在多义特征上也有典型性上的差别，下文的观察中，我们将选取较典型的四个多义情态动词作为观察对象，它们是：应该、能、要、会。

（三）"着"与情态的关系

"着"是现代汉语的持续体标记。体（aspect）与情态有密切的关系。

Leech[1]、Coates[2] 都注意到英语的进行体（progressive）对情态动词语义表达的影响，而"着"表达的持续体与英语的进行体在概念结构上存在某种有机的联系。

Alleton[3] 在讨论"应该""要"的认识情态意义时，提到"汉语中只有认识情态可以跟带有体标记（着、了、过）"，如他的例子（2）中的"应该"就只能有认识情态的解释。

---

[1] Leech, J., *Meaning and English Verb*, 1973, p. 93.

[2] Coates, J., *The Semantics of the Modal Auxiliaries*, London & Canberra: Croom Helm, 1983, p. 245.

[3] Alleton, Vivane, Some Remarks about the Epistemic Values of Auxiliary Verbs YINGGAI and YAO in Mandarin Chinese, In: Chen, M. Y. & Tzeng, J. L. (eds.), *In honor of Willian S - Y. Wang: Interdisciplinary Studies on Language and Language Change*, Taipei: Pyramid Press, 1994, pp. 1 - 16.

（2）他应该正跟客人说着话，请等一下。

忻爱莉①在讨论"应该"的情态意义时也指出，"应该"与进行貌（progressive aspect）"在"或"着"结合时，会有认识情态②的解释。如她的例子（3）。

（3）小明应该在房间里睡着。

Alleton 和忻爱莉的研究存在两个问题。一是"着"的意义问题：他们都认为"着"与"在"一样，表达"进行体"，但是，"进行"与"持续"之间存在本质的差别；二是他们都注意到"着"表达的事件的静态的一面，却没有注意到"着"表达的事件的动态的一面③。也就是说，他们都没有注意到下面这组例子中与"着"同现的"应该"还可以得出道义情态［义务］④义的解释。

（4）人家都不歇，为什么我就应该多歇着。（杨塑《雪浪花》）

（5）爹娘是在最苦的日子里不在了的，所以就应该常常记挂着他们。（张平《姐姐》）

（6）人也许不但应该记着生活中的艰难，更应该记着体验过的美好。（张承志《美丽瞬间》）

而从语气的角度看，"在（正在）"表达的事件与"着"表达的事件，既有联系，又有区别。"在"表达的事件，强调事件的现实性，而"着"表达的事件，可以像（2）与（3）那样，是现实的，但也可以像（4）（5）（6）那样，是非现实的。"应该"所辖事件处于现实情境，"应该"获得认识情态意义，而所辖事件处于非现实情境，"应该"则获得道义情态意义。在下文的分析中我们将会发现，"着"与其他情态动词同现时，情态动词的情态解释同样遵循这一规律。

二　静态持续体与认识情态

"着"表示静态持续体语义时，对与之同现的情态，有类型上的限制，主要表现为静态持续体"着"要求与表认识情态的情态动词同现；而当情态动词为多义时，静态持续体"着"会强制该多义情态动词得到

---

① 忻爱莉：《华语情态动词的语意与句法成分之互动》，见世界华文教育协进会编《第六届世界华语文教学研讨会论文集（第一册：语文分析组）》，世界华文出现社 2000 年版，第 258—279 页。

② 忻文称"认知情态"。

③ 钱乃荣：《体助词"着"不表示"进行"意义》，《汉语学习》2000 年第 4 期。

④ ［义务］表示这是一个语义范畴或语义要素。

认识情态的语义解释。

（一）静态持续体与认识情态同现的理据

一般来说，对于静态事件，从心理动力上看，人们无力对它们施加某种影响而使事件的状态产生改变或预期的变化。对于这种内部呈现为均质状态的事件，人们所能做的是去认识它，从情态意义上说，人们只能从可能性的大小上对事件作出评价。

因此，当"着"与只表达认识情态的单义情态动词同现时，"着"都表达静态持续意义，如：

（7）新生的这一代知识精华中，只有极少数可能掌握着现代主义；而大多数却可能堕落成投机商或买办。（张承志《心灵模式》）

（8）他对于大地、生活、人民的爱中必然包含着对于未来的追求——对于真理的爱。（曾卓《诗人的两翼》）

很显然，（7）（8）两例中的"掌握着""包含着"表达的都是具有内部均质特征的静态事件，这种静态事件只与表认识情态的情态动词相容，而排斥只表道义情态的情态动词，比如说，这两例中的"必然""可能"都不能替换为只表非认识情态的"必须"和"可以"。

静态持续体与认识情态相容，而排斥道义情态或动力情态与之同现，如果出现，则"着"会产生意义上的变化，即变成状态改变或动态持续的动态意义。

（二）多义情态动词与静态持续体标记"着"同现

静态持续体标记"着"与认识情态相容，而排斥非认识情态，这一点在它与多义的情态动词同现时表现得更清楚。多义情态动词"应该"、"能"、"要"及"会"与静态持续体标记同现时，一般都表达认识情态，而不表达非认识情态。从这种意义上说，静态持续体标记"着"与认识情态表达成分之间存在着同现的相互限制，即静态持续体标记要求与认识情态成分同现，所以，当情态表达成分与静态持续体"着"同现时，必然解释为认识情态；反过来，认识情态成分与"着"同现时，要求"着"表达的是静态持续。下面我们观察几个多义情态动词与"着"同现时，它们之间相互的同现限制。

1. "应该"与静态持续体标记"着"同现

多义情态动词"应该"可以表达两种不同类型的情态意义，即认识情态［盖然］和道义情态［义务］。"应该"与静态持续体同现时，表达［盖然］这种认识情态意义，说话人表达对这种静态持续事件的［盖然］推断。如（9）—（11）。

（9）过道墙边应该堆着五辆自行车，得靠右走，一二三四五，到了，我伸出手，摸到了楼梯。(李晓《关于行规的闲话》)

（10）在幅员辽阔的大陆上应该潜伏着躁动。(张承志《胡涂乱抹》)

（11）我在台阶上找陈北燕，她应该拿着我的书包。(王朔《看上去很美》)

（9）和（10）是对"某处有某物以某种状态存在"的断定；（11）是说话人对"陈北燕"正处于某种状态的［盖然］性推断。

2. "能"与静态持续体标记"着"同现

"能"可以表达三种情态意义，即认识情态［可能］、道义情态［许可］和动力情态［能力］（包括［条件］等致能意义）。"能"与静态持续体同现，表达认识情态［可能］。比如：

（12）你这反革命口淫犯能闲着？(王朔《顽主》)

（13）反正糟老头子在虎山，不能还带着大烟袋；只要没大烟袋，咱一点也不怕他！(老舍《小坡的生日》)

（14）不，他一定不能存着这种汉奸的心理。(老舍《蜕》)

（12）中的"闲"本来就是表状态的形容词，具有静态的语义特征，带上"着"后表达恒定的静态事件，（13）和（14）中的动词"带"和"存"在这儿也表示一种恒定持续的状态，这三个句子的"能"都表达对这种静态持续的状态事件［可能］的推测。

3. "要"与静态持续体标记"着"同现

多义情态动词"要"可以表达三类情态意义，即认识情态［必然］、道义情态［必要］与动力情态［意愿］。"要"与静态持续体"着"同现，一般表达认识情态意义［必然］，表示对"着"表达的静态持续事件的［必然］性推断。"要"与静态持续体"着"同现时，可以出现两种性质的推断，即从正向的断定式推断和负向的假定式推断。

（15）他们知道，这些灯要一直在那里亮着，一直到很深很深的夜里，发着红红的光。(《下水道和孩子》)

（16）因此他每次上课，走进教室里时总要夹着一大摞书。(《沈从文先生在西南联大》)

（15）和（16）都是从正向对句子表达的静态持续事件的［必然］推断。而下面的（17）与（18）则都是从负向的角度，对句子表达的静态事件的事实性的［必然］性的假定，即从假定的角度来推断这种事件真值的［必然］性。

（17）我爸要活着，知道我当了作家，非打死我。(王朔《一点正经

没有》)

(18) 无线电要老开着，还能烧了呢，啊。(电视剧《编辑部的故事》)

可见，虽然出现两种表义的取向，但是，"要"表达的情态意义的实质是一样的，即都是表达认识情态，表示对句子表达的持续静态事件真实性的［必然］推断。

4．"会"与静态持续体标记"着"同现

"会"主要表达认识情态［盖然］，但在与第一、第二人称同现时，也常常表达［承诺］这种对说话人对方或自己提出［义务］的道义情态。"会"与静态持续体"着"同现，一般表达认识情态意义［盖然］，表示对"着"表达的静态持续事件的［盖然］推断。例如：

(19) 你想我会闲着么？(王朔《动物凶猛》)

(20) 即使是在智力正常的儿童中，也会存在着能力上的差异。(《儿童的心理世界》)

(21) 还有，在他揣测，别看钱默吟很窘，说不定家中会收藏着几件名贵的字画。(老舍《四世同堂》)

这些句子中的主要谓词"闲"、"存在"及"收藏"本来就带有比较明显的静态性质，这些动词与体标记"着"一起表达的都是静态持续事件，而"会"则是对这些静态持续事件事实性在［盖然］性上的推断，即认为这种静态持续事件在事实性上存在着比较大的可能性。

有时候，这种与静态持续事件的"着"同现的"会"，是说话人依据认识对象的某种"习性"对该事件进行［盖然］性的推断，所以有的学者认为这种"会"表达的是［习性］，其实，与上边的那些句子不同的只是，下边的句子所作出推断的示证（evideintial）途径不一样，而这些"会"所表达的情态意义仍然属于"会"表达的认识情态［盖然］的范围。如(22)和(23)：

(22) 每天晚上到了买卖高潮的时候，摊子外面有时会拥着好些人。(《异秉》)

(23) 这样的傍晚，她会痴痴地望着远方的小路，等待自己出门在外的儿子。(毕淑敏《原始股》)

以上对多义情态动词"应该"、"能"、"要"和"会"与情态持续体标记"着"的分析表明，静态持续体"着"与多义情态动词同现时，"着"对多义情态动词的情态具有过滤作用，它滤除了这些多义情态动词的非认识情态（道义情态或动力情态）意义，而只剩下认识情态意义。

三 动态持续体与非认识情态

现在我们看看"着"取动态持续体语义时对同现的情态成分有什么影响。

（一）动态持续体与非认识情态同现的理据

动态事件内部具有非均质性特征，这种非均质性特征决定了人们在认知活动中可以将它分解，并以某种力量促成这类事件出现变化。"着"表达的动态表现为两种情形，一种是进入状态，一种是继续状态。前者表现为（1b），后者表现为（1c）。

在人们的认知活动中，动态比静态凸显，人们更容易用各种力量去改变它，自然的物力、人力以及社会的道义之力，都可能施加某种影响使这种动态事件产生某种改变，这一概念结构投射到语言结构上，则表现为"着"表达的动态事件一般与表达非认识情态（根情态）的情态成分同现。

动态持续体"着"表达的事件一个很明显的句法特征是，它常以祈使句形式出现。祈使是典型的非现实语气[①]。非现实事件都是现实世界之外的其他可能世界中的事件，对这种事件，人们才可以施加各种力来使之成真或使之成假。而且，祈使也是道义情态最典型的模式。[②] Palmer[③] 也明确指出，道义情态最普遍的类型是指令（directive）。所以，这种动态持续体"着"表达的事件，与非认识情态有一种天然联系。

与只表非认识情态的情态动词同现时，"着"只表现为动态持续体。如：

（24）他必须看着天空。（老舍《正红旗下》）

（25）在这块宽绰的私人地盘上，他可以歪着、趴着、盘腿坐着，怎么舒服怎么来。（王朔《看上去很美》）

（24）和（25）中的"必须""可以"都不表认识情态意义，只表根情态，或曰非认识情态，"必须"的情态意义是道义情态［必要］；"可以"的情态意义是道义情态［许可］或动力情态［能力］，它们都是非认识情态。这两个句子中的"着"与这两个非认识情态表达成分同现，表达的都是一种动态持续事件。一个很明显的证据是，这些"着"表达的事件，都可以用非现实的祈使语气来表达。如：

（26）看着（吧）！歪着（吧）！趴着（吧）！坐着（吧）！

[①] 袁毓林：《现代汉语祈使句研究》，北京大学出版社1993年版，第47—68页。
[②] Givon, T., "Irrealis and the Subjunctive", *Study in Language*, 1994, 18 (2), pp. 265-337.
[③] Palmer, F. R., *Mood and Modality* (2nd edition), Cambridge: Cambridge University Press, 2001, p. 70.

这些现象表明，如果与"着"同现的情态动词只表达非认识情态意义，那么，与之同现的"着"就会表达动态持续事件，与情态成分结合，或者要求进入某种状态，或者要求保持某种状态的继续。

（二）多义情态动词与动态持续体标记"着"同现

与只表非认识情态的情态动词同现时，"着"表现为动态持续体；反过来，与动态持续体"着"同现的多义情态动词，则一般会呈现为非认识情态意义。下面分析多义的情态动词与动态持续体标记"着"同现时的情态解读情况。

1. "应该"与动态持续体"着"同现

"应该"与动态持续体"着"同现时，"应该"会得到道义情态［义务］的解读。在下边的句子中，（27）和（28）是提出进入某种状态的［义务］，（29）是禁止状态的继续，（30）是对状态的继续提出［义务］。

(27) 朱先生看了看龙的图案，又翻过来看了看字画，交还鹿兆海手上，"你应该带着"。（陈忠实《白鹿原》）

(28) 你是支书，应该想着大多数人！（孙方友《官司》）

(29) 她是一个精通礼节的妇人，说我们不应该空等着。（鲁迅《朝花夕拾》）

(30) 为了爱你的那些个人们，你都应该活着啊！（张洁《爱，是不能忘记的》）

这组句子中的"带着"、"想着"、"空等着"和"活着"等都应该理解为是动态的持续，"着"都是动态持续体标记，而"应该"与这一体标记同现时，都得到道义情态［义务］的情态意义。

2. "能"与动态持续体"着"同现

"能"与动态持续体"着"同现时，"能"表达根情态意义，即动力情态或道义情态意义。下面的（31）和（32）中的"能"表达的是动力情态［能力］，表示句子的主语有让事件或状态继续保持的能力。如：

(31) 祥子是这样的一个人：在新的环境里还能保持着旧的习惯。（老舍《骆驼祥子》）

(32) 只有我能守着他。（霍达《秦台夜月》）

(31) 和（32）的"保持着""守着"表达的事件都可以理解为动态持续事件，而"能"在这些句子中都是对主语的［能力］作出判断，即有［能力］使句子表达的事件或状态持续。

再看看"能"在这种句法环境中呈现为道义情态［许可］的例子，如：

(33) 我不能养着吃我、喝我的死母猪！（老舍《老张的哲学》）
(34) 这是为国为民的好事，我能拦着吗？（邓友梅《寻访"画儿韩"》）

（33）和（34）中的"养着""拦着"都可以构成祈使句，具有动态性，在这些句子中，"能"表达的情态意义是［许可］。值得注意的是，这些"能"表［许可］义的句子一般都是否定或反问句，如（33）是否定句，（34）是反问句。在这种句子中，说话人一般想表达对该句子表达的事件或状态的持续的［禁止］。

3. "要"与动态持续体"着"同现

"要"与动态持续体"着"同现，"要"表达根情态意义，即动力情态［意愿］或道义情态［必要］。先看"要"表［意愿］的例子：

(35) 他要看着、守着他的学生，看到他是不是一月有一月的进步，一年有一年的进步。（汪曾祺《徙》）
(36) 通讯员要跟着，营长不许。（老舍《无名高地有了名》）

这两个句子中的"着"表达的事件是动态的持续事件，其中（35）保持状态的继续，而（36）则是进入状态。"要"在这些句子中表达动力情态意义［意愿］，即主语有进入或保持某种状态的意愿。

下面两例中的"要"则表达道义情态［必要］：

(37) 嘴角上还要挂着笑。（浩然《新媳妇》）
(38) 干吗要瞒着呢？（陈建功《皇城根》）

这两个句子的"挂着""瞒着"都可以看作动态的持续，这些句子中的"要"的情态意义都得到道义情态［必要］的解读，其中（38）用反问句的方式表达对这种状态的持续强烈禁止。

一般认为，"别"是"不要"的合音。确切地说，"别"是表达道义情态［必要］义的"要"的否定形式。"别"的主要功能就是组成表示禁止的祈使句。（35）—（38）中的"V着"都可以生成相应的"别V着"，这从一个侧面证明了这些"V着"的体意义上的动态性、语气意义上的非现实性。

4. "会"与动态持续体"着"同现

"会"与"着"同现时，"着"倾向于表现为静态持续，"会"也就有表达认识情态［盖然］的倾向，但是，当"着"表达动态持续事件时，则"会"也得出道义情态［承诺］的解读，即说话人给自己加上［义务］。"会"表达［承诺］这种道义情态，与人称有关，也就是说，当句子是第一、第二人称时，"会"可能得出［承诺］的情态解释。例如：

(39) 我会象望夫石一样等着她！（毕淑敏《硕士今天答辩》）

(40) 你放心吧，我会好好地看着他！（老舍《全家福》）
(41) 我不会总缠着你的。（王朔《过把瘾就死》）

(39)—(40)中的"等着"、"看着"和"缠着"都可以理解为动态持续事件，在这些句子中，"会"的情态意义都是［承诺］，(41)表明，表［承诺］的"会"也可以有外部否定形式，即对［承诺］消除，或者说是负承诺。

综上所述，多义的情态动词与动态持续体"着"同现时，一般都能得到根情态意义的解读。如"应该"表达道义情态义［义务］、"能"则表达动力情态义［能力］或道义情态义［许可］、"要"则表示动力情态义［意愿］或道义情态义［必要］、"会"表达道义情态义［承诺］。

四 "着"的分化与情态歧义

当"着"和与之同现的情态动词都存在歧解时，二者存在相互影响的关系。

（一）对同一句中的"着"的不同理解

对同一句中的"着"，加入不同的语境效果之后，可能出现不同的理解，或者是静态的持续，或者是动态的持续。例如：

(42) 陈北燕拿着我的书包。
   a. 陈北燕已经拿着我的书包。
   b. 陈北燕正拿着我的书包。

(42)可以看作一个静态持续事件，即"陈北燕"已经进入"拿书包"的状态而且这一状态还在持续。比如，(42)可以变换成(42a)和(42b)。(42a)可加上"已经"，说明"着"表达的状态是"实现后"的持续状态；(42b)可加上"正"，说明"着"表达的状态是"进行中"的持续状态。但这两者都是恒定的状态。

但是，这一事件还隐含着另外两种意义，一是状态的进入，一是状态的继续。这两种意义在中性语境中很难得到识别，但是加上情态成分后，则在某种程度上可以把这种意义凸显出来。所以，(42')除了前边(42)所具有的意义外，还会有(42'a-b)的两种意义。

(42') 陈北燕应该拿着我的书包。
   a.（陈北燕不想拿我的书包，可是）她［有义务］拿着我的书包。
   b.（陈北燕不想再拿我的书包，可是）她［有义务］拿着我的书包。

（42'a）预设该状态尚未出现，此时，说话人是对不出现的事件提出［义务］，要求这种状态的出现；（42'b）预设某一状态即将终止，可是说话人要求这一状态继续下去。从这种意义上说，"应该"对事件的限制，起到了某种语境效果的作用，即"应该"的出现，使"着"本来潜在的语义得到了显性化的机会。基于这种分析，上文（11）中，因为有语境的帮助，"着"与"应该"的语义都有单一的解释，而离境的（42'）却是歧义的。

（42'）中，当"着"表现"已经拿着""正拿着"的静态持续义时，"应该"解释为认识情态［盖然］义，但当"着"表达进入状态或继续状态义时，"应该"则获得道义情态［义务］义。下面更深入地观察（42'）所表现出来的歧义现象。

（二）"着"歧义与情态动词的歧解

在中性语境之下，"着"会出现歧义，"着"与现代汉语的多义情态动词同现时，与之相应的多义情态动词的情态解释也发生相应的变化。（43）是讨论"着"的分化时用的经典例句。

（43）山上架着炮。

  a. 山上可能架着炮。

  b. 山上必须架着炮。

  c. 山上应该架着炮。

加上单义的情态成分可以帮助（43）的分化，（43a）加上只表认识情态［可能］的"可能"，此时的（43）是一个静态事件；（43b）加上只表道义情态［必要］的"必须"，此时的（43）则是个动态事件；由于（43c）中的情态成分"应该"存在认识情态［盖然］与道义情态［义务］的两种表义可能性，此时的（43）的歧义依然存在：当"应该"解释为［盖然］时，是静态事件，当"应该"被解释为［义务］时，则为动态事件。

还以"应该"为例。如（44），如果说话人在回忆，或者告诉听话人某物的位置，则得到静态持续义，那么（44）的"应该"的情态是认识情态，即对［盖然］推断；如果墙上还没有"鞍子"，说话人提出一种要求，则得到"进入状态"的动态持续义，这时，"应该"表达的是道义情态义，即［义务］。

（44）在我的墙上，在这面一直没有装饰的墙上，应该挂着我那盘伤
  痕累累的鞍子。（张承志《午夜的鞍子》）

有时候，静态动词也可能得出"进入状态"这种动态持续义，这时

说话人用"应该"是为了提出一种要求进入状态的并持续的［义务］，其预设是该状态还没有出现。如：

(45) 军营里的文化生活，应该是格调清新，应该充满着健康向上、生动活泼的气氛，应该坚决抵制各种精神污染。(《人民日报》)

(45) 中的"充满"是静态动词，附上"着"首先表示静态持续，这时，"应该"表示说话人根据某种证据（如常识）作出的断定，表达［盖然］这种认识情态；但是，当说话人是以某种权威的身份对听话人提出要求时，(45) 也可以是对进入某种状态提出的［义务］。

其他多义的情态动词也可能存在这种因为"着"的内部分化而引起的情态动词歧解的现象，再举与情态动词"能"同现的例子，如：

(46) 谁能一天到晚老盯着你呢？(电视剧《编辑部的故事》)
　　　a. ［可能［谁一天到晚盯着你］］(能：认识情态［可能］)
　　　b. ［谁［有能力］一天到晚盯着你］(能：动力情态［能力］)
(47) 你总不能老站着。(余华《夏季台风》)
　　　a. ［不可能［你老站着］］(能：认识情态［可能］)
　　　b. ［不许可［你老站着］］(能：道义情态［许可］)
　　　c. ［你［无能力］老站着］(能：动力情态［能力］)

因为"着"的静态持续与动态持续之间歧义的存在，(46) 中的"能"存在 (46a) 和 (46b) 情态之间的歧义，即认识情态［可能］与动力情态［能力］之间的歧义；(47) 中的"能"则可能存在三种情态解释，当"着"是静态持续时，"能"得到 (47a) 的解释，即认识情态；当"着"为动态持续时，则得到 (47b) 和 (47c) 的解释，即非认识情态。与此相似，下面的例子中的"能"也存在认识情态［可能］与道义情态［许可］之间的歧义，如：

(48) 一天到晚全不能闲着。(老舍《小坡的生日》)
(49) 我不能老饿着呀。(电视剧《编辑部的故事》)
(50) 哪能不陪着呢……(老舍《文博士》)

(48) —(50) 中的"着"在不同的语境中可以有静态持续和动态持续的不同意义，相应的，句中的"能"也随着这种意义的变化产生变化，即当"着"表达静态持续体意义时，"能"的义项呈现为认识情态［可能］，这些句子都是否定或反问句，说话人表达这种［可能］性的不存在或对这种［可能］性存在的怀疑；当"着"表达动态持续体意义时，句中的"能"都表达道义情态意义［许可］。

以上分析表明，"着"在不同的语境中可能表达两种不同的体意义，即静态持续和动态持续，与此相对应，多义的情态动词与"着"同现时，也会出现不同的情态解释。当"着"得到静态持续体意义的解释时，与之同现的情态动词得到认识情态的解释；当"着"获得动态持续体意义的解读时，与之同现的情态动词则也获得非认识情态的解释。

结语

体标记"着"与情态成分之间存在着同现限制关系，不同的"着"要求与表达不同情态类型的情态成分同现。"着"表达静态持续义时，与之同现的情态成分表达认识情态；"着"表达动态持续义时，与之同现的情态成分则表达根情态，即道义情态或动力情态。所以，一方面，当不同的"着"与情态成分同现时，根据"着"的不同，可以得到情态表达成分确切的语义解释；另一方面，当与"着"同现的情态成分的语义解释确定时，则可以根据情态类型的不同，看出"着"的内部分化。

只表认识情态的情态动词与"着"同现时，"着"表现为静态持续体；静态持续体"着"与多义的情态动词同现时，"着"对多义情态动词的语义表达有过滤作用，它滤去了多义情态动词的非认为情态意义，剩下认识情态意义。与静态持续体"着"同现时，"应该"表达[盖然]，"能"表达[可能]，"要"表达[必然]，"会"表达[盖然]，这些多义情态动词都表达了认识情态意义。

只表根情态的情态动词与"着"同现时，"着"表现为动态持续体；动态持续体"着"与多义情态动词同现时，"着"对多义情态动词的语义表达有过滤作用，它滤去了多义情态动词的认识情态意义，剩下根情态意义。与动态持续体"着"同现时，多义情态动词都表达了根情态意义："应该"表达[义务]，"能"表达[能力]或[许可]，"要"表达[必要]，"会"表达[承诺]。

在中性语境中，"着"存在静态持续与动态持续之间的歧义。当"着"在不同的语境效果下表达不同的体意义时，与之同现的多义的情态动词的意义解读也产生相应的变化。即当"着"表达静态持续体意义时，情态动词的义项呈现为认识情态；而当"着"表达动态持续体意义时，情态动词也相应地改变为根情态，即动力情态或道义情态。

"着"的内部分化与情态之间的同现限制关系，可以表示为下表：

"着"		情态
体意义	事件	
静态持续	现实	认识情态
动态持续	非现实	根情态

值得注意的是，当"着"存在歧义时，在语义解释的确定过程中，"着"的体意义的确定，进而还有情态表达成分的情态的确定，应该借助句法环境的其他因素，如句子主语的人称特征、宾语的指称特征、动词的状语等；有时候还得借助有待论及的语用因素。

On Modality and the Differentiation of "Zhe"

Abstract　There is close relation between aspect and modality, with which co-occurrence restriction exists between the durative aspect mark "Zhe" the modality elements in Modern Chinese. The different "Zhe" co-occurs with the elements expressing the different type of modality, that is, the static one with the components conveying the epistemic modality and the dynamic one with the ones indicating the root modality. The modality is determined by the differentiation of "Zhe", and the "Zhe" can be differentiated by the distinctness of the modality. The interpretation of the polysemic modals varies with the distinct aspectual meaning of "Zhe" with different contextual effect.

Key words　modality; aspect; epistemic modality; root modality; durative aspect; co-occurrence; differentiation

本文原载于《语言研究》2007年第2期

从古籍丛书看中日典籍交流

陈东辉

在中日两国源远流长的关系史上，典籍的交流无疑是其中繁富而灿烂的篇章。而作为古代文化汇聚和总结的古籍丛书，对于中日典籍交流起了殊可称道的重要作用。笔者近年来致力于古籍丛书的考究，同时对中日文化交流史亦颇有兴趣。本文拟从数部影响较大的丛书入手，来探讨中日文献交流史上的有关问题。

清代鲍廷博辑，鲍志祖续辑的《知不足斋丛书》计30集，凡收书207种，是一部以精善著称的大型综合性丛书，在古籍丛书中占有重要地位。该丛书注意收录从东瀛传返故国的中土佚书。如皇侃的《论语义疏》，大概在南宋时国内已亡佚。康熙九年（1670），日本学者山井鼎在《七经孟子考文》一书中提及该国尚存是书。康熙二十九年（1690），新刻《论语集解义疏》在日本问世，随后传入中国，鲍氏即将其刊入丛书。《论语集解义疏》"犹唐以来相传旧笈，经义注义多与今本不同，颇足以资考证，邢疏即从是疏而出，而不及是疏之犹存古义，故好古之士，多舍邢而从皇焉"[①]。其价值是显而易见的。《知不足斋丛书》的刻印前后经历了五十余年。当时正在陆续刊布的鲍氏丛书迅速东渡扶桑，受到彼邦人士的关注和重视。东瀛学者热诚盼望他们所搜集整理的中土佚书，能够西传华夏并刻入《知不足斋丛书》，以广其传。日本学者冈田挺之将其从《群书治要》中搜辑到的残缺不全的《孝经郑注》稍加补辑，于1793年刊刻行世。冈田挺之云：

顷者读《知不足斋丛书》所载《古文孝经》鲍、卢诸家序跋，

[①] （清）周中孚著，黄曙辉、印晓峰标校：《郑堂读书记》，上海书店出版社2009年版，第45页。

乃知唯得《孔传》，未得《郑注》，瀛海之西其佚已久。呜呼！书之灾厄，不独水火，靳秘之甚，其极有至澌灭者，岂不悲乎？今刻是本，予之志在传诸瀛海之西，与天下之人共之。家置数通，人挟一本，读之诵之，则圣人之道由是而弘，悠久无穷。海舶之载而西者，保其无恙，冀赖神明护持之力。鲍、卢诸家得是本，再附剞劂，则流传遍于寰宇，当我世见其收在丛书中，所翘跂以俟之也。①

鲍廷博获取《孝经郑注》后，果然将其收录于《知不足斋丛书》第21集，实现了东邻学者的夙愿。又如清代康熙年间编纂的《全唐诗》传到日本后，彼邦学者给予了高度评价，同时也指出：(唐诗)"尚逸而在吾日本亦不为鲜也。当时遣唐之使、留学之生，与彼其墨客韵士肩相比、臂相抵，则其研唱嘉藻，记其所口，誊其所记，装以归者，盖比比不已。大江维时之千载佳句，的的珠玑，获其片而逸其全。"② 日本学者上毛河世宁有慨于此，乃多方搜求，遂成《全唐诗逸》一书。斯书后由鲍廷博之子鲍志祖刊入丛书的最后一集中。可见中日双方学者在保存和传播中国古代典籍方面有着共同的心愿和切实的行动。《全唐诗逸》具有重要的学术价值，流布甚广的中华书局排印本《全唐诗》即将该书附录于后。它如丛书中收录的《古文孝经孔氏传》等，亦颇具参考价值。此乃《知不足斋丛书》的一大特色，也是后人对该丛书给予高度评价的重要缘由之一。

《四库全书》乃中国历史上规模最大、影响至远的一部综合性丛书，其重要价值不言而喻。引人注目的是，《四库全书》收录了来自10个国家的外籍人士之22部著述，其中日本学者2部，即《七经孟子考文并补遗》（[日本]山井鼎撰，[日本]物观补遗）和《古文孝经孔氏传》附《宋本古文孝经》（旧题汉·孔安国撰，[日本]太宰纯音）。另有一种经过日本学者校订的著作，即《论语集解义疏》（魏·何晏集解，梁·皇侃义疏，[日本]根本逊志校订）。这在中国官修书中尚属首次。《七经孟子考文并补遗》的内容，系依据日本足利学校所藏宋版《五经正义》、当地古博士家所传的钞本，以及明正德、嘉靖、万历、崇祯各朝所刊的《十三经注疏》等，相互参校，将各本的异同和疑点分为考异、补缺、补脱、

---

① [日]冈田挺之：《郑注孝经序》，载《知不足斋丛书》第21集，清乾隆道光间长塘鲍氏刻本。

② [日]淡海竺常：《全唐诗逸序》，载《知不足斋丛书》第30集，清乾隆道光间长塘鲍氏刻本。

正误、谨案、存旧等数类,并详加记述,但是"惟能详纪同异,未敢决择是非"①。因为该书据以校勘的许多古籍在华夏遗佚已久,所以该书具有重要的参考价值,颇受中国学者青睐。清代大学者阮元于嘉庆年间主持编写《十三经注疏校勘记》时,即参考了《七经孟子考文并补遗》,同时在嘉庆二年(1797)刊印了此书,并在所作序中盛赞山井鼎等"有功圣经,亦可嘉矣"。

清代嘉庆年间,阮元悉心搜求四库未收之书160余种进呈,被赐名《宛委别藏》。《宛委别藏》所收多属珍贵稀见之本,其中有7种已失传于中国,却保存在日本的佚书,即《泰轩易传》、《乐书要录》、《难经集注》、《五行大义》、《群书治要》、《臣轨》和《玉堂类稿》。此乃阮元对中日典籍交流的一大贡献。

日本学者林衡(又名林述斋)所辑的《佚存丛书》,凡分六帙,共计收书17种。卷首载林氏自序,曰:

> 欧阳永叔《日本刀歌》云:"徐福行时经未焚,佚书百篇今尚存。"然所谓百篇之书,我无有之,则不知其何据,岂臆度言之耶?……余尝读唐宋已还之书,乃识载籍之佚于彼者不为鲜也。因念其独存于我者,而我或致遂佚,则天地间无复其书矣。不已可惜乎!于是汇为一编,姑假诸欧诗,名曰《佚存丛书》。

是书系用活字镂版印行,历彼国宽政、享和、文化三朝(约当清代嘉庆年间)始成,所采以罕觏者为准,如皇侃《论语义疏》、魏徵《群书治要》之属,虽久遗逸,然已版行,故不复列入,选择颇为精审。每书之后皆附编者题跋,述其藏弆,刊刻源流。

《佚存丛书》采辑之书,皆系中土久佚且无刊本之珍籍。如对列为斯集之首的《古文孝经》(孔安国传),尤炳奎在《重刊古文孝经说》中指出:"惟日本《佚存丛书》中有之,余虽见于《知不足斋丛书》中,然其稿亦从日本得来,而古字已悉改为近体矣。"足见其价值所在。又如隋萧吉撰的《五行大义》,《隋书·经籍志》《旧唐书·经籍志》《新唐书·艺文志》《宋史·艺文志》均未著录,可见此书在华夏散逸已久,而千年之后居然完善地保存于日本并被收入《佚存丛书》,诚乃不幸中之大幸。《五行大义》"文章醇古,非复唐以下所能为。而其所

---

① (清)阮元:《揅经室集·刻七经孟子考文并补遗序》,中华书局1993年版,第45页。

援证，往往有佚亡之书今不可得见者。且萧以阴阳算术著称，见其本传，则此书之出萧手万无一疑"①。此书值得我们珍视。再如唐武则天敕撰，元万顷等参修的《乐书要录》，《新唐书·艺文志》著录十卷，《宋史·艺文志》即未见载，可见阙逸已久。因年代邈远，是编在东瀛亦遗亡过半，《佚存丛书》本《乐书要录》"仅存第五、第六、第七三卷。其中所引古籍，如《月令章句》、《五经通义》、《三礼义宗》、信都芳删注《乐书》、苏夔《乐志》，皆世所罕觏，未尝不藉是以存其崖略"②。书中所论管弦三分损益法，左、右旋宫法和后附"十二律相生图"，均系考究古代乐律理论的重要参考文献。它如斯集中所收的《臣轨》、《两京新记》、《李峤杂咏》、《文馆词林》、《文公朱先生感兴诗》、《武夷棹歌》、《泰轩易传》、《左氏蒙求》、《王翰林集注黄帝八十一难经》（一名《难经集注》）、《蒙求》、《崔舍人玉堂类稿》、《西垣类稿》及《周易新讲义》等中土逸书，内容涉及中国古代经学、史学、文学、艺术、哲学、政治、地理及医学等诸多学科，至今仍有重要参考价值。此外，《佚存丛书》中所收的《唐才子传》，据《四库全书总目》记载：

> 考杨士奇《东里集》有是书《跋》，是明初尚有完帙，故《永乐大典目录》于"传"字韵内载其全书。今"传"字一韵适佚，世间遂无传本，然幸其各韵之内尚杂引其文。今随条掇拾，裒辑编次，共得二百四十三人，又附传者四十四人，共二百七十八人。③

所以《四库全书》中的《永乐大典》本《唐才子传》8卷，已非原书足本，并且多有脱漏。而《佚存丛书》本《唐才子传》乃10卷足本，共计278篇，叙写278位唐代诗人传略，附叙120人，总为398人。而其所依据的该书日本五山版系翻雕元椠之本，字画精整，纰缪极少，故其质量远在《四库》本之上。古典文学出版社于1956年出版的《唐才子传》，所据即为《佚存丛书》中的10卷足本。该丛书中的《宋景文公集》亦复如是。《佚存丛书》西传中华后，一直受到学术界的高度重视。上文论及的阮元所辑的《宛委别藏》，即收有《佚存丛书》中

---

① [日]林衡：《题五行大义后》，载《佚存丛书》第1帙，商务印书馆据日本宽政十一年（1799）至文化七年（1810）活字本（即原本）影印，1924年。
② （清）阮元：《揅经室外集》，《揅经室集》，中华书局1993年版，第1218页。
③ （清）永瑢等：《四库全书总目》，中华书局1965年版，第523页。

的 10 种书。此外，清代后期伍崇曜辑刻的一部大型综合性丛书——《粤雅堂丛书》，亦将《佚存丛书》中的大部分书收列其中，并成为该丛书的显著特色之一。由于《佚存丛书》具有重要学术价值，光绪八年（1882）沪上黄氏又将是书用木活字重新排印，商务印书馆又于 1924 年据日本宽政十一年（1799）至文化七年（1810）活字本（即原本）影印出版，以广流布。

晚清光绪年间黎庶昌和杨守敬从日本辑刻的《古逸丛书》，在中日典籍交流史上占有重要地位。《古逸丛书》共收书 26 种，凡 200 卷，内中既有在渊源所自的本土久已失传的逸书，也有多种东邻收藏而国内罕见的隋唐写本与宋元刻本，同时还有日本剞劂的中国典册和彼邦汉籍。《古逸丛书》中的影宋蜀大字本《尔雅》，是现存《尔雅》单注本中一个较早的本子，具有较高的校勘价值；覆正平本《论语集解》乃日本刊刻的中国典籍，在版本学和校勘学上有着重要价值；覆元至正本《易程传》为吕祖谦参定之本，其价值尤为突出，而覆元至正本《系辞精义》虽系伪托之书，但仍可资参考；影宋本《庄子注疏》亦颇珍贵；覆宋本重修《广韵》和覆元泰定本《广韵》，为考究《广韵》的版本源流提供了重要依据，在音韵学和校勘学上亦很有参考价值。更引人注目的是，《古逸丛书》还收录了多种在中土失传已久的逸书。影旧钞卷子原本《玉篇》零本乃此中瑰宝。原本《玉篇》是中国第一部以楷书为正体的字书，释义完备，例证丰富，词义不明的，还有顾野王按语，并赖以保存了多种亡逸已久之书，宜倍加珍视。《文馆词林》是唐人编纂的一部千卷总集，宋初已在中国绝迹，而流传至日本的《文馆词林》却有一些残卷保存至今。《古逸丛书》即收有影旧钞卷子本《文馆词林》残本十三卷半，内中甚多在华夏故土已经失传的先唐和初唐遗文，可补《全上古三代秦汉三国六朝文》和《全唐文》之不足。《姓解》大约于元末明初时已在国内亡佚，所以弥足珍贵。《韵镜》是现存韵图中最古老的一种，至今仍是音韵学研究中不可或缺的重要典籍。宋高似孙所撰《史略》可以视为一部独立的历史书籍专科目录，在国内久已湮没无闻，收入《古逸丛书》之影宋本《史略》乃海内孤本，堪称稀世之宝。影宋本《太平寰宇记》补缺五卷半，实为唐宋史地研究的重要资料。《古逸丛书》内还收有一种日本汉籍，即影旧钞卷子本《日本国见在书目》。该目录对于古文献学尤其是版本目录学的研究具有重要参考价值。此外，日本刊刻的集唐字《老子注》和仿唐石经体写本《急就篇》，我们可从中探究中国古代书法艺术流播于日本之踪迹。《古逸丛书》对版本学、校勘学、辨伪学、辑佚学等诸多学科的研究都有很大参考价值，

语言学的古今会通

直至今日，仍在古籍整理研究工作中发挥着重要作用。①

清代傅云龙所辑并于光绪十五年（1889）在日本东京刊刻的《籑喜庐丛书》，卷帙虽然较少，但所收多为宋元旧刊且是中土已佚者，故亦值得提出。其中的唐卷子本《新修本草》十卷补辑一卷，堪称中日典籍交流史上的典范之一。《新修本草》成书于唐高宗显庆四年（659），乃世界上第一部以政府的名义和力量编写并颁行的国家药典，较之西方最早的国家药典，即 1592 年颁行的《纽伦堡药典》要早 900 余年。《新修本草》公布后，不但风行全国，并且很快通过日本遣唐使携归东瀛。然而，这部珍贵的医学著作在北宋元祐年间便已失传于中土，令人遗憾。值得欣慰的是，傅云龙在游历日本时，经过多方搜求，终于寻访到这部在中国湮没了近千年的本草学要籍的残卷，并将其刻入《籑喜庐丛书》。诚如傅氏所云："是书修后三百余年而佚，佚后一千余年，而云龙乃以日本之不绝如缕者刊之，藉彼守残，聊增辎采，未始不与重九译致殊俗相表里也，亦游历责也。"② 它如该丛书所收的唐卷子本《论语》、日本延喜本《文选》第五残卷、景唐刊卷子本《陶文》残卷等③，也都有较大的参考价值。

清代光绪年间王锡祺所辑的《小方壶斋舆地丛钞》（以下简称《丛钞》），分成初编、补编、再补编，每编各为十二帙，共计收书 1450 种。《丛钞》中收录了多种有关日本史地的著作，其中 29 种系中国人所撰，如陈其元的《日本近事记》、王韬的《日本通中国考》、何如璋的《使东述略》、黄遵宪的《日本杂事》、黎庶昌的《游日光山记》、傅云龙的《日本风俗》、黄庆澄的《东游日记》等。此外尚有多种著作在部分篇幅中论及日本。上述诸书内不乏亲身经历的见闻记录。同时，《丛钞》还汇集了域外学者的著作 75 种，其中出自日人之手的 29 种，如冈千仞的《观光纪游》、太宰纯的《登富岳记》、释大曲的《游石山记》、市村谦的《游天王山记》、冈本监辅的《印度风俗记》和《亚美理驾诸国记》、村田□的《古巴述略》等。④ 这些著作，大大开阔了当时中国人的视野，并且为地理、历史、民俗、文学、中外关系史等诸多学科的研究提供了弥足

---

① 参见陈东辉《从日本辑刻的〈古逸丛书〉及其文献价值》，《社会科学战线》1993 年第 4 期。
② （清）傅云龙：《游历日本国经余记》后编，清光绪十五年（1889）刻本。
③ 严绍璗指出，后两种书并非刊刻于日本平安初期，而是江户时代的赝品（参见严绍璗《汉籍在日本的流布研究》，江苏古籍出版社 1992 年版，第 125—126 页）。笔者以为，这两种书虽系赝品，但仍有其参考价值。
④ 参见王勇《〈小方壶斋舆地丛钞〉及其所辑域外典籍——"华刻本"初探之一》，《日本文化研究》第 1 期，日本 CN 企画出版部 1994 年版。

珍贵的资料。

1928年，近现代大出版家和著名学者张元济曾东渡访书，收获甚丰。[①] 张氏从日本搜求回国的珍本秘籍，有多种被收入《四部丛刊》续编和三编、《百衲本二十四史》及《续古逸丛书》等大型古籍丛书。

收入《四部丛刊》续编和三编的、张氏从东瀛访得之书共计7种。其中的《太平御览》颇具代表性。《丛刊》三编中的影印《太平御览》是一部名副其实的"百衲本"。张元济谓：

> 岁戊辰，余赴日本访书，先至静嘉堂文库观所得陆氏本，其文渊阁印灿然溢目，琳琅满架，且于己国增得如干卷，为之欣羡者不置。嗣复于帝室图书寮、京都东福寺，获见宋蜀刻本，虽各有残佚，然视陆氏所得为赢。因乞假影印，主者慨然允诺，凡得目录十五卷，正书九百四十五卷；又于静嘉堂文库补卷第四十二至六十一，第一百十七至一百二十五。此二十九卷者，均半叶十三行，同于蜀刻，惟板心无刻工姓名，且每行悉二十二字，与蜀刻之偶有盈缩者不同，疑即在前之建宁刊本。……日本文久纪元，当我国咸丰十一年，喜多村直宽尝以影宋写本，用聚珍版印行，其优于鲍本者，则板心所记刻工姓名，均与蜀本相合，且上文所举四事，一无脱误。宋刻而外，断推此本，于是取以补复印件二十六卷之阙。[②]

张元济经过努力搜求与认真考辨，用最早和最佳的几个版本拼合成为一部完整的巨编，使《四部丛刊》本《太平御览》成为迄今为止最接近原貌的良本，向为学界所重。1960年以来中华书局多次影印出版《太平御览》，所用底本即为上面这个本子。它如收入《四部丛刊》续编的《东莱先生诗集》，系张元济向日本内阁文库借影的宋乾道刊本，是书已久佚于华夏故土。张氏之所以采用这个本子，是因为将其与涵芬楼旧藏之陈仲鱼钞本互校，发现后者脱漏、讹误之处甚多，其他传本则更靠不住了，自以此本为最宜。再如《四部丛刊》续编中的《群经音辨》，系毛氏汲古阁影写南宋宁化县学重镂临安府学覆监本，源出北宋，书中佳处见于陆心源《仪顾堂题跋》者已有五十余条。张元济以泽存堂本覆勘之，发现其书佳处不见于陆跋者尚不胜枚举，因而得知世本尽祖泽存，承讹袭谬久矣，于

[①] 参见陈东辉《张元济与中日文化交流》，《近代史研究》1994年第2期。
[②] 张元济著，顾廷龙编：《涉园序跋集录》，古典文学出版社1957年版，第186—187页。

是深感版本之得失，若是其重。由于岩崎氏的不吝一瓻之赐，使《四部丛刊》喜添一部难得的善本。借影自日本图书寮的《山谷外集诗注》，虽然是元至元乙酉建安重雕蜀本，但由于蜀本毁于宋世，当时传本已罕，而此本为元初翻刻，世无人知，字画缜密，可与宋本媲美，并且书中文字足以订正当时通行的十七卷本之讹异者甚多，故亦将其收入《四部丛刊》续编，以弥中土书林之缺憾。此外，《四部丛刊》中收录的宋本《说文解字》，原系归安陆心源皕宋楼旧藏，当时是由著名学者和藏书家叶德辉通过白岩子云龙平从日本静嘉堂文库借来这部珍稀之本的。

同时值得一提的是，《四部丛刊》预定书目刊出后，引起东瀛学术界的极大关注，日本著名学者神田喜一郎、武内义雄等纷纷撰文，既给予充分肯定，又提出了许多足资参考的宝贵意见。如神田喜一郎认为：

《四部丛刊》之刊行，实为有裨学界之壮举。吾辈学生，无不同感此福音。今读其预定书目，大旨合于出版之主旨。四部中重要书籍，已网罗俱尽。其选择底本，亦尚为适当。虽然，论吾辈得陇望蜀之愿，则如此巨构，于底本之选择，尤宜格外注意。如《群书治要》不用日本元和二年刊本，而用有显然臆改形迹之天明七年尾州藩刊本，注意似犹未周。《弘明集》、《广弘明集》之用明汪道昆本，《法苑珠林》之用明径山寺本，稍稍近似，实则当用高丽藏本。《世说新语》用明嘉趣堂本，亦未为美善，是应用日本图书馆之南宋本或其翻刻之官版本。《杨诚斋集》为缪氏艺风堂影宋写本，想由日本图书馆所有之宋端平本刊本影写而来，亦不如直用端平本之为愈。《古文苑》用二十一卷本，亦为非宜，想因有章樵注故，然不如用孙巨源原本之九卷为佳。又未确定之底本中，如《春秋经传集解》之拟用翻宋本，实不及日本图书馆宋嘉定丙子闻人模刊本。《大唐西域记》拟用明刊本，不及日本京都文科大学丛书本。《荀子》拟用明世德堂本，不知何因。与其用此，宁用《古逸丛书》之宋台州本。《范德机诗集》拟用明刊本，则用日本延文辛丑刊本为较佳。①

神田氏之评论，多切中《四部丛刊》采用底本之失。由此可见，中

---

① ［日］神田喜一郎：《论四部丛书之选择底本》，日本《支那学》第1卷第4号（1920年12月），转引自叶德辉《书林余话》卷下，载叶德辉《书林清话》（附《书林余话》），上海古籍出版社2008年版，第249页。

日之间的典籍和学术交流，对于促进包括丛书编纂在内的中国古籍整理研究事业的繁荣与发展是大有裨益的。

在辑印《百衲本二十四史》时，张元济将从扶桑影印来的宋刊本《三国志》、《陈书》及《新唐书》等与其他有关版本相补配，力求恢复古籍原貌。在1928年张元济访日前，《三国志》已经用元刊本摄影，然校以衢州本，发现讹误滋甚，后张元济在日本宫内省图书寮访得宋绍熙刊本，便据以影印，所缺《魏书》三卷则以涵芬楼所藏宋绍兴刊本配补。百衲本的《陈书》采用著名的宋眉山刊本《七史》之一，但当时北平图书馆的藏本仅存二十一卷，后经张元济用影自日本静嘉堂文库的同式版本补配，终于使该书无一明修版，可与宋代原刻媲美。张元济从静嘉堂文库将皕宋楼旧藏宋嘉祐刊小字本《新唐书》乞照携归，补以经过数年搜访而得来的北平图书馆、商丘宋氏及刘氏嘉业堂所藏其他宋本，终于缀合成一部完整的高质量的宋刻。从这些例子中，我们也可以领悟到《百衲本二十四史》之所以一直为海内外学术界所称道的原因。另外，张元济访自静嘉堂文库的宋刊本《武经七书》，亦于1935年作为《续古逸丛书》之一种影印问世。

另如《丛书集成初编》（商务印书馆辑）、《国学基本丛书》（商务印书馆辑）、《国学小丛书》（王云五主编）、《国学丛刊》（正中书局辑）、《函海》（李调元辑）、《榕园丛书》（张丙炎辑，张允颐重辑）、《文选楼丛书》（阮亨辑）、《昭代丛书》（张潮、张渐辑，杨复吉、沈楙德续辑）、《滂喜斋丛书》（潘祖荫辑）、《豫恕堂丛书》（沈登善辑）、《反约篇》（李光廷辑）、《今古文孝经汇刻》（王德瑛辑）、《吉石庵丛书》（罗振玉辑）、《殷礼在斯堂丛书》（罗振玉辑）、《雪堂丛刻》（罗振玉辑）、《云窗丛刻》（罗振玉辑）、《鸣沙石室古籍丛残》（罗振玉辑）、《嘉草轩丛书》（罗振玉辑）、《辽海丛书》（金毓黻辑）、《诵芬室丛刊》（董康辑）、《小学钩沉续编》（顾震福辑）、《渐学庐丛书第一集》（胡祥鏬辑）、《申报馆丛书》（尊闻阁主辑）、《会稽徐氏初学堂群书辑录》（徐维则辑）、《郑开阳杂著》（郑若曾撰）、《柳堂师友诗录初编》（李长荣辑）、《销夏录旧》（管庭芬辑）、《古代铭刻汇考四种》（郭沫若撰）、《古今杂剧》（佚名氏辑）、《美术丛书》（黄宾虹、邓实辑）、《皇汉医学丛书》（陈存仁辑）、《中国医学大成》（曹炳章辑）、《珍本医书集成》（裘庆元辑）、《三三医书》（裘庆元辑）、《国医小丛书》（国医书局辑）、《古本医学丛刊》（张赞臣辑）、《中外医书八种合刻》（佚名氏辑）、《回澜社医书一辑》（汪绍达辑）、《张氏医书七种》（张璐、张登撰）、《伤寒大成》（张璐等撰）、《白芙堂算学丛书》(丁取忠辑)、《王香园近世丛书》(日本加藤渊辑)、《萤雪轩丛书》(日本近藤元粹辑)、《昌平丛书》(日本富田铁之助辑)、《小四海堂丛书》(日本羽仓则辑)、《先哲遗著汉籍国字解全书》(日本早稻田大学编辑部辑)、《敦煌遗书第一集》(日本羽田亨辑)、《容安轩旧书四种》(日本神田信畅辑)、《满蒙丛书》(日本内藤虎次郎辑)、《敦煌秘籍留真新编》(日本神田喜一郎辑)、《八史经籍志》(日本佚名氏辑)及《京都帝国大学文学部景印唐钞本》(日本京都帝国大学文学部辑)等古籍丛书,亦程度不等地涉及有关中日文献交流的内容,限于篇幅,不再展开论述。

同时,数十年来海内外出版的古籍丛书中,也有多种反映了中日两国的文献交流。如中华书局出版的《古逸丛书三编》、书目文献出版社出版的《日本藏中国罕见地方志丛刊》、岳麓书社出版的《走向世界丛书》、上海古籍出版社出版的《古本小说集成》、上海书店出版社出版的《民国丛书》、台湾艺文印书馆出版的《无求备斋老列庄论孟集成》和《百部丛书集成》、台湾新文丰出版公司出版的《丛书集成新编》、台湾广文书局出版的《和刻影印近世汉籍丛书》和《书目丛编》、台湾弘道文化公司出版的《诗话丛刊》、台湾大华印书馆出版的《宋辽金元四史资料丛刊》、台湾成文出版社出版的《中国方志丛书》、台湾新兴书局出版的《笔记小说大观》、台湾学生书局出版的《善本戏曲丛刊》、台湾文海出版社出版的《近代中国史料丛刊》、日本汲古书院出版的《和刻本经书集成》《和刻本正史》《和刻本诸子大成》《和刻本类书集成》[①]《和刻本汉诗集成》《和刻本汉诗集成·总集篇》《和刻本汉籍文集》《和刻本汉籍随笔集》《和刻本辞书字典集成》《古辞书音义集成》《唐话辞书类集》《明清俗语辞书集成》《汉语文典丛书》《日本书目大成》《和刻本明清资料集》《中国秘籍丛刊》《足利学校秘籍丛刊》《古典研究会丛书》、日本集英社出版的《汉诗大系》和《全释汉文大系》、日本有朋堂出版的《汉文丛书》、日本富山房出版的《汉文大系》、日本明治书院出版的《新释汉文大系》、日本国民文库刊行会出版的《国译汉文大系》、日本东洋文化协会出版的《全译中国文学大系》、日本平凡社出版的《中国古典文学全集》和《中国古典文学大系》、日本明德出版社出版的《中国古典新书》、日本学习研究社出版的《中国的古典》、日本朝日新闻社出版的《中国古典选》、日本岩波书店出版的《中国诗人选集》、日本京都大学出版的《汉籍善本

[①] 上海古籍出版社于 1990 年据汲古书院影印本予以重印。

丛书》等丛书，收辑了大量保存于日本的中国典籍和日版汉籍，于中日两国学者的研究工作都甚有裨益。其中的《无求备斋老列庄论孟集成》可谓"丛书之丛书"，该《集成》包括《老子集成初编》《老子集成续编》《列子集成》《庄子集成初编》《庄子集成续编》《论语集成》《孟子十书》等7种"子丛书"，共计收录686种著作，内有日本汉籍128种。如《奈良圣语藏老子河上公注》、《老子道德经集解》（西埜直方撰）、《老子说》（石田羊一郎撰）、《列子考证附引证》（大田敦撰）、《论语古训正文》（太宰纯撰）、《论语集解考异》（吉田汉官撰）及《正平本论语札记》（市野光彦撰）等，均有很高的学术价值，对先秦文献、中国学术思想史、日本汉学史及中日文化交流史等领域的研究颇有助益，值得珍视。

另外值得一提的是，日本已故著名汉学家长泽规矩也辑集的《明清俗语辞书集成》①，系从日本公私庋藏的中国古籍中精选有关书籍20种汇编而成。《集成》所收的各种刻本中，有稀见的善本，即使属晚清刻本，亦大多是流传不广的私家刻本或仿刻本，明清以降的版本目录书中也罕见著录。为了使国内有关学者有机会利用这部极有价值的丛书，上海古籍出版社于1989年影印出版了该书。在影印之前，对其中佚名的明刊本《目前集》，觅得了上海图书馆所藏的明赵南星撰《味檗斋遗书》，此书系清光绪中高邑赵氏刊本，其中《目前集》的卷目及版本与日本影印本完全一致，盖光绪时用明旧雕版重印，上海古籍版乃据以补齐《题词》和残页，对版面不清者亦大多予以更换。同时，又据《中国丛书综录》多处著录及《味檗斋遗书》，确认《目前集》作者系明人赵南星。再则，《通俗常言疏证》亦以较清晰的同一版本对各卷文字模糊者抽换60余页。它如《里语征实》《直语补证》等书的个别地方，也参照同类藏本作了修补。此外，为了便于查检，书末增附了四角号码索引。笔者认为，上海古籍出版社影印日本汲古书院版《明清俗语辞书集成》这一事例，充分体现了中日两国的学术文化通过交流与合作，可以取长补短，互通有无，从而相得益彰，同受沾溉，其促进双方汉文化研究的繁荣与发展之功为两国学人所共庆。这种中日之间文献交流的方式，是很值得提倡的。

再则，随着中日文化交流的更趋频繁和深入，大量中国古籍丛书及《中国丛书综录》②《中国丛书综录补正》③《中国丛书广录》④《中国丛书

---

① 日本汲古书院1974年版。
② 中华书局1959—1962年版。该书另有上海古籍出版社1982年新1版。
③ 江苏广陵古籍刻印社1984年版。
④ 湖北人民出版社1999年版。

综录续编》①《中国丛书知见录》②《中国丛书题识》③《丛书大辞典》④《丛书总目续编》⑤《中国古籍善本书目·丛部》⑥《中国古籍总目·丛书部》⑦《四库全书总目》⑧《四库全书文集篇目分类索引》⑨《续修四库全书提要》⑩《续修四库全书总目提要·经部》⑪《续修四库全书总目提要·丛书部》⑫《四部丛刊书录》⑬《四部备要书目提要》⑭《丛书集成初编目录》⑮《丛书集成初编总目索引》⑯ 和《〈丛书集成续编〉总目》⑰ 等有关丛书的工具书在日本文教学术界广为流布，发挥着巨大作用。另外，日本历代刊印的汉籍丛书，也通过多种渠道源源不断地西传中国，它的重要价值已日益为广大中外学者所认识，目前国内有多家高等院校、科研单位、图书资料部门将其作为重要文献加以采集和庋藏。

此外值得注意的是，目前正在积极编纂的国家古籍整理出版规划小组直接主持的重大项目《中国古籍总目提要·丛书卷》⑱，在"编例"中规定："日本等国编刊的中国综合性古籍丛书，择其流传于中国者收录。"中华人民共和国成立以来规模最大的古籍整理出版工程——《续修四库全书》⑲，经有关学者提议，已经将中土稀见或不见流传的和刻本汉籍收入该丛书。《中国古籍总目提要》和《续修四库全书》都是具有里程碑意义的划时代文化工程，编纂者的上述主张，将为中日文献交流谱写新的宏丽篇章，并将在学术文化史上产生深远而广泛的影响。

---

① 北京图书馆出版社 2003 年版。
② 北京图书馆出版社 2005 年版。
③ 北京图书馆出版社 2003 年版。
④ 辞典馆 1936 年版。
⑤ 台湾德浩书局 1974 年版。
⑥ 上海古籍出版社 1990 年版。
⑦ 中华书局、上海古籍出版社 2009 年版。
⑧ 中华书局 1965 年版。
⑨ 台湾商务印书馆 1989 年版。
⑩ 台湾商务印书馆 1971—1973 年版。
⑪ 中华书局 1993 年版。
⑫ 国家图书馆出版社 2010 年版。
⑬ 商务印书馆 1920—1922 年版。
⑭ 中华书局 1936 年版。
⑮ 中华书局 1983 年版。
⑯ 中华书局 2012 年版。
⑰ 上海书店出版社 2014 年版。
⑱ 该书后更名为《中国古代著名丛书提要》，已由广西师范大学出版社于 2015 年出版。
⑲ 上海古籍出版社 1995—2002 年版。

古籍丛书在历代文化典籍的保存与流传中起了极其巨大的作用，就上述涉及中日典籍交流的古籍丛书而言，其重要价值也是十分明显的。在历史上，这些丛书扩大了中日两国学者的文化视野，促进了相互之间的了解和文教学术交流，内中一些丛书还起到了传播近现代新知识的作用。上述古籍丛书还有助于我们对汉文化加以整体研究，并为汉字文化圈观念的确立提供了重要的佐证，其意义不容低估。仅就古文献学领域而言，这类丛书在历代的古籍校勘、辨伪、辑佚及目录版本考订中作出了无可替代的多方面的贡献，至今仍系古籍整理及传统文化研究的重要参考文献。

　　本文原载《文献》1998年第1期。收入本书时作了修改和增补

黄丕烈题跋所反映的清中期
古书价格诸问题探微

陈东辉

黄丕烈（1763—1825），字绍武（或作绍甫），号荛圃、荛夫，又号荛翁、复翁、老荛等，自称士礼居主人、荛圃主人、佞宋主人、求古居士、求古居主人、读未见书斋主人、听拟轩主人、学山海居主人、小千顷堂主人、陶陶轩主人、秋清士、秋清逸士、秋清逸叟、宋廛一翁、复见心翁、独树逸翁、民山山民、抱守老人、龟巢老人、六十老人、员峤山人、见独学人、廿止醒人、半恕道人、癸未人、黄氏仲子、知非子、长梧子、复初氏、见复生、一阳更生、承之、乙丑病瘿、书魔等，苏州人，乃清代乾嘉时期的著名藏书家和学者。他一生嗜书如命，藏书既富又精，尤重宋版，且好作题跋。存世黄丕烈之题跋（以下简称"黄跋"）数量众多，内容丰富，别具一格，值得珍视。黄跋的价值是多方面的，本文以清代中期古书价格及白银、番钱之比价为切入点，来探讨黄跋的重要价值。

一 黄跋与书价问题研究小史

中国历代书籍价格是文化史、经济史领域一个重要的话题。彭信威指出："在物价中，书价有其特殊的意义。因为书是传播文化的重要工具，书的重要当然以内容为主，书的质量反映一个社会的文化高度，书价的高低，影响文化的广度，两者共同反映一个社会的文化水平，又会影响这水平。中国书价的历史，不好研究，因为资料缺乏。虽然自汉以来，就有书店，可是留传下来的书价记录很少。从原则上来讲，书价应当同其他物价的变动约略一致，共同反映货币的购买力，不过影响书价的，还有些特殊的因素，例如印刷术的发明，对书价就有很大的影响，这种影响同货币的价值变动就没有什么关系。至于一些稀有版本的价格，更是另外有其变动的规律。"① 彭氏《中国货币史》一书中罗列了不少明代书价之实例，并将当时中国的书价与西欧的书价进行比较。不过由于彭氏所云乃明代之情况，故不可能利用黄跋。周启荣的《明清印刷书籍成本、价格及其商品价值的研究》② 仅仅涉及明末清初之书价，自然也未利用黄跋中之资料。宋莉华的《明清时期的小说传播》③ 之附录一为"明清时期说部书价述略"，但很少涉及乾嘉时期的书价，于是也很少利用黄跋中之资料。

诚如沈津所云："明清两代的书价很难得见，致使研究者无法获得第一手的资料，从而导致鲜有研究文章发表。"④ 事实上，黄跋多处提及当时的古书（主要是宋刻本）价格，值得珍视。叶德辉《书林清话》卷六有"宋元刻本历朝之贵贱"一节，其中多处提及黄跋中所记载的宋元刻本书价，但引用时颇多疏误，常常与黄跋原文实际意思有出入，如多次将书贾最初之索价金额当作最终成交价格。《书林清话》乃传世名著，在近现代学者的论著中屡被征引，其疏误之处往往以讹传讹而不易被怀疑和发现⑤。这也从另一个角度说明了黄跋的重要价值。

乔衍琯撰有《乾嘉时代的旧书价格及其买卖——读〈荛圃藏书题识〉札记》⑥，是较早系统使用黄跋研究书价问题的当代学者。谢彦卯的《中

---

① 彭信威：《中国货币史》，上海人民出版社2007年版，第528页。
② ［美］周启荣：《明清印刷书籍成本、价格及其商场价值的研究》，《浙江大学学报》（人文社会科学版）2010年第1期。周启荣另有英文著作《前近代中国的出版、文化和政权》（Kai-wing Chow, *Publishing, Culture and Power in Early Modern China*, Stanford: Stanford University Press, 2004），该书第一章专门论述了明清时期的书价。
③ 宋莉华：《明清时期的小说传播》，中国社会科学出版社2004年版。
④ 沈津：《书城风弦录——沈津学术笔记》，广西师范大学出版社2006年版，第184页。
⑤ 任莉莉的《叶德辉〈书林清话〉笺证》（博士学位论文，华东师范大学中国古典文献学专业，2009年）在"宋元刻本历朝之贵贱"一节后，将黄跋相关原文详细列出，但未直接指明和辨析叶德辉之疏误。何宛英的《〈书林清话〉校证》（硕士学位论文，东北师范大学，1985年）未指出叶氏之误。蔡芳定的《叶德辉〈书林清话〉研究》（《古典文献研究辑刊》十三编，台湾花木兰文化出版社2011年版）第四章为《〈书林清话〉之评价及影响》，王晓娟的《〈书林清话〉研究》（硕士学位论文，湖南师范大学中国古典文献学专业，2007年）第四章为《〈书林清话〉考辨》，均指出了不少叶氏之疏漏，但未涉及书价。新加坡学者沈俊平的《叶德辉文献学考论》（台湾学生书局2012年版）第七部分"叶德辉对宋元旧椠和明清善刻的价值的体会与认识"，大量引用了《书林清话》卷六"宋元刻本历朝之贵贱"一节中的有关资料，但对其中的问题同样未加辨别和说明。
⑥ 乔衍琯：《乾嘉时代的旧书价格及其买卖——读〈荛圃藏书题识〉札记》，台湾《大陆杂志》第27卷第11期（1963年12月）；收入乔衍琯《古籍整理自选集》，台湾文史哲出版社1999年版。

国古代书价研究》①　虽然对黄跋中之资料略有利用，但限于篇幅，其论述过于简单。孙文杰则根据黄丕烈的《士礼居藏书题跋记》、《士礼居藏书题跋记续》和《士礼居藏书题跋记再续》，潘祖荫的《滂喜斋藏书记》、潘宗周的《宝礼堂宋本书录》等所载之资料，编制成《清代中期宋刻本书价表》②；根据黄丕烈的《士礼居藏书题跋记》，编制成《〈士礼居藏书题跋记〉所载元刻本价格》③；根据黄丕烈的《士礼居藏书题跋记》和《士礼居藏书题跋记续》、瞿良士辑《铁琴铜剑楼藏书题跋集录》、顾广圻的《思适斋书跋》所载之资料，编制成《清代中期的抄本书价统计表》④。袁逸曾根据黄丕烈的《士礼居藏书题跋记》中所记载的宋刻本购进价（嘉庆三年至十九年）编制成表格⑤。沈津的"书丛老蠹鱼"博客中有《说清代的书价》和《再说清代的书价》，其中提到："由于书价的资料太少，所以书价的历史很难研究。黄跋中的这些材料，都非常有用，且是研究中国货币史的专家学者所不注意的实例。"⑥

　　就总体而言，学术界迄今为止对黄跋中所反映的清代中期古书价格关注不够，相关研究成果存在误引误判的现象。龚笃清《古籍收藏问答》之"历代宋刻本的价格如何？""历代元刻本的价格如何？"等专题中，利用了黄跋中的有关资料，但就其内容而言，似乎是在参考《书林清话》等二手资料之基础上而编写，导致有的地方以讹传讹。如《书林清话》曰："宋本《温公司马文正公集》八十卷，价一百六十两。"⑦《古籍收藏问答》云："嘉庆二年（1797年），黄丕烈以160两银子购得宋刻本《温公司马文正公集》。"⑧ 上文提及的孙文杰的《清代中期宋刻本书价表》，也将《温公司马文正公集》的价格著录为160两。其实黄跋所记160两为学馀堂店主最初索价金额。黄氏以其价昂，一时又无那么多资金，遂还价。当时并未成交。过了五个月，学余堂主人对黄丕烈说："此书出君家，遍示郡中藏书者，虽皆识为宋刻，然所还之价，有不及无过者，曷于前四十之数而益其半乎。"黄氏"重是书之刻，在宋为最初本，兼重以

---

① 谢彦卯：《中国古代书价研究》，《图书与情报》2003年第3期。
② 孙文杰：《清代宋刻本书价考略》，《出版科学》2009年第4期。
③ 孙文杰：《清代元刻本书价考略》，《图书情报工作》2009年第17期。
④ 孙文杰：《清代抄本图书价格与分析》，《编辑之友》2010年第12期。
⑤ 袁逸：《清代书籍价格考——中国历代书价考之三》，《书色斑斓》，岳麓书社2010年版，第126—127页。
⑥ http://blog.sina.com.cn/s/blog_4e4a788a0100fxtb.html.
⑦ 叶德辉：《书林清话》，上海古籍出版社2008年版，第128页。
⑧ 龚笃清编著：《古籍收藏问答》，湖南美术出版社2008年版，第96页。

徐、卢二公之手泽，使大弓宝玉，有归鲁之日，未始非前贤实呵护之，故不惜重资购得"①。可知最终成交价格应该是60两，并且可以看出黄丕烈认为最终成交价还是高的。

二 黄跋中的书价资料举隅

除了上述论著所利用的资料之外，黄跋中涉及清代嘉庆年间宋元刻本价格的内容尚有不少。如关于宋刻本《历代纪年》十卷②，黄氏云："初，书友以是书求售，亦知其为宋刻，需值二十金。余曰：'此书诚哉宋刻，且系钱遵王所藏，然残缺污损，究为瑜不掩瑕，以青蚨四金易之可乎？'书友亦以余言为不谬，遂交易而退。"③

除了宋元本之外，黄跋也有关于明本以及旧钞本书价之内容。如关于明活字本《小字录》一卷，黄氏谓："兹册古色古香，初入眼，疑为旧刻，故书友欲以充宋元板，余亦因其古而出番饼④二枚易之，重付装潢，可谓好事矣。"⑤又如关于旧钞本《五代会要》三十卷⑥，黄氏曰："适坊友为余言某骨董铺有旧钞本，因踪迹得之，出番饼十四枚，旧藏王西沚光禄家。"⑦

黄跋内容丰富，经常涉及黄丕烈与当时藏书家、学者之交往以及珍本秘籍的流布始末、书肆的发展情况等，因此在某一部书的题跋中，有时会提及其他典籍之价格。如在影宋钞本《韩非子》二十卷⑧之题跋中，黄氏曰："余性喜读未见书，而朋友中与余赏奇析疑者，惟顾子千里为最相得。岁丙辰，千里借窗读书，兼任雠校，故余所好之书，亦千里知之为最深。每遇奇秘本，为余所未见者，千里必代购以归余。四五年来，插架中

---

① （清）黄丕烈：《荛圃藏书题识》卷八，《黄丕烈书目题跋 顾广圻书目题跋》，中华书局1993年版，第178页。

② 此本今藏中国国家图书馆。

③ （清）黄丕烈：《荛圃藏书题识续录》卷一，《黄丕烈书目题跋 顾广圻书目题跋》，第296页。

④ 番饼乃旧时对流入中国的墨西哥银元之俗称，又称墨银、鹰洋（银元上有一只鹰）、番钱、洋钿等。墨银是用机器铸造的，分量较为准确，每枚含银7钱3分（库平7钱2分）。从黄跋中可以了解乾嘉时期外国银圆在江浙一带的流通情况，为相关研究提供了宝贵史料。黄寿成的《外国银圆在中国的流通》（《中国典籍与文化》1994年第4期）利用了黄跋中的资料，值得重视。该文经过统计，发现《荛圃藏书题识》和《荛圃藏书题识续录》中共有121条涉及书价，其中45条以"番饼""番钱"等外国银圆计价，所用的计量单位名称有圆、元、饼、块，也有直接称若干番钱或番、洋。

⑤ （清）黄丕烈：《荛圃藏书题识》卷六，《黄丕烈书目题跋 顾广圻书目题跋》，第119页。

⑥ 此本今藏中国国家图书馆。

⑦ （清）黄丕烈：《荛圃藏书题识》卷三，《黄丕烈书目题跋 顾广圻书目题跋》，第60页。

⑧ 此本今藏中国国家图书馆。

可备甲编之物,正不乏也。岁辛酉,余四赴计偕,宾主之欢遂散,然翰墨因缘,我两人无一日去怀。千里就浙抚阮芸台聘,入校经之局,每归,为余言曰,近日喜讲古书者,竟无其人。苏、杭两处,古书之多与讲古书之人之多,杭远不如苏。此种话可为知者道,难与俗人言也。今夏六月,千里自杭归,于余面前略言近所得书,如元刊《吕氏春秋》、旧钞《严氏诗缉》、明刻书《三史会要》,余亦以为书皆好,明日遂以归余,易白金十二两而去。问此外可有好者,千里曰无矣,余亦信杭之果无好书。越一日,遇千里于金阊书肆,聚谈半日而别。将别去,复伫立于道,密语余曰,有一书,铭心绝品,此书必当归子,亦惟子乃能识此书,然钞本须得刻本价。问其名,始云为影宋钞《韩非子》,所藏为钱遵王、季沧苇两家,需直白金四十两。余急欲睹其书,千里曰,此书为汪启淑家所散,而他姓得之,托余求售于子,故索重直。余闻之喜甚,盖子书中惟《管》、《韩》为最少,余所收子书,皆宋刻为多,惟《管》、《韩》尚缺。《管子》犹见残宋本,若《韩非子》并未闻世有宋本,今得影钞者,岂不大快乎!床头买书金尽,措诸友人所,始以三十金购之。"①

同时,黄跋中有时引用他人之跋,也有涉及书价者。如关于张氏景元刻本《国朝名臣事略》十五卷,黄丕烈引清代藏书名家张蓉镜之跋云:"苏伯修《名臣事略》十五卷,世间传本绝少,只近刻活字本序文、目录俱未刊载。尝见《汲古阁秘本书目》载有元刻本,卒未得见。月霄以银六十饼,易之于吴门黄氏士礼居,行列精整,真元椠也。"②

再则,黄跋中所提到的书价有的并非黄氏直接付款,而是委托友人代购。如校影宋本《舆地广记》三十八卷③,黄氏曰:"韩本所藏,带于行箧。应京兆试入都,中丁卯科举人。近年五柳主人以伊弟京邸来札示余,知在京邸求售,索直朱提④百金。久而未有覆音,盖余托过五柳也,去年主人进京师,首以此书为属,今始带回,已为余出百二十金购之。盖因京师风行宋刻之故。"⑤ 又如关于宋本《管子》二十四卷⑥,黄氏曰:"《管子》世鲜善本,往时曾见陆敕先校宋本在小读书堆。后于任蒋桥顾氏借

---

① (清)黄丕烈:《荛圃藏书题识》卷四,《黄丕烈书目题跋 顾广圻书目题跋》,第71页。
② (清)黄丕烈:《荛圃藏书题识》卷二,《黄丕烈书目题跋 顾广圻书目题跋》,第38—39页。
③ 此本今藏中国国家图书馆。
④ 朱提乃古县名,西汉置,治所在今云南昭通。因其境内有朱提山,产银多且美,故后世用"朱提"作为高质银之代称。
⑤ (清)黄丕烈:《荛圃藏书题识》卷三,《黄丕烈书目题跋 顾广圻书目题跋》,第44页。
⑥ 此本今藏中国国家图书馆。

得小字宋本，其卷一后有长方印记，其文云'瞿源蔡潜道宅墨宝堂新雕印'。验其款式，当在南宋末年，中缺十三至十九卷。即其存者，取与陆校本对，亦多不同，盖非最善之本也。甲子岁，余友陶蕴辉鬻书于都门，得大宋甲申秋杨忱序本，版宽而口黑，亦小字者，因以寄余，索直一百二十金，豪鳌不可减。余亦重其代购之意，如数许之，遂得有其全本……内有钞补并伪刻之叶，在第六卷中。遍访诸藏书家，无可借钞。时钱唐友人谓余曰：'嘉兴某家有影宋钞本，与此正同。'余闻之欣然，久而无以应我之求。适陶君往嘉兴，于小肆中获其半，检所缺叶，一一完好，字迹与刻本纤毫不爽，方信影钞者即从余所得本出，而下半部偶失之耳……取对顾氏小字本，高出一等，当是敕先所据以校刘绩之本者也。后钱唐友人来询之，知嘉兴所见者，即此钞本，其不肯明言在书肆者，恐余捷足先得，孰知已有代购之人为之，始之终之，俾得两美之合哉。"①

笔者之所以不惜笔墨长篇引用上述两段文字，除了内有书价信息外，还因为这两段文字很值得玩味。黄丕烈与五柳居书肆②主人陶正祥（字庭学，号瑞庵）、陶珠琳（字蕴辉，号五柳）父子交情甚笃，此乃公认之事实，但细读之后，发现这两段文字中的"百二十金"之含义有所不同，前者属于五柳主人陶珠琳代付，并未加价；后者应该是陶珠琳搜得后再加价卖给黄氏的。笔者认为这种情况应该是真实的，也是可以理解的。陶珠琳的书商身份，使黄丕烈与他之间的友谊，不可能跟黄丕烈与顾广圻之间的友谊完全一样。笔者在上文之所以长篇引用黄氏关于影宋钞本《韩非子》二十卷之题跋，一个很重要的目的是便于将二者之友谊、交往加以比较。

黄丕烈对陶珠琳还是印象甚好的，称赞他熟读《读书敏求记》，学有根底。黄氏每得一书，多与陶氏商榷版本。但陶珠琳也有唯利是图，以赝充真的一面，在当时的一些学者心目中形象欠佳。清代学者洪亮吉将藏书家分为考订家、校雠家、收藏家、赏鉴家、掠贩家五类，他将陶珠琳和另一位与黄丕烈交往甚密的在苏州经营古旧书的萃古斋主人钱听默（又名时霁，字景开、景凯）列为掠贩家③。笔者认为，作为书坊，自然是要盈

---

① （清）黄丕烈：《荛圃藏书题识》卷四，《黄丕烈书目题跋　顾广圻书目题跋》，第70页。
② 五柳居书肆在北京琉璃厂和苏州郡庙（城隍庙）前各有一门店。
③ 洪亮吉：《北江诗话》卷三，人民文学出版社1983年版，第46页。洪氏之说影响甚大，被广为引用。笔者认为，洪氏之说也有欠妥之处，如将黄丕烈列为赏鉴家。实则黄氏既是藏书大家，也是著名学者，尤其是在版本学领域成绩卓著。邵胜定《洪亮吉藏书家分等说质疑》（《图书馆杂志》1984年第4期）、赵飞鹏《藏书家分等说商榷——以洪亮吉之说为中心》（载《张以仁先生七秩寿庆论文集》，台湾学生书局1999年版；收入赵飞鹏《图书文献学考论》（台湾里仁书局2005年版）等文，均对洪氏之说多所质疑，为黄丕烈鸣不平。

利的，陶珠琳、钱听默能做到这样，已经不容易了，不必过于苛求。沈津在《此调书林今绝响——书估钱听默与陶正祥》①一文中，对钱、陶亦多有褒奖。

同时，黄跋中还有对议价未果之记载，如黄氏在元刊本《读四书丛说》残本五卷之题跋中曰："适书友携此书至，知多一卷，强索重直，余许以缗钱二千易之而未果。"② 在明活字本《蔡中郎集》十卷之题跋中，黄氏曰："戊辰夏于骨董铺又见一活字本，拟购之，因时方盛行旧板书，初索十番，后积累至几十金，未及收得，殊为恨事。"③

黄跋中也有开始未成交而最终购买之例。如黄氏在残宋本《普济方》（存第一至六卷）之题跋中有如下记载："初，书坊某云书船有残宋本《普济本事方》，余属其取阅，久之以书来，仅存三册，序全目失，六卷后已遭剜改也。六卷尚完好，第一卷首多治药制度总例。拟购之，无如索直六十金，既而持物主之札索还，并云中人须酬十金。余未及还价而罢。仲冬以来，为亡儿营葬，为长女遣嫁，兼之度岁办粮，所入不偿所出。自朝至夕，虽身逸而心劳，几几乎坐卧不宁矣，然可以解忧者惟书。余自甲寅后连丁大故，天灾人事，困苦身心。若论处境，不知生人之乐，而好书一事，从未住手，谓聊乐我员者，此也。昨书船之友携来各书，俱无惬意者。因询前书，云尚在某坊。问其直，元易为洋矣。今日遂与议易，给以番饼二十枚，以他书贴之，合四十两青蚨。百忙之中，出见银一斤，置此残帙，旁人见之，得勿笑其痴耶呆耶。余曰，此养生药，思之几废寝食。余又不知蠹鱼之性何以固结若是。书存六卷，细点叶数，序二叶，目录存九叶，治药制度总例四叶，卷一十九叶，卷二二十四叶，卷三二十六叶，卷四二十四叶，卷五十九叶，卷六十七叶，共计一百四十四番，以叶论价，合每叶青蚨一百九十五文。近日书直昂贵，闻有无锡浦姓书贾，即浦二田之后，持残宋本《孟东野集》，索直每叶元银二两，故余戏以叶论价，此书犹贱之至者也。"④ 上述题跋中所反映的书价等信息是十分丰富的，值得珍视。

另有被他人捷足先登而后黄丕烈再辗转以高价向其购买之情况。如关于宋刻本《陶靖节先生诗注》四卷，黄氏云："汤伯纪注陶诗宋刻本真本，在海宁周松霭家，相传与宋刻礼书并储一室，颜之曰'礼陶斋'。其

---

① 沈津：《老蠹鱼读书随笔》，广西师范大学出版社2009年版，第94—99页。
② （清）黄丕烈：《荛圃藏书题识》卷一，《黄丕烈书目题跋　顾广圻书目题跋》，第19页。
③ （清）黄丕烈：《荛圃藏书题识》卷七，《黄丕烈书目题跋　顾广圻书目题跋》，第144页。
④ （清）黄丕烈：《荛圃藏书题识》卷五，《黄丕烈书目题跋　顾广圻书目题跋》，第77页。

书之得近于巧取豪夺，故秘不示人，并云欲以殉葬。余素闻其说于吴兴贾人，久悬悬于心中矣。去岁夏秋之交，喧传书贾某得此书，欲求售于吴门，久而未至。后嘉禾友人札致余，有此书，许四十金，未果，已为碛石人家得去。闻此言，甚怏怏，然已无可如何矣，遂恝置之。今夏有吴子修候余，余往答之，出所藏书示余，汤注陶诗在焉。开卷展视，其为宋本无疑。询所由来，乃知碛石人即伊相识，可商交易者，遂倩人假归，议久始谐百金之直，银居其大半，文玩副之。此余佞宋之心固结而不可解者，后人视之，毋乃讪笑乎。"① 黄丕烈遇到酷爱之书，志在必得之举，于此可窥一斑。

与书价相关联的是，黄跋还涉及当时古书装潢之费用。作为当时一代藏书巨擘，黄丕烈爱书如命，对书品要求极高，用重金购书之后，对一些装潢不甚满意之书，常常倩工重装，为此破费颇多。黄跋中有不少这方面的记载。如在明本《刘子新论》十卷的题跋中，黄丕烈感慨道："一本之书，倩工影摹，倩工装潢，不知又费多少钱矣。"② 又如对于校宋本《南唐书》十八卷，黄氏曾命工重装，同样颇有感慨："初得此书，用番钱一枚，若以装工计之，又多费几番钱矣。"③ 装工费用数倍于书价，由此可见，当时古书装潢的价格是较高的，可惜黄跋中没有提到具体费用。同时，可以看出黄丕烈支付给装工的工钱也往往是番钱。

笔者认为黄丕烈之所以重视书价，很大程度上跟他既不惜重金买书，又经常为买书而卖书有关系，因为这样的经历使黄氏对书价特别敏感，总想用有限的资金购买尽可能多的心爱之书，此乃人之常情。

需要说明的是，因黄丕烈嗜书如命，遇到心爱之书往往志在必得，不惜重金，故黄跋中所反映的书价并不一定代表当时的平均书价，笔者认为大多数情况下应该高于平均书价。关于这一点，在黄跋中也可窥一斑。如宋余仁仲本《公羊解诂》十二卷，黄氏云："《九经三传沿革例》载有建余氏本，余所见残本《穀梁》在周香严家，即万卷堂余仁仲校刻者也。此外有《周礼》，亦缺《秋官》，藏顾抱冲所。今秋得此《春秋公羊经传解诂》十二卷，完善无缺，实为至宝，得之价白金一百二十两。不特书估居奇，亦余之爱书有以致此。初是书出镇江蒋春农家，书估以贱直购之，携至吾郡，叠为有识者称赞，故索价竟至不减。余务在必得，惜书而

---

① （清）黄丕烈：《荛圃藏书题识》卷七，《黄丕烈书目题跋 顾广圻书目题跋》，第146页。
② （清）黄丕烈：《荛圃藏书题识》卷五，《黄丕烈书目题跋 顾广圻书目题跋》，第98页。
③ 瞿良士辑：《铁琴铜剑楼藏书题跋集录》，上海古籍出版社2005年版，第85页。

不惜钱物，书魔故智，有如是者。"① 上述记载虽然未说明"贱直"具体是多少，但肯定比 120 两白银低得多。又如宋刻本《三谢诗》一卷之黄跋谓："宋刻之贵，至以叶数论价，亦贵之甚矣。顾念余生平无他嗜好，于书独嗜好成癖，遇宋刻，苟力可勉致，无不致之以为快。矧此书世间罕有，存此宋刻差足自豪。'钱物可得，书不可得，虽费，当勿校耳。'岂特也是翁宜有是言哉！"② 在如此心态之下购书，常常会付出较高的代价。

此外，同样是黄跋中记录之书价，差不多的版本，由于种种原因，也有贵有贱，有时甚至很悬殊。如在宋刊本《诸葛忠武侯传》一册③的题跋中，黄氏曰："甲戌初秋，有装潢工人从铺首以青蚨五十六文买得破书一捆，内拣出旧钞《汉丞相诸葛忠武侯传》一册。"④ 此实乃价廉物美之书。又如对于明覆宋本《新序》十卷，黄氏说："顷是本已为嘉兴金繐庭所得，复取续校卷中，识蒋本者是也。蒋氏即顾旧藏，而何所据校者，向藏史家巷赐书楼蒋氏，今分支居西白塔子巷者，家不甚贫，却爱财而不爱书，故是本为金所有。余初见时，其家估直十二金，欲并售，未能独得。后累至十倍，兹以番饼四十二枚易之。繐庭何幸而遇此！江浙分储，非复吾郡中物矣。书之黯然。"⑤ 当初未能成交，后来如此暴涨，由此可以看出黄丕烈撰写此题跋时无奈、后悔之心情。因此，我们在引用黄跋来论述清代中期古书价格问题时，应注意尽量避免以偏概全。

值得一提的是，清代潘世璜的《须静斋云烟过眼录》，乃潘世璜之子潘遵祁从潘世璜日记中摘出的有关书画碑帖等的记述，时间跨度为嘉庆九年（1804）至道光九年（1829）。该书中有多处涉及当时的书画碑帖之价格，其中有与黄丕烈相关者。如癸未（1823）十二月十二日，"荛圃来，以苏书《除夜大雪》及《大雪青州道上》二诗卷相示。末有柯丹邱小楷看欸一行，甚精；后有逃虚子跋，又本朝邵泰跋，书法俱佳。系沈文中所藏，其后人出以求售，索百二十金。留玩一日，还之"。⑥

三 黄跋所揭白银、番钱之比价

前文脚注中已经说明，番钱每枚含银 7 钱 3 分（库称 7 钱 2 分）。但

---

① （清）黄丕烈：《荛圃藏书题识》卷一，《黄丕烈书目题跋 顾广圻书目题跋》，第 18 页。
② （清）黄丕烈：《荛圃藏书题识》卷十，《黄丕烈书目题跋 顾广圻书目题跋》，第 226 页。
③ 此本今藏上海图书馆。
④ （清）黄丕烈：《荛圃藏书题识》卷二，《黄丕烈书目题跋 顾广圻书目题跋》，第 34 页。
⑤ （清）黄丕烈：《荛圃藏书题识》卷四，《黄丕烈书目题跋 顾广圻书目题跋》，第 66 页。
⑥ （清）潘世璜：《须静斋云烟过眼录》，中国美术学院出版社 2000 年版，第 90—91 页。

不同时期番钱与白银的比价还是有所不同的，黄跋为此提供了宝贵的资料。如黄氏在宋椠本《鉴诫录》十卷之题跋中提到："余闻斯言，知物主未必无去志，缘谋诸书贾之素与往来者，久而始得见其书，索直白镪①卅金。余爱之甚，且恐过此机会难以图成，遂易以番钱三十三圆。书计五十七叶，并题跋一叶，以叶论钱，当合每叶四钱六分零。宋刻书之贵，可云贵甚。而余好宋刻书之痴，可云痴绝矣。"② 由此可见，该书当时开价为白银30两，最终成交价约为白银26.7两（五十七叶，并题跋一叶，也就是共计58叶，每叶四钱六分零）③。番钱33圆等于白银26.7两，据此推算出当时（该跋作于1804年）1圆（枚）番钱相当于8钱1分白银。前文脚注中提及的袁逸《清代书籍价格考——中国历代书价考之三》，在统计清代宋、元、明刻本价格时，将价格统一换算成银两，是按照1两白银等于1.39圆墨西哥洋钱（即番钱）换算的。这一换算标准显然是根据一般资料中所说的墨银每枚含银7钱2分（库称）。这一换算标准未考虑白银与番钱的比价在不同时期是有差别的，因此与当时的实际比价有一定出入。此外，姚伯岳《黄丕烈评传》中所说的"洋银因成色不纯，一元约只合银七钱"④，也是不够准确的。由此也更可以显示出黄跋资料之珍贵。

每圆（枚）番钱所值制钱在不同时期波动更大（在不同地区，每圆番钱所值制钱也有所不同，如1圆番钱在江浙地区比在粤闽地区可以换取更多的制钱）。黄跋中也有与此相关的宝贵资料。如宋刻本《纂图互注荀子》二十卷之黄跋云："拟直拾洋，合缗钱每册一六，不为多也。"⑤ 该书共计10册，由此可以推算出当时（该跋作于1825年）在苏州地区，1圆番钱相当于1600文制钱。看来袁逸《清代书籍价格考——中国历代书价考之三》按照1两白银等于700文制钱换算，与当时的实际比价出入甚大。

从英属东印度公司留下的史料看，当时输入中国的番钱绝大多数是主币，辅币甚少。笔者通过多种途径检索，发现当时中土文献中提及番钱辅

---

① 白镪乃作为货币的白银之别称。个别论著将白镪理解成黄金，从而得出错误的书价计算结果。

② （清）黄丕烈：《荛圃藏书题识》卷六，《黄丕烈书目题跋 顾广圻书目题跋》，第123页。

③ 笔者认为，此处四钱六分零应该理解成四钱六分略多一点。据此计算，58 × 0.46 = 26.68，取其精确到钱之数，当为26两7钱。黄丕烈计算每叶之价格，当以番钱26两7钱除以58叶，相当于每叶4.603448钱，故曰每叶四钱六分零。

④ 姚伯岳：《黄丕烈评传》，南京大学出版社1998年版，第185页。

⑤ （清）黄丕烈：《荛圃藏书题识续录》卷二，《黄丕烈书目题跋 顾广圻书目题跋》，第298页。

币的史料很少，但在钞本《知非堂稿》六卷之黄跋（该跋作于1824年）中却有一条珍贵的记载："洪武刻《元史节要》，张美和编，二册十三洋；钱东涧钞陶九成《草莽私乘》一册十三洋；朱竹垞钞《美合集》一册六洋四角；此何太虚《知非堂稿》一册二洋。计换家刻书二十四洋有零。"①到了晚清时期，番钱辅币的使用逐渐增多（尤其是上海等沿海地区），在书价中也有反映。如1889年周庆祺知己轩刻《西湖楹联》四卷之封面钤有"每部实价洋银肆角"。而1877年刊行的《申报馆书目》中的标价，绝大多数都是番钱辅币，除了"一角""二角""三角""四角""五角""六角"等之外，其中还有不少"一角二分""一角五分""二角五分""三角五分"等标价。②

上述材料说明番钱在当时使用之广，已经成为黄丕烈所在的江浙地区货币体系的重要组成部分。③ 同时，由上述材料也可以看出，黄跋在具体计算每叶古书之价格时，一般还是用两或文作计量单位。再则，前文提及的"给以番饼二十枚，以他书贴之，合四十两青蚨"，也是如此。笔者还注意到，黄跋中涉及的"番钱"大多是个位数或一二十圆居多（上文中的番钱三十三圆、番饼四十二枚已是较大的数目，而六十饼只能说是个例）。价格特别高的书，基本上还是采用传统的白银交易。如黄跋中多次出现"百二十金"这一价格，却很难见到"百圆""百番""百饼""五十圆"等称谓。上文提及的明活字本《蔡中郎集》十卷的题跋中有"初索十番，后积累至几十金"之记载，开始用"番"，后来大幅提价后用"金"。此外，元本《乐府新编阳春白雪》十卷之黄跋中有"书仅五十一番，相易之价亦合五十一番"④之语，由其中的"合"字，可见交易时是用白银的，只是说51叶刚好合番钱51圆。还有，黄丕烈《士礼居刊行书目》中的书，也是以白银标价的。这些材料，可以为我们进一步研究当时货币流通的实际情况以及白银、番钱在人们心目中的信誉度等提供重要佐证，值得珍视。

当然，也有一些学者对黄跋中记载书价等内容基本上持否定态度，如余嘉锡曾曰："其后如黄荛圃者，尤以佞宋沾沾自喜，群推为藏书大家，

---

① （清）黄丕烈：《荛圃藏书题识》卷九，《黄丕烈书目题跋　顾广圻书目题跋》，第205页。
② 周振鹤编：《晚清营业书目》，上海书店出版社2005年版，第179—197页。
③ 查药师钞本《陶诗诗选》之黄跋曰："近日书直昂贵，苟有旧本出，无论刻钞，每册动以番饼论价。"（《黄丕烈书目题跋　顾广圻书目题跋》，第243页）此乃番钱使用之普遍的有力证据。
④ （清）黄丕烈：《荛圃藏书题识》卷十，《黄丕烈书目题跋　顾广圻书目题跋》，第254页。

而其所作题跋，第侈陈所得宋、元本楮墨之精，装潢之美，索价几何，酬值几许，费银几两，钱几缗，言之津津，若有余味，颇类卖绢牙郎；至于此书何为而作？版本之可资考证者安在？文字之可供雠校者谓何？则不能知也。故其所谓《荛圃藏书题识》者，仅可以考百宋一廛散出之书，于学子实无所益，岂惟远逊晁、陈，即持较《通志·艺文略》、《国史经籍志》之杂钞书目者，亦尚不及也。"①

除了余氏之外，清代的洪亮吉、严可均以及近现代的许庚飏、傅增湘、张舜徽、范凤书等学者对黄丕烈也有一些偏见。如范凤书将黄丕烈列为"视古籍为古董的藏书家"之典型代表，曰："他自号佞宋主人，甚而悖谬到主张以宋本的错处来'改正'非宋本的是处。此辈一旦珍本到手，宝秘轻不示人。转手出让，动辄万金，把古籍变为奇货。给了书估以谋利之机。"② 这一评价与事实不符，尤其是"动辄万金"当属凭空臆测。当然，此乃范氏早期之观点，他的《中国私家藏书史》对黄丕烈的评价还是较为公允的。③

四 黄跋价值再评说

笔者认为，黄跋与晁公武的《郡斋读书志》、陈振孙的《直斋书录解题》以及郑樵的《通志·艺文略》、焦竑的《国史经籍志》等性质不同，不能简单进行比较。黄跋生动地记载了黄丕烈购书、藏书、校书的酸甜苦辣、喜怒哀乐，有点类似于日记，言之有物，内容广博，史料性和可读性都很强。缪荃孙认为黄丕烈"跋一书而其书之形状如在目前，非《读书敏求记》空发议论可比"④。

值得一提的是，黄跋记载书价等内容，在传统书目题跋中别开一派，致使题跋文体发生了重大变化，对后世影响深远。邱江宁指出，黄跋羼入大量传统题跋所不具备之内容，书写内容及风格迥异于传统题跋，使题跋文体发生了以下变化：书籍交易消费过程成为黄跋叙述中心，传统题跋一般不涉及货利交易、悬隔于日常世界的特征被改变；消费过程牵涉人事甚广，传统题跋倾向于自娱自乐的抒情特征被消解，叙事意味和传奇性增强；消费过程是人生常态，且不能须臾脱离价格衡量计较，传统题跋审美

---

① 余嘉锡：《〈藏园群书题记〉序》，傅增湘《藏园群书题记》卷首，上海古籍出版社1989年版，第4页。
② 范凤书：《中国历代藏书家的面面观》，《图书馆》1983年第3期。
③ 范凤书：《中国私家藏书史》，大象出版社2001年版，第370—371页。
④ 缪荃孙：《〈荛圃藏书题识〉序》，《黄丕烈书目题跋 顾广圻书目题跋》，第2页。

空灵的书写特性被鲜活实在的世俗性所取代。① 应该说邱氏将黄跋的特色基本上概括出来了。当代著名藏书家、散文家和书评家黄裳对黄跋推崇备至,其题跋之风格深受黄丕烈之影响。笔者认为,黄跋不但致使题跋文体发生了重大变化,而且对叶德辉的《书林清话》、缪荃孙的《艺风堂藏书记》、王欣夫的《文献学讲义》和《蛾术轩箧存善本书录》等著作的体例及写作风格具有重要的启发意义。

最后,笔者认为中国图书发行史、中国物价史之类的著作,应将书价包括在论述范围之内。业已刊布的多种相关著作,均未涉及中国古代书价。值得称道的是,程民生在《宋代物价研究》②之第八章"印刷品与手抄本、书画"中,专门论述了宋代的书价,篇幅达 8000 字。我们希望能有更多的相关论著涉及历代书价。

应该说黄跋中的资料有时比当时官方的记载更为可信,更为接近实际,是了解和研究清代中期古书价格不可多得的重要史料。当然,关于古书价格,仅仅是黄跋重要价值的一个方面。虽然黄跋广为人知,前人引用甚多,但其内涵尤其丰富,只要仔细品味和认真研究,仍可以挖掘出前人尚未关注或关注较少的内容。在目前古书题跋之整理和研究日益兴盛之际,我们除了重点披露新发现和新整理之题跋外,对于像黄跋这样特别重要的名人题跋,仍可以从新的视角加以进一步深入研究。

本文原载《文献》2013 年第 5 期。收入本书时作了修改

---

① 邱江宁:《明清江南消费文化与文体演变研究》,上海三联书店 2009 年版,第 158—159 页。
② 程民生:《宋代物价研究》,人民出版社 2008 年版。

类书与汉语词汇史研究

陈东辉

类书是汇编古典文献资料,按类别或韵目编排,以供查检的工具书。类书取材广泛,内容丰富,几乎无所不包,与百科全书有某些相似之处。类书主要是采辑相关资料中的某一段文字,有时也将整篇甚至整部文献收入。类书一般只汇编资料,也有一些类书将所辑资料加以概述,有的还有按语之类的考辨性文字。关于类书的价值,不少论著已有提及,但大多偏重于论述类书在古籍辑佚、校勘方面的价值,而对于其在汉语史研究中的价值,则鲜见论及。笔者不揣谫陋,拟从下列五个方面来论述类书在汉语词汇史研究中的重要价值,试抛引玉之砖。

第一,一些类书可以作为汉语词汇史研究的语料。被称为宋代"四大书"之一的《太平广记》[①],汇集了汉代至宋初各种形式的小说,也包括少量先秦古籍中的传说故事。全书近300万字,分为500卷,另有目录10卷,收录了7000余则故事。这些故事共分为92个大类,每则故事后均注明引自何书。《太平广记》作为中国首部专门汇集古小说的类书,被鲁迅誉为"古小说的林薮",具有多方面的价值。因为该书保存了不少古代(尤其是唐宋时期)的口语词、俗语词,所以成为汉语词汇史研究的重要语料。但该书按类别而不是依时代先后为序,故作为语料使用时也有不便之处。王汝涛等选注的《太平广记选》[②],所收均系唐人小说,涉及唐人专集30多种,每种都有简介,作为语料使用时更为方便。此外,鲁迅的《唐宋传奇集》、汪辟疆的《唐人小说》,也是主要依据《太平广记》编选的,均可作为语料。郭在贻曾撰有《〈太平广记〉里的俗语词考释》(《中

[①] (宋)李昉等编,张国风会校的《太平广记会校》(北京燕山出版社2011年版),堪称集大成之作,可供参考。

[②] (宋)李昉等编,王汝涛等选注:《太平广记选》,齐鲁书社1980年版。

国语文》1980 年第 1 期)、《〈太平广记〉词语考释》(《杭州大学学报(哲学社会科学版)》1980 年第 4 期)、《〈太平广记选〉(上册)注释商榷》(《齐鲁学刊》1983 年第 1 期)等论文,堪称对《太平广记》中的俗语词进行系统考释的第一人。此外,王瑛、段观宋、刘凯鸣、李亚明、黄灵庚、古敬恒、范崇高、周志锋、曾良等均发表过有关《太平广记》词语考释的专文,足见《太平广记》作为重要的语料已受到汉语史研究者的普遍重视。

明代永乐年间纂修的《永乐大典》,连凡例、目录共计 22937 卷,约有 3.7 亿字,是中国历史上最大的类书。虽然现存卷数仅为原有卷数的 3.5% 左右,但是仍然极有价值。如该书卷一三九九一"戏"字韵下,收有《小孙屠》《张协状元》《宦门子弟错立身》等 3 种南戏剧本。除了现存的《荆钗记》《白兔记》《拜月亭》《杀狗记》《琵琶记》外,上述 3 种是现在所能见到的最早的南戏剧本了。又如卷五二四四"辽"字韵下所收的《薛仁贵征辽》,乃最早之平话。此外,《永乐大典》残存本中还收有不少古代科技书籍,如卷一三一九四"种"字韵下收有吴欑的《种艺必用》、张福的《种艺必用补遗》,属亡佚已久之古农书,全赖《永乐大典》而得以保存。上述书籍均可作为汉语史研究的语料,可惜这些珍贵的语料尚未引起人们充分关注。

当然,我们将类书作为语料来使用时,应该持谨慎的态度。如《太平广记》所辑故事有许多转录自类书,同时还有后人窜改补入的文字及增加的故事。再则,该书卷首之"引用书目"也经过后人的不断增补。此外,该书有 100 多个条目未注明出处。这是我们在利用时应加以充分注意的。同时,类书所引逸书中的片段,倘若无法确定作者的时代,一般不宜作为语料来使用。

第二,类书中的有关资料可以为汉语词汇史研究提供书证。同时,类书还可供查检典故等的出处。类书的一个重要特点,就是征引古籍甚多。《艺文类聚》所征引的唐以前的古籍达 1431 种。这些典籍在南宋时已亡佚大半,现存者更不足十分之一。《太平御览》所引之书实有 2579 种,百分之七八十已失传。在汉语词汇史研究以及汉语语文辞书编纂中,如果注意充分利用类书,往往能查出难以找到的书证,或使书证提前。

如"修养"一词,《现代汉语词典》的释义如下:①指理论、知识、艺术、思想等方面的一定水平。②指养成的正确的待人处事的态度。①

---

① 中国社会科学院语言研究所词典编辑室编:《现代汉语词典》第 6 版,商务印书馆 2012 年版,第 1466 页。

《辞海》的释义为：①儒家指通过内心反省培养完善的人格。后亦指逐渐养成的在待人处事方面的正确态度。②指在政治、思想、道德品质和知识技能等方面经过锻炼和培养而达到的一定水平。③休息调养。① 《辞源》解释成：儒家指通过内心反省，培养完善的人格。② 《中文大辞典》则是如此解释的：求学问道德之精美完善曰修养，修谓修治以求进步，养谓涵养之以使充足。③ 上海辞书出版社2000年出版的《古汉语大词典》未收"修养"一词。《汉语大词典》的释义最为丰富，多达6条：①指道家的修炼养性。②指培养高尚的品质和正确的待人处世的态度，或求取学识品德之充实完善。③指正确的待人处世的态度。④指思想、理论、知识、艺术等方面所达到的水平。⑤学习，仿效。⑥休息调养。其中第①条的书证如下：唐吕岩《忆江南》词："学道客，修养莫迟迟，光景斯须如梦里。"宋赵与时《宾退录》卷二："柳公权书如深山道士，修养已成，神气清健，无一点尘俗。"清富察敦崇《燕京岁时记·白云观》："虽非神仙，而年过百龄者时所恒有，亦修养之明征也。"④ 《太平御览》卷六七三"道部·仙经下"所引《太微黄书经》中有云："方法者，众圣著述丹药秘要，神草灵芝，柔金水玉，修养之道也。"⑤ 此处"修养"之义应该是道教称炼丹服药、养生求仙的方法。这一释义比《汉语大词典》更为具体、准确一些，同时书证也提前了。

清代编纂的《佩文韵府》、《骈字类编》、《渊鉴类涵》以及《子史精华》、《分类字锦》等类书，对于查找典故十分有用。在汉语词汇史研究及汉语辞书编纂中，经常会遇到疑难的典故。如在编纂《汉语大词典》的过程中，曾遇到"纳肝"一词，当时仅有两张资料卡，一张是明邵璨《香囊记·潜回》："那饮药谯玄，纳肝弘演，高风劲节真堪羡！"另一张是清钱谦益《都察院左都御史李公神道碑》："纳肝无救于卫灭，藏血何补于周危？"当时已出版的《辞源》、《辞海》、《辞通》、《联绵字典》以及《大汉和辞典》、《中文大辞典》均未收列"纳肝"一词。《佩文韵府》平声寒韵"肝"字中也无"纳肝"，而上声铣韵"演"字则有"弘演"，

---

① 辞海编辑委员会编纂：《辞海》第6版缩印本，上海辞书出版社2010年版，第2141页。
② 何九盈、王宁、董琨主编，商务印书馆编辑部编：《辞源》第3版，商务印书馆2015年版，第290页。
③ 中文大辞典编纂委员会编：《中文大辞典》（修订本）第1册，台湾华冈出版有限公司1979年版，第1091页。
④ 汉语大词典编辑委员会等编：《汉语大词典》第1卷，上海辞书出版社1986年版，第1379页。
⑤ （宋）李昉等编：《太平御览》，中华书局1960年版，第3000页。

引用《三国志·魏志·陈矫传》、《隋书·诚节传序》和《吕氏春秋》中的资料各一例①，其中《吕氏春秋·忠廉》有如下记载："卫懿公有臣曰弘演，有所于使。翟人攻卫……及懿公于荥泽，杀之，尽食其肉，独舍其肝。弘演至，报使于肝，毕，呼天而啼，尽哀而止，曰：'臣请为襮。'因自杀，先出其腹实，内懿公之肝。""内"同"纳"。后以"纳肝"为忠烈之典故。《隋书·诚节传序》："申蒯断臂于齐庄，弘演纳肝于卫懿……凡在立名之士，莫不庶几焉。"② 类书之作用，于此可见一斑。

同时应该指出的是，类书的引文有不少讹误、脱漏甚至张冠李戴之处，摘录、转述常常不分，有些还不注明出处或出处不明确，引用的书名有时前后不一致。如《太平御览》卷三一六"兵部·掩袭下"引《论语》："太公曰，阴谋书，武王伐殷，兵至牧野，晨举脂烛，推掩不备。"③ 这段文字既不见于《论语》，也绝不是《论语》的逸文，可能是纬书里的内容。又如该书引《南岳魏夫人内传》，有《紫虚南岳夫人传》《南岳夫人内传》《南岳夫人传》《南岳魏夫人传》《魏夫人传》等6种不同的名称。④ 又如《佩文韵府》去声问韵"问"字中有"寻问"一词，引《北齐书·儒林传》："孙灵晖少明敏，得惠蔚手录章疏，研精寻问，更求师友，'三礼'、'三传'皆通宗旨。"⑤ 其实这段引文的出处应该是《北史·儒林传上·孙灵晖》。⑥ 日本出版的《大汉和辞典》、中国台湾出版的《中文大辞典》以及旧版《辞源》《辞海》《中华大字典》等语文辞书，从历代类书中采择了大量资料，但有时照抄照搬，不加鉴别，因袭了类书中的不少错误，影响了书证信度及释义质量。代表当今大型语文辞书编纂的最新成就和最高水平的《汉语大词典》和《汉语大字典》，虽然也充分利用了类书中的丰富材料，但引用时态度十分慎重，一定要复核原书，从而避免了以讹传讹。这两部辞书出版后，陆续有一些论著指出了它们存在的书证晚出等问题，但很少有人对其书证可信度表示怀疑。

第三，类书在研究古代文化词语时可以发挥很大作用。古汉语词汇可

---

① （清）张玉书等编：《佩文韵府》，上海古籍书店1983年版，第1910页。
② 参见蒋礼鸿《目录学与工具学》，《蒋礼鸿集》第4卷，浙江教育出版社2001年版，第483页。
③ （宋）李昉等编：《太平御览》，中华书局1960年版，第1458页。
④ 参见聂崇岐《重印太平御览前言》，（宋）李昉等编《太平御览》卷首，中华书局1960年版，第3页。
⑤ （清）张玉书等编：《佩文韵府》，上海古籍书店1983年版，第2904页。
⑥ 据中华书局1974年点校本《北史》第2718页，"得惠蔚手录章疏"之前的文字是："灵晖少明敏，有器度。"

区分为文化词语与通义词语,其比例大约是二比一。① 近年来,文化词语的考释已逐渐引起学术界的重视。文化词语涉及面甚广,包括服饰、饮食、交通、建筑、体育、军事、天文、地理、农业、生物、什物、艺术、刑政、人体、人伦等类别的词语,几乎包罗万象,这刚好与类书的特点相吻合。类书的分类,大多是依照古代社会的政治、经济、文化制度以及社会生活的需要,分成若干大的部类。如《太平御览》凡1000卷,分为天、时序、地、皇王、偏霸、皇亲、州郡、居处、封建、职官、兵、人事、逸民、宗亲、礼仪、乐、文、学、治道、刑法、释、道、仪式、服章、服用、方术、疾病、工艺、器物、杂物、舟、车、奉使、皿夷、珍宝、布帛、资产、百谷、饮食、火、休征、咎征、神鬼、妖异、兽、羽族、鳞介、虫豸、木、竹、果、菜茹、香、药、百卉等55个部。此乃根据《周易·系辞》中所谓的"凡天地之数五十有五",以表示该书之内容几所不包。各部之下又分成若干类(凡5363类),有些类中又有附类(凡63个附类),共有5426个类目。如"居处部"又分成宫、室、殿、堂、楼、台、阙、观、宅、第、邸、屋、家、舍、庐、庵、门、户、枢、关、钥、闱、闱、阊、阁、篽、囿、厅事、斋、房、庭、阶、陛、墀、序、廊、塾、坛、屏、扆、宁、厨、灶、窦、厕、墙壁、柱、梁、栋、窗、槛、椽、檐、棁、棨、枅、铺首、藻井、鸱尾、质础、奥、屋漏、宦、突、砖、瓦、井、仓、囷、庾、府库藏、厩、市、城、壕、橹、馆、驿、传舍、亭、逆旅、道路、驰道、涂、阡陌、街、巷、苑囿、园圃、圈、牢、藩篱、华表等92类及堂皇、屠苏、郭等3个附类。从这些类目可以明显地看出,《太平御览》对于考释文化词语是十分有用的。此外,《艺文类聚》、《北堂书钞》、《初学记》、《永乐大典》残本及《古今图书集成》等类书亦各有所长,均系研究古代文化词语时需要参考的重要文献。一般类书所汇集的材料,大多是先分大类,后标子目。每个子目下的材料则按经、史、子、集或时代先后为序排列。这样,我们在训释文化词语时,就可以从有关类书中按类索取有用的材料。

　　一些专科性类书对于研究古代文化词语亦十分有用。如(南宋)陈景沂编的《全芳备祖》汇集了诸多关于花草、树木、谷物等的故事、诗赋。该书分为前、后两集,共计8个部。前集是花部,著录植物约120种;后集系果、卉、草、木、农桑、蔬、药等7个部,著录植物150余种。部之下分若干门,各门又分成若干子目。每一子目著录一种植物,包

---

① 参见黄金贵《古代文化词义集类辨考》,上海教育出版社1995年版,第1464页。

括三个"祖":第一是"事实祖",收录有关植物的科学知识、故事、传说等;第二是"赋咏组",收录诗句;第三是"乐府祖",收录词。每祖又分为若干小类,如"事实祖"包括碎录、纪要、杂著三类。该书中所汇集的资料,有不少是世间罕见或不传之珍品,如所征引的《广志》《图经本草》《益州草木记》《缙绅脞说》《鸡跖集》《岚斋录》等书,均已无传本(前一种仅有辑本)。该书所收材料,唐以前甚少,北宋以后非常详备,其中南宋尤详。所录宋诗,多有他书不载或本集已失传者。根据目前所掌握的资料,该书堪称全世界最早的关于植物学的专门性百科全书。后来的《群芳谱》《广群芳谱》《采芳随笔》等书,均以该书为蓝本。可惜该书刻本在中国亡佚已久,仅有少量抄本流传,后被收入《四库全书》。20世纪60年代初,在日本皇宫图书寮(今宫内厅书陵部)发现了该书的宋刻残卷。该书虽非足本,但现存41卷,已占全书七成,且为《全芳备祖》唯一的存世刻本,故弥足珍视。农业出版社将《全芳备祖》宋刻残本列为《中国农学珍本丛刊》之第一种[①],于1982年影印出版。现在,该书被列入《日本宫内厅书陵部藏宋元版汉籍影印丛书》第一辑,已由线装书局于2001年出版。这是在考释植物类词汇时应注意充分利用的。此外,《古今合璧事类备要》别集"草木卷"也颇有用处。

再则,北宋高承编的《事物纪原》(又题《事物纪原集类》)是一部成书较早的专门考证事物起源及沿革的类书,初刻本汇录217事,今所传《惜阴轩丛书》本多达1764事,当为后人增补,已非宋本之旧。今本凡分天地生植、正朔历数、帝王后妃、嫔御命妇、朝廷注措、治理政体、利源调度、公式姓讳、礼祭郊祀、崇奉褒册、乐舞声歌、舆驾羽卫、旗旐采章、冠冕首饰、衣裘带服、学校贡举、经籍艺文、官爵封建、勋阶寄禄、师保辅相、法从清望、三省纲辖、持宪储闱、九寺卿少、秘殿掌贰、五监总率、环卫中贵、横行武列、东西使班、节钺帅漕、抚字长民、京邑馆阁、会府台司、库务职局、州郡方域、真坛净社、灵宇庙貌、道释科教、伎术医卜、舟车帷幄、什物器用、岁时风俗、宫室居处、城市藩御、农业陶渔、酒醴饮食、吉恶典制、博弈嬉戏、戎容兵械、战阵攻守、军伍名额、律令刑罚、布帛杂事、草木花果、虫鱼禽兽等55部。每部之下又分若干事,如"衣裘带服部"分为衣裳、衮衣、裘、袴褶、朝服、公服、襕衫、衫、汗衫、半臂、袄子、凉衫、大衣、长裙、帔、背子、裙、衫子、偏衫、腰带、金带、环、指环、钏、诃子、珮、玺、印、条印、绶、

[①] 所缺部分补以徐乃昌积学斋抄本的过录本。

鞁、袴、裈、鱼袋、笏、笏袋、笏帛、袜、履舄、靴、屦、鞋、屐、雨衣等 44 事。每一事目之下，便是引文。《事物纪原》的最大特色正如其书名，对于书中所列的 1764 事均要"原其始，推其自"。诚如《郡斋读书志》所云，该书"自天地生植与夫礼乐、刑政、经籍、器用，下至博奕嬉戏之微，虫鱼飞走之类，无不考其所自来"①。该书对于一些生活器物及食品等收录较多，如熨斗、雨伞、扇、灯、针、爆竹、胡床、纸、笔、大蒜、胡麻、葡萄、苜蓿、兰香、馒头、汤饼等。该书卷八"舟车帷幄部"中的"熨斗"条文字如下：《帝王世纪》曰："纣欲作重刑，乃先作大熨斗，以火熨之，使人举手辄烂，与妲己为戏笑。今人以伸帛者，其遗意也。"同一部类中的"胡床"条文字如下：《搜神记》曰："胡床，戎翟之器也。"《风俗通》曰："汉灵帝好胡服，景师作胡床。"此盖其始也，今交椅是也。卷十"草木花果部"中的"苜蓿"条文字如下：本自西域，彼人以秣马。张骞使大夏，得其种以归，与葡萄并种于离宫馆傍，极茂盛焉。盖汉始至中国也。这些材料对研究古代文化词语十分有用，同时对辞书编纂亦颇有助益。在利用《事物纪原》时，可同时参考明赵弼编的《事物纪原删定》和清纳兰永寿编的《事物纪原补》。

《格致镜原》系清代陈元龙仿《事物纪原》而编，专门汇集历代经史、杂记、俗说、野史、字书等文献中有关博物和工艺的记载，故曰"格致"；每物必溯其起源，注明出处，故名"镜原"。该书分为乾象、坤舆、身体、冠服、宫室、饮食、布帛、舟车、朝制、珍宝、文具、武备、礼器、乐器、耕织器物、日用器物、居处器物、香奁器物、燕赏器物、玩戏器物、谷、蔬、木、草、花、果、鸟、兽、水族、昆虫等 30 类，类下又析细目，凡 886 目。如果目下资料较多，则以总论、名类、称号、纪异再行标目区分。该书引文大多录自原书，并且多据善本，校勘较为精审。《四库全书总目》评曰，《格致镜原》"各考订，所出必系以原书之名。虽所据或间出近代之本，不能尽溯其源，而体例秩然，首尾贯串，无诸家丛冗猥杂之病，亦庶几乎称精核矣"②。此外，清汪伋编的《事物原会》和清魏崧编的《壹是纪始》也都是辑录有关事物起源资料的类书。

清厉荃编、关槐增编的《事物异名录》收录历代类书及经、史、子、集诸书中有关事物异名的资料。该书分为乾象、岁时、坤舆、郡邑、形貌、伦属、爵位、品术、礼制、音乐、政治、人事、宫室、饮食、服饰、

---

① （宋）晁公武撰，孙猛校证：《郡斋读书志校证》，上海古籍出版社 1990 年版，第 1152 页。
② （清）永瑢等：《四库全书总目》，中华书局 1965 年版，第 1158 页。

舟车、耕织、渔猎、器用、书籍、文具、武器、蔬谷、布帛、珍宝、玩戏、年齿、佛释、仙道、神鬼、药材、百草、树木、花卉、果蓏、禽鸟、兽畜、水族、昆虫等39部,部下又分若干类,类下记性质相同之事。每事先列通称的正名,次标异名,搜罗非常详备。该书中所收的一些事物的异名,现在已极少使用,在一般辞书中也难以查到,足见该书对于古代文化词语研究之重要价值。

此外,清陆凤藻所撰的《小知录》从历代典籍中辑录出大量名物词及典故,并一一加以诠释或辨正,内容涉及职官礼仪、生活起居、天文地理、人神鬼怪、政治军事等领域,时间跨度从远古一直到乾嘉之世。该书收录了众多鲜为人知的名物词,如卷十"果木"类收有桧果〔五果〕、丽枝〔梅〕、黄中〔李〕、过雁红〔桃〕、甜梅〔杏〕、掩櫃〔奈〕、来禽〔林檎〕、快果〔梨〕、瑞圣奴〔柑〕、洞庭霜〔橘〕、卢橘、鹄壳〔橙、柚〕、赪虬卵〔柿〕、离支〔荔枝〕、节核、绣水团〔龙眼〕、日精〔圣僧〕、蜡儿〔枇杷〕、麦英〔樱桃〕、奇石蜜食〔葡萄〕、丹若〔石榴〕、感揽〔橄榄〕、仁频〔槟榔〕、铁脚梨、羌桃〔胡桃〕、灵眼〔银杏〕、玉角香〔松子、榧子〕、湖目〔莲子〕、木蜜〔枣〕、笃迦〔栗〕、桐乳、白蒻〔藕〕、蕨擤〔菱〕、鸡雍〔茨〕、赤瓜、扞瞧〔甘蔗〕、苍玉瓶〔西瓜〕、荅逕、隐夫、古度、侯骚、刘杙、樱额、普盘、毗野〔歌毕佗〕、多感、筆澄茄、思君、宜母、卍果、波罗蜜、庵摩勒、红姑娘、部谛子〔罗晃子、特乃子〕、千岁子、乌沙尔器、七林等果名。每一果名下,均引证原书,作出解释。如"桧果"条下云:"《蜀都杂抄》:'梵文叙果有五:枣杏等谓之核果,梨奈等谓之肤果,椰子、胡桃等谓之壳果,松子、柏仁谓之桧果,大小豆等谓之角果。'""日精"条下曰:"《湘潭记》:'陆展见杨梅,叹曰:此果恐是日精。东坡诗注:扬州人呼白杨梅为圣僧。'""樱额"条下有如下文字:"《热河志》:'实如黑葡萄而差小,至秋熟,可食,味甘涩。'《盛京志》名稠梨子。"这些资料对于考订古代名物颇有助益,值得珍视。

笔者注意到,近年来发表的不少关于古代文化词语考释的论著及博士、硕士学位论文,已将有关类书列为主要参考文献的一部分,但有些论著对于类书(尤其是一些不太常用的类书)中的资料还不够重视,从而在一定程度上影响了论著的质量,十分遗憾!

当然,上述类书也有一些不足之处。如《太平御览》所引之书大多杂抄前代类书,并非宋代初年均尚存在于世。再由于校订不够精审,故所引之书有讹误、错落及重复。同时,《太平御览》类目纷繁,致使重复之处颇多。既有不同部类之间的重复，如"井"类同时出现在"居处部"和"休征部"；也有同一部类中的重复，如"太白山类"和"岷山类"在"地部"内重复出现。我们在引用时应充分注意考辨。此外，《四库全书总目》指出，《事物纪原》"名目颇为冗碎，其所考论事始，亦间有未确。如引《秦本纪》，谓名县始自秦孝公，而不知《左传·宣公十一年》'楚子县陈'，杜注已明言灭陈以为县"①。再则，《事物纪原》中有些条目的归部欠妥，如熨斗、雨伞放在"舟车帷幄部"，奴婢、姬亲归于"布帛杂事部"，缺乏科学性，使用中应留意。此外，《小知录》的引文也有错讹之处，如卷九"服饰"类中的"鲜锡"条引《尔雅》注"石药"，但核之《尔雅》，并无"石药"一名及其注语。

第四，类书征引古书时，均用当时或时代更早的版本，有时甚至是原本。诚如范希曾所云："古类书不特所引佚文足资考证，即见存诸书，亦可订正文字异同。"② 在考释古汉语词汇时，有时需要校正文字；同时，在校勘古籍时，也会用到训诂学知识。因而训诂学与校勘学关系十分密切。笔者在研治清代学术时体会到，清人的训诂学成果很多与校勘学有关。如高邮王氏父子的《读书杂志》、《经义述闻》以及俞樾的《诸子平议》、《群经平议》既是训诂学名著，又可归入校勘学著述的范畴。清代学者在校勘古书时，几乎无不利用古类书。此乃清人在古汉语词汇研究领域取得巨大成就的一个重要原因。

今天我们在从事汉语词汇史研究时，应注意利用类书来校正目前通行的本子。如《初学记》卷十八"人部"中"富"五［事对］有如下文字：借车子　请如愿（干宝《搜神记》曰："有周翥噴者，贫而好道，夫妇夜耕困卧，梦天公过而哀之，敕外有以给与。司录案籍曰：'此人相贫，限不过此。唯有张车子应赐千万，车子未生，请以借之。'天公曰：'善！'"又《录异传》曰："庐陵欧明，从贾客道经彭泽湖，每以舟中所有多少投湖中，云以为礼。积数年后复过，忽见湖中有大道，上多风尘；有数吏乘车马来候明，云是青洪君使要。须臾达，见有府舍，门下吏卒。明甚怖。吏曰：'无所怖，青洪君感君前后有礼，故要君，必有重遗。君皆勿取，独求如愿耳。'明既见青洪君，乃求如愿，使随明去。如愿者，青洪君婢也。明将归，所愿辄得，数年大富。"）③ 此外所引之《借车子》的故事，出自《搜

---

① （清）永瑢等：《四库全书总目》，中华书局1965年版，第1146页。
② 范希曾：《书目答问补正》，张之洞《书目答问二种》，生活·读书·新知三联书店1998年版，第196页。
③ （唐）徐坚等编：《初学记》，中华书局1962年版，第442页。

神记》;《请如愿》的故事,出自《录异传》。然而今本《搜神记》卷四所载《庐陵欧明》一节,与《初学记》所引《录异传》中之《请如愿》内容几乎完全相同。人民文学出版社 1959 年排印本《太平广记》卷二九二,也载有这则故事,而情节较详,结尾不同,注曰"出《博异录》",明抄本作"出《录异传》",均未云出自《搜神记》。由此可见今本《搜神记》乃宋以后的人所辑录,大约取材于《北堂书钞》《艺文类聚》《初学记》《法苑珠林》及《太平御览》等类书,《庐陵欧明》一段可能即抄自《初学记》。大约由于抄时匆忙,只见两个故事连在一起,而没有看清下一个书名,就将《请如愿》一节误收入《搜神记》中去了。①

同时,类书还可订正今天通行的古代辞书中的某些错漏,或提供另一种版本。如《方言》卷十:"楚郢以南,蚁土谓之坌。"②《太平御览》卷九四七引《方言》,"坌"作"封"。③ 此处"封"的含义应该是特指蚁封、蚁土,同时可泛指"小土堆"。《广雅·释诂三》:"封,埸也。"王念孙疏证:"天将雨,则蚁聚土为封以御湿。"④ 编纂语文辞书时,可据此新立义项。

类书固然可以帮助校正文字,但类书中的引文有时经过删改,会有脱漏、讹误甚至张冠李戴之处。所以我们也不能过分迷信类书,以免"过犹不及"。诚如刘文典所云:"清代诸师校勘古籍,多好取证类书,高邮王氏尤甚。然类书引文,实不可尽恃,往往有数书所引文句相同犹未可据以订正者,盖最初一书有误,后代诸书亦随之而误也。如宋之《太平御览》,实以前代《修文御览》、《艺文类聚》、《文思博要》诸书参详条次修纂而成。其引用书名,特因前代诸类书之旧,非宋初尚有其书,陈振孙言之详矣。若《四民月令》一书,唐人避太宗讳改'民'为'人',《御览》亦竟仍而不改,书名如此,引文可知。故虽隋、唐、宋诸类书引文并同者,亦未可尽恃。讲校勘者,不可不察也。"⑤

汪维辉曾指出,唐宋时期所编的不少类书在引用六朝载籍时往往好改前代口语,或是把原本比较口语化的词语和说法换成意思相近但较文雅的词语和说法,或删去原文中的口语词,或以唐宋时期常用的词语替换前代口语词,有时还因不明前代口语而误改。该文以《世说新语》异文为例,

---

① 参见刘叶秋《类书简说》,上海古籍出版社 1980 年版,第 34—35 页。
② 周祖谟校,吴晓玲编:《方言校笺及通检》,科学出版社 1956 年版,第 64 页。
③ (宋)李昉等编:《太平御览》,中华书局 1960 年版,第 4205 页。
④ (清)王念孙:《广雅疏证》,江苏古籍出版社 1984 年版,第 78 页。
⑤ 刘文典:《三余札记》,商务印书馆 1935 年版,第 6—7 页。

对这一现象进行了考察分析，共举出 30 多条词语，详引例证说明《世说新语》原文符合晋宋人的语言习惯，而类书引文有意改动之迹昭然。由此得出三点结论：1. 类书引文未必皆古本可据；2. 一些六朝口语词至唐人已不晓其义，反映了词汇随时代而变迁的事实；3. 唐宋人编纂类书时存在着明显的避俗趋雅倾向。① 黄东阳也认为，类书引《世说新语》多予删节且体例不一，《世说新语》逸文多属注文或系误植误钞。② 此外，笔者认为明人好改古书，故明代所编的大多数类书的引文随意删改之处更多，一般不宜用作校正古书之依据。这是利用类书时应充分注意的一个问题，对汉语史研究者而言尤其如此。因此我们在利用类书的引文来校正今本古籍时，应慎之又慎。

第五，一些类书含有汉语史史料，从而成为汉语词汇史研究的参证文献。《古今图书集成》乃现存规模最大、内容最丰富、体例最完善的类书。该书分为 6 汇编 32 典 6109 部③，共计 1 万卷，约 1.6 亿字。其中的"理学汇编"中有"经籍典"和"字学典"，"经籍典"内又含"尔雅部"和"小学部"，"字学典"内则包括"字学总部"、"音义部"、"声韵部"和"方言部"等，均系与汉语史研究直接有关的内容。

"尔雅部"包括汇考、总论、艺文、纪事、杂录等内容；"小学部"包括汇考、总论、纪事等内容；"字学总部"包括汇考、总论、艺文、选句、纪事、杂录、外编等内容；"音义部"包括汇考、总论、纪事、杂录等内容；"声韵部"包括汇考、总论、艺文、纪事、杂录等内容；"方言部"包括汇考、艺文、纪事、杂录等内容。"汇考"所占的篇幅最多，收录稽考事物发展演变的资料，可分为两种情况：1. 有年月可考的事件，依照《通鉴纲目》之体例，事经年纬，依时间为序，征引有关文献。2. 无年月可考的事件，按经、史、子、集之次序，征引典籍中的材料。"总论"收录经、史、子、集中有关的重要议论。"艺文"收录有关事物的诗、词、文、赋等作品。"选句"摘录有关某些事物的俪词、偶句及谚语等。"纪事"收录事物琐细而有可取之处的资料，乃汇考之补充。"杂录"收录难以入"汇考"、"总论"及"艺文"之资料。"外编"收录神话传说之类的资料。

上述资料对于汉语词汇史研究颇有助益。如"小学部"之"汇考"收录了汉史游《急就篇》的唐颜师古叙、宋罗愿序、宋王应麟跋，晋王

---

① 参见汪维辉《唐宋类书好改前代口语——以〈世说新语〉异文为例》，台湾《汉学研究》第 18 卷第 2 期（2000 年 12 月）。
② 参见黄东阳《〈世说新语〉佚文考》，台湾《书目季刊》第 44 卷第 4 期（2011 年 3 月）。
③ 现发现漏计 8 部，实际应为 6117 部。

羲之的《笔势论略》自序，晋卫恒的《四体书势》自序，梁庾肩吾的《书品》罗浮山樵跋，唐张彦远的《法书要录》自序，唐韦续的《五十六种书法》和《九品书》自序，宋朱熹的《小学集注》题词，宋王应麟的《小学绀珠》自序，宋黄伯思的《东观余论》自序，明毛晋跋，明曾志唯的《小学训蒙述语》自序，明倪镗的《六书类释》都穆序以及《汉书·艺文志》、《隋书·经籍志》、《唐书·艺文志》、《宋史·艺文志》、《通志》、王应麟的《汉书艺文志考证》、《文献通考》、《续文献通考》、焦竑《经籍志》中与"小学"有关的内容。这些汇集在一起的资料从很大程度上省去了我们四处翻检之劳，其中有些资料在他处还不易被找到或不会被想到，为汉语词汇史研究者提供了方便。当然，《古今图书集成》中的资料大多转录自其他类书，有的还有错漏或删节，引文出处也有著录欠详或讹误之处，故引用上述资料时应注意参阅该书所附的清龙继栋之《考证》并核对原始资料。

此外值得一提的是，目前已开始陆续出版的《中华大典》，是将中国历代文献用现代科学的分类法进行全面系统的整理汇集，以供人们研究时使用的新型类书。该书包括哲学、宗教、政治、军事、经济、法律、教育体育、语言文字、文学、艺术、历史、历史地理、其他社会科学（伦理学、社会学、人口学、族谱学、民俗学、妇女）、数学物理化学、天文地学、生物学、医药卫生、农业水利、林业、工业、交通运输、文献目录等22个典。每个典又分为若干分典，共计近116个分典。该书所收资料，上起先秦，下讫清末，共收录古籍2万多种，类分五六百万条资料，字数约7亿，印制成书可达400余册，篇幅超过《永乐大典》（约3.7亿字）和《古今图书集成》（约1.6亿字）的总和。该书包罗百科，内容广博，分类科学，规模宏大，既荟萃中国优秀传统文化之精华，又展现新时代之气息与精神。其中由朱祖延主编的"语言文字典"（约3000万字）包括"文字学"、"训诂学"和"音韵学"3个分典，分别由湖北大学、华中师范大学和武汉大学的有关学者编纂，已由湖北教育出版社出版。该书在搜集资料时几乎"竭泽而渔"，然后再精选精编，努力做到准确可信，其质量是以往任何类书无法比似的。我们相信，《中华大典·语言文字典》将为进一步促进汉语词汇史的研究起到重要作用。

本文原载《古汉语研究》2004年第1期。收入本书时作了修改

清代私家藏书与学术发展之互动关系

陈东辉

清代乃中国古代私家藏书最为兴盛的时期，无论是数量还是质量，都是前所未有的。根据范凤书的统计，有清一代确有文献记载藏书事实者，共计2082人，超过了此前历代藏书家的总和。[①] 笔者认为，清代私家藏书之所以如此发达，原因是多方面的，而学术发展应是其中不容忽视的重要因素，并且清代私家藏书与学术发展存在互为因果、互相促进的互动关系。

众所周知，清代系中国学术史上集大成的重要时期，一大批学者在众多领域取得了辉煌璀璨的成果。清代学者取得最大成就的是朴学领域，包括文字、音韵、训诂、目录、版本、校勘、辨伪、辑佚、编纂等，而从事朴学研究，需要大量的图书资料，但中国古代公家藏书一直不发达，所以清代学者在治学时主要依靠私家藏书。可以这么说，朴学的昌盛，从很大程度上促进了私家藏书的兴旺。

清代学者大多本身拥有较多的藏书，主要是靠自己的藏书做学问，同时也利用他人的藏书。清初著名学者朱彝尊，曾参修《明史》，著有《经义考》《日下旧闻》《曝书亭集》等，并编纂了《明诗综》和《词综》，堪称著作等身。由于学术研究的需要，朱氏购买和抄录了大量书籍。他在京参修《明史》期间，经常从史馆借抄，并借抄于宛平孙氏、无锡秦氏、昆山徐氏、晋江黄氏、钱塘龚氏、宁波范氏等明末清初的藏书世家，历年所抄达3万卷，占其全部藏书的近40%。朱彝尊家有藏书三十楼，近8万卷，在其老家浙江秀水（今嘉兴）梅会里建有著名的藏书楼"曝书亭"。为了搜求典籍，他的足迹遍布大半个中国。丰富的藏书，为朱氏的研究提供了极大便利。朱氏的重要著作《经义考》，乃规模宏大的专科版本目录学著作，取材宏富，辨订群书，识断通核，是研究中国古代学术文

[①] 范凤书：《中国私家藏书史》，大象出版社2001年版，第269页。

化史的重要工具书。试想如果没有"曝书亭"的大量藏书作基础,是难以写成《经义考》的。

又如清代中期的陈鳣,精于经学及文字学、训诂学,著有《经籍跋文》《石经说》《两汉金石记》《埤苍拾存》《声类拾存》《恒言广证》《续唐书》《松砚斋随笔》《简庄文钞》《简庄文钞续编》《简庄缀文》《简庄疏记》《简庄诗钞》等。阮元称其"于经史百家靡不综览""浙西诸生中经学最深者也"①。与当时的著名学者钱大昕、王念孙、翁方纲、段玉裁等交往颇多,他们都敬重陈鳣的学问。为了从事经学等的研究,陈鳣一生中收藏图书达 10 万卷,其在浙江海宁的藏书楼名为"向山阁",与黄丕烈士礼居、吴骞拜经楼齐名。陈氏藏书的特色与其学术旨趣紧密相关。他对经学研究颇深,其藏书亦多宋元刊经部珍本,内中不少系用重金收购而得。据清代浙江海盐藏书家钱泰吉在《曝书杂记》中的记载,陈鳣藏有宋刻《周易注疏》《周易本义》《尚书孔传》《尚书集传》《毛诗传笺》《周礼注》《礼记注》《礼记注疏》《尔雅单疏》《大学章句》《中庸章句》《论语集注》《孟子集注》等。②陈鳣还利用收藏经书众多的有利条件,对有关经书进行了校勘,最后汇成《经籍跋文》19 篇,学术价值甚高。

再如晚清大学者孙诒让,一生博览群籍,锐意治学,著述宏富。他在经学、训诂学、校勘学、文字学、甲骨学、金石学、文献学、目录学、诸子学等领域均卓有成就,给后人留下了《周礼正义》、《墨子间诂》、《札迻》、《籀庼述林》、《古籀拾遗》、《名原》、《契文举例》和《温州经籍志》等多种著作。孙诒让的学术成就,是与他和他的父亲孙衣言所创建的著名藏书楼——"玉海楼"分不开的。玉海楼曾有藏书八九万卷,除了一般的经、史、子、集四部书外,还庋藏了大量浙江地方文献,其中温州地区历代学者的著述即有 460 多种,内有明刊本 32 种、明钞本 2 种、钞本 210 种、稿本 10 种、传钞稿本 1 种、日本刊本 1 种。这些典籍大多经过有关学者的批校,价值颇高。上述藏书,为孙诒让撰写《温州经籍志》、《温州古甓记》、《温州建置沿革考》、《瑞安建置沿革考》、《永嘉郡记集本》及孙氏父子编刻《永嘉丛书》提供了极大便利。此外,孙诒让还对玉海楼中的许多藏书进行了批校和考释。如他的名著《札迻》,即为校释 78 种古籍的学术笔记,计有校文 1300 余条。他对黄以周《礼书通

---

① (清)阮元:《定香亭笔谈》,清光绪二十五年(1899)浙江书局重刻本。
② 参见(清)钱泰吉《曝书杂记》卷上,清同治七年(1868)刻本。

故》的批校多达300条。

由此可见，清代私家藏书大多是由于学术研究的需要而建立起来的。根据范凤书所著的《中国私家藏书史》一书的统计，确有文献记载的清代收藏万卷以上的藏书家共有543人。[①] 笔者经过仔细查考，发现这543人中大多是学者。同时，清代的许多朴学大师，如钱曾、朱彝尊、徐乾学、何焯、杭世骏、张金吾、卢文弨、王昶、鲍廷博、朱筠、李文藻、周永年、毕沅、翁方纲、桂馥、汪中、顾广圻、陈鳣、孙星衍、江藩、严可均、黄丕烈、阮元、洪颐煊、李兆洛、陈寿祺、严元照、俞正燮、梁章钜、钱泰吉、马国翰、许瀚、朱绪曾、陈澧、邵懿辰、莫友芝、孙诒让、姚振宗、朱学勤、丁丙、李慈铭、杨守敬、缪荃孙、朱一新、叶昌炽、江标、王仁俊等，藏书均达万卷。

值得注意的是，清代学术最为发达的江浙地区，同时也是私家藏书最为兴盛的地区。张之洞的《书目答问》中附有《国朝著述诸家姓名略》，其中经学家共计202人，江浙有136人，占67.3%；史学家共计91人，江浙有69人，占75.8%；小学家共计63人，江浙有43人，占68.3%；校勘之学家共计31人，江浙有22人，占71%；金石学家共计46人，江浙有35人，占76.1%。可见在清代学术史上，江苏和浙江占有绝对的优势。与此相应，清代江浙地区的藏书家人数众多。据吴晗《江浙藏书家史略》[②] 一书统计，清代江苏有藏书家290人，浙江有267人，其中包括许多海内闻名的藏书大家，而藏书质量更是其他地区无与伦比的。在同一个省内，学术发展促进私家藏书兴盛的情况也十分明显。以浙江为例，在清代，该省学术文化事业最为发达的当数杭州、宁波、绍兴、嘉兴和湖州，这些地区的私家藏书也远较浙江其他地区兴旺。此外，在清代北方诸省中，学术较为发达的有山东、直隶（含京师），这两个省的藏书家也是北方各省中最多的。

上文论述了清代学术发展促进了私家藏书的兴盛。从另一个角度来考察，私家藏书之兴盛，反过来又促进了清代学术尤其是朴学的发展。首先，私家藏书为学术研究提供了大量图书。可以这么说，如果没有大量的私家藏书的支撑，清代学术尤其是朴学研究要取得如此巨大的成就几乎是不可能的。蔡尚思在论及藏书与学术研究的关系时云："藏书的风气大盛，如钮氏世学楼、祁氏澹生堂、黄氏千顷堂、钱氏绛云楼、郑氏丛桂堂、徐氏

---

① 范凤书：《中国私家藏书史》，大象出版社2001年版，第271—321页。
② 吴晗：《江浙藏书家史略》，中华书局1981年版。

传是楼,尤其是范尧卿的天一阁,藏书甚富;毛子晋父子的汲古阁,前后积书八万四千册。没有明末这批私人大图书馆,清初黄宗羲等人能博览群书,广搜史料吗?"① 事实确实如此。许多学者虽有自己的藏书,但一个人的家藏毕竟有限,一般还是需要利用他人的藏书。蔡氏提及的黄宗羲,家中虽有祖辈留下的许多图书,但他仍感不足,多次外出访书。钱谦益的绛云楼在明末清初的江苏私家藏书中首屈一指。清顺治七年(1650),黄宗羲赴绛云楼借书,钱谦益破例允其观书。黄氏看了钱氏丰富的藏书后,有云:"得翻其书籍,凡余之欲见者,无不在焉。"② 兴奋之情,溢于言表!

　　钱大昕乃清代数一数二的朴学大师,著述宏富。与一些著名藏书家相比,钱氏的藏书并不算十分丰富,但他在治学过程中,曾多次向黄丕烈、袁廷梼、卢文弨、周锡瓒、顾之逵、戈宙襄、严元照、何元锡、刘桐、吴骞等借抄图书③,遂使他的学术著作越发博大精深。此外值得一提的是,由于某些善本钱大昕未曾寓目,从而使他的个别考证的精确性稍受影响。如傅增湘在为张元济的《校史随笔》④所作的"序言"中指出:"窃惟史籍浩繁,号为难治。近代鸿著,无如王氏《商榷》、钱氏《考异》、赵氏《札记》。三君皆当代硕儒,竭毕生之力以成此书。其考辨精深,征引翔实,足为读史之津寄。然于疑、误、夺、失之处,或取证本书,或旁稽他籍,咸能推断,以识其乖违,终难奋笔以显为刊正,则以未获多见旧本,无所取证也。第旧本难致,自昔已然。钱氏晓征博极群书,然观其《旧唐书考异》,言关内道地理于今本多所致疑,似于闻人诠本未全寓目。明刻如此,遑论宋、元。"钱大昕的《廿二史考异》和王鸣盛的《十七史商榷》,纠正了正史刊本中的诸多讹误,水平甚高。然而由于他们未能见到更多的宋元善本,致使个别考证失误。⑤ 同时,钱、王凭借个人学识指出《五代史记》时本中的某些错误,在张元济所见之宋庆元刊本中不误,并

---

① 蔡尚思:《中国文化史要论(人物·图书)》(增订本),湖南人民出版社1980年版,第89页。
② (清)黄宗羲:《天一阁藏书记》,李希泌、张椒华编《中国古代藏书与近代图书馆史料》,中华书局1982年版,第37页。
③ 参见(清)钱大昕著,(清)何元锡编《竹汀先生日记钞》卷一,《丛书集成初编》本,中华书局1985年版。
④ 傅增湘:《〈校史随笔〉序言》,张元济《校史随笔》卷首,上海古籍出版社1998年版。
⑤ 参见张元济《校史随笔》中"金史·考异所指有误"条,上海古籍出版社1998年版,第138—139页。

且尚有不少未及指出者。① 从某种意义上说，钱、王的上述考订变成了无效劳动。如果他们当时能见到较多的宋元善本，那么就不会出现上述问题了，《廿二史考异》和《十七史商榷》的质量也将更高。这一事例，从反面说明了私家藏书对学术研究的重要作用。

另外，有些学者因条件所限，本身藏书较少，在研究时主要借助他人藏书。值得一提的是，中国现存历史最为悠久的私家藏书楼——天一阁，虽然在建阁之初就确立了"代不分书，书不出阁"的制度，对登阁观书也限制得很严，但是仍有一些学者如黄宗羲、万斯同、全祖望、钱大昕、鲍廷博、张海鹏、阮元等，获得特许而有幸登阁观书。其中黄、万、全三人系浙东学派之大师，可见天一阁对浙东学术的繁荣与发展作出过积极的贡献。清初徐乾学的传是楼藏书甚富，万斯同《石园文集·传是楼藏书歌》赞曰："玉峰当代盛人物，君家昆弟真英杰。论才宇内原无双，积书寰中亦第一。"② 康熙年间徐乾学设局纂辑《大清一统志》，延聘阎若璩、胡渭、顾祖禹、黄仪、姜震英、查慎行、黄虞稷等著名学者分纂。胡渭借此机会充分利用传是楼的丰富藏书，"纵观天下郡国之书，凡与《禹贡》山川疆域相涉者，随手钞集，与经文比次，以郦道元《水经注》疏其下，郦注所阙，凡古今载籍之言，苟有当于《禹贡》，必备录之"③，最终完成了《禹贡锥指》这一清代学术史上的名著。诚如梁启超所云："这部书虽然有许多错处，但精勤搜讨，开后来研究地理沿革的专门学问，价值当然也不可磨灭。"④ 顾祖禹的传世名著《读史方舆纪要》，也在很大程度上得益于传是楼的众多藏书。

值得一提的是，清代一些藏书家较早地意识到不秘私藏、互相交流的重要性。清初藏书家曹溶在《流通古书约》中，曾明确指出藏书家最重要的社会职责在于流通阅读，而不仅仅是收藏保管，务使历代珍贵典籍，不以深锁秘藏而与世隔绝。乾隆时期的著名学者和藏书家周永年受曹家佺之影响，提出了"儒藏"说。《儒藏条约三则》较为充分地反映了周永年的藏

---

① 参见张元济《校史随笔》中"五代史记·钱大昕考异所指此不误"条、"五代史记·王鸣盛商榷所指此不误"条和"五代史记·时本讹夺多可纠正"条，上海古籍出版社1998年版，第119—120页。

② 转引自（清）叶昌炽著，王欣夫补正，徐鹏辑《藏书纪事诗（附补正）》卷四《徐乾学健庵》，上海古籍出版社1989年版，第392页。

③ （清）杭世骏：《道古堂文集》卷四十《胡东樵先生墓志铭》，清乾隆四十一年（1776）刻本。

④ 梁启超：《中国近三百年学术史》，《梁启超论清学史二种》（朱维铮校注）本，复旦大学出版社1985年版，第174页。

书思想，其中有云："儒藏不可旦夕而成，先有一变通之法。经、史、子、集，凡有板之书，在今日颇为易得。若于数百里内，择胜地名区，建义学，设义田，凡有志斯事者，或出其家藏，或捐金购买于中，以待四方能读之人，终胜于一家之藏。即如立书目，名曰'儒藏未定目录'。由近及远，书目可以互相传抄，因以知古人之书，或存或佚。凡有藏之处，置活版一副，将秘本不甚流传者，彼此可以互补其所未备。如此则数十年之间，奇文秘籍，渐次流通。始也积少而为多，继由半以窥全。力不论其厚薄，书不拘于多寡。人人可办，处处可行。一县之长官可劝一县共为之，一方之巨族可率一方共为之。……凡四方来读书者，如自能供给，即可不取诸此，寒士则供其食饮。须略立规条，如丛林故事。极寒者并量给束脩，免其内顾之忧。有余仍贮存之，以为置书增田之费。"① 为了实现自己的理想，周氏买田筑藉书园，聚书于其中，招致来学。章学诚《周永年别传》曰："余因与桐②往见书昌③于藉书之园。藉书园者，书昌之志也。书昌故温饱，橐馁于书，积卷殆近十万，不欲自私，故以藉书名园，藉者借也。"④ 周永年的好友桂馥，也将自己的全部藏书捐献给藉书园。藉书园之类的私人藏书，已初步具备私立图书馆的性质，为广大学者尤其是家境贫寒的学者读书治学提供了有利条件，从而促进了学术事业的发展。可惜这样的私家藏书数量太少。

《四库全书》的编纂，堪称清代学术文化史上的一件大事。私家藏书为《四库全书》的编纂作出了无可替代的重大贡献。台湾学者蓝文钦曾对《四库全书》所依据的底本作了统计，资料如下：

	著录	存目	小计
官府藏书	866	547	1413
私人进献	696	1500	2196
各省采进	1449	3963	5412
官绅进献	358	696	1054
通行本	100	87	187
小计	3469	6793	10262

---

① （清）周永年：《儒藏条约三则》，袁咏秋、曾季光主编《中国历代国家藏书机构及名家藏读叙传选》，北京大学出版社1997年版，第368页。
② 邵晋涵，字与桐。
③ 周永年，字书昌。
④ （清）章学诚：《周永年别传》，袁咏秋、曾季光主编《中国历代国家藏书机构及名家藏读叙传选》，北京大学出版社1997年版，第368—369页。

作者在分析以上资料时指出："案表中所列之'依据书本'虽有五类，然其中'私人进献'、'各省采进'、'官绅进献'三项，实多出自藏书之家，或可合并计之。在著录方面，出自藏书家的，共二五〇三种，占著录总数百分之七二·一五。存目方面，则有六一五九种，占存目总数百分之九〇·六七。如合并著录与存目计算，来自藏书家的部分共八六六二种，占全书百分之八四·四，由私人藏书在四库中所占的比例，藏书家的实质贡献，可以想见。"① 范懋柱、鲍士恭、马裕、汪启淑、吴玉墀、汪汝瑮、汪如藻、孙仰曾、周厚堉、蒋曾莹、黄登贤、励守谦、程晋芳、纪昀、朱筠等藏书家为《四库全书》的编纂进献了大量图书，其中又以前四人献书为最多，均达五六百种，被称为"献书四大家"。可以这么说，如果没有私人藏书家的大量献书，那么要编纂《四库全书》几乎是不可能的。

另外，《四库全书》的编纂对私家藏书产生了重大影响。其一，它极大地震动了中国私家藏书群。此前私家藏书基本上是默默无闻、自隐自发地进行着，国家一般不过问，既不鼓励，也不制止。自从开始编纂《四库全书》后，作为皇帝的乾隆反复下达谕旨，动员各地藏书家呈献书籍，并对献书者给予奖励。献书500种以上的范懋柱等4人每人获赏《古今图书集成》一部，献书100种以上的吴玉墀等9人各获赏《佩文韵府》一部。其二，此次大征书也是对清代中期私家藏书的一次大检阅、大评比。通过进呈书籍，基本亮明了哪些省份、哪些地方有多少大藏书家，及其收藏情况。其三，全国性的大规模采购、征集图书的活动，尤其是对大藏书家的奖赏措施，可以被视为对私家藏书事业的一次大鼓励和大推动，因而清代私家藏书事业在乾隆以后有了很大发展，出现了许多大藏书家。同时还促进了像北京琉璃厂等地的古旧书业的相应发达和兴旺，又为私家藏书的进一步发展提供了更大便利。其四，《四库全书总目》以下简称《总目》的编撰，乃中国目录学发展史上的一个高峰。它不仅对后世的学术研究影响深远，也为私家藏书的分类编目提供了一个现成的榜样，此后私家藏书的编目很少脱其窠臼。《总目》成为许多藏书家采购、收藏图书时的重要依据和线索，并成为他们读书治学时的权威指导目录。《总目》对清代的学术藏书活动起了重大的指引作用。②

清代藏书家大多具有渊博的学识，不少人乃是有影响的一代大师。他们利用丰富的藏书，积极从事目录、版本、经学、小学、史学、文学等领

---

① 蓝文钦：《铁琴铜剑楼藏书研究》，台湾汉美图书有限公司1991年版，第22—23页。
② 参见范凤书《中国私家藏书史》，大象出版社2001年版，第424—425页。

域的研究，以及校勘、辨伪、辑佚、编纂、刊刻等方面的学术活动，为清代学术的繁荣与发展作出了重要贡献。黄丕烈之"士礼居""百宋一廛"的藏书堪称乾嘉时期藏书的杰出代表，也是中国藏书史上罕见的突出典范。《清朝野史大观》云："前清二百七十年间，南北收藏家，其于古书面目，版本源流，深知笃嗜者，颇不乏人，必以荛圃为巨擘。"近人陈登原云："乾嘉间之藏书史，可谓百宋一廛之时代允矣。"[1] 黄丕烈毕生致力于古籍的收藏和整理研究，在藏书活动的各个方面均成绩卓著，同时在校勘学、版本学、目录学等领域也有很深的造诣。他一生共批校了700多种古籍并撰写了题跋。这些题跋说明该书的来龙去脉，介绍作者的情况，区别刻本的优劣，学术价值和史料价值都很高，影响颇大。古旧书行业一直流传有"顾批黄跋"的说法。凡是一部由黄丕烈写题跋、作校勘的书，就身价倍增。《荛圃藏书题识》、《荛圃藏书题识续录》和《荛圃藏书题识再续录》，收录黄氏题跋共计800余篇，成为后人研究古典文献学和清代学术文化史的重要资料。

马国翰一生不遗余力地搜求古籍，每见异书，手自抄录，薪俸所余，尽以购书，故藏书甚富，多达57000余卷。马氏利用丰富的藏书，积数十年精力编纂成著名的《玉函山房辑佚书》。该书乃中国历史上规模最大的一部私刻辑佚书。原书共收书632种，计700余卷，马氏卒后有所散逸，现存的版本收书580余种，计600余卷。全书分为经、史、子三编，其中经部收书最多，有400余种。因该书所收的经学著作数量多、范围广，超过此前的同类辑佚书，故对研究唐代以前之经学价值颇大。诚如李慈铭所云：此书"寻拾奇零，综理微密，虽多以朱竹垞《经义考》、马宛斯《绎史》、余仲林《古经解钩沉》及张介侯（澍）《二酉堂丛书》等为蓝本，而博稽广搜，较之王氏（谟）《汉魏遗书》，详略远判"。[2] 王重民也指出：此书"搜罗的完备，卷帙的繁富，是以前任何人所不及的"！[3] 该书所收各书之前，马氏均撰有序录，论及该书的流传、存佚及作者等情况，并间有考辨。如《周易何氏讲疏》系隋代何妥所撰，然而《册府元龟》据《隋书·经籍志》之误字，遂云其作者为何晏。朱彝尊《经义考》因之，辗转承讹。"国翰详为辨证，实有裨于经学。"[4]

清代藏书家在目录学、版本学领域成绩卓著。钱谦益的《绛云楼书

---

[1] 陈登原：《古今典籍聚散考》，商务印书馆1936年版，第341页。
[2] （清）李慈铭：《越缦堂读书记》，上海书店出版社2000年版，第828页。
[3] 王重民：《中国目录学史论丛》，中华书局1984年版，第299页。
[4] 中国科学院图书馆整理：《续修四库全书总目提要·经部》，中华书局1993年版，第25页。

目》，钱曾的《也是园书目》《述古堂藏书目》《读书敏求记》，黄虞稷的《千顷堂书目》，孙星衍的《平津馆鉴藏书籍记》，黄丕烈的《士礼居藏书题跋记》《荛圃藏书题识》《百宋一廛书录》，周中孚的《郑堂读书记》，张金吾的《爱日精庐藏书志》，瞿镛的《铁琴铜剑楼藏书目》《铁琴铜剑楼藏宋元本书目》，邵懿辰的《四库简明目录标注》，莫友芝的《郘亭知见传本书目》《宋元旧本书经眼录》《持静斋藏书纪要》，李慈铭的《越缦堂读书记》，丁丙的《八千卷楼书目》《善本书室藏书志》，杨绍和的《楹书隅录》《海源阁藏书目》，陆心源的《皕宋楼藏书志》《仪顾堂题跋》，等等，均为高质量的书目题跋之作，在中国目录学史上占有重要地位。其中的《读书敏求记》由清初著名藏书家钱曾所撰，收录钱氏藏书中精华部分634种，专记宋元精刻。该书开创了藏书题跋记形式的目录新体裁，同时还开拓了目录学中版本研究的新领域，为版本目录学的发展奠定了初步基础。钱氏在书中总结出了图书版本鉴定方法上的不少规律，其中主要是以版刻、字体、纸墨、校补状况以及内容等为依据，考定图书雕版刷印的年代及版本优劣，为后人研究版本提供了宝贵经验。清代中叶以后，受该书之影响，版本目录学逐渐发展成为显学，产生了大量的善本书目录和题跋记等著作。此外，钱氏对该书所著录图书的评价与考辨，都援引了比较丰富的资料，颇为学者所重。清代学者阮福重刻该书时尝谓："遵王此书述著作之源流，究缮刻之同异，留心搜讨不遗余力，于目录书中洵为佳著。"① 评论堪称允当。

清代私家藏书与学术发展关系密切。上文提及，清代学术最为发达的江浙地区，同时也是私家藏书最为兴盛的地区。这是就整个清代而言的，如果仅仅看晚清时期，那么情况有所不同，该时期广东的学术和藏书事业发展迅速，在某些方面大有超越江浙之势。在清代道咸以前的很长一个时期内，全国的学术中心一直在江、浙、皖一带，而被称为"炎荒僻壤"之地的广东的学术空气相对较为薄弱，私家藏书也较少。编纂《四库全书》时，广东仅进呈了12种书，名列全国倒数第2。藏书的不足，从很大程度上限制了学术的发展。清初广东著名诗人屈大均对此深有感慨："我生南海愁偏僻，经史之外寡书册。扁舟遥至金陵城，欲向名家求载籍。"② 阮元于嘉道年间任两广总督时，在广州建立了学海堂，逐渐成为

---

① 清道光五年（1825）小琅嬛仙馆《读书敏求记》刻本序。
② （清）屈大均：《翁山诗外》卷三《过黄俞邰藏书楼作》，清宣统二年（1910）国学扶轮社排印本。

当时全国最有影响的书院之一。阮元的学海堂开设经古之课,积极倡导学术研究,从很大程度上促进了当地学术的繁荣与发展。① 从 19 世纪中叶起,全国的学术重心开始转向岭南,而又逐渐涉及附近的荆楚地区。学术的繁荣,也促进了私家藏书的发展。同光以降,广东出现了丁日昌的"持静斋"、孔广陶的"三十三万卷书堂"(又名"岳雪楼")、方功惠的"碧琳琅馆"、伍崇曜的"粤雅堂"、潘仕成的"海山仙馆"、康有为的"万木草堂"、莫伯骥的"五十万卷楼"、潘宗周的"宝礼堂"、伦明的"续书楼"、徐信符的"南州书楼"等著名藏书家及其藏书楼。反过来,丰富的藏书又进一步促进了广东的学术发展。清代嘉道之后,广东的学术发展与私家藏书的繁荣几乎完全同步,其间的互动作用十分明显。

相反,清代学术不发达的地区,私家藏书也较少。从总体而言,清代北方地区的学术发展明显不如南方地区,与之相应,北方地区的私家藏书也明显不如南方地区多。藏书不足,从很大程度上限制了北方学者的视野,对学术的发展产生了不利影响。桂馥曾云:"北方学者,目不见书,又鲜师承,是以无成功。"② 桂馥所言,固然有些偏颇,并不全面,但也不无道理。这一情况,也可以从反面说明清代私家藏书与学术发展之间的互动关系。

本文原载《文献》2003 年第 4 期。收入本书时作了修改

---

① 参见陈东辉《阮元与学海堂》,见中华书局编辑部编《文史》第 41 辑,中华书局 1996 年版。
② (清)桂馥:《晚学集》卷七《周先生传》,清道光二十一年(1841)刻本。

清代学者学术信息获取方式初探

——以乾嘉时期为中心

陈东辉

清代学者在考据学等领域取得了巨大成绩,在不少方面堪称"前不见古人,后不见来者"。笔者长期从事清代学术史研究,阅读了大量清人文集、笔记、日记、年谱等,发现不少清代学者消息灵通,往往能够在第一时间获取相关学术信息,"闭门造车"的情况并不是很多。本文所言之学术信息,主要是指新的学术信息,诸如同时代的其他学者在做什么研究,刊行了哪些新的论著,同时也包括相关学者以前尚未寓目之典籍(尤其是珍本秘册)。在那个通信、交通与今天不可同日而语的清代乾嘉时期,学者们是通过何种方式获取学术信息的,当属一个非常值得关注的问题。此前的论著很少涉及这一问题,更未见关于此问题的专文。

当然,一些论著的某些部分,与此问题有一定的关联度,如美国学者艾尔曼(Benjamin A. Elman)的《从理学到朴学——中华帝国晚期思想与社会变化面面观》[①]、周绍明(Joseph P. McDermott)的《书籍的社会史——中华帝国晚期的书籍与士人文化》[②]。又如王华宝的《段玉裁年谱长编》[③]、王章涛的《阮元年谱》[④]和《王念孙·王引之年谱》[⑤],涉及段玉裁、王念孙、王引之、阮元等与同时代学者的交游;陈居渊的《清人

---

① 赵刚译,江苏人民出版社1995年版。葛兆光的《清代学术史与思想史的再认识》对艾尔曼的观点有所阐发,见《中国典籍与文化》2012年第1期,后收入葛兆光《思想史研究课堂讲录续编》,生活·读书·新知三联书店2012年版,第143—180页。

② [美]周绍明:《书籍的社会史——中华帝国晚期的书籍与士人文化》,何朝晖译,北京大学出版社2009年版。

③ 王华宝:《段玉裁年谱长编》,江苏人民出版社2016年版。

④ 王章涛:《阮元年谱》,黄山书社2003年版。

⑤ 王章涛:《王念孙·王引之年谱》,广陵书社2006年版。

书札与乾嘉学术——从〈昭代经师手简〉二种谈起》[1],着重强调了函札对于学术交流的重要作用;罗检秋的《士人交游与文献传播》[2] 涉及清代学者借阅图书之若干情况。不过上述论著均非专门研究此问题,只是有所涉及,缺乏系统性。笔者经过长时间的考察,认为清代学者获取学术信息的方式大体上可以归纳为以下五种。

一 通过当面交流获取

当面交流最为直接,尤其在没有电话,更没有网络的清代,其作用是其他交流方式无法取代的。大量的学术信息正是在当面讨论相关问题乃至闲聊中获取的。

当一些学者长时间在同一个城市时,交流通常较多。如道光十四年(1834)春夏,俞正燮在严州(今浙江省建德市梅城镇)时,曾多次与许瀚[3]一同拜访当时在严州任建德教谕的严可均。俞正燮在《全三古至隋文目录不全本识语》中提到:"道光甲午春夏间,两次见其本于严州铁桥官舍,叹服其用心。日照许印林司马出所携金石拓本,彼此相勘,或改补一两字,相视大笑。"[4] 又如乾隆三十八年(1773)九月,朱筠由安徽学政调任翰林院编修,此后在北京的数年,乃其一生中交游最广的时期。当时朱筠与纪昀、翁方纲、钱大昕、程晋芳、任大椿、戴震、姚鼐、王昶、邵晋涵、周永年、蒋雍植、章学诚、蔡嘉等著名学者经常见面并交流。[5] 另据翁方纲《复初斋文集》卷三十一《跋朱性甫珊瑚木难手稿》记载,乾隆六十年(1795)十二月初八,罗聘、桂馥、吴锡麟、赵怀玉、冯敏昌诸学者,在北京翁方纲的宝苏室一同观看明代朱理存(字性甫)的《珊瑚木难》手稿。[6] 不过当时餐饮业还不发达,学者们在茶馆、酒楼的聚会很少,而是大多在某一位学者家中,并且总体上聚会比较少。因此聚会并非乾嘉学者获取学术信息的主要途径之一,这一点与清末和民国时

---

[1] 陈居渊:《清人书札与乾嘉学术——从〈昭代经师手简〉二种谈起》,台湾《汉学研究》第 25 卷第 2 期(2007 年 12 月)。

[2] 罗检秋:《士人交游与文献传播》,《史学月刊》2017 年第 1 期。

[3] 许瀚从道光十一年(1831)开始,在杭州学署校文,历时三年。

[4] (清)俞正燮:《癸巳存稿》卷十二《全三古至隋文目录不全本识语》,(清)俞正燮撰,于石等校点《俞正燮全集》,黄山书社 2005 年版,第 487 页。

[5] 参见刘仲华《"称人之善,唯恐不及":朱筠学术交游与清代乾嘉朴学风气的形成》,《唐都学刊》2008 年第 5 期。

[6] 参见(清)翁方纲《复初斋文集》卷三十一《跋朱性甫珊瑚木难手稿》,《续修四库全书》第 1455 册,上海古籍出版社 1995—2002 年版,第 647 页。

期不同。

　　学者专程赴外地拜访同人，大多是距离比较近的。如乾隆五十六年（1791）七月，段玉裁自金坛至常州，以所著《古文尚书撰异》属臧庸为之校雠；乾隆五十八年（1793）三月，臧庸从武进到苏州，与钱大昕、段玉裁、王昶等相见；乾隆五十九年（1794）冬，当时侨居苏州的段玉裁到了杭州，与丁杰相识。

　　因清代的交通与今天相比，显得十分不便，故距离较远的异地专程拜访的事例并不是很多，更多的情况是路过某地时顺便拜访。如乾隆十九年（1754），全祖望赴扬州养病，途经杭州时，与故友赵昱之子赵一清共同研讨《水经注》。

　　不少清代学者同时是官员，他们在赴任、离任途中，往往有交流。如阮元作为清代中后期号称"三朝（乾隆、嘉庆、道光）元老"的封疆大吏，曾任山东学政、浙江学政、兵部侍郎、礼部侍郎、户部侍郎、工部侍郎、浙江巡抚、江西巡抚、河南巡抚、漕运总督、湖广总督、两广总督、云贵总督、内阁大学士、体仁阁大学士等，长期在全国各地为官，在无数次赴任、离任途中，常常与师友、门生等晤面、交流。在这一过程中，双方都能够获取一些最新的学术信息。

　　又如嘉庆元年（1796），桂馥获选云南永平知县，是年七月启程远赴滇南上任。是年八月，桂馥路过天津，与翁方纲等会面。嘉庆二年（1797），桂馥路过杭州，与丁杰相见时，丁杰还将梁玉绳的《汉书人表考》赠予桂馥。由于路途遥远，加上一路停顿，直至嘉庆二年（1797）四月，桂馥方才到达云南。① 这也从一个侧面说明了当时学者当面交流之不易。再如乾隆四十六年（1781）四月，段玉裁由四川巫山县令致仕，返回故乡金坛途中路过南京，到钟山书院拜访了钱大昕。另外，道光元年（1821）十月，王引之赴杭州主持浙江乡试结束之后，返回京城途中路过扬州，与顾广圻见面，并将新刻的《读书杂志·淮南内篇》赠送给顾氏。

　　有时路过某地，由于时间有限等原因，学者不一定前往友人寓所晤面，而是采用致函之方式，② 邀对方到其所乘之舟车中相见。如乾隆六十年（1795）十月末，阮元在赴任浙江学政途中，经过苏州，因获悉段玉裁居所"距城颇远，本当亲诣高斋，奈皇华期迫，不能久延"，故致函段玉

---

① 参见张毅巍《桂馥年谱》，硕士学位论文，哈尔滨师范大学中国古典文献学专业，2011年，第69—72页。
② 因为同在一地，距离近，所以很快就可以传递。

裁，并且附其近刻数篇，又碑刻一种，"谨令县中人备舆奉迓，至弟舟一谈。大著《说文读》及诸《汉读》、《诗、书小学》稿本，务必携来"①。

学者相见时，所获取的信息并不仅仅限于对方的学术动态，往往还会涉及他人，相互交流自己所知晓的他人的学术动态，品评他人之作。如陈鸿森《〈钱大昕年谱〉别记》乾隆五十八年（1793）条提到："钮树玉来访。先生与论段氏《古文尚书撰异》得失。"②

书院也是清代学者获取学术信息的重要场所。如嘉庆年间阮元在杭州创办的诂经精舍，不但是一所教育机构，而且也是学术研究的重要基地。精舍创建初期，除了阮元和主讲王昶、孙星衍之外，尚有讲学之士等教学人员。据孙星衍《诂经精舍题名碑记》记载，当时汪家禧、陈鸿寿、陈文述、钱林、胡敬、孙同元、陆尧春、王述曾、吴文健、严杰、周诰、查揆、李富孙、孙凤起、吴东发、朱为弼、周中孚、严元照、徐养原、何兰汀、周师濂、汪继培、徐鲲、周治平、洪颐煊、洪震煊、金鹗、吴杰等著名学者，都曾在精舍讲学，共计92人。③ 另外，苏州紫阳书院也会集了一大批学者，如"吴中七子"钱大昕、曹仁虎、王昶、赵文哲、王鸣盛、吴泰来、黄文莲就曾在书院一同肄业，时在苏州的惠栋作为长辈，对钱大昕等也给予了指导。书院为他们之间的学术交流提供了重要平台。

游幕同样有助于学术信息的获取。尚小明在专著《学人游幕与清代学术》中，论述了幕府宾主间学术上的相互影响、幕府内的学术争论、游幕与学术传播等问题。该书认为："在幕府内，最普遍的学术交流方式是就某些学术问题或某一方面的学术问题进行讨论，交换研究心得、研究信息或研究成果。这方面的例子很多。"④ 林存阳的《乾嘉四大幕府研究》⑤，以卢见曾、朱筠、毕沅、阮元等四个具有代表性的幕府为研究对象，从中可以看出幕府乃学术交流之重要场所。

乾隆三十六年（1771）十月，朱筠担任安徽学政，"一时人士会集最盛，如张布衣凤翔、王水部念孙、邵编修晋涵、章进士学诚、吴孝廉兰庭、高孝廉文照、庄大令炘、瞿上舍华，与余及黄君景仁，皆在幕府，而

---

① 陈鸿森：《阮元揅经室遗文辑存》（增订本）卷四《与段懋堂书》，杨晋龙主编《清代扬州学术》，台湾"中央研究院"中国文哲研究所2005年版，第743页。

② 陈鸿森：《〈钱大昕年谱〉别记》，蒋秋华主编《乾嘉学者的治经方法》，台湾"中央研究院"中国文哲研究所2000年版，第931页。

③ （清）孙星衍：《孙渊如先生全集·平津馆文稿》卷下，《续修四库全书》第1477册，上海古籍出版社1995—2002年版，第545—547页。

④ 尚小明：《学人游幕与清代学术》（增订本），东方出版社2018年版，第293页。

⑤ 林存阳：《乾嘉四大幕府研究》，中国社会科学出版社2016年版。

戴吉士震兄弟、汪明经中，亦时至"①。另外，凌廷堪曾在谢启昆幕府中与卢文弨一见如故。

还有清廷的修书活动，如《四库全书》《古今图书集成》《明史》《续通典》《续通志》等大型图书的编纂，以及各省的方志修纂，均会聚了一批学者，并且编纂时间往往较长。如负责《续通典》《续通志》《皇朝通典》《皇朝通志》等编纂的三通馆，就集中了钱大昕、彭元瑞、孙星衍、邵晋涵、王昶、纪昀、齐召南、陈昌齐等著名学者。学者们可以由此获取不少学术信息。

此外，参加科举考试，也是清代学者获取学术信息的好机会。如阮元与郝懿行，钱大昕与邵晋涵、李文藻，就是相识于科场。乾隆三十一年（1766）三月，王念孙赴京师参加会试，会试前后，王念孙拜谒朱筠，得与朱筠西席任大椿多有交往。复获见江永《古韵标准》，始知顾炎武所分十部尤有罅漏。②

值得注意的是，清代学者之间的初次见面大多在京师北京，后来的当面交流也大多在北京。如乾隆三十二年（1767），章学诚与戴震初见于北京休宁会馆。乾隆二十八年（1763），段玉裁与戴震在京师相识；乾隆三十四年（1769），段玉裁第三次入京参加会试，与戴震确认师生关系。乾隆五十四年（1789），段玉裁与王念孙在京城首次晤面。同时，戴震与秦蕙田、钱大昕、纪昀、王鸣盛、阮元、王昶、朱筠，钱大昕与纪昀、朱筠、卢文弨、毕沅、赵翼、程晋芳、翁方纲、陆锡熊，阮元与王念孙、桂馥、邵晋涵、任大椿，陈奂与王念孙、王引之、郝懿行，凌廷堪与孔广森、武亿，王念孙与程瑶田，段玉裁与陈鳣等，最初也都是在北京相识的。京城的初次晤面，往往对学者以后的发展乃至终身学术方向的选择具有重要意义。

王汝丰主编的《清代宣南人物事略初编》③，收录了一百多位曾经在清代"宣南"④ 居住的知名人士，包括顾炎武、赵吉士、朱彝尊、徐乾学、阎若璩、陈廷敬、汪懋麟、万斯同、李光地、查慎行、黄叔琳、齐召南、卢文弨、程晋芳、王鸣盛、戴震、纪昀、王昶、钱大昕、朱筠、毕沅、翁方纲、陆锡熊、王念孙、洪亮吉、黄景仁、凌廷堪、阮元、王引

---

① （清）洪亮吉：《卷施阁文乙集》卷二《伤知己赋》自注，（清）洪亮吉撰，刘德权点校《洪亮吉集》第1册，中华书局2001年版，第289—290页。
② 参见王章涛《王念孙·王引之年谱》，广陵书社2006年版，第15页。
③ 北京燕山出版社2006年版。
④ 当时京城宣武门以南一带地区之泛称，大体上属于北京市原宣武区的管辖范围。

之、包世臣、陶澍、徐松、钱仪吉、陈奂、龚自珍、何绍基等，其中有不少是同一时期住在此地，堪称大家云集。学者生活在同一区域，交流自然多了。

此外，当时的一些中心城市，如苏州、扬州、杭州等，也成为清代学者之间初次见面的地点。如乾隆五十七年（1792）十月，段玉裁因避祸而开始侨居苏州，在此结识黄丕烈、顾广圻、王鸣盛等，并因钱大昕而与藏书家周锡瓒相识。① 据刘盼遂的《段玉裁先生年谱》，嘉庆二年（1797），程瑶田到了苏州，与侨居于此的段玉裁初次相见，"登其堂，促席论难，匆遽之间，虽未能罄其底蕴，然偶举一端，必令人心开目明"②。道光十九年（1839）八月，张文虎校书于杭州文澜阁，得识胡培翚，后因胡氏之介绍，在八月十七日与陈奂相识于杭州汪氏水北楼。③ 阮元与凌廷堪、汪中等，江藩与凌廷堪，初晤之地点在扬州。乾隆二十二年（1757），戴震离开北京赴扬州，入卢见曾幕府，在此与惠栋相识并深入交流。这次晤面，对戴氏以后的学术思想产生了重要影响。

至今有不少论著认为，苏州、徽州、扬州、常州乃乾嘉时期之学术中心，这固然没有问题，但当时最重要的学术中心应该是相关论著没有提及的北京。因为所谓学术中心，应该是学术交流最为频繁、学术信息最为集中之地区，具备影响全国的实力，就此而言，北京无疑居于首位。并且，来自全国各地的学者集中于京城，有力地促进了南北学术的互动、融合，从而进一步促进了清代学术的发展。这一点是在其他城市难以做到的。

艾尔曼在《从理学到朴学——中华帝国晚期思想与社会变化面面观》中，提出了"江南学术共同体"这一概念。学术信息获取是学术共同体得以逐渐形成和巩固，并且得以持续存在的重要保证。可以说，如果没有学术信息的及时、不断获取，学术共同体将是支离破碎的，甚至不复存在。学术信息堪称维系学术共同体之纽带。

笔者注意到，学术共同体的地理分布并不仅仅局限于江南，还有北京也是清代学术共同体的重要组成部分。在京城的学者，无论居住时间长短，大多来自江南地区，京城、江南二地的学者学脉相通，互动频繁，遥相呼应。因此，北京、江南堪称清代学术共同体的两大核心地区，而江南地区又以苏州、扬州、杭州、常州等城市为支撑点，点面结

---

① 参见王华宝《段玉裁年谱长编》，江苏人民出版社2016年版，第222—223页。
② 刘盼遂：《段玉裁先生年谱》，（清）段玉裁撰，钟敬华校点《经韵楼集》，上海古籍出版社2008年版，第462页。
③ 参见柳向春《陈奂交游研究》，华东师范大学出版社2010年版，第393页。

合，以点带面。这一学术共同体的范围不适宜使用半径来表述，而是以核心地区为基础，同时其影响力扩散到周边乃至边远地区，从而形成疏密不一的学术网络。

当面交流，尤其是多位学者集中一处交流时，信息量往往较大，内容也是比较丰富的。这种交流是直接的、面对面的，相关学者所获取的学术信息数量总体上应该超过函札，从而对交流双方的学术研究更容易产生影响。一些初步的学术见解，通过当面切磋、碰撞，逐渐趋于成熟、完善，有助于学术群体的形成。学者晤面时的相互鼓励、帮助、启发、质疑……，以及相互交换资料等，均系清代学术发展的催化剂。

通过以上论述，笔者认为以前有的学者的某些观点存在偏颇之处，可以补充、修正。如梁启超曾曰：

> 清儒既不喜效宋明人聚徒讲学，又非如今之欧美有种种学会学校为聚集讲习之所，则其交换知识之机会，自不免缺乏。其赖以补之者，则函札也。后辈之谒先辈，率以问学书为贽。——有著述者则膝以著述。——先辈视其可教者，必报书，释其疑滞而奖进之。平辈亦然。每得一义，辄驰书其共学之友相商榷，答者未尝不尽其词。凡著一书成，必经挚友数辈严勘得失，乃以问世，则其勘也皆以函札。此类函札，皆精心结撰，其实即著述也。此种风气，他时代亦间有之，而清为独盛。①

梁氏充分关注到函札对于清代学者获取学术信息的重要作用，这当然是十分正确的。不过这一论述不够全面，除了函札之外，清代学者之当面交流不容忽视。

美国学者艾尔曼指出：

> 18世纪，考据学者接受了官方赞助，担任官员的幕宾，不论这些官员是在何时何地聘用他们。他们严肃认真地承担起编著经注、史书、方志的任务，除此之外，就在书院任教。这种学术发展模式持续到19世纪，直到太平天国起义突然中断学术事业发展时，才告结束。……反之，学者到全国各地漫游寻找赞助时，必须具备完成其学术研究必需的专业知识，也必须随时准备校勘经籍，收集地方史志材料，校勘

---

① 梁启超著，朱维铮导读：《清代学术概论》，上海古籍出版社1998年版，第64页。

经史典籍中的错讹之处。而这种学术体制也为考据学者创造了相互交流、查阅善本文献、参与重要课题的机会。①

艾尔曼的分析有一定道理，但他所说的这种学术体制，应该并非当时学者获取学术信息之主要途径。

二 通过往来函札获取

清代学者之间的往来函札大多不是一般的问候、闲聊，往往学术性极强。如段玉裁与王念孙之间有大量的函札往来。乾隆五十四年（1785），段玉裁与王念孙在京城相识之后，主要通过函札交流。胡楚生的《段玉裁与王念孙之交谊及论学》②，对此有较为充分的反映。

段玉裁《与刘端临第十三书》曰：

> 训诂之学，都门无有好于王伯申者。陈仲鱼新刊《论语古训》已成，弟之《说文》，亦写刻本二卷，嘱江艮庭篆书，剞劂之工，大约动于明冬。顾抱冲刻宋本《烈女传》，黄荛圃刻宋明道二年《国语》未成，明道本影抄在黄处，与乡时临本不同，临本失之疏略也。……③

这封函札字数虽然不多，但所提供的学术信息十分丰富。

道光三年（1823）三月二十五日，王念孙的《答江晋三书三》内容同样很充实。在函中，王念孙对江氏在来信中所提到的问题一一作答，并专门就四声问题阐述了己见，同时还提到："《广雅疏证》一书，成于嘉庆元年，其中遗漏者十之一二，错误者亦百之一二，书已付梓，不能追改，今取一部寄呈，唯足下纠而正之。"④

乾隆五十九年（1794），阮元致函孙星衍，就孙氏《问字堂集》提出若干商榷意见。⑤ 嘉庆十四年（1809）十一月十三日，郝懿行致函王引

---

① ［美］艾尔曼：《从理学到朴学——中华帝国晚期思想与社会变化面面观》，赵刚译，江苏人民出版社1995年版，第79页。
② 载胡楚生《清代学术史研究续编》，台湾学生书局1994年版，第1—16页。
③ （清）段玉裁：《与刘端临第十三书》，（清）段玉裁撰，钟敬华校点《经韵楼集》，上海古籍出版社2008年版，第401页。
④ （清）王念孙：《答江晋三书三》，李宗焜编撰《景印解说高邮王氏父子手稿》，台湾"中央研究院"历史语言研究所2000年版，第89页。
⑤ 参见（清）阮元《阅问字堂集赠言》，（清）孙星衍撰，骈宇骞点校《问字堂集 岱南阁集》，中华书局1996年版，第9—12页。

之，其中有云："某近为《尔雅义疏》，《释诂》一篇，尚未了毕。"① 嘉庆十六年（1811）五月，臧庸致函王念孙，就《小学钩沉》相关之三个问题请教王氏，王念孙随即复函，阐明自己的观点。道光九年（1829）十二月，王引之致陈奂函中曰："《荀子杂志》已刻完两卷，大约明年夏秋间方可毕。拙刻《经义述闻·通说》已刻一卷，第二卷须俟正、二月方可蒇事。"② 道光十年（1830）正月二十五日，王绍兰致王引之函中曰：

> 向尝从事《说文》，实无心得，自茂堂大令书出后，早经中辍，今惟取其阙者补之，误者订之，谓之《说文段注补订》，已积有百余条，但段书可商榷者尚不止此，当再为之卒业。然亦不能自信果否？此是彼非。俟暇日录寄，以求折中焉可耳。袁宏《后汉记》，补证三十卷，业经脱稿，尚未付钞。③

这类函札有时很长，其内容往往厚重、精彩，有点类似于学术论著。如乾隆四十一年（1776）春，戴震在他去世的前一年，撰写了长达六千字的函札《答段若膺论韵》④，涉及古音学中的诸多问题，其中将古韵定为九类二十五部，堪称戴震关于古韵分部的最重要的成就。此后，鉴于《答段若膺论韵》学术价值甚高，段玉裁将其置于孔继涵刻《戴氏遗书》中的《声类表》卷首，并为《声类表》这部戴震考证古音的绝笔之作写序。

值得一提的是，乾隆二十八年（1763）至四十二年（1777），戴震、段玉裁论韵十五年。戴震去世后，嘉庆十七年（1812），段玉裁结识江有诰后，又继续讨论相关古音问题。⑤ 而这些讨论，大多是通过函札进行的。函札使他们能够及时了解近期对方的研究内容、学术观点等，这样的交流对于学术问题的深入讨论极有助益。

---

① （清）郝懿行：《晒书堂文集》卷一《又与王伯申学使书》，（清）郝懿行著，安作璋主编《郝懿行集》第7册，齐鲁书社2010年版，第5238页。

② （清）王引之：《王文简公文集》卷四《与陈奂书（六）》，《续修四库全书》第1490册，上海古籍出版社1995—2002年版，第395页。

③ （清）王绍兰：《致王引之书（二）》，赖贵三编著《昭代经师手简笺释——清儒致高邮二王论学书》，台湾里仁书局1999年版，第181页。

④ 载（清）戴震撰，杨应芹、诸伟奇主编《戴震全书》（修订本）第3册《声类表》卷首，黄山书社2010年版，第349—364页。

⑤ 参见李开《清代学术史上的盛事：戴震、段玉裁论韵十五年》，《东南大学学报》（哲学社会科学版）2005年第6期。

此外，收入中华书局1980年版的《戴震文集》卷三的《与王内翰凤喈书》、《论韵书中字义答秦尚书蕙田》、《与卢侍讲召弓书》、《再与卢侍讲书》和《答江慎修卢侍讲书》，卷九的《与是仲明论学书》，中华书局1998年版的凌廷堪《校礼堂文集》卷二三的《与焦里堂论路寝书》、《与胡敬仲书》和《与阮伯元阁学论画舫录书》，卷二四的《答孙符如同年书》、《与孙渊如观察书》和《复钱晓徵先生书》，卷二五的《与阮伯元侍郎论乐书》和《与阮中丞论书》，上海古籍出版社2008年版的段玉裁《经韵楼集》卷六的《答丁小山书》等，篇幅都较长，学术含量甚高，相当于一篇专文。

当学者地处边远地区时，当面交流不便，更加依赖于函札往来。据《雷塘庵主弟子记》（即《阮元年谱》）"道光九年己丑六十六岁"条记载：

> 十二月，粤东将刻成《皇清经解》，寄到滇南。福案：是书大人于道光五年在粤编辑开雕，六年夏，移节来滇，乃嘱粮道夏观察（修恕）接理其事，严厚民先生（杰）总司编集。凡书之应刻与否，大半皆是邮筒商酌所定。①

函札也有托人转递的。如乾隆五十七年（1792）春，王念孙在《与刘端临书（三）》中有云："若膺、容甫札俱祈转致。"② 道光十一年（1831）正月二十七日，顾广圻《致王引之书（二）》曰："献岁由南雅学士付下手书。"③

较之于准备公开的序跋，当初无意公开的函札时常指出对方论著的不足之处。如乾隆五十六年（1791）七月，钱大昕的《与段若膺论尚书书》，对段玉裁《古文尚书撰异》中所分今古文经字提出不同见解。④ 乾隆五十八年（1793）四月，臧庸在《与段若膺明府论校尔雅书》中，跟段玉裁商榷段氏所校《尔雅》疏误之处。⑤ 嘉庆十四年（1809），段玉裁

---

① （清）张鉴等撰，黄爱平点校：《阮元年谱》，中华书局1995年版，第165页。
② （清）王念孙：《王石臞先生遗文》卷四《与刘端临书（三）》，（清）王念孙等撰，罗振玉辑印《高邮王氏遗书》，江苏古籍出版社2000年版，第153页。
③ （清）顾广圻：《致王引之书（二）》，赖贵三编著《昭代经师手简笺释——清儒致高邮二王论学书》，台湾里仁书局1999年版，第408—409页。
④ 参见（清）钱大昕《潜研堂文集》卷三十三，陈文和主编《嘉定钱大昕全集》（增订本）第9册，凤凰出版社2016年版，第539—540页。
⑤ 参见（清）臧庸《拜经堂文集》第二，丁喜霞《臧庸及〈拜经堂文集〉整理研究》，中国社会科学出版社2016年版，第123—124页。

的《与黄荛圃论孟子音义书》，指出黄丕烈所刻《孟子音义》中的误字。① 嘉庆十六年（1811）五月九日，宋翔凤致函王引之，将自己关于《尚书》的最新研究心得与王氏讨论。王引之对宋翔凤的卓见十分认可，将这封篇幅长、学术性强的函札略作改动并题名为《某孝廉书》，收入《经义述闻》卷四。②

与学者当面交流类似，函札也会涉及他人的学术动态，评价他人之作。如乾隆六十年（1795）三月二十日，焦循在《与孙渊如观察论考据著作书》中提到：

> 本朝经学盛兴，在前如顾亭林、万充宗、胡朏明、阎潜邱。近世以来，在吴有惠氏之学，在徽有江氏之学。戴氏之学精之又精，则程易畴名于歙，段若膺名于金坛，王怀祖父子名于高邮，钱竹汀叔侄名于嘉定。其自名一学、著书授受者不下数十家，均异乎补苴掇拾者之所为，是直当以经学名之，乌得以不典之称之所谓"考据"者混目于其间乎？③

这段文字言简意赅，对清代著名考据学家作了点评，可以视为重要的学术信息。

又如嘉庆十四年（1809）十一月，段玉裁在致孙星衍函中提到，陈鳣的《郑康成年谱》引用了《唐会要》和《孝经正义》中关于郑玄自序之材料，而未引其所本的《文苑英华》所收的刘知几《孝经老子注周易传议》。段玉裁谓此乃"逐抄而忘本，泳沫而忘源也"④。嘉庆十四年（1809）十一月，段玉裁在《与梁曜北书论戴赵二家水经注》中，用两千多字详细论述了自己对于赵一清、戴震《水经注》相袭之事的看法，极力替其师戴震申辩。⑤ 道光元年（1821）八月，王引之《致王绍兰书

---

① 参见（清）段玉裁撰，钟敬华校点《经韵楼集》卷四，上海古籍出版社2008年版，第84—85页。
② 参见（清）王引之撰，虞思徵、马涛、徐炜君校点《经义述闻》弟四，上海古籍出版社2016年版，第264—269页。
③ （清）焦循：《雕菰集》卷十三《与孙渊如观察论考据著作书》，《续修四库全书》第1489册，上海古籍出版社1995—2002年版，第246—247页。
④ （清）段玉裁：《与孙渊如书》，（清）段玉裁撰，钟敬华校点《经韵楼集》，上海古籍出版社2008年版，第100页。
⑤ 参见（清）段玉裁撰，钟敬华校点《经韵楼集》卷七，上海古籍出版社2008年版，第172—174页。

(一)》、《致王绍兰书（二）》① 以及王绍兰《致王引之书（一）》② 中，均提到段玉裁《说文解字注》中的某些疏误之处。道光十年（1830），王引之在《与陈奂书（七）》中提到：

> 段茂堂先生《诗经小学》考订精审，而所引它人之说间有不足存者。如王中丞汝璧之解"日居月诸"，穿凿支离，而乃见采择，似择焉而不精矣。想尊著内必不守此曲说也。金诚斋考订三礼，颇为精核。③

有的函札还蕴含着重要的学术理论。如卢文弨《与丁小雅（杰）进士论校正方言书（辛丑）》指出：

> 大凡昔人援引古书，不尽皆如本文。故校正群籍，自当先从本书相传旧本为定。况未有雕板以前，一书而所传各异者，殆不可以徧举。今或但据注书家所引之文，便以为是，疑未可也。④

此系精湛的校勘学理论，乃卢氏长期治学经验之总结，堪称厚积薄发，非常值得我们重视。

通过函札往来，清代学者可以较快获悉对方最近在从事哪些研究。这在当时是简单、经济、有效的信息交流方法，有时比当面交流更加深入、具体。并且，不少富有价值的学术成果是在函札中首次公布的，其重要性不言而喻。函札在很大程度上拓展了学术交流的空间，对乾嘉时期知识共同体的形成助益极大。并且，函札往来不受地域、时间等因素的限制，堪称流动的学术媒介，在本文所提及的获取学术信息的五种方式中最为便捷。

清代学者函札数量十分庞大，其中大部分未收入相关文集并刊刻，以各种方式经过整理点校后公布的，更是其中的一小部分。例如，清代著名学者刘文淇的后人，曾于1984年将珍贵的《青溪旧屋尺牍》（计2409页）和《通义堂尺牍》（计2153页）捐赠给上海图书馆收藏。《青溪旧屋

---

① 参见（清）王引之《王文简公文集》卷四《致王绍兰书（一）》《致王绍兰书（二）》，《续修四库全书》第1490册，上海古籍出版社1995—2002年版，第392—393页。

② 参见（清）王绍兰《致王引之书（一）》，赖贵三编著《昭代经师手简笺释——清儒致高邮二王论学书》，台湾里仁书局1999年版，第161—162页。

③（清）王引之：《王文简公文集》卷四《与陈奂书（七）》，《续修四库全书》第1490册，上海古籍出版社1995—2002年版，第396页。

④（清）卢文弨：《抱经堂文集》卷二十《与丁小雅（杰）进士论校正方言书（辛丑）》，陈东辉主编《卢文弨全集》第9册，浙江大学出版社2017年版，第389页。

尺牍》系刘文淇与225人之间的函札，《通义堂尺牍》系刘毓崧与241人之间的函札，二者合计3041通，价值甚高，目前正在由海峡两岸的相关学者进行整理识读，准备正式出版。我们热切期待更多的这类函札能够尽早与读者见面，这对于本文所涉及之问题的进一步深入研究，亦具有重要意义。

三 通过撰写序跋获取

清代学人的著述一般都有序跋，大体上可以分为诗文集之序跋、学术类著作之序跋，其中学术类著作之序跋是学术交流的重要方式，往往比函札更加系统、深入。序跋除了对相关著作进行评价之外，有时还会就某些学术问题作进一步的发挥。一些学术类著作有多篇序跋，其中不少出自名人之手。如阮元等撰集的《经籍籑诂》，分别有王引之、钱大昕、臧镛堂（即臧庸）之序；郝懿行的《尔雅义疏》，分别有宋翔凤、胡珽之序；凌廷堪的《校礼堂文集》，分别有卢文弨、江藩之序；刘淇的《助字辨略》，分别有卢承琰、国泰之序和刘毓崧之跋。

清代学者、文人的著作完成之后，往往会向友人索序。如嘉庆十一年（1806）四月二日，段玉裁在《致王念孙书（二）》中有云："《说文注》近日可成，乞为作一序。"[①] 于是有了后来著名的王念孙《说文解字注序》。该序共计439字，言简意赅，堪称清人序跋的典范之作。同时，段玉裁的《广雅疏证序》、阮元的《经义述闻序》、钱大昕的《廿二史札记序》等，字数也不多，不过都具有重要的学术价值。

阮元作为清代扬州学派的中坚人物，一生中为他人著作撰写了大量序跋，如为段玉裁《周礼汉读考》、王引之《经传释词》所撰之序，学术性极强。又如嘉庆十六年（1811）六月十五日，王念孙读臧庸《拜经日记》毕，为之作序。此外，桂馥的《说文统系图》，程瑶田、卢文弨、翁方纲、张埙等多位学者为其作了题跋。

作序者大多可以在索序者的学术著作完成之后、刊布之前，利用作序的机会，在第一时间先睹为快，往往成为相关学术信息的首先获取者；而索序者常常也可以从刚刚撰写完毕的序中，了解新的学术信息。如嘉庆二十年（1815），王引之将自己的力作《经义述闻》之手订全帙寄给阮元，阮元将其交给南昌卢宣旬加以刊刻，后来又为该书作序。

---

① 参见（清）段玉裁《致王念孙书（二）》，赖贵三编著《昭代经师手简笺释——清儒致高邮二王论学书》，台湾里仁书局1999年版，第17页。

学者之间常常相互作序。如乾隆六十年（1795）正月十六日，卢文弨为凌廷堪作《校礼堂初稿序》；同年，凌廷堪为卢文弨所撰的《仪礼注疏详校》写序。

清人论著中，还有一种体裁是"书后"，这是题跋的一种，相当于读后感，类似于现在的书评。"书后"大多比序跋、函札更为具体、深入，往往会对原书作一些补充，有时还会提出一些不同意见。如王念孙的《六书音韵表书后》、顾广圻的《书毛诗故训传定本后》、方东树的《书徐氏四声韵谱后》、江藩的《书夏小正后》、胡培翚的《仪礼集释书后》和《仪礼经注校本书后》等，各有千秋，价值甚高。

清人文集中，序跋等往往占有较大的比重。如卢文弨的《抱经堂文集》共计三十卷，主要内容是序跋、函札以及传记、墓志铭、题词、对策等，其中序五卷，跋九卷，书（函札）五卷。但这并不等于说《抱经堂文集》的学术水平不够高。正如王文锦在其所点校的《抱经堂文集》之"前言"中所云：

> 卢氏的序跋书信，在文集中占很大比重，这是最有价值的部分。作者古籍知识丰富，见解高明，特别是他的校理经验，最值得注意和借鉴。……卢氏的经验之谈，对今天古籍整理工作者来说，很有指导意义，不能忽视。①

就整体而言，《抱经堂文集》堪称清代一流学术文集，笔者在主编《卢文弨全集》之过程中，对此深有体会。

毋庸讳言，作序者与原书作者基本上是友人或师生关系，因此序中有时不乏溢美之词。不过，这一点并不影响相关学者及时获取学术信息。

四　通过购买、借阅图书获取

清代学者大多本身拥有较多的藏书，主要靠自己的藏书获取相关学术信息，同时也注重利用他人的藏书。清初著名学者顾炎武、朱彝尊以及乾嘉学派中的吴派代表人物惠栋曾经大量购书，收藏甚丰。一些贫寒的学者，如汪中、周永年等也节衣缩食，想方设法买了不少书，以便及时获取学术信息。许瀚的《涉江采珍录》记载他所购买的大量典籍，有的还具体注明

---

① 王文锦：《〈抱经堂文集〉前言》，（清）卢文弨著，王文锦点校《抱经堂文集》卷首，中华书局1990年版，第3—5页。

购买处所、时间及支付的书款等。如:"仿宋《韩非子》二十卷附顾广圻《识误》三卷,四册。辛卯腊,二十八日,苏州阊门买。京钱千文。"①

朱彝尊除了大量购书之外,还抄录了大量书籍。他在京参修《明史》期间,经常从史馆借抄,并借抄于宛平孙氏、无锡秦氏、昆山徐氏、晋江黄氏、钱塘龚氏、宁波范氏等明末清初的藏书世家,历年所抄达三万卷,占其全部藏书的近40%。又如钱大昕的个人藏书并不是太丰富,但他在治学过程中,曾多次向黄丕烈、袁廷梼、卢文弨、周锡瓒、顾之逵、戈宙襄、严元照、何元锡、刘桐、吴骞等借抄图书,②从而获得了更多的学术信息。此外值得一提的是,由于某些善本钱大昕未曾寓目,从而使他的个别考证的精确性稍受影响。如傅增湘在为张元济的《校史随笔》所作的"序言"中指出:

> 窃惟史籍浩繁,号为难治。近代鸿著,无如王氏《商榷》、钱氏《考异》、赵氏《札记》。三君皆当代硕儒,竭毕生之力以成此书。其考辨精深,征引翔实,足为读史之津寄。然于疑、误、夺、失之处,或取证本书,或旁稽他籍,咸能推断,以识其乖违,终难奋笔以显为刊正,则以未获多见旧本,无所取证也。第旧本难致,自昔已然。钱氏晓征博极群书,然观其《旧唐书考异》,言关内道地理于今本多所致疑,似于闻人诠本未全寓目。明刻如此,遑论宋、元。③

钱大昕的《廿二史考异》和王鸣盛的《十七史商榷》,纠正了正史刊本中的诸多讹误,水平甚高。然而由于他们未能见到更多的宋元善本,致使个别考证失误。④ 同时,钱、王凭借个人学识指出的《五代史记》时本中的某些错误,在张元济所见之宋庆元刊本中不误,并且尚有不少未及指出者。⑤ 从某种意义上说,钱、王的上述考订变成了无效劳动。如果他们

---

① (清)许瀚著,崔巍整理:《许瀚日记》,河北教育出版社2001年版,第1页。
② 参见(清)钱大昕《竹汀先生日记钞》卷一,陈文和主编《嘉定钱大昕全集》(增订本)第8册,凤凰出版社2016年版,第527—557页。
③ 傅增湘:《〈校史随笔〉序言》,张元济《校史随笔》卷首,上海古籍出版社1998年版,第1—2页。
④ 参见张元济《校史随笔》"金史·考异所指有误"条,上海古籍出版社1998年版,第138—139页。
⑤ 参见张元济《校史随笔》"五代史记·钱大昕考异所指此不误"条、"五代史记·王鸣盛商榷所指此不误"条及"五代史记·时本讹夺多可纠正"条,上海古籍出版社1998年版,第119—122页。

当时能见到较多的宋元善本，那么就不会出现上述问题了，《廿二史考异》和《十七史商榷》的质量也将更高。① 这一事例，从反面说明了学术信息对于考证的重要作用。

学者之间还相互借书，如朱彝尊与王士禛之间就是如此。当然，也有由于种种原因而不愿出借藏书（尤其是珍本秘籍）者。如段玉裁在《与刘端临第三书》中提及："黄韶圃孝廉所购宋本好书极多，而悭不肯借，殊为可憾。"② 这同样也从反面说明了学术信息对于研究的重要意义。

清代学者利用官方藏书获取学术信息的情况不多，所占比重甚小。这与当时官方藏书数量有限并且集中在重要城市（尤其是京城），分散居住在全国各地（包括不少乡村）的学者难以利用直接相关。同时，与今天相比，学者治学所需要的资料数量有限，在很多情况下利用自己的藏书就已经够了。还有，在交通不便并且缺乏真正意义上的图书馆的当时，学者要靠利用图书馆为主来治学也不现实。因此，在当时图书馆并非治学之必需。而进入民国时期，直至20世纪末，各类论著与清代相比，呈几何级数增长，并且此时学者主要集中在大城市，图书馆的重要性显得十分突出。近年来，随着数据库、电子书的大规模普及，E时代的学术信息获取方式大大改变，图书馆（此处指实体图书馆）的重要性没有以前那么大了。

清代学者购买书籍，主要是通过固定书铺，也有部分书籍购自临时书摊、流动书船等。北京琉璃厂堪称当时固定书铺最为集中之地，无论是常住京城，还是临时赴京的清代学者，琉璃厂往往是他们的必到之地。翁方纲在四库全书馆供职期间，通常是上午校阅图书，午饭之后便携带应考证之书目，至琉璃厂书肆访查。另有钱大昕、朱筠、桂馥、丁杰等四库馆臣，也经常与翁氏一同去琉璃厂访书。可见琉璃厂书肆乃参与《四库全书》编纂之学者获取学术信息的重要渠道。

像琉璃厂这样学者经常光顾的书店街，既是购书之处，也是学者晤面、交流之场所。此处还留下了中外学者交流之史实。如黄丕烈就是于嘉庆六年（1801）在琉璃厂陶正祥、陶珠琳父子经营的五柳居书坊，与18世纪后半期朝鲜著名的"北学派"代表人物和"诗文四大家"之一的朴齐家（1750—1805）结识的。③

---

① 参见陈东辉《清代私家藏书与学术发展之互动关系》，《文献》2003年第4期。
② （清）段玉裁：《与刘端临第三书》，（清）段玉裁撰，钟敬华校点《经韵楼集》，上海古籍出版社2008年版，第393页。
③ 参见陈东辉《黄丕烈与中朝文化交流——以黄跋本〈国语〉为中心》，《东北亚学刊》2012年第3期。

同时，清代人文荟萃的苏州、南京、杭州等地也是书铺林立，为清代学者及时获取学术信息提供了很大便利。

书肆中不但有学者之间的交流，而且还有学者、店主之间的交流。清代书肆主人由于每天接触各类典籍及学者，耳濡目染，在学术信息方面有时比学者还灵通，往往知道某一位学者喜好某一类书籍，另一位学者最近关注哪些书、做哪方面的研究等。因此，与店主的闲聊，也常常使学者多少有些收获，有时还可以因此知晓意想不到的重要学术信息。此外，少数学者还充分利用在书肆当伙计的机会，刻苦学习，搜集资料。如年仅十四岁就进入书店当学徒，后来成为著名学者的汪中，即为其中的典型代表。

此外，为他人刻书时，通常可以在第一时间获取相关信息。如阮元利用自己的地位和能力，曾经刻印了钱大昕的《三统术衍》三卷、孔广森的《仪郑堂文集》二卷、彭元瑞的《石经考文提要》十卷、胡廷森的《西琴诗草》一卷、张惠言的《周易虞氏易》九卷和《周易虞氏消息》二卷，以及段玉裁的《说文解字注》（其中一卷）等多种当时学者的著作。在帮助他人的同时，阮元自己也因此及时获取了宝贵的学术信息。

不过，当学者在边远地区时，购买或借阅图书是较为困难的。如嘉庆九年（1804），桂馥《上阮中丞书》提到："馥所理《说文》，本拟七十后写定，滇南无书，不能复有勘校，仅检旧录签条排比付录。"[①]

五 通过相互赠书获取

如果说一般的传世典籍主要来自购买，那么新近刊布的同时代学者的著作，除了购买、借阅之外，学者之间的相互赠送占有很大的比重，尤其是著名学者获赠的机会更多。这样使他们可以在第一时间读到同行的著作。《经义述闻》堪称一部大书，而王引之将其赠送给翁方纲、段玉裁、朱彬、王绍兰、焦循、阮元、许宗彦、陈寿祺、张澍、陈奂、许瀚等多位学者。部头不大的著作，赠送就更为普遍了。

赠书可以有多种方式，既有拜谒时当面赠送的，如嘉庆二十一年（1816）冬，王引之拜谒翁方纲，以所刻《经义述闻》就正，翁方纲"览至《周易》'噫！亦要存亡吉凶'一条，以读'噫'为'抑'，为不易之

---

① （清）桂馥：《晚学集》卷六《上阮中丞书》，《续修四库全书》第1458册，上海古籍出版社1995—2002年版，第697页。

论。又告以说经当举其大者"①。乾隆四十五年（1780）三月，鲍廷博将《知不足斋丛书》一至五集赠送给同在杭州的卢文弨。也有托人转递的，如嘉庆二十三年（1818）三月初四，许宗彦致函王引之，谢春岁经由阮常生转递书信及馈赠《经义述闻》；嘉庆二十五年（1820）二三月间，陈寿祺接到经由孙尔准转递的王引之赠送的《经传释词》。道光十一年（1831）正月，王念孙在致朱彬函中，告之收到由其子朱士达转递的书信，及赠送大著《礼记训纂》。王氏读之以为有功经学甚巨，唯有献疑者数处，故附签二十八条寄示朱氏求正。②

值得注意的是，道光十年（1830）九月，王引之在《与陈奂书（八）》中说："《仪礼管见》及致胡主政书已送交。《管见》学力深而用心细，实不可少之书，便中仍望见赐一部。"③ 可见王引之利用陈奂托其转递陈氏本人所著《仪礼管见》及书信给胡培翚之机会，先睹为快，然后希望陈奂也赠送一部给自己。

因为当面赠送和托人转递的机会较少，所以赠书更多的是采用邮寄的方式。赠书往往伴随着函札往来。如：嘉庆八年（1803），阮元寄赠《经籍籑诂》《浙江图考》给凌廷堪；嘉庆十一年（1806），阮元寄赠《经籍籑诂》《十三经注疏校勘记》给黄承吉；道光十年（1830），王引之将王念孙的《荀子杂志》寄送给陈奂。

邮寄时还有一种较为特殊的情况，就是并非著者本人寄出，而是经过著者委托，从著作的刻印地直接寄出。这在当时可以节省不少费用和时间，也更有利于受赠者及时获取学术信息。如段玉裁《致王念孙书（三）》云："拙著《说文》，阮公已为刻一卷，曾由邗江寄呈，未知已达否？"④

托人转递和邮寄（不含从刻印地寄出者），一般同时附有函札，而这样的函札大多涉及与所赠之书相关问题的探讨，因此学术含量往往更高。受赠者也大多有复函，除了致谢之外，主要篇幅通常是对所赠之书的评价以及相关问题的阐发、补充、商榷等，当为研究清代学术史的重要参考资料。如嘉庆二十三年（1818）三月，张澍收到王引之寄赠的《经义述闻》

---

① （清）王引之：《王文简公文集》卷三《翁覃溪阁学手札跋》，《续修四库全书》第1490册，上海古籍出版社1995—2002年版，第391页。

② 参见王章涛《王念孙·王引之年谱》，广陵书社2006年版，第321—322页。

③ （清）王引之：《王文简公文集》卷四《与陈奂书（七）》，《续修四库全书》第1490册，上海古籍出版社1995—2002年版，第396页。

④ （清）段玉裁：《致王念孙书（三）》，赖贵三编著《昭代经师手简笺释——清儒致高邮二王论学书》，台湾里仁书局1999年版，第20页。

和《广雅疏证》。张澍复函王引之时，提到：

> 曩岁作《姓氏五书》，内有《姓氏辩误》二十六卷，讨论前人言姓氏之僻错者，妄自谓精审。而阁下《经义述闻》中颇言及姓氏，往往与愚说不合。窃又自疑其说之未必当，恨无由面质之于大雅也。兹略举数条言之，冀得是正为幸。……凡此数端，虽于经义无关，然实事求是，则阁下之说或有未谛当者，敢献其疑，并望恕其直而教之以所未闻焉，则幸甚。①

关系特别密切的学者，还有机会获得挚友赠送的珍贵的初印本。如阮元《与王伯申书一》曰：

> 蒙示《经义述闻》，略为翻阅，并皆洽心，好在条条新奇，而无语不确耳。见索拙论曾子一贯之义，详在《诂经精舍文集》内。今以一部奉寄，其言"邮表畷"似亦有可采者。拙撰《曾子注释》，出京后又有改动，因今年正月鸠工刻雅颂集，工已集而书未校写。不能众工闲居，因即以此稿付刻，其实不能算定本，其中讲博学一贯等事，或可少挽禅悟之横流。至于训诂，多所未安，顷翻《经义述闻》"勿"、"虑"等训，尚当采用尊府之说，将板挖改也。《注释》一本呈览，初印不过三十本，概未送人，乞秘之，勿示外人，缘将来改者尚多也。②

这段文字内容丰富，除了涉及《曾子注释》初印本之外，还可以获悉阮元翻阅王引之赠送的《经义述闻》之后，觉得《曾子注释》中的个别训诂，当采用《经义述闻》之说，故函中有"将板挖改也"之语。这一例子，充分表明了及时获取学术信息的重要性。另外，初印本之赠送者未必都是著者本人，有时也可以是刊行者。如嘉庆九年（1804）六月，冯鹭庭将其刚刚刊刻的惠栋的《后汉书补注》寄赠阮元。③

---

① （清）张澍：《养素堂文集》卷十五《与王伯申侍郎书》，《续修四库全书》第1506册，上海古籍出版社1995—2002年版，第600—601页。
② （清）阮元：《致王引之书（一）》，赖贵三编著《昭代经师手简笺释——清儒致高邮二王论学书》，台湾里仁书局1999年版，第223—224页。
③ 阮亨：《瀛舟笔谈》卷七，林登昱主编《稀见清代四部辑刊》第8辑第56册，学苑出版社2016年版，第385页。

赠书不仅仅限于刻本,还有稿本、未定本等。如道光十年(1830)十一月,朱彬致函王念孙,并呈上刚有成稿的《礼记训纂》。① 又如陈奂《师友渊源记》有如下记载:

> 江沨沅,字子兰,一字铁君。……若鹰师著《经韵楼文集》未定本,切属弗借予人。奂私心选录,加小圈以为记。若膺师曰:"子兰何复借予人邪?"师猝无以应,唯曰:"我馆陈徒好书,或者是。"若膺师指示圈记乃曰:"果是陈徒,陈徒读书种子也,吾将往见之。"奂因是得识若膺师。②

这段文字说明了段玉裁将《经韵楼文集》的未定本给了江沅,陈奂因从江沅受学而得以选录该未定本,获取了从业已刊行的著作中无法获取的学术信息。同时,段氏"切属弗借予人",这也可以理解,毕竟是未定本。

赠书并不仅仅局限于本人的著述,也包括其他典籍。如乾隆三十五年(1770),"邵二云以先生(引者按:指段玉裁)《韵谱》稿本示钱竹汀,竹汀以为凿破混沌,为制序"。③ 乾隆五十九年(1794)春,阮元致王引之函中提到:"兹渎者,在山东寻得吴中珩《广雅》本,特为寄上老伯校正《广雅》之用。"④ 道光元年(1821)八月,王引之致函王绍兰:"两承芳讯下颁,并快读尊著,及拜赐《经韵楼集》。"⑤ 道光十一年(1831)春,陈寿祺致王引之函,附有其子陈乔枞的《礼说》和《毛诗笺说》之书稿。

再如乾隆五十九年(1794)四五月间,阮元致王引之函中曰:"春间,曾将吴中珩《广雅》本寄上,未知曾收到否?曾校毕否?"⑥ 这应该

---

① 参见朱彬《致王念孙书(五)》《致王念孙书(六)》,赖贵三编著《昭代经师手简笺释——清儒致高邮二王论学书》,台湾里仁书局1999年版,第45—48页;王章涛《王念孙·王引之年谱》,广陵书社2006年版,第319—320页。

② (清)陈奂:《师友渊源记》,台湾新文丰出版公司编《丛书集成续编》第247册,台湾新文丰出版公司1989年版,第200页。

③ 罗继祖:《段懋堂先生年谱》,北京图书馆编《北京图书馆藏珍本年谱丛刊》第108册,北京图书馆出版社1999年版,第460页。

④ (清)阮元:《致王引之书二通(八)》,赖贵三编著《昭代经师手简笺释——清儒致高邮二王论学书》,台湾里仁书局1999年版,第270页。

⑤ (清)王引之:《王文简公文集》卷四《致王绍兰书(二)》,《续修四库全书》第1490册,上海古籍出版社1995—2002年版,第392页。

⑥ (清)阮元:《致王引之书(五)》,赖贵三编著《昭代经师手简笺释——清儒致高邮二王论学书》,台湾里仁书局1999年版,第244页。

是阮元将吴中珩所校的《古今逸史》本《广雅》寄赠王引之,供其父王念孙撰写《广雅疏证》时使用。当时阮元正在山东学政任上,此函是从济南发往北京。这说明当时函札传递时间较长,有时也存在邮寄过程中遗失的情况。

另有代他人索书之事例。如嘉庆元年(1796)元月初九,段玉裁《与邵二云书二》有以下内容:"苏州有博而且精之顾广圻,字千里。欲得尊著《尔雅疏》一部,望乞之为祷。即交小塴邮寄可也。"① 又如王引之在为《读书杂志》中的顾校《淮南子》各条所撰之说明中提到:

> 岁在庚辰,元和顾涧薲文学,寓书于顾南雅学士,索家大人《读书杂志》。乃先诒以《淮南杂志》一种,而求其详识宋本与《道藏》本不同之字,及平日校订是书之讹,为家刻所无者,补刻以遗后学。数月书来,果录宋本佳处以示,又示以所订诸条。其心之细、识之精,实为近今所罕有。非熟于古书之体例而能以类推者,不能平允如是。②

这段文字充分反映出通过索书、赠书而带来的及时的学术交流。

也有当初有幸见到了某书,但由于某种原因,而未能及时获取并利用的。如段玉裁《戴东原先生年谱》"三十一年丙戌,四十四岁"条记载:

> 是年玉裁入都会试,见先生云"近日做得讲理学一书",谓《孟子字义疏证》也。玉裁未能遽请读,先生没后,孔户部付刻,乃得见,近日始窥其阃奥。③

六 结语

清代学者总人数有限,做相同领域研究的则更少,学人圈较小,并且做相同领域研究的学者往往相互有联系。再则,当时学术著作数量也不

---

① (清)段玉裁:《与邵二云书二》,(清)段玉裁撰,钟敬华校点《经韵楼集》,上海古籍出版社2008年版,第389页。
② (清)王念孙撰,徐炜君、樊波成、虞思徵、张靖伟校点:《读书杂志》,上海古籍出版社2014年版,第2498页。
③ (清)段玉裁:《戴东原先生年谱》,(清)戴震著,赵玉新点校《戴震文集》附录,中华书局1980年版,第228页。

多。因此，上述学术信息的获取方式，基本上适合于清代（尤其是乾嘉时期）的学术、文化、经济、交通等发展水平。以上五种获取方式并行不悖，互为补充，信息获取呈现出多元化、立体化的状态。中国古代十分讲究师生关系，同门联系较多，不过从上文的论述可以看出，学者的交流决不仅仅局限于同门。不同学派、不同地域、不同年龄、不同地位之学者相互获取学术信息，大大开阔了视野，从而构成了一个较为完整而系统的、立体化的清代学术圈。多样并且较为有效的学术信息获取方式，使清代学术圈的范围扩大了，联系增多了，内涵丰富了，活力增强了。此类纵向、横向相结合的知识群体互动，同时也促进了知识传播，对清代学术的发展、壮大颇有助益。

及时获取学术信息的最大好处是，在很大程度上避免了研究的重复性和片面性，同时可以充分利用已有的相关成果。如乾隆四十一年（1776），段玉裁开始撰写《说文解字读》，王念孙也在同年开始为《说文》作注。当王氏完成两卷之后，见到了段氏《说文解字读》，为了避免重复，于是不再继续做了。这一点对于崇尚考据学的乾嘉学者尤为重要。当时的学者普遍重视实证研究，从而很关注学术研究中的发明权。学术信息的及时获取，显然有助于学术规范的建立和自觉遵守。

就总体而言，清代学者之所以能够及时获取学术信息，很大程度上得益于当时相对完备的函札传递渠道，同时也得益于当时发达的私家藏书体系。不过，清代的交通相对于现在，还是极不便利的，就是距离不远的临省、临府乃至临县，交流都不太方便，更不用说相距数百里乃至上千里的两地。因此，当学者处于偏僻地区时，学术信息获取有时是比较困难的。同时，由于条件所限，清代学者学术信息的获取，在总体上未能制度化、系统化，尤其是尚未进入核心学术圈的中底层学者以及初学者等，难以及时获取相关学术信息。因此，我们也不能过分夸大清代学者学术信息获取的便利性和有效性。

本文原载《浙江大学学报》（人文社会科学版）2018年第6期

"不听"之"不允许"义的产生方式及成因[1]

方一新

提要 "不听"是先秦以来经常连用的一个词组,早期有"不听闻""不听从""不处理"等义位,大多不带宾语。大约从战国后期起,"听"产生了允许义;与此相应,"不听"带宾语的用例逐渐增多,并最终产生"不允许"这一新的义位。判定"不听"在语句中的所指,可以通过考察语法结构、分析义素、考察语境等方法来进行。"不听"之从"不听从"到"不允许",主要是受文化心理的影响而从"耳"到"口",由接受声音发展为接受内容。

关键词 不听 不听从 不允许

引 言

笔者在《东汉语料与词汇史研究刍议》(《中国语文》1996年第2期)一文中提到,《汉语大词典》在溯源方面较多见的问题是例证偏晚,举"不听"作不允许讲一例,《大词典》最早的书证是《北史》,《东汉语料与词汇史研究刍议》举《论衡》、桓谭《桓子新论》二例,认为"至晚已见于东汉典籍"。此后,先后有叶爱国[2]、谢质彬[3]两位先生撰文补正拙说,读后深受启发。

谢文后发,作者认为区分识别"不听"是"不听从"还是"不允许",就看所在的句子是否兼语句,"'不听'作'不听从'解,指不听

---

[1] 本文曾提交"庆祝《中国语文》创刊50周年国际学术研讨会"(2002年6月,南昌),得到汪维辉、吴福祥两位先生的指教,博士后刘晓红提出了很好的修改意见,谨此一并致谢。文中的谬误概由本人负责。
[2]《〈史记〉已有"不听"》,《中国语文》1997年第2期。
[3]《"不听"作"不允许"解的始见年代及书证》,《中国语文》2000年第1期。

从和采纳别人的意见或要求,是对别人意见或要求所做出的一种否定的回应","'不听'作'不允许'解,不是对别人所提意见或要求的回应,而是指不允许别人做什么事,因此后面必须带兼语(可省),也就是说,'不听'所在的句子必定是兼语句"。据此,谢文认为《大词典》所举《北史》《聊斋志异》的书证是正确的,而《东汉语料与词汇史研究刍议》和叶文所举例证则仍是"不听从"义,而非"不允许"义。关于"不听"作"不允许"义的始见年代,谢文提供了《三国志·吴书·孙权传》"何苦而不听其交易"一例。

对"不听"之"不允许"义产生年代的判定,实际上隐含着一个带有普遍意义的理论问题:如何判定词在具体语句中的所指?[①] 是否仅凭词在句法结构中的位置就足够了?看来关于"不听"作"不允许"讲的鉴别标准和产生年代是大家共同关心的问题,为此笔者重新作了考察,略陈愚见。以下讨论三个问题:第一,如何判断词在句子中的所指;第二,"不听"之"不允许"义的产生年代及过程;第三,"不听"产生"不允许"义的成因。未当之处殆所不免,仍望大方博雅不吝赐教。

一

词的意义取决于具体的语言环境和句法结构,判定词在具体语句中的所指,应该综合语法、语义、语用几方面的因素。基于此,笔者以为可以采用以下几种方法。

(一)考察词的语法特点

1. 谢文对如何判定"不听"是"不听从"还是"不允许"提出了一个标准:"必定是兼语句。"按谢说有一定道理,兼语句确是检验"不听"所指的标志之一,但"必定"二字则过于绝对。众所周知,词是词汇单位,它首先受词汇结构关系的制约;同时,由于词是最小的能够独立运用的单位,它也受语法结构规律的制约。但词是以作为词汇的基本单位的资格受语法结构关系的制约的,而不是相反(参看刘叔新1990,27—28)。因此,考察词在语句中的所指,应该借助于句法结构,但这只是一种辅助的标准,不是唯一的标准。试看下面三例:

(1)孟子去齐,宿于昼。有欲为王留行者,坐而言,不应,隐几而卧。客不悦曰:"弟子齐宿而后敢言,夫子卧而<u>不听</u>,请勿复敢见矣。"(2699页上栏)

[①] 这里所说的"词"也包括"不听"这样大于词的单位,为表述方便,不作区别。

(2) 忠谏不听，蹲循勿争。(《庄子·至乐》，610)

(3) 五者不得作五大色染业，以多杀虫故。洛沙等外国染法，多杀诸虫，是故不听。(《大方便佛报恩经》卷六，3/159/c)

例（1）中的"不听"指不听闻，例（2）指不听从，例（3）指不准许。三例"不听"的所指有较大的差异，但在句中都处于谓语的位置。可见单凭词在句法结构中的位置，有时是难以分清其所指的。

诚然，"不听"的"不听从"和"不允许"二义在语法结构上有差别，后者往往带兼语，前者则不带。然而，"不听"表"不允许"，并非"必定是兼语句"，部分非兼语句也可以。除了例（3）外，下面二句也不是兼语句，但不能否认"不听"作"不允许"义用的事实：

(4) 佛告诸比丘：亲里比丘尼，尚不应使浣不净衣，云何使非亲里比丘尼浣故衣？从今以后不听。(《摩诃僧祇律》卷九，22/300/c)"从今以后不听"是说从今以后不许（再这样）。

(5) 于今以后，军还之日，便通勋簿，不听隔月。(《魏书·卢同传》，1683)"不听隔月"是说不许拖到下个月。

可见，仅凭是否"兼语句"来判定是表"不听从"还是"不允许"，不够全面。

2. "不听"是否带宾语、带何种宾语与"不允许"义的产生有直接关系。

除了通过兼语句来鉴别"不听"是"不听从"还是"不允许"外，考察"不听"在具体语句中的所指，还可以看其是否带宾语、带什么样的宾语。

2.1 笔者的统计表明，在"不听"的早期义位中，"不听从"占了绝对多数；而且，"不听"作"不听从"义用时，较少带宾语，这些宾语也往往是单个名词（如国名、人名等），属于简单宾语。与此相反，"不听"作"不允许"义用时，其带宾语的用例明显增多，并且往往是复杂宾语。因此，看"不听"是否带宾语，带什么宾语，也可用来鉴别其在语句中的所指。

(6) 太守刘君坐事槛车征，官法不听吏下亲近，瓒乃改容服，诈称侍卒，身执徒养，御车到洛阳。(《后汉书·公孙瓒传》，2357)

(7) 长房旦日复诣翁，翁乃与俱入壶中。唯见玉堂严丽，旨酒甘肴盈衍其中，共饮毕而出。翁约不听与人言之。(《后汉书·方术传下·费长房》，2743)

(8) 时沙弥罗云舍利弗弟子，夜不听使房中宿，所向诸房皆不听宿。

(《鼻奈耶》卷九，24/888/b)

(9) 时降怨王出敕，告示其城内外十二由旬：禁断一切所有人民，不听私卖诸香花鬘。(《佛本行集经》卷三，3/665/a)

这些都是典型的"不听"带复杂宾语的例子，"不听"就是"不允许"。

当然，"不听"用作"不允许"，并非一定要带复杂宾语，下面是带简单宾语的例子：

(10) 皆校以诚信，不听欺妄，有病但令首过而已。(《后汉书·刘焉传》，2435)

(11) 又敕国内：诸有花者，不听余用，尽皆持往供养彼塔。(《大庄严论经》卷一三，4/326/c)

(12) 我今此林木，及以诸泉池，悉以施诸鹿，更不听杀害。(《大庄严论经》卷一四，4/339/a)

"不听"所带的虽是简单宾语，但"不允许"的含义没有不同。

从下文的表5可以看出，"不听"表"不允许"义的增多，跟它带宾语的数量增多成正比，说明"不听"带了宾语尤其是复杂宾语后，其所指也产生了从"不听从"到"不允许"的变化。

2.2 进一步看，表"不允许"的"不听"所带的都是谓词性宾语，① 而表"不听从"则多带体词性宾语。这是由两种"不听"的不同的语义特征决定的。一般说来，"不允许"总是指禁止别人做某事，所以它要求带谓词性宾语；而"不听从"则是对他人意见、要求的否定，故多带体词性宾语。

(二) 分析词的义素

1. "义素是结构主义语义学用来描写语义的最小的意义单位，是义位的组成成分，也叫区别性语义特征。"（张志毅、张庆云，2001：23）义素分析法可以细致地分析词在具体语句中的所指，试以"不听"为例分析如下：

表1

义位＼义素	下对上	上对下/对等	凭借权势、力量	对他人的请求或意愿	对他人的行为	拒绝	禁止
不听从	+	+	—	+	—	+	—
不允许	—	+	+	—	+	—	+

根据表1的义素分析观察下面两组例子：

---

① 就本文所举的各例来看，只有例 (21) "不听十恶"例外。

A组：

（13）若夫关龙逄、王子比干、随季梁、陈泄冶、楚申胥、吴子胥，此六人者，皆疾争强谏以胜其君。言听事行，则如师徒之势；一言而不听，一事而不行，则陵其主以语。（《韩非子·说疑》，918）

（14）上不禁塞，又从而尊之，是教下不听上、不从法也。（《韩非子·诡使》，946）

（15）帝曰："涛以病自闻，但不听之耳。"（《晋书·山涛传》，1225）

（16）相已将兵，因城守，不听王而为汉。（《汉书·淮南厉王长传》，2144）

B组：

（17）教阿阇世王立非法制，击鼓唱令，不听民众赍持供养，诣瞿昙所。（《撰集百缘经》卷二，4/210/a）

（18）聚集百千诸婆罗门，共立峻制：不听往至诣瞿昙所，谘禀所受。（《撰集百缘经》卷二，4/210/c）

（19）遥见彼树，希望求水，驰奔趣向。去树不远，有火炎起，遮不听近。（《撰集百缘经》卷三，4/214/c）

（20）时王太子阿阇世共提婆达多共为阴谋，杀害父王，自立为主。寻敕宫内：不听礼拜，供养彼塔。（《撰集百缘经》卷六，4/230/a）

（21）已入正真，无怀恨者，不听十恶，奉行众善。（《普曜经》卷一，3/488/c）

（22）尔时象师即烧铁丸，以著其前，尔时彼人语象吞丸。时王不听，语彼人言："汝说调顺，云何狂逸？"（《大庄严论经》卷九，4/307/a）"王不听"是说国王不允许（大象吞服烙红的铁丸）。

（23）父母复以五事敬亲其子。云何为五？一者制子，不听为恶。（《长阿含经》卷一一，1/71/c）

（24）我于是高飞来至阿耨池边，尔时池边有天龙鬼神，遮护池水，不听我近。（《须摩提女经》，2/836/b）

（25）臣白王言："国有制令，不听养老。臣有老父，不忍遣弃……"（王）即便宣令，普告天下：不听弃老，仰令孝养。（《杂宝藏经》卷一，4/450/a）

（26）欲生之时，大夫人以物瞒眼，不听自看。（《杂宝藏经》卷一，4/452/c）

(27) 时先入者谓其是鬼,即复推门,遮不听前。(《百喻经》卷三,4/552/c)

A组中,例(13)"一言而不听",指其君主听信六君子之言。例(15)为皇帝诏令之语,"不听之"的主语是皇帝。而例(14)明言"下不听上",可见"不听"之"不听从"义既适用于上不听下,也适用于下不听上。B组中,从例(17)(18)(20)到例(26)都是上(君主、大臣、佛、父母)对下。例(19)指火焰之于人,例(27)指人之于鬼,可以看作对等的事物对象之间发生的事情,但没有下对上的。

A组的例(13—16)虽然多用于上对下,但没有凭借权势或力量"不听"的意思,例(15)皇帝自言"不听"山涛之语,自然不能理解为以皇势压人。B组的例(17—27)则表明凭借权势或力量力禁的强硬态度,如例(17)通过"教阿阇世王立非法制,击鼓唱令"来禁止,例(18)通过"聚集百千诸婆罗门,共立峻制"来禁止;而例(19)则是强大的"有火炎起,遮"不让接近,例(27)是人"推门,遮"不让进门。

A组的例(13—16)是对他人的请求、意愿所作的否定性的回应(即拒绝),如例(13)"不听"六君子的谏言,例(14)"不听"主上法令,例(15)"不听"山涛的请求;而B组的例(17—27)则是对他人行为的禁止,如例(17)禁止"民众赍持供养"、例(20)禁止"礼拜"等。

2. 根据义素分析法判定词在语句中的所指,还有另一方面,那就是看义素在线性组合中的体现。比如"吃"含有"食物"义素,所以跟"吃"组合的词语也都含有"食物"义素,如"饭""馒头""水果"等;"喝"含有"液体"义素,所以跟"喝"组合的词语也都含有"液体"义素,如"水""酒""饮料"等。根据这个规律,可以通过跟"不听"组合的词语来考察"不听"的所指。

据上所述,"不听"的"不听从"含有"对他人的意愿或请求"义素,那么如果在语句中跟"不听"发生关系的词含有这个义素,就可以判定是指"不听从"或其义位变体。例如:

(28) 仲遗腹女始一岁,平抱仲女而弃其子。母欲还取之,平不听,曰:"力不能两活,仲不可以绝类。"(《后汉书·刘平传》,1296)

(29) 其夕,母及家人又梦之。即欲开棺,而父不听。(《搜神记》卷一五,185)

(30) 将乐县李诞家,有六女,无男,其小女名寄,应募欲行,父母不听。(《搜神记》卷一九,231)

这三例中，都有能愿副词"欲"，表示了某种意愿或请求，宜解释为"不同意""不答应"，是"不听从"的义位变体。"不同意"、"不答应"和"不听从"相似，都是他人有意见或意愿，施事者不予首肯，处于从"不听从"演变为"不允许"的中间过渡阶段。参看2.1。

因为"不听"的"不允许"义含有"对他人的行为"义素，如果语句中跟"不听"发生关系的词含有"行为"义素，则可以判定"不听"指"不允许"。上文例（26）"不听自看"，例（27）"遮不听前"，"看"和"前"都是一种行为动作。因此，可以判定这两例"不听"指"不允许"。

3. 限定性解释语和义素分析。

谢文从"不听"之"不允许"和"不听从"两个义项的具体含义上辨别二者，这是可取的；但谢文自己并没有贯彻这一标准。该文举《三国志》一例，"魏使以马求易珠玑、翡翠、玳瑁，权曰：'此皆孤所不用，而可得马，何苦而不听其交易?'"说："'不听其交易'是兼语句，'不听'应作'不允许'解"。按：曹魏使者要求用北方盛产的马来交换南方出产的珠玑等物，"不听"正是对这个要求的"回应"。按照谢文"不允许"义"必定是兼语句"来衡量，则此例应为"不允许"；按照"不听从……是对别人意见或要求所做出的一种否定的回应"的解释来看，则又应为"不听从"，未免自相矛盾。问题还是出在"必定是兼语句"这一前提上。其实，本例"不听"是对上文"求"的回应，而"求"含有"（对他人的）请求或意愿"义素，故还不是典型的"不允许"用例。

正如上文所分析的那样，"不听"之作"不听从"，涉及的对象是意见或要求，表示"对他人的请求或意愿"的否定；而作"不允许"，涉及的对象是某种行为动作，表示"对他人的行为"的禁止。事实上，"不允许别人做什么事"也是一种"否定的回应"。也就是说，"不听"的"不允许"和"不听从"都是对他人的否定回应，所不同的是，"不允许"是对他人行为的禁止，而"不听从"则是对他人意见或要求的不予采纳。根据所涉及的对象不同这一特点，上文例（17）—（27）是"不允许"，而例（28）—（30）则是"不同意""不答应"，属于"不听从"的义位变体，较然可别。

（三）考察词所在的语言环境

根据具体的语言环境来判断词在语句中的所指，也是应该采用的方法之一。这里包括两层意思：一是根据上下文意来判断词的所指，这里所说的"文意"应该是明确、清楚的，没有歧解的可能。例（1）为不听闻，例（2）为不听从，例（3）（4）（5）都是不允许，都不难根据上下文意作出判断。这种方法众所周知，无烦辞费。二是根据上下文提供的语义信息来判断词的所指。

古人著书，为了使行文富有变化，避免重复，常常会在上下文中使用同义词、反义词来表达相同或相反的含义，形成一些特殊的行文条例，比如同义词、反义词对举，同义词连用，同义异词、文中自注等。前人称为"古书文例"或"古书异例"。根据古书的行文条例研究词义，清代俞樾的《古书疑义举例》集其大成，今人如黄侃、蒋礼鸿、郭在贻等也多有运用。①

通过考察上下文所提供的语义信息来看"不听"，主要指从上下文寻找"不听"的同义词或反义词，以确定"不听"的含义。又可分为两种情况：一种是"不听"的上下文中有"从""许"等"听"的同义词；另一种是"听"和"听从"、"听许"并列连用，从而佐证"不听"在语句中的所指。上文例（14）"不听上、不从法"，"不听""不从"对举同义，"不听"指不听从。再如：

A组：

(31) 或曰：今使臧获奉君令诏卿相，莫敢不听；非卿相卑而臧获尊也，主令所加，莫敢不从也。（《韩非子·难一》，814）

(32) 帝不从，复遣众。众因上言："……如令匈奴遂能服臣，将有损大汉之强。"帝不听，众不得已，既行。（《后汉书·郑众传》，1225）

这两例中，"不听"都和"不从"相应，显然是"不听从"的意思。

(33) 及卫将军张安世，宜赐几杖归休，时存问召见，以列侯为天子师。明诏以恩不听，群臣以义固争而后许。（《汉书·张敞传》，3218）

(34) 太后不听。骘频上疏，至于五六，乃许之。（《后汉书·邓骘传》，613）

(35) 太子年至二万九千岁，舍转轮王位，启其父母，求欲出家。既不听已，乃至三请，犹尚不许。（《过去现在因果经》卷一，3/621/b）

这几例"不听"，都和"许""不许"等相对并举，则"不听"犹言

---

① 参看黄侃《文心雕龙札记》，商务印书馆2012年版；蒋礼鸿《蒋礼鸿集》，浙江教育出版社2001年版，卷五，第455—465页；郭在贻《训诂学》，中华书局2005年版，第15—22页，又《郭在贻文集》，中华书局2002年版，卷一，第494—501页。

"不允许"。

(36) 时作是念：佛结戒，不得从非亲里乞衣，我亲里远，今当裸形到舍卫国。……时作是念：佛结戒，<u>不听</u>从非亲里乞，我亲里远，当裸形到舍卫国，是故我今裸形。(《十诵律》卷六，23/44/c)

上文说"不得"，下文说"不听"，则"不听"就是不得、不许。

B组：

(37) 故法之所立、令之所行者多，而所废者寡，则民不诽议；民不诽议，则听从矣。……法之所立、令之所行者寡，而所废者多，则民<u>不听</u>；民<u>不听</u>，则暴人起而奸邪作矣。(《管子·法法》，146)

(38) 君子疾鄙夫之不可与事君，患其听从而无所不至也。今子<u>不听</u>正义以辅卿相，又从而顺之。(《盐铁论·论诽》，301)

这两例中，"不听"和"听从"对举互见，所谓相反成义。

(39) 是故如来<u>不听</u>女人乐入佛法。我为一切诸女人故，三请如来，欲求佛法；如是至三，亦不听许。(《大方便佛报恩经》卷五，3/153/c)

(40) 归白大王，求索入道，王<u>不听</u>许。"我唯一子，当继王位，养育民众。终<u>不听</u>汝出家入道。"(《撰集百缘经》卷九，4/246/a)

这两例中，"不听"和"不听许"对举互见，则"不听"就是不允许。

根据和同义、反义词的对举互见，可以佐证"不听"到底是指"不允许"，还是指"不听从"。

上述三种方法，并非互不相干，互相对立，理应参互贯通，综合运用。如果把语法因素也纳入义素范围，那么根据语法特点判定词的所指，也可以归入词的义素分析。当我们把义素分析法扩展到线性组合时，它跟具体的语境分析也就一致起来了。汉语的句子非常复杂，表现各异，采用单一的方法，很难适用于所有的句子。如考察上下文提供的语义信息，在没有对举、连用、异词同义的情况下，它就不再起作用。这三种方法考虑到语法、语义和语用，本质上并无二致，又能较大限度地适用于复杂多变的句子情况，可以交替使用。

二

(一) 先秦至南北朝"不听"诸义位之演变及"不允许"义的产生

谢文指出："'不允许'义究竟始见于何时及何书，这个问题尚需作进一步的探讨。"根据上述三种方法，笔者拟考察包括"不允许"义在内的"不听"诸义位的产生演变过程,以为响应。

1. 先秦时期的"不听"

《尚书》已见此词。整个先秦时期,"不听"的主要义位是"不听从",以不带宾语为主。在战国后期的《吕氏春秋》中,"听"出现了"应允""答应"义;这为"不听"产生"不允许"义提供了可能。

1.1 笔者考察了《十三经》"不听"的使用情况。除了《周易》、《仪礼》、《诗经》、《论语》、《孝经》和《尔雅》六部书未见用例外,其余著作共出现45例,即《尚书》4例,《周礼》2例,《礼记》7例,①《左传》22例,《公羊传》2例,《谷梁传》3例,《孟子》5例。共有3个所指:(1)不听闻(5例);(2)不听从,不采纳(36例);(3)不审察,不处理(4例)。

在《十三经》用例中,单用(不带宾语)的"不听"和带宾语的"不听"相比,是29(64%):16(36%),单用的约占三分之二。《左传》是《十三经》中出现"不听"结构最多的,凡22例;其中不带宾语的12例,如:

(41)臧哀伯谏曰:"君人者,将昭德塞违,出临照百官……"公<u>不听</u>。(桓公二年,1743页上栏)

(42)宫之奇谏,<u>不听</u>。(僖公二年,1791页下栏)

带宾语的10例,如:

(43)<u>不听</u>公命,杀适立庶。(襄公二十三年,1978页中栏)

除了"不听"外,我们还统计了相近的"弗听",共得"弗听"43例,"不听"和"弗听"的比例为45(51%):43(49%),大体持平,"不听"稍占上风。

"弗听"和"不听"的用法基本一致,只是"不听"既可不带宾语,也可带宾语,而"弗听"都不带宾语。考察《十三经》以及其他典籍的用例,莫不如此。

1.2 在《十三经》之外,我们还调查了《国语》等6部先秦其他典籍,"不听"的用例是:《国语》19例,《战国策》101例,《荀子》12例,《韩非子》61例,《晏子春秋》9例,《吕氏春秋》33例。

从统计中得知两点:第一,"不听"已经大大超过了"弗听",比例为235(86%):38(14%)。第二,"不听"带宾语的比例比《十三经》略

---

① 包括《礼记·杂记下》的两例"不听事",如:"既葬,大功吊,哭而退,不听事焉。"郑玄注:"听犹待也。事谓袭敛执绋之属。"

"不听"之"不允许"义的产生方式及成因

低，为169（72%）：66（28%）。"不听"的情况和《十三经》基本相同。

"听"从听从到答应、同意，又从而引申出允许，这是何时发生的呢？就目前看到的材料而言，大约始于战国后期，如：

《吕氏春秋·知士》："静郭君辞，不得已而受。十日，谢病，强辞，三日而听。"高诱注："听，许。"（491）

"听"有"允许"义，则"不听"有"不允许"义，自是水到渠成。从理论上看，既然从战国后期开始，"听"单用就有"允许"义，则"不听"连用指"不许"，也不应该太晚。

值得注意的是，"不听"由"不听从"到"不允许"，应当经过一个中间阶段——即由原先对具体的劝谏、意见的否定性回应变为对某一事件、行为的否定性态度，犹言"不同意""不答应"，是"不听从"的义位变体，这一阶段出现在战国后期。在《战国策》《韩非子》等著作中，已有如下用例：

(44) 韩求相工陈籍而周<u>不听</u>，魏求相綦毋恢而周<u>不听</u>，何以也？（《战国策·楚策一》，765）韩国要求工陈籍为相、魏国要求綦毋恢为相而周朝不同意。

(45) 卫嗣君之时，有胥靡逃之魏，因为襄王之后治病。卫嗣君闻之，使人请以五十金买之，五反而魏王不予，乃以左氏易之。群臣左右谏曰："夫以一都买胥靡，可乎？"王曰："非子之所知也……"魏王闻之，曰："主欲治而<u>不听</u>之，不祥。"因载而往，徒献之。（《韩非子·内储说上七术》，549）卫国不惜拿左氏这座城池去交换潜逃的罪犯，目的是取信于民。"不听之"犹言不同意（交还胥靡）这件事。

(46) 吴子出之，其妻请其兄而索入。其兄曰："吴子，为法者也。其为法也，且欲以与万乘致功，必先践之妻妾然后行之，子毋几索入矣。"其妻之弟又重于卫君，乃因以卫君之重请吴子。吴子<u>不听</u>，遂去卫而入荆也。（《韩非子·外储说右上》，748）"吴子不听"是说吴王不同意把犯了错误的妻子叫回来。

(47) 及公往，崔子之徒贾举率崔子之徒而攻公。公入室，请与之分国，崔子不许；公请自刃于庙，崔子又<u>不听</u>。（《韩非子·奸劫弒臣》，251）此例"不听"和上文"不许"相对，则"不听"犹言不答应、不准许。

这几例，都有"求""欲""请"等表示请求或意愿的词，从性质上看，"不听"都还是对别人请求或意愿的回应。即以例（47）而言，虽然

— 335 —

"不听"和"不许"相对，但其对应的都是齐庄公的"请"（求），故还不能算是真正的"不允许"。但新义位"不允许"正是在这类表示"不同意""不答应"用例的基础上萌芽而出的。

2. 两汉时期的"不听"

到了秦汉以后，"不听"的所指又有哪些新的变化呢？我们调查了《淮南子》《史记》等西汉典籍和《论衡》等东汉典籍以及部分佛典，发现：第一，"不听从"仍是"不听"的主要义位；第二，表明对某个事件或行为的态度的"不听"——犹言"不同意""不答应"的用例增多；并由此产生出"不允许"义；第三，产生了新的义位——不听任、不听凭。

2.1　西汉典籍

笔者对五部西汉典籍作了调查，"不听"的频次为：《淮南子》12例，《韩诗外传》4例，《史记》177例，《说苑》35例，《盐铁论》3例，共231例；"弗听"45例。"不听"单用181例，带宾语50例。多数为"不听从""不听取"义，仅见"不聆听"3例，"不允许"1例。

和战国时期一样，在西汉典籍的"不听"用例中，也见到了表明对某个事件或行为的否定性态度的用法，犹言不同意、不答应，表示拒绝，禁阻。如：

(48) 泰王亶父处邠，狄人攻之，事之以皮币珠玉而不听，乃谢耆老而徙岐周。（《淮南子·诠言》, 467）"不听"的对象不是言语、劝谏，而是"事之以皮币珠玉"，"不听"指不同意、不答应。

(49) 乃相与作歌曰："子文之族，犯国法程，廷理释之，子文不听。恤顾怨萌，方正公平。"（《说苑·至公》, 360）本例"不听"耐人寻味，是说子文的亲戚触犯了国家法律，法官赦免了他，但子文不允许。"不听"已经不是对要求的回应了，而是表明对某件具体事件的态度。

类似的例子后代也可见到：

(50) 璜等忿怒，陷以前事，下之于吏。官属欲赋敛请谢，规誓而不听，遂以馀寇不绝，坐系廷尉，论输左校。（《后汉书·皇甫规传》, 2135）

(51) 宣王数数欲进攻，毗禁不听。宣王虽能行意，而每屈于毗。（《三国志·魏志·辛毗传》裴注引《魏略》, 699）

例（50）皇甫规发誓"不听"的是用钱财买通法官的事，例（51）辛毗"禁不听"的是司马懿的冒险出击，"不听"也是表示禁阻。

叶爱国先生所举的《史记·楚世家》的用例，"吴请入自索之，随不听，吴亦罢去"。"不听"是对吴国请求的拒绝，犹言"不同意""不答应"，还不是真正的"不允许"，谢文的意见对。

"不听"当不允许讲，当是经历了这样一个发展阶段：①不听从具体的劝谏或意见→②不同意、不准许某一事件或行为→③禁止他人的行为（不允许）。而对某一事件或行为的否定的态度一类用例用多了以后，自然就形成了"不允许"这一新的义位。这一转变大约发生在战国后期到汉初。

此外，在《说苑》中还发现了一个新的义位——不听凭、不放任：

(52) 圣人之衣也，便体以安身；其食也，安于腹；适衣节食，不听口目。（《说苑·谈丛》，402）"不听口目"犹言不放纵口目，谓衣食应有节制，不能放纵眼睛、嘴巴（口目）之欲。这是因为"听"有听任、任义而然。这样，"不听"和"听"的义位就全部对应起来了。

"不听"作不听任、不听凭讲后代也有用例，如：

(53) 勤受教，善习行。因习行，入无际。习胜意，不听心。善防识不乱转，往来三而不著。（《成具光明定意经》，15/454/a）

(54) 临妆欲含涕，羞畏家人知。还代粉中絮，拥泪不听垂。（《先秦汉魏晋南北朝·梁诗》卷二八姚翻《代陈庆之美人为咏》，2116）末句是说任凭眼泪在眼眶里，也不听任它流下来。

2.2 和西汉相比，东汉典籍中的"不听"没有很大的不同。

2.2.1 中土典籍方面，我们调查的是《潜夫论》、《吴越春秋》、《越绝书》、《论衡》、《申鉴》、《风俗通义》、《太平经》及《全后汉文》几部著作：①

表2

类型 典籍	不听 A	不听 B	不聆听	不听从	不允许	弗听	不听总数
《潜夫论》	2	1	0	3	0	0	3
《吴越春秋》	10	5	2	13	0	0	15
《越绝书》	9	5	1	13	0	0	14
《论衡》	16	7	2	21	0	2	23

① 表中"不听 A"指单用的"不听"，"不听 B"指带宾语的"不听"，后同此。

续表

类型 典籍	不听 A	不听 B	不聆听	不听从	不允许	弗听	不听总数
《申鉴》	0	2	0	2	0	0	2
《风俗通义》	2	0	0	2	0	1	2
《太平经》	3	5	1	7	0	0	8
《全后汉文》	12	7	1	15	3	0	19
总计	54	32	7	76	3	3	86

在所调查的典籍中，出现了几例有作"不允许"解可能的用例，都见于《全后汉文》：

(55) 后数日，车驾至临淄自劳军，群臣大会。帝谓弇曰："……又田横亨郦生，及田横降，高帝诏卫尉不听为仇。"(《全后汉文》卷一光武帝刘秀《劳耿弇》，477 页上栏) 本例见于《后汉书·耿弇传》(711)，是刘秀对耿弇所说的一番话。用了《汉书·田儋传》汉高祖刘邦警告卫尉郦商不得挟私报仇的典故。"不听为仇"就是不准（和田横）结仇，"不听"确为不允许。严可均因其像口语而载入《全后汉文》，① 但究竟算不算东汉语料，还是一个问题。

(56) 后乘白马，无符传，欲出关，关吏不听。(《全后汉文》卷一五桓谭《桓子新论下·离事》，549 页下栏) 《东汉语料与词汇史研究刍议》原先把此例"不听"解释为"不允许"，谢文不同意。按：谢先生的意见对。本例"不听"实际上是对"欲出关"的回应，故还不是典型的表"不允许"的例子。

(57) 臣小人，贪见明时，不能即时自引，惟陛下哀臣，令得喘息漏刻。若不听许，臣实无颜以久生，下入黄泉，无以见先帝。(《全后汉文》卷一〇梁王畅《上疏辞谢和帝》，526 页下栏；又见《后汉书·梁节王畅传》) "听许"同义并列。但属读关系应为"不/听许"，而非"不听/许"。

总起来看，东汉中土典籍使用"不听"的频率并不高，确切表"不允许"义的用例很少。

2.2.2 为了检验"不听"的产生年代，我们同时查考了部分东汉佛

---

① 清严可均校辑《全上古三代秦汉三国六朝文》，于《全后汉文》本条下加按语曰："此似口语，以载入《两汉诏令》，故录之。"

典。在所查检的安世高、支娄迦谶等的早期翻译佛经中,"不听"的使用并不普遍,有一些通篇未见。见到的"不听"用例,多数仍为"不听闻"或"不听从"义,如:①

(58) 众梵诸天亿百皆往礼侍,"此非天人所当沮坏,无为兴恶,自毁其福"。魔王<u>不听</u>。(《修行本起经》卷下,3/470/c)"不听"谓不听从劝谏、劝告。

(59) <u>不听</u>六患五蔽之惑,不惟家乐,不有四食之想。(《成具光明定意经》,15/451/c)"不听"也是"不听从"义。

个别的"不听"似可理解为"不允许",如:

(60) 须达辞还,载辈送钱。园监<u>不听</u>,走白大家:"须达送钱,不审内不?"(《中本起经》卷下,4/156/c)须达送钱的目的是买园,"园监不听",是说园监不答应、不准许。② 应该指出的是,本例虽然没有具体的对话、要求,但园监"不听"还是针对须达的买园要求而表明的态度,仍可视作是对他人要求的回应,故还不是典型的"不允许"用例。

此外,在失译附"后汉录"的《大方便佛报恩经》《分别功德论》中出现了表"不允许"义的"不听",除了例(3)(39)外,又如:

(61) 答言:"大王,当立制限,<u>不听</u>施诸比丘衣被饮食。"(《大方便佛报恩经》卷四,3/147/b)

(62) 外国法师徒相传,以口授相付,<u>不听</u>载文。(《分别功德论》卷二,25/34/a)

这些算是比较确切的"不允许"用例。但据我们的初步研究,《大方便佛报恩经》《分别功德论》的翻译年代可能不早于三国,故不能把它们当作东汉时已见此义的证据。

从如上所述可以看出,汉代"不听"除了沿袭先秦的用法外,也产生了值得注意的新动向:出现较多表明对某个事件或行为的(否定性)态度的用法,谓"不同意""不答应",是"不听从"的义位变体;在此基础上,产生了"不允许"这一所指——这都为魏晋以后作"不允许"

---

① 安世高译《一切流摄守因经》:"是闻诸比丘,比丘已生欲令,不听不过舍晓相却离;已生瞋恚,不听不过舍晓相却离;已生杀欺盗,不听不过舍晓相却离。"支娄迦谶译《道行般若经》卷六:"譬若有人得须陀洹道,在其地终不疑魔事,适起即觉知。魔稍来者,不听随在阿惟越致地,终不疑不懈怠。""不听"似仍为"不听从"义。

② 《中本起经》本例"不听",朱庆之已经释为"不许",参看《佛典与中古汉语词汇研究》,台北文津出版社1992年版,第85页。

语言学的古今会通

"不许可"讲的"不听"的大量出现奠定了基础。①

3. 魏晋南北朝的"不听"

我们调查了魏晋南北朝时期的中土典籍和佛典两类语料。"不听"的"不允许"义用例明显增加,其带宾语的比例也大大提高,这在佛典中表现得尤其明显。

3.1 魏晋南北朝时期中土典籍的"不听",基本上还是沿用先秦以来的用法,即多数仍单独使用,较少带宾语,并且大部分是"不听从"义,而非"不允许"义。我们调查了《三国志》、《后汉书》、《搜神记》、《世说新语》、《全晋文》、《全宋文》、《全梁文》及《全后魏文》等中土典籍用例,② 情况如表3所示:

表3

类型 书名	不听A	不听B	不聆听	不听从	不允许	弗听	不听总数
《三国志》	94	18	0	97	15	2	112
《后汉书》	84	20	2	87	15	0	104
《搜神记》	5	2	0	5	2	0	7
《世说新语》	6	8	2	4	8	0	14
《全晋文》	10	17	0	9	18	0	27
《全宋文》	2	1	0	3	0	0	3
《全梁文》	1	4	1	1	3	0	5
《全后魏文》	1	32	0	5	28	0	33
总计	203	102	5	211	89	2	305

显然,此时"弗听"的比例进一步下降,"不听"带宾语的句子较先秦、两汉也大大增加。

魏晋史书中,也可见到作"不允许"讲的"不听",如:

(63) 放曰:"陛下忘先帝诏敕,藩王不得辅政。且陛下方病,而曹肇、秦朗等便与才人侍疾者言戏。燕王拥兵南面,<u>不听</u>臣等入,此即竖刁、赵高也。"(《三国志·魏志·明帝纪》裴注引《汉晋春秋》,113)"不听"就是不许、不准。

---

① 客观地说,东汉时期作不允许义用的"不听"用例较少,有的还有疑问(如《全后汉文》几例),并不十分可靠。如果说东汉已经产生了"不听"的不允许义,则充其量也就是处于萌芽期。

② 此外,《抱朴子内篇》《齐民要术》《颜氏家训》等几部著作中均未见"不听"用例。

《后汉书》以来的六朝史书,这方面的用例尤夥:

(64) 将终,告其故吏朱示氏、萧建等,使薄敛素棺,籍以黄壤,欲令速朽,早归后土,不听子孙改之。(《后汉书·赵咨传》,1314)

(65) 虞兵不习战,又爱人庐舍,敕不听焚烧,急攻围不下。(《后汉书·公孙瓒传》,2357)

(66) 又下书禁国人,不听报嫂及在丧婚娶,其烧葬令如本俗。(《晋书·石勒载纪》,2736)

(67) 并敕缘边州镇,自今已后,不听境外寇盗,犯者罪同境内。(《魏书·世宗宣武帝纪》,208)

这几例都是不允许义。由此义加以发展,则产生出"不能够""不得"这一义位变体。盖"不允许"是施事者对他人行为的禁止,是一种人为的主观行为;而"不能够""不得"则是客观环境对某种行为的禁止,是非主观的行为。

(68) 五年春,令曰:"军兴日久,民离农畔,父子夫妇,不听相恤,孤甚愍之。今北虏缩窜,方外无事,其下州郡,有以宽息。"(《三国志·吴志·吴主传》,1132)"不听",不能,不得。连年征战,妻离子散,客观上造成了父子、夫妇不能相互照顾的局面。

(69) 河水闻寒已成冻,塞草愁霜悬自衰,可念无端失林鸟,此夜逆风何处归?列网遮山不听度。(《梁诗》卷二七朱超《咏独栖鸟》,2096)罗网漫山,客观上造成了失林鸟的"不得度"。

3.2 魏晋南北朝佛典中,我们调查了《大方便佛报恩经》《六度集经》等12种佛经,进行了统计分析。发现,这一时期佛典中"不听"带宾语的用例明显增多,大大超过了单用;与此同时,表"不允许"的用例也大大超过了表"不听从"的用例,见表4:

表4

类型 典籍	不听A	不听B	不聆听	不听从	不允许	弗听	不听总数
《大方便佛报恩经》	7	6	1	0	12	0	13
《六度集经》	0	1	0	1	0	0	1
《撰集百缘经》	6	18	1	2	21	0	24
《生经》	0	2	0	1	1	0	2
《增一阿含经》	5	2	0	3	4	0	7

续表

类型 典籍	不听A	不听B	不聆听	不听从	不允许	弗听	不听总数
《大庄严论经》	4	11	0	4	11	0	15
《持世经》	0	2	0	0	2	0	2
《出曜经》	1	3	1	0	3	0	4
《中阿含经》	1	25	0	15	11	0	26
《贤愚经》	9	12	0	1	20	0	21
《杂宝藏经》	5	13	1	4	13	0	18
《佛本行集经》	4	22	0	1	25	0	26
总计	42	117	4	32	123	0	159

三国佛典中,"不听"作"不允许"用例渐多,除了例(17)—(20)外,又如:

(70) 尔时世尊,将诸比丘,入城乞食。至一巷中,逢一婆罗门,以指画地,遮不听去。(《撰集百缘经》卷四, 4/220/b)

(71) 佛言:诸佛法,父母不听者,不得作沙门,亦不得与戒。(《赖吒和罗经》, 1/869/a)

西晋以下的佛典中,"不允许"用例比比皆是,不胜枚举,例(8)(11)(12)(21)等均其例。

兹就各个时期的调查统计列总表如下:

表5

类型 典籍	不听和弗听比例	不听单用和带宾语比例	不听表不聆听义	不听表不听从义	不听表不允许义
先秦十三经	45:43 51%:49%	29:16 64%:36%	5 11%	40 89%	0 0%
战国史书、诸子	235:38 86%:14%	169:66 72%:28%	9 4%	224 95%	2 1%
西汉典籍	231:45 84%:16%	181:50 78%:22%	3 1%	226 98%	2 1%
东汉典籍	86:3 97%:3%	54:32 63%:37%	7 8%	76 88%	3 4%
魏晋南北朝中土典籍	305:2 99%:1%	203:102 67%:33%	5 2%	211 69%	89 29%

续表

类型 典籍	不听和弗听比例	不听单用和带宾语比例	不听表不聆听义	不听表不听从义	不听表不允许义
魏晋南北朝佛典	159：0 100%：0%	42：117 26%：74%	4 3%	32 20%	123 77%

(二)"听"和"不听"的关系及其词义发展系统

从以上的考察已经可以得知"不听"诸义位的发展演变的大致情况，然则"不听"和"听"是何关系？它们的词义发展系统如何？就成为无法回避的问题了。

1. 先看"听"。"听"的词义发展的大致过程是这样的：

听，甲骨、金文从耳从口，口表发声，耳表听声，会意字。《说文·耳部》："听，聆也。从耳，壬声。"变为形声字。本义为聆听、倾听，《庄子·天运》："听之不闻其声，视之不见其形。"引申出以下几个主要义位：①听从，接受。②听取，处理；特指审理案件。③同意，应允。④听凭，听任。① 可表示如下：

【听】聆听，倾听 →听取（政事），处理（公务）；特指审理案件
　　　　　　　　→听从，接受→同意，允许→听凭，听任

"不听"是"听"的否定形式，"不听"义位的发展历程，跟"听"是相一致的。早期的"不听"主要有三个义位：①不聆听。②不听从（批评，劝谏）。③不处理。后来"不听从"产生了"不同意""不答应"这一义位变体，并由此产生"不允许"义；后来又有"不能""不得"这一义位变体。汉代起，"不听任""不听凭"义位也产生了。此义的"听"念去声。

《汉语大词典》"不听"条共有三个义项：①谓不听从别人的意见，举《韩非子》等例。②不允许，举《北史》等例。③不定罪，举《礼记》例。

《大词典》的释义大体不错，但犹有可补焉。首先，从词义演变的源流来看，"不聆听"应该是其本义。引申出两个分支义位：A 不听取，不处理。又特指不审理案件。B 不听从，不采纳。由此引申出不允许和不听任两个义位；中间有两个义位变体：a. 不同意，不答应。b. 不能够，不得。表示如下：

---

① "听凭""听任"的"听"《广韵》"他定切"，读去声。

【不听】不聆听　→不听取（政事），不处理（公务）→不审理案件
　　　　　　　　　　　　　　　　　　　　→不能，不得
　　　　　　　→不听从，不采纳→不同意，不答应→不允许，不许可
　　　　　　　　　　　　　　　　　　　　→不听任，不放纵

显然，《大词典》的义项排列和几个义位之间的关系是不够准确的。

三

"不听"之"不允许"义的产生原因，也是饶有趣味的问题，本节拟就此谈些不成熟的想法。

（一）事物的内部结构决定它的功能，这是自然科学普遍遵循的原则。"不听"指称"不允许"这一功能也是由它的内部结构决定的。"不听"的内部结构是"听"为"不"所限制，是"听"的否定式。"听"在其历时引申系列中产生了"应允"义，与此相应，"不听"也可以指称"不允许"；"不听"和"听"的词义演变轨迹是相因相似的。

进一步看，"听"之所以可以指称"应允"，这同样是由其语义结构决定的。"听"本来指"耳朵""接受""声音"；当"耳朵"所接受的不限于声音（跟"声音"相对的是"内容"）时，就是"听从"；当这种"接受"不限于耳朵（跟"耳"相对的是"口"）时，就是"应允"。

（二）上面我们分析了"不听"之"不允许"义产生的内在机制，这只是为事实的发生提供理论上的可能性，未必能证明它一定会发生。跟"听"具有类似语义结构的还有"闻""聆"等，它们都没有跟"听"同步引申，这说明"听"（"不听"）的历时发展还有其特殊的动力。这个动力就是"听"在战国末期词汇系统中的地位。

研究表明，词汇结构具有类推性，类推一方面会改变词汇结构的发展轨迹；另一方面也会受制于词汇结构。

比如，在战国末期以前，"听"和"从"在"听从"这一义位上是同义词，指"听从请求（表现为语言、意愿等）"。"从"的"听从"义并不限于"耳"，这使"听"的"听从"义的范围扩大到"口"，"听"产生了"应允"义（"从"没有这个义项，因为"从"的语义结构中没有"口""耳"相对因素）。

这个类推，改变了"听"的发展方向：因为"听"原本是耳朵的感觉，耳朵的感觉必然跟声音有关，这就要求"听"的引申义一直沿着"耳朵""声音"的方向发展；但跟"从"类推之后，这个方向被强行扭曲了。但是，跟"从"类推从而发生方向性扭曲，是"听"的语义结构所

允许的。"闻""聆"的语义结构跟"听"相似,但有区别。"闻"的语义结构是"耳朵接受到声音",强调接受的结果;"聆"的语义结构是"耳朵仔细接受声音",强调接受的过程。它们虽然有"接受"或"听从"义,但都没能进一步发展为"应允"义。可见类推会受到词汇结构的制约。

(三)语言是人类最重要的思维和交际工具,因此,在考察语言现象的发展变化时,不应忽视民族心理、社会文化等因素的影响。

从文化结构上看,"语言"和"行为"是对立的,所以当"听"突破"语言"范围时,就会将其扩大到"行为"上;又如"耳"和"口"紧密相关,所谓"出口入耳""口耳相传"是也;因此,"听"由"耳朵接受"结构转化为"口接受"结构。这都说明"不听"在从"不听从"义产生出"不允许"义时,文化因素所起的作用。

在汉民族的文化传统中,"口""耳"都属于五官,并且恰好对立:一为与人说话的器官;另一为听人说话的器官。因此,从"耳朵接受声音"结构转化为"(口)接受(内容)",是汉民族文化结构允许的,因为转化前后实际上还都有一个"话"("语言"或"声音")因素在其中;只是在转换后,这个因素处于隐藏状态了。

不妨再看,"目""鼻"等五官内跟"耳"对立的器官,为什么不能代替"耳朵接受声音"结构中的"耳朵",而唯独"口"可以。这主要是因为"眼睛""鼻子"都不跟话("语言"或"声音")发生关系,不能进入"耳朵接受声音"结构中的缘故。

根据上述原理,还可以解释,为什么"听"有"听任"义。

上文说过,"听"在"听从"义上和"从"是同义词,跟"从"之"听从"义类推的结果,使"听"具有了"应允"义。但这个类推还没有结束,"听"产生了"应允",只是这个类推的一个过渡性产品,这个过渡产品只改造了"听"之"听从"义语义结构的一个成分(由"耳"变为"口")。而"从"的"听从"义,并不限于听从请求:"从"还有"放纵"义。放纵就意味着容许(做任何事情),这也很容易使"听"具有容许义。因为汉民族文化传统把语言和行动看作对立的因素(所以有"听其言,观其行""言行一致""说到做到"等词语),当"听"从听从话语和意愿扩大范围时,就演变为"听从"行为(事情发生):听从行为,就是允许做(任何)事情——这个同义结构类推的结果,使"听"产生了"听任"义。

"听"在不同义位上的结构变迁可表示为:

耳朵接受声音—耳朵接受内容(跟"声音"相对)—口(跟"耳"相

— 345 —

对）接受内容（跟"声音"）相对—口接受行为（跟"声音"相对）

将这个结构系列转化为"听"的所指，就是：听闻—听从—听许—听任

（四）通过上述对"听"词义发展的动态研究，可以知道"听"（"不听"）的"应允"（"不允许"）义是在"听从"（"不听从"）义之后，"听任"义之先。换句话说，只要我们发现"听"有"听任"义，就可以推断已经有"应允"义。

目前所发现的"听"用作"应允"义，最早见于《吕氏春秋》，而"不听"指"不允许"则较早见于汉代典籍。但在《庄子·徐无鬼》中，已经发现了作"听任"讲的例证："匠石运斤成风，听而斫之，尽垩而鼻不伤。"这说明至迟在战国末期，"听"已经有了"听任"义，则其"应允"义，当不晚于此而产生。这正是所谓书证只能证其有，而不能证其无。

引用书目

《十三经注疏》，中华书局1980年版。《战国策集注汇考》，江苏古籍出版社1985年版。《庄子集释》，中华书局1961年版。《韩非子集释》，上海人民出版社1974年版。《管子校释》，岳麓书社1996年版。《吕氏春秋校释》，学林出版社1984年版。《淮南鸿烈集解》，中华书局1989年版。《说苑校证》，中华书局1987年版。《盐铁论校注》，天津古籍出版社1983年版。《全上古三代秦汉三国六朝文》，中华书局1958年版。《先秦汉魏晋南北朝诗》，中华书局1983年版。《汉书》，中华书局1962年版。《三国志》，中华书局1982年版。《后汉书》，中华书局1965年版。《搜神记》，中华书局1979年版。《魏书》，中华书局1974年版。《晋书》，中华书局1974年版。《成具光明定意经》，后汉支曜译，台北新文丰出版公司影印《大正藏》本，1985（下同）；《中本起经》，后汉康孟祥共昙果译；《修行本起经》，后汉昙果共竺大力译；《大方便佛报恩经》，失译；《分别功德论》，失译；《撰集百缘经》，旧题吴支谦译；《赖吒和罗经》，吴支谦译；《普曜经》，西晋竺法护译；《须摩提女经》，失译；《鼻奈耶》，姚秦竺佛念译；《大庄严论经》，姚秦鸠摩罗什译；《长阿含经》，姚秦佛驮耶舍译；《十诵律》，后秦弗若多罗译；《摩诃僧祇律》，东晋法显共佛驮跋陀译；《过去现在因果经》，刘宋求那跋陀罗译；《杂宝藏经》，元魏吉迦夜共昙曜译；《百喻经》，萧齐求那毗地译；《佛本行集经》，隋阇那崛地译。

参考文献

蒋绍愚：《古汉语词汇纲要》，北京大学出版社1989年版。
刘叔新：《汉语描写词汇学》，商务印书馆1990年版。

谢质彬：《"不听"作"不允许"解的始见年代及书证》，《中国语文》2000 年第 1 期。
叶爱国：《〈史记〉已有"不听"》，《中国语文》1997 年第 2 期。
张志毅、张庆云：《词汇语义学》，商务印书馆 2001 年版。
朱庆之：《佛典与中古汉语词汇研究》，台北文津出版社 1992 年版。

本文最初发表于《中国语文》2003 年第 6 期（总第 297 期）

《世说新语》斠诂

方一新

南朝宋刘义庆著,梁刘孝标注《世说新语》一书,前贤在校勘解释方面做了不少工作,其较著者有李慈铭、王先谦、程炎震、李详、刘盼遂、沈剑知等;① 20 世纪 50 年代,王利器先生撰有《世说新语校勘记》,② 60 年代末,杨勇先生《世说新语校笺》问世。③ 迨至 80 年代,又先后出版了余嘉锡先生的《世说新语笺疏》、徐震堮先生的《世说新语校笺》两部巨著,④ 在以往研究的基础上,精注细校,匡讹纠谬,为《世说新语》研究作出了总结性的突出贡献。但因此书传世既久,舛误疑点所在多有,校释工作难臻完善;且各家所说,亦时有尚可商榷之处,兹不揣谫陋,依原书次第,条陈管见如下。失匙之处,敬祈博雅是正。本文以明袁褧本为据,参以唐写本、影宋本、沈校本和王刻本。⑤

《德行》47:"吴道助、附子兄弟居在丹阳郡后,遭母童夫人艰,朝夕哭临及思至、宾客吊省,号踊哀绝,路人为之落泪。"李慈铭《越缦堂读书简端记·世说新语》云:"案'思至'二字有误,各本皆同。《晋

---

① 李慈铭说见《越缦堂读书简端记》,王利器纂辑,天津人民出版社 1980 年版。王先谦说见《校勘小识》,上海古籍出版社《世说新语》影印本附。程炎震说见余嘉锡《世说新语笺疏》引。李详说见《李审言文集·世说新语笺释》,江苏古籍出版社 1989 年版。刘盼遂说见《世说新语校笺》,《国学论丛》第一卷第四号。沈剑知说见《世说新语校笺》,见徐震堮《世说新语校笺》引。
② 王利器:《世说新语校勘记》,文学古籍刊行社影宋本附。
③ 杨勇:《世说新语校笺》,香港大众书局 1969 年初版,台北宏业书局 1972 年再版。
④ 余嘉锡:《世说新语笺疏》,中华书局 1983 年版;徐震堮:《世说新语校笺》,中华书局 1984 年版。
⑤ 袁本——四部丛刊缩印明袁褧嘉趣堂刻本。为徐氏《校笺》底本。唐写本——近人罗振玉据日本残写本影印。影宋本——影印日本金泽文库本,文学古籍刊行社 1956 年版。为杨氏《校笺》底本。沈校本——近人沈宝砚据传是楼藏宋椠本所作校语,四部丛刊附于嘉趣堂本后。王刻本——影印王先谦校刻本,上海古籍出版社 1982 年版。为余氏《笺疏》底本。

书》作'每至哭临之时,恒有双鹤惊叫;及祥练之夕,复有群雁俱集。'疑此'思至'二字当作'周忌','思''周'形近,'至''忌'声近。"

　　按:李校可商。在汉魏六朝文献中,"×至"式的动补结构常见。有"念至",《全上古三代秦汉三国六朝文·全晋文》卷十一孝武帝司马曜《与朗法师书》:"旧京沦没,神州倾荡,苍生荼蓼,寄在左衽;每一念至,嗟悼朕心。"有"哀至",《后汉书·陈纪传》:"遭父忧,每哀至,辄欧血绝气。"又《逸民传·戴良》:"及母卒,……良独食肉饮酒,哀至乃哭。"又有"思至",《陆云集》卷十《与陆典书书》之三:"亡灵处彼,黄塘幽旷。……想时时复一省视,思至心破,无所属情。"《南史·梁宗室上·萧励传》:"位太子洗马,母忧去职,殆不胜丧。每一思至,必徒步之墓。""思至""念至""哀至"同义,谓念及、想起。《世说》此例谓吴氏兄弟每当朝夕哭临、想起(其母)及宾客吊省之时就号啕大哭,"思至"并不费解,无烦改为"周忌"。余氏《笺疏》引李氏之说而无按断,盖偶疏耳。

　　《言语》33:"顾司空未知名,诣王丞相。丞相小极,对之疲睡。顾思所以叩会之,因谓同坐曰:'昔每闻元公道公协赞中宗,保全江表。体小不安,令人喘息。'丞相因觉,谓顾曰:'此子珪璋特达,机警有锋。';"徐氏《校笺》先引严复曰:"'谓顾'二字必有误,不宜对本人而云'此子',不然则'谓'字作品目解,非相谓也。"又云:"'此子',《晋书·顾和傅》作'卿',殆是。"

　　按:严复谓"谓顾"二字有误,极是;但未明言误处。又揣测"谓"字作品目解,亦于诂训无征。笔者以为,"谓顾"当系"顾谓"之误倒。"顾谓"义即对着某(些)人说,其对象为同坐众人,故可云"此子珪璋特达……""顾谓"乃典籍习见之语,其后通常跟宾语,然亦有省略者,如:《八家后汉书辑注·司马彪续汉书·孔融传》:"(李)膺大笑,顾谓曰:'高明长大,必为伟器。'"《三国志·蜀志·先主传》裴注引《魏书》曰:"(刘)表病笃,托国于备,顾谓曰:'……我死之后,卿便摄荆州。'"《太平御览》卷七〇二引《语林》:"胡毋彦国至湘州,坐厅事断官事。……其儿子光从容顾谓曰:'彦国复何为自贻伊戚?'"又卷五七三引《幽明录》:"寝处向明,升去,顾谓曰:'且至御亭。'"本书《轻诋》14:"刘尹顾谓:'此是瞋邪?非特是丑言声、拙视瞻。'""顾谓"后面用以指代说话对象的宾语都承上省略了,正与本条用法相同,是原文当作"顾谓"之证。盖因顾和姓顾,浅人遂改"顾谓"为"谓顾",导致文意扞格不通。《晋书》纂修者看出了问题所在,通过改"此子"为"卿"

来解决矛盾，通则通矣，但不应据以回改《世说》。

《言语》60："简文在暗室中坐，召宣武，宣武至，问上何在。简文曰：'某在斯！'时人以为能。"李慈铭《筒端记·世说新语》云："案：'能'下当有'言'字，各本皆脱。"余氏《笺疏》照引李说。

按：李说实误。《史记·酷吏传·赵禹》："今上时，禹以刀笔吏积劳，稍迁为御史。上以能，至太中大夫。"又《义纵》："以捕案太后外孙修成君子仲，上以属能，迁为河内都尉。"又《王温舒》："天子闻之，以为能，迁为中尉。"又《尹齐》："上以为能，迁属中尉，吏民益凋敝。"又《杨仆》："河南守案举以为能，迁为御史。……天子以为能，南越反，拜为楼船将军。"《汉书·贾谊传》："每诏令议下，诸老先生未能言，谊尽为之对，人人各如其意所出。诸生于是以为能。"则"以为能"自是汉晋人语。"能"既可泛指有能力、有才能，如《史记》各例，也可专指思路敏捷，能言善对，如《汉书》和《世说》本例，不必补"言"字。

《言语》65 注引《羊秉叙》曰："秉……汉南阳太守续曾孙。大父魏郡府君，即车骑掾元子也。府君夫人郑氏无子，乃养秉。"徐氏《校笺》："案此文所叙羊氏世次多错乱。既云南阳太守续曾孙，又言大父魏郡府君即车骑掾之元子也，则秉又为车骑掾之曾孙，其不可通，一也。下文又言府君夫人郑氏无子，乃养秉。按文理，此府君当即魏郡府君，则秉之嗣父也。……则秉乃繇之子，而言'大父魏郡府君，即车骑掾之元子也'，其不可通，二也。此云大父，疑即世父之义，古'大'与'世'通。则原文当作'汉南阳太守续曾孙，车骑掾之元子也'。大父魏郡府君，府君夫人郑氏无子，乃养秉。"

按：据本书《赏誉》11"羊长和父繇与太傅祜同堂相善"条刘注引《羊氏谱》、《晋书·羊祜传》以及汪藻《世说叙录·人名谱》，载《泰山南城羊氏谱》，知羊秉的曾祖为羊续，祖父为羊祕，生父局羊繇，嗣父为羊祉。大父，徐氏疑即"世父"，诚为卓见，是解决此处疑点的关键；然又谓此注"多错乱"，提出不可通处有二，因议调整前后语句，则未当。实则注文不误，无须改动。徐书所谓错乱不通，乃属读错误所致，只需改按正确标点，即将"大父魏郡府君"句后逗号改成句号，上下文便通畅无碍矣。"大父"句言秉之嗣父为魏郡太守羊祉。下句"即车骑掾之元子也"承上省略了主语羊秉，言秉本为车骑掾羊繇之亲子。这两句本各自为句，不相承接，只因误读而导致误解。古人行文不似今人严密，上下句主语不同而又蒙前省略的例子绝非鲜见，可参俞樾《古书疑义举例》卷二"蒙上文而省例"。本书《言语》71："俄而雪骤，公欣然曰：'白雪粉纷何所似？'……兄女曰：'未若柳絮因风起。'公大笑乐。即公大兄无奕女，左将军王凝之妻也。""即"句承上省主语"兄女"，与本条相仿。杨氏《校笺》、余氏《笺疏》亦于"大父魏郡府君"后施以逗号，误同。

《政事》17 注引《晋阳秋》曰："何充字次道，庐江人。……累迁会稽内史、侍中、骠骑将军、扬州刺史，赠司徒。"杨氏《校笺》改"司徒"为"司空"，云："宋本作'司徒'。今依《晋书·何充传》改。《考异》何次道往丞相许条，注引《晋阳秋》同。《寰宇纪》九一：'吴县岞崿山东一里，有晋司空何充墓。'"徐氏《校笺》："赠司徒——《晋书》本传作'赠司空'。"

按：徐书只列异文，未下己意，可谓审慎；然笔者以为"司徒"本当作"司空"，今《世说》各本皆误。《法苑珠林》卷四二引《冥祥记》："晋司空庐江何充，字次道。"《梁书·何敬容传》："何氏自晋司空充、宋司空尚之，世奉佛法。"又《何胤传》："何氏过江，自晋司空充并葬吴西山。"《南史·何胤传》《何敬容传》同。并可为杨书作佐证。《冥祥记》《梁书》成书皆早于《晋书》，明其自有所本也。而汪藻《世说叙录·考异》所存敬胤注征引之《晋阳秋》，显与孝标注所引相同，而作"司空"，尤为的证。

《方正》3 注引华峤《谱叙》曰："魏受禅，朝臣三公以下并受爵位。华歆以形色忤时，徙为司空，不进爵。"

按："司空"当作"司徒"，各本皆误，莫能是正。《三国志·魏志·华歆传》："魏国既建，为御史大夫，文帝即王位，拜相国，封安乐乡侯。及践阼，改为司徒。"裴注引华峤《谱叙》曰："文帝受禅朝臣三公已下并受爵位，歆以形色忤时，徙为司徒，而不进爵。"又《魏志·文帝纪》："庚午，王升坛即阼，百官陪位。……改延康为黄初，大赦。黄初元年十一月癸酉……改相国为司徒。"《三国志》的这些材料都说明曹丕称帝后，华歆由相国徙为司徒，而不是司空。宋洪迈《容斋随笔》卷十"杨彪陈群"条："魏文帝受禅，……相国华歆，以形色忤旨，徙为司徒，而不进爵。"《随笔》这段文字所依据的显然也是华峤《谱叙》，而作"司徒"，亦可为证。此说还可以从本书中找到证据。《德行》11 注引《魏略》曰："（管）宁少恬静，常笑邴原、华子鱼有仕宦意。及歆为司徒，上书让宁。"结合《三国志·魏志·华歆传》"黄初中，诏公卿举独行君子，歆举管宁，帝以安车征之"来看，华歆荐举管宁乃魏文帝即阼后的黄初年间事，当时华歆所任的正是司徒一职。"司徒""司空"易讹，《政事》17 注误"司空"为"司徒"，本条则误"司徒"为"司空"，鲁鱼亥豕，

— 351 —

理应辨正。

《雅量》1 注引《礼记》曰:"子夏丧其子而丧其明,曾子吊之曰:'朋友丧明则哭之。'曾子哭,子夏亦哭。"

按:"丧其子",王刻本作"哭其子",余氏《笺疏》从之无议。机据下文"丧尔子,丧尔明,尔罪三也"来看,当以"丧"字为是。令本《礼记·檀弓上》正作"丧其子"。王刻本盖因下文数"哭"字而误。

《赏誉》28 注引《晋阳秋》曰:"(刘)舆乃密视天下兵簿,诸屯戍及仓库处所,人谷多少,……皆默识之。""屯戍"二字,影宋本作"屯成",余本同袁本。杨氏《校笺》改"成"为"戍",云:"宋本作'成'。今依各本。"

按:此当从影宋本作"屯成",杨改未为允当。"屯成"指派兵驻守边境,是汉魏六朝习语。如《史记·平准书》:"匈奴数侵盗北边,屯成者多,边粟不足。"《汉书·文帝纪》:"今纵不能罢边屯成,又饬兵厚卫,其罢卫将军军。"《全上古三代秦汉三国六朝文·全后汉文》卷十三桓谭《桓子新论上·求辅》:"修强守御,内充实三军,外多发屯成。"《晋书·杜预传》:"又因兵威,徙将士屯成之家以实江北。"均其例。而"屯戍"则义晦矣。

《品藻》59 注引《陈逵别传》曰:"逵字林道,颖川许昌人。祖淮,太尉。"

按:"淮"字各本同,当为"準"(准)字之讹,诸家并失校。考《三国志·魏志·陈泰传》裴注引《陈氏谱》曰:"(陈)群之后,名位遂微。湛孙佐,官至青州刺史。佐弟坦,廷尉。佐子準,太尉。……準孙逵,字林道。"汪藻《世说叙录·人名谱》载《颖川许昌陈氏谱》亦云:"準,佐子,字道□。晋太尉。""逵,準孙,字林道。"《晋书》陈準出现了十三次,有十二次作"準",唯《武十三王传·淮南忠壮王》"徽兄淮时为中书令"句作"淮",误。同书《庾兖传》:"準弟徽曰:'子不拜吾亲何?'"明陈徽兄长名"準",而非"淮"也。《武十三王传》后附《校勘记》引劳格校云:"'淮'当作'準',即广陵公陈準也。"是。并可证本条作"淮"之误。汉《桐柏庙碑》:"准则大圣。"已用"准"字。《玉篇·冫部》"准,俗準字。"《后汉书·樊準传》李贤注:"準或作准。""準"俗作"准",易与"淮"字相混。本书《赏誉》58、《品藻》7 两条并"杨準"为"杨淮",与本条一例。①

---

① 本文原文为繁体字,今按照论文集要求统一改为简化字,但本段因为涉及"準""准"等字形问题,所以"準"这个字形予以保留。

《规箴》14："丞相（笔者按：此二字衍）翘须厉色，上坐便言：'方当乖别，必欲言其所见。'""乖别"，唐写本作"永别"，杨氏《校笺》改从之，云："永，宋本及各本作'乖'。今依唐卷。"

按：此校可商。"乖别"义为分别、离别，切合文义。郗鉴对王导说这番话时既非病危临终之时，亦非处于生死离别关头，何得辄言"永别"？汉魏六朝典籍中，"乖"字常作分离、分别讲，如西晋竺法护译《佛说太子慕魄经》："今日父子已生相弃捐，恩爱已乖，骨肉已离。"《陆机集》卷五《为顾彦先赠妇》诗之二："形影参商乖，音息旷不达。"陶渊明集》卷二《答庞参军》诗："人事好乖，便当语离。"《文选·刘桢〈赠徐干〉》："乖人易感动，涕下与襟连。"又《卢谌〈赠刘琨〉》："分乖之际，咸可叹慨。"《全上古三代秦汉三国六朝文·全晋文》卷二四王羲之《杂帖》："寻忆乖离，其为叹恨，言何能喻！"《晋书·后妃传·左芬》："悼今日之乖隔兮，奄与家为参辰。"《法苑珠林》卷十引《冥报记》："（王）胡大惊，与叙乖阔，问：'何时来？'"均是，"分乖""乖离""乖隔""乖阔"并同义连文。《忿狷》7："王大、王恭尝俱在何仆射坐。……讫将乖之际，大劝恭酒，恭不为饮。""将乖之际"谓将分别之时，是本书用例。"乖""别"同义，故常连用。《曹植集》卷一《朝风诗》："昔我同袍，今永乖别。"《先秦汉魏晋南北朝诗·晋诗》卷一傅玄《朝时篇》："自伤命不遇，良辰永乖别。"《宋书·鲜卑吐谷浑传》："乖别甚易，今当去汝万里。"《梁诗》卷五任昉《出郡传舍哭范仆射》："将乖不忍别，欲以遣离情。"《北齐书·文苑传·祖鸿勋》："去矣阳子，途乖趣别。"皆其例，末两例则是对"乖别"的拆用。唐写本《世说新书》的确有着刻本无法比拟的巨大价值（详下有关各条），但也存在着因不明俗语而误改的情况，本条改"乖别"为"永别"即是；《捷悟》3"乃觉三十里"，写本改作"三十里觉"，亦其例。

《规箴》17："陆玩拜司空，有人诣之，……祝曰：'当今乏才，以尔为柱石之用，莫倾人栋梁。'玩笑曰：'戢卿良箴。'"王利器《世说新语校勘记》："《太平御览》卷一八七引'戢'作'感'，是。"杨氏《校笺》径据《御览》改作"感"，云："唐卷作'戢'，宋本作'戢'，均非是。……盖由草书形近致误也。"

按："戢卿良箴"，二氏谓当从《御览》所引作"感卿良箴"。误，盖由昧于"戢"字含义所致。《说文·戈部》："戢，藏兵也。"本义是藏聚兵器，引申之可指在脑子里保持印象，今语所谓"记住"是也。元魏慧觉等译《贤愚经》卷六《富那奇缘品》："世尊又告：'彼人极恶，设被害時，当复云何？富那奇曰：'世尊当知，正使彼人毁辱加害，莫断我命，犹戢其思。'"梁宝唱集《经律异相》卷二二引《贤愚经》："婆罗门曰：'我有一子，字曰均提，年既孩幼，不任使令，比前长大，当用相与。'时舍利弗郎戢在心。"《资治通鉴·晋纪十·愍帝建兴元年》："元达，忠臣也，朕未之察。诸公乃能破首明之，诚得辅弼之义也。朕戢于心，何敢忘之！""戢"也都是记、记住义，用法都与本条相同。"戢卿良箴"之"戢"，各本均同（唐写本作"戬"者，即"戢"之俗字，杨氏以为别一字，亦误），《晋书·陆玩传》亦作此字。《太平御览》作"感"，疑系后人所改。

《排调》5："晋武帝问孙皓：'闻南人好作《尔汝歌》，颇能为不？'皓正饮酒，因举觞劝帝而言曰：'昔与汝为邻，今与汝为臣。上汝一杯酒，令汝寿万春！'帝悔之。"

按：既云《尔汝歌》，则歌中当有"尔汝"二字，然四句歌词中仅有"汝"字，并无"尔"字，名实不符，良可怪也。疑本作"《汝歌》"，今本误衍"尔"字耳。考六朝人好作"汝语""汝歌"《古小说钩沉》辑《裴子语林》（出《类林杂说》卷五）："后武帝大会群臣，时皓在座，武帝问皓曰：'朕闻吴人好作汝语，卿试为之。'皓应声曰：'□。'因劝帝酒曰：'昔与汝为邻，今与汝作臣。'"《敦煌宝藏》第121册伯希和2524号《古类书语对》"文场、翰苑、笔海·汝语"："晋帝会郡（群）臣，皓在坐，帝谓皓曰："朕闻吴人好作女语，卿试为之。'皓时正执酒杯，因劝帝曰：'昔与汝邻国，今与汝作臣；上汝一杯酒，令汝寿万令（龄）。'"《宋书·刘穆之传附刘邕》："邕性嗜酒，谓歆之曰：'卿昔尝见臣，今不能见劝一杯酒乎？'歆之因教孙皓歌答之曰：'昔为汝作臣，今与汝比肩。既不劝汝酒，亦不愿汝年。'"《建康实录》卷四《后主》注："案，《三十国春秋》：（孙皓）或侍宴，武帝曰：'闻君善歌，令唱汝歌。'皓应声曰："昔与汝为邻，今为汝作臣。劝汝一杯酒，愿汝寿千春。"《裴子语林》、《古类书语对》和《三十国春秋》均记孙皓为晋武帝作"汝语"或"汝歌"事，语句与本条大同小异，盖系同源（以年代推之，《裴子语林》是其滥觞）；又《太平御览》卷一一八引《世说》作"女歌"，卷五七一引《世说》作"汝歌"，并为今本不当有"尔"字之证。盖后人习闻"尔汝"一语而妄加之。各本皆误，莫能匡正。

《轻诋》17："孙长乐兄弟就谢公宿，言至款杂。"款，同款。杨氏《校笺》改作"驳杂"，云："宋本作'款杂'，《御览》四〇五作'骏杂'，皆非是。勇按：当作'驳杂'是。"

按："驳杂"自是可通，然"款杂"亦未必误。"款"字古有中空、空阔义。《尔雅·释器》："款足者谓之鬲。"郭璞注："款，阔也。"陆德明《经典释文》："款，本或作窾。"《玉篇·穴部》："窾，空也。""款"与"窾"通。《管子·国蓄》："然则大国内款，小国用尽，何以反此？""款"与"尽"对文同义。引申之，则有空洞、空泛义，如《汉书·司马迁传》："其实中其声者谓之端，实不中其声者谓之款。款言不听，奸乃不生。"颜师古注引服虔曰："款，空也。""款言"即指空话、空谈。"杂"，本义为五色糅合：《说文·衣部》："杂，五彩相会。"《玉篇·隹部》："杂，揉也。"引申为芜杂、琐碎，如《陶渊明集》卷二《旧园田居》诗之二："相见无杂言，但道桑麻长。""杂言"谓芜杂之言。如上所考，"款"指空洞、空泛，"杂"指芜杂、琐屑，故得以组合成"款杂"这一近义复词。"款杂"犹言空泛芜杂，合于文意，以不改字为妥。

《惑溺》5："（贾）充每聚会，贾女于青琐中看，见寿，说之。……后婢往寿家，具述如此，并言女光丽。"杨氏《校笺》改"光丽"为"色丽"，云："宋本作'光'。《御览》三九二引《世说》作'色'，今从之。"

按：杨校可商。《东观汉记校注》卷十五《刘般传》："时五校官显职闲，府寺宽敞，舆服光丽。"《搜神记》卷十六"卢充"条："煌煌灵芝质，光丽何猗猗。"《高僧传》卷十《杯度》："须臾，见一寺，甚光丽，多是七宝庄严。"则"光丽"自是汉魏以来人语，义为艳丽、美丽，不应改。

本文最初发表于《文史》第四十一辑

东汉语料与词汇史研究刍议

方一新

近年来,学者们在致力于六朝以后口语词汇研究的同时,已经注意到它们与汉代词汇特别是东汉词汇之间的密切关系。研究表明,许多六朝乃至唐宋流行的词语,其源头可以上溯到两汉。尽管西汉不少作品的语汇就已呈现出与先秦作品的较大差异,并且出现了像王褒《僮约》一类的口语化文献,但是比较集中地反映了当时口语面貌且具有词汇史研究价值的材料,如翻译佛经、乐府诗歌、神怪小说等,则大多始于东汉。因此,加强对汉代尤其是东汉语言材料的发掘和研究,已经成为词汇史研究的新课题。太田辰夫、许理和、郭在贻师和朱庆之等都曾作过很好的尝试。兹不揣谫陋,就东汉语料的词汇史研究价值问题略陈鄙见,敬请博雅教正。

谈到东汉语料,首先必须注意鉴别其真伪。如果所依据的材料断代有误,那么讨论的前提就产生了问题,其结论也就不甚可靠了。以佛经为例,早期的东汉译经者有安世高、支谶、康孟详等,但历代经录对他们译经数量的记载颇有出入。安世高的译经,晋代道安《众经目录》著录35部,到隋代费长房《历代三宝记》则跃至176部;唐代智升《开元释教录》虽加以删汰,但仍剩95部之多。而据吕澂先生《新编汉文大藏经目录》考证,现存的安世高译经应为22部26卷。也就是说,多数题"安世高译"的佛经,译者并非安世高。类似的情况像《无量清净平等觉经》原为西晋竺法护译,后误题支谶译;《兴起行经》失译者名,后误题康孟详译等,都有必要予以甄别。对作者及写作年代问题较多的诗歌、小说等中土文献同样应该采取审慎的态度。

东汉语料中蕴藏着许多新词新义,反映出词汇演变的某些轨迹,可据以沟通与六朝及唐宋口语词汇的联系,加强溯源,以补正以往研究及辞书编纂之不足,这些,就是这批语言材料在词汇史研究方面的主要价值。现依次分述如下。

第一，可从中抉发当时出现的大量的新词新义。

东汉时期，神学经学走向衰落，谶纬迷信泛滥成灾，儒学的统治地位受到打击；与此同时，则是具有划时代意义的佛教的传入和道教的兴起。凡此，都给词汇的发展带来了巨大的影响，表现为新词新义的大量产生。这既适应了社会需要，也丰富了词汇宝库。

先看新词。

羸人：指妇女。《道地经》："却男自身代共乐羸人，羸人便恶父喜母。"又："已喜不喜增意生，当却是男，欲独与羸人共乐。"又："便若见男子，若见羸人。"

嘱累：嘱托，托付。《阿閦佛国经》卷下："菩萨谛受嘱累者，便为谛受一切众生已。"《道行般若经》卷9《累教品》："佛语阿难：'嘱累汝六波罗蜜。'"《成具光明定意经》："重嘱累汝，谛以授之，当以了了。"又竺法护译《持人菩萨经》、鸠摩罗什译《持世经》等都有《嘱累品》。又作"属累"。《汉诗》卷9《妇病行》："属累君两三孤子，莫我儿饥且寒。""属""嘱"古今字。

那得：怎会，怎能。《汉诗》卷8《时人为孔氏兄弟语》："鲁国孔氏好读经，兄弟讲诵皆可听，学士来者有声名，不过孔氏那得成。"《道地经》："已无有中当那得往，已不得往当那得生，已不得生当那得老、病、死。"《阿毗昙五法行经》："万物皆从因缘生，断因缘不复生，当那得断因缘。"

再看新义。

辈：种，类。量词。《大安般守意经》卷上："息有三辈：一为杂息，二为净息，三为道息。"《阿含口解十二因缘经》："行善有二辈：不犯身三口四意三，是为一善；二善者，布施持戒、忍辱精进不疑，是为二善。"《人本欲生经》："是痛贤者为三辈：有乐痛，有苦痛，有不乐不苦痛。"

黠：聪明。《七处三观经》："不学者令学，悭者令布施，愚者令黠。"《佛说遗日摩尼宝经》："痴在一边，黠在一边，无痴无黠，适在中间。"《道行般若经》卷8《守行品》："譬如工匠黠师，克作机关木人。"

调：欺骗。《风俗通义·怪神》："时客适会，问因有是饵，客聊调之：'石人能治病，愈者来谢之。'"《潜夫论·浮侈》："今民奢衣服，侈饮食，事口舌，而习调欺。"《佛说遗日摩尼宝经》："菩萨有四事，世世亡菩萨道意。何等为四？一者欺调其师……""调欺""欺调"同义连文。

这些新出现的词或义，一类是某种文体所独有的，如"羸人""嘱累""辈""黠"基本上只见于佛经；一类为当时所流行的，如"那得"

"调"屡见于多种文体。值得注意的是前一类,特别是其中那些带有译著者个人用语特征的词或词义,像"羸人""辈"的用法在东汉译经中只见于安世高的译作。中土文献如《论衡》习以"称"指媚好,组成"称媚""媚称"等词;《太平经》习以"平言""平行"等指称径直说,"何一"用如"一何"等。这类新词新义究竟是当时口语的反映还是译著者个人的临时创造,值得探究。不排除其中的一些词或义始终只是言语的现象而没有变成语言的事实,但这不应妨碍对它们进行发掘和研究。

第二,可据以考察词汇发展演变的某些轨迹。

语言的发展是一个渐变的过程,语言的词汇也不例外。虽然词汇总是处在经常不断的变动之中,但是语言的社会性决定了新词新义的产生必然经过一个较长的时期,而非一朝一夕所能实现的。那么,探究新词从何而来,词义如何演变,其形成、演变的过程怎样,应该是词汇史研究的一项重要内容,它有助于揭示词汇由上古向中古演变过程中一些带有规律性的现象和特点。限于能力和篇幅,本文不打算对这些问题作全面的论述,仅就东汉语料反映出的新词新义的形成情况略举如次。

由同义或近义词连用演变而来。例如"步"和"涉",本来各有自己的意义:步,步行;涉,徒步渡水,它们连用成词的年代不晚于西汉。最初指步行蹚水、跋涉,如《全后汉文》卷89仲长统《昌言下》:"使居有良田广宅,背山临流,沟池环匝,竹木周布……舟车足以代步涉之难。"从文章描述的环境及"舟车"一语来看,"步涉"仍然包括"步行"和"(徒步)渡水"两个方面。说明它们在连用之初仍然保存着各自的本义,没有马上趋同为一。由此引申为泛指步行、行走,如《中本起经》卷上《转法轮品》:"王令官属住顿山下,唯从妓女步涉山顶。"《抱朴子内篇·对俗》引东汉陈寔《异闻记》:"有一女,年四岁,不能步涉。""步涉"之所以能泛指步行,当是由于经常连用,"涉"受"步"的影响,词义逐渐向"步"靠拢而然。在"步涉"词义转变的前后,"涉"单用也有了泛指行走义,《全后汉文》卷66秦嘉《与妻徐淑书》:"当涉远路,趋走风尘。"《孔子家语·致思》:"负重涉远,不择地而休。"可见这一转变是水到渠成的。

由词组演变而来。例如"学通",本指学问精通,主谓词组。《汉旧仪补遗》卷上:"武帝初置博士,取学通行修,博学多艺,晓古文《尔雅》,能属文章者为高第。"《全后汉文》卷46崔寔文:"故事:三公辟召,以四科取士。一曰德行高妙,志节清白。二曰学通行修,经中博士……"也指精通、熟谙,转为动词。《后汉书·吴良传》载东平王苍

《荐吴良疏》:"又治《尚书》,学通师法。"《全后汉文》卷94鲍衡《奏请公卿将校子弟诣博士》:"其高才秀达,学通一艺,太常为作品式。"此义六朝文献多见。就字面而言,"学通"容易看作两个动词连用,"学而通",这或许是它由主谓词组变为双音动词的原因。

由词性转变所致。例如"亲厚",六朝文献中常用以指亲戚、朋友,名词。而在东汉时则多为亲善、亲近义,动词。《汉书·酷吏传·严延年》:"延年本尝与义俱为丞相史,实亲厚之,无意毁伤也,馈遗之甚厚。"《太平经》卷43:"其象效,犹若人相与亲厚者,则相教示以事。"《全后汉文》卷21朱浮《与彭宠书》:"凡举事,无为亲厚者所痛,而为见仇者所快。"由此引申出亲朋义,转为名词,东汉也已出现。《道行般若经》卷7《远离品》:"若亲厚字某,若知识字某。"

由习语简缩而成。例如"喜踊""喜跃",义为高兴、欣喜,最早见于佛典。《中本起经》卷下《本起该容品》:"吾心喜踊,何因得闻,无量法乎?"又《须达品》:"美音喜跃,宿行所追,亘解欲行。"《修行本起经》卷上《菩萨降身品》:"王闻太子生,心怀喜跃。"检东汉译经中常有"欢喜踊跃"一类的话,如《修行本起经》卷上《现变品》:"儒童闻佛,欢喜踊跃。"《成具光明定意经》:"善明见此大变,惊喜踊跃,来诣天尊。""喜踊""喜跃"应为"欢(惊)喜踊跃"的缩称。究其原因,当与佛典惯用四字一顿的句式有关。

由使用范围改变造成。例如"非直",本义为不只是、不仅仅是、不限于,用于单句。《史记·楚世家》:"且称楚之大,因大王之贤,所弋非直此也。"《风俗通义·穷通》:"自古患焉,非直今也。"《修行本起经》卷下《出家品》:"行致死生之厄,非直一受而已也。"《论衡》"非直"多见,都是这个意思。由此引申出"不仅仅""不但"的连词用法,用于并列复句中的前一分句,常与"又""亦"等副词配合使用,表示递进关系。东汉及六朝文献均可见。如《潜夫论·考绩》:"今群臣之不试也,其祸非直止于诬、暗、疑、惑而已,又必致于怠慢之节焉。"《洛阳伽蓝记》卷5《闻义里》:"年岁虽久,彪炳若新,非直条缝明见,至于细缕亦新。"

复音词大量增多,词汇加速双音化,是东汉词汇有别于前代词汇的一个显著特点,也是汉语词汇系统日趋严密,表意手段日见丰富,构词方式日臻完备的重要标志。程湘清先生对《论衡》复音词、朱庆之先生从《中本起经》入手对中古汉语复音词所作的研究都说明了这一点。在词汇双音化进程中,由一些构词能力很强的语素,如"自""复""当""家"

"工""师""匠"等构成的新词大量出现,为一大特色。

~家　仅以安世高译《道地经》为例,就已经出现了下列各词。猎家:猎人。"亦见堕网中,猎家牵去。"屠家:屠夫。"譬如猪为屠家所杀,余猪见惊,怖畏效死。"田家:农夫。"亦譬如田家,愿获五谷著舍中。"陶家:烧制陶器者。"如陶家作器,或时在拘。"买金家:买金者。"譬如买金家见金不观试,如是应止。"怨家(1):埋怨者。"是身为臂,如会坏城,多怨家。"怨家(2):仇人,对头。"是身为譬如怨家常成事逢恶因缘。"这些"~家"多指从事某项职业的人,如猎家、田家;也指某种特定身份的人,如买金家、怨家。其用法汉代其他典籍亦可征,如"怨家(2)"义,又见《史记·张耳陈馀列传》《全汉文》卷38辑刘向《别录》《论衡·死伪》《风俗通义·怪神》,《道行般若经》卷2《功德品》、《佛说遗日摩尼宝经》及《法镜经》等,足见使用之广。

~工　指学有专长,通晓某种技艺的人。射工:射手,猎手。《汉诗》卷9《鸟生》:"白鹿乃在上林西苑中,射工尚复得白鹿脯。"屠工:屠夫。《论衡·讥日》:"海内屠肆,六畜死者日数千头,不择吉凶,早死者,未必屠工也。"医工:医生。《太平经》卷114:"行有疾苦,心中恻然,叩头医前,补写孝言……医工见是,心敬其人。"冶工:冶炼匠。《论衡·率性》:"冶工锻炼,成为铦利。"画工:画匠。《论衡·齐世》:"画工好画上代之人,秦汉之士,功行谲奇,不肯图。"玉工:玉匠。《论衡·自纪》:"玉隐石间,珠匿鱼腹,非玉工珠师,莫能采得。"卜工:占卜者。《太平经》卷114:"时往人去者,卜工问之,殊死生不知所安。"相工:看相者。《中本起经》卷上《还至父国品》:"相工占曰:'余皆得道。'"

"~家""~工"一类语素在汉代(主要是东汉)典籍里频频出现,为它们在六朝时期更为广泛的使用打下了基础。

新增加的复音词中,由同义、近义词构成的并列式复音词占了相当大的比重,这部分词在产生之初,往往存在着同素异序的现象。这种情况虽然先秦已经见到,但在汉代尤其是东汉文献中特别常见,例如:

清洁、洁清。《论衡·祭意》:"好道学仙者,绝谷不食,与人异食,欲为清洁也。"《风俗通义·过誉》:"将军夫人襄城君云:'不洁清,当亟推问。'"

值遇、遇值。《成具光明定意经》:"佛之出世,难可常见;法诚之兴,亦难值遇也。"又:"今我出世,汝复遇值定意。"

这些复音词之所以出现了AB、BA两式,原因可能是多种多样的,但在汉世属于产生之初,所以可以互换语素而不影响词义和使用效果。魏晋以后，虽然也有两式并存的，但大都选择了 AB 式，放弃了 BA 式，说明经过长期的演化，语素的位置渐趋稳定。

第三，可据以溯源，补正以往研究及辞书编纂的不足。

唐宋口语词汇研究近年来发展很快，新的研究论著不断问世。随着研究的深入，人们已把视野扩大到六朝，注意追踪溯源。与此同时，关于六朝词语的研究方兴未艾，成果很多。通过研究东汉语料可以发现，一些唐宋口语词的源头不是在六朝，而是在更早的东汉；大量六朝流行词语更是在东汉即已产生。因此，加强对东汉词语的研究，可把东汉词汇与六朝、唐宋词汇联系起来，便于作纵向的考察和比较。东汉语料中可补正以往研究的地方很多，举例来说：

喻若/喻如：好像。蒋礼鸿师《敦煌变文字义通释》已举《汉书·宣帝纪》"羽林孤儿"应劭注后的"林，谕若林木之盛"句，指出此句"不知是否应劭注文？假若是的，那么'喻若'一词后汉已有，但恐是后人添注进去的"。又引《博物志》逸文等例，说"'喻如'一词晋时已有"。按：《论衡·说日》："系于天，随天四时转行也。其喻若蚁行于硙上，日月行迟，天行疾，天持日月转。"《风俗通义·愆礼》："一家之中，谕若异域，下床暗拜，远于爱敬者矣。""谕"同"喻"。"喻若"一词后汉已有，应无问题。《五阴譬喻经》："夫幻喻如识，诸佛说如此。"《中本起经》卷下《尼楗问疑品》："人闻吾法，信受奉行，如意所得；喻如沃土，所收无数。"《修行本起经》卷下《游观品》："老则形变，喻如故车。"是"喻如"一词也已见于东汉译经。《通释》在溯源方面很有成绩，上举各例可证成先生的推断。

不问：不管，不论。王云路、方一新《中古汉语语词例释》举《世说新语》等为例。按：《史记·李斯列传》："今取人则不然。不问可否，不论曲直，非秦者去，为客者逐。"《中本起经》卷下《度柰女品》："佛告族姓子：'如来慈普，不问尊卑。'"用例要早得多。

通过对东汉语料的披沙拣金，往往可以考见词义演变的蛛丝马迹，追溯源头。例如"脚"有"足"义的产生年代，董志翘、吴金华先生等都作过很好的研究（参看《中国语文》1985：5，1986：4）。这里补充一例较可信的东汉用例：《修行本起经》卷上《现变品》："马脚触尘，皆成金沙。"此经由竺大力共康孟详于东汉献帝建安二年（公元197年）译出，可证这一新义的出现年代不会晚于汉末。

词语溯源不仅仅是词汇史研究者的任务，同样也是编纂大型语文辞书的一项重要工作。近年来出版的《汉语大字典》《汉语大词典》，溯源工作与同类辞书相比有了较大程度的提高,但从高标准的要求看,这些方面仍然有待于加强。现以《汉语大词典》(以下简称《词典》)为例,谈谈存在的问题。

《词典》在溯源方面较多见的问题是例证偏晚。例如:"不听",不允许。《词典》最早的书证是《北史》。检《论衡·佚文》:"杨子云作《法言》,蜀富人赍钱十万,愿载于书,子云不听。"《全后汉文》卷15桓谭《桓子新论·离事》:"后乘白马,无符传,欲出关,关吏不听。"知此词至晚已见于东汉典籍。"寿算",寿数,年寿。《词典》最早举唐人小说。可补《中本起经》卷下《须达品》:"梵志寿算,终于夜半。""叫唤",叫,呼唤。《词典》最早举《宋书》。可补《道地经》:"余牛见死牛,恐自及,跳场惊怖,走入山树间叫唤。""偷窃":盗窃。《词典》最早举《北史》。可补《申鉴·政体》"太上不空市,其次不偷窃""空市则民不与,民不与则为巧诈而取之,谓之偷窃"。"解了",晓悟。《词典》举《北史》一例,可补《中本起经》卷上《还至父国品》:"于是世尊如应说法,各各解了。"

参考文献

程湘清:《论衡》复音词研究,载《两汉汉语研究》,山东教育出版社1985年版。
董志翘:《"脚"有"足"义始于何时?》,《中国语文》1985年第5期。
郭在贻:《汉书》札记、《论衡》札记,载《训诂丛稿》,上海古籍出版社1985年版。
吕澂:《新编汉文大藏经目录》,齐鲁书社1980年版。
太田辰夫:《中国语历史文法》,中文译本,蒋绍愚、徐昌华译,北京大学出版社1987(1958)年版。
吴金华:《"脚"有"足"义始于汉末》,《中国语文》1986年第4期。
许理和:(1977)最早的佛经译文中的东汉口语成分,中文译文,蒋绍愚、吴娟译《语言学论丛》第14辑,商务印书馆1984年版。
朱庆之:《佛典与中古汉语词汇研究》,文津出版社1992年版。

本文最初发表于《中国语文》1996年第2期(总第251期)

翻译佛经语料年代的语言学考察

——以《大方便佛报恩经》为例

方一新

内容提要 《大方便佛报恩经》,七卷。大藏经题署"失译,附《后汉录》"。学者通常把它当作东汉语料来用,值得商榷。本文尝试从语法(判断句、被动句和疑问句)、词汇(一般语词和"~切"式复音词)的某些角度,对其翻译年代进行推定。本文认为,《大方便佛报恩经》所反映的语法词汇面貌与可靠的东汉译经不同,应该是魏晋以后的译经。

《大方便佛报恩经》,七卷。南朝梁僧祐《出三藏记集》卷四归于"失译杂经录",隋法经等撰《众经目录》题署失译,隋唐经录如《历代三宝记》《开元释教录》等题署为后汉失译(附"后汉录")〔注:关于《大方便佛报恩经》的历代佛经目录问题,史光辉(2001)有详考,请参看〕。学者经常引用此经,把它作为东汉的语料来用。然则此经究竟是否东汉时人所译,颇有值得怀疑之处。笔者曾在《〈大方便佛报恩经〉语汇研究》(见方一新,2001)一文中对其翻译年代问题提出怀疑,有所考订;友生史光辉博士也写过《〈大方便佛报恩经〉翻译时代考》(见史光辉,2001),从文献著录、词汇、语法等方面对该经的翻译年代作了考辨,证据充分,结论可信。对《大方便佛报恩经》的年代问题,笔者始终很感兴趣,一向比较留意;近来又有若干发现,或许对考定该经的翻译年代有些帮助。故不揣梼昧,尝试从语法、词汇的某些角度,对其翻译年代进行推定,权且当作《〈大方便佛报恩经〉语汇研究》的续篇(注:本文所引据的《大方便佛报恩经》系日本《大正新修大藏经》本,该经在第三卷)。管窥蠡测,未必有当,敬请方家教正。

一　语法方面

（一）判断句

判断词"是"的起源问题，国内外已经有许多先生讨论过，现在基本认同"是字句"可上溯至战国，汉代已有较多的例子。参看唐钰明（1992）、汪维辉（1998）。

尽管系词"是"在汉代特别是东汉使用已经较为普遍，但东汉时否定式则相对罕见，汪维辉（1998）曾经举过三个（凡四见）"不是"的例子："不是愚痴食人施也，何况能多行"（禅行法想经，15/181/c）"为不是大佑人者，是以若欲往诣佛师友者"（法镜经，12/21/b）"其法不是弊魔及魔天之所灭，亦不是天中天弟子所灭"。（阿閦佛国经，11/761/b）

和"不是"相似的有"非是"，我们调查了早期佛典"非是"的用例。发现在30部东汉译经中［注：这30种东汉译经是：安世高译《长阿含十报法经》、《佛说人本欲生经》、《一切流摄守因经》、《四谛经》、《本相猗致经》、《是法非法经》、《漏分布经》、《普法义经》、《五阴譬喻经》、《转法轮经》、《八正道经》、《七处三观经》、《九横经》、《大安般守意经》、《阴持人经》、《禅行法想经》、《道地经》及《佛说法受尘经》，支娄迦谶译《道行般若经》、《阿閦佛国经》、《佛说遗日摩尼宝经》、《般舟三昧经》（两种）、《文殊师利问菩萨署经》、《佛说伅真陀罗所问如来三昧经》、《佛说阿阇世王经》及《佛说内藏百宝经》，昙果、竺大力译《修行本起经》、康孟详、昙果译《中本起经》，支曜译《成具光明定意经》］，只有少数几个例子："须菩提白佛言：泥洹是限，非是诸法。"（《道行般若经》卷六，8/456/a）"父母言：是故正道，可从是行。其子言：非是正道。"（《佛说阿阇世王经》卷下，15/403/a）［注：另外，还见到一个疑似的例子："亦无是我所，亦非是我所。"（后汉支娄迦谶译《佛说遗日摩尼宝经》）］从魏晋开始，用例渐多，而《大方便佛报恩经》等几部有问题佛经（加＊号）的出现次数比东汉译经要多，详见下表：

经名	非是	总页数	每页出现次数
《道行般若经》（东汉）	1	117	0.0085
《佛说阿阇世王经》（东汉）	1	38	0.026
＊《大方便佛报恩经》（失译）	4	92	0.043
＊《兴起行经》（失译）	2	28	0.071
《大明度经》（三国）	3	69	0.043

续表

经名	非是	总页数	每页出现次数
《菩萨本缘经》（三国）	2	41	0.049
《撰集百缘径》（三国）	7	113	0.062
《生经》（西晋）	4	96	0.042
《普曜经》（西晋）	6	137	0.044
《大庄严论经》（姚秦）	16	288	0.056
《中阿含经》（东晋）	57	866	0.066
《菩萨本行经》（失译）	7	33	0.212
《佛本行集经》（隋）	59	694	0.085

因此，从"是"字判断句的否定形式"非是"看，从东汉至魏晋至南北朝，呈现逐渐增多的趋势，早期用例很少，至南北朝、隋代，则有较大程度的增加。而《大方便佛报恩经》《兴起行经》的出现次数和三国西晋时期的译经相近。

（二）被动句

《大方便佛报恩经》的被动句凡38例，共有七种形式，都有介词、助动词作为区别标志，即：①为……V；②为……所V；③……所V；④为……之所V；⑤……之所V；⑥见V；⑦被V。

1. 为……V，这是上古汉语被动句式的沿用。

该经共出现"为"410次，其中"为RV"式被动句1例：

爱欲所缠故，无智为世迷。（卷五，3/148/c）

2. 为……所V，这也是上古汉语典型被动句，早见于先秦文献。《大方便佛报恩经》共10例，如：

为人所恭敬爱念故，其心欢喜。（卷二，3/131/a）

如我为王贼、水火、县官所逼，若系若闭，心生愁毒。（卷二，3/131/b）

今我此身若为此毒龙所害者，汝等一切众生皆当失大利益。（卷四，3/144/c）

3. ……所V，产生于汉代，《大方便佛报恩经》中凡17例，如：

正欲前进，饥渴所逼，命在呼喻。（卷一，3/129/a）

王是智人，而于今日如似颠狂，鬼魅所著耶？（卷二，3/133/c）

覆心重故，爱水所没。（卷五，3/153/b）

从其用例来看，似乎有省去"为"而刻意组成四字句的情形。

4. 为……之所V，这是汉魏时期习见的被动句式，[注：据唐钰明

（1987）研究，此被动式"在战国末期就已崭露头角了"。但用例很少。另参看吴金华（1985）] 本经出现4例，如：

气力羸惙，还堕井底，为诸毒蛇之所唼食。（卷二，3/132/a）

具知太子为弟恶友之所危害，夺取宝珠，苦恼无量。（卷四，3/146/c）

5. ……之所V，产生于汉魏，经中凡4例，如：

念念无常，五盖十缠之所覆蔽。（卷一，3/127/c）

辩才说法有妙音声，多人所识，刹利婆罗门之所供养。（卷三，3/141/c-142/a）

6. 见V（见字句），源自汉代。

该经共出现"见"200次，其中用于被动句的有1例：

向者乞食，道逢六师徒党萨遮尼乾，见毁骂辱。（卷一，3/124/c）

7. 被V（被字句）

《大方便佛报恩经》共出现"被"24次，其中表示被动的有1例：

尔时善友太子被刺两目，干竹刺著，无人为拔。徘徊宛转，靡知所趣。（卷四，3/145/b）

本例"被"后直接加述补结构谓语，没有出现行为的主动者，一般认为还算不上是成熟或典型的被动句。处于从"被V"到"被AV"的中间发展阶段，是"被"字句从萌芽走向成熟的过渡时期。

被动式	数量	百分比
为……V	1	2.63%
为……所V	10	26.32%
……所V	17	44.73%
为……之所V	4	10.53%
……之所V	4	10.53%
见V（见字句）	1	2.63%
被V（被字句）	1	2.63%
总计	38	100%

吴金华（1985）曾指出，"为……之所"式通常与双音节动词搭配，"为……所"式通常与单音节动词搭配。并以三国吴支谦译《菩萨本缘经》为例作了考察，两式总计20例，只有1例例外。

在笔者用来对比的30种东汉译经中，没有出现"被字句"，说明在东汉的翻译佛典中，尚未见到确凿可靠的"被字句"。《大方便佛报恩经》"被字句"虽仅1例，但也已经呈现出和东汉译经不同的情况。

(三) 疑问句

1. "非"作独词句

方一新撰《〈大方便佛报恩经〉语汇研究》曾指出:《报恩经》中"非"还可以作为独词句使用,如:

"六师问言:'汝等诸人设是供养,欲请国王耶? 王子耶?'答言:'非也。'"(卷三,3/136/c)

"婿言:'汝识我不?'答言:'我识汝,是乞人。'婿言:'非也。我是波罗奈王善友太子。'"(卷四,3/146/a)

《报恩经》"非也"的答语共有4例,均单独成句。东汉译经中,已经有用在句尾的"非也",如安世高译《大安般守意经》卷上:"非谓出息时意不念入息,入息时意不念出息,所念异,故言非也。"支谶译《道行般若经》卷七:"反往轻言:'若所行法非也。'"但这2例"非也"仍然只在判断句中作谓语,还不是独词句。"非也"作独词句的用法,佛典中较早见于三国时期的译经,参看史光辉(2001)。

《〈大方便佛报恩经〉语汇研究》还说:"考察先秦时期文献,'非'一般不作独词句用。"

史光辉(2001)也有类似的说法:"'非也'作独词句的用法,东汉以前的典籍未见用例。"

今按:《〈大方便佛报恩经〉语汇研究》和史君的说法值得修正。考先秦典籍,"非也"作为独词句的用法即已出现,且并不十分罕见,(注:参看俞理明《从东汉文献看汉代句末否定词的词性》,"第二届中古汉语国际学术研讨会"论文,2001年9月,杭州)例如:

"公孙丑问曰:'仕而不受禄,古之道乎?'曰:'非也。'"(《孟子·公孙丑下》)

"问曰:'夫子之任不见季子,之齐不见储子,为其为相与?'曰:'非也。'"(《孟子·告子下》)

尽管"非也"作独词句用已经见于先秦典籍,但在翻译佛经中目前看到的最早用例是三国译经,东汉译经尚未使用。明确了这一点,对我们判断《大方便佛报恩经》的翻译年代不无裨益。

2. 疑问代词"何事"

《大方便佛报恩经》中,疑问句多见"何事","何事"犹言何,什么。如:

初发菩提心,因何事发?(卷二,3/136/a)

太子问言:"此是何人,名何事耶?"(卷四,3/143/a)

诸女念言:"当以何事而报佛恩?"(卷五,3/152/b)
调查30种东汉佛经,未见使用"何事"这个疑问代词来表示疑问。

3. 表示反问的句式"用……为"

《大方便佛报恩经》中,"用……为"句凡四见,均出自卷五:

时五百大臣语婆罗门言:"汝用是臭烂脓血头为?"(卷五,3/150/a)

婆罗门言:"我自乞丐,用问我为?"(卷五,3/150/a)

贫婆罗门何急用是脓血头为?我等五百人,人作一七宝头,共相贸易,并与所须。(卷五,3/150/a)

语其妇言:"人有娠者,便当有子。汝为产故,危害于我。用是子为?速往杀之。"(卷五,3/153/a)

值得注意的是,表示疑(反)问的"用……为"句式的形成可能有一个过程。早期时"为"可不置于句末,如:"复次阿难,闻是深般若波罗蜜时。教余菩萨:'用是为学?用是为写?我尚不了其事,汝能了耶?'"(后汉支娄迦谶译《道行般若经》卷八,8/464/a)"复有婆罗门名牟梨师利,白佛:'我适提胳,欲著火中,欲令之炽盛。便见怛萨阿竭,身有三十二相,诸种好。'实时其佛言:'用是火为事?'"(支娄迦谶译《文殊师利问菩萨署经》,14/438/b)"用是为学"、"用是火为事"和后来的"用……为"也许有一定的联系,当然,二者之间的关系还有待于作进一步的研究。

"为"后来置于句末,和"用"配合起来表示疑问,构成"用……为"的句式,应该不晚于汉末,在东汉晚期的个别译经中已可见到,但用例极少,如:"太子默然而逝,复前念言:'今我入山,当用宝衣为?'"(《修行本起经》卷下,3/469/a)"时人吉祥即说偈言:'……超越过梵天,今用刍草为?'"(同上,3/470/b)

魏晋以后用例渐多,如:"佛言:'用此问为?且说余义。'"(西晋法炬译《佛说优填王经》卷一,12/71/b)也作"以……为","母惟之曰:'斯怪甚大,吾用菓为?'"(吴康僧会译《六度集经》卷二《须大拏经》,3/10/a)"用",宋元明三本作"以"。"用"和"以"相同,都是介词,故可替代。也可凝固为"用为",如:"甥即乘株到女室,女则执衣。甥告女曰:'用为牵衣?可捉我臂。'"(西晋竺法护译《生经》卷二《佛说舅甥经》,3/78/c)"有人报言:'用为见此养身满腹之种?'"(同上,卷五《佛说蜜具经》,3/103/a)

要言之,像《大方便佛报恩经》这样集中出现"用……为"句式的译经,其风格和三国以来译经十分相近,而不是在东汉译经中所能见到的语言现象。

二 词汇方面

从词汇的角度进行分析研究，对判定古籍的写作或翻译年代，是很有帮助的。张永言先生《从词汇史看〈列子〉的写作年代》（见《语文学论集》）就是很好的范例。在《〈大方便佛报恩经〉语汇研究》一文中，笔者已经列举了"耗扰""怨嫌""北方人"三词，为判定该经的翻译年代提供参考。这里再酌举若干词语，略作考释，以为推衍。

（一）一般语词

1. 坌身：（脏物）污染、沾染身体。

王闻是语，举声大哭："怪哉，怪哉！"自投于地，尘土坌身。（卷三，3/138/b）

父母闻之，举声大哭。自投于地，生狂痴心。尘土坌身，自拔头发，而作是言："一何薄命！生亡我珍。"（卷五，3/151/b）

检索30种东汉译经，未见此词。调查一批三国译经，似亦未见到。至晚西晋佛典已有用例，如："时波斯匿王供殡送母，日正中还。尘土坌身，步往诣园，至世尊所。"（西晋法炬译《波斯匿王太后崩尘土坌身经》，2/545/a）"其发恶心，横加于人，还自受罪。譬如向风扬尘，还自坌身也。"（西晋竺法护译《修行道地经》卷二，15/192/a）"是时，世尊问王曰：'大王，何故尘土坌身，来至我所？'"（苻秦昙摩难提译《增壹阿含经》卷十三，2/612/c）"更著粗弊垢腻之衣，尘土坌身，右手执持除粪之器。"（姚秦鸠摩罗什译《妙法莲华经》卷二，9/17/a）

中土文献中，较早见于《后汉书》："女人被发屈紒，衣如单被，贯头而著之；并以丹朱坌身，如中国之用粉也。"（《后汉书·东夷传·倭》）

《汉语大词典》（以下简称《大词典》）未收"坌身"，"坌"的第三义"尘埃等粉状物粘着于他物"下举例中有"坌身"，乃《旧五代史·梁书·高劭传》的例子，偏晚。

2. 作贼：抢劫，做土匪。

尔时山中五百群贼遥见是人而相谓言："我等积年作贼，未见此也。"（卷五，3/150/c）

十二恶律仪者：一者屠儿，二者魁脍，三者养猪，四者养鸡，五者捕鱼，六者猎师，七者网鸟，八者捕蟒，九者咒龙，十者狱吏，十一者作贼，十二者王家常差捕贼。（卷六，3/161/a）

"作贼"一词30种东汉佛经未见用例，三国译经已见其例："乃往过去无量世时，波罗㮈国有一愚人，常好作贼，邪淫欺诳。"（吴支谦译《撰集百缘经》卷六，4/229/b）"佛言：其夫前世作牧羊儿，妇为白羊母。其四臣前世作贼，见儿牧羊，便呼儿俱举右手指，令杀白羊母，与五人烹之。"（旧题吴康僧会译《旧杂譬喻经》卷上，4/516/b）

此外，"作贼"也见于西晋法炬共法立译《法句譬喻经》、西晋竺法护译《所欲致患经》等译经。

《大词典》中"作贼"的第二义是"抢劫；剽窃；偷东西"，首例举《隋书》，晚。

3. 求觅：寻找。

即自念言：吾子亦当死矣。今当收取身骨，还归本国。举声悲哭，随路求觅。（卷一，3/130/a）

臣向在外，于六十小国八百聚落中，求觅药草，了不能得。（卷三，3/138/a）

报言："大王夫人，欲使求觅太子者，不敢违命。"（卷四，3/146/b）

"求觅"一词30种东汉译经未见用例，三国已见。例如："尔时怨王得其国已，即便唱令，求觅本王。"（吴支谦译《菩萨本缘经》卷上，3/55/c）"汝今当知，我受兽身，常处林野，自在随意，求觅水草。"（又卷下，3/67/b）"臣即受教，遍往求觅。"（吴支谦译《撰集百缘经》卷八，4/242/b）

《大词典》首例举《百喻经》，晚。

4. 毁骂：骂詈，辱骂。

尔时以一恶言，不知其恩，毁骂其母，喻如畜生。（卷三，3/141/a）

尔时三藏年少比丘，见其声恶，即便毁骂，而作是言："如是音声，不如狗吠。"（卷三，3/142/a）

由过去世毁骂贤圣，堕在恶道。（卷三，3/142/b）

检索30种东汉佛典，未见"毁骂"一词，初步调查三国佛典，亦未见到，我们见到的较早用例是西晋佛典。如："若一切有情，固来毁骂。加诸瞋恚，而行搥打。"（西晋竺法护译《佛说大乘菩萨藏正法经》卷二四，11/841/b）

《大词典》首例举元关汉卿《绯衣梦》，偏晚。

（二）"～切"式复音词

汉魏以来，复音词大量产生，其中偏正式复音词数量较多，有一些十分能产的复音词构词语素。这里举"切"为例。"切"经常用在"谓词性语素后面"，组成"～切"式复音词，数量较多。

在《大方便佛报恩经》中见到三例用在谓词性语素后面的"～切"式复音词例子：

A. 酸切：心酸，悲痛。时诸释女宛转，无复手足。悲号酸切，苦毒缠身，余命无几。（卷五，3/152/b）

苦切：悲痛，痛苦。时诸释女各称父母兄弟姐妹者，或复称天唤地者，苦切无量。（卷五，3/152/b）

B. 抽切：抽搐。时诸太子闻是语已，身体肢节筋脉抽切。（卷二，3/134/a）

三例"～切"可分为两类，一类是"形容词+切"，即"酸切""苦切"，"切"作为构词语素，除了表示程度重外，也起到舒缓音节的作用。而这一用法大体上习见于魏晋时期。另一类是"动词+切"，"切"的作用也比较虚化，在强调程度重的同时，还起到舒缓音节的作用，其用法也习见于六朝典籍。

先看 A 类。

"酸切"30 种东汉译经未见，晋代的用例，如：

"其地狱中受罪众生苦痛酸切，无所归依，皆称'奈何'！"（姚秦佛驮耶舍译《长阿含经》卷一九，1/125/c）"穆松垂祥除，不可居处。言曰酸切，及领军信书不次。羲之报。"（《全晋文》卷二三王羲之《杂帖》）"我之宿罪，生处贫贱，虽遭福田，无有种子。酸切感伤，深自咎悔。"（元魏慧觉等译《贤愚经》卷三，4/370/c）

《大词典》首例举南朝宋谢灵运文，稍晚。

"苦切"30 种东汉译经未见，魏晋的用例，如：

"其诸狱卒取彼罪人掷大铁瓮中，热汤涌沸而煮罪人。号咷叫唤，大叫唤，苦切辛酸，万毒并至。"（姚秦佛驮耶舍译《长阿含经》卷一九，1/124/a）"地狱苦切，难可度也。诸佛尚不能奈何，何况我乎？"（失译《杂譬喻经》，4/525/b）"常有人来，持诸刀锯，割剥我身，又破其腹，出其五藏。肉尽筋断，苦切叵忍。"（失译《饿鬼报应经》，17/561/c）

可以看到，除了失译经（这些失译经的翻译年代不会早于三国）外，两晋、姚秦时期经师翻译的佛经中"苦切"的用例较多。《大方便佛报恩经》的用法恰好符合那一时期的语言特点。

《大词典》首例举唐段成式《酉阳杂俎》，偏晚。

类似的复音词还有：

"痛切"：痛心，伤痛。"惟育养之厚，念积累之效，悲思不遂，痛切见弃，举国号咷，拊膺泣血。"（《三国志·魏志·公孙度传》裴注引《魏书》）

佛典中30种东汉译经未见。姚秦竺佛念译《出曜经》卷八、东晋佛陀跋陀罗译《大方广佛华严经》卷七五等均已见到。《大词典》首例举三国魏吴质文，较早。

"感切"：感伤。"阴姑素无患苦，何悟奄至祸难！远承凶讳，益以咸切。"（《楼兰尼雅出土文书》第42号）"咸"为"感"之省形字，"咸切"就是"感切"。"飞鸟之类，悲鸣感切，挫戾其身，自拔羽翼。"（元魏慧觉等译《贤愚经》卷六）

30种东汉译经未见"感切"，较早也是六朝的用例。《大词典》首例举《初刻拍案惊奇》，偏晚。

再看B类。就佛经用例而言，用在动词语素后面的"切"的出现年代也不早于三国。

有"逼切"：逼迫。"正欲道实，恐畏不是；正欲不道，复为诸女逼切使语。"（吴支谦译《撰集百缘经》卷八，4/244/a）"逼切心狂乱，愁毒恒怨嗟。"（刘宋求那跋陀罗译《央掘魔罗经》卷一，2/520/a）《大词典》首例举《后汉书》，略晚。

有"催切"：催促。"贫穷负债，债主剥夺，日夜催切，天地虽旷，容身无处。"（梁宝唱集《经律异相》卷一三，53/66/b）《大词典》首例举《资治通鉴》，晚。

有"迫切"："债主急迫切，诸共衣费者。"（刘宋宝云译《佛本行经》卷六，4/99/c）《大词典》举《汉书》，比佛经早。

调查30种东汉译经，"逼切""催切""迫切"都未见到，魏晋以后始有用例。

而"抽切"的年代似更晚，除了《大方便佛报恩经》外，暂时未找到其他佛典用例；六朝的中土文献有其例，如：

"天不愁遗，奄焉不永，哀痛抽切，震恸于厥心。"（《梁书·太祖五王传·临川靖惠王宏》载梁武帝诏）

《大词典》未收"抽切"一条。

通过语法、词汇的某些用法来鉴定佛经的翻译年代，还有许多问题有待于解决。比如，东汉和三国、西晋的年代较近，有些语言现象未必就能一刀两断，区分得一清二楚。又如，如何选择鉴别的标准，提取作鉴别用的有价值的区别性语言特征，也是十分棘手的事，鉴别标准提取得不准确，则结论可想而知。再如，古书浩如烟海，个人所见有限，说某种语言现象只见于某一时代或始见于何人何书，也很难说。本文只是一个初步的尝试，意在抛砖引玉，这条路究竟走不走得通，还得通过实践来检验。衷心希望得到方家博雅的指教。

参考文献

方一新：《〈大方便佛报恩经〉语汇研究》，《浙江大学学报》（人文社会科学版）2001年第5期。

方一新：《〈兴起行经〉翻译年代初探》，《中国语言学报》第11辑，商务印书馆2003年版。

柳士镇：《魏晋南北朝历史语法》，南京大学出版社1992年版。

吕叔湘：《见字之指代作用》，《汉语语法论文集》，科学出版社1955年版。

史光辉：《东汉佛经词汇研究》，博士学位论文，浙江大学，2001年。

唐钰明：《汉魏六朝被动式略论》，《中国语文》1987年第3期。

唐钰明：《中古"是"字判断句述要》，《中国语文》1992年第5期。

汪维辉：《系词"是"发展成熟的年代》，《中国语文》1998年第2期。

吴金华：《南北朝以前的"为……之所"式》，《中国语文通讯》1985年第4期。

吴金华：《试论"R为A所见V"式》，《中国语文》1983年第3期。

朱庆之：《佛典与中古汉语词汇研究》，台北文津出版社1992年版。

本文最初发表于《古汉语研究》2003年第3期（总第60期）

普通鉴别词的提取及原则

——以早期汉译佛经鉴别为中心

方一新

提要 进行可疑佛经的考察和鉴别，提取一般鉴别词，应注意常用性、规律性、联系性和时代性。"常用性"是量的原则，作为一个鉴别词，必须有一定的使用量。"规律性"指的是可以类推，即鉴别词应该有规律、具有可推导性。"联系性"指应注意词语之间的联系与比较。"时代性"是更替的原则，既指明当时不该用何词，进而说明所考辨的年代使用的是什么词，以明演变。

关键词 中古 佛经 鉴别

中古作品特别是翻译佛经的译者及年代的真伪，海内外学者多所讨论，它也是近些年来笔者一直关注的问题。从语言的角度判定作（译）者及年代，不仅可行，而且具有较强的说服力。在语言三要素语音、语法、词汇中，语音、语法要素作为鉴别标准是大家都公认的，而词汇是否可以作为鉴别标准尚有不同看法。笔者认为，鉴别语料应采取综合的办法，语音、语法和词汇应该兼顾并重。词汇要素不仅可以作为鉴别标准，在语音、语法要素不充分的时候，还可以作为主要的鉴别标准。在这方面，张永言（1991/2007）、汪维辉（2000、2001）都已经作了很好的示范。

张永言（1991/2007）从汉语词汇史的角度，就《列子》在用字用词上的某些特殊现象，尤其是书中所见晚汉以降的新词新义作了考察研究，进一步推定了《列子》一书的写作年代。作者指出：《列子》中有不少汉代以后乃至魏晋以后方才行用的词汇成分。如"诀"（诀窍）、"幻"（虚幻）、"傍人"及"当生/当身"等22个新词或新义。这些词或义均不见于可靠的先秦文献，足以证明《列子》系魏晋时人伪托。

在江蓝生（1987）研究的基础上，汪维辉（2000、2001）从词汇史的角度，对八卷本《搜神记》的语言时代作了进一步的考证。汪文分两部分：（一）列举阿娘（嬢）、阿婆等19个词语，证明八卷本《搜神记》不可能作于晋代；（二）列举分说、割麦等7个词语，推测八卷本可能写定于北宋。汪维辉（2007）曾从音译词、同词异用、同义异词和语法四个方面，以支娄迦谶译《道行般若经》与一卷本《般舟三昧经》进行比较，认为后者当非东汉支娄迦谶所译，证据翔实，结论可信。如讨论"同义异词"时，列举一卷本《般舟三昧经》常用"助欢喜"，凡12例（包括1例"不助欢喜"），另有"助其欢喜"2例。而《道行般若经》则只用"助欢欣"，凡4例（"助欢欣"1例，"不助欢欣"3例）；另有"助其欢欣"9例。

关于语料鉴别的语言标准，曹广顺、遇笑容（2000：8）曾经发表过很好的意见："用语言标准给古代文献断代或判定作者，是一种较可靠并行之有效的办法，已经有许多学者作过有益的尝试。在这种研究中，最重要，也是最困难的，应是选定语言标准。这些标准必须普遍性好、规律性强，只有如此，它们才可能广泛使用、才可能得出准确、可靠的结论。"胡敕瑞（2005：276）也指出："选用一般词语来鉴定语料，一定要看其是否具有代表性。"

三位先生的意见值得重视。从词汇的角度看，要提取"普遍性好、规律性强"的"有代表性"的鉴别标准殊非易事，有时甚至是无法完成的任务。只能相对地看，尽量提取比较可靠，有较强说服力的鉴别词。

要做到科学地利用以汉译佛经为主的佛典，至少还需要注意以下两点：一是注意语料的准确性，不误用；二是把佛典与中土典籍结合起来，不偏废。这里主要讨论不误用的问题。

不误用，就需要鉴别真伪与作者年代；鉴别的标准之一是选择鉴别词。

就翻译佛经而言，鉴别词大致有两类：一类是与佛教有关的音译、意译词或音译意译结合词；另一类是普通语词。关于前者，学界如史光辉（2001）、汪维辉（2007）等已经有所论列，笔者（方一新，2008）也有讨论。今拟在前人时贤研究的基础上，结合笔者的肤浅体会，从历史词汇的角度，就从普通语词中提取出来的鉴别词以及若干原则谈点个人的看法。不当之处，请方家指正。

进行可疑佛经的考察和鉴别，提取一般鉴别词，笔者以为应注意以下四点：常用性、规律性、联系性和时代性。

一　常用性：量的原则

所谓"量的原则""常用性"，指有一定的出现频率，用例不能太少。词汇的总量很大，但极为分散，系统性较差。如果没有一定的量，就很难作为一个具有说服力的鉴别词。也就是说，作为一个鉴别词，必须有一定的使用量，并非偶一见之。这是首先要注意的。

史光辉（2001）从常用词"侧：边""放：牧"更替的角度进行考察，胡敕瑞（2005：272）从词汇的角度进行考察，指出：安世高译经中第一人称代词几乎都用"我"（162例），只有2例用"吾"，都见于《法受尘经》；指称女性，东汉译经主要用新词"女人"（264例），整个东汉译经仅见2例旧词"女子"，即《法受尘经》和《中本起经》各1例。因此，《法受尘经》"不是安世高所出"。都遵循了"量的原则"，很有意义，值得肯定。

1. 欺诳

旧题东汉安世高译《佛说罪业应报教化地狱经》："毁訾他财，嚣升弄斗，蹉秤前后，欺诳于人；故获斯罪。"（17/451/c）

失译（附后汉录）《大方便佛报恩经》卷一："须阇提即立誓愿：'若我欺诳天王释者，令我身疮，始终莫合。'"（3/129/c）又卷四："婿言：'我若妄语欺诳汝者，使我一目，永不得愈。'"（3/146/a）"欺诳"，就是欺骗，《大方便佛报恩经》共出现4例。

"欺诳"一词，据中华电子佛典协会（CBETA）电子版《大正藏》统计，该词在《大正藏》中共出现1223次，数量较多，可以作为鉴别词。

从这些用例看，在某些"三国译经"中已经出现：

三国魏康僧铠译《佛说无量寿经》卷下："臣欺其君，子欺其父，兄弟夫妇，中外知识，更相欺诳。"（12/276/a）但此经的译者尚有争议，吕澂《新编汉文大藏经目录》云："一0006　【新】无量寿经　2卷。刘宋宝译。永初二年（421）出【佑】。后误康僧铠译。勘同无量寿会。【至】。"

三国吴支谦译《菩萨本缘经》卷上："汝是法称，正法明镜。我非法称，常欺诳他。"（3/57/b）《菩萨本缘经》从句法到词汇都十分奇特，与支谦译经风格不类，也不像是三国时期的译经。

接着有西晋竺法护等的译经用例：

西晋竺法护译《生经》卷一："戒定安谛，无有欺诳。"（3/72/b）

西晋安法钦译《阿育王传》卷五："汝本以色欺诳世间，今还住本实相，薄皮覆其上。"（50/118/b）

东晋十六国以及南北朝用例更多，例从略。

2. 露地

旧题东汉安世高译《佛说阿难同学经》："还诣己房，到已，除去坐具，于露地布坐具。"（2/874/c）

失译（附后汉录）《魔娆乱经》："彼时尊者大目乾连为世尊作窟，时露地彷徉，教授令作。"（1/864/b）

"露地"，露天。此词在《大正藏》中出现1348次，用例较多。除此二例外，东汉三国译经未见用例。最早的有西晋译经的例子：

西晋竺法护译《受新岁经》："是时世尊七月十五日，于露地敷坐，比丘僧前后围绕。佛告阿难曰：'汝今于露地速击揵槌。'"（1/858/a）

竺法护译《佛说阿阇贳王女阿术达菩萨经》："譬以瓶盛满水置露地，天雨瓶中，一渧不受。"（12/84/c）

竺法护译《佛说灭十方冥经》："若在闲居旷野树下露地独处，则为如来之所建立而见拥护。"（14/107/a）

也作"路地"①，"路""露"盖古今字。

西晋竺法护译《尊上经》："彼时尊者卢耶强耆晨起而起，出窟已，在露地敷绳床。"（1/886/b）露，宋元二本作"路"。

刘宋昙摩蜜多译《观虚空藏菩萨经》："若阿练若在林中，若在路地。"（13/678/c）路，宋本作"露"。

北周耶舍崛多译《佛说十一面观世音神咒经》："若月蚀时用赤铜钵，盛牛酥三两，于其路地，在观世音像前。"（20/151/b）路，元明二本作"露"。

又有"露处"一词，词义与"露地"相近，《大正藏》中出现251例（另有15例为"甘露地"，词义关系不同，不在内），全部都是魏晋以后用例。

当然，所谓"量的原则"（有一定的量）也只是一个笼统模糊的说法，到底多少以上算是有一定的量，不好把握。同时，对"量"也应该作具体的分析。前面举到汪维辉（2007）讨论的"助（其）欢喜"与"助（其）欢欣"，在二经中区别严格，且都各有十多例，已经具备了一定的量（用例）。但《道行般若经》卷八第三例"助其欢欣"，宋元明三本、宫本和圣语藏本均作"助其欢喜"，有异文。另外，在支谶译经中，②

---

① "路地"在电子版《大正藏》中共检得31例，先唐译经仅本文所举3例，且均有异文。

② 本文所称"支谶译经"，指《道行般若经》《兜沙经》《阿閦佛国经》《遗日摩尼宝经》《文殊师利问菩萨署经》《阿阇世王经》《内藏百宝经》七种。

"欢欣"出现41例，"欢喜"出现36例（包括《道行般若经》中10例）。在支谶译经《道行般若经》中，既有"欢喜踊跃""踊跃欢喜""皆大欢喜"，也有"欢欣踊跃""踊跃欢欣""皆大欢欣"。因此，《道行般若经》用"助（其）欢欣"，一卷本《般舟三昧经》用"助（其）欢喜"，究竟属于不同译者的"同义异词"，还是因为某种原因或喜好造成的同一译者的"同义异词"，尚难以判断。

3. 傍边

旧题东汉康孟详译《兴起行经》卷上："佛……于风上立，枪从傍边斜来趣佛前立。"（4/168/b）

"傍边"，后也作"旁边"，[①] 是中古以来产生的一个新词。据检索，《大正藏》中出现77例，似乎也有一定的量了。但具体看，则唐以前的用例，仅8例而已。比较早的是晋代用例：

西晋安法钦译《阿育王传》卷四："尊者阿难在傍边，过已语言：'子佛不作是说。'"（50/115/b）

姚秦鸠摩罗什译《大庄严论经》卷五："有一贤者，极为贫悴，诣客会中。次得花鬘，不着头上，以置傍边。"（4/284/c）

北凉浮陀跋摩共道泰等译《阿毗昙毗婆沙论》卷七："问曰：'其余诸狱，为在上下耶？为在傍边耶？'"（28/47/b）

再下来有南北朝的例子。

刘宋佛陀什共竺道生等译《弥沙塞部和酰五分律》卷二九："有比丘尼在高处，礼下处比丘。或在比丘后，或于傍边礼。"（22/186/c）

萧齐求那毗地译《百喻经》卷四《得金鼠狼喻》："傍边愚人见其毒蛇变成真实，谓为恒尔，复取毒蛇，内着怀里。"（4/556/b）可见此词产生的年代并不太早，目前尚未见到三国以前的用例。

隋慧思《随自意三昧经·威仪品》："如人思惟观行之时，傍边人唤，意识不照声，耳则不能闻。"（《大正藏》续编55/502/b）

中土文献中，南北朝作品也多见此词：

《太平广记》卷三十八"甄冲"条（出《幽明录》）："婢十八人来车前，衣服文彩，所未尝见；便于甄傍边岸上张幔屋。"

南朝梁戴暠《咏歌眠》诗："拂枕熏红帕，回灯复解衣。傍边知夜永，不唤定应归。"

南朝陈徐陵《杂曲》："二八年时不忧度，傍边得宠谁应妒。"

[①] "旁边"在电子版《大正藏》中共出现22例，全部都是宋代以后用例，主要是禅宗语录。

南北朝《九州要记》："居近者，时见龙狗之状，旁边戏叶落于渊者，辄有群燕衔出。"

因此，笔者以为，光有一定的量还不行，还必须考虑用例的分布，即在相应年代（中古时期）的分布，最好有分朝代的定量统计。

二 规律性：可以类推的原则

所谓规律性，指的是可以类推。是说选择的鉴别词，应该具有一定的发展规律、具有可推导性，而非孤立的单个的词语。

1. "～切"式复音词

在失译（附后汉录）的《大方便佛报恩经》中，出现了3例用在谓词性语素后面的"～切"式复音词：①

A类（形+切），2例：

酸切：心酸，悲痛。《大方便佛报恩经》卷五："时诸释女宛转，无复手足。悲号酸切，苦毒缠身，余命无几。"（3/152/b）

苦切：悲痛，痛苦。《大方便佛报恩经》卷五："时诸释女各称父母兄弟姐妹者，或复称天唤地者，苦切无量。"（3/152/b）

B类（动+切），1例：

抽切：抽搐。《大方便佛报恩经》卷二："时诸太子闻是语已，身体肢节筋脉抽切。"（3/134/a）

3例"～切"可分为两类，一类是"形容词+切"（A类），即"酸切""苦切"，"切"作为构词语素，除了表示程度重外，也起到舒缓音节的作用。而这一用法大体上习见于魏晋南北朝时期。另一类是"动词+切"（B类），"切"的作用也比较虚化，在强调程度重的同时，还起到舒缓音节的作用，其用法也习见于六朝典籍。

汉魏以来，汉语复音词大量产生，出现了一批十分能产的复音词构词语素。"切"就是其中一例。"切"经常用在"谓词性语素后面"，组成"～切"式复音词，数量较多。

先看A类。

a. 酸切

东汉、三国译经未见，较早有东晋十六国的用例，凡两例：

姚秦佛驮耶舍译《长阿含经》卷一九："其地狱中受罪众生，苦痛酸

---

① 朱庆之已对"～切"式复音词进行了详细的讨论，请参看《佛典与中古汉语词汇研究》，台北文津出版社1992年版，第144页。

切，无所归依，皆称'奈何'！"（1/125/c）

乞伏秦释圣坚译《佛说除恐灾患经》："但遣重使，贡遗琦珍，温辞雅谢，诣阿阇世。又别归佛，委命酸切。"（17/552/b）

南北朝佛典用例稍多，如：

北魏慧觉等译《贤愚经》卷三："我之宿罪，生处贫贱，虽遭福田，无有种子。酸切感伤，深自咎悔。"（4/370/c）

南朝梁释僧祐撰《释迦谱》卷一："募出周遍，无有应者，时王忧愁，酸切恳恻。"（50/37/a）

查考同时期中土文献，较早的也有东晋用例，如：

《全晋文》卷二三王羲之《杂帖》："穆松垂祥除，不可居处，言曰酸切。"

b. 苦切

东汉译经未见，东晋起方有用例，如：

姚秦佛驮耶舍译《长阿含经》卷一九："其诸狱卒取彼罪人掷大铁瓮中，热汤踊沸而煮罪人。号咷叫唤，大叫唤，苦切辛酸，万毒并至。"（1/124/a）

姚秦鸠摩罗什译《杂譬喻经》（宋元明三本作《众经撰杂譬经》）："地狱苦切，难可度也。诸佛尚不能奈何，何况我乎？"（4/525/b）

失译（附东晋录）《饿鬼报应经》："常有人来，持诸刀锯，割剥我身，又破其腹，出其五藏。肉尽筋断，苦切叵忍。"（17/561/3）

南北朝、隋唐用例较多，不赘。

中土典籍中，"苦切"一词较早见于魏晋六朝作品，如：

《后汉纪·章帝纪下》："数陈窦宪势太盛，放权海内，言苦切，为宪不容。"

《世说新语·黜免》："宣武又重表，辞转苦切。"

此二例"苦切"犹言恳切、急切，与上揭佛经各例不同，是另一义。

可以看到，除了失译经（这些失译经的翻译年代不会早于三国）外，东晋十六国时期经师翻译的佛经中"苦切"的用例较多。《大方便佛报恩经》的用法恰好符合那一时期的语言特点。

类似的复音词还有：

c. 痛切：痛心，伤痛

东汉译经未见此词，较早见到的，是东晋十六国用例，如：

姚秦竺佛念译《出曜经》卷八："王告夫人：'彼等诸人，变易迁转，甚怀忧愁，痛切叵言。'"（4/650/a）

失译（附秦录）《大乘悲分陀利经》卷三："略说：'我已观恶趣，于中众生，受苦痛切。'"（3/251/a）

南北朝以降翻译佛经用例更多，不赘举。

中土典籍中用例较早，汉末三国已有用例，如：

三国魏吴质《答魏太子笺》："陈、徐、刘、应，才学所著，诚如来命，惜其不遂，可为痛切。"

《三国志·吴志·孙皓传》："秋七月，皓逼杀景后朱氏，亡，不在正殿，于苑中小屋治丧，众知其非疾病，莫不痛切。"

又《魏志·公孙度传》裴注引《魏书》："悲思不遂，痛切见弃，举国号咷，拊膺泣血。"

"痛切"均表伤心、痛心，[①] 当为佛典所本。

d. 感切：悲伤，感伤

东汉译经未见"感切"，较早也是六朝用例。

元魏慧觉等译《贤愚经》卷六："飞鸟之类，悲鸣感切，挫戾其身，自拔羽翼。"（4/391/c）

相比而言，中土典籍较早，汉魏诗文已见用例：

《全后汉文》卷一〇三《费凤别碑》："载驰载驱，来奔于丧庭，肝摧意悲，感切伤心，瞻彼碑诔，怀之好音。"

三国魏文帝曹丕《止临菑侯植求祭先王诏》："览省上下，悲伤感切。"

又嵇康《与阮德如诗》："含哀还旧庐，感切伤心肝。"

《大词典》首例举《初刻拍案惊奇》，偏晚。

e. 贫切：贫穷

姚秦鸠摩罗什译《大庄严论经》卷一一："时彼珠师以贫切故，无由得珠，更复瞋打。"（4/320/a）

此词佛典及中土典籍用例甚鲜，唐以前译经仅此 1 例。

再看 B 类。

从佛典使用的情况看，用在动词语素后面的"切"的出现年代也不早于三国。

a. 逼切：逼迫

旧题三国吴支谦译《撰集百缘经》卷八："正欲道实，恐畏不是；正欲不道，复为诸女逼切使语。"（4/244/a）

刘宋求那跋陀罗译《央掘魔罗经》卷一："逼切心狂乱，愁毒恒怨

[①] 《汉书·刘向传》："其言多痛切，发于至诚。""痛切"犹言恳切、急切，是别一义。

嗟。"(2/520/a)

六朝中土典籍中，也已见到用例：

《后汉书·韦彪传附族子义》："诏书逼切，不得已，解巾之郡。"

b. 催切：催促

北凉昙无谶译《佛所行赞》卷三："魔众相驱策，各进其威力，迭共相催切，须臾令摧灭。"(4/26/a)

刘宋求那跋陀罗译《过去现在因果经》卷三："是诸魔众，互相催切，各尽威力，摧破菩萨。"(3/640/c)

元魏慧觉等译《贤愚经》卷一〇："诸债主辈，竞见剥脱，日夜催切，忧心不释。"(4/422/a)

南朝梁宝唱集《经律异相》卷一三："贫穷负债，债主剥夺，日夜催切，天地虽旷，容身无处。"(53/66/b)

中土典籍中，魏晋以来，亦多用例：

《三国志·吴志·陆抗传》："自赤溪至故市，内以围阐，外以御寇，昼夜催切，如敌以至，众甚苦之。"

《魏书·高允传》："允持疑不为，频诏催切。"

《大词典》首例举《资治通鉴》，明显偏晚。

c. 迫切：急迫，为……形式所迫

东晋佛陀跋陀罗译《达摩多罗禅经》卷上："谓息出与入，一切时迫切，于息能觉了，具足众苦相。"(15/309/b)

姚秦佛陀耶舍共竺佛念译《长阿含经》卷一："问曰：'何如为病？'答曰：'病者，众痛迫切，存亡无期，故曰病也。'"(1/6/b)

刘宋宝译《佛本行经》卷六："债主急迫切，诸共衣费者。"(4/99/c)

中土典籍中，用例较早，[①] 如：

汉哀帝刘欣《策免丁明》："前东平王，贪欲上位，祠祭祝诅，后舅伍宏以医待诏，与校秘书郎扬闳结谋反逆，祸甚迫切。"

《后汉书·张酺传》："今议者为瓒选严能相，恐其迫切，必不完免，宜裁加贷宥，以崇厚德。"

综合来看，调查可靠的东汉译经，"逼切""催切""迫切"都未见到，魏晋以后始有用例。

而"抽切"的年代似更晚，除了《大方便佛报恩经》外，中古佛典未见用例，唐代译经有1例：

[①] 《汉语大词典》已举《汉书》为例。

唐跋驮木阿译《佛说施饿鬼甘露味大陀罗尼经》："见是事已，身体捍动，筋脉抽切，悲感势恼。"（21/485/b）

六朝的中土文献有1例，即：

《梁书·太祖五王传·临川靖惠王宏》载梁武帝诏："天不愁遗，奄焉不永，哀痛抽切，震恸于厥心。"

从上揭各例可以看到，"～切"式复音词的产生有其规律（先产生"形容词＋切"，表示极度的悲伤和痛苦；再由此扩展，产生了"动词＋切"，表示动作的程度高或重），在年代上呈现出一个整体、清晰的发展脉络。因此，根据《大方便佛报恩经》已经出现多例"谓词性语素＋切"的情况看，其翻译年代应该在晋代以后，殆可断言。

三　联系性：词汇的系统原则

词汇是一个系统，词与词之间，往往具有千丝万缕的联系。提取一般鉴别词，应注意词语之间的联系与比较。

（一）注意佛典词语之间的联系

词汇尽管量大，系统性差，但词语与词语之间，往往有各种各样的联系。如果下功夫，作有心人，总会发现一些内在的联系与差别。相反，如果没有很好地把看似很散的词语联系起来，孤立地就一词论词，其结论可能会产生偏差。

举一个在以往的考辨中选取鉴别词引起商榷的例子。

1. 坌身[①]

失译（附后汉录）《大方便佛报恩经》卷三："王闻是语，举声大哭：'怪哉，怪哉！'自投于地，尘土坌身。"（3/138/b）

又卷五："父母闻之，举声大哭。自投于地，生狂痴心。尘土坌身，自拔头发，而作是言：'一何薄命！生亡我珍。'"（3/151/b）

笔者在《〈大方便佛报恩经〉翻译年代初探》一文中，曾谓："'坌身'谓（脏物）污染、沾染身体。检索30种东汉译经，未见此词。调查一批三国译经，似亦未见到。至晚西晋佛典已有用例。"举西晋法炬译《波斯匿王太后崩尘土坌身经》以及《后汉书·东夷传·倭》等例。

胡敕瑞（2005：276）指出："其中所用的'坌身'等词似乎还可商榷。因为东汉佛典虽无'坌身'，但是可以见到'坌头'。如果东汉佛典没有'脏物污身'这一概念，自然不会用'坌身'一词；如果真有'脏

[①] 本条蒙高列过教授指正并惠示数条书证，谨此致谢。

物污身'这一概念,根据东汉佛典有'坌头',出现'坌身'一词并非不可能。"

胡敕瑞所说确有道理。① 尽管《大方便佛报恩经》出现的"坌身"东汉译经没有用例,② 但东汉译经出现"坌",则应联系"坌"单用、组合连用的相关词语。

"坌"是中古新词,电子版《大正藏》中共出现610例,东汉见到3例,即安世高译《地道经》2例,支娄迦谶译《道行般若经》1例。

东汉安世高译《地道经》:"或时尘坌头,或时虎遮断。"(15/232/b)

又:"复见小儿,俱相坌土。"(15/232/c)

东汉支娄迦谶译《道行般若经》卷一〇:"今地大有土尘,恐来坌师及诸菩萨,当共洒之。"(8/474/c)

魏晋以后,"坌"的用例更加广泛:

三国吴支谦译《菩萨本缘经》卷中:"以此人口宣无义言,即以土石,竞共打坌。"(3/63/c)③

旧题三国吴支谦译《撰集百缘经》共出现6例,如卷六:"此塔乃是大王所造。今者坌污,无人扫洒。"(4/230/a)

诚如胡敕瑞所说,正因为东汉译经已经出现了单音新词"坌",也出现了主谓式的"尘坌"或动宾式的"坌头",④ 则从理论上看,"坌身"的产生也是完全有可能的。胡敕瑞意见的可贵之处,在于提醒我们注意从

---

① 当然,就胡文所举的"脏物污身"(坌身)这一概念本身,则似还可讨论。

其一,安世高译《大地道经》:"譬如人命欲尽,在呼吸欲死。……亦见是人共载车行,麻油污泥污足亦涂身。……或有灰傅身亦食。……或时自身胆裸为涂腻。……或时尘坌身。"(15/232/a)支谶译《阿阇世王经》卷下:"阿阇世王复以是衣而奉上之。其菩萨言。若有计他人有我者。我不受是物。亦不从有所沾污。"(15/401/c) 从这段话看出,除"尘土污头"用"坌头"外,东汉佛经表示"脏物污身"这一概念方式较多,可说"(麻油污泥)亦涂身""有灰傅身""自身胆裸为涂腻"等,不一定用"坌"这个词语。

其二,《修行地道经》是《大地道经》的同经异译本,其中卷一有这样的表述:"譬若如人命欲终时。……或以麻油及脂醍醐自浇其身,又服食之。……以灰坌身,复取食之。""麻油涂身,宛转土中。……梦见土尘,坌其身首。"(15/183/c) 这里"以灰坌身"替换了《大地道经》的"有灰傅身",这说明,东汉佛经表达"脏物污身"这一概念的手法多样化,不一定"坌身"不可。就目前调查到的语言事实看,东汉佛经可以不用"坌身"。

但无论如何,"坌身"一条的说明力不强,胡敕瑞所说的是有道理的,关键在于没有把"坌身"与"坌"及其相关词语联系起来。

② 坌身,《大正藏》共出现96例,均为三国魏晋以后佛典用例。

③ 此经是否为支谦所译,颇可怀疑。

④ 安译《地道经》"或时尘坌头",宋元明三本、宫本均作"或时尘尘坌头",其属读关系为"或时/尘/尘坌/头",则以"尘坌"连言。

384

词义系统的角度看词与词之间的联系，不要孤立地就词论词，那样很容易陷进先入为主的泥潭。①

因此，选取一般语词作为鉴定词，应该具有代表性，须谨慎从事。"坌身"一词选词的不够典型，在于忽视了"坌身"与"坌"及相关语语的联系。

（二）注意佛典与中土典籍的联系

谈到词语之间的联系性，还应该注意佛典与中土典籍的联系与比较。从中古词汇的发展演变来看，既有中土典籍受到佛典影响的情况，也有佛典受到中土典籍影响的情况。有时候，联系中土典籍的发展、演变，或能发现词语更替的线索，找出其嬗变的轨迹。

2. 不减

《佛说㮈女祇域因缘经》："梵志大喜。自念我家资财无数，不减于王，唯无此㮈，以为不如。今已得之，为无减王。"（14/897/a）

旧题东汉安世高译《佛说柰女耆婆经》中也有类似的用例："梵志大喜，自念：我家资财无数，不减于王。唯无此柰，以为不如。今已得之，为无减王。"（14/902/b）

"不减于王"，谓不比"王"少。"不减"用于差比句，后面接介词"于"，引进比较的物件，表示"不比……差（少、弱）"的意思。

不减，在电子版《大正藏》中，出现了2140例。据我们对佛典"不减"所有用例的检索分析，该词早期（东晋以前）都是"不减少"或"不减损"义。

考察东汉译经，"不减"虽已见到，但常与"不增"相对成文，也有"不尽不减""不缺不减"等。例如：

支娄迦谶译《道行般若经》卷一："舍利弗谓须菩提：'随是法亦不增，不随是法亦不减。'"（8/429/a）又卷七："须菩提，般若波罗蜜虚空，是般若波罗蜜亦不增亦不减。"（8/463/a）支娄迦谶译《佛说阿阇世王经》："用微妙故，不与十二因缘有所变，念法身亦不增亦不减。"（15/390/a-b）支娄迦谶译《佛说内藏百宝经》："佛化分身在无央数，不可复计；佛刹悉遍至，佛身亦不增亦不减。"（17/753/b）

魏晋以降仍然沿用。西晋法炬译《恒水经》："来者去者，佛道亦不增亦不减，如海水不增不减也。"（1/817/c）东晋僧伽提婆译《中阿含

---

① 后面讨论的"疲顿"一词，正是对胡敕瑞意见的一个印证。

经》卷六:"我今身痛,举体生苦,但增不减。"(1/458/a)①

"不减"单用,是"不减少"义,也不用于比较,如:

安世高译《大地道经》:"实时得两根——身根、心根精已,七日不减,二七日精生。"(15/234/a)

安世高译《阴持入经》:"已生清净法,令止不忘,令不减。"(15/174/a)

支娄迦谶译《佛说阿阇世王经》:"文殊师利则谓阿阇世:'可分布饭食。'应时受教,分布而遍。其食不减如故。"(15/400/b)

"不减如故"是说(饭食)没减少,像原先一样。

晋代以后,译经中开始出现带宾语的"不减",如:

东晋佛陀跋陀罗共法显译《摩诃僧祇律》卷三七:"阿练若处以抄市补处,一跋渠、二跋渠,数不减尼萨耆者。"(22/527/b)"尼萨耆",戒律学用语,音译作尼萨耆波逸提、尼萨耆波夜提等,意译作舍堕,也称三十舍堕。据《四分律》,三十舍堕包括"长衣戒""离衣戒"等。"数不减尼萨耆者",是说数目不少于尼萨耆波逸提(三十舍堕)。

后来,才见到"不减……于+对象"的用法,表示不输于、不比……差的意思。② 据我们的初步统计,中古译经共有10例,即:

姚秦鸠摩罗什译《摩诃般若波罗蜜经》卷二:"如是舍利弗,菩萨摩诃萨行般若波罗蜜,不减于阿耨多罗三藐三菩提。"(8/229/b) 阿耨多罗三藐三菩提,指"无上正等觉者"。

鸠摩罗什译《大智度论》卷四〇同,"不减"宫本作"不灭",误。

元魏慧觉等译《贤愚经》卷二:"六师悉集,各共议言:我曹技能,不减瞿昙。"(4/361/b) 又卷八:"如我今者,力不减汝。汝欲力决,我不相畏。"(4/403/a)

元魏吉迦夜共昙曜译《杂宝藏经》卷二:"有人答言:'宫室钱财,不减于王。'"(4/458/b)

---

① "但增不减"的"减"指疾痛减轻,与其"减少""减损"义直接相关。
② 西晋无罗叉译《放光般若经》卷四:"复有不愿苦乐三昧,住是三昧者,不见诸三昧有苦乐。复有事不减三昧,住是三昧者,不见诸三昧有尽。"(8/24/b) 此例应读作"事不减/三昧",与下文"不见诸三昧有尽"相应。东晋佛驮跋陀罗译《大方广佛华严经》卷三九:"菩萨摩诃萨,于佛身示现声闻缘觉身,而不减如来身。是为第三游戏神通。菩萨摩诃萨,于声闻缘觉身示现如来身,而不增长声闻缘觉身。"(9/649/a) "不减"与"不增长"连用,仍是不减少义。
此外,在中土文献中,"不减"这一类用法早见。如《三国志·魏书·胡质传》:"公荣乃自诣陔兄弟,与共言议,观其举动。出语周曰:'君三子皆国士也。元夏器量最优,有辅佐之风,展力仕宦,可为亚公。叔夏、季夏,不减常伯、纳言也。'"

元魏般若流支译《正法念处经》卷二七："如法之人，正法增长。天众不减于天女，中不复劣弱。"

南朝齐求那毗地译《百喻经·三重楼喻》："往昔之世，有富愚人，痴无所知。到余富家，见三重楼，高广严丽，轩敞疏朗。心生渴仰，即作是念：我有财钱不减于彼，何顷来而不造作如是之楼？"（4/544/b）

《高僧传》卷四《支遁》："太原王蒙甚重之曰：'造微之功，不减辅嗣。'"（50/348/b）

《高僧传》卷六《释道融》："融自顾才力不减，而外道经书未尽披读。"（50/363/c）

这其中，也发现1例宾语省略的例子：

《高僧传》卷一三《释法平》："后东安严公发讲，等作三契经竟，严徐动麈尾曰：'如此读经，亦不减发讲。'遂散席。"（50/413/c）

可见，"不减+于+比较对象"的用法，不见于东汉、三国、西晋的译经，① 最早也是东晋十六国的鸠摩罗什的用例，这为判定《兴起行经》的翻译年代，提供了有价值的线索。

四 时代性：更替的原则②

在提取鉴别词进行考辨时，在说明何时用何词的基础上，倘若能再进一步说明所考辨的年代使用的是什么词，如何更替的，则可借以梳理清楚词义发展的脉络，更具说服力。

1. 欺/欺诳

前面已经考明，"欺诳"一词尽管有较多的用例（1223例），但在东汉译经未出现，最早只见到少量的三国用例。而旧题东汉安世高译《佛说罪业应报教化地狱经》出现1例，失译（附东汉录）《大方便佛报恩经》出现4例。

那么，东汉译经中用什么词语来表示欺骗？下面来讨论这个问题。

东汉译经主要用"欺"及其复合结构来表示欺骗义，共出现了62例。值得注意的是，其中复合结构（词或词组）有"欺怠"1例（《成具光明定意经》），"欺侵"5例（《人本欲生经》），"欺调"3例（《遗日摩尼宝经》、《般舟三昧经》），"欺盗"1例（《一切流摄守因经》），"欺慢"

---

① 前面所举的《佛说㮈女祇域因缘经》《佛说㮈女耆婆经》二经，旧均题"后汉安世高译"，不可信。

② 这一点是王云路教授帮笔者总结的，特此申谢。

3例(《阿毗昙五法行经》),未见"欺诳"用例。

其次则用"诈"来表示欺骗,共出现了4例。有"诈言"(《中本起经》卷下)、"权诈"及"伪诈"("伪"或本作"为",均见《法镜经》)。

东汉译经没有"诳"的用例。① 也就是说,不具备"欺诳"连用的前提。

2. 疲顿

旧题东汉支娄迦谶译《杂譬喻经》:"不信兄语,违戾圣教,抵突自用,故堕牛中,疲顿困劣,悔当何逮。"(4/501/c)

疲顿,疲惫,劳顿。"疲顿"一词,中古译经中,较早见于西晋译经,用例也不多:

西晋法立共法炬译《法句譬喻经》卷一:"其饮水者,道路疲顿,经日乃达。"(4/578/a)又卷四:"担山吐火,皆化为尘,至久疲顿。"(4/607/c)

东晋、南北朝以后用例稍多:

姚秦竺佛念译《出曜经》卷十六:"时梵摩达疲顿,欲得憩息。"(4/694/b)

东晋佛驮跋陀罗译《大方广佛华严经》卷四十三:"菩萨摩诃萨,见诸天人疲顿厌倦退正希望,发大庄严,而自庄严。"(9/667/b)

失译附秦录《毗尼母经》卷六:"若怖心为人说法,令身疲顿。"(24/832/b)

南朝宋求那跋陀罗译《大方广宝箧经》卷中:"然此钵食犹满不减,令诸守园作使之人,赋食疲顿。"(14/473/a)

南朝宋求那跋摩译《菩萨善戒经》卷四:"若病若老,或道路疲顿,代担衣钵。"(30/982/c)

北魏瞿昙般若流支译《正法念处经》卷六十四:"则生疾病,疲顿困极,不欲饮食。"(17/384/a)

据我们初步调查,东汉佛经表示"疲倦""疲惫"时,除了"疲"单用外,也多见"疲"与"倦"(惓)、"苦"、"极"、"劳"、"懈"等同义词合并使用:

安世高译《一切流摄守因经》:"令从是,是身以有用,剧苦疲惓,令得止。"(1/813/c)

---

① 《四十二章经》:"人为道不为情欲所惑。不为众邪所诳。"(17/723/b)旧题东汉安世高译《太子慕魄经》《阿难问事佛吉凶经》等、旧题东汉康孟详译《兴起行经》均出现"诳",均是不可靠的语料,不能证明该词已见于东汉译经。

普通鉴别词的提取及原则

安世高译《大安般守意经》卷上："一者用念生死校计故，二者用饮食多故，三者用疲极故，四者用坐不得更罪地故。"（15/166/a）

支娄迦谶译《道行般若经》卷四："法师若身疲极，卧欲不起。"（8/448/a）又卷九："语萨陀波伦菩萨及五百女人言：'多贺来到！得无疲倦？'"（8/473/b）

支娄迦谶译《阿閦佛国经》卷上："其身不生疲极，意亦不念疲极。"（11/755/a）

竺大力共康孟详译《修行本起经》卷上："王时乘骑案行天下。朝去暮还，亦不疲极。"（3/463/a）又："若王乘时，一日之中，周遍天下。朝往暮返，不劳不疲。"（3/463/a）又："侍女白言：'太子疲懈，始得安眠。'"（3/464/b）

昙果共康孟详译《中本起经》卷上："牛马人从，停住劳疲。"（4/153/b）又卷下："身体疲劳，嘘唏悲啼。"（4/158/b）

而东汉佛经的"顿"，多表示"整顿""停留"等义，如：

支娄迦谶译《道行般若经》卷一〇："今我曹当更扫除，整顿坐席。"（8/474/c）

支娄迦谶译《阿閦佛国经》卷下："便往至大王所居城，垣坚，止顿其中，得安隐。"（11/759/b）

昙果共康孟详译《中本起经》卷上："王令官属，住顿山下。"（4/148/c）又："世尊以顾，将千比丘僧，今顿须波罗致树下。"（4/152/a）卷下："城内整顿，炜炜煌煌。"（4/163/b）

另有"顿躄""委顿"二词，各一例，如：

竺大力共康孟详译《修行本起经》卷上："调达顿躄闷绝，以水灌之，有顷乃稣。"（3/465/c），顿躄，跌倒；摔在地上。[①]

昙果共康孟详译《中本起经》卷上："何故改施，令吾等类被乎委顿不？"（4/153/b）这里的"委顿"，是"麻烦"之义。

也就是说，在东汉译经中，"顿"不表示疲惫、困顿，也未见"疲顿"连言的用例。

上来所说四点，分类未必恰当，有的本身就有交叉包含的情况。加之"由于汉译佛经本身的复杂性"（汪维辉，2007：308），具体的情况错综歧异，千变万化，难以一一对应，机械照搬。

---

① 见方一新、王云路《中古汉语读本》（修订本），上海教育出版社2006年版，第10页注【42】。

总之，在进行可疑佛经的考察、鉴别时，如何提取具有代表性、有较强说服力的一般鉴别词，是值得我们认真思考的。要做好这项工作，有几个前提：第一，要对佛典作穷尽性调查和统计，避免遗漏。第二，在此基础上，认真提取有鉴别意义的语言标志（语音、语法及词汇标准），进行考辨。第三，有条件的话，应该结合梵文、巴利文、藏文本等早期非汉文经典，进行比较研究。笔者不懂梵文等古印度语言，与非汉文本佛典的比较只能阙如。本文所述仅为一得之见，还很不成熟，期盼着得到方家博雅的教正。

参考文献

曹广顺、遇笑容：《从语言的角度看某些早期译经的翻译年代问题——以〈旧杂譬喻经〉为例》，《汉语史研究集刊》第三辑，巴蜀书社2000年版。

方一新：《从译名演变看疑、佚经的翻译年代》，《历史语言学研究（第一辑）》，商务印书馆2008年版。

方一新：《翻译佛经语料年代的语言学考察——以〈大方便佛报恩经〉为例》，《古汉语研究》2003年第3期。

方一新：《〈兴起行经〉翻译年代初探》，《中国语言学报》2003年第11期。

胡敕瑞：《中古汉语语料鉴别述要》，《汉语史学报》第五辑，上海教育出版社2005年版。

江蓝生：《八卷本〈搜神记〉语言的时代》，《中国语文》第4期；收入《近代汉语探源》，商务印书馆1987年版。

吕澂：《新编汉文大藏经目录》，齐鲁书社1980年版。

史光辉：《东汉佛经词汇研究》，博士学位论文，浙江大学，2001年。

汪维辉：《从词汇史看八卷本〈搜神记〉语言的时代（上）》，《汉语史研究集刊》第三辑，巴蜀书社2000年版。

汪维辉：《从词汇史看八卷本〈搜神记〉语言的时代（下）》，《汉语史研究集刊》第四辑，巴蜀书社2001年版。

汪维辉：《从语言角度论一卷本〈般舟三昧经〉非支谶所译》，《语言学论丛》第三十五辑，商务印书馆2007年版。

张永言：《从词汇史看〈列子〉的写作年代》，原载《季羡林教授八十华诞纪念论文集》（上），江西人民出版社1991年版；收入作者《语文学论集》增补本，语文出版社1999年版。修订稿，载《汉语史学报》第六辑，上海教育出版社2007年版。

朱庆之：《佛典与中古汉语词汇研究》，台北文津出版社1992年版。

本文最初发表于《语文研究》2009年第2期（总第111期）

试论唐五代全浊声母的"清化"

黄笑山

《切韵》时代全浊声母的特点是：塞音和塞擦音声母是不送气的带音声母，关于这一点前辈学者已有过许多讨论。其主要证据是：一，译经材料里梵文的不送气浊辅音汉语全用全浊字来译；而梵文的送气浊辅音在汉译时显然有困难，因此要用各种标记来表明送气。隋代阇那崛多以前，有的经师在全浊声母字后加"何"（西晋竺法护：ga 迦，gha 迦何），有的则加注"重音"（东晋法显：ḍa 茶，ḍha 重音茶），还有的经师利用加口字旁的新造字来表示全浊送气（隋阇那崛多：ba 婆，bha 嚩），等等。可见浊送气在当时被看成很特别的音，只好用特别的标注来表示。二，韵书中不送气清音跟浊音的又读远比送气清音跟浊音的又读多。三，古籍中的异文、假借等现象也表明，全浊字跟全清字的关系，要比跟次清字的关系密切一些。谐声系统也是如此。四，现代方言材料中，仍保留全浊声母的方言，其全浊声母基本上都不送气。吴方言虽有清音浊流，湘方言的湘潭、湘乡话虽有浊音浊流，但其特点不是一般意义的送气。全浊声母清化的方言，除客家方言和少数其他方言外，也有很多读不送气音的。另外汉藏语系的浊塞音和浊塞擦音的情况，也基本上是不送气的。因此，《切韵》音系里全浊声母不送气已成为定论。

《切韵》时代的语音发展到了唐五代，全浊声母开始出现"清化"的趋势。最明显的证据来自日语借音。日语的吴音是用浊音来表示汉语的浊音字的，到了汉音就全部改用清音来对应原来的全浊字了。在有具体年代的万叶假名中，《古事记》（元明天皇和铜五年，公元712年）和《万叶集》（与《古事记》同时代）是承用较早的吴音传统。而《日本书纪》（养老四年，公元720年）则改用汉音传统。① 原来《古事记》和《万叶集》用浊音表示的字，到了《日本书纪》里多改用清音来表示了。例如：婆，《古事记》ba，《日本书纪》φa；度，《古事记》do，《日本书纪》to；殊，《古事记》dzu，《日本书纪》tsu；等等。这类例子在其他日语借音的材料里，吴音、汉音的对比中触目皆是。

在译经以及反切等材料里，也可以看到这种浊音"清化"的迹象。罗常培先生（《唐五代西北方音》，"中央研究院"历史语言研究所，1933单刊甲种之十二）分析《唐蕃会盟碑》（公元822年）等五种汉藏对音译音材料，得出结论说，那时西北方言的全浊擦音声母已经清化。邵荣芬先生（《敦煌俗文学中别字异文和唐五代西北方音》，《中国语文》1963年第3期）对敦煌的别字异文的研究结果是，10世纪西北方言全浊声母已经消失。周祖谟先生（1988）举了许多例子，如《汉书注》、《史记正义》、《史记索引》及《文选》李善注等反切材料，来说明唐五代全浊声母变成了清声母。可以再举份小小的材料来证明当时浊音的"清化"。日本空海和尚，唐德宗贞元十二年（公元804年）来中国留学，他的《文镜秘府论》中有"调四声谱"如下：

皇晃璜　镬　禾祸和　　　滂旁傍　薄　婆泼䠙
光广珖　郭　戈果过　　　荒恍怳　霍　和火货②

此谱以入声为纽，横读为双声，竖读为迭韵，是用来调四声的。我们可以看到，其中匣母的"和"字平声归入清声母，去声归入浊声母；

---

① 洪笃仁先生（《万叶假名与广韵对照》[《厦门大学学报》（社会科学版）1963年第1期）]引用日本饭田武乡《日本书纪通释》、松川仁三《语原类解》等材料证明了，日本"延历（公元782—806年）之前，靡有汉音"。实际上，汉音在延历之前就传入日本了；洪先生指出它是奈良末期（8世纪末）到平安初期（9世纪初）传入的，但同时也指出《日本书纪》（奈良时期的养老四年，公元720年）是采用汉音传统的。奈良时期（公元710—794年）以前日本所传的汉字音被称为吴音，其语音背景是《切韵》时代的汉语标准音，即所谓"金陵洛下"的雅音。到唐代，由于标准语的方言基础发生转移，旧的标准为"秦音"或"唐京雅音"所取代而渐失去优势，只有南方读音与之颇近，故唐代李涪《刊误》、慧琳《一切经音义》等称《切韵》传统为吴音，日语吴音之称或许与此是有关系的。

② 此谱"璜"《切韵》胡光反，《集韵》同，皆平声，此处作去声。"旁"《切韵》傍光反，《集韵》有四读，皆平声，此处作上声。"泼"《切韵》普活反，《集韵》同，皆入声，此处作上声。"䠙"《广韵》博禾切，平声，此处作去声。珖，《集韵》姑黄反，平声，此处作去声。"怳"和"怳"《广韵》古黄切，平声，见母，其声母与"荒""霍"等不符，声调亦不符；"怳"《集韵》收"虎晃切"一读，与此谱合。盖当时读音如此，韵书或未收。

"滂"字是次清声母、"泼"字也是次清声母,却与浊母字平列。这说明当时浊声母字的读音已经有些接近于清声母了。

另外,我们又看到一些材料反映了唐五代时全浊声母不仅有清化的趋向,而且好像变得有些接近于送气的清音了。唐人李肇《唐国史补》卷下说:"今荆襄人呼提为堤……关中人呼稻为讨、呼釜为付,皆讹谬所习,亦曰坊中语也。"唐时坊中语全浊的"稻"读为送气清音"讨",这种情况也许并不是零星的特例。罗常培先生分析8世纪前后的汉藏对音材料《大乘中宗见解》时,指出全浊声母大部分都变成了送气清音,据此他推断当它们读浊音时是送气的。刘广和先生[①]对唐代不空(705—774)的汉译梵咒材料进行了分析,指出全浊声母并定群三纽是对译送气浊塞音的。给梵文字母表注音时,不空不再用过去的"重音""何"等字样标注,也不用新造字,而只在全浊字下加注"去"字。因此他认为不空的译咒材料可以证明罗常培先生的上述理论,即全浊声母在读浊音时是送气的。他说,如果不是笼统地谈中古音,单说长安音,那么,全浊声母送气。

我们在别处说过,中唐以后的标准语实际上是以长安方言为基础的,当时叫作"秦音"或"唐京雅音"。[②] 因此把上面全浊声母清化和送气两个方面的材料结合起来,结论似乎应该是,全浊声母到唐代标准音里变成了送气清音。这使人联想到客家方言里全浊字读次清的情形。

但是这个结论是可怀疑的。且不说后来的许多材料证明,到宋代甚至到元代汉语标准语里还有浊音存在的可能,[③] 即使是不空译经,全浊字也还是对应浊音的。曾经师事不空学习密教的慧琳在译经时,也是用全浊字对应梵文的送气浊音的:gh 群母,jh 从母,dh 澄母,dh 定母,bh 并母。如果我们参考《韵镜》来拟测中唐—五代的语音状况的话,[④]

---

① 《唐代八世纪长安音声组》,《语文研究》1984年第3期。
② 见黄笑山《汉语史上标准音的发展和中古音的两个阶段》,《广西民族学院学报》(哲学社会科学版)1991年第4期。
③ 见杨耐思先生《元代汉语的浊声母》,《中国语言学报》1988年第3期。
④ 《韵镜》刊本存世者皆晚出,但它在现存诸韵图中是最早问世的。日本河野通清《韵镜古义标注》引旧记云:"皇和人王八十九世龟山院文永之间,南都转经院律师始得《韵镜》于唐本库焉。"《韵镜》已是一本相当成熟的音节结构表,它的蓝本当成于唐代。早期韵图未必是据韵书的框架编制成的。在佛教密宗入唐后,参禅为大悟,通音为小悟,为使密咒灵验,必以时音作依据。其实以韵书之字填入韵图的做法,不能说是以韵书系统为基础。因此构拟中唐—五代语音系统,《韵镜》是一个系统全面的、具有音位性质的现成材料。

《韵镜》里把全浊字一丝不苟地归在"浊"字之下该怎么理解呢？看来，唐五代的全浊声母确实是有了清化的可能，但也许还不是地道的全清或次清。

我们假设，这个时期的全浊声母是一种类似吴方言的清音浊流的"浊音"。

对于清浊一对术语，用在现代的语音学上指的是带音和不带音（即 [±voicing]）。而我们传统的音韵学中清浊（即 [±voiced]）则是音位性质的，而且在不同的时代可能有不同的语音属性，有时它未必是带音和不带音的区别。吴方言的浊声母从语音学角度看，是清的，即是不带音的。石锋先生①对苏州话的实验表明，全浊塞音的浊音起始时间（voice onset time）为正值，② 这说明苏州全浊塞音除阻之前声带不振动。在除阻以后的声带振动显然不是真正的带音声母。曹剑芬先生③对常阴沙话的实验表明，常阴沙话的浊声母在语图上没有浊音杠（voice bar），VOT 也是正值。曹先生④进一步探讨吴方言声母时又指出，"浊流"也不是声母的问题，而是浊音所在音节韵母元音的气声化。他的实验中一个有趣的检验，是用浊母字的声母移接到清声母的韵母上，得出的读音是清声母字；清母字声母移接到浊母字的韵母上，则得出浊母字的读音。李荣先生⑤也做过一个听辨试验，把温岭话"咸淡"（一般记作 [ɦɛ↓dɛ↓]）倒过来听还是"咸淡"，其实际读音是 $\begin{bmatrix} ɦ \\ ɛ \\ ↓ \end{bmatrix} \begin{bmatrix} ɦ \\ d\ ɛ \\ ↓ \end{bmatrix}$ 。这些实验都证明了赵元任先生早就已经注意到吴方言的"浊流"和"气息元音"性质，⑥ 说明吴方言的"浊流"ɦ 实际上是发元音时所伴随的一种同部位摩擦，这个摩擦是气声化造成的。

---

① 《苏州话浊塞音的声学特征》，《语言研究》1983 年第 1 期。

② 英文 voice onset time 缩写作 VOT，王士元先生（1983）译成"相对清浊度"，这里依照国内学者的直译，说成"浊音起始时间"。

③ 《常阴沙话古全浊声母的发音特点》，《中国语文》1982 年第 4 期。

④ 《论清浊与带音不带音的关系》，《中国语文》1987 年第 2 期。

⑤ 《温岭话"咸淡"倒过来听还是"咸淡"》，《方言》1986 年第 2 期。

⑥ 吴方言中的浊流问题，赵元任《现代吴语的研究》（1928）已经描写过，他在讨论音位问题时（《音位标音法的多能性》，《赵元任语言学论文选》，中国社会科学出版社 1985 年版）说："吴方言里起着非常重要作用的'浊音 h'……不但元音的音质（或者元音的发音）从气息一开始就出现，这气息还一直延续到元音结束，形成一个同质的气息元音。这里既不是先后的问题也不是主次的问题。"这个"浊音 h"赵先生写成 [ɦ]。

试论唐五代全浊声母的"清化"

根据这些浊声母的实验成果，我们假设全浊声母的消失过程就可能是，声母的带音成分逐渐转移到韵母上去，继而消失的过程。

就唐五代浊声母而言，我们认为它不再是《切韵》时代的並 b、定 d、澄 ɖ、匣 ɣ 等，而是已经演变成为並 pɦ、奉 fɦ、定 tɦ、澄 ʈɦ、匣 xɦ 等了。这时的全浊声母，近似于现代吴方言的清音浊流，而其后流成分可能比吴方言更明显，且还没有发展成气声化的元音。这样的读音，在有真正带音声母的日本人听来，更接近于清声母，因此汉音改用清声母来表示它们。在精通梵文的人看来，汉语的这种清音浊送气最接近于梵文的送气浊辅音，因此用它们来对译梵文的送气浊辅音。同样，在藏汉对音里，《大乘中宗见解》用全浊声母的汉字对应藏文送气清辅音，也是因当时汉语这类声母的特点造成的。试比较：

《切韵》	吴音	中唐五代	汉音	不空对音	《大乘中宗见解》
盘 b –	ban	pɦ –	han	bhan	phan
檀 d –	dan	tɦ –	tan	dha（驮）	than
茶 d –	de	ʈɦ –	ta	ḍha（茶）	chi（持）
前 dz –	zen	tsɦ –	sen	jha（鄹）	tshyan
其 g –	gi	kɦ –	ki	ghi（祇）	khi

译音或对音存在一个在本族语言中的调整问题，中唐五代时的全浊声母在日语译音、梵汉对音、藏汉对音的不同形式，可能反映的是同一种语音实际。

从发展的角度看，中唐五代时的浊送气成分逐渐发生变化。在标准语里，浊流在平声里清化成为清流，也就是清送气成分 h = '；在仄声里则发展成元音的"形容性"成分（赵元任语），成为气声化元音，最后逐渐消失；因此全浊声母在平声里发展为送气清音，在仄声里发展为不送气清音。中唐五代的全浊声母清音浊流的这个假设，可以较便当地说明客家方言及一些其他方言里全浊声母不论平仄都变成送气清音的现象。即浊流 ɦ 在这些方言里一律清化为 h。至于在标准语里为什么平仄声调会有不同的发展，还需要进一步研究①。

---

① 蒲立本先生（1978）主张调类的转化可解释为韵尾喉塞音或喉擦音被送气声母同化的结果。他认为到了中古，汉语的上声字还有个喉塞音韵尾 -ʔ，去声有个喉部送气韵尾 -ɦ，入声则被假设为由喉塞伴随的持续音跟口塞音交替：-ʔ̃/p, -ʔ̃/t, -ʔ̃/k。在后来的发展中沿如下规律分化（p 代表任何声母，= 代表气息元音）： （转下页）

全浊声母由带音到清音浊流的演变，可以用下列公式来表示：

$$C'' \rightarrow C\text{ɦ}\ (''\text{代表全浊，C 代表声母})$$

全浊声母的发音方式发生变化了，它的音位对比关系却仍然没有变，因此韵图家们把它们放在全浊的地位。

参考文献

曹剑芬：《常阴沙话古全浊声母的发音特点》，《中国语文》1982 年第 4 期。
曹剑芬：《论清浊与带音不带音的关系》，《中国语文》1987 年第 2 期。
丁邦新：《国语中双音节并列语两成分间的声调关系》，"中央研院"历史语言研究所集刊，第 39 本下册，1969 年。
丁邦新：《论语、孟子、诗经中并列语成分之间的声调关系》，"中央研院"历史语言研究所集刊，第 47 本第一分，1975 年。
洪笃仁：《万叶仮名与广韵对照》，《厦门大学学报》（社会科学版）1963 年第 1 期。
黄笑山：《汉语史上标准音的发展和中古音的两个阶段》，《广西民族学院学报》（哲学社会科学版）1991 年第 4 期。
李荣：《温岭话："咸淡"倒过来听还是"咸淡"》，《方言》1986 年第 2 期。
刘广和：《唐代八世纪长安音声纽》，《语文研究》1984 年第 3 期。
罗常培：《唐五代西北方音》，"中央研院"历史语言研究所集单刊甲种之十二，1933 年。
邵荣芬：《敦煌俗文学中别字异文和唐五代西北方音》，《中国语文》1963 年第 3 期。
石锋：《苏州话浊塞音的声学特征》，《语言研究》1983 年第 1 期。
王士元：《实验语音学讲座》之七"语音的图谱"，《语言学论丛》第十一辑，北京大学中文系《语言学论丛》编委会编，商务印书馆 1983 年版，第 53—69 页。
杨耐思：《元代汉语的浊声母》，《中国语言学报》1988 年第 3 期。
赵元任：《现代吴语的研究》，清华研究丛书（第 4 种），清华学校研究院 1928，科学

（接上页）

平声	pɦ -	>	pɦ -	>	ph -
上声	pɦ - ʔ	>	pɦ - ɦ	>	p = ɦ
去声	pɦ - ɦ	———→			p = ɦ
入声	pɦ - $\frac{ʔ}{\gamma}$	>	pɦ - $\frac{ɦ}{\gamma}$	>	p - $\frac{ɦ}{\gamma}$

这样就形成了全浊声母字在平仄不同情况下分化成送气清音和不送气清音的局面。但是，我们却很难接受到中古时声调的区别仍是音段的不同的假设。丁邦新先生（1995）对《论语》《孟子》《诗经》双音节并列成分之间的声调关系的研究，以及他（1969）对现代国语中同类现象的研究表明，即使在上古汉语里，声调的区别也未必是韵尾的音段的不同。

出版社 1956 年版。

赵元任:《音位标音法的多能性》,叶蜚声译,伍铁平校《赵元任语言学论文集》,中国社会科学出版社 1985 年版。(Chao, Yuen-Ren 1934, 957 The non-uniqueness of phonemic solutions of phonetic systems. In Matin Joos (ed.) *Readings in Linguistics: The Development of Descriptive Linguistics in America since 1925*. Washington: ACLS.)

周祖谟:《唐五代的北方语音》,《周祖谟语言文史论集》,浙江古籍出版社 1988 年版,第 207—224 页。

原载《古汉语研究》1994 年第 3 期

于以两母和重纽问题

黄笑山

内容提要 喻母字有无重纽对立,是中古音研究中的问题之一。这个问题该如何看待,关系到中古音系中其他重纽的性质。一般认为中古音系里喻母字不存在重纽对立。笔者把中古音分成《切韵》时代和中唐五代时代两阶段来研究,发现喻三(于)和喻四(以)在《切韵》时代是不同的声母,因而确实不存在重纽问题;而在中唐五代时代,虽然喻母三四等仍然有别,但由于这两个阶段间重纽的语音性质变化,以及喻母三四等语音性质的变化,使喻母三四等的对立正好对应于其他唇牙喉声母字的重纽对立,因而在这个时期,喻母字也有重纽。

一 《切韵》时代的重纽

1.1 在《切韵》音系韵书里,"重纽"是指某些韵里的唇牙喉音声母字在同一个三等韵中同一声母、同样开合的情况下出现的重出对立的反切现象,因此亦称重出唇牙喉音。例如,亏去为反:窥去随反,反切上字都是"去",溪母;反切下字都是支韵合口。这类两两对立的重纽,在韵图里被分别置于三等和四等地位,故称为重纽三等和重纽四等,通常称重纽三等为 B 类,重纽四等为 A 类。

1.2 清初江永已经注意到这个问题,他在《四声切韵表》中将重纽韵并排列出,并在有重纽的"三等合口呼"或"三等开口呼"的格中加注"牙音、重唇,喉音有四等字"等注文,其处理方式与照组里的庄、章两组的分别相同。后来陈澧《切韵考》卷一"条例"说:"《广韵》同音之字不分两切语,此必陆氏旧例也。其两切语下字同类者,则上字必不同类……

上字同类者，下字必不同类。"① 根据这个原则，他把重纽的反切分为两类，这意味着他在江永发现重纽的基础上进一步认为重纽的对立是语音上有别。例如他在《切韵考》卷四中讨论支韵时说："隨，旬为切。此韵亏字去为切，闚字去随切，则随与为韵不同类，随字切语用为字亦其疏也。"他显然把重纽的对立看成了韵的不同。不管陈氏的看法是否正确，他的分析条例为进一步认识重纽提供的重要依据是不可忽视的。不过对重纽对立性质学术界并没有取得共识。章炳麟认为重纽反映的是古音的不同："妫切居为，规切居隋，两纽也；亏切去为，闚切去随，两纽也；奇切渠羁，岐切巨支，两纽也；皮切符羁，陴切符支，两纽也。是四类者，妫亏奇皮古在歌，规闚岐陴古在支。"② 这意味着他认为《切韵》以后重纽已无区别。后来高本汉、王力先生也认为《切韵》时代重纽没有语音区别③，这与他们认为《切韵》性质是兼包古今方国之音的观点可能有联系。然而后来的研究表明，重纽现象并不只存在于《切韵》音系书里，在其他与之同时代或较之稍晚的韵书、字书、音义书中也都有成系统的重纽现象，各种对音、译音、借音现象也都反映重纽的区别，至今有的方言里也仍有一些重纽是不同音的。因此更多的学者认为，《切韵》重出的唇牙喉音是有实际语音差别的。

1.3 重纽的读音区别究竟是什么性质，有过不同的意见。王静如先生（1941）曾主张，重纽的区别在于声母，B 类声母具有撮唇势，A 类声母是平唇的，因而构成 [P^w-]：[$P-$] 及 [K^w-]：[$K-$] 的对立，李新魁先生（1986）发展了这一观点。董同龢先生（1945）主张区别在于主要元音的松紧不同，如支韵重纽的元音对立是 [$\breve{e}$]：[e]。周法高先生（1948，1983）曾认为重纽的区别在于元音的高低不同，支韵重纽的元音对立是 [$\breve{e}$]：[$\breve{\varepsilon}$]，后来又改为 [i]：[e]。王静如先生（1948）和陆志韦先生（1947）认为重纽区别在于介音，B 类介音宏且后，A 类介音高且前。李荣先生（1956）认为 A、B 两类音值怎么不同尚很难说，拟音时 A 类介音是 [i]，B 类介音是 [j]。日本河野六郎（1939）、有坂秀世（1957）也有不同的介音来区别重纽。此后学界对重纽问题进行了更深地研究，迄今仍然没有统一的意见。最近美国薛凤生先生（1995）又提出重纽的区别在于元音的性质和韵尾的有无这一新观点，然而以介音区别重纽的观点我们更乐于接受。

---

① 《切韵考》卷一"条例"。
② 章炳麟：《国故论衡·音理论》。
③ 王力先生跟高本汉先生一样在拟音上没有反映重纽的区别，王力先生在《西学东渐时期西欧汉学家对中国音韵学的影响》中说，分别重纽"越分越细。所构拟的音主观成分很重，变成了纸上谈兵"（见《中国语文研究》第三期，香港中文大学 1981 年）。

1.4 我们根据故宫本《王仁昫刊谬补缺切韵》（以下简称《王三》）统计，在公认有重纽现象的支脂祭真仙宵侵盐八个韵系里的323个唇牙喉小韵中，共有75对重出对立的小韵。根据其反切上字的不同情况，可以分成如下类型：

甲、反切上字相同，如：亏去为反：窥去随反，共26对。

乙、反切上字同音不同字，如：皮符羁反：脾符支反，否符鄙反：牝扶履反，共2对。

丙、反切上字声韵相同而声调不同，如：奇渠羁反：祇巨支反，寄居义反：骸举企反，苗武儦反：蜱无遥反，共3对。

丁、反切上字皆为非重纽韵字，如：邳符悲反：毗房脂反，共12对。其中"箳兵列反：鷩并列反"的反切上字分别为"庚韵：清韵"唇音字，因庚、清性质不同，暂未作B：A对立处理。

戊、反切上字为B类跟非重纽韵类字相对，如：碑彼为反：卑府移反，密美笔反：蜜无必反，共10对。

己、反切上字为非重纽韵类字跟A类相对，如：器去冀反：弃诘利反，共11对。其中包括"彼补靡反：裨卑婢反"，"补"是一等韵字。

庚、反切上字为B类跟A类相对立，如：被皮彼反：婢便俾反，笔鄙密反：必比蜜反，共11对。

在这七种情况中，以反切上字区别重纽的仅庚组11对（占75对重纽对立小韵中的14.7%）；而甲、乙、丙、丁四组的43对重纽（占75对重纽对立小韵中的57.3%）显然不是通过反切上字来区别的；戊、己两组牵涉非重纽韵联A类还是B类的问题，由于两组数目相近，也无法看出A、B两类声母的区别。近年学界的研究，都注意到A、B两类不互用作反切上字的现象，因此认为重纽的区别在于声母。从《王三》这75对重纽对立小韵看，确实极少出现A、B两类互作反切上字的情况（只有"破"匹靡反，"澫"匹备反，"嚭"匹鄙反三例以A切B），但是用非重纽韵字作A、B类反切上字的却各有51例。从总的方面来看，《王三》重纽八韵系的323个唇牙喉小韵中，有239个小韵是以非重纽韵字为反切上字的（约占74%）。这种情况与后来慧琳、朱翱的反切情况不大一样。在慧琳和朱翱的反切中，非重纽韵切A类字的情况很少（详见3.3节）。《王三》既然A、B两类都用非重纽韵为反切上字，说明反切上字不能区别重纽，尤其是上文甲、乙、丙等类型，更可看出重纽韵的声母是同一类型，因此对《切韵》音系而言，重纽的区别必不在于声母有别，因而只能是韵母有异。

1.5 重纽的韵母差异也必不是主要元音的差异，因为元音不同，不论是松紧、高低或长短的不同，都会造成不同的韵基，在押韵中就会不和谐。《切韵》剖析毫厘，决不会把韵基不同的韵母置于同一韵中。我们认为，从音位学角度来看，诗歌押韵是以韵基相同为原则的。人们常举现代汉语为例说明主要元音不同可以押韵，如北京（en）、因（in）、温（un）、晕（ün）可以押韵，其元音分别为［ə］［i］［u］［y］。但是拼音的写法或音值标音的写法并没有揭示出它们的音位性质。赵元任先生（1934）曾指出，这样的韵是有共同元音的，用简单音位标音，它们应是/ən//iən//uən//yən/，其中/ə/甚至可用零音位表示。古人押韵或编写韵书，虽然没有音位符号，却是以语音辨义功能为基础的，其基本精神已符合现代音位理论。[①] 所以古韵书的分韵和诗歌的押韵原则也理解为音位上的韵基相同。既然《切韵》将"亏""窥"同收在支韵里，它们的主元音就不可能不同。邵荣芬先生（1982）曾讨论过用主元音分辨重纽有不可克服的困难，因此重纽的区别只能是介音的差异。我们曾假设在《切韵》里 A 类具有 i 介音，而 B 类则具有 ɨ 介音。[②]

1.6　如果《切韵》是以介音区别重纽 A、B 两类，那么重纽韵中的舌齿音应当归入哪一种类呢？董同龢先生认为舌齿音应归 A 类；邵荣芬先生认为应归 B 类；陆志韦先生则认为知庄组和来母归 B 类，而精章组和以母归 A 类。笔者就《王三》支脂祭真仙宵侵盐八个韵系的反切下字声母作了统计，结果如下表：

被切字类别	\	切下字声母									合计
		A 类	以母	章组	精组	来母	知组	庄组	于母	B 类	
	A 类	30	27	25	16	16	4			4	122
	以母	1		23	6	3	1				34
	章组	3	28	93	7	26	7		2	6	172
	精组	4	28	31	46	24	5		2	5	145
	来母		7	11	7		5		1	7	38
	知组	3	9	25	6	40	13		1	5	102
	庄组		1	5	1	11	3	9	1	17	48
	于母			1		2	2			13	18
	B 类		4	7	2	29	10		22	127	201
合计		41	104	221	91	151	50	9	29	184	880

---

①　参见薛凤生，1985。
②　黄笑山，博士学位论文，1991 年，又 1995 年，第 52—66 页。

从表中可以看出：

一）A、B 两类主要通过反切下字的声母来区别。B 类字不用 A 类字作反切下字，A 类字也基本不用 B 类字作反切下字。在 122 个 A 类小韵中，只有 4 例用 B 类字作反切下字的，其中"姞巨乙反"李荣先生（1956，p.29）列为 A 类，我们这里也归入 A 类，但这个小韵《韵镜》列三等，其切语也与 B 类相同。如果把"姞"小韵计入 B 类，则 A 类字用 B 类作反切下字的只有三例：臂卑义反、劈匹义反、避婢义反。这三例切上字是 A 类，切下字"义"是 B 类，与它们相对的 B 类小韵切下字也是"义"，切上字则都是 B 类：贲彼义反、帔披义反、被皮义反。在上面 1.4 节里我们说过，这种用切上字区别重纽的小韵在《王三》里只有 11 对，在 75 对重出唇牙喉小韵里仅占 14.6%。臂、劈、避三个 A 类小韵用 B 类切下字的情况，在 121 个（不包括"姞"）A 类小韵中只占 2.5%。

二）A 类被切字的切下字除了 A 类本身以外，集中在精章组和以母；B 类被切字的切下字除了 B 类本身以外，用于母为下字的较多；A、B 两类都常用来母为切下字。以母字从来不用 B 类作切下字，却与精章组关系密切；于母字从来不用 A 类作切下字，却主要与 B 类发生关系。这种大致的分类与陆志韦先生说的精章组和以母联 A 类的观点，是一致的。

三）庄组和于母的行为很像 B 类，它们都不用 A 类作切下字，也不用以母作切下字，其切下字主要集中在 B 类，所以庄组和于母联 B 也是有一定道理的。但是知组和来母并不像陆志韦先生所说的那样是联 B 类的：知组和来母的切下字主要是精章组和以母，精章组和以母又与 A 类关系密切；知组和来母，尤其是来母，既作 A 类的切下字，更常作 B 类的切下字。但是，由于重纽八韵系中 B 类唇牙喉小韵总数比 A 类唇牙喉小韵多出约一倍，B 类用知组和来母作切下字的次数多于 A 类是可以理解的。所以总起来看，在《切韵》里知组和来母偏向于 A 类的。

二 《切韵》时代的于、以两母

2.1 在等韵时代，于、以两母合称喻母，韵图分布中它们像重纽一样分别排在三、四等中；从 1.6 节可以看到，于母与重纽的 B 类关系密切，以母与 A 类关系密切，因此曾有人认为它们也是重纽（周法高，1948）。但是如果它们在《切韵》时代真是重纽，就必须是相同的声母，因为如 1.4 节所说，《切韵》相对立的重纽之间声母并无区别。于、以两母在《切韵》里，常常有相同的反切下字，如雄羽隆反、融余隆反，往王两反、养余两反，炎于廉反、盐余廉反，有云久反、酉与久反，又尤救反、狄余救反，等等。根据陈澧系联反切的分析条例，其两切语下字同类者，上字必不同类，那么于类和以类是不同的声母就很清楚了。《切韵》重纽不是声母的对立，而于、以是不同的声母，自然不能把《切韵》里的于、以看成重纽问题了。

2.2 于母在上古音里跟匣母关系密切，历来有"喻₃（于）归匣"的说法；以母则与定母关系密切，虽然"喻₄（以）归定"未必精确，但肯定跟于母关系较远。一般都认为，《切韵》时代的以母已经发展为独立的声母 [j] 了，而于母则因为跟匣母处在互补分布的地位，仍被认为是匣母在三等韵前的变体；又由于于母在一些反切系统中跟匣母互为反切上字，所以未被看成独立的声母，拟音仍与匣母相同，作 [ɣ]。但是笔者认为，于母在《切韵》里虽然与匣母互补，于母只出现在三等韵前，匣母只出现在一、二、四等韵前，但是在《切韵》里群母也跟匣母有同样的互补关系。群母和匣母在上古也一样有割不断的联系。这种多重互补的关系使于、匣不一定非要归并为同一音位。《切韵》里"礥下珍反"是匣于互补的唯一例子，但敦煌本《王韵》"乎户吴反，词已声，又云乌反"一条也许可以抵消它的论证力。另外，虽然《玉篇》《经典释文》中匣、于经常互为反切，但它们未必能代替《切韵》音系，《玉篇》和《经典释文》的作者都是南方人，其书中的匣、于互切可能反映的是南方雅音的情形。直到唐代李善《文选音义》仍然匣、于混切，李善是扬州人；唐代北方学者颜师古、李贤、张守节、何超等是不混匣、于的。至于早于《切韵》时代的匣、于互切，那可能是上古"喻₃归匣"的反映。

2.3 我们根据以下几点认为，在《切韵》系统里，于母可能已经形成了独立的声母，其读音很可能是/w/。

第一，后汉三国至隋的梵汉译音中，于母字常用来对译梵文的 v。俞敏先生《后汉三国梵汉对音谱》中有"于越域云曰为位韦围"等例子。晋代法护亦有"韦卫于域曰越云芸"等于母字对译 v 的例子。隋代阇那崛多仍用"玮"译 vi[①]。译经中匣母合口字虽然也常对译 v，但开口字却有对塞音的，如法护用"含、闲"对 g；开口匣母字也有对 h 的，如阇那崛多用"河、兮、侯"对 h。

第二，粤方言一些于母字今读 [w] 起头，如：域 wɪk、慧 wei、为 wei、汇 wui、违 wei、卫 wei、胃 wei、云 wɐn、王 vɔŋ、荣 wɪŋ、永 wɪŋ 等；客家方言一些于母字以 [v] 起头，如：为违胃 vi、王 vɔŋ、域 vɐt

---

[①] 分别见俞敏，1984；刘广和，1991；尉迟治平，1982。

等。虽然这两个方言匣母合口字也有读［w］［v］的，但是其匣母开口字则多读［h］。而且在客家方言里大部分匣母合口字读成了［f］，于母字却没有这种读法。

第三，日本万叶假名于母字也多借为 wa 行，如：王 wa、为位韦谓 wi、卫 we、袁远越 wo①。

第四，越南汉字音于母字多数是以 v 声母开头的。如：韦 vi、卫 vê、云 vân、员 viên、王 vương、荣 vinh、永 vinh、嵘 vanh、越 viêt、尤 vưu、炎 viêm 等。"尤""炎"两字是"开口"字，却仍然跟其他于母字一样以 v 开头，更能说明问题。古汉越语中也有类似的例子，如：越 vượt、园 vườn 等②。

第五，《切韵》里于母字基本上只出现在独韵或开合韵的合口韵前，而不出现在开合韵的开口前，这显示了于母字具有某种唇音特征。而且如果哪个三等韵系没有唇音声母，就同时也没有于母字，如鱼韵系、麻三韵系和之韵系。之韵系上声里有"矣于纪反"一个于母小韵，但"矣"从已得声，原来可能是以母字，又是个语气词，所以特殊地存在于没有唇音的之韵系里。这个小韵只有两个字，另一个是"㠯"字，它又有邪母一读。看来"于纪"一反很可能是上古之部于母字随唇音声母转入脂、尤韵系之后才进入雅音系统的。

第六，于母在等韵时代被视为次浊，其上声字不像匣母那样变成去声，因此于母应有别于匣母的［ɣ］。

据此，我们认为在《切韵》里于母是个具有唇音性质的半元音/w/，跟以母的/j/形成对应。以母具有［+前，+腭］的特征，所以跟章组、A 类唇牙喉关系密切；于母具有［-前，+唇］的特征，所以跟 B 类唇牙喉关系密切。由于以母和于母在《切韵》里是不同的声母，所以它们不构成重纽的对立。

三 唐五代时的重纽

3.1 到了唐五代，重纽现象依然存在。实际上这种对立可能一直延续到宋元以后，在《蒙古字韵》和《韵会举要》中仍有反映。所以重纽不只是《切韵》反切重出的问题，而是实际语音差别在语音史料中的反映。不过，唐五代时的重纽对立性质与《切韵》时代已有了不同，语音上，它已不是介音的对立，而是声母腭化与否的对立了；范围上，对立不

---

① 见洪笃仁，1963。
② 见王力，1948；三根谷彻，1972。

再局限于三等韵，原来的《切韵》纯四等韵加入了 A 类韵的范畴，原来的非重纽韵也加入了 B 类范畴（但非重纽韵的唇音因已变轻唇，未加入 B 类），因此，重纽 A、B 类韵母的对立，到了唐代就成了韵图中三等和四等的对立了。

3.2 我们说重纽对立由《切韵》时介音的区别发展成为声母的区别，可以从唐五代时反切中看出来。《切韵》里有对立的重纽小韵中，只有极少几例是真正通过反切上字区别 A、B 类的（见 1.6 节），绝大多数对立的重纽小韵都是通过反切下字来区别 A、B 类的；而到了唐代慧琳《一切经音义》的反切中，A、B 类的区别不仅在于切下字可以显示，而且切上字也能很清楚地把它们分成两组。例如，碑彼皮反：裨必弥反，皮被眉反：脾婢卑反，笔悲密反：必宾蜜反，縻美悲反：弥蜜卑反，密岷笔反：蜜民必反，悯眉殒反：泯蜜牝反等。慧琳的反切下字方面把三等韵和同摄四等韵合并，如祭齐、仙先、宵萧、盐添等①，但反切上字方面却把它们另行分为两组，原来的 B 类韵和非重纽韵的切上字同为一组，原来的 A 类韵和纯四等韵的切上字同为一组。由《切韵》的反切上字不能区别重纽，到慧琳时代用反切上字来区别重纽，这个事实说明了重纽的对立已发展成为声母的区别。

3.3 唐五代时，《切韵》时代的一些韵元音和介音都发生了普遍的前移或高化。元音的前移或高化导致了诸如二等重韵的并韵（山 ɐn > an、咸 ɐm > am、皆 ɐi > ai 等），三等子类韵微废文殷元严凡也都并入相应的支脂之祭真谆仙盐（iɐ- > iɛ-、iə- > i-）。与此同时，B 类 /-ɨ-/ 介音发生了前移。例如，古汉越语里的 ư 对应《切韵》的 /-ɨ-/ 介音，到汉越语里基本上变成了 i：越 vượt > viêt，言 hứa > ŋiên，镜 gương > kinh，逆ngược > nghịch，剑 gươm > kiêm，劫 cướp > kiếp，等等；又如日语吴音到汉音的变化也显示了这种前移：巾 kon > kin，建 kon > ken，元 guan > gen，品hon > hin，九 ku > kiu，居 ko > kiō，肺 hoi > hai，疆 kō > kiō，等等；与此相应，汉语方言中较保守的闽方言反映了《切韵》时代的 /-ɨ-/，如泉州、汕头方言里的巾 [kɯn]、银 [gɯn]、勤 [k'ɯn]、欣 [hɯn]、隐[ɯn] 等里的 [ɯ]，在大多数汉语方言包括湘、赣、吴等方言里都已变成了 [i]。A 类韵的 /-i-/ 介音在唐五代的前移，则导致了声母的腭化。这种情况可以在朝鲜汉字音中看出来。试比较山咸两摄里 A、B 两类字的情况：仙 B 韵愆 kən 虔 kən 谚 ən 焉 ən，盐 B 捡 kəm 验 kəm 险 həm 阉

---

① 分别见黄淬伯，1930a、1930b。

əm，仙A韵遣 kiən 鞭 piən 篇 phiən 绵 miən，盐A韵厌 iəm，先韵和添韵肩 kiən 显 hiən 扁 piən 眠 miən 兼 kiəm 谦 kiəm，等等，可以看出A类韵像纯四等韵一样，比B类韵多出一个i来。如果朝鲜汉字音里的这个ə反映汉语的/iε－/，那么 iə 前的 i 反映的就是汉语里声母的腭化成分了。在汉语里，浙南吴语也显示了四等韵的腭化经历。例如，永康的"粘"ʔnie（浦江 ʔnii），但是"念"ȵia；温州的"薛"sʅ，但是"屑"ça①；显然四等韵的声母比三等韵的腭化程度要高。在汉越语中显示了A类唇音声母腭化后的发展，帮组字在汉越语里以A类为条件读成了舌尖声母 t、th、d［z］。在汉语闻喜方言里，A类唇音、纯四等唇音也变读为 t、t'、l—ȵ，不过闻喜方言的这种腭化波及B类唇音而已②。

最近我们看到谢美龄关于慧琳反切的研究，她在文章结语里列了两个表，现抄录如下：

被切字为A类	A切A	B切A	C切A	Ⅰ切A	Ⅱ切A	Ⅳ切A
次数	925	14	29	10	2	129
被切字为B类	B切B	A切B	C切B	Ⅰ切B	Ⅱ切B	Ⅳ切B
次数	1199	9	638	11	0	2

		被切字等次			
		Ⅰ	Ⅱ	C	V
反切上字	A	0	5	4	349
	B	2	7	141	3

表中的A、B表示A、B类韵，Ⅰ、Ⅱ、Ⅳ表示一、二、四等韵，C表示非重纽三等韵，可以看出，无论A、B类作被切字还是作反切上字，A类字总是和四等韵字相混，而B类字总是跟C类字相混。另外根据张慧美关于朱翱反切的研究，可以看到朱翱A切A208次，B切A8次，C切A32次，B切B179次，A切B7次，C切B212次。从这里可以看到，非重纽韵作A类反切上字的比例，比起《王三》来大大下降了。这说明了"重纽"的内涵和外延到了唐五代时已经发生了很大变化，原来A类韵、B类韵、非重纽三等韵和纯四等的四项对立，是由介音和元音的性质区分的；唐五代时A类韵与纯四等韵合流，B类韵与非重纽韵合

---

① 金有景：《关于浙江方言中咸山两摄三四等字的分别》，《语言研究》1982年第1期。
② 潘家懿：《山西闻喜方言古帮组声母字的读音》，《方言》1985年第4期。

流，它们构成的两项对立，韵图用三、四等来区分，而对立的实质是声母的腭化与否。

3.4 韵图三、四等的区别，最早在唐代守温的韵学残卷里显现出来。在《四等轻重例》里，守温把 A 类三等韵字和纯四等韵字错杂地排在四等位置，与排在三等位置的 B 类韵字和非重纽三等韵字相对立，例如：

勍$_宣$　　　　建$_愿$　　　　免$_选$　　　　掩$_琰$　　　　（三等）

涓$_先$　　　　见$_霰$　　　　缅$_狝$　　　　魇$_琰$　　　　（四等）

这里"免""掩"是原 B 类字，跟非重纽三等字韵字一起排在三等："缅""魇"是 A 类字，跟纯四等韵字一起列于四等，构成了 /miεn/：/mjiεn/，/ʔiεm/：/ʔjiεm/ 这样的对立。这种对立形式一直保存到宋元时代的《蒙古字韵》《韵会举要》还未完全改变。

四 唐五代的于、以两母构成重纽对立

4.1 在 A 类韵跟纯四等韵合流的变化发生以后，即声母腭化以后，韵图四等唇牙喉声母就发展成为 /pj（i）-/、/kj（i）-/ 等了。这样以母 /j/ 就跟它们形成了配应关系。

4.2 于母字在这时也发生了声母 /w/ 脱落的变化。这种变化从许多方面显现出来。

4.2.1 如前所说，在唐代以前的梵汉对音里，于母字常用来对译梵文的 v，但到了唐代玄奘、实叉难陀、不空、义净等的译经中，不再用于母字来对译 v 了，于母字甚至不在梵汉译经中出现了。[①] 这说明于母字在独韵里可能失去了 /w/ 声母（多数是因异化造成，如：炎 /wiεm/ > /iεm/，尤 /wɨu/ > /iu/）。而在合口韵里，/w/ 可能与合口介音相融合，因此于母变成了零声母字，不再适宜对译梵文的 v 了。

4.2.2 在唐五代藏汉对音中，有相当一批于母字的转写形式仍有 w 起头的，例如：

炜 'we　　　　　运 'un　　　　　远 'wan　　　　　垣员 'wen　　　　（《千》）

为谓 'u　　　　违 wu'u　　　　远 wen　　　　　云 'un　　　　　　（《大》）

王 wan, 'wan　云 hun　　　　　往 'bwan　　　　　　　　　　　　（《阿》）

围为 'u　　　　　　　　　　　　　云 'un, hun, hu　　　　　　　　（《金》）

[①] 分别见于施向东，1983；水谷真成，1994；刘广和，1984；柯蔚南，1991。

这里的"'"现在多写成ɦ，通常称"小a"。罗常培先生（1933）根据 Jäschke 的 Tibetan Gramma 说它是个元音根号，并非独立的声母，实际并不发音。周季文先生（1982）认为，像"炜'we"里这样的'w 实际只是简单的 w。如果不考虑这个"小a"，我们可以看到许多于母字开头既可以有 w，也可以没有 w，如"违 wu, 'u"，而"运为谓围云"等字是直接以 u 开头的，因此"王垣员远炜"等字开头的 w，在汉语里很可能也只是韵母合口介音的标记。又如：

友 'iu　　　　　右 yu　　　　　　　　　　　（《千》）
有 yi'u　　　　炎 yyam　　　远 'ywan　　　（《大》）
有 yi'u　　　　远 ywan　　　　曰 ywar　　　（《心》）

这里"友有右炎"都是独韵字，后来成为开口，很可能就是受韵尾或韵腹的唇音性质的逆异化作用，导致了 w 的失落，这可以比较上面 2.3 节提到的汉越语中"尤""炎"前的 v。至于这里"远""曰"两字里的 w，显然是作为合口介音出现的，它不再是声母/w/了。《波罗蜜多心经》中的"曰"，也可以比较 2.3 节举的古汉越语和汉越语里的"越"字前的 v。至于这几个字前面的 y，可能显示了于母字在丢失了/w/以后的进一步腭化。在罗常培先生（1933）使用的四项汉藏对音材料中，《阿弥陀经》和《金刚经》的于母没有腭化，《千字文》和《大乘中宗见解》也只有这里举的四个于母字前有 y，与 35 个以字母有 34 个都用 y 开头相比，这四项材料里于母的腭化率是很低的。另外，从友'iu、右 yu、有 yi'u 三个声韵相同的字比较来看，藏文里的 y 也可能只是汉语中/i/的不同转写而已。"炎"字在《切韵》里有于母和以母两读，因此它的第一个 y 也许正表示汉语以母/j/读法，而第二个 y 自然只是汉语的介音/-i-/了。当然，在唐代西北某些方言里，声母的腭化也许影响了于母。①

4.2.3　一般认为《韵镜》等早期韵图的蓝本形成于晚唐五代。在《韵镜》里也有于母丢失/w/声母的间接证据。在"喉音清浊"三等地位中的字，并不都是《切韵》时的于母字，下面的例子除了"荣"都是《切韵》时的以母字，却有一些列在三等格中（反切采用《王三》的）：

---

①　张清常 1963 的材料中的于母字前面都有一个 y。例如：右有 yauvi，有 yū，园云 yv m̥ni，云 yvī m̥ni，卫 yvi，但是：卫 uvi。

	内一开	内二合	内二合	内八开
三等	肜余隆反	容余封反	欲余蜀反	以羊止反
四等	融余隆反	庸余封反		
	内十一开	外三十一开	外三十四合	内四十二开
三等	余与鱼反	羊与章反	营余倾反	蝇余陵反，孕以证反
四等		阳与章反	荣永兵反	

其中"荣"是于母字，却排在四等中，和以母的"营"地位正好颠倒。有人说喻₃和喻₄在韵图中的排列，主要看喻组的反切下字，下字是唇牙喉音的就排在三等，下字是舌齿音的就排在四等。但是这几个例子全不依下字声母排列。如果于母和以母仍然是/w/：/j/的对立，那么这种相混的局面就不好解释了。因为像"以羊蝇"这样的字在后来并没有发展为合口，而且它们从来就不是于母字。那么这种相混是否说明于母和以母发展成为完全相同的声母了呢？我们觉得不太可能。尽管字母家把于、以合称喻母，但在《韵镜》120个左右的喻母音节中，相混的只有上面举的这几个例子，它们不足以证明整个音系里喻₃、喻₄完全混并。在慧琳的反切里，我们看到他把喻₃、喻₄分别得一清二楚，101个喻母反切上字，没有一个于、以母混杂的。在《慧苑音义》（720前后）的反切中，于、以也相互分别，从不相混。

在五代本《切韵》里，于、以两母也是分开排列的，如宣韵：

……勬卷权翾员娟　缘川船专嫥壖㷕……

（见溪群晓于影　以昌船章禅日昌）

于母的"员"排在见溪群晓影之间，以母的"缘"排在章组的开头。《韵镜》里这种混乱的原因很可能是于母/w/丢失后跟以母字读音相近造成的。例如，原来于母的"荣"/wuieŋ/变成了唐五代的/iueŋ/，原来以母的"营"/juieŋ/变成了/jiueŋ/，二者差别只在于开头有无/j/，加上有些方言于母也发生了腭化的因素影响，故尔造成了韵图排列中的这点混乱。

4.3　当于母/w/丢失以后，跟以母字正好形成了非腭化与腭化的对立，这种对立又正好跟其他唇牙喉声母里新形成的对立形式相同。试比较：

```
┌三等　位/ui/　　筠/uin/　　彼/pi/　　茍/kuit/
└四等　遗/jui/　　匀/juin/　　俾/pji/　　橘/kjuit/
┌三等　炎/iɛm/　　员/iuɛn/　　免/miɛn/　　眷/kiuɛn/
└四等　盐/jiɛm/　　沿/jiuɛn/　　缅眄/mjiɛn/　　绢涓/kjiuɛn/
```

这样的拟音可以得到上面列举的证据支持,在朝鲜汉字音里喻母三、四等也正提供了这种非腭化与腭化对立的证据:

  三等 焉 ən 员 uən 友 u 云 un 于 u
  四等 延 iən 缘 iən 油 iu 允 iun 逾 iu

朝鲜汉字里喻₄比喻₃多出一个 i,如果焉 ən 对应唐五代的 /iɛn/,那么延 iən 就应对应唐五代的 /jiɛn/ 了。这里的情形跟上面 3.3 节所举的愆 kən、遣 kiən 等例子是相应的。在藏文译音《大乘中宗见解》里也可看到这样的对应:

  三等 为 ʼu 谓 ʼu 违 ʼu 远 wen
  四等 维 yu 唯 yu 惟 yu 缘 ywan

这说明到了唐五代时,于母和以母的对立正好对应于其他唇牙喉声母字的重纽对立,因而成为赋有新内涵的"重纽"了。

五 余论

5.1 既然唐五代唇牙喉音有腭化与非腭化两套声母,当时的字母学家为什么不为它们造两套字母来表示呢?我想这是因为当时有了等第观念的缘故。既然用三、四等已经能够区分这种非腭化与腭化的对立,就没有必要再为它们多设一套字母了。另外字母的创立,很可能受到印度悉昙学的影响。梵语辅音声母的发音部位有五毗声之说,南朝宋·法宝《涅磐疏》说:"依梵音,伽佉等五字是喉中声,吒他等五是上颚声,多他等五是舌头声,遮车等五是齿中声,波颇等五是唇中声。"后来南朝梁僧宗、梁武帝、隋朝章安等给这五个发音部位的命名略有不同,但很可能就是后来等韵学"五音"定名的滥觞。至唐代日僧安然《悉昙藏》将梵语毗声二十五字和超声九字分成九个发音部位,可以排列成下表:①

部位	毗		声			超声
喉间	伽 k	佉 kh	誐 g	迦 gh	仰 ṅ	贺 h
喉腭间						乞叉 kṣ
腭下	左 c	车 ch	惹 j	阇 jh	娘 ñ	娑 ś
腭舌间						攞 l
舌头	吒 ṭ	咃 ṭh	拏 ḍ	茶 ḍh	曩 ṇ	洒 ṣ
舌龈间						罗 r

---

① 转引自饶宗颐,1993 年,第 93—120、159—178 页。

续表

部位			毗	声		超声
龈根	多 t	他 th	娜 d	驮 dh	那 n	舍 s
龈唇间						野 y
唇中	跛 p	颇 ph	麼 b	婆 bh	莽 m	嚩 v

  这里对发音部位的描写已经达到相当细密的程度，汉语等韵学必会受它的影响。守温韵学残卷第一截列"唇舌牙齿喉"五音，在《定四等重轻兼辨声韵不和无字可切门》中，于"高"字下注"此是喉中音"，没有用"牙音"术语，当然是渊源有自的。字母的创立受到这种影响，因此比照梵文"唇中音"只立一套唇音字母（不芳并明），腭化的唇音也用它们表示，比照梵文"喉中音"只立一套牙喉字母，腭化的牙喉音也用它们表示。虽然后来为轻唇音另设了一套字母，但始终没有为腭化的唇牙喉另设一套字母，那显然是因为用等第足以区别它们的缘故。①

  5.2 喻母（于母和以母）在传统等韵学术语中是次浊声母，《韵镜》标为"清浊"，这意味着它和鼻音、边音等声母属于一个大类。在声调分化时，喻母也确实是跟着鼻音、边音走的，但是晚唐五代时于母既然丢失了声母而成为元音起头的零声母了，按通常的说法，那该是"全浊"的，它怎么可以跟 j、m、n、l 等声母一样被称为次浊，并且跟它们有同样的发展呢？根据现代语言学研究，这不是太难解释的，比较全浊声母、次浊声母和元音的声学特征，元音的特点是接近次浊而远于全浊的。元音、次浊辅音、全浊辅音的共同特点是声带颤动，但是全浊声母发音时，发音系统要做较大的收缩，是所谓的阻塞音（obstruent）；而元音和次浊声母发音时，发音系统基本上处于可以发出自然声音的状态，是所谓的响音（sonorant）。② 全浊声母虽然发音时颤动声带，但其主要的声源仍然是噪音，其发音部位在实验语音学中要靠强频集中区的频率来决定；次浊声母的声源来自声带，乐音成分占优势，也有类似元音的共振峰横杠，其发音部位可以像元音一样靠共振峰频率来决定。③ 相比之下，元音与次浊较接近。因此元音起头的零声母音节是不同于全浊声母的音节的。在声调分化时，零声母的喻₌就跟着其他次浊声母走上了同一条路了。

---

  ① 邵荣芬先生来信指出，本文中汉语比照梵文只立一套唇牙喉声母的说法"有点勉强"。笔者愿意重新考虑这个问题。
  ② 参见 Katamba，1989，p. 43。
  ③ 参见王理嘉，1991 年，第 54—57 页。

参考文献

董同龢：《广韵重纽试释》，《六同别录》四川李庄，史语所 1945 年；又《史语所集刊》第十二本，1948 年。

河野六郎：《朝鲜汉字音の研究》，1939 年。

洪笃仁：《万叶仮名与广韵对照》，《厦门大学学报》（社会科学版）1963 年第 1 期。

黄淬伯：《慧琳一切经音义反切声类考》，《史语所集刊》第一本第二分 1930a 年。

黄淬伯：《慧琳一切经音义反切考韵表》，《国学论丛》1930b 年第 2 卷第 2 期。

黄笑山：《〈切韵〉和中唐五代音位系统》，博士学位论文，厦门大学，1991 年；又，台北文津出版社 1995 年版。

Katamba, *Francis* 1989 *An Introduction to Phonology*, New York, Longman Inc., p. 43.

柯蔚南（W. South Coblin）：《义净梵汉对音探讨》（A Survey of Yijing's Transcriptional Corpus），《语言研究》1991 年第 1 期。

李荣：《切韵音系》，科学出版社 1956 年版。

李新魁：《汉语音韵学》，北京出版社 1986 年版。

刘广和：《唐代八世纪长安音声纽》，《语文研究》1984 年第 3 期。

刘广和：《东晋译经对音的晋语声母系统》，《语言研究》1991 年增刊。

陆志韦：《古音说略》，《燕京学报》专号之二十，1947 年；又，《陆志韦语言学著作集》（一），中华书局 1985 年版。

罗常培：《唐五代西北方音》，史语所，1933 年；又，科学出版社 1961 年版。

饶宗颐：文心雕龙声律篇与鸠摩罗什通韵；唐以前十四音遗说考，《梵学集》，上海古籍出版社 1993 年版。

三根谷彻：《越南汉字音研究》，东京，东洋文库 1972 年版。

邵荣芬：《切韵研究》，中国社会科学出版社 1982 年版，第五章第二节、第三章第二节。

施向东：《玄奘译著中的梵汉对音和唐初中原方音》，《语言研究》1983 年第 1 期。

水谷真成：《慧苑音义音韵考》，《中国语史研究》，东京，三省堂 1994 年版。

王静如：《论开合口》，《燕京学报》1941 年第 29 期。

王静如：《论古汉语之腭介音》，《燕京学报》1948 年第 35 期。

王力：《汉越语研究》，《岭南学报》1948 年第 1 期；又，《龙虫并雕斋文集》，中华书局 1980 年版。

谢美龄：《慧琳反切中的重纽问题》，《大陆杂志》1990 年第 1、2 期。

薛凤生：《试论等韵学之原理与内外转之含义》，《语言研究》1985 年第 1 期。

薛凤生：《试论〈切韵〉音系的元音音位与"重纽、重韵"等现象》，台北，第四届国际声韵学会论文，1995 年。

有坂秀世：《国語音韵史の研究》，明世堂书店 1944 年版；又，三省堂 1957 年版。

俞敏：《后汉三国梵汉对音谱》，《中国语文学论文选》，东京：光生馆 1984 年版。

尉迟治平：《周、隋长安方音初探》，《语言研究》1982 年第 2 期。

张慧美：《朱翱反切中的重纽问题》，《大陆杂志》1988 年第 4 期。

张清常:《唐五代西北方言一项参考材料——天城梵书金刚经对音残卷》,《内蒙古大学学报》(社会科学版) 1963 年第 2 期。

赵元任:《The Non-uniqueness of Phonemic Solutions of phonetic Systems》,《史语所集刊》四本四分, 1934 年;又,叶蜚声译《音位标音法的多能性》,载《赵元任语言文学论文选》,中国社会科学出版社 1985 年版。

周法高:《古音中的三等韵兼论古音的写法》,《史语所集刊》第十九本, 1948 年。

周法高:《On the Structure of the Rime Table in Yün–ching 韵镜》,《史语所集刊》第五十四本一分, 1983 年。

周季文:《藏译汉音的〈般若波罗蜜多心经〉校注》,《语言研究》1982 年第 1 期。

原载《语言研究》1996 年增刊(汉语音韵学第四次国际学术研讨会论文集)

中古二等韵介音和《切韵》元音数量

黄笑山　浙江大学　汉语史研究中心　浙江　杭州 310028

提要　学者们构拟的上古音里，二等韵的声母常常是个带 –l– 或 –r– 的复辅音，或者韵母带有某种介音。然而在中古音的构拟中，二等韵一般都没有介音。有相当多的证据证明，上古这类复辅音里面的流音成分到中古时并没有简单地消失，它作为二等韵介音保留到中古时期。如果二等韵存在着某种介音，那么中古汉语的元音或许是一个七元音的系统。

关键词　中古汉语　语音史　二等韵　介音　元音数量

[中图分类号] H113.1　　[文献标识码] A　　[文章编号] 1008 – 942X（2002）01 – 0030 – 09

一　问题的提出和新近的研究

中古二等韵有没有介音的讨论其实开始得很早。在高本汉（Bernhard Karlgren）早年的研究中就已经提出了一个寄生的较弱的 –i–，并且只限于二等韵的开口。但是由于当时考察的方言里二等韵几乎都不带介音，后来他接受了马伯乐（H. Maspero）的意见，取消了这个寄生的 –i–，而代之以"浅 –a–"。他认为到了唐代以后这个"浅 –a–"对前面的牙喉音声母产生腭化作用，因而滋生出了个 –i– 介音。但是在高本汉构拟的二等韵里，并不是所有的韵都是这种浅元音，例如江韵系的元音就是相当靠后的，可是江韵系后来也同样有了 i 介音，这同中古二等韵的介音是由前元音（浅 –a–）滋生出来的理论相违背。

对此，高本汉自己起初也感到为难："因为我已证明《切韵》的江韵是 ɒŋ，而江韵在官话还含着一个介音 i。我本以为要靠这个开 o（ɒ）把前面的声母腭化是不可能的事。"虽然高本汉后来用马伯乐的元音割裂说来解释江韵系的演变（比如江 kɔŋ > kŏuŋ > kaŋ > kiaŋ），但这个解释似乎有意无意地忽略了后元音是如何割裂出前元音的问题。而且"现在却还有一个难点，就是影母的二等字，如亚（中古汉语 ʔa）现在也生出一个介音 i 来，要假设 ʔa＞ia 这一变化单单是为了 a 的偏浅性，未免太勉强了"。① 尽管如此，这个浅元音的观点还是为绝大多数学者所接受。这样，在相当长的一段时间里，中古二等韵的构拟就没有任何介音了。

近十几年来，一些学者又提出了中古二等韵有介音的观点，不过和高本汉的寄生的 –i–介音已经很不相同了。例如在王力所构拟的上古音里，二等韵有 –e–／–o–两个介音②，到他构拟的魏晋南北朝音系里还保留了这两个介音，只是到隋唐中古音里，二等韵的介音才消失了③。另一派主张中古二等韵有介音的思路和王力不一样。在上古音的研究中，雅洪托夫（С. Е. ЯХОНТОВ, 1960）曾提出，所有中古二等韵字在上古时的声母是含有 –l–的复辅音④。后来蒲立本（Pulleyblank, E. G., 1962–63）、薛斯勒（Schuessler, A., 1974）、包拟古（Bodman, N. C., 1980）、郑张尚芳（1987）等接受了这一观点，并相继提出汉语的 l 来自 *r 的主张，将二等声母修改为含 –r–的复辅音⑤。李方桂（1971）也采纳了中古二等韵元音和中古卷舌声母来自带 –r–音节的观点，只是他指出，到中古时含有 –r–介音的音节里的元音趋于央化，而作为介音的 –r–也就在中古前消失了⑥。丁邦新认为 –r–介音从上古保持到魏晋，而在南北朝时期开始丢失⑦。包拟古（Bodman, N. C., 1980）认为上古的介音 –r–首先变成 –l–，然后在中古阶段之前失去⑧。

应该说，中古二等韵的来源已经基本弄清楚了，这就为中古二等韵

---

① 高本汉：《中国音韵学研究》，赵元任、罗常培、李方桂合译，商务印书馆 1995 年版，第 478 页。
② 王力：《同源字典》，商务印书馆 1982 年版，第 57—73 页。
③ 王力：《汉语语音史》，中国社会科学出版社 1985 年版，第 17—163 页。
④ 雅洪托夫：《上古汉语复辅音声母》，唐作藩、胡双宝选编《汉语史论集》，北京大学出版社 1986 年版，第 42—52 页。
⑤ 郑张尚芳：《上古韵母系统和四等、介音、声调的发源问题》，《温州师院学报》（社会科学版）1987 年第 4 期。
⑥ 李方桂：《上古音研究》，商务印书馆 1980 年版，第 22—23 页。
⑦ TING Pang-hsin, Chinese Phonology of Wei-Chin Period: Reconstruction of the Finals as Reflected in Poetry, *Institute of History and Philology Academia Sinica Special Publication*, No. 65, 1975, pp. 235—260.
⑧ Bodman, N. C., Proto–Chinese and Sino–Tibetan: Data towards Establishing the Nature of the Relationship, Contribution in Historical Linguistics; *Issues and Materials*, Frans van Coetsem and Linda Waugh eds., 1980, pp. 34–199, Leiden, E. G. Brill（包拟古：《原始汉语和汉藏语》，潘悟云、冯蒸译，中华书局 1995 年版，第 46—241 页）。

的特征的探讨提供了重要的线索，但李方桂、包拟古等的研究重心不在中古，没有重新构拟中古音，只稍稍修改了一下高本汉的中古音中的个别地方，所以对他们来说中古二等韵仍然保持那个"浅 – a –"，上古所具有的那个特点到中古已经荡然无存了。只有蒲立本完全抛开了高本汉的中古音系统，假设二等韵直到中古后期还具有卷舌的 – r – 介音①，不过后来他（1984）觉得这不利于说明中古以后的某些演变，所以假设在 A 型音节（非三等韵）里，上古的 r 导致了中古元音的卷舌作用（例如：– ra – > – a^r –），他认为这种卷舌作用使二等韵变成了长元音 aa 以后（后期中古音）才消失②。

近十几年来随着对汉语方言的广泛调查和对古音的认识不断深入，一些学者指出，二等韵的介音到中古时确实并没有简单地消失，而是以某种形式保留在二等韵里。例如郑张尚芳先生（1981）就指出，上古的这个介音后来经历了 Cr – > Cɣ – > Cɯ – > Cɨ – 的发展，中古时期的形式是 – ɣ –③。许宝华、潘悟云先生（1984、1985）提出了较全面的论述，支持郑张尚芳先生的观点④。赵克刚先生（1984）认为《切韵》时代的二等韵介音应该是 – ɯ –⑤。麦耘（1990、1992）把《切韵》二等韵的介音拟为 – rɯ –⑥。

学者们为构拟中古二等韵介音提出了不同的证据，对它的上古来源、中古表现及后来的语音发展作出了解释。这些证据集中起来大致有如下几个方面。

其一，上古 Cr – 音丛到中古的变化。中古二等韵的上古来源是 Cr – 音丛，如果假设上古介音 – r – 不经过中间阶段到中古直接失去，有许多现象就不能得到解释。如果说 – r – 有中央化的作用使其后的高元音下降、低元音上升，那么应该解释介音 – r – 何以有这样的作用，但是

---

① Pulleyblank, E. G., *The Consonantal System of Old Chinese*, Asia Major, 1962, 9: 58 – 114 and 206 – 265.

② Pulleyblank, E. G., Middle Chinese: A Study in Historical Phonology, Vancouver: The University of Columbia Press, 1984, pp. 79 – 86.

③ 据许宝华、潘悟云（1984）说，郑张尚芳二等韵介音发展的假设，是 1981 年在复旦大学所作的学术报告里提出的。后来在 1987 年的长文里的 2.3 节中又有阐述。

④ 许宝华、潘悟云：《释二等》，《音韵学研究（第三辑）》，中华书局 1994 年版，第 119—135 页。

⑤ 赵克刚：《四等重轻论》，《音韵学研究（第三辑）》，中华书局 1994 年版，第 42—48 页。

⑥ 麦耘：《论重纽——兼论〈切韵〉和韵图的介音系统及其演变》，中国音韵学研究会第六次学术讨论会论文，北京，1990 年。

并没有看到这方面的有说服力的解释，所以不能简单地假设中古－r－介音直接消失。

其二，某些方言二等韵字至今保留某种介音形式。许宝华、潘悟云还提供了遂昌、浦江、衢州、武义、义乌、淳安、乐清、建德、青田等浙南、浙西南地区方言以及太原、大同等晋方言、广西伶话等作为佐证。这里有的方言，二等韵不仅在牙喉音的后面带－i－介音，而且唇音字后面也带有－i－介音。有的方言二等韵字还有－u－、－y－、－ɯ－等介音形式。在很多方言的介音后面的主要元音是后元音或央元音，如浦江"巧"tɕʰio、"杀"ɕyʌ，建德"刷"ɕyo、"八"pɯɤ，太原"白"piə，这用所谓的"浅－a－"滋生介音的说法就无法解释了。潘、许认为这些介音有共同的来源，就是－ɯ－。这个－ɯ－前化就是－i－，唇化就成了－u－，唇化再前化就是－y－，低化到后接元音的舌位就成了零介音了。潘、许认为从上古的－r－介音到－ɯ－介音经历了－ɣ－的中间阶段，郑张尚芳（1987）认为《切韵》时代二等韵介音正是－ɣ－。

其三，唐释神珙《四声五音九弄反纽图》中的"五音声论"用喉声、牙声区别一、二等韵；《广韵》后所附的"辨十四声例法"也是用喉声、牙声区别二等韵和一、三等韵。这都跟《广韵》后附的"辨字五音法"用喉声、牙声区别喉牙音一等韵和一、三等韵一样，不可能是声母的区别，只能是介音有别。

其四，《中原音韵》的豪、肴同韵但同是唇音或泥娘母的字又不同；据八思巴字的对译可看出，直至近代，二三等的介音仍是不同的。明末《韵法直图》中二等韵开口字有好几种介音形式，梗摄开口呼，蟹摄效摄齐齿呼，江摄齿音合口呼，江摄喉牙"混呼"，山摄咸摄"齐齿卷舌呼"，假摄唇齿"舌向上呼"，这些介音形式可能来自同样的介音，不可能来自零形式，尤其是"齐齿卷舌呼"和"舌向上呼"更为中古－r－介音的存在提供了支持。

其五，二等韵见系开口字的腭化音变不规则，即有的二等韵开口字并没有发生腭化，这被认为是中古二等介音前化和失落两种趋势共同作用的结果。开口二等介音失落的原因是受到了发音生理的（潜语音条件）制约：[＋后] 韵尾阻碍介音的前化，而－i韵尾和前化的二等介音相互异化，导致介音或韵尾的失落。

其六，在《切韵》里二等韵字的反切上字跟一等韵归到一组，到了《集韵》里二等韵开口字采用三等韵字作反切上字了。说明宋代开口二等韵的介音已经前化为－i－了。汉越语里开口二等韵牙喉音字声母作

gi 等，gi 今河内音读 ʑ（王力），今西贡音读［j］（三根谷彻），可见在 10 世纪前后汉语借入越南语的时代开口二等韵介音已经是 -i- 了。日语吴音梗摄二等韵字有 -i- 介音，但到了汉音里却没有了，潘、许认为吴音所译的汉语方言 -ɯ- 已经变成了 -i- 了；而汉音所据的 8 世纪长安方言里 -ɯ- 介音一直保留到 8 世纪前后。

其七，除了江梗二摄外，所有的二等韵字在日语吴音、古汉越语里都是以 e 为主元音的。潘、许认为这说明在古代南方方言里，二等韵字的介音带动主元音一起前化，最后介音和主元音合并作 e。

其八，韵图列等时江韵系所有声母字全都列在二等地位并且让所有一三四等地位全都空着，说明二等韵具有明显不同于其他各等的特征。

这些证据使我们认为二等韵存在某种介音的假设是有道理的，一些语音现象使我们认为，在《切韵》时代，二等韵可能仍然保留早期的/-r-/介音（音色也许是［-ɻ-］），到中唐五代以后，这个介音可能已经发展为/-ɨ-/了（我们觉得 -ɯ- > -ɨ- 的发展如果有过，也只是音色上的渐变；而且在一般语言或方言中 ɯ∶ɨ 的音位对立是很难见到的，所以/-ɨ-/音位实际包含了 ɯ 音色的可能），而这个/-ɨ-/介音也许正是韵图列二等的实际语音依据。下面举出一些语音现象作为补充证据。

二　梵汉译音时加注的反切

在梵汉译音中，重纽三等字与重纽四等字是有区别的，俞敏先生据此认为，重纽四等应有个 -y-［-j-］介音，而重纽三等则有个 -r- 介音，把这个学说扩大到齿音上去，那么正齿二等是 -r- 介音字，三等是 -y- 介音字[①]。施向东先生的研究证明，这个区别到玄奘时代依然存在[②]。陆志韦先生早年就指出过，重纽三等的介音与照二、知纽的介音相同。这就是说，在知照声母后，二等韵是有/-r-/介音的。

我们认为，二等韵字最常用来译写梵文的卷舌声母音节，其原因除了二等知庄组声母正好对应于梵文的卷舌声母外，很可能还因为二等韵字的/-r-/介音音色有助于传达梵文的卷舌读音。译经中有一些很值得注意的反切，应该能够证明二等韵在其他声母条件下，也是有/-r-/介音的。佛驮跋陀罗、地婆诃罗都把梵文的 ḍa 或 ḍha 对译为"茶，徒解反"，阇那崛多亦用"茶，徒家反"来对译 ḍa。这里的反切和"侘，耻

[①] 俞敏：《等韵溯源》，《音韵学研究（第一辑）》，中华书局 1984 年版，第 402—413 页。
[②] 施向东：《玄奘译著中的梵汉对音和唐初中原方音》，《语言研究》1983 年第 1 期。

加反"对译 ṭha 不同,"耻加反"的反切上字用的是知组字,知组字是卷舌声母,不容易看出汉语的"侘"字有没有二等介音来。但是"徒解反""徒家反"的反切上字是舌尖的端组字,不可能对应梵文顶音的卷舌色彩,反切下字是二等韵的蟹韵、麻韵字,加这样的反切的目的显然是利用二等韵字的/-r-/介音来使整个音节更好地对应于梵文的卷舌作用。译经中 kṣa 有一派常用"叉"字表示,实叉难陀加"楚我切",这是用初母字来对译这个卷舌的梵文字。阇那崛多译写梵文的 kṣay 用了三等祭韵的"憩"字,并加注了"歆债"二字,"债"字是二等韵的卦韵字,如果不是要通过"债"字的/-r-/介音来体现梵文的卷舌色彩,那么这样的注文意义又何在呢?这个注不仅仅是为了表示二合音。不空对译 kṣa 用"讫洒二合",般若对译 kṣa 用"乞叉二合",慧琳对译 kṣa 用"乞洒合为一字,经中作讫,不切,二合","洒"字有寘韵、马韵的异读,慧琳注"下'洒'字,沙贾反",都用二等韵字;可是对译梵文的 ska 时,不空用"室左二合,上",般若和慧琳都用"室者二合",都不用二等字。同是为了表示二合,为什么 kṣay、kṣa 对译的下字一定要用二等韵字,而 ska 对译的下字就都不用二等韵字呢?不空译经时,用"砢"字对应梵文 la,而译写 ra 时则用"啰"字,并加注"梨假反",这应该也是利用二等韵字作反切下字来描摹梵文 r 的"转舌"或"弹舌"的音色。如果二等韵没有/-r-/介音,"梨假反"切出来的音和"砢"就会一样,那么反切不就成了蛇足了吗?

三 《切韵》反切

(一) 二等韵字很少作其他等的反切上字

《切韵》的反切有一二四等韵与三等韵分组的趋势,赵元任先生曾指出,这是因为三等韵有个闭 i 介音,而一二四等韵没有的缘故,反切为求介音和谐,因此形成分组的趋势。从这个思路来考虑问题,我们若假设《切韵》时代二等韵有介音/-r-/,出于同样的介音和谐原理,二等韵应该与一四等韵、三等韵形成鼎足而分的趋势。但是,从《切韵》二等韵的反切上字看,却看不出这种三分的趋势。二等韵的反切上字,四个等的字全有。

不过,换一个角度观察,看看二等韵字最常作几等韵字的反切上字时,我们发现虽然一四等韵在《切韵》里常互作反切上字,有时还采用丑寅类字作反切上字,但是却很少用二等韵字来作其他等的反切上字。请参看表1①。

表 1　　　　　　　　各等字的反切上字分布　　　　　　　单位：次

反切上字 被切字	一等	二等	三等子	三丑寅	四等	合计
一等	804	5	0	71	22	902
二等	313	33	0	201	5	552
三等子	3	0	18	210	0	231
三丑寅	27	9	14	1583	7	1640
四等	241	2	1	33	14	291
总计	1388	49	33	2098	48	3616

说明："於"字有一、三等韵两读，此表把作三等韵上字的"於"计入三等韵，其余的计入一等韵。

在表 1 里，二等韵自切 33 次，作其他等的反切上字共 16 次。在这 16 次中，所用的反切上字只有一个"山"字和一个"下"字。"山"字之所以作丑寅类反切上字（8 次），是因为其声母本身就是卷舌音，/-r-/介音的卷舌色彩在反切时和声母的卷舌色彩合并了。而"下"字却比较特殊。"下"字用于一等韵 5 次，二等韵 7 次，丑寅类 1 次，四等韵 2 次，这大概是二等韵/-r-/介音受匣母/ɣ-/的影响，被同化为舌根音（或舌面后音）的缘故。我们知道，由 r 发展为 ɣ 是相当自然的。原始罗罗—缅甸语的 *r 在拉祜语里变成了 ɣ；马来语南方的 r 在北方也成了舌根擦音或小舌擦音；阿拉伯语的 r 也发展成 ɣ；藏文 rtags（记号）在玛曲藏语中读 ɣtak；等等。因此在声母 ɣ 之后的/-r-/被先行同化为舌根音/-ɨ-/[-ɯ-]更是很可能的事了。就是说，"下"字很可能就是/-r-/介音向/-ɨ-/发展的开端。如果真是这样的话，那么"下"的介音游移于/-r-/和/-ɨ-/之间，作一三四等韵的反切上字，就不奇怪了。当然还有一个陆志伟先生指出过的原因——这两个字的笔画少。

除了"山""下"二字外，二等韵字不作一三四等韵的反切上字，这就说明二等韵字不仅与三等韵有介音的不同，而且与一四等韵的介音也有

---

① 陆志韦先生在《古反切是怎样构造的》（《中国语文》1963 年第 5 期）中早就作过统计，最近我们和他的统计作了比较，数字略有差异。陆先生的结论是反切上字规避二、四等韵字。但是二等韵的反切上字用二等韵字最多却是事实。单就二等韵说，用二等韵切上字的占总数 49 次的 67%强，比一等韵用一等韵的反切上字（59%强）的比例还高，说明二等韵并不规避二等韵的反切上字（四等韵里也不规避四等韵的反切上字）。

不同。由于二等韵的介音保留到了中古《切韵》时代，使它不适合于作一四等韵的反切上字；而二等韵之所以可以用其他等的字作反切上字，就是由于二等韵的/-r-/介音的特点已经由切下字充分地体现出来了，所以对上字的运用便不拘泥介音问题了。

（二）开合口混淆不清只出现在二等韵里

在《王三》的一些开合口俱全的韵里，有些个牙喉音小韵用唇音字作反切下字时开合口混淆不清。例如①：

```
       夬韵              敬韵
开  芥  古迈反      行  胡孟反
合  夬  古迈反      蝗  胡孟反

     陌韵          蟹韵        滑韵        黠韵        襉韵
开  格  古陌反  解 加买反  偋 胡板反  黠 胡八反  莧 侯办反
合  虢  古伯反  拐 孤买反  睆 户板反  滑 户八反  幻 胡辨反②
```

在这里，"芥"和"夬"、"行"和"蝗"两对小韵反切相同，"格"和"虢"等五对小韵虽然切语不同，但它们的反切上字同类，反切下字也同类，单从反切看，切出来的音读也应是相同的，其开合就界划不明了。通常认为这是运用唇音字作反切下字的缘故，由于唇音字不分开合，所以这些切语就开合不清了。但值得注意的是，这种现象只出现在二等韵里，其他各等韵里没有这种情况。是什么因素使这些小韵发生这样的混淆呢？如果仅仅是因为切下字的唇音声母的唇化作用（实际上唇音字以开口字为反切下字的数目比以合口字为反切下字的要多一倍），那么为什么其他各等韵里不出现类似的现象呢？我们认为这很可能是/-r-/介音的影响造成的。/-r-/介音可能有某种圆唇的色彩（比如像现代英语的r），在唇牙喉声母后它使开口的音色也近于合口，这就导致了二等韵里的这些小韵在反切时发生混淆。

（三）泥娘类隔和端知类隔韵集中在二等韵里

泥娘两组的分布和端透定、知彻澄的分布一样。端透定出现在一、四等韵，知彻澄出现在二、三等韵，但是有些知组字在早期反切里却用端组字来作反切上字。例如"䶂，都下反"，属二等麻韵；"胝，丁私反"，属三等脂韵，等等。同样，在一般情况下，泥纽出现在一、四等韵，娘纽出

---

① 李荣：《切韵音系》，科学出版社1956年版，第98—99页。
② "莧、幻"的切下字皆应为"辨"。《王三》《广韵》"幻"皆"胡辨反"，"辨"字狝韵、三等、上声音皆与此不合，而"辦"蒲莧切正合。盖"辨""辦"初为正俗字，《说文》释注所谓"古辨别、幹辦无二义，亦无二形二音也"。

现在二、三等韵，但是也有的娘纽字用泥纽的反切上字。

我们先看看《王三》里泥娘纽反切上字的分布情况：

表2　　　　　　　《王三》泥娘纽反切上字分布情况　　　　　　单位：次

反切上字	娘纽					泥纽						合计
	女	尼	伱	儜	娘	奴	乃	诺	那	年	如［或为"奴"之误］	
一等韵	0	0	0	0	0	30	9	2	1	1	2	45
四等韵	0	0	0	0	0	13	4	0	0	0	0	17
三等韵	18	5	0	0	1	0	2	0	0	0	0	26
二等韵	14	1	1	1	0	6	2	1	0	0	0	26
合计	32	6	1	1	1	49	17	3	1	1	2	114

从表2可以看出，在一、四等韵里，没有用娘纽作反切上字的；三等韵里几乎全用娘纽作反切上字；只有两个例外："赁乃禁反"和"㾕乃心反"，后者李荣先生据《广韵》订为"女心反"，那么在三等韵里就只有一个是泥娘类隔了；可是在《王三》二等韵的26个娘纽小韵里，倒有9个用泥纽字作反切上字的，占了娘纽二等韵小韵的35%，占了泥娘类隔11例的82%，这9个小韵是：

　　妳奴解反　　㨡诺皆反　　赧奴板反　　赧奴闲反　　㺁奴巧反
　　硇奴劲反　　䋆奴下反　　胗乃亚反　　㲋乃庚反

为什么泥娘类隔只发生在二等韵里而几乎不发生在三等韵里呢？我们认为如果假设二等韵有/-r-/介音就比较容易解释了。在这样的反切里，泥纽受后面/-r-/的影响，声母/n-/可能会带有卷舌色彩，听起来就像[ɳ-]，由于在《切韵》音系里泥纽拼二等韵和娘纽拼二等韵并没有对立的小韵，这样泥纽拼二等韵就会和娘纽拼二等韵的音色效果几乎一样，比如"妳奴解反"/nrai/音色可能非常接近[ɳrai]，就和"䉒妳佳反"/ɳrai/在听感上几乎没有什么区别（只有声调的区别），所以二等韵可以允许泥纽字作反切上字。一、四等韵没有介音，声母直接和主要元音拼合，反切上字若用娘纽就不可能拼出一个准确的读音来，所以一、四等韵决不用娘纽字作反切上字。同样，在《切韵》时代的三等韵里，娘纽已经由上古的/nri-/发展为/ɳi-/或者/ɳɨ-/了，反切上字用泥纽和用娘纽的效果就是很不相同的（/ni-/：/ɳi-/），所以除了4%—7%的例外（赁、㾕。《广韵》"㾕"小韵归入"㾕女心切"小韵，但又多了个"伱乃里切"），三等韵几乎不用泥纽字作上字。

端透定和知彻澄类隔在《王三》里不算多，端透定拼三等韵有5个

— 422 —

小韵（胝丁私反，䐴胝几反，蹱他用反，地徒四反，貯丁吕反），只占全部端知组三等小韵（172个）的2.9%；端透定拼二等韵有15个小韵（椿都江反，戇丁降反，斲丁角反，𪗨卓皆反，䤼丁刮反，窡丁滑反，罩丁教反，䐉都下反，打德冷反，䩞都陷反，獭他辖反，袒大苋反，㙮徒嫁反，瑒徒杏反，湛徒减反），占了全部端知组二等小韵（56个）的26.8%。显然端知类隔的现象也主要是（准确说有75%）发生在二等韵里。

为什么端知类隔大都发生在二等韵里而很少发生在三等韵里呢？我们仍然可以和泥娘在二等韵里的类隔一样，假设舌尖声母/t‑/、/th‑/、/d‑/受二等韵的/‑r‑/介音影响，变得和卷舌声母的音色相同，所以"都江反"听起来跟"丑江反"感觉相似，只有送气和不送气的不同。比如，"都江反"拟音作/trɔŋ/，听起来就像［ʈrɔŋ］，所以接近"丑江反"的/ʈhrɔŋ/。不过，在《切韵》里端知是有对立的：

䐉都下反：䋨竹下反　　　　打德冷反：盯张梗反
蹱他用反：惷丑用反　　　　地徒四反：緻直利反

如果"都江反"听感和"丑江反"相似，那么"都下反"/tra/和"竹下反"/ʈra/的听感就应该都是［ʈra］了，音色相同，就不好解释为什么存在对立了。

在这几个端知对立里，"蹱他用反：惷丑用反"和"地徒四反：緻直利反"两组都出现在三等韵里，跟我们讨论的二等韵介音问题没有直接关系。其中"蹱他用反"，李荣先生已经指出是可疑的了[①]。而"地徒四反"则是某种"强势保留"，其结果使这个三等韵常用字孤零零地保持定母的读法。至于两组二等韵的端知对立，可能有其他的解释。实际上，"打德冷反"和"冷鲁打反"两个小韵的反切下字是系联为一类的，"打""冷"两字都不作其他字的切下字，早就有人把它们当成梗摄一等韵来处理了，例如方孝岳[②]、蒲立本[③]等。如果真是这样，这两个小韵就应该没有/‑r‑/介音，"打"小韵用端纽作上字就可以理解了。把这种处理扩大到"䐉都下反"小韵，二等韵就不存在端知对立了，即：

德冷反/taŋ/ ：张梗反/ʈraŋ/　　都下反/ta/ ：竹下反/ʈra/

有意思的是，这种情况只出现在所谓"二三等韵合韵"的庚、麻两

---

① 李荣：《切韵音系》，科学出版社1956年版，第8页，注9；90页。
② 方孝岳：《汉语语音史概要》，商务印书馆1979年版，第121页按语。
③ Pulleyblank, E. G., Middle Chinese: A Study in Historical Phonology, Vancouver: The University of Columbia Press, 1984, p. 120.

韵系的上声里。既然二等韵不存在端知对立，那么其余的二等韵的端知类隔可以像泥娘类隔一样解释成/-r-/介音的影响了。

四 韵图

和《切韵》反切里二等韵牙喉音字发生混淆的现象相似，《韵镜》里也有此类开合不清的情况。不过由于时代的不同，这一回是发生在唇音里。我们知道，中古的唇音是没有开合口对立的，但是韵图的下列现象却似乎显示出唇音有开合口两种读法的可能。

《韵镜》第十三图开口二等去声怪韵帮母"拜"字，在合口的第十四图中重出；第十五图开口去声卦韵帮母"㘷"字与合口的第十六图中的"庍"字对立（《王三》"㘷"，方卖反；"庍"即"庍"，方卦反）；二十三图开口入声黠韵帮组"八〇拔密"与合口的第二十四图"八汃拔密"重出。到《切韵指掌图》中这种现象更甚，如第十七图蟹摄开口二等帮组"〇姄排埋，摆佨愲买，拜派败卖，八汃拔密"跟合口的第二十图完全重出（唯去声滂母"派"换成了"湃"）。这种开合口重出的情况恰恰出现在二等里，因此特别值得重视。我们猜想它仍然是与二等的介音有关。

中古《切韵》时代的/-r-/介音到《韵镜》时代可能已经发展成/-ɨ-/了，/-ɨ-/在唇音声母后，受唇化作用的影响，读音上可能具有某种合口色彩。如果注重这种合口色彩，二等唇音字就该归入合口；但是由于这种合口色彩并不稳定，又不同于真正的合口，所以当忽略它时，二等唇音就该归入开口。韵图的作者们在这一点上似乎很拿不定主意，而且韵书的反切也是开合口不很明朗（其反切下字或是唇音字，或是以唇音为下字的牙喉音字），制图的人失去参照，这才造成二等的唇音字开合口重出或对立的情况。

五 有二等介音的《切韵》系统构拟

由于假设二等韵有介音，可以利用介音系统来分辨一些韵系，所以可以用较少的元音来构拟有二等介音的《切韵》系统，麦耘曾经构拟了这样的一个七元音系统，为了能够看清各韵的关系，我们采用表3来反映他的构拟：

表3　　　　　麦耘的七元音系统

	一四等韵 -Ø-，二等韵 -r-，三等韵 -ri- 或 -i-					
	-Ø	-i	-u	-m	-n	-ŋ
i	脂		幽	侵	真	
u	模虞	灰			文魂	东
ə	之	微			臻殷痕	蒸登
o	鱼	哈废海	侯尤	覃凡	元	冬钟江
ɒ	歌	泰	豪	谈	寒	阳唐
a	马麻	夬	肴	衔严	删	庚梗
e	支	齐皆佳祭	萧宵	盐添咸	山先仙	耕青清

总的来说，这个系统相当简明。在一个格子里面的韵，韵基都相同，区别只在介音的有无和同异，它们在诗歌里大致都可以押韵。不同格子里的字由于韵基不同，即使押韵也应该是偶然相押或者是方言现象。为了减少元音音位，我们甚至还可以把《切韵》的所有韵安排在5个元音的框架下，如表4：

表4　　　　　一个五元音的《切韵》构拟

	一四等韵 -Ø-，二等韵 -r-，三等韵 -ɨ- 或 -i-					
	-Ø	-i	-u	-n	-m	-ŋ
ɨ	之	脂	幽	真臻	侵	东
ə	鱼	微	侯尤	文殷		登蒸
ɔ	模虞	灰哈废	肴	元魂痕	覃严凡	冬江钟
a	歌麻	泰夬	豪	寒删	谈衔	唐阳耕
ɛ	支佳	齐皆祭	萧宵	先山仙	添咸盐	青庚清

但是我们希望构拟的系统要能够说明韵和韵之间的关系以及诗歌用韵的表现，比如从韵基相同自由押韵的角度看，《切韵》时代的诗歌"阳唐"和"耕"是不押韵的，挤在一个格子里面不合适；同样"蒸登"也是不押韵的，把它们摆在一个格子里面，也不好解释用韵问题。再比如从音近通押的系统性看，"真臻"和"殷文"有一定数量的押韵比例，具有同样关系的"尤侯"和"幽"也如此，但是"蒸登"和"东"、"脂"和"微"、"之"和"鱼"在《切韵》时代通常并不押韵。同样是/ɨ-/和/ə-/的关系，不该有不同的表现。这类问题要想在音系构拟中完全避免很不容易，许多学者的构拟都或多或少地存在着这两个方面的问题，表3也未能避免。

但是我们应该尽可能地避免已经发现的问题。

我们用表5来结束本文，这是我们为《切韵》系统作出的二等韵有特定介音的构拟，也是七个元音，代表宋齐梁时期的语音面貌。构拟的方法、过程以及如何说明押韵和各种历史语音材料等将在其他地方讨论。有桥本万太郎①、余迺永②、麦耘的七元音构拟在先，虽方法结论皆有异同，亦不敢掠美；而此中错误与不足，敬请方家指正。

表5　　　　　试拟的七元音《切韵》系统

	一四等韵-∅-，二等韵-r-，三等韵-i-/-ɨ-					
	-∅	-i	-u	-n	-m	-ŋ
i	脂		幽	真	侵	蒸
ə	之	微		臻文殷		登
u	尤侯					东
ɔ	鱼虞模	灰咍		元魂痕	覃	冬钟江
ɑ	歌	泰废	豪	寒	谈严凡	阳唐
a	麻	夬	肴	删	衔	庚
ε	支佳	齐祭皆	萧宵	先仙山	添盐咸	青清耕

说明：1. [+前]元音可有/-i-/、/-ɨ-/两种三等韵介音，而[-前]元音前面只有[-前]的/-ɨ-/介音。

2. /ə/元音在三等韵/-ɨ-/介音的条件下有一个明显的高元音变体[ɨ]，没有三等介音时读[ə-]。例如：之/iə/ > [ɨi] = [i]、微/iəi/ > [ɨii] = [ii]、殷/iən/ > [ɨin] = [in]、文/nɨən/ > [uɨin] = [uin]，但是：臻/rən/ > [nɛf]、登/əŋ/ > [əŋ]。

The Division II Medial and the Amount of Vowels in Middle Chinese

Huang Xiao-shan

(*Research Center for History of Chinese Language*, *Zhejiang University*, *Hangzhou* 310028, *China*)

Abstract　The division II finals in the Archaic Chinese have the consonant clusters with the liquid -l- or -r-, which do not emerge behind the initials in the Middle Chinese phonology systems reconstructed by most scholars. A considerable amount of evidences proved that the liquid do not simply vanished in Middle Chinese, and a certain kind of medial must be remained in the division

---

① Hashimoto, J. Mantaro, Phonology of Ancient Chinese. Study of Language & Cultures of Asia & Africa Monograph Series, No. 10r & 11r, Tokyo, The Japan Print Kamiya, 1978 & 1979.

② 余迺永：《再论〈切韵〉音：释内外转新说》，《语言研究》1993年第2期。

II finals in Middle Chinese. If the existence of division II medial is supposed, the vowel system in the Middle Chinese should be a seven vowels system.

Key words Middle Chinese; Historical Phonology; Division II; Medial; Amount of Vowels

原载《浙江大学学报》（人文社会科学版）2002 年第 1 期

中古 -r-介音消失所引起的连锁变化

黄笑山

(浙江大学 汉语史研究中心 浙江 杭州 310028)

摘要 上古Cr-类复辅音中的r到中古时期被再分析成介音，中古-ɹ-介音消失是一个扩散的过程，《切韵》所记录臻韵独立是这个过程的开始，随后出现了"庄三化二"的具有历史阶段性的演变。中古-ɹ-的消失可能不止是一个独立的变化，许多中古后期的重要音变可能是在同一动力推动下的连锁变化，涉及三等韵、纯四等韵、二等韵开口的唇牙喉音腭化，有可能是受到-ɹ-介音失落形成的压力推动的；腭音舌尖化与知庄组合流又跟腭化的压力有一定关系；纯三等韵和混合三等韵的轻唇化也可能跟r演化成 [j] 是同一趋势；喻三喻四合并跟这一系列变化也不无关系。

关键词 中古 介音 卷舌化 腭化 轻唇化 连锁变化

1 中古前期的音段和介音

一个语音变化给整个音系带来的影响可能是巨大的。中古-ɹ-介音消失不仅改变了音节的结构，而且所引起的连锁反应在把中古前期改变成中古后期的演变中起了举足轻重的作用。下面先列出我们构拟的中古前期音段及其区别特征。

1.1 中古前期音段及其区别特征

笔者认为中古前期音系（以《切韵》为代表）有辅音27个，近音和元音10个，共如下37个音段。

---

* 本文草稿是在香港科技大学人文社会科学学院所作交流汇报的一部分，感谢丁邦新先生给予的指导。草稿还在中国音韵学研究会第十三次学术讨论会暨汉语音韵学第八次国际学术研讨会(2004年8月21—25日，汕头）上宣读，与会同行也提出了意见，谨致谢。文中问题和错误，由本人负责。

表1　　　　　　　《切韵》的 37 个音段及区别特征

辅	响	鼻	边	部位 唇	舌前 散 前	- +	- +	- +	+ -	+ -	舌后 后 - -	- +	+ +	高低	喉 声门 宽度 展	收	紧度 紧	松
+	-	-	-												ʔ	-	+	-
+	-	-	-	p	t	ts	s	tɕ	ɕ				k		-	-	+	-
+	-	-	-	pʰ	tʰ	tsʰ		tɕʰ					kʰ		h	-	+	-
+	-	-	-	b	d	dz	z	dʑ	ʑ				g					+
															ɦ	-	-	+
+	+	+	-	m	n					ɲ			ŋ		-	-	-	+
+	+	-	+		l										-	-	-	+
-	+	-	-		ɹ				j			w	+	-	-	-	-	+
											i		u					
-	+	-	-								e	ə	o	-	-	-	-	+
											æ		ɒ	-	+			

1.2 中古的介音系统

在古音构拟里，"半元音" j 或元音 i 作三等韵介音、w 或元音 u 作合口介音，它们可以相互结合成 -jw-、-iu- 等介音形式表示三等韵的合口，这是大家所熟悉的。实际上在大多数语言里"半元音" j 跟元音 i、"半元音" w 跟元音 u 没有对立而且很难从语音上区分，所以也都被通称为元音（vocoids）[①]，只是音韵结构上它们的功能不同：i、u 是出现在音节峰的元音（vowels），j、w 或是出现在音节边缘的滑音（glide），或是其他辅音的辅助发音（secondary articulation）。一般语言里有 -i- 介音又有 -j- 介音与之相对、有 -u- 介音又有 -w- 介音与之相对的情况实在不多见[②]，由于中古的拟音里介音也没有 w∶u 对立和 j∶i 对立，所以可以只用 -w- 来表示合口，只用 -i- 来表示三等韵介音。为了区别重纽、说明演变，近音 ɹ（及其变体［ɻ］［ɭ］）也作为介音引入中古音里。我

[①]　Vowel 和 Vocoid 汉语都叫"元音"，但实际二者并不全同。就这里说的问题而言，元音（vowels）i、u 是音节性的元音（vocoids），而"半元音"（semivowels）j、w 是非音节性的元音（vocoids）或过渡音。

[②]　据说在 Amharic、Yoruba 和 Zuni 语里半元音跟相应的元音很不同（Ladefoged P. & Ian Maddieson, 1996：323），但是大部分已知语言里半元音只是音系中起辅音作用的元音似的音段。

们构拟的中古介音系统如下（B 表示重纽三等韵，A 表示重纽四等韵）。

表2　　　　　　　　　　　《切韵》的介音系统

	I/IV	II	B	III	A
[-唇]	-ø-	-ɻ-	-ɻi-		-i-
[+唇]	-w-	-ɻw-	-ɻwi-		-wi-

1.3 两类三等韵介音

按照一般的理解，所有的近音（approximant①）都可以充当介音，如果上古 Cr-里的-r-也是一个近音而不是闪音的话，那么上古复声母 Cl-、Cr-、Cj-、Cw-里的-l-、-r-、-j-、-w-都可以理解为介音。尽管上古音的看法尚未一致，上古汉语构拟还有其他类型的复辅音，有些学者还提出某些前缀、中缀造成的复辅音，但复辅音的各种类型到汉代以后逐渐消失的认识是大家基本同意的，现在大多数学者都倾向于认为上古带 r 的复辅音中古前也消失了。然而有些证据表明，处于基本辅音和元音之间的流音 r 到中古前期并没有简单消失，其音值或许发生了变化，但可能还保留某种 r 类音的性质（或许是近音-ɻ-），在中古音系中被再分析成介音了（有关证据可参看黄笑山，2002）。因此到中古的-r-是韵母问题，跟其他介音已经没有本质的区别了。

丁邦新先生就构拟了这样的-r-类介音。他在总结重纽的区别不在于声母和元音之后，根据重纽三、四等不互作反切上字但都用普通三等韵作反切上字，判断三等韵里同声母的字应该有三种不同的三等韵介音；又根据重四的又音是纯四等韵，慧琳《一切经音义》重四跟四等韵混用，判断重四和四等韵介音相同。他重新检视了梵汉对音、汉越语、朝鲜译音、汉泰关系词等材料以及 Ohala（1978）研究的唇音腭化（palatalization of labials）等情形，为《切韵》构拟了三种介音（丁邦新，1997）：

　普通三等韵介音　　重纽三等韵介音　　重纽四等韵和纯四等韵介音
　　　-j-　　　　　　　-rj-　　　　　　　　　　-i-

我们认为，按《切韵》的体例，又音反映的是某字的不同读音，这个时代的三四等韵能够相互押韵，说明它们韵基相同，《切韵》重纽四等

---

① 未用通行的"通音"来表示 Approximant，因为诸家"通音"所指范围从所有久音（擦音、鼻音、边音、"半元音"和元音）、所有响音（鼻音、边音、"半元音"和元音）到"半元音"，多有不同。这里"近音"指所有元音之外非辅音性质的音，包括某种 r 类音（rhotic）和"半元音"，是 Ladefoged 特征系统中［approximant］所指的范围（Ladefoged，2001：257–263）。

韵跟纯四等韵又音，正反映它们的介音是不同的；考虑到慧琳的反切反映的是中古后期的读音，重四和个别纯四等韵唇音在汉越语里的舌齿化也是受中古后期汉语腭化声母影响的，都不适合直接做《切韵》时代的证据，所以我们根据李荣（1956）等的研究，认为四等韵的 -i- 介音是中古后期后起的（由元音裂化而来），没有必要为《切韵》时代四等韵构拟介音（详见下文 3.2 节）。《切韵》反切主要是用下字表现介音的，其重三、重四韵都用普通三等韵作反切上字时，反切下字的选择也有分组的趋势：重四多用精章组和以母字，重三多用知组云母字，说明普通三等韵的介音有的倾向于重三，有的倾向于重四（黄笑山，1996），也没有必要专门为普通三等韵构拟介音。由于普通三等韵是［+后 back］元音，重纽韵是［-后］元音，就可以不用介音区别它们了。这样来看，只需要构拟区别重三和重四的介音就够了。我们上节给出的两种三等韵介音重三是 -ɹi-，重四是 -i-，也大致贴近丁先生的构拟。我把 -j- 看成辅音的腭化的标志，中古前期腭化的证据较少，所以介音没有写成 -ɹj-，-j-。

1.4 中古 -ɹ- 的分布

从韵类看中古介音 -ɹ- 的分布，一等韵、四等韵前没有 -ɹ- 介音，介音 -ɹ- 只出现在二等韵和三等韵前。所有二等韵都带 -ɹ- 介音，很整齐，这跟上古音是一脉相承的。不过梗韵里"冷打"两个小韵可能没有 -ɹ- 介音，也就是说这两个小韵原来可能不是二等韵字，方孝岳（1979：121）、蒲立本（Pulleyblank，1984：120）都把它们处理成一等韵字。三等韵是否带 -ɹ- 介音则不仅跟韵类有关，也跟声类有关。

从声母看中古介音 -ɹ- 分布，唇音 p- pʰ- b- m-、舌后音 k- kʰ- g- ŋ- 和喉音 h- ɦ- ʔ-，都可以拼 -ɹ-（二等和重三）。舌前的 t- tʰ- d- n-（端组）也可以跟 -ɹ- 介音结合（知组的前身），ts- tsʰ- dz- s- z-（精组）也可以跟 -ɹ- 介音结合（庄组的前身），但是 tɕ- tɕʰ- dʑ- ɕ- ʑ- ɲ- j-（章组日以母）不跟带 -ɹ- 介音的韵母结合。这样的分布认识来自我们对《切韵》反切普通三等韵作重纽韵反切上字时对下字的选择的分析。我们认为重纽四等韵、普通三等韵的唇牙喉声母和精章组声母以及日母、以母，都不拼 -ɹ- 介音的韵母，重纽三等韵跟所有三等韵的知庄组声母、云母都拼带 -ɹ- 介音的韵母。这样，唇牙喉音重三介音拟成 -ɹi-，重四和普三介音都拟成 -i- 就跟精章组声母、日母、以母成为一组。这也来自陆志韦（1947）的设想，只是他当时庄组声母是 [tʃ] 等，知组声母是 [ʈ] 等，跟它们相拼的介音是 [ɪ]，所以在语音性质和反切两个方面都存在困难（邵荣芬，1982：76—78）。我们认为《切韵》时代端知组、精庄组都未分化完成，三等韵里的知组、庄组只是拚 –ɹi– 的端组和精组而已，就不会遇到陆先生的问题了。这样，《切韵》里 –ɹ– 介音跟声、韵的配合情形如表3（只列开口情形）：

表3　　　　　　　　　　《切韵》介音的分布

		p pʰ b m	t tʰ d n l	tɕ tɕʰ dʑ ɕ ʑ ɲ	ts tsʰ dz s z	k kʰ g ŋ	ʔ h ɦ
一四等韵前	–Ø–	帮滂并明	端透定泥来		精清从心	见溪疑	影晓匣
二等韵前	–ɹ–	帮滂并明	知彻澄娘来		庄初崇生	见溪疑	影晓匣
三B韵前	–ɹi–	帮滂并明	知彻澄娘来		庄初崇生俟	见溪群疑	影晓云
三A韵前	–i–	帮滂并明		章昌禅书船日	精清从心邪	见溪群疑	影晓以

《切韵》声母和介音的分布形成一个相当整齐的结构，其中章组造成的空格很容易让人想到是上古"第一次腭化"的结果。举几个例子就更容易看出 –ɹ– 介音的分布以及重纽跟舌齿音的关系了。

表4　　　　　　　　几个山摄的例子（中古前期）

	唇	舌前	舌后
IV/I	编 pen 潘 pʰɒn	殿 ten 单 tɒn	年 nen 难 nɒn	前 dzen 赞 tsɒn	坚 ken 干 kɒn	贤 ɦen 寒 ɦɒn
II	编 pɹen 班 pɹan	譠 tɹen	赧 nɹen 赧 nɹan	产 sɹen 潺 sɹan	间 kɹen 奸 kɹan	闲 ɦɹen 还 ɦwɹan
B	汴 bɹien	缠 dɹien	碾 nɹien	潺 dzɹien	愆 kʰɹien	圆 (ɦ)wɹien
A	便 bien	禅 dʑien	然 ɲien	钱 dzien	遣 kʰien	缘 (ɦ)wjien

二　介音 –ɹ– 的失落

根据施向东（1983）的研究，我们知道中古前期 r 可能是近音 [ɹ]，后来演变成近音 [ɻ]，即由龈音变成卷舌音，由具 [+前] 特征变成具 [–前] 特征。

跟介音 –ɹ– 相关的演变以声、韵为大界限而有不同的趋势：a) 声以 [舌后 DORSAL] 和 [唇 LABIAL] 为一组，跟 [舌前 CORONAL] 的演变不同，[舌前] 音又以 [±咝 sibilant] 音为界限；b) 韵则以二等韵、三等韵为界限。两个界限同时发生作用，造成后来的不同发展：

表5　　　　　　　在不同声韵条件下 –r– 介音的发展

	唇	舌后	舌前	
二等韵	pɹ– > pj–	kɹ– > kj–	tsɹ– > tʂ (ɻ)–	tɹ– > ʈ (ɻ)–
三等韵	pɹi– > pi–	kɹi– > ki–	tsɹi– > tʂi– > tʂ (ɻ)–	tɹi– > ʈi–

舌前声母被介音-ɹ-新生的卷舌音色同化，介音-ɹ-的卷舌化最终导致了舌前音 t tʰ d、ts tsʰ dz s z 等声母的卷舌化，在二、三等韵前产生出具有［-前］特征的知组、庄组声母 ṭ ṭʰ ḍ, tṣ tṣʰ ḍẓ ṣ ẓ。舌前［+咝］音的庄组声母卷舌化后，介音-ɹ-在语音上实际就成了卷舌咝音［+久 continuant］特征所造成的延续，这个音色最终把三等韵介音-i-也完全同化了，而-ɹ-的痕迹可能保留了下来；［-咝］音的知组声母 ṭ ṭʰ ḍ 跟［久］无关，故其后的-ɹ-［ɻ］在导致它前面的辅音卷舌化的同时在-i-前面丢失。

另外，唇音和舌后音 p k ʔ 等声母后似乎没有看到介音-ɹ-发生卷舌化的痕迹。二等韵里，在唇音尤其在舌后音声母后的-ɹ-甚至还有腭化为［+散 distributed］音-j-的证据，最终导致二等开口声母的腭化；三等韵里，唇音和舌后音声母后的-ɹ-则被声母或介音-i-同化，最终丢失了，即 pɹi- > pi-，kɹi- > ki-（黄笑山，1991）。

这两种不同倾向的机理现在还不是非常清楚，但是从特征上看，ɹ 本身的［舌前］特征对同样具有［舌前］特征的声母发生作用是容易理解的。

这样看来，中古两个阶段间［ɹ］→［ɻ］的变化只在知₂庄声母后留下了卷舌近音的变体，唇、舌后更多声母后面则不再有 r 类音色的介音了，因此只在韵图二等里保留着-ɹ-失落留下的痕迹（黄笑山，2002）。从总的趋势可以说，中古后期-ɹ-介音失落了。

（一）臻韵的独立

中古-ɹ-介音变化在三等韵里引起的第一个重要反应可能是臻韵系独立。这个变化开始于中古前期，它造成重大影响却是在中古后期。

臻韵系在《切韵》里与同摄三等韵真韵系是互补的，诗文韵中真臻两韵押韵不分。联系臻摄三等韵庄组的分布特点可以观察到一种词扩散式的演变（lexical diffusion），我曾假设它是某种由音值变化到音位转换的前兆，可能是一系列演变的滥觞（黄笑山，1991）。

表6　　　　　　　《王三》臻摄庄组小韵的分布

	真 jin	轸 jin	震 jin	质 jit	臻 ɹən			栉 tɛɹ	殷 jiən	隐 jiən	焮 jiən	迄 jɛit
庄 ts	○	○	○	○	臻	○	○	栉	○	○	○	○
初 tsʰ	○	○	榇	刻	○	○	○	○	○	龀	○	○
崇 dz	○	○	○	○	龀	榛	○	○	○	○	○	○
生 s	○	○	○	○	莘	○	○	瑟	○	○	○	○

臻韵系只有庄组平声和入声的字，真韵系正跟臻韵系互补。殷韵系是所谓纯三等韵，应无舌齿音，上声"龀，初谨反"小韵只一字，可能是从真韵或臻韵上声误入隐韵的。真韵系去声"櫬，初遴反"小韵里有"龀"，跟隐韵的"龀"字原本只是单纯的上去又读。清朝戴震《声韵考》谓隐韵的"龀"为臻韵上声。在这里，我们可以看到臻韵系从真韵系分离出来的一个断面：平声已经分出了，上声也分出来了但读音不稳定（龀），去声和入声没有完全独立出来。分立没有完成，这种情况下真臻押韵就很正常。《切韵》分立臻栉韵，反映了语音的变化。

前面说过，舌前声母字的介音 – ɹ – 到中古可能逐渐演变成卷舌音 [ɻ]，所以原来"臻/栉" tsɹin/t、"櫬龀/刹" tsʰɹin/t、"榛齔" dzɹin/t、"莘/瑟" sɹin/t 的音色到中古后期成了 [tʂin/t] [tʂʰin/t] [dʐin/t] [ʂin/t]。卷舌音跟 i 相拼不那么顺口（卷舌音舌尖翘起而舌面下塌，而 i 舌面前部要抬高），加上卷舌噝音中 [＋久] 音特征的作用，其后的 – i – 介音难以长期维系，就逐渐被卷舌音完全同化，逐步走向消失。这个过程在开始阶段就被具有辨析毫厘的审音能力的知音者们记录下来（他们至少在这点上显然不泥古），把原真韵系中丢失 – i – 的字记录在臻韵系中①。从《切韵》看，演变首先发生在 sɹin/t、tsɹin/t 音节里，而后波及 dzɹin 和 tsʰɹin。从声调看，先变的是平声字，接着是入声字……这个演变当时只涉及三 B 韵噝音（庄组字），《切韵》就建立了不完整的臻韵系（至少在这点上《切韵》不是人为综合的），当时新潮的读音已经不同于三等韵了。当然，词扩散在开始的时候有些字一直保持着新旧两种读音也是可能的。

（二）"庄三化二"的扩散

介音 – ɹ – 变化造成的庄组三等韵 – i – 介音丢失，经过不短的时间才扩散到其他韵，到唐代武玄之的《韵诠》里记录了这个扩散的进一步表现。这部失传的书从琴韵（侵韵）里分立出了"岑韵"，也是只有庄组字。"岑韵"的独立说明卷舌噝音后 – i – 介音的丢失已经扩散到 – m 尾韵了。同样的变化继续发展，不久达到扩散的"s 形曲线"中点，演变加快，几乎所有庄组三等韵都受到影响，不仅是臻 tsɹin > tʂən, 岑 dzɹim > tʂʰəm，而且榇 wɹiʁ > wɛʁ, 师 ɹɹi > ʂi, 史 sɹiɹ > sɹ > tʂ 也如此，不仅

---

① 在 i 丢失之后，通过音节结构的"韵腹规则"插入无特征的 ə 元音。参见黄笑山, 1991 年, 第 15—17 页。

高元音，而且低元音里庄 tsɹiɑŋ > tʂaŋ、霜 sɹiɔŋ > ʂaŋ 等也如此，不仅"内转"，而且"外转"潺 dzɹen > tʂʰan、生 sɹiɐŋ > ʂaŋ、萐 sɹiep > ʂap 等也如此，这里的 -ɹ- 在韵图时代已经成了二等介音的一种重要变体，于是所有这些庄组三等韵字，就跟二等韵庄组字一样被置于韵图的二等格子中了，庄组三等韵从此消失，所有庄组字都成了照二。这个过程中规则的普遍化（rule generalization）可以叫作"庄三化二"。

"庄三化二"是一个影响极大的变化，它所导致的韵母变化（即三等韵在庄组声母后面丢失了 i 介音）一定也深远地影响了南方，使许多南方方言庄三字都读成了洪音字。在南方的一些方言里，庄组字可能历来就跟精组字同读 ts 等声母，从来没有过 ɹ 介音或 tʂ 等卷舌声母（知组亦然）。而当精组三四等字发生腭化的时候，庄三字却没有发生腭化，这显然是失去 i 介音造成的。

三　唇牙喉的腭化

中古 -ɹ- 介音变化所造成的压力可能是形成另外一系列重要演变的动因。我们认为，中古后期唇和舌后特征的声母所发生涉及了三等韵、纯四等韵、二等韵开口一系列的腭化，看起来都是相对独立的演变，但是它也有可能是受到 -ɹ- 介音失落形成的压力推动的。

（一）重纽四等韵前的腭化

中古前期重纽三等韵（B 类）的唇音和舌后音都是带 -ɹ- 介音的，如前所说，三等韵里唇音和舌后音声母后的 -ɹ- 被声母或舌后介音 -i- 同化，最终失落了，这样原来的 pɹi- kɹi- ʔɹi- 这样的重纽三等韵的音位形式就变成了 pi- ki- ʔi-。这势必就跟相应声母的重纽四等韵字的 pi- ki- ʔi- 相同了。

语言系统为了避免大量同音字的激增，在新生 pi-（< pɹi-）、ki-（< kɹi-）、ʔi-（< ʔɹi-）等的压力下，原来的 pi- ki- ʔi- 发生了腭化，这就是"重纽四等腭化"：pji-（< pi-）、kji-（< ki-）、ʔji-（< ʔi-）。在唇音里这腭化的声母后来还导致了著名的舌尖化（越南汉字音、晋闻喜方言）。

（二）纯四等韵前的腭化和三四并等

纯四等在《切韵》时代还没有介音 -i-。上古前元音的韵部里有四等韵却没有一等韵，非前元音的韵部里有一等韵却又没有四等韵：

表7　　　　　　　　　　一四等韵上古互补举例

	鱼部	铎部	阳部	支部	锡部	耕部
中古一等韵	模	铎	唐			
中古四等韵				齐	锡	青

一四等韵呈互补分布，元音不同保持到中古前期。《切韵》反切把纯四等韵跟一二等韵处理成一类，把三等韵处理成另一类，说明纯四等韵跟三等韵介音不同；所有四等韵有 -i- 介音的证据都是中古后期的表现，早期梵汉对音四等韵都是对 e 元音，没有明显的介音和腭化的证据。到中古后期其主元音 e 发生裂化，演变成 ie（黄笑山，1995：167—170），这个演变导致了著名的三四等韵并等，这就是韵图把它们同列四等的原因，例如：

表8　　　　　　　　　　三四等韵并等举例

	A	IV	A	IV	A	IV	A	IV
中古前期	蔽 piej	闭 pej	棉 mien	眠 men	孑 kiet	洁 ket	艺 ŋiej	诣 ŋej
中古后期	蔽闭 piej		棉眠 mien		孑洁 kiet		艺诣 ŋiej	

另外，纯四等韵就跟重纽四等韵一样发生了腭化，"蔽闭 pjiej、棉眠 mjien"等（我们还不知道四等韵元音裂化在先呢，还是声母的腭化发生在先），这正是慧琳反切所表现的情形，晋闻喜方言四等韵唇音舌尖化、汉越语四等韵唇音也有少数舌尖化，其原因也在此。

（三）二等韵开口唇牙喉腭化

二等韵语音上的腭化也在中古后期发生。前面我们说，二等韵 -ɻ- 介音只在舌前音后面发生了卷舌化，如斋 tɻɛj > tʂɛj，钗 tsʰɻɛj > tʂʰɛj (j)；在唇和舌后后面的"开口"韵前，-ɻ- 不仅有 [−前] 化的倾向，甚至还有 [+散] 的倾向，就是说 -ɻ- 在牙喉开口二等韵后有腭化的趋势。被这个时代韵图的编者看成二等韵标志的介音/ɻ/大概有 [±散] 两种主要变体，[+散] 变体就是颚近音 [j]，[−散] 变体就是卷舌近音 [ɻ]。它们跟前面说到的 [ɻ] 近音都受 [舌前] 部位辖制，其特征如表9所示。

表9　　　　　　　　　　舌前近音

	ɹ	ɻ	j
[散]	−	−	+
[前]	+	−	−

从早期的 [ɹ] 到 [ɻ] 或 [j] 就是变成了 [－前] 音。二等韵唇音、牙喉音的腭化在朝鲜汉字音、越南汉字音里都有证据（黄笑山，1995：162－164），一南一北。所以，败 bɹaj > pʰjaj，佳 kɹe > kja (j)，八 pɹet > pjat，间 kɹen > kjan，等等。至少语音上二等开口牙喉音腭化不是迟到元代才开始的。二等唇音的腭化似乎没有在雅音中立稳脚跟，尽管方言中有不少证据。

四　腭音舌尖化与知庄组合流

二等韵、四等韵、三等 A 类的腭化给原来的腭音 tɕ 等（章组）造成压力，图示如下：

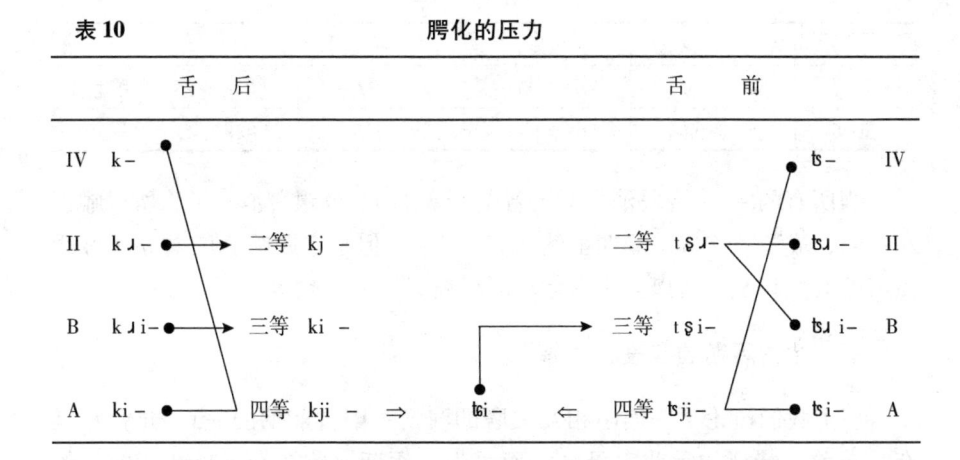

表 10　　　　　　　　　　腭化的压力

	舌　后		舌　前	
IV	k-		tɕ-	IV
II	kɹ- → 二等 kj-	二等 tʂ-	tɕɹ-	II
B	kɹi- → 三等 ki-	三等 tʂi-	tɕɹi-	B
A	ki- 四等 kji- ⇒	tɕi- ⇐ 四等 tɕji-	tɕi-	A

压力不仅来自舌后，也可能有来自舌前精组的，因为原来三等韵的精组这时只列在四等。这些新生的 kj-、kji-，tɕji- 等都有进一步腭化的走向，这就给龈腭音施加了压力。恰好这时发生的"庄三化二"空出了三等卷舌咝音的位置，章组就在大批腭化的压力下让出龈腭音的位置，进入三等卷舌咝音的位置，从 [＋散] 的硬腭音变成 [－散] 的卷舌音。从音类上看，这就是章组跟庄组合并成照组，章组跟它与之合流的庄组在语音上可能还存在差别，但音位上已经不妨碍它们成为一组声母了。这个结果使第一次腭化产生的龈腭音消失，形成中古后期又一个重要阶段性特征。下一次龈腭音的出现成了近代音的标志之一。

五　普通三等韵的轻唇化

纯三等韵和混合三等韵在中古后期发生了轻唇化。轻唇化是由 [－散]

演化成［＋散］，跟腭化是同一趋势。这类唇音中古前期都带有合口介音 -w-①，当 pi- > pji- 的演变发生时，它们也发生了 pwi- > pʋi- > pfi- 的演变，最终导致轻唇音产生（现在看来，合口三等就是轻唇化的充要条件）。纯三等韵和混合三等韵的牙喉音声母由于其辅音和主要元音的双重［＋后 back］特征阻止而没有腭化。

六 喻母合并

以母中古前期也是腭音（ɦ）j，它没有跟着章组舌尖化，这是因为新的腭化辅音（四等）没有跟它发生冲突的趋势，反而正好与之为伍，这跟于母重三也正相应，喻母合并完成：

表 11　　　　　　　　　喻三喻四和重三重四

	唇	舌后	喉	
重三	pɹi- > pi-	kɹi- > ki-	ʔɹi- > ʔi-	(ɦ)ɹi- > i- （喻三）
重四	pi- > pji-	ki- > kji-	ʔi- > ʔji-	(ɦ)ji- > ji- （喻四）

当所有的 -ɹ- 音段消失时，音节开头的 ɹ- 也跟着消失了，所以喻三 ɹi- > i-，成了零声母。喻四虽然还有个 j-，但是它跟喻三的对立正好跟重纽的对立相配，所以三十六字母时代就只有一个喻母了。

七 中古后期的音段和"等"

以上我们讨论了一连串相互关联的演变：中古前期的 -ɹ- 介音跟具有［＋前］特征的舌前声母融合而丢失，逐渐导致在卷舌啅音后的三等韵介音被声母同化，庄三变成了照组二等，也导致唇牙喉声母后的 -ɹ- 相继变化丢失；三等 B 类 -ɹ- 介音相继丢失，迫使三等 A 类唇牙喉声母发生了腭化，波及所有［－后］元音前的唇牙喉声母相继腭化。二等韵、四等韵、三等 A 类的腭化又导致原来的龈腭音让出龈腭音的位置发生舌尖化，成为照组三等，最终导致了庄章合流为照组。腭化的潮流还导致了轻唇化的发生。

这个以臻韵独立开始的运动，以 -r- 介音丢失和普遍腭化为高潮，导致了中古前后期的明显差异。最后让我们再来看看中古后期的音段：

---

① 所谓唇音没有开合对立并不等于唇音没有合口介音，［＋back］元音的韵唇音带 -w- 介音，［－back］元音的韵唇音不带 -w- 介音，这也是唇音开合不对立。参见黄笑山，1995：§3.3.52，1999：§1.2。

表12　　　　　　　中古后期音段音位及区别特征

辅	响	鼻	边	唇		舌前					舌后			喉声门			
				−	+	久散前	−	−	−	−	−	+	后	高	低	宽度展	度收	紧度紧	松
						+	+	+	−	−	−	+	+				
+	−	−	−											ʔ	−	+	−
+	−	−	−	p	f	t	ts	s	ʈ	tʂ	ʂ		k		−	−	+	−
+	−	−	−	pʰ		tʰ	tsʰ		ʈʰ	tʂʰ			kʰ		h	−	−	+
+	−	−	−	pɦ	fɦ	tɦ	tsɦ	sɦ	ʈɦ	tʂɦ	ʂɦ		kɦ		ɦ	−	−	+
+	+	+	−	m		n			ɳ				ŋ			−	−	+
+	+	−	+			l											
−	+	−	−	ʋ					ɻ	j			w	+	−	−	+
−	+	−	−								i	ɨ	u	+	−	−	+
−	+	−	−								e	ə	o	−	+	−	+
−	+	−	−									a		−	+	−	+

"等"的形成在中古后期,我们仍用上文的例子来看看它们在韵图上的排列,从拟音中我们可以看出古人是根据什么列等的(例子的拟音只写出其部位,一些细节暂时忽略了):

表13　　　　　　几个山摄的例子(中古后期)

	唇	舌前			舌后		
一等	潘 pan	单 tan	难 nan	赞 tsan	干 kan	寒 ɦan	
二等	编班 pɻan	谭缠 tɻan	嘫赧碾 ɳɻan	产滻滻 tʂɻan	间奸 kɻan	闲 ɦɻan 还 ɦwɻan	
三等	汴 pien	禅 tʂien	然 ɻien		愆 kien		圆 wien
四等	编便 pjien	殿 tjien	年 njien	钱前 tsjien	遣坚 kjien	贤 ɦjien	缘 wjien

参考文献

Ladefoged, Peter, *A Course in Phonetics*, Fort Worth: Harcourt Brace Jovanovich College Publishers, 2001.

Ladefoged, Peter, and Ian Manddieson, *The Sounds of the World's Languages*, Oxford: Blackwell, 1996.

Ohala, John J., "Southern Banta vs. the World: the Case of Palatalization of Labials", *BLS* 4: 370−386, Berkeley: Berkeley Linguistic Society, 1978.

Pulleyblank, E. G., *Middle Chinese: A Study in Historical Phonology*, Vancouver: The

University of Columbia Press, 1984.
丁邦新:《重纽的介音差异》,《声韵论丛》第 6 辑,学生书局 1997 年版。
方孝岳:《汉语语音史概要》,商务印书馆 1979 年版。
黄笑山:《汉语中古语音研究述评》,《古汉语研究》1999 年第 3 期。
黄笑山:《〈切韵〉和中唐五代音位系统》,博士学位论文,厦门大学,1991 年;又,文津出版社 1995 年版。
黄笑山:《〈切韵〉三等韵的分类问题》,《郑州大学学报》(哲学社会科学版) 1996 年第 4 期。
黄笑山:《中古二等韵介音和〈切韵〉元音数量》,《浙江大学学报》(人文社会科学版) 2002 年第 1 期。
李荣:《切韵音系》,科学出版社 1956 年版。
陆志韦:《古音说略》,《燕京学报》专号之二十,1947。收于《陆志韦语言学著作集》(一),中华书局 1985 年版。
邵荣芬:《切韵研究》,中国社会科学出版社 1982 年版。
施向东:《玄奘译著中的梵汉对音和唐初中原方音》,《语言研究》1983 年第 1 期。

原载《山高水长:丁邦新先生七秩寿庆论文集》(《语言暨语言学》专刊外编之六)

《切韵》三等韵 ABC*

——三等韵分类及其声、介、韵分布和区别特征拟测

黄笑山

内容提要 根据声韵分布和演变方向,《切韵》三等韵通常分成 ABC 几类。各类的分布和发展有异,这说明它们语音上存在不同。不同性质的韵母对与之相拼的声母有所选择,这导致了分布的差异,分布的差异又导致不同的演变。所以三等韵的分类是汉语音韵学研究的 ABC (基础)。各类三等韵尤其是重纽的语音差别何在有过较大的争议,通过反切结构分析可以看出反切上字和被切字"类相关"是介音和谐的反映,重纽 AB 两类都用 C 类反切上字的现象可用"呼读假说"来解释。《切韵》系统是由反切下字表现重纽区别的。重纽韵反切下字的舌齿音声母分成两组并与 AB 类唇牙喉分别相应,可以拟测两类三等韵介音来表示这种区分。两类三等韵介音与声母辅音的分组拟测相关联。诸家对《切韵》声母、介音、韵腹、韵尾的结构关系的理解以及不同的拟测,可用区别特征作统一关照。介音是否具有 [rhotacized] 特征、主要元音是否具有 [back] 特征、韵尾是否受 DORSAL 部位特征辖制,都直接影响着三等韵的类别、分布和发展,也影响着对声纽同各种韵类的关系的认识。

关键词 中古音;三等韵;重纽;介音;呼读假说;区别特征

一 《切韵》三等韵的分类

学界通常按分布(声韵配合及韵图表现等)和发展(例如唇音的轻唇化和舌齿化)把《切韵》三等韵分成几类,各类有一些不同的名称,

---

* 本文曾在第五届中古汉语国际学术研讨会(芜湖 2005 年 11 月 4—6 日)上宣读,2012 年发表时作了部分改动。

先列如下。

一，普三韵（普通三等韵），下分两个小类：

C1. 子类韵＝纯三等韵（纯三韵）＝C类，这类三等韵只可以有唇牙喉11个声母，没有舌齿音，韵图全都置于三等，故得名"纯"。

C2. 丑类韵＝混合三等韵（混三韵）＝D类，这类三等韵可以有所有27个声母，韵图把齿音（庄组、章组、精组）分别置于二三四等（喻母也分三四等），故曰"混"。

二，重纽韵（寅类三等韵），重纽两类也各有名称：

A. 寅A类韵＝重纽四等韵，其唇牙喉声母韵图列在四等，其唇音后来没有轻唇化，在汉越语中舌齿化了。

B. 寅B类韵＝重纽三等韵，其唇牙喉声母韵图列在三等，其唇音后来保留重唇音。

重纽韵不仅可以拼三等韵能拼的所有声母，同时其唇牙喉11个声母可以同韵、同呼重出，故称"重纽"（详见下文）。重纽韵的舌齿声母在韵图分布如C2类。所以重纽韵AB两类放在一起，其分布颇似普三韵C1和C2两类的合并。

上述分类各家相对一致，但往往同类异名或者同名异类。本文采用A、B、C1、C2的分类名称，用"重纽韵"统称A、B两类，用"普三韵"或"C类"统称C1、C2两类。

各类三等韵的分布和发展有异，这说明它们语音上有不同：不同性质的韵母对与之相拼的声母有所选择，导致了分布的差异，分布的差异作为不同的条件进一步导致不同的类在发展演变上的不同。所以三等韵的分类是汉语音韵学研究的ABC（基础）。

二 重纽

根据《切韵》的体例，一个韵里面的小韵（小纽），如果声相同必定韵母不同。同声同韵而不同小韵其区别在于介音，介音可能造成等第、开合的不同。例如庚韵见纽下"庚 -raŋ、觥 -rwaŋ、惊 -riaŋ、憬 -rwiaŋ"分别为开二、合二、开三、合三。不过庚韵里的二等韵跟重纽没有直接关系，下面我们以只有三等韵的支韵为例，来看其中反切反映的对立。

表1的a和b两组反切的反切上字分别相同，说明它们的声母相同（表头列出了其声纽，暂用tr-、tsr-等表示知、庄组，拟测详下），则韵母必不同，两组反切下字"知移宜支"和"垂为危"分组显示了韵母的差异，各方面的材料证明a组为开口、b组为合口：

表1

	澄	心	初	禅
a.	驰直知 ḍrie	斯息移 sie	差楚宜 tsʰrie	提是支 dʑie
b.	鬌直垂 ḍrwie	眭息为 swie	衰楚危 tsʰrwie	垂是为 dʑwie

有时候反切上字不同但可能是同类，在表2里a和b组相应反切的反切上字是不同的，但根据反切上字系联，"陟、竹""吕、力""即、觜""所、山""叱、昌""如、人"等上字分别同类：

表2

	知	来	精	生	昌	日
a.	知陟移 ṭrie	离吕移 lie	赀即移 tsie	酾所宜 ʂrie	眵叱支 tɕʰie	儿如移 ȵie
b.	腄竹垂 ṭrwie	羸力为 lwie	劑觜随 tswie	灕山垂 ʂrwie	吹昌为 tɕʰwie	痿人垂 ȵwie

声既同类，则其韵母必不同。根据上文，我们知道用"移宜支"等反切下字的a组是开口字，用"为危垂随"等反切下字的b组是合口字。

有的开口小韵没有相应的合口，有的合口小韵没有相应的开口，判定开合时也可如上一样，根据反切下字归类，例如"移宜支""为危垂随"等下字分作两类：

表3

	彻	清	从	邪	章	书
a.	摛丑知 ṭʰrie	雌七移 tsʰie	疵疾移 dzie		支章移 tɕie	絁式支 ɕie
b.				隨旬为 zwie		

陈澧《切韵考》正是根据《切韵》一个同音字组（小韵）仅标注一个反切的通例，得出反切上字同类则韵必不同类，反切下字同类则声必不同类的结论。但是《切韵》有的同一个三等韵里，相同的唇牙喉声母字，开合也相同，却仍有对立。还是看支韵：

表4

	见	溪	群	疑	晓	影
a.			衹巨支 gie		詑香支 xie	
a'.	羁居宜 kie	敆去奇 kʰie	奇渠羁 gie	宜鱼羁 ŋie	牺许羁 xie	漪于离 ʔie
b.	槻居随 kwie	窥去随 kʰwie			𪗨许随 xwie	
b'.	妫居为 kwie	亏去为 kʰwie		危鱼为 ŋwie	麾许为 xwie	逶于为 ʔwie

— 443 —

系联反切下字可知,表4的a组和a'组都是开口,而b组和b'组都是合口。见、溪两组开口只有一类,疑、影两纽则开、合各一类,可是群晓纽有成对的开口反切,见溪晓纽有成对的合口反切,这样的两两对立区别何在?

中古唇音是不存在开合对立的,但是在这类三等韵里同韵的唇音却仍然有重出对立:

表5

	帮	滂	并	明
a.	卑府移 pie		脾符支 bie	弥武移 mie
b.	碑彼为 pie	铍敷羁 p^hie	皮符羁 bie	糜靡为 mie

虽然表5中的a组用"移支"等为反切下字,看似开口;但b组用"为羁"作反切下字,并不都是合口。两组的对立显然不在于开合,其区别何在?

在不明区别何在的时候,这样一些三等韵的唇牙喉字同韵、同开合、同声母的"重出小纽(小韵)"被称作"重纽"。有些研究者一度认为这种重纽没有任何语音意义(或到中古已没有区别),所以人们就用相同的拟音来表示它们(上面表4、表5中的拟音就是如此)。但是,重纽只出现在钝音声母(唇牙喉)里,有重纽的三等韵的元音都不具 [back] 特征(详见下文),整齐的分布说明了重纽具有很强的系统性;而且凡有重纽的三等韵其唇音在后来发展中都保留重唇(其A类在汉越语和晋闻喜方言里演变为舌音),没有重纽的三等韵的唇音则发生轻唇化,不同的演变说明了其语音的差异;中古其他字书、音义书的反切也表现出重纽现象,一直到近代文献中仍有它的痕迹,这说明重纽不是《切韵》系韵书、《切韵》时代独有的现象,不是偶然重出或"纸上谈兵"。重纽的区别一定有其语音内涵。

从日本有坂秀士(1937—1939[①])和河野六郎(1939[②])对重纽性质提出看法,中国周法高(1941[③])、董同龢(1945[④])、李荣(1956[⑤])深

[①] 有坂秀世:《评高本汉的拗音说》(《国语音韵史的研究》,东京:明世堂1944年;三省堂1957年)。

[②] 河野六郎:《朝鮮漢字音の一特質》(《言語研究》1939年第3期;《河野六郎著作集2:中国音韻学論文集》,东京:平凡社1979年版,第155—180页)。

[③] 周法高:《〈广韵〉重纽的研究》(《六同别录(上)》,《历史语言研究所集刊外编》第三种,1945年;《历史语言研究所集刊》1948年13:49-117)。

[④] 董同龢:《〈广韵〉重纽试释》(《历史语言研究所集刊》1948年第13期)。

[⑤] 李荣:《切韵音系》(科学出版社1956年版)。

入进行探讨以来，重纽的区别在于介音的认识已经较为明确。表 6 是诸家对重三、重四拟测的介音对立：

表 6

重四（A类）	-j-	-j-	-i-	-i-	-i-	-i-	-i-	-i-	-i-
重三（B类）	-i-	-rj-	-rj-	-ri-	-rɯ-	-ɯ-	-ɨ-	-I-	-ɣ-

总结各家的看法，可以说重纽的两类介音有类似锐钝（acute vs grave）的区别，重三韵（B）介音比重四韵（A）的介音后一点，或者少一点腭化、多一点 [r] 音色彩[1]。

重纽的区别在于介音，那么，重四韵（A）、重三韵（B）、纯三韵（C1）、混三韵（C2）该有几种介音？在重纽韵里的舌齿音该用哪种介音？这两个问题学界都有不同的看法。

三　反切上字和被切字的类相关

（一）类相关

从反切入手研究，辻本春彦指出过，切上字属重纽字时，由上字定归属（上字是"匹"时例外）；切上字属普三（C）时，由下字定归属。上田正又用 7 项公式作概括[2]。上田的公式分"第一式"和"第二式"，我们简写成表 7（"A-CA"的意思是，被切字是 A 类，反切上字是 C 类、下字是 A 类，余类推）：

表 7

	第一式（下字定归属）	第二式（上字定归属）
a.	②A-CA	④A-AA　⑤A-AB
b.	③B-CB	⑥B-BB　⑦B-BA
c.	①C-CC	

从第一式可以得出辻本的第二个结论：普三（C）上字组是下字定归属；从第二式可以得出辻本的第一个结论：重纽（AB）上字组是上字定

---

[1] 早期研究似乎有所不同，例如李荣先生 A 类写 i 介音，B 类写 j，但他"只作类的区别"。有的学者认为这就是音的区别，但是需要注意的是，在早期研究中这种 j 和 i 的区别，很大程度上是认为辅音性的 j 比元音性的 i 更弱一些，多半不是强调 j 的腭化程度更高。

[2] 辻本春彦（1954）和上田正（1957）所论三等重纽问题，皆转引自平山久雄《重纽问题在日本》（1995）（《平山久雄语言学论文集》，商务印书馆 2005 年版，第 25—50 页）。

归属。平山久雄把这种现象命名为"反切上字跟被切字的类相关"①。这些观察角度打破了切上字只管声母的局限,让人们认识到,切语上字也能够反映韵母的部分信息,即反映有关介音的信息。

(二) 一项推论及其疑问

反切上字和被切字的类相关概括了众所周知的重纽反切现象:

一,A类、B类不互作反切上字;二,A类、B类都可用C类作反切上字。

既然反切上字跟被切字的类相关,重纽的区别又在于介音,上述概括就可能导致如下推论:

一,A和B不互作反切上字,因此B的介音跟A必不相同;二,A和B都用C作反切上字,C必定介于A、B之间;因此,A、C、B必定有三类介音②。

丁邦新先生就主张A、B、C三类三等韵有三类介音。

问题是,设若反切上字真的被用来兼表被切字的介音,那么用中间状态的普三(C)作上字的反切如何能够拼出重四(A)和重三(B)的不同读音?为什么明明A、B不同,却大量选用一个中间的C去模糊它们的不同呢?

"捃选精切,除削疏缓"而来的反切大概不会故意去模糊重纽的界限,所以一个可能的解释是,反切在选择韵类表示介音时本来就不太精确。反切的原则是上声下韵拼合成音,声韵界限在当时并不像现在的拼音和音标那么清楚(其实现在音系学介音属Onset还是属Rhyme也有不同观点),只要上下字能够和谐地切合出读音并表现出重纽的差别就行了。所以如果C类韵具有能够跟重纽两类都和谐的介音,就可以用来作这两类音的反切上字。

这个想法似乎是有道理的。但是它的基础是反切上字能够表示介音,而这个观点来自"反切上字定重纽归属"的观察。

(三) 被忽略的事实

我们注意到上田的7个公式虽然正确地概括了与重纽相关的一些反切类型,但各个类型在重纽反切中的数量及所占的比重却被许多研究者忽略了。我们把各类反切在《王三》/《广韵》中出现的次数统计附在上田的7个公式(仍用①—⑦表示)之后,做成表8,表中c行跟重纽无关,所

---

① 平山久雄:《切韵における蒸職韻と之韻の音価》(《東洋学報》1966年第49卷第1期)。
② 丁邦新:《重纽的介音差异》(《声韵论丛》,台北:学生书局1997年版,第37—62页)。

以上田第一式的①可不计。现在重新审视表中的其他类型和数据：

表中 a 行被切字都是 A 类，反切上字也是 A 类的计 17/18 个小韵，而反切下字是 A 类的计 29/32 个小韵。

表中 b 行被切字都是 B 类，反切上字也是 B 类的计 27/19 个小韵，而反切下字是 B 类的计 125/130 个小韵。

表8

	第一式			第二式	
	跟重纽韵无关	下字定归属	上下字皆可定归属	上字定归属
a.		②A – CA, 15/17	④A – AA, 14/15	⑤A – AB, 3/3（B – AB, 3/3）
b.		③B – CB, 98/112	⑥B – BB, 27/18	⑦B – BA, 0/1
c.	①C – CC, 409/xxx①			

从总体数量角度观察，用反切下字能确定重纽归属的量要超过反切上字的三四倍，这对"反切上字定归属"的结论是很不利的。

上田上字定归属的第二式中④和⑥是同类自切，这样标准的"上下字（与被切字）和谐"，说成上字定归属抑或说成下字定归属都没有问题，上面的计算就是两属的。

除了同类自切，剩下的⑤⑦是第一式上字定归属，②③是第二式下字定归属，两式各占两个类型，看起来旗鼓相当。但是实际上，下字定归属的②和③有百余个小韵，数量和比例上都显示了下字定归属是主要的表现方式；而上字定归属的关键性证据⑤只有 3 个小韵②，同时又有 3 个反例（表中用括号列出）③，至于⑦只是《广韵》的孤例，《王三》里原是用属于⑥的反切类型④。所以综合起来看，我们知道虽然反切上字可以一定程度上反映重纽介音信息，但那不是实质性的，而是介音和谐的结果；《切韵》重纽的区别主要是由反切下字表现的。也就是说，至少在《切韵》反切系统里，重纽的介音是被看成属韵的。

既然重纽的介音不由上字表现，那么 A、B 两类都用 C 类作上字的实质，就不在于介音的选择，而仅是因为相同的声母出现在 A、B、C 类中

---

① 数字是从《王三》如下韵中数出：歌三 3，鱼 20，虞 34，废 5，之 21，微 43，尤 29，盐 14，凡 14，元 60，殷 22，文 31，阳 54，东三 26，钟 33。《广韵》暂未统计。
② 上田正公式⑤只有"臂，卑义反""譬，匹义反""避，婢义反"3 个例子。
③ "披，匹靡反""𩛷，匹鄙反""𤰞，匹备反"3 个反例正好抵消上田正的公式⑤。
④ 《广韵》此例是"密，美毕切"，跟"蜜，弥毕切"对立，确是上字区别重纽的。但《王三》原作"密，美笔反"，跟"蜜，无必反"对立，区别在于下字。

并没有实质的区别。下面我们将谈到，AB 类和 C 类的主要区别在于元音，A、B 类的区别才关乎介音，所以没有必要给 C 类韵拟测第三种三等韵介音。

(四) 呼读假说

可是还需要回答，为什么《切韵》A、B 两类不相关却都大量用 C 类作上字？究竟是什么吸引 A、B 类反切选用 C 类甚至超过选用本类呢？

笔者认为这跟反切实质上是拼音有关。为了把声母读得清晰响亮，在创造反切的时候可能采用的是"呼读"的方法。

许多学者都讨论过，反切的大量出现应该跟外来拼音文字影响有一定关系。我们知道，梵文辅音字母的读法总是带着元音的，《切韵》反切上字大量运用 C 类字可能就是一个跟这种传统相关的普遍现象。

根据陆志韦先生[①]的统计，《切韵》喜欢用模$_{910}$[②]、鱼$_{702}$、职$_{316}$、之$_{274}$、铎$_{192}$、虞$_{168}$、阳$_{149}$、支$_{93}$、尤$_{89}$、歌$_{88}$、脂$_{70}$、唐$_{63}$等韵系的字作反切上字。其实如果用早于《切韵》时代的读音来衡量，反切用字的这种倾向，似乎用鱼（铎）阳、之职（蒸）部字来概括更合适。我们看到的这种反切用字倾向，不是隋朝或者南北朝才有的，而是在反切创制时期就已经开始形成了。徐邈（344—397）是西晋人，比陆法言（562—?）早大约二百年，其反切构造已经如此，用更早的分部标准概括，可以说反切上字是喜欢用鱼（铎）阳、之职（蒸）部字。吕忱《字林》成书早于徐邈音注一百年，其上字除了用笔画简单的字外，也集中用鱼（铎）阳、之职（蒸）部字。假如用后汉三国的分部，情况可能会更集中[③]。我怀疑在创制反切的汉代，这种倾向已经形成了。鱼（铎）阳部（还有歌部）是开口度很大的元音，反切多用它们来作唇牙喉的上字；之职（蒸）部（还有脂部）大概是比较高的元音，反切多用来作舌齿音的上字。这情形就有点像呼读梵文辅音字母，现在有一派读不送气音辅音无论清浊都加 a 元音发音，读送气音无论清浊都加 ə 元音发音（短ɐ?），这都是一种传统。

当然，"呼读假说"还有待进一步证实，但是我们从这里可以看到 A、B 两类都用 C 类反切上字可能并不是因为 C 类具有不同于 A、B 两类

[①] 陆志韦：《古反切是怎样构造的》，《中国语文》1963 年第 5 期。

[②] 韵后的数字表示出现次数，下同。

[③] 据博士生张冬磊统计，三国时韦昭存世的音切最多（辑录 207 条），其上字的选择倾向是 C 类字最多，其次是一等字，AB 类上字最少。其中被切字为重纽的反切共 31 个，没有 A – AB 和 B – BA 的上字决定式，绝大部分都是 B – CB 以及 A – CA 式。反切上字倾向用之职部和鱼部字，这两类元音的切上字几乎占了 90%。

而又居于 A、B 两类之间的介音。

四 结合反切下字看重纽

上文说《切韵》主要是通过反切下字区分重纽的，反切下字除了 AB 类唇牙喉声母字外，还有舌齿音声母字和喻母字，在区分重纽时这些反切下字的声母类型发挥了重要作用。为了看清这一点，我们统计了《王三》和《广韵》所有的重纽切语，得出表 9 的数据（表中 A、B、C 分别为重四、重三、普三外，反切下字的声纽用 J、S、Sj、R、T、L 表示以母、精组、章组、云母、知组、来母；数字是该类型的小韵数[1]，"/"左边是《王三》的，右边是《广韵》的：

表 9

	被切字为 A			被切字为 B				合计
	上字为 A	上字为 C	上字四等	上字为 A	上字为 B	上字为 C	上字一等	
A-AA	14/15	A-CA	15/17		B-BA	0/1	B-CA	0/0	29/33
A-AJ	2/5	A-CJ	26/21	A-4J	0/1	B-BJ	1/1	B-CJ	2/3	31/31
A-AS	4/5	A-CS	12/14		B-BS	1/0	B-CS	1/0	18/19
A-ASj	10/10	A-CSj	17/17		B-BSj	0/2	B-CSj	6/3	33/33
		A-C4	0/1					0/1
A-AB	3/2	A-CB	0/0	B-AB	3/3	B-BB	27/28	B-CB	98/112	B-1B	1/1	132/146
A-AR	0/0	A-CR	0/0		B-BR	5/3	B-CR	15/15	20/18
A-AT	1/1	A-CT	3/4		B-BT	1/1	B-CT	9/9	14/15
A-AL	6/6	A-CL	8/7		B-BL	6/2	B-CL	26/24	46/38
合计	40/44	0	81/81	0	0/1	0	3/3	0	41/38	0	157/166	0	1/1	323/334

《王三》和《广韵》的情况基本一致，可以看出，以母（J）、精组（S）、章组（Sj）常作 A 类被切字的切下字，而云母（R）、知组（T）、来母（L）常作 B 类反切下字，很少例外。表 10 里的数字和比例是《王三》里的例外数据（表中前两个数据的意思是，反切下字为重四时被切字为重四，没有例外；反切下字为重三时被切字为重三有 3 个例外，占这类反切的 2.27%，余类推）：

---

[1] 表中数字与后来李秀芹博士的统计有出入，参见李秀芹《中古重纽类型分析》（博士学位论文，浙江大学，2006 年）的有关统计。黄笑山《于以两母和重纽问题》（《语言研究》1996 年增刊）有不同角度的统计。这几个统计材料的差异有的源于我们先后对某几个小韵的认识不同，有的可能是点算误差，有待核查，但不影响结论。

表 10

反切下字				被切字
重四 (A)	以母 (J)	精组 (S)	章组 (Sj)	重四
0	3 (9.68%)	2 (11.11%)	6 (18.18%)	
重三 (B)	云母 (R)	知组 (T)	来母 (L)	重三
3 (2.27%)	0	4 (28.57%)	14 (30.43%)	

可见舌齿音和喻母是被分成两组并对应重纽 A、B 类的,知庄组来母云母联 B 类,精章组以母联 A 类,按这个分类统计《王三》的重纽,结果如表 11 所示:

表 11

	可确定重纽类的	不可定重纽类的	合计
上字	81 小韵 (25.08%)	242 小韵 (74.92%)	323 个重纽小韵 (100%)
下字	291 小韵 (90.09%)	32 小韵 (9.91%)	323 个重纽小韵 (100%)

从表 11 中可以看出,上字能够确定重纽类别的比例只占全部重纽小韵的 1/4,而由下字显示重纽区别的占了 90% 强(不到 10% 的例外,我们另有分析,有的可看作慧琳式反切产生的发端,即"前移"发生了[①])。

以上分析说明,切上字并不能全息地反映重纽介音的情况,"类相关"对于《切韵》来说,只是一种相关性,即上字的分组可能只是反切和谐的表现,不是重纽区别的实质性反映。

五 两类三等韵介音

如上所说,重纽的归属由下字的声母类型决定,这说明不同类型的声母后面可能跟着不同的介音。云母(喻三)总是作 B 类的反切下字,知组也倾向于作 B 类的切下字,说明这些声母所带的介音跟 B 类的介音相同;以母(喻四)总是作 A 类的反切下字,精章组也作 A 类的反切下字,它们也可能带有跟 A 类一样的介音。

按照上文表 6 各家的拟测,可以假设重纽韵里 B 类有一个比 A 类后的介音,而知组云母比精章组以母腭化的程度也弱一些,这个假设说明了重纽反切下字的分组及不同表现,也回答了重纽韵舌齿音属于重纽的哪一类的问

[①] 这里所说的"前移"包括介音的腭化,见黄笑山《中古三等韵 i 介音的前移和保留》,载《郑州大学学报》(哲学社会科学版) 1995 年第 1 期。

题——精章组以母用重四（A）的介音、知组云母用重三（B）的介音。

那么对于 C 类三等韵该怎么处理呢？

上文说过，既然重纽大量用 C 类上字并不是为了用上字表现介音，也就没有必要为 C 类拟构第三类介音，可以把重纽韵的两类介音引入 C 类中来。C 类的唇牙喉声母字的介音同 B 类，其舌齿音跟重纽韵的舌齿音一样分作两组。这样，两类三等韵介音就出现在所有的三等韵中①。

现在的问题是，"重纽"只是重纽韵的现象，现在把重纽的两类介音扩大到没有重纽的 C 类三等韵中，这是否合理？

在我们看来，"重纽"之"重"只是人们受"字母"或"声纽"的限制，把语音的对立视为"重出"的一种错误认识。例如支韵唇音"陂，彼为反"和"卑，府移反"在帮母下"重出"，开口的"奇，渠羁反"和"衹，巨支反"在群母下"重出"，等等。如果认识到《切韵》音系的重纽实质上是声韵开合相同、介音有别的两类唇牙喉字，那么可以说舌齿音里也存在同样性质的现象。把两类介音和声母结合起来看，我们就能清楚地看到《切韵》里的一个整齐的配列：

表 12

介音	唇音 p pʰ b m	舌音 t tʰ d n l	齿音（腭） tɕ tɕʰ dʑ ȵ ʑ ɕ	齿音 ts tsʰ dz s z	牙音 k kʰ g ŋ	喉音 ʔ h ɦ
-r(u)i-	帮B 滂B 并B 明B	知彻澄娘来		庄初崇生俟	见B 溪B 群B 疑B	影B 晓B 云
-(u)i-	帮A 滂A 并A 明A	→	章昌禅日船书	精清从心邪	见A 溪A 群A 疑A	影A 晓A 以

传统研究中唇牙喉十纽 A、B 两类只用一套声纽表示，又不知道对立的缘由，所以就"重纽"了；与之不同的是，舌齿音里同样性质的两类则有两套不同的声纽分别表示，故而声纽上就没有"重纽"问题了。表 12 中显示知章组的分布跟唇牙喉 B 和 A 类、喉音里的云和以母、齿音里的精和庄组有些不同（未能整齐配对），这是由于与知组配对的声母在中古以前就发生了腭化，由舌音变成了齿音章组，如果不考虑章组的阻塞性质以及其他来源（例如上古牙喉音来源等）的话，用内部分析法把知彻澄娘和章昌禅（船）日配应起来是没有问题的。这样，表 12 中《切韵》全部 27 个辅音声母就形成了一个整齐的局面，从表中的音位拟测我们可以看出，"重纽"并不是唇牙喉十纽下的特殊分布，其语音实质也并不是什么"重"，也可以明白《韵镜》齿音三套的实质以及"来日"叫作

---

① 有关拟测的证据，见黄笑山《〈切韵〉和中唐五代音位系统》，台北：文津出版社 1995 年版。

"舌音齿"或"半舌半齿"的缘由。这整个声母系统的整齐配应,在上面说到的反切下字声组选择的反切结构分析中也可以看得很清楚。

需要说明的是,章组的形成使知组在《切韵》系统的相同声母中失去 A、B 那样的对立,因此反切上知组来母多少有点摇摆在 A、B 之间①,但知组来母总的倾向是作 B 类的反切下字的,如果考虑知组来自带 r 的端组,来母上古可能读 *r-,这种倾向性就暗示了《切韵》时代知组来母和重纽 B 类关系的来源。

六 《切韵》韵母分类特征

上文说到诸家对重纽的两类三等韵介音拟测有不同,但各种拟测的共同点是,重三(B)的介音比重四(A)的介音靠后或少一些腭化而多一点 r 色彩,这反映了对两类介音有不同区别特征的认识。其实诸家拟测的中古音或《切韵》音不仅仅在介音上存在争议,声韵拟测的许多细节也很不相同。但是如果用区别特征来看诸家的拟测,就可能找到相当多的共同点,这是因为大家都是从现代方言与《切韵》系统的比较入手拟测其音值或音位的。认识到这一点很重要,这不仅可以避免在具体音值写法上的无休止的争论,更可能在一些重要问题上取得共识,在一个共同的层面上讨论历史的事实和演变。

现在我们就从区别特征的角度来看看《切韵》韵母系统的情形:

表 13

元音	韵尾	LABIAL −m/p	CORONAL −n/t	−j	−w	DORSAL −ŋ/k	−∅
	i	侵	真		幽	蒸	脂
	e	咸盐添	山仙先	皆祭齐	宵萧	耕清青	佳支
	a	衔	删	夬	肴	庚	麻
[back]	u					东	侯尤
	ə	覃	臻殷文	微		登	之
	o	凡严	痕魂元	咍灰废		江冬锺	鱼虞模
	ɑ	谈	寒	泰	豪	唐阳	歌

---

① 关于知组来母摇摆在两类之间,对其归属笔者也曾摇摆不定过一段时间,可参见《于以两母和重纽问题》(《语言研究》1996 年增刊)。对其既作 B 类下字又作 A 类下字的摇摆现象,曾蒙平山久雄先生当面教诲,他说,这是因为知组来母没有对立的缘故。一语中的,在此鸣谢。

表13中我们用区别特征标识了我们以前所拟测的《切韵》韵母系统（举平以赅上去入），相关的拟测证据我们在以前讨论中做过分析，诸家的系统也可以纳入这个特征系统中加以讨论，此不赘述①。

按照我们的理解，现代特征系统中的三个部位特征 LABIAL、CORONAL、DORSAL 正对应传统的唇、舌齿、牙喉，但可用于所有的辅音、元音的分析。

对中古韵和韵母来说，介音、主要元音和韵尾各有一个特征对各韵的分类尤为重要。我们先来观察元音和韵尾的特征和韵类的关系。

表中用部位特征 DORSAL 划分了韵尾的大类，《切韵》凡二三等韵同韵、一三等韵同韵的都出现在这个大类中；一等韵开合分韵的都不在此类。

主要元音的［back］是 DORSAL 的终端特征之一，表中用它划分了韵腹的大类，前元音韵和非前元音韵。

这样 DORSAL 和［back］组成了区分韵类的纵横坐标，横坐标是主要元音是否赋有［back］特征值，纵坐标是韵尾是否受部位特征 DORSAL 辖制。两条线纵横形成一个十字线，把各韵分成四个区域。这四个区中的韵在声韵开合以及历史演变方面都有不同的特点，我们结合前面的分类再来看看它对三等韵是如何区分的：

根据元音是否具有［back］特征，三等韵分成两类：［back］元音都是普三韵（C 类），元音若无［back］特征的都是重纽韵（我们认为"幽、蒸、庚₃、麻₃"都具重纽性质，参见黄笑山《〈切韵〉三等韵的分类问题》）；

根据韵尾是否受 DORSAL 特征辖制，普三韵分成两类：C1 类（纯三韵）是韵尾不受 DORSAL 特征辖制的韵，这类三等韵缺少受 CORONAL 特征辖制的舌齿音声母；C2 类（混三韵）是韵尾受 DORSAL 特征辖制的韵，这类三等韵有舌齿音声母。

表13中没有列出前面讨论过的三等韵介音的特征，考虑到声介一致以及上古来源等因素，笔者认为可以拟测［rhotacized］特征来区分 A、B 两类，这样，三等韵的所有类别就清楚地区分开来了：

---

① 黄笑山：《〈切韵〉和中唐五代音位系统》（台北文津出版社1995年版）、《中古三等韵 i 介音的前移和保留》[《郑州大学学报》（哲学社会科学版）1995年第1期]、《〈切韵〉三等韵的分类问题》[《郑州大学学报》（哲学社会科学版）1996年第4期]、《于以两母和重纽问题》（《语言研究》1996年增刊）、《中古二等韵介音和〈切韵〉元音数量》[《浙江大学学报》（人文社会科学版）2002年第1期]。

表 14

特征＼韵类	A	B	C1	C2
[back] 元音			●	●
DORSAL 韵尾				●
[rhotacized] 介音		●		

上述特征在表述各类不同声韵情况时也有清晰的作用，例如，元音的 [back] 特征还区分了一、四等韵，介音的 [rhotacized] 特征与声母结合不仅区分了重纽的 A、B 两类，也区分了端知两组（或知章两组）、区分了精庄两组，还区分了云以两纽。

三等韵分类是音韵学的 ABC，是基本问题，但是由这个问题引发的讨论却是相当深入而影响重大的。错误之处，还请专家学者批评指正。

原载2012年《中文学术前沿》第五辑

如何位移？

——汉语运动事件词化类型之演化

史文磊

摘要 汉语在运动事件词化类型框架中（Talmy，2000；Slobin，2004）处在什么位置，一直是个争论不休的热点话题：附加语构架型（satellite-framed/S型）、动词构架型（verb-framed/V型）以及对等构架型（equipollent-framed/E型）都不乏支持者。本文站在历史演化的立场上，综合了语言结构和语言使用两个方面，对汉语运动事件编码类型的现状和历史做了重新审视。我们将四个历史时期的汉语（上古、中古、近代和现代）在各项语用参数（路径、方式、背景）上的分布情况与其他语言（S型：英语；V型：土耳其语、西班牙语）做了对比，同时也考察了语言结构（形态—句法属性）。初步结论是：（1）语用倾向参数值的历时消长进一步证明，汉语运动事件词化类型经历了逐渐远离V型而偏向S型演化的倾向，近代是类型演化的加速期，这跟汉语相关句法结构的历史演变阶段基本一致。既有的无论是单纯从语言结构抑或从语言使用角度所做的调查，其结论都带有片面性，难以自洽，而本文提供的综合框架可以更合理地解决汉语的词化类型问题。（2）现代汉语在参数值上表现得参差不齐，既异于S型又别于V型，但这并不能证明现代汉语就属于所谓的E型语。我们认为这种分布主要是汉语自身语言结构特性对语用倾向的制约，从而导致了现代汉语表现出转型（V→S）不彻底的局面。我们主张，没必要另设一个独立的E型，从历史演化的角度看，只要V型和S型两种原型即可，其他结构可视为不稳定的中间状态。（3）以往设置的语用倾向参数并非全都适用于汉语，应结合不同语言的结构特性进行综合考量，这也体现出汉语对人类语言类型学理论的重要价值。

关键词 运动事件　词化类型　概念结构　语言结构　语言使用

缘起

运动事件（motion events）[①] 是人类认知基本的概念范畴之一，但是跨语言调查表明，运动事件的概念要素（semantic elements）在投射到不同语言的形态－句法结构上时，会表现出系统性的类型学差异。Talmy（1985、1991、2000）在其著名的运动事件词化类型理论[②]中，将运动事件的编码类型分为 V 型构架（verb-framed，动词构架）和 S 型构架（satellite-framed，附加语构架）两类。最近不少跨语言调查指出，有些语言中的编码形式，尤其是所谓连动结构（serial verb construction）型语言，在这个二分的类型学里头找不到对应的位置。鉴于此，Slobin（2004）将二分扩展到三分，增设了 E 形构架（equipollently-framed，对等构架）。

汉语在上述类型学框架中处在什么位置，一直是个争论不休的热点话题。在既有的调研中，上述三种类型都有支持者，但正如下文将要指出的，既有的研究，看似持之有据，却又带有片面性，难以自洽。针对这种局面，本文拟从历史演化的角度出发，综合考察事件编码结构（language structure）和概念要素表达倾向（language use）的历时消长，重新审视汉语的现状和历史，进而给汉语以更合理的类型学定位。文章结构安排如下：第 1 节对跟该课题相关的研究现状做简要述评；第 2 节是语用倾向的历时描写，就运动事件概念要素（方式、路径、背景）在各类表层形式上（动词、动词结构、副词性成分、其他分句）的分布状况，做了历时描写和量化统计；第 3 节，在类型学框架下，将调查结果做了古今对比，并跟被认为是典型的 S 型（英语）和 V 型语言（土耳其语、西班牙语）做了比较；第 4 节，在数据对比的基础上，综合语言使用和语言结构两个方面，对汉语运动事件词化类型的历史演化和归属问题做了归纳与总结，并对相关问题进行了讨论。

[①] 本文所说的运动事件指发生整体位移（translational）的事件，所说运动动词指蕴含位移的动词。

[②] 概念要素和表层形式的对应，既可以从表层形式看与之对应的概念要素的融合模式，也可以从概念要素看与之对应的表层形式的分布。前者叫词化模式（lexicalization pattern）（Talmy, 1985），后者叫事件集成类型（typology of motion event integration）（Talmy, 1991）。以前就这个课题的讨论，大多叫词化模式，其实这二者是一个问题的两个方面。本文主要从后者着眼，称为词化类型。

一 研究现状述评

（一）从共时到历时

Talmy（1985、1991、2000）根据路径（PATH）[①]投射到表层结构（如动词、附加语、名词）上时表现出的差异，将运动事件的词化类型区分为 V 型和 S 型两类：路径投射到核心动词或词根（main verb/verb root）上，是 V 型构架，投射到附加语[②]上，是 S 型构架，据此又将人类语言划分为两大类型：V 型语和 S 型语。西班牙语是典型的 V 型语，如例（1a），路径由核心动词 salir（出）编码（encode），而方式（MANNER）由非限定性的动名词（non-finite gerundive form）flotando 编码；英语是典型的 S 型语，如（1b），路径由附加语 down 编码，方式由主要动词 roll 编码。

(1) a. La botella [FIGURE] salió [MOTION + PATH] de la cueva [GROUND] (flotando) [MANNER].
　　　　　瓶子　　　　出　　　　　　　　　洞穴　　　　　飘
瓶子从洞穴里出去了，以飘的方式。
　　　　　　　　　　　　　　　[西班牙语——Talmy, 2000：49 (29b)]

b. The rock [FIGURE] rolled [MOTION + MANNER] down [PATH] the hill [GROUND].
　　石头　　　　　滚　　　　　　　　　下　　　　山坡
石头滚下了山坡。　　　　　　[英语——Talmy, 2000：28 (5c)]

c. chán [FIGURE] dəən [MOTION + MANNER] khâw [MOTION + PATH] (paj) [MOTION + PATH]
　　I　　　　　walk　　　　　　　　　　enter　　　　　　　go
　　我　　　　　走　　　　　　　　　　进　　　　　　　去
我走进去了。　　　　[泰语——Zlatev and Yangklang, 2004：165 (11)]

近来的跨语言调查指出，有些语言中运动事件的编码结构在 Talmy 的二分系统中找不到对应的位置，尤其是所谓的连动结构（Beavers et al., 2010；Chen 和 Guo, 2009；Slobin, 2004、2006；Zlatev 和 Yangklang, 2004）。

---

① Talmy（2000：217-19）进一步概括为核心图式（core schema）或框架事件（framing event），包括路径、结果、体、行为实现等对运动事件的时态结构起到框定作用的概念要素，但最基本的还是路径。

② 附加语（satellite）指的是与核心动词（或动词词根）平级的（sister relation）、除名词短语和由介词充当的补足语（complement）之外的语法类别。附加语既可来自形态层面（词缀），亦可来自句法层面（自由词），它跟核心动词或动词词根是附属与核心的关系（Talmy, 2000：101-2）。例如英语 go out 之小品词 out、汉语"跑过"之补语"过"。本文取广义的附加语定义，把介词也包括进来（参看史文磊, 2011a；Beavers et al., 2010 的讨论）。

如例（1c）泰语，据 Zlatev 和 Yangklang（2004）的分析，编码方式的 dəən 和编码路径的 khaw、paj 都可以充当核心动词。由此，Slobin（2004）提出了第三种构架类型，即 E 型。在 E 型构架中，编码方式和路径的成分都是核心动词（或词根），语法地位对等。照此分析，泰语中融合方式和路径的几个成分都融合了运动（MOTION）[①] 这个要素。

现代汉语被认为是连动结构型语言，其运动事件词化类型的归属问题近年来得到了广泛关注和讨论，但大家的看法，实在可以用"众说纷纭"来形容，上举三种观点皆有支持者。为什么会出现这种局面？主要问题出在：第一，对现代汉语动趋式［如例（2a）"走出"］中 V_1 和 V_2 的语法地位的界定有不同意见。如果认为 V_1 是核心动词，V_2 是附属性的补语，整个结构就是 S 型，支持者如沈家煊（2003）、Li（1993、1997）、Matsumoto（2003）、Talmy（1985、1991、2000），这也是本文基本赞同的看法，将在第 4 节做详细讨论；如果认为 V_1 和 V_2 的语法地位对等，都是核心动词，那整个结构就是 E 型，支持者如 Chen（2005、2007）、Chen 和 Guo（2009）、Croft 等（2010）[②]、Slobin（2004、2006）；如果认为 V_2 是核心动词，那整个结构自然就是 V 型，支持者如 Tai（2003）。第二，动趋式的 V_2 大多又都可以单用做核心动词［如例（2b）"出"］，这样的话，路径由主要动词编码，就是 V 型构架。合起来看，说现代汉语是混合型（mixed），也不无道理（柯理思，2002；Filipovic，2007：46）。

(2) a. 他走出了文海楼。　　b. 他出了文海楼。

单是上揭现象，就已非常棘手，然而，汉语的复杂程度却远不止于此。另外还有一些结构，表面上看是 S 型构架，但仔细分析，却跟典型的 S 型有所不同。如例（3—5）：

(3) 于是老先生不怨天，不尤人，站在那儿，于是他站到木栏地，看到了那个温度计。（刘心武《公共汽车咏叹调》）

(4) 她们走入了城墙门洞，站在日本人的面前。（余华《一个地主的死》）

(5) 接着我登上十米平台，风像决了堤的洪水从四面八方汹涌而来。（王朔《过把瘾就死》）

例（3）"站到"这类结构，乍一看跟"走出"相同，都是动趋式 S

[①] 在 Talmy（1985、1991、2000）里，运动是个抽象概念。只有形态—句法核心才能编码运动，不是形态—句法核心，就不具备编码运动的资格。因此，它实际上是形态—句法核心在运动事件概念结构中的投射。这一点对后面的分析（第 4.3 节）至关重要。

[②] Croft 等（2010）将汉语归入对称型（symmetrical - framing），其实跟 E 型说类似。

型构架，可细分析，却不完全一样。单独拿核心动词"站"来看，它只表示静态行为，不是运动动词，并没有位移运动的意思，而只是在"站到"这类结构式中才具有了表达运动事件方式的功能。例（4）"走入"，表面上看也是 S 型构架，但细分析起来，却也跟"走出"不完全相同，显示出一定的词汇化倾向，这表现在无法扩展、"入"一般不轻读、使用数量有限和能产性低等方面（详参史文磊，2010：第 3 章，2011c）。例（5）"登上"，补语"上"既表路径（向上），又表事件达成的结果，是 S 型构架，但是核心动词"登"不仅包含方式信息，同样也包含了路径信息（向上），例如说"登下"就不合适，因为前后两个词所编码的路径信息方向相悖。如此看来，"登上"这类结构也不是典型的 S 型构架，因为在典型的 S 型构架中，路径一般只由附加语编码，核心动词一般只编码方式。

语言是历史的产物，变化是恒久的，后一阶段的语言结构绝对无法与前一阶段割断因果上的联系。这使我们不由地将目光投向汉语史，又发现情况变得更为复杂。例如当我们翻检上古汉语文献及其今译本的时候，会发现今古有一些差异很有趣，请看例（6）：

(6) a. 姜入[MOTION + PATH]于室，与崔子自侧户出[MOTION + PATH]。（《左传·襄公 25 年》）

b. 姜氏被追得走[MOTION + MANNER]进[PATH]内室，和崔杼从边门溜[MOTION + MANNER]出[PATH]去[PATH]。（冯作民《白话左传》，岳麓书社，1989）

例（6）说的是姜氏施行的一系列位移运动，例（6a）和（6b）分别是上古汉语文献《左传》原文和其今译对这同一场景（scene）所做的语言表述。场景相同，但古今的语言表达却发生了变化，原文只用了两个编码路径的动词"入"和"出"，到了今译却改用了两个动趋式复合结构"走进"和"溜出去"，核心动词"走、溜"编码方式，趋向补语"进、出去"[1] 编码路径。

比较例（6a - b）和例（1a - b）我们会发现，例（6a）和例（1a）、例（6b）和例（1b）的词化类型基本上是对应的。例（6a）和例（1a）中路径信息皆由核心动词编码，前者用"入""出"，后者用 *salir*；例

---

[1] "进"和"入"都表示 ENTER 这样的路径，二者在汉语史上是历史替换的关系，大致来说，中古以前用"入"，进入近代以后主要用"进"。"去"作为表指向信息（DEICTIC）的成分附在动词后，近代开始增多（史文磊，2011b）。

(6b) 和例 (1b) 中路径信息皆由附加语编码，前者用趋向补语"进""出来"，后者用小品词 down，方式信息皆由核心动词编码，前者用"走""溜"，后者用 roll。由此自然会得出一个初步的假设：

(i) 上古汉语运动事件的词化类型倾向于 V 型构架，现代汉语则倾向于 S 型构架。汉语史上运动事件的词化类型经历了从 V 型到 S 型的类型学演变。

Beavers 等 (2010) 说，一方面，一种语言选择何种词化结构，主要取决于该语言为运动事件的词化提供了哪些可资利用的资源（词汇、形态、句法）；另一方面，一种语言又往往倾向性地采用某一类型作为主导模式。这个看法拓宽了我们的视野，据此，现代汉语有哪些语言资源可以利用，就会相应地出现多少词化结构，同时会有一种主导模式（即 S 型）。然而，像上述这些复杂多样的词化结构 [例 (2-5)] 从何而来？又是如何表现出一定的倾向性的？例 (6a-b) 反映出的古今差异该如何解释？这些依然得不到合理的答案。显然，若只停留在共时平面，是无法解释这个问题的，而必须放眼历史，梳理汉语史上运动事件表达策略的消长，方能看得比较清楚，也才能解释像例 (6a-b) 所显示的古今对译上的差异。

有的文献曾经从句法结构演变的角度对汉语运动事件的词化类型做过历史考察（如史文磊，2011c；Li，1993、1997；Peyraube，2006；Xu，2006：146—187），基本结论支持前述 (i)，并解决了一些问题。例如，历时来看，汉语词化类型表现出 V→S 的演变倾向，这主要是通过语法化和语义要素分离来实现的；现代汉语词化结构呈现出复杂多样的特点 [如例 (2-5)]，主要是演化过程中动趋结构模式类推所形成的"杂糅"结构 [如例 (3)"站到"、例 (5)"登上"]，以及古代的结构模式在现代的遗存 [如例 (2b)"出"、例 (4)"走入"] 导致的。然而，既有的研究依然存在缺憾，我们将在下文第 1.2 节介绍完语用倾向以后再回到这一点上来。

(二) 从语言结构到语用倾向

上述对词化类型的区分侧重于对语言结构本身（language structure）的鉴别，可以说是形态—句法属性标准（morpho-syntactic property），考察的主要是概念结构中的路径、方式/致使（CAUSE）与形式结构中的核心动词、临近附属成分（subordinate）的对应。

然而，人们对整个运动事件的认知处理（cognitive process），还包括其他概念要素 [如主体（FIGURE）、背景（GROUND）]（及其共现模式）

和表层语法类别（及其结构模式）。因此，一方面，这些概念要素和表层形式在不同的词化类型中的表现有何差异，或者说，它们的表现是否对该类型学敏感（sensitive），就成为有待拓展的研究课题；另一方面，就某个场景的语言表达来说，语言使用者择取哪些概念要素（例如，方式还是路径、主体还是背景），用哪些显性的语言结构（例如，动词还是短语、修饰语还是分句）表达出来，并不遵循严格的法则（fixed laws）。更确切地说，这只是一种倾向性偏好（preferences）（参看 Levelt，1996：102）。从这个角度来看，运动事件词化类型的差异就成了倾向性的差异。如果认识到这一点，那么，对词化类型的探讨，就不能仅仅停留在路径、方式/致使这几类概念要素跟核心动词、邻近附属成分这几类表层形式的对应上，而必须将范围拓宽到其他概念要素表达及其组合模式的系统性偏好，即语用倾向上。这包括两个方面：一是表层结构使用的倾向性；二是概念要素表达的倾向性。

因此，运动事件词化类型不但表现在形态—句法结构上，也表现在语言使用倾向上。令人欣慰的是，近年来，一系列研究从语言使用或篇章结构的角度（language use/discourse structure）做出了有益的尝试（如 Berman 和 Slobin，1994；Guo et al.，2009；Slobin，1991，1996a，1996b，1997，2000，2004，2006；Slobin 和 Hoiting，1994），可以称为语用倾向标准。既有的研究已经表明，词化类型的差异对语言的组织模式有着深刻的影响，包括修辞方式、语言惯用模式，甚至影响着整个叙述模式。相应的，不同的词化类型，在运动事件各概念要素（如方式、路径、背景等）的语篇表达以及叙述风格（rhetorical style）① 上会表现出不同的倾向性，详见表1所列（参考 Chen and Guo，2009；Ibarretxe‑Antuñano，2004；Slobin，1996b，1997；Zlatev and Yangklang，2004）。通过考察表1中各项指标在某一种语言中的分布情况，我们可以衡量该语言运动事件的词化类型。

表1　　　　　　　　　　词化类型的语用倾向表现

方式	a. S型语方式信息的表达频率相对高；V型语只在必要时才提及方式，路径表达优先 b. S型语用来描述运动方式的动词（bare verb）在数量上占优势 c. S型语对运动方式的描述更富于表达性（expressive）和多样性

---

① 叙述风格或修辞风格指的是语篇中用来分析和描述运动事件的各种方式。叙述风格的差异取决于各种表述策略的可及性（accessibility），诸如：语言认知处理能力（language‑processing capacities）、语体（modality）、文化实践（cultural practices）等。参见 Slobin（1996b）。

续表

路径	d. 描述运动复合路径（journey）时，S 型语常用一个小句（clause）表达复合路径（go out of the room through the hallway into that restaurant），而 V 型语则倾向于用多个路径动词句，分别将路径描述切分为不同的单元（segment）。相应的，就单个小句所描述的事件信息而言，V 型语提及的路径片段相对少
背景	e. V 型语每个事件小句携带背景信息的比例相对少 f. V 型语在句中更倾向于使用不带背景信息的路径动词
叙述风格	g. 叙述事件时，V 型语多关注静态场景（static scene setting）和现实环境描述（physical context），动态背景信息多依赖推理；S 型语则多关注运动过程和动态路径描述，静态场景信息通过语境推断得来[①]

让我们接着上文第 1.1 节的汉语史研究说起。既有的对汉语运动事件词化类型的历史考察，主要是基于形态—句法属性的考察，较有代表性的是 Peyraube（2006），该文对汉语运动事件词化类型的历史演变做了较为全面的考察。他认为：上古汉语路径由主要动词编码，是 V 型构架；从魏晋南北朝（公元 5 世纪前后）开始，汉语进入 V→S 演变的中间阶段，这时是混合型语言，同时用两种策略；到公元 10 世纪前后，转型就完成了。方向性补语（directional complements）（"来/去"）的语法化是主要机制，非常规句法结构促使了语法化的发生。这尽管加深了我们对汉语现状和历史的认识，但其结论的自洽性并不能令人十分满意。

第一，上古汉语是否所有的结构都能归入 V 型，这是很值得再讨论的。Peyraube 也注意到，除了单用作核心的路径动词［如例（6a）之"入、出"］之外，上古汉语还有像例（7a）"趋出"这样的连动结构。

(7) a. 鲁哀公问于孔子曰……三问，孔子不对。孔子<u>趋出</u>，以语子贡曰……（《荀子·子道》）

b. 子路盛服见孔子，孔子曰……子路<u>趋而出</u>，改服而入。（《荀子·子道》）

但在 Peyraube 看来，此类连动结构中，V_1 和 V_2 表达的是两个独立的行为（separate actions），例（7b）V_1 和 V_2 之间可以用连词"而"隔开是其证；编码路径信息的 V_2 是核心动词，所以此类结构是 V 型。说 V_1 和 V_2 表达了两个独立的行为，这其实是从两个动词的语法地位着眼来判断的：因为两个动词都是独立的核心动词，所以表达的是两个独立的行为。但是，如果从对整体事件的编码来判断，那么 V_1 和 V_2 显然不能分离

[①] 本文暂只涉及方式、路径和背景表达，语用倾向在叙述风格方面的表现将另文讨论。

开来。例（7a）中，"趋"和"出"都是位移动词，对于整个事件而言，"趋"表达的是整个事件的方式信息，"出"表达的是路径信息，二者是伴随发生的一个事件整体。如果是完全独立的两个行为，那么，在理解上就可能会有歧义，即我们不能确定"出"的方式是不是"趋"。但这里显然不会出现这种歧解。另外，用"而"并不必然意味着连接的就是两个独立的行为（梅广，2003；刘丹青，2011），也可以把"而"理解为强调方式信息（"趋"）的标记，即不是其他方式的"出"（如"步而出、奔而出"），而是"趋而出"。因此，例（7）这样的句法性（而非词法性或形态性）连动结构实在可以看成两个核心动词共同表达了一个运动事件。这么来看的话，方式和路径皆由核心动词表达，整个结构恰好可以归入Slobin 说的 E 型，即对等构架。因此，从形态—句法属性标准出发认为上古汉语是 V 型语言的结论就不很准确了。本文的抽样调查显示（见表7），上古汉语"趋出"类结构只占总比的 10.86%，而纯路径类动词结构占了 74.53%。从结构使用的倾向性来判断，上古汉语显然以 V 型构架为主导。从这个角度上说上古汉语是 V 型语，才能站得住。

第二，到公元 10 世纪前后转型就已经完成的说法是否成立，也值得再讨论。Peyraube 也注意到，现代汉语动趋式中表达路径信息的补语［如例（2a-b）"走出—出"］跟英语的小品词［如例（1b）down］不同，可以独立充当核心动词，即 V 型构架。这类结构对现代汉语是 S 型语言的论断提出了挑战，但我们没有看到 Peyraube 对此给出详细合理的解释。在这种情况下，说距今 1000 年前的汉语就已经完成了 V→S 的类型转移，似乎有些自相矛盾。另外，上古和现代两个时期的汉语都存在 V 型构架（即路径动词单动式），为什么在上古可以根据这一条说汉语是 V 型语言，在现代就不能据此说汉语也是 V 型语言了呢？两个时期的 V 型构架在使用上有什么差异？要论原因，还是要从语用倾向的量化分析中去找，单从语言结构属性分析，恐怕是不可能得到满意的答案的。本文的调查显示（见表7），现代汉语动趋式占总比的 70.39%，而单纯编码路径信息的动词结构只占 22.12%。古今相比可以发现，V 型结构的使用比例很明显呈降低趋势，而 S 型结构的使用比例呈现出明显的升高趋势。只有对语言使用倾向的历史演变进行比较分析，才能较为直观地呈现出词化类型的古今差异和历史演化。

第三，正如前文所言，运动事件的编码不仅仅是方式/致使、路径跟主要动词、附加语之间的对应，还涉及各类概念要素表达以及表层形式的语用倾向问题。我们还想知道，汉语在发展过程中，各类概念要素的编码和表达策略有什么倾向性的变化？这些变化是否支持汉语词化类型的演变？然而，单纯从语言结构角度进行的汉语史调查，难以给我们提供满意的答案。看来，综合语言结构和语用倾向对汉语史做全面考察，已经成为进一步深入认识汉语的现状和历史亟待开展的课题。

从语言使用倾向的角度对汉语做历史调查的尚未见到，倒是有研究对现代汉语做过调查，例如 Chen（2005，2007）、Chen 和 Guo（2009）、Huang 和 Tanangkingsing（2005）、Slobin（2004）。调查的语料大体上可以分为两类：一是口述语料，选择了 Frog, where are you?（Mayer, 1969）这样一部无字连环画，请不同年龄段、以汉语为母语的说话人把故事叙述出来，然后记录分析，如 Chen（2007：第 3 章）、Huang 和 Tanangkingsing（2005）、Slobin（2004）。二是书面语料，如 Chen（2007：第 4 章）、Chen 和 Guo（2009）择取了 9 部现代汉语小说（见表 2），从每一部小说中随机择取 20 个典型的事件情节（episodes）①。既有的对口述语料的调查指出，与典型的 V 型语（西班牙语、土耳其语）和典型的 S 型语（英语）相比，一方面，现代汉语的词化类型在有些参数值上与英语相近，表现在：1) 描述时所用的方式动词词汇量大；2) 方式动词使用频率高。另一方面，有些参数值又表现出与西班牙语接近的特点：3) 倾向于将一个复合情节分成若干片段，通过多个动词小句一段一段依次描述；4) 携带背景的运动事件相对少，背景信息表达受限；5) 提供了丰富的用来描写运动事件发生的静态场景描述（参看 Chen, 2007: 52 – 76；Chen and Guo, 2009: 1752；Huang and Tanangkingsing, 2005: 315 – 28）②。有趣的是，书面语料和口述语料的调查结果基本一致（Chen 和 Guo, 2009）③。上述研究从语用倾向的角度调查得出的结论是，现代汉语既不属于 V 型语，也不属于 S 型语，而属于第三种类型：E 型语。

但上述调研仍有不尽人意之处。就语用倾向而言，如果说一种语言是 E 型，这就意味着，该语言的各项参数值基本上都要处在 V 型和 S 型的中

---

① 一个情节是指运动主体从一个定点开始并持续移动，经过若干参照背景后，直到另一预期达到的定点、新的情节开始为止（plot-advancing event occurs）。一个情节，小可以是一个简单句，大可以包括数个分句。请参看 Özçalışkan 和 Slobin（2003：260）、Chen 和 Guo（2009：1754）。

② Chen（2007）和 Huang 和 Tanangkingsing（2005）的数据有出入，譬如，[－背景] 与 [＋背景] 运动事件之比，前者的统计数据为 48%：52%，后者的统计数据为 43%：57%；复合情节片段提及的平均数，前者统计为 3.5，后者为 3。不过，总体而言，两种统计结果所体现出的倾向性基本一致。

③ 不仅仅是汉语，其他语言的调查数据显示了同样的趋势，如英语（S 型）和土耳其语、西班牙语（V 型）。参看 Slobin（2004）。

间值状态。可问题是，就现有的调查结果（如 Chen and Guo，2009）来看，现代汉语的各项参数值参差不齐，有的处在中间状态（如方式动词种数、个数），有的接近于 V 型（如带背景的运动事件的比例），而有的参数值甚至比典型的 S 型语言（英语）的数值更倾向于 S 型一端［如方式信息之非动词性表达形式（alternative expression of manner）的分布］，有的则比典型的 V 型语言（西班牙语）的数值更倾向于 V 型一端（如携带 1 个和 2 个背景的运动事件的比例）。若单凭这些参差不齐的数据来判断，说现代汉语是 E 型，怕是有些牵强。

这种参差不齐的原因至少来自两个方面：第一，历史演化的结果；第二，受到汉语自身语言结构特点的制约，即把汉语和其他语言放在一起做语用倾向的量化比较时，尚需考虑到汉语自身结构特点对数值走向的影响。既然这样，我们何不换一种思路，即从历史演化的角度出发，综合考察语言结构和语用倾向的历史演变，从而重新审视汉语的现状和历史呢？然而，迄今我们尚未见到这方面的成果问世，这不能不说是一种缺憾。本文所要做的，正是基于以上考虑而展开的调研和探讨。

二 调查与描写

（一）语料选取

囿于现实条件，古代汉语的口述语料已无从得到，所以只能侧重于书面语言的调查。语料样本选取的标准考虑以下几个方面：1）时段。一般而言，事物发展到中后期，各方面的特征便臻于成熟了，语言的发展亦是如此。目前学界一般把汉语史分成四个时段：上古（西汉以前）、中古（东汉—隋）、近代（唐—明清）、现代（清末至今），本文根据这个分期，尽量选取各个时段中后期的语料。同时我们要考虑到各时段语料所反映语言面貌之间的差异度，上古和中古选取中后期的样本没问题，但近代中后期其实与现代汉语在时间上非常接近，差异度很低[①]，难以反映历史演变，也就不够典型。因此，我们将近代汉语的调查时段定在南宋—元末。上古、中古和近代每段选取 200 年，各时段的时距大约为 600 年（详见表 2）。2）文体。议论、韵文对仗等文体都不选，只取叙述性强的语料做样本。3）语体。尽量择取口语性强的叙述性语体，不选感叹、祈使等语体。

基于以上考虑，我们分别选取了以下几部文献作为各时段的代表语料

[①] 正如吕叔湘（1985）说的，至于现代汉语，那只是近代汉语内部的一个分期，不能跟古代汉语和近代汉语"三足鼎分"。

(见表2),每个时段的样本中分别随机择取180个情节。需要说明的是,最理想的语料自然是同时存在于汉语史四个时期的对同一事件的语言表述(例如历代的注疏翻译),但这种语料几乎没有。但我们相信,只要选取的语料包含了单位(即情节)相同且足量的运动事件,同样可以比较真实地反映出各个时代的语言面貌。

表2　　　　　　　　　各时段语料信息①　　　　　　　　单位:个

	上古		中古		近代		现代	
		情节		情节		情节		情节
代表文献	《左传》	76	《世说新语》	66	《三朝北盟会编》	10	现代汉语书面作品9种	
	《晏子春秋》	24	短篇小说	89	《朱子语类》	20		
	《论语》	6	《周氏冥通记》	7	宋元话本小说	130		
	《孟子》	7	《奏弹刘整》	7	《原本老乞大》	5		
	《韩非子》	33	《百喻经》	11	《元典章·刑部》	15		
	《吕氏春秋》	34						
		180		180		180		
大致时段	B.C.5中期—B.C.3中期		A.D.4中期—A.D.6中期		A.D.12中期—A.D.14中期		A.D.20—	

用来做类型学对比的其他语言数据来源:Slobin(1996b,1997,2004,2006)对英语、西班牙语的统计,Özçalışkan 和 Slobin(2003)对英语和土耳其语的统计。

(二)方式与路径之表达

本节主要调查方式和路径信息由动词和动词结构编码的情况,先调查动词,再扩大到由动词组合而成的各类动词结构。

1. 运动动词

本文将运动动词(motion verb)分为四类:方式动词(M)、路径动

---

① 中古"短篇小说"是指《搜神后记》以及从《古小说钩沉》(鲁迅辑)中择取的中古短篇小说,包括《妒记》、《宣验记》、《陆氏异林》、《续异记》、《录异传》、《杂鬼神志怪》及《冥祥记》。近代《三朝北盟会编》只选了3篇,分别为:《燕云奉使录》、《茅斋自叙》及《靖康城下奉使录》;所选的宋元话本小说包括《快嘴李翠莲记》、《杨温拦路虎传》、《简帖和尚》、《宋四公大闹禁魂张》、《碾玉观音》和《错斩崔宁》。现代汉语书面作品9种的数据引自 Chen 和 Guo(2009),包括:巴金的《寒夜》、丁玲的《太阳照在桑干河上》、金庸的《雪山飞狐》、梁晓声的《我的大学生活》、单田芳的《百年风云》、王朔的《玩的就是心跳》、魏巍的《地球的红飘带》、周而复的《上海的早晨》、周立波的《暴风骤雨》。

词（P）、指向动词（D）①、中立动词（N）（neutral verbs）。既有的相关研究对动词的分类有出入。Özçalışkan 和 Slobin（2003）把运动动词分为：方式动词（V：manner）、路径动词（V：path）、中立动词（V：neutral）和方式动词从属结构（V+V：manner/subordinated manner verbs），这里头的中立动词是指，既不表方式也不表路径信息的运动动词，像英语中的 go/move、土耳其语中的 *git/hareket et*（Özçalışkan 和 Slobin，2003：261），Beavers et al.（2010：362）称其 pure motion verbs。Chen 和 Guo（2009）把现代汉语运动动词分为：方式动词、路径动词、指向动词和中立动词，但这里 Chen 和 Guo 所说的中立动词，指的是像"站、躺、挤、摸、坐、带"这样的动词[Chen（2007：54）称为 non-motion neutral verb]，通常情况下，它们不表达位移运动，但是当用于"$V_1+V_{2路径}$"之 V_1 时，会获得方式类运动（位移）动词的功能和意义，如"站到""摸进"等[参看本文例（3）]。因此，Chen 和 Guo 所说的中立动词跟 Özçalışkan 和 Slobin 所说的不同。这样的话，中立动词可以分为两类，英语的 go/move 归为 A 类（N_A），汉语的"站""摸"归为 B 类（N_B）。汉语 N_B 类动词南宋以降开始多见（史文磊，2010：第 3 章，2011c）。我们把上古、中古、近代汉语中的"行"归入 N_A 类动词，因为它们一般只表达位移运动，而不表达方式或路径。分别举例如下：

（8）王寿负书而行，见徐冯于周涂。（上古：《韩非子·喻老》）

（9）后因出门游望，径而东行。（中古：《法苑珠林》卷 28，引《冥祥记》）

（10）迤逦行到一个市井，唤做仙居市。（近代：宋话本《杨温拦路虎传》）

因此，本文对动词的分类与 Chen 和 Guo（2009）同中有异。历时来看，鉴于汉语史上存在 A、B 两类中立动词，本文区分了这两类。附表 1a – d 分别是从汉语史四个时期的语料样本中得到的各类动词词项及其出现频率的统计数据。由于涉及的词项太多，表中只列出词项，只在必要时再给出文献用例。

2. 动词结构

接下来我们将考察范围扩大到动词组合结构。四类动词相互组合，构

---

① 指向动词表达的也是路径信息中的一类，但是 Özçalışkan 和 Slobin（2003）、Chen 和 Guo（2009）在统计时没有将指向动词算在路径动词个数中，我们也暂时按照这个分法。但这并不意味着指向是与路径相互独立的两个类别。

成不同的动词结构,这些结构编码了不同的概念要素,并且在各个时期表现出不同的分布倾向,通过对各类结构分布的纵向比较,可以考察词化类型的演化过程。统计数据详见附表2a–d和表7。

(三) 方式之非动词性编码成分

就运动事件而言,路径是起到框定(framing)作用的核心概念要素,它在S型构架中由附属成分编码。这样的话,核心动词位置就可以空出来编码方式,这是编码方式的策略之一[如例(1b)(6b)]。V型构架中核心动词(或词根)的位置已经用来编码路径信息,而路径和方式在编码形式的选择上又往往是互补的(Rappaport Hovav and Levin, 2010; Zubizarreta and Oh, 2007: 4),所以,说V型语的人,若要表达方式信息,就会去寻找主要动词以外的其他语言策略;另外,S型构架也可以利用除了主要动词之外的其他成分来表达或补充方式信息。这些成分可以统而称为方式信息的非动词性编码成分(alternative expressions of manner, 下文简称AEM)(参看Özçalışkan和Slobin, 2003; Slobin, 1997, 2000, 2004)。AEM大致分两类: 1) 与运动直接相关的副词性成分,包括副词、副词性短语、从属小句; 2) 静态描写性成分,又分两类,一是对位移主体的内在或物理状态的描写,二是对静态现实场景(physical setting)的描述,由此可以推测运动方式。通过这些静态场景的描写可以推知事件的方式。分别举例如下:

(11) 于是公子从其计,<u>疾</u>走出门。(上古:《韩非子·内储说下》)

(12) 钟会撰《四本论》,始毕,甚欲使嵇公一见,置怀中,既定,畏其难,怀不敢出,于户外遥掷,便回<u>急</u>走。(中古:《世说新语·文学》)

(13) 行者……<u>大踏步</u>赶入寺来。(近代:宋元话本《简帖和尚》)

例(11–13)是副词性成分。"疾"、"急"和"大踏步"皆在动词前用为状语,描述运动之方式。

(14) 公<u>惧</u>,队于车。(上古:《左传·庄公8年》)

(15) 少年辈……三掷三灭,乃<u>大惊惧</u>,各走还家。(中古:《法苑珠林》,卷23,引《冥祥记》)

(16) 那妇人见了丈夫,<u>眼泪汪汪</u>,入去大相同寺里。(近代:宋元话本《简帖和尚》)

例(14–16)是主体描写性成分,"惧""大惊惧"描述了主体的心理状态,同时暗示出主体发生运动时的方式信息;"眼泪汪汪"是对主体发生运动时的情绪和表情的描写,由此可推知主体位移时的方式信息。

(17) 天雨，廷中有潦，太子遂驱车至于茆门。(上古：《韩非子·外储说右上》)

(18) 行至昨所应处，过溪。其夜大水暴溢，深不可涉。(中古：《搜神后记》卷6)

(19) 那刘大娘子到得家中，设个灵位守孝过日一路出城，正值秋天，一阵乌云猛雨，只得落路往一所林子去躲，不想走错了路。(近代：宋元话本《错斩崔宁》)

例（17-19）为静态现实场景描述，画线部分描写了运动发生时的自然环境或条件，由此可以推测出运动的方式信息。

除此之外，中古以前的汉语还常用句法性连谓结构之 V_1 或 VP_1 来表达方式信息。尽管这些也是核心动词，但是它们表达的往往是行为动作，不是位移运动，与后面的运动动词所指涉的事件可以分离开来。举例来说：

(20) 夫人姜氏归于齐，大归也。将行，哭而过市，曰："天乎！仲为不道，杀嫡立庶。"市人皆哭。(《左传·文公18年》)

(21) 叔孙将沐，闻君至，喜，捉发走出，前驱射而杀之。(《左传·僖公28年》)

(22) 晏子遂鞭马而返。(《晏子春秋·谏》)

例（20）"哭"是一般行为动词，例（21—22）"捉发""鞭马"是由一般行为动词构成的动宾词组。这些形式尽管都是典型的动词性成分，跟后面的运动动词组成连谓结构，但是本身并不指涉一个位移运动事件，和后面的事件可以分开。因此，它们与上文所言"趋出"[例（7）]不同，"趋"是位移运动方式动词（manner-of-motion），但"哭、捉发、鞭马"只是行为（action）。例（21）最典型，"捉发"后是一个既有方式类运动动词（"走"）又有路径类运动动词（"出"）的事件，"捉发"在此可以视为起到了补充或扩展后面运动事件方式信息的功能。鉴于此，本文将这一类表达策略也视为AEM。到中古汉语，此类表达手段的使用比例少了许多。AEM统计数据详见下文表10-11。

（四）背景表达

背景信息的表达可以分为有显性形式（[+背景]）和无显性形式（[-背景]）两类。

(23) 公子重耳自蒲奔翟。去翟过卫，卫文公无礼焉。过五鹿，如齐，齐桓公死。去齐之曹，曹共公视其骈胁，使袒而捕池鱼。去曹过宋，宋襄公加礼焉。之郑，郑文公不敬，被瞻谏曰："臣闻贤主不穷穷。今晋公子之从者皆贤者也。君不礼也，不

如杀之。"郑君不听。去郑之荆，荆成王慢焉。去荆之秦，秦缪公入之。(上古：《吕氏春秋·离俗览》)

(24) 赵正打扮做一个砖顶背系带头巾，皂罗文武带背儿，走到金梁桥下，见一抱架儿，上面一个大金丝罐，根底立着一个老儿：郓州单青纱现顶儿头巾，身上着一领筒杨柳子布衫。腰里玉井栏手巾，抄着腰。赵正道："这个便是王秀了。"赵正走过金架桥来，去米铺前撮几颗红米，又去菜担上摘些个叶子，和米和叶子，安在口里，一处嚼教碎。再走到王秀架子边，漾下六文钱，买两个酸馅，特骨地脱一文在地下。(近代：宋元话本《宋四公大闹禁魂张》)

(25) 膳宰屠蒯趋入，请佐公使尊，许之。(上古：《左传·昭公9年》)

(26) 行二里许，一黄獐跃起。(近代：《三朝北盟会编·茅斋自叙》)

[+背景] 如例(23—24)之画线部分。这两例皆为包含复合情节、携带多项背景的运动事件，分别由主体重耳、赵正发出的一系列位移运动按照时间顺序串联而成。[-背景] 如例(25—26)，背景信息没有显性的表达形式，要到语境中才能获取，也是一个独立情节。

除了直接提及外，背景信息还可以采用描述性成分来间接地表达。例如：

(27) 晏子避走，立乎门外。(上古：《晏子春秋·外篇上一》)

(28) 繇意恨恨，有不忍之心，然犹斫之伤髀。妇人即出，以新绵拭血，竟路。(中古：《太平御览》，卷890，引《陆氏异林》)

(29) 杨温随员外入来后地，推开一个固角子门，入去看，一段空地。(近代：宋话本《杨温拦路虎传》)

例(27)在前一分句中并未明示位移"避走"的终点参照背景，但后一句的描述性成分"立乎门外"显示了前一位移事件的终点是"门外"。例(28)并未明确言及"出"的背景参照，但描述性成分"以新绵拭血，竟路"透露了"出"的终点背景是"路"；例(28)动词结构并未直接附上背景成分，但是之前所言的"推开一个固角子门"道出了"入"的参照背景是"门"。

三 比较与分析

(一) 方式与路径之消长

1. 运动动词种数之比较

运动动词的种数（type）和个数（token）都是考量词化类型的重要

参数。种数反映词库的丰富性，个数反映使用频率。表3是不同语言在表达事件时所用方式动词的种数。

表3　　　　　　　　方式动词种数统计　　　　　　　　单位：种

	现代英语	现代汉语	近代汉语	中古汉语	土耳其语	上古汉语
	S型	?E型	?型	?型	V型	?型
方式动词	64	41	40	36	26	26

说明：英语和土耳其语数据来自Özçalışkan和Slobin（2003：262）；现代汉语数据来自Chen和Guo（2009：1757 Table 1）。

V型语的核心动词位置主要用来编码路径，其效应是，在方式动词的种类上，V型语远远少于S型语，如表3中英语用到的方式动词的种数远远多于土耳其语（64：26），就体现出这种差异。上古汉语所用方式动词种数与土耳其语基本一致，从这个参项来说，上古汉语倾向于归为V型语。值得注意的是，上古汉语有几种方式动词也包含了路径信息（参看附表1-a注a），其词化模式（lexicalization pattern）可以概括为［运动+方式+路径］。因此，尽管附表1-a显示上古汉语使用的方式动词与路径动词种数基本持平（M: P=23: 26），要是把这类动词同时分配给方式动词和路径动词的话，上古汉语编码路径的动词种数会更多。阅读上古文献，我们会感觉到，路径信息往往优先表达，而方式信息只是在必要的时候才被提及。时至中古汉语，样本中的方式动词增至36种。到近代汉语，方式动词种数已经与现代汉语基本持平，分别是40种和41种，介于英语和土耳其语取值的中间状态。Chen和Guo（2009）说，从方式动词种数这参项来看，现代汉语是E型语。翻检古今对译的语料的确可以发现，现代汉语方式动词的种类比上古要多。如例（29a）是上古《左传》原文，运动动词"坠"在现代汉语三种不同的今译文本中（例29b-d）分别换用了"掉"、"摔"和"跌"三类不同的方式动词。

(30) a. 公惧，队（坠）于车。（《左传·庄公8年》）

　　b. 齐侯害怕，从车上掉下来。（沈玉成《左传译文》，中华书局，2008［1981］）

　　c. 襄公感到很害怕，就从车上摔下来。（冯作民《白话左传》，岳麓书社，1989）

　　d. 襄公很害怕，从车上跌下来。（王守谦等《左传全译》，贵州人民出版社，1990）

此外，近代汉语开始出现 B 类中立动词，B 类中立动词本来只是非位移类的行为动词，表示主体在位置未发生变化的前提下以某种方式发出的动作。一旦这些中立动词进入动趋式结构中，自身具有了位移的意义，从而具有了方式类运动动词的功能。如此一来，其后果是：从整个动趋式结构来看，出现在 V_1 上（主要动词）的方式动词种类随之增多。根据 Talmy"类别数量"标准 [Talmy, 2000：101 – 102，2009：391 之（1d）]，S 型语言中，主要动词成员数量相对开放（open），附加语成员数量相对封闭（close）。这个时期 V_1 成员数量的增多，势必增加了汉语 S 型结构的比例，也就增强了汉语的 S 型语言倾向性。同时，此类结构的出现，使运动动词所表达的方式信息更富于表达性和多样性。这恰恰是具有 S 型语言倾向的重要指标（Slobin, 1997, 2000, 2004; Chen and Guo, 2009）。

表4　　　　　汉语史各时段路径动词种数统计　　　　　单位：种

	现代汉语	近代汉语	中古汉语	上古汉语
路径动词	13	16	25	23

表 4 数据显示：1) 总体而言，路径动词种数在汉语史上呈递减趋势。汉语路径动词的使用种数经历了从多到少、从相对开放到相对封闭的演化，呈现出逐渐符合上述 S 型语言"类别数量"标准的趋势。所以说，表 4 中数据的历时对比支持了假设（i）。2）路径动词种数在汉语史四个时段的分布分两大阶段，上古和中古是第一阶段，近代以后是第二阶段。从近代汉语开始，路径动词种数明显减少。

表5　　　　　汉语史各时段方式动词与路径动词种数对比统计

方式：路径	现代汉语	近代汉语	中古汉语	上古汉语
	1：0.32（41：13）	1：0.4（40：16）	1：0.69（36：25）	1：0.88（26：23）

说明：现代汉语方式动词和路径动词种数来自 Chen 和 Guo（2009：1757 Table 1）。

表 5 数据显示，中古汉语路径动词的种数跟上古差不多。尽管从绝对数来看，中古比上古没有明显变化，甚至还略多（25：23），然而，从各个时段路径动词与方式动词的种数比来看，如表 5 所示，中古时期路径动词的使用比例相对而言还是下降了（0.69：0.88）。近代汉语下降则尤为明显，到了现代汉语阶段，路径动词与方式动词的比下降到了 0.32：1。从表 5 中可以看出，方式动词与路径动词之间的比差呈现出不断拉大的趋势（1：0.88 < 1：0.69 < 1：0.4 < 1：0.32），这就意味着，汉语路径范畴的表层形式逐渐封闭化。下面的例子直观地体现了这一趋势（译文都

出自李梦生《左传译注》，上海古籍出版社，2004）：

(31) a. <u>适</u>晋，说赵文子……（《左传·襄公二十九年》）
　　　b. 公子札<u>到</u>了晋国，喜爱赵文子……

(32) a. 郑子产<u>如</u>陈莅盟。（《左传·襄公三十年》）
　　　b. 郑子产<u>到</u>陈国去参加盟会。

(33) a. 公子围<u>至</u>，入问王疾。（《左传·昭公一年》）
　　　b. 公子围<u>回到</u>国都，进宫探视楚王的病。

(34) a. <u>及</u>郊，闻费叛，遂奔齐。（《左传·昭公十二年》）
　　　b. <u>到</u>了郊外，听说费邑叛变，就逃往齐国。

例（30—33）中的 a 句都出自《左传》，b 句都出自李梦生《左传译注》。尽管出自同一译者，但是我们看到，原文中四个不同的路径动词（"适、如、至、及"）在今译中都用了同一个路径动词（"到"），表现出路径范畴编码的趋同化、封闭化趋势。

2. 运动动词个数之比较

表6　　　　　　　　　　　　　动词个数统计

	方式动词	路径动词	中立动词	总数
现代英语	51%	27%	20%	N/A
现代汉语	45.3%（374）	53.1%（438）	1.6%（13）	825
土耳其语	30%	59%	7%	N/A
近代汉语	32.8%（128）	60.5%（236）	6.7%（26）	390
中古汉语	24.9%（120）	68.1%（329）	7%（34）	483
上古汉语	21.3%（77）	76.2%（275）	2.5%（9）	361

说明：英语、土耳其语数据来自 Özçalışkan 和 Slobin（2003：261 Table 1）；现代汉语数据来自 Chen 和 Guo（2009：1759 Table 3）。

1）S 型语方式动词的使用频率要高于 V 型语（如表6显示，英语51%，土耳其语30%）。从表6的数据来看，上古汉语最低，比土耳其语还低了不少（21.3%：30%），中古汉语次之（24.9%），近代汉语又次之（32.8%）[1]，现代汉语介于英语和土耳其语之间（45.3%）。

中古汉语的方式动词频率比上古略高（24.9%：21.3%），这说明，尽管中古时期方式动词的种数增加了不少（36：26），但其总的使用频率

---

[1] Chen 和 Guo（2009）所列的现代汉语词项中，并不存在 A 类中立动词，只有 B 类；而 B 类中立动词出现在动趋式中时是可以看作方式类动词（M）的，若将此归入方式动词一类，则方式动词的比例大约是 46.9%。近代汉语若将 B 类中立动词归入方式动词，则方式动词的比例大约是 35.6%。

升高不明显，换言之，尽管中古汉语运动动词表现出越来越多样化的特点，但总频率还是无法跟路径动词相比（M∶P=24.9%∶68.1%）。中古路径动词使用频率比上古降低了8.1%，说明路径动词的使用已经开始缩减，至近代汉语则进一步缩减，同时，汉语句法性连动式语法化为动趋式在这一个阶段基本完成（Peyraube，2006；孙锡信，2010）。时至现代汉语，方式动词使用频率明显上升（45.3%），路径动词使用频率则明显降低（53.1%），二者的使用比例基本持平。

2）在描述事件时，S型语更依赖于方式动词（如英语M∶P=51%∶27%），V型语更依赖于路径动词（如土耳其语M∶P=30%∶59%），现代汉语表现出介于两种类型之间的特点，方式动词与路径动词的比例相差不大（45.3%∶53.1%），路径动词略多于方式动词。然而从历时来看，上古汉语的数据则显示出与现代汉语很大的反差，它更多地依赖路径动词来表达事件（上古汉语M∶P=21.3%∶76.2%），并且依赖程度比土耳其语还要高不少（76.2%∶59%）。还有一个数据也很能说明问题，从使用频率看，上古汉语前9位的都是路径动词（"入""出""至""去""过""还""之""归""及"），仅这9个动词就用了232次，占总数（包括指向动词）的61.2%，且这些路径动词主要是单用，与方式动词联合的情况不大多，这就更能反映出上古汉语路径表达优先的事实。因此从该项参数来考量，上古汉语应当属于典型的V型语。从上古到现代，四个时期对方式动词的依赖程度逐渐提高，而对路径动词的依赖程度则逐渐降低，反映出汉语V→S的演化倾向。

3. 动词结构类型之比较

表7　　　　　　　　汉语史各时段动词结构比例统计

	现代汉语	近代汉语	中古汉语	上古汉语
方式+路径	70.39%	37.54%	13.01%	10.86%
路径	22.12%	47.11%	67.83%	74.53%
方式	6.73%	5.46%	6.39%	11.17%

1）从附表2a–d和表7的数据统计对比显示，上古汉语语料中"方式+路径"类动词结构只占10.86%，而纯路径类动词结构占了74.53%。这说明，上古汉语在描述运动事件的时候，纯路径类动词结构占绝对主导，路径信息优先表达。据此考量，上古汉语应当属于V型语。上古汉语也用"方式+路径"类句法性连动式，但是与纯路径类动词结构比起来，微乎其微；少用前者，多用后者，是上古汉语保持V型语倾向的重要策略。

2）从古到今，纯路径类动词结构的比例逐期递减，相反，"方式＋路径"类结构比例则递增。数据的升降表明，一方面，汉语路径信息表达的优势地位逐渐减弱（数量减少、趋向补语位置）；另一方面则越来越关注方式信息表达（"方式＋路径"结构核心左倾"方式"要素由主要动词表达），逐渐由关注路径信息到路径与方式并重（连动式），再到以方式为核心（动趋式）（详见史文磊，2011c）。除了例（6）外，另举古今对译例如：

(35) a. 共王驾而自往，<u>入</u>其幄中。（上古：《韩非子·十过》）
　　　b. 楚共王驾起车亲自前往，<u>走进</u>他的帐幕。（陈明、王青《韩非子全译》，巴蜀书社，2008）

(36) a. 象<u>往入</u>舜宫。（上古：《孟子·万章上》）
　　　b. 象<u>走进</u>舜的屋子。（钱逊《〈孟子〉读本》，中华书局，2010）

例（35a）《韩非子》原文中的路径动词"入"到了今译例（35b）中改用了S型结构的动趋式"走进"。例（36a）《孟子》原文中路径动词连用（表指向的"往"也是路径的一类），到了今译例（36b）中改用了S型的"走进"。

3）就此参项而言，汉语史四个时段比较起来，转入近代以后，数据变化开始明显加剧。纯路径类动词结构比例，中古较之上古下降7个百分点，而近代较之中古下降了20个百分点；"方式＋路径"类结构，中古较之上古上升了3个百分点，而近代较之中古上升了24个百分点。

4）由表7可见，上古汉语的纯方式类动词结构的比例比后世都要多一些，其原因并非上古汉语更关注方式信息，而是由于上古汉语单用的方式动词不少是可以直接跟背景NP的，例如"奔、登、济、涉、越、坠"；中古以后，一方面有些词项消失；另一方面，连动式以及动趋式开始出现并逐渐占主导，以至于上古的"V$_{方式}$＋NP"结构转用"V$_{方式}$＋V$_{路径/时体标记}$（过、上）＋NP"，从而使得纯方式类结构比例下降（史文磊，2011c）。

（二）背景表达之比较

表8　　　　　　　　　［±背景］之运动事件①统计

	现代英语	现代汉语	西班牙语	近代汉语	中古汉语	上古汉语
［＋背景］	96%	83%	81%	77%（227）	67%（282）	61%（195）

---

① 在本文的统计中，结合紧密的动词组合算表达了一个运动事件，例如上古汉语"疾走出门"（《韩非子·内储说下》）、"逾垣而走"（《左传·僖公5年》）、"往入舜宫"（《孟子·万章上》）等，但是像"孔子去鲁，之齐"（《晏子春秋·外下》）之类，由不同的"V$_{路径}$＋NP$_{背景}$"结构组合而成，统计时将其视为两个不同的事件。

续表

	现代英语	现代汉语	西班牙语	近代汉语	中古汉语	上古汉语
[-背景]	4%	17%	19%	23%（67）	33%（141）	39%（125）

说明：英语和西班牙语数据来自 Slobin（1996b：201 Table 8.2）；现代汉语数据来自 Chen 和 Guo（2009：1760 Table 5）。

S 型语言比 V 型语言携带背景的比例相对要高。表 8 分别列出了英语（S 型）、西班牙语（V 型）和四个时期的汉语的 [+背景] 和 [-背景] 运动事件的比例。英语样本中有 96% 的运动事件都是携带背景的，只有 4% 是用光杆动词表达的，这正如 Slobin 所言，英语的叙述者鲜有不提及参照背景而只描述主体位移的（Slobin，1996b：207）；与此相对的西班牙语（V 型）则有只有 81% 带背景，19% 不带背景。

上古汉语样本中带背景的只占 61%，比西班牙语低了 20%，也就是说，有 2/5 的事件表达是不带显性背景而只用路径动词的，这体现出很强的 V 型语倾向。中古汉语增至 67%，近代汉语则进而增至 77%，现代汉语介于英语和西班牙语之间，占 83%，跟西班牙语更接近一些。历时来看，四个时段形成一个递增连续统，近代汉语数据变化略微显著。古今差异从下面古今对译的例子可见一端：

(37) a. <u>入</u>，曰："伯夷、叔齐何人也？"（上古：《论语·述而》）

b. 子贡<u>进到孔子屋里</u>，问道……（邓球柏《论语新解》，湖南大学出版社，2009）

(38) a. 杨朱之弟杨布衣素衣而<u>出</u>，天雨，解素衣，衣缁衣而<u>反</u>。（上古：《韩非子·说林下》）

b. 杨朱弟弟杨布穿着白衣<u>出门</u>。天下雨了，脱下白衣穿上黑衣<u>回家</u>，他的狗不认识他而狂吠。（陈明、王青《韩非子全译》，巴蜀书社，2008）

表9　　　　　　　　　携带不同数目背景之运动事件比例统计

	背景数/事件			
	0	1	2	3+
现代英语	4%	61%	26%	9%
现代汉语	17%	81%	2%	0%
西班牙语	19%	73%	8%	0%
近代汉语	23%	75%	2%	0%
中古汉语	33%	65%	2%	0%

续表

	背景数/事件			
上古汉语	39%	59%	2%	0%

说明：英语和西班牙语数据来自 Slobin（1996b：207 Table 8.4）；现代汉语数据来自 Chen 和 Guo（2009：1760 Table 6）。

表 9 给出了各种语言携带不同数目背景的事件的比例。可以看出，尽管就［+背景］事件的总量而言，英语多于西班牙语（见表 8），但是，如果进一步分析，就会发现新的差异。带 1 个背景的，英语并不比西班牙语比例高，反而比西班牙语低（61%：73%）；带 2 个背景的，英语就明显多于西班牙语了（26%：8%）；3 个及以上背景的，英语有 9%，西班牙语则没有见到。

来看汉语，根据表 8 和表 9，汉语从古到今四个时段［+背景］事件的比例依次升高，［-背景］事件的比例依次降低（39%＞33%＞23%＞17%），这说明汉语越来越关注背景信息的表达。如果不细分携带背景的不同数目，而只是这样综合起来看，那么该数据的变化就表明了汉语正在背离 V 型语而朝着另一个方向演化的趋势，也可能会得出像 Guo 和 Chen（2009）所说的现代汉语是介于英语和西班牙语中间的 E 型语言。然而，一细分，问题就来了。语料显示，四个时期的汉语在表达背景时，都倾向于将携带的背景数限制在 0 或 1 个，2 个都极少，3 个没见到①。历时来看，［+背景=1］事件的比例则依次增加（59%＜65%＜75%＜81%）［+背景=2］事件的比例古今没有太大变化（2%），跟现代英语（S 型）相差不少（英语是 26%）。如果单看［+背景=1］事件这个参数，那么我们会发现汉语史的发展趋势，是从英语的一端转向了西班牙语的一端，并超过了西班牙语。这种趋势不但跟依据表 8 得出的结论是相悖，跟前文依据其他参数得出的结论恰恰是反向的。

我们认为这是由汉语自身的结构特点决定的，现代汉语主要是用动趋式和光杆路径动词，一个事件，一般情况下最多只带 2 个介词（表离开起点、经过界标，终点则用路径动词或补语），未发展出像英语那么发达、可以接连附于同一核心动词的介词系统，所以在表达 2 个背景时

---

① 现代汉语里也能写出带 3 个背景的句子，如下例（1），只不过很少用，调查显示，作家们不大喜欢用这样的长句；例（2）听起来更顺些，多项背景已被两个动趋式（"走出来""回到"）分开了。

（1）我从文海楼顺着梦湖边的小径回到鹰冈山住所。
（2）我从文海楼走出来，顺着梦湖边的小径，回到鹰冈山住所。

必然会受到限制，3个则更受限制。因此，汉语便会根据这种结构特点，通过增加［+背景=1］的用例来实现词化类型倾向的转移，而表9的数据也正是如此。英语和西班牙语对于［±背景］的区分，主要表现在多于1个背景的表达上，句法结构（丰富发达的介词系统）赋予了英语在携带多个背景时的优势。由此看来，Slobin、Chen和Guo只是用携带背景的多寡来区分S型和V型的分析，其实并不适合汉语；应该从汉语自身的结构特点、从历时演化的角度综合考量其背景信息的表达倾向跟词化类型之间的关联。

上古汉语有自己的特点。表9的数据显示，上古汉语不携带背景信息的比例相对更高，比西班牙语高了20个百分点（39%：19%）。这个统计数据也很切合我们在阅读上古文献时的体会：上古汉语文献中往往只是给出动词，而背景信息常常要到语境中去找寻，如例（36—37）。所以说，与典型的S型语（英语）恰恰相反，上古汉语的作家们对于提及背景信息总是显得有点吝啬，他们只是在必要的时候才给动词附上背景（比如提到新的背景信息时）。据此考量，上古汉语是典型的V型语。反过来，如果"上古汉语是典型V型语"的假设成立，那我们就可以解释上古汉语为什么常常把交代背景信息的功能交给语境，而把动词给"冷落"了。Slobin说，一个语言的词化模式在很大程度上影响着该语言使用者的思维模式和对语言结构的偏好［参看Slobin（1996a）关于"思由言限"（thinking for speaking）的论述］。前面说过，上古汉语路径动词的使用频率远远超过方式动词，如果加上那些包含了强烈的路径信息的方式动词，上古汉语路径动词的种数就会更多。这么多的路径动词（即V型词化模式），使上古汉语的作者们在表达运动事件的时候不必逢动词便附上背景［参看Huang和Tanangkingsing（2005）的相关解释］。这从词化类型学来看，正是V框架的词化模式使然。这反映了一个倾向，即路径动词和背景信息的显性表达呈现互补的态势。

（三）AEM之比较

表10　　　　　　　　　　AEM频率统计

	副词性成分（连谓结构）	描述性成分	总数（个）
英语	68%（73）	32%（34）	107
土耳其语	82%（93）	18%（20）	113
现代汉语	96%（98）	4%（4）	102
近代汉语	71%（74）	29%（30）	104

续表

	副词性成分（连谓结构）	描述性成分	总数（个）
中古汉语	68%（65）	32%（30）	95
上古汉语	80%（39）	20%（10）	49

说明：英语和土耳其语数据来自 Özçalışkan 和 Slobin（2003：266 Table 3）；现代汉语数据来自 Chen 和 Guo（2009：1761 Table 7）。

表 10 统计了不同语言使用 AEM 的数目。从总量来看，似乎找不出什么规律。但有趣的是，Özçalışkan 和 Slobin（2003）发现，一方面，副词性 AEM 构成了英语和土耳其语 AEM 的主要选择，在这一点上，英语在数量上比土耳其语少；另一方面，英语采用的描述性成分（indirect evocations of manner）明显多于土耳其语①。如果上述差异可以成为词化类型之间的对比特征的话，那就意味着，同等情况下 S 型语中描述性成分的使用数量多于 V 型语。从现有的语料统计来看，从上古到近代，该项数据的总体变化符合汉语 V→S 演化的趋势。然而，该趋势跟 Chen 和 guo（2009）提供的现代汉语语料调查数据不一致（现汉描述性成分只有 4 例），究竟是因为该参项不成立还是另有原因，有待继续探究。

表 11 修饰方式动词的 AEM 统计

现代汉语	英语	近代汉语	土耳其语	中古汉语	上古汉语
100%	73%	56%	39%	37%	26.5%

说明：英语和土耳其语数据来自 Slobin（2004：232）；现代汉语数据来自 Chen 和 Guo（2009：1761 Table 8）。

Özçalıskan 和 Slobin（2003：266）还发现了一个有趣的现象，即 AEM 在 V 型语（土耳其语）和 S 型语（英语）中的功能表现出不同倾向。如表 11 所示，英语的 AEM 中有 73% 用来修饰方式动词，以增加方式信息的表达性和多样性，进一步强化人们对运动方式的关注；而土耳其语中只有 39% 是用来修饰方式动词的，多半用来描述非方式（non-manner）动词（61%），说明 V 型语言中 AEM 的首要功能是补偿方式信息表达的不足。根据 Chen 和 Guo（2009：1761）的调查，现代汉语语料中的 AEM 百分之百地用来修饰方式动词，所以他们说，就这项参数来看，现代汉语表现出既不同于 S 型语又不同于 V 型语的特性。纵观汉语史，上古汉语则相反，AEM 中只有 26.5% 是用来描述方式动词的，多半描述非

---

① 根据该文，英语和土耳其语的书面语料之比是 34：20，口述语料之比是 16：5。

方式类动词（73.5%），比土耳其语还要多。就这项参数来考量，上古汉语属于典型的 V 型语。中古汉语以后，修饰方式动词的 AEM 比例逐渐上升，到近代汉语阶段已经到了 56%。古今相较，呈现出明显的上升趋势。

  需要注意的是，上古汉语和现代汉语在这项参数上的表现差异极其显著（26.5%：100%），个中原因值得我们去分析。我们认为，第一，从类型学的角度来说，这很可能是词化类型的演化所致（V→S），词化类型的演化带来语言使用倾向的转移。上古汉语（V 型语）路径由句中的核心动词编码，运动性很强，所以 AEM 直接对其进行修饰，以补偿方式信息少用主要动词表达的不足。连谓结构中，AEM 也可以修饰方式动词（如"疾走出"），但强烈的 V 型倾向使这种情况出现的比例很低。因此，修饰方式动词的 AEM 比例很低。经由中古、近代发展到现代，少数路径动词还是可以单用，独立作主要谓语（如"他进了门"），按说 AEM 修饰路径动词的情况也该存在（如"他慌慌张张地进了门"），但是 Chen 和 Guo 的统计数据显示，现代汉语的小说家们似乎排斥这种表达方式，他们百分之百地选择了用 AEM 来修饰方式动词结构。S 型语的一个类型学特征是方式动词数量占优势和方式信息出现频繁，当现代汉语的作家们已经内化了这种词化模式以后，他们就倾向于将 AEM 附在"$V_{方式动词}+V_{路径补语}$"结构上，而不是纯路径动词上。第二，从汉语自身语言结构演化的角度来说，以上数据的变化跟汉语动趋结构产生和发展有密切关系（史文磊，2010，2011c）。近代以降，动趋结构逐渐表现出其强势地位，动趋化是汉语表现出 S 型结构倾向的重要句法机制，在这个变化过程中，V_1 逐渐夺走了 V_2 承载［运动］信息的功能，从而使方式动词成为居于凸显位置的核心句法成分（请体会"趋至→跑到"的变化），甚至连进入这个结构的 B 类中立动词（非位移行为动词）也都成为 S 型结构的方式类位移动词。动趋式盛行以后，使方式由句中核心动词编码，而路径由附加语（补语）或介词编码成为主导结构模式，如此一来，AEM 就越来越多地修饰方式动词了。

四　总结与讨论

  以上内容从汉语史四个时段的语料样本中随机各抽取了 180 个情节作为调查对象，从语用倾向的角度对汉语史运动事件词化类型的演化进行了量化分析，并在类型学的框架内做了纵（古今）横（汉外）比较。行文至此，我们有必要对前文的统计数据做一下总结。

（一）语言使用

1）从运动动词和动词结构看方式和路径之消长。本文的调查数据显示，上古汉语使用的方式动词种数与典型的 V 型语土耳其语基本一致；从动词个数来看，上古汉语使用路径动词比例极高，而使用方式动词比例极低；在各类动词结构的使用比例方面，纯路径类动词结构占绝对优势，表现出路径信息优先表达的特点。从以上参数考量，上古汉语与现代汉语迥异，表现出典型的 V 型语特征。从语用倾向的角度说，多用纯路径类动词结构而少用方式类和"方式 + 路径"类动词结构，是上古汉语保持 V 型语特征的重要策略。

从方式动词的使用种数来考量，现代汉语介于 S 与 V 之间，比 V 型语（土耳其语）丰富，比 S 型语（现代英语）贫乏。据此，Chen 和 Guo（2009：1761 - 1762）认为：尽管现代汉语也用方式类动词结构和路径类动词结构，但更多的是用"方式动词 + 路径动词"类连动结构，前后两个成分的语法地位是对等的。因此，现代汉语表现出第三种词化类型，即 E 型结构的特征。

2）背景信息表达。就携带背景信息这项参数而言，Chen 和 Guo（2009：1762 - 1763）指出，现代汉语处在中间状态，比例略高于西班牙语（V 型语）。然而，上古汉语书面语料的调查数据显示，上古汉语背景表达的比例却比西班牙语要少了许多（61%：81%），不带任何背景信息的运动事件比例远远超过了西班牙语（39%：19%），这说明，上古汉语是一种尽可能不用显性词汇形式表达背景信息的语言，隐含的背景信息主要通过语境获取，是非常典型的 V 型语。从历时演化来看，经由中古近代发展到现代，汉语正在远离 V 型语倾向，而向着 S 型语倾向转变，只是由于自身结构特点的限制，才表现出所谓的 E 型倾向。汉语在该参项上表现出的特点不禁让我们思考以下问题：用来区别词化类型的参数项是否全都具有普适性？其普适性有多高？其检验是否会受到语言独特的语法结构的影响乃至阻滞？这些问题在提醒我们，一方面，应该尽量寻求一些普遍性参数来检验语言类型归属；另一方面，还要清楚地认识到该语言自身的结构特点，根据其特点进行具体分析。

3）方式信息表达。就这项参数而言，V 型语倾向于采用 AEM 修饰非方式类动词（non - manner verb）（如土耳其语61%），S 型语倾向于采用 AEM 修饰既有的方式动词（如英语73%），奇怪的是，现代汉语用于修饰方式动词的 AEM 比典型的 S 型语英语还要多得多（100%：73%）。就这一点而言，Chen 和 Guo（2009：1763 - 1764）建议现代汉语倾向于第三种类型（E型）缺乏有力的证据。历时来看，汉语史修饰方式动词的AEM经历了由少到多的变化，表现出V→S演化的倾向。

4）历时来看，上述各项参数值在汉语史四个时段的变化基本上都呈现出递升或递降的趋势，形成一个连续统。如表12所示：

表12　　　　　　　　　　汉语史各项参数值升降归纳

升降	参数项
递升	方式动词种数、个数比例，方式动词与路径动词之种数比，"方式+路径"类结构比例，[+G]事件比例，AEM比例
递降	路径动词种数、个数比例，路径类动词结构比例，[-G]事件比例

根据表1所列区别特征综合来看，假设（i）可以修正为：

（ii）各项语用参数在汉语史四个时期分布上的变化证明：上古汉语运动事件词化类型表现出较强的V型倾向；历时来看，汉语表现出逐渐远离V型而朝着S型一端过渡的趋势；但到现代，汉语并未发展出典型的S型特征。

（二）演化速率

从数据变化来看，运动事件词化类型在汉语史上的演化速率并不均等，而是表现出时代的差异。综合比较四个时期各项数据的消长，我们发现，从上古到中古的变化不及从中古到近代的变化显著，如以下参数值的变化到近代开始加剧：路径动词种数、方式动词个数比例、路径类动词结构比例、"方式+路径"类动词结构比例、修饰方式动词的AEM比例等。这说明，近代是汉语史上运动事件词化类型演化的加速期，以此为界为两大阶段，往后的演变开始加速。这种演变跟汉语一些相关句法结构的演变基本一致，如连动结构向动补结构的语法化到近代基本完成（参看史文磊，2010；孙锡信，2010；Peyraube，2006及所引参考文献），这或许能从一个新的视角给汉语史的分期问题带来一些启示。

（三）语言结构

(38a-b)分别是S型和V型结构的词化模式图示[Slobin，2000：109（2a-b）]。S型结构的主要动词融合运动和方式，而V型结构主要动词融合运动和路径。

(39) a.　　S 型词化结构

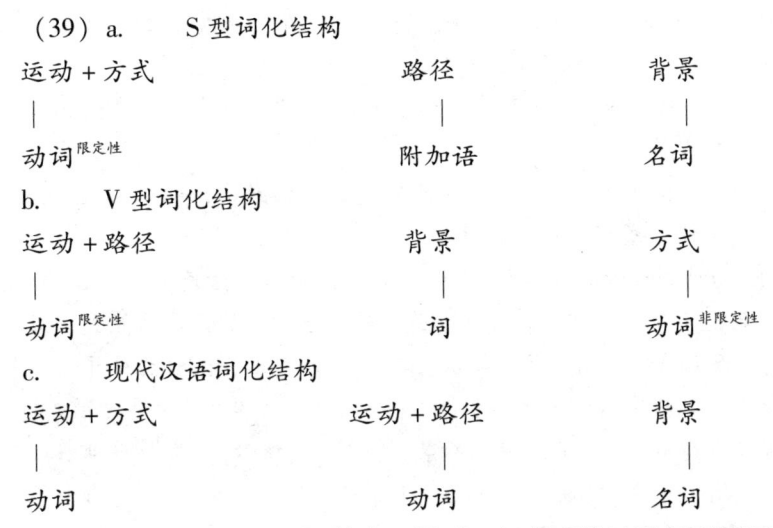

运动 + 方式	路径	背景
|	|	|
动词^{限定性}	附加语	名词

b.　　V 型词化结构

运动 + 路径	背景	方式
|	|	|
动词^{限定性}	词	动词^{非限定性}

c.　　现代汉语词化结构

运动 + 方式	运动 + 路径	背景
|	|	|
动词	动词	名词

Chen 和 Guo（2009：1762）认为，例（38c）是现代汉语事件编码的典型词化模式。在这个结构中，第一个句法位置用来融合运动和方式，第二个位置用来融合运动和路径，但是方式动词和路径动词都不是必有的句法成分。[运动 + 方式] 的句法位置为汉语描述方式信息提供了比 V 型语丰富的方式动词词库，方式动词的使用频率也比 V 型语高；但又因为这个句法位置不是必需的，可以省略，因此现代汉语的方式动词词库没有 S 型语丰富，方式动词的使用频率也没有 S 型语高。基于以上分析，他们进一步认为，现代汉语的词化模式似乎是在来自两方面的力量促使下而形成的独特的词化类型。

需要讨论的是，从例（38c）来看，Chen 和 Guo 给出的现代汉语词化结构将运动（MOTION）指派给了两个句法位置，即同时让 V_1 和 V_2 都携带了运动这个要素。在 Talmy（2000：21 – 288）归纳的事件要素系统中，运动与动词的句法地位息息相关，它其实可以视为形态—句法核心在语义结构中的投射，即只有主要动词才有资格融合运动，不是主要动词则不具备编码运动的资格。看来，Chen 和 Guo 显然是把现代汉语的 V_1 和 V_2 看作句法地位对等的两个动词了，而如果从形态—句法属性标准来考量，这并不符合现代汉语动趋结构或动补结构的实情。汉语不像印欧语那样有显性的形态变化来标记主要动词和非主要动词（限定性和非限定性），给我们指派运动信息带来了困难。Chen 和 Guo 在处理这个问题的时候明确指出，暂时忽略动词的限定性问题（Chen and Guo，2009：1762 Footnote 5），恐怕也是不得已之举。然而，缺乏形态标记不代表分不出句法核心。根据大量研究，V_1 才是动补式的主要动词，即运动的携带者，V_2 是 V_1 的补语，二者是主附关系。主要表现在以下几个方面（参看 Huang，1988；

Li, 1993, 1997; Peyraube, 2006; 冯胜利, 2002; 沈家煊, 2003; 宋文辉, 2004; 袁毓林, 2004 [2000]）：

ⅰ. 趋向补语 V_2 是一个封闭的类别，而且历时来看，表现出逐渐封闭化的趋势。

ⅱ. V_2 多数读轻声，形成前重后轻的韵律格式。证明从动词连用到动趋式，句法核心左倾，补语的语法、语义功能已经弱化。

ⅲ. 动补式可带时体助词"了、过"和宾语，这是动词的语法特点，相对于弱化的 V_2 而言，V_1 的语法功能跟整个结构的语法功能更一致。

ⅳ. 否定辖域检测。非核心成分有吸引否定词，使自己处于否定辖域内的能力，补语有这种能力。例如：

我没有跑累。（跑了，但是不累。"跑"是核心，"累"是非核心。）

他没有跳出来。（跳了，但是没有出来。"跳"是核心，"出来"是非核心。）

ⅴ. "V没V"反复疑问检测。"V_1V_2了"可以问"V_1 没 V_1V_2"，也可以问"V_1V_2 没 V_1V_2"，就是不能问"V_1V_2 没 V_2"。可见时体标记"了"可以跟"V_1"联系，也可以跟整个结构联系，就是不能跟"V_2"联系（"V了"的否定式是"没V"）。例如：

他跑进了教室　　他跑没跑进教室　　他跑进没跑进教室　　*他跑进没进教室
他跳出了水井　　他跳没跳出水井　　他跳出没跳出水井　　*他跳出没出水井

ⅵ. 来自历史演化的证据。句法性连动式"V_1V_2"通过语法化而发生句法核心左倾，形成动补结构，从句法性运作发展为词法性（或短语性）运作（$[_{VP} V_1V_2] \to [_V V_1V_{2补}]$），$V_2$ 开始附着于 V_1 而成为补足语，核心从两个变为一个。在此过程中，V_2 语法语义功能发生弱化，尽管 V_2 还可以视为动词，但显然不再是实在的词汇词（lexical words），而逐渐发展为功能词或语法词（functional/grammatical words）。

ⅶ. 动趋式之趋向补语大多都发展出表达结果、时体、行为实现等虚化了的意义。

因此，本文认为例（38c）中 V_2 位置上的运动应当删除，改为例（38d）才符合现代汉语的事实：

d.　　现代汉语动趋式的词化结构

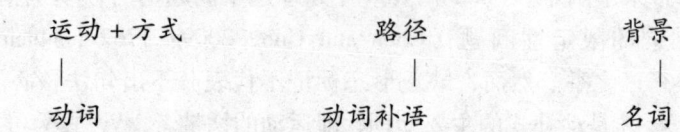

运动＋方式　　　　　　路径　　　　　　　　背景
　　|　　　　　　　　　|　　　　　　　　　　|
动词　　　　　　　　动词补语　　　　　　　名词

当路径动词 V_2 单独出现时，V_2 自然就又获得了充当句法核心或主要动词的资格。其词化模式可以图示为例（38e）：

  e. 现代汉语路径动词单动式的词化结构

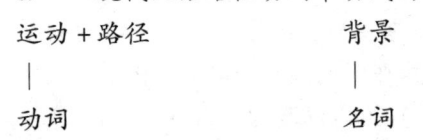

  运动 + 路径   背景
   | |
  动词   名词

同理，当方式动词 V_1 单独出现时，V_1 保留了充当句法核心或主要动词的资格。其词化模式可以图示为例（38f）：

  f. 现代汉语方式动词单动式的词化结构

  运动 + 方式
   |
  动词

由于上古汉语的句法性连谓结构中 V_1 和 V_2 都是主要谓语（primary predicate），因此两个动词位置都可以指派运动信息。从这个意义上讲，例（38c）倒是更贴近上古汉语连谓结构的词化模式。上古汉语的单动词句的词化模式也可以用例（38e–f）来表示。

因此，"方式 + 路径"类动词结构的大量使用不但不是现代汉语属于 E 型语的证据，从形态—句法属性标准来衡量，反而是现代汉语表现出 S 型倾向的力证（现代汉语动趋式是——至少大部分是[①]——S 型结构）。

（四）类型归属

让我们来重新审视一下汉语运动事件词化类型的归属。①如果认为现代汉语是 V 型语，则从上古到现代词化类型都是 V 型结构，一直未变；②如果认为现代汉语是 E 型，则从上古到现代就是 V→E 转变；③如果认为现代汉语是 S 型语，则从上古到现代就是 V→S 转变。

观点①恐怕是站不住脚的，因为无论从句法属性标准还是从语用倾向标准来衡量，上古汉语与现代汉语差别都很大。更重要的是，核心动词的鉴定标准应该是句法标准，而①将 V_2 视为主要动词，采用的其实是语义标准。从语言使用倾向标准判断，②归纳了汉语的部分现象，有一定道理，因为共时来看，现代汉语的各项参数确实表现出既非典型 S 也非典型 V 的分布特点。然而，当我们综合语用倾向和语言结构，从历史演化的视

[①] Talmy（2009：398–400）提出鉴别汉语 SVC 结构中 V2 路径句法地位的一条标准是，如果 V2 不等于其单用时的语义（多发展为时体意义，如"走过"之"过"），那么此时 V2 就已经向附加语转变。现代汉语有的 SVC 之 V_2 和其单用时的语义是一致的（如"走进"之"进"），若按 Talmy 的这条标准，现代汉语中并非所有的 SVC 之 V_2 都是附加语，也就意味着并非所有的 SVC 都是 S 型结构，而是 E 型结构。当然，这个标准是否经得起汉语语言学的验证，还有待进一步讨论。

角来考量，③才是最合理的，汉语史呈现出 V→S 演化倾向，但需作修正，现代汉语的 S 型倾向仍然不甚典型。而现代汉语之所以在有些语用倾向参数上表现出非 S 非 V 的特点，主要是汉语形态—句法结构的制约造成的。至于将来汉语会不会发展成为在语用倾向和语言结构上都很典型的 S 型构架，不好说。由此，假设（ii）可以修改为（iii）：

（iii）综合语用倾向和语言结构考量，上古汉语运动事件词化类型表现出较强的 V 型倾向；历时来看，汉语表现出逐渐远离 V 型而朝着 S 型一端过渡的趋势；但由于语言结构对语用倾向的限制，发展至现代，汉语在语用使用上表现出的 S 型倾向仍然不甚典型。

紧接着的一个核心问题是，有无必要在 V 和 S 之外再独立增设一个 Slobin 所说的 E 型？我们认为没有这个必要。原因是：第一，综观 Slobin 对 E 型语的判别，我们发现有双重标准，一是句法属性标准，二是语用倾向标准。他先是根据语用倾向标准归纳出第三种词化类型（E 型），并将现代汉语归到这一类，然后，又提出现代汉语 V–V 结构中两个动词的句法地位是对等的，表现出 E 型语言的特征。两方面的证据似乎支持他的观点，但是，正如我们在上文所讨论的，从句法属性的标准来看，现代汉语的 V–V 结构中，绝大多数 V_1 是句法核心，V_2 是附加语，并不怎么符合 E 型语的标准。Talmy（2009：389）也指出，Slobin 的 E 型语在判定主要动词时标准太宽（too free a use of "equipollent framing"），他认为，只有表达路径的表层形式和表达副事件（co-event，主要指方式）的表层形式同时兼具核心动词（main verb-like）的功能，才是核心对等构架。为此 Talmy 设置了一系列鉴别主要动词的标准，对 Slobin 列出的 E 型语结构进行了一一鉴别，包括形态学、句法学、音系学和语义学等，并指出，绝大多数所谓的 E 型实例中两个成分的语法地位并不平级且对等，因此不能算是真正的 E 型。第二，从形态—句法属性标准来衡量，我们很难确定汉语史上哪些连动结构中前后两个成分的语法地位就完全对等。上古汉语的确有些句法性连动结构可以看成 E 型，但是这类结构相对来说少之又少（见附表 2–a），完全可以视为介于 V 型和 S 型之间的过渡状态。

有鉴于此，我们主张，V 型跟 S 型应该看成两个原型范畴之间的区别，二者之间的区分要看倾向性。Talmy（2009：391）曾提出一个假设：所有人类语言运动事件的词化类型都可以用 V 型和 S 型这两种典型类别来概括，其他类型（譬如 E 型）在现实当中少之又少（rarer than proposed），不具备作为独立类型的资格；即使存在这样的类型，也很可能是处在历时转变过程中的一个不够稳定的状态（unstable stage）。Slobin 和

Hoiting（1994：502）也指出，V 型构架向非 V 型构架的转移具有渐变性（cline）。综合语言使用和语言结构两个方面，我们建议用原型范畴理论来解释汉语现状，即现代汉语运动事件的词化类型是处在一个原型（V 型）向另一个原型（S 型）演化的中间状态，而不建议将其视为 E 型。

参考文献

冯胜利：《汉语动补结构来源的句法分析》，《语言学论丛》第 25 辑，商务印书馆 2002 年版。

柯理思：《汉语方言里连接趋向成分的形式》，《中国语文研究》2002 年第 1 期。

刘丹青：《语言库藏类型学构想》，《当代语言学》2011 年第 4 期。

吕叔湘著，江蓝生补：《近代汉语指代词·序》，学林出版社 1985 年版。

梅广：《迎接一个考证学和语言学结合的汉语语法史研究新局面》，何大安主编《古今通塞：汉语的历史与发展》，台北"中研院"语言学研究所筹备处 2003 年版。

沈家煊：《现代汉语"动补结构"的类型学考察》，《世界汉语教学》2003 年第 3 期。

史文磊：《类型学与汉语运动事件词化的历时考察》，博士学位论文，南京大学文学院，2010 年。

史文磊：《国外学界对词化类型学的讨论述略》，《解放军外国语学院学报》2011a 年第 2 期。

史文磊：《汉语运动事件要素词化模式的历时演变》，《语言学论丛》，商务印书馆 2011b 年版。

史文磊：《汉语运动事件词化类型的历时转移》，《中国语文》2011c 年第 6 期。

宋文辉：《再论现代汉语动结式的句法核心》，《现代外语》2004 年第 2 期。

孙锡信：《汉语趋向补语的形成过程》，《汉语史学报》总第 10 辑，上海教育出版社 2010 年版。

袁毓林：《述结式的结构和意义的不平衡性——从表达功能和历史来源的角度看》，《汉语语法研究的认知视野》，商务印书馆 2004 年版，又见日本《现代中国语研究》2000 年第 1 期（创刊号）。

Beavers, J., B. Levin and S. Tham, "The typology of motion expressions revisited", *Journal of Linguistics*, 2010, 46 (3): 331 – 377.

Berman, R and Dan I. Slobineds, *Relating Events in Narrative: A Crosslinguistic Developmental Study*, Hillsdale, NJ: Lawrence Erlbaum Associates, 1994.

Chen, L., *The Acquisition and Use of Motion Event Expressions in Chinese*, PhD dissertation, University of Louisiana at Lafayette, USA, 2005.

Chen, L., *The Acquisition and Use of Motion Event Expressions in Mandarin Chinese*, München, Germany: Lincom GmbH, 2007.

Chen, L. and J. Guo, Motion Events in Chinese Novels: Evidence for an Equipollently - Framed Language, *Journal of Pragmatics*, 2009, 41 (9): 1749 – 1766.

Choi, S. and M. Bowerman, Learning to Express Motion events in English and Korean: The Influence of Language-specific Lexicalization Patterns, *Cognition*, 1991, 41: 83-121.

Chu, C., *Event Conceptualization and Grammatical Realization: the Case of Motion in Mandarin Chinese*, Ph. D. dissertation, University of Hawaii, USA, 2004.

Croft, William, Jóhanna Baredal, Willem Hollmann, Violeta Sotirova and Chiaki Taoka, Revising Talmy's Typological Classification of Complex Event Constructions. In Hans C. Boas (ed.), *Contrastive Studies in Construction Grammar*, 201-236, Amsterdam: John Benjamins, 2010.

Filipovic, L., *Talking about Motion: A Crosslinguistic Investigation of Lexicalization Patterns*, Amsterdam/Philadelphia: John Benjamins, 2007.

Guo, J., E. Lieven, N. Budwig, S. Ervin-Tripp, K. Nakamura and Ş. Özçalışkan 2009 *Crosslinguistic Approaches to the Psychology of Language: Research in the tradition of Dan Issac Slobin*, Mahwah, NJ and London: Lawrence Erlbaum Associates.

Huang, C.-T.J., Wǒ pǎo de kuài and Chinese phrase structure, *Language* Vol. 64, No. 2, 274-311, 1988.

Huang, S. and M., Tanangkingsing 2005 Reference to Motion Events in Six Western Austronesian Languages: Toward a semantic typology, *Oceanic Linguistic*, Vol. 44, No. 2, 307-340.

Ibarretxe-Antuñano, I., Motion Events in Basque narratives, In S. Strömqvist and L. Verhoeven (eds.), *Relating Events in Narrative: Typological and Contextual Perspectives*, 89-112. Mahwah, NJ: Lawrence Erlbaum Associates, 2004.

Kopecka, A., The Semantic Structure of Motion Verbs in French: Typological Perspective, In M. Hickmann and S. Robert (eds.), *Space in Languages: Linguistic Systems and Cognitive Categories*, 84-101. Amsterdam: John Benjamins, 2006.

Kopecka, A., Continuity and Change in the Representation of Motion Events in French. In Jiansheng Guo et al. (eds.), *Crosslinguistic Approaches to the Psychology of Language: Research in the Tradition of Dan Isaac Slobin*, 415-425, Mahwah, NJ: Lawrence Erlbaum Associates, 2009.

Levelt, W., Perspective Taking and Ellipsis in Spatial Descriptions, In P. Bloom, M. Peterson, L. Nadel and M. Garret (eds.), *Language and Space*, 77-108. Cambridge, MA: MIT Press, 1996.

Li, F., *A Diachronic Study of V-V Compound in Chinese*, PhD dissertation, SUNY at Buffalo, NY, USA, 1993.

Li, F., Cross-linguistic Lexicalization Patterns: Diachronic Evidence from Verb-complement Compounds in Chinese, *Sprachtypologie und Universalienforschung*, 3, 229-252, 1997.

Matsumoto, Y., Typologies of Lexicalization Patterns and Event Integration: Clarifications and Reformulations, In Shuji Chiba et al. (ed.), *Empirical and Theoretical Investigations into Language: A Festschrift for Masaru Kajita*, 403-418, Tokyo: Kaitakusha, 2003.

Mayer, M., *Frog where are you?* New York: Dial Books for Young Readers, 1969.

Peyraube, A., Motion Events in Chinese: A Diachronic Study of Directional Complements, In M. Hickmann and S. Robert (eds.), *Space in Languages: Linguistic Systems and Cognitive Categories*, 121 – 138. Amsterdam: John Benjamins, 2006.

Rappaport Hovav, Malka and Beth Levin, Reflections on Manner/Result Complementarity, In Malka Rappaport Hovav et al. (eds.), *Lexical Semantics, Syntax, and Event Structure*, 21 – 38. Oxford: Oxford University Press, 2010.

Özçalışkan, Ş. and Dan I. Slobin, Codability Effects of the Expressions of Manner of Motion in Turkish and English, In A. S. Özsoy, D. Akar, M. Nakipoğlu-Demiralp, E. E. Taylan, A. Aksu-Koç (eds.), *Studies in Turkish Linguistics*, 259 – 270. Istanbul: Bogaziçi University Press, 2003.

Slobin, Dan I., Learning to Think for Speaking: Native Language, Cognition, and Rhetorical Style, *Pragmatics*, 1: 7 – 26, 1991.

Slobin, Dan I., From "Thought and Language" to "Thinking for Speaking", In J. J. Gumperz and S. C. Levinson (eds.), *Rethinking Linguistic Relativity*, 70 – 96. Cambridge, MA: Cambridge University Press, 1996a.

Slobin, Dan I., Two Ways to Travel: Verbs of Motion in English and Spanish, In M. Shibatani and S. A. Thompson (eds.), *Grammatical Constructions: Their Form and Meaning*, 195 – 219, Oxford: Clarendon Press, 1996b.

Slobin, Dan I., Mind, Code, and Text, In J. Bybee, J. Haiman and S. A. Thompson (eds.), *Essays of Language Function and Language Type*, 437 – 467. Amsterdam/Philadelphia: John Benjamins, 1997.

Slobin, Dan I., Verbalized Events: A Dynamic Approach to Linguistic Relativity and Determinism, In S. Niemeier and R. Dirven (eds.), *Evidence for Linguistic Relativity*, 107 – 138. Amsterdam/Philadelphia: John Benjamins, 2000.

Slobin, Dan I., The Many Ways to Search for a Frog: Linguistic Typology and the Expression of Motion Events, In S. Strömqvist and L. Verhoeven (eds.), *Relating Events in Narrative. Volume 2: Typological and Contextual Perspectives*, 219 – 257. Mahwah, NJ: Lawrence Erlbaum Associates, 2004.

Slobin, Dan I., What Makes Manner of Motion Salient: Explorations in Linguistic Typology, Discourse, and Cognition, in M. Hickmann and S. Robert (eds.), *Space in Languages: Linguistic Systems and Cognitive Categories*, 59 – 81. Philadelphia: John Benjamins, 2006.

Slobin, Dan I. and N. Hoiting, Reference to Movement in Spoken and Signed Languages: Typological Considerations, *Proceedings of the Annual Meeting of the Berkeley Linguistic Society*, 20: 487 – 505, 1994.

Stefanowitsch, A. and A. Rohde, The Goal Bias in the Encoding of Motion Events, In

G. Radden and K. Panther (eds.), *Studies in Linguistic Motivation*, 249 – 267. Berlin: Mouton de Gruyter, 2004.

Tai, J., Cognitive Relativism: Resultative Construction in Chinese, *Language and Linguistics*, 4.2, 301 – 316, 2003.

Talmy, L., "Lexicalization Patterns: Semantic Structure in Lexical Forms", In T. Shopen (ed.), *Language Typology and Syntactic Description*, Vol. 3: *Grammatical Categories and the Lexicon*, 57 – 149. Cambridge, MA: Cambridge University Press, 1985.

Talmy, L., Path to Realization, *Proceedings of the Seventeenth Annual Meeting of the Berkeley Linguistics Society*, 480 – 519, 1991.

Talmy, L., *Toward a Cognitive Semantics*, Vol. 2, Cambridge, MA: MIT Press, 2000.

Talmy, L., Main Verb Properties and Equipollent Framing, In J. Guo et al. (eds.), *Crosslinguistic Approaches to the Psychology of Language: Research in the Tradition of Dan Isaac Slobin*, 389 – 401. Mahwah, NJ: Lawrence Erlbaum Associates, 2009.

Xu, D., *Typological Change in Chinese syntax*, NY: Oxford University Press, 2006.

Zlatev, Jordan and Peerapat Yangklang, A third way to travel: The place of Thai in motion-event typology, In Sven Strömqvist and Ludo Verhoeven (eds.), *Relating Events in Narrative: Typological and Contextual Perspectives*, 159 – 190. Mahwah, NJ: Lawrence Erlbaum Associates, 2004.

Zubizarreta, Maria L and Eunjeong Oh 2007 On the Syntactic Composition of Manner and Motion. Cambridge, MA: MIT Press, 2007.

附表 1

表 1 - a　　　　　　　上古汉语运动动词种类及出现频率

序号	词项	频次	序号	词项	频次	序号	词项	频次	序号	词项	频次
方式动词[a]（26 类，共 77 次）											
1	走$_1$[b]	12	7	登	3	15	避	1	15	突	1
2	趋	11	7	投	3	15	驰	1	15	踊	1
3	奔	7	7	队/坠	3	15	从	1	15	越	1
4	驱	5	7	走$_2$	3	15	飞	1	15	撞	1
4	逾/踰	5	12	驾	2	15	济	1	15	追	1
6	涉	4	12	亡	2	15	蹶	1			
7	乘	3	12	逐	2	15	逃	1			
路径动词（23 类，共 275 次）											
1	入	47	7	之	16	13	退	3	17	复	1
2	出	45	8	归	15	13	适	3	17	即	1

续表

序号	词项	频次	序号	词项	频次	序号	词项	频次	序号	词项	频次
3	至	30	8	及	15	15	南	2	17	起	1
4	去	24	10	如	11	15	上	2	17	升	1
5	过	21	11	反/返	10	17	东	1	17	遵	1
6	还	18	12	下	6	17	赴	1			

指向动词（2类，共18次）

1	往	14	2	来	4						

中立动词（NA：1类，共9次）

1	行	9									

注：[a] 方式动词与路径动词的判定。上古汉语有不少综合性动词，兼表方式和路径（史文磊，2011b）。如"涉、济、奔（逃义）、亡、登、坠、踰/逾"。我们只把表路径信息的归入路径动词，把既含路径又含方式的，归入方式动词。"东""南"用作动词表路径（"东" = 向东行，"南" = 向南行），这是上古汉语的特点。
[b] "走₁"指"跑"，"走₂"指"逃离"。"走₂"应该是从"走₁"引申而来。

表 1 – b　　　　　　　　中古汉语运动动词种类及出现频率

序号	词项	频率	序号	词项	频率	序号	词项	频率	序号	词项	频率
方式动词（36类，共120次）											
1	走₁	22	7	逾/踰	4	16	遁	2	26	冲	1
2	飞	10	7	坠	4	16	蹑	2	26	济	1
3	逃	8	12	步	3	16	趋	2	26	扑	1
4	堕	6	12	从	3	16	跳	2	26	腾	1
4	走₂	6	12	窜	3	16	突	2	26	踊	1
6	随	5	12	跃	3	16	隐	2	26	游	1
7	乘	4	16	奔	2	16	迎	2	26	逐	1
7	登	4	16	驰	2	26	避	1	26	转	1
7	投	4	16	渡	2	26	超	1	26	追	1
路径动词（25类，共329次）											
1	至	72	8	上	12	15	经	4	20	达	1
2	入	57	9	下	11	15	回	4	20	及	1
3	出	41	10	就	7	17	赴	3	20	却	1
4	还	40	11	反/返	6	18	散	2	20	退	1
5	往	17	12	到	5	18	诣	2			
6	过	16	12	进₂	5	20	进₁	1			
7	归	14	12	趣	5	20	集	1			

续表

序号	词项	频率	序号	词项	频率	序号	词项	频率	序号	词项	频率
指向动词[a]（2类，共66次）											
1	来	26	2	去	40						
中立动词（N_A：1类，共34次）											
1	行	34									

注：[a] 指向动词上古主要是"来/往"，到中古改用"来/去"。这时期"往"大多已经不再表指向类路径，而成为较纯粹的矢量（vector）类路径（例如朝向、往到）。有个别模棱两可的例子，不影响大局。

表1-c   近代汉语运动动词种类及出现频率

序号	词项	频率	序号	词项	频率	序号	词项	频率	序号	词项	频率
方式动词（40类，共128次）											
1	走₁	47	11	捱₂/挨₂	2	19	乘	1	19	跄	1
2	赶	10	11	撺	2	19	冲	1	19	趋	1
3	跳	9	11	跌	2	19	穿	1	19	随	1
4	奔	5	11	落	2	19	登	1	19	踏	1
5	盘	4	11	跑	2	19	蹬	1	19	涌	1
6	躲/趋	3	11	骑	2	19	渡	1	19	跃	1
6	逃	3	11	推	2	19	翻	1	19	趑	1
6	突	3	11	拥	2	19	飞	1	19	撞	1
6	驮	3	19	挨₁[a]	1	19	分	1	19	追	1
6	走₂	3	19	捱₁[b]	1	19	挂	1	19	转	1
路径动词（15类[c]，共231次）											
1	到	61	5	上	14	9	离	6	12	赴	1
2	出	42	6	进	13	10	下	5	12	还	1
3	入	41	7	回	10	11	起	4	12	至	1
4	过	24	8	归	7	12	倒	1			
指向动词（2类，共128次）											
1	去	70	2	来	58						
中立动词（N_A：1类，N_A：9类，共26次）											
1	行	15	4	喝（hè）	1	4	抢	1	4	坐	1
2	哭	2	4	跪	1	4	说	1			
2	摸	2	4	劫	1	4	袭	1			

注：[a] "挨₁"：依傍行进；"挨₂"：推挤行进。
[b] "捱₁"：ái，吃力慢行；"捱₂"：ái，推挤行进。
[c] Chen 和 Guo（2009）将"在"也算作路径动词，此类用法近代汉语语料得见5例。若依此标准，近汉路径动词为16类。正文的比较按照16类计。

表1-d 现代汉语运动动词种类及出现频率[a]

序号	词项	频率	序号	词项	频率	序号	词项	频率	序号	词项	频率
方式动词（41类，共374次）											
1	走	176	12	溜	5	18	退	2	24	涌	1
2	跑	37	13	飞	4	24	乘	1	24	落	1
3	跳	28	13	拐	4	24	抢	1	24	踢	1
4	奔	16	13	追	4	24	登	1	24	拖	1
5	转	11	16	赶	3	24	掉	1	24	陷	1
5	爬	11	16	蹽	3	24	驶	1	24	蹑	1
7	跨	10	18	蹿	2	24	摔	1	24	越	1
7	冲	10	18	躲	2	24	翻	1	24	扑	1
9	钻	9	18	迎	2	24	跟	1			
10	穿	7	18	迈	2	24	滚	1			
11	逃	6	18	滑	2	24	拥	1			
路径动词（13类[b]，共438次）											
1	到	122	4	过	52	7	回	22	10	离	5
2	出	71	5	下	44	8	起	16	11	入	2
3	进	62	6	上	34	9	开	7	12	倒	1
中立动词（NB：6类，共13次）											
1	站	8	2	挤	1	2	坐	1			
2	躺	1	2	摸	1	2	带	1			

注：[a] 该表据 Chen 和 Guo（2009：1757 Table 1）整理。指向动词数据原文未列，故此表仅3类数据。
[b] 除表中所列12类外，尚有与其他运动动词共现而表达路径意义的"在"亦被视为路径动词，共13类。例如"恰好落在林则徐的轿前"。

附表2

表2-a 上古汉语运动动词结构分布统计

动词结构			个数	百分比[a]	词项举例[b]
方式+路径		MP	25	7.76%	趋入、趋过、驱入、逃归、突出、走出、走如、蹶而出、趋而归、趋而过、踊而出、走而出、走而之、驱…至、驾…以出、踊…而入、撞…而入
		MD[c]	4	1.24%	10.86%	驰往、趋而往、驱…往、驾而往
		PM	6	1.86%		出奔、出亡

续表

动词结构		个数	百分比[a]		词项举例[b]
方式	M	35	10.86%	11.17%	奔、乘、登、济、驱、涉、投、逾（踰）、越、追、坠、逐、走
	MM	1	0.31%		趋登
中立	N_A	5	1.55%	1.55%	行
路径	PP	6	1.86%		出而去、还反、去之、入及、退入、下之
	P	229	71.12%	74.53%	出、反（返）、赴、复、归、过、还、及、即、去、如、升、适、退、下、入、之、至
	DP	1	0.31%		往入
	N_AP	2	0.62%		行至
	PN_A	2	0.62%		去行、出行
指向	D	6	1.86%	1.86%	来、往
总数		322		100%	

注：[a]下面左栏的百分比是每小类的比例，右栏是和比。下同。
[b]表格里的这些例子均摘自所选的各时期的语料样本。
[c] Chen 和 Guo（2009：1760）将现代汉语[MD]式归入"纯方式"类结构，本文认为应该归入"方式+路径"类结构。Chen 和 Guo 的理由是：1）尽管 D（来/去）可以表达一般性路径信息，但关注的主要是位移主体跟说话者之间的方向性关系；2）其他一些学者（如 Özçalıskan 和 Slobin，2003）将英语中的 D（come/go）划为中立动词，既不表方式也不表路径，因此汉语的 D 也可如此视之（Chen & Guo，2009：1760）。本文认为这种处理不妥，因为：1）汉语的 D 和英语的 D 句法功能不同。汉语的 D 可以直接跟背景 NP（[V_D NP]，如"往其所、去我家"），说明汉语的 D 并非单纯表达方向性关系，也同时包含着更具体的路径信息，而英语却不能如此，英语的 go 若要跟背景 NP，则须由附加语或介词衔接（go toward/to），以显示路径信息；2）动趋式产生以后，"V_{1M} + V_{2D}"结构同样可以直接跟背景，如"他跑来/去学校"，如果没有"来/去"，该句就不成立（"*他跑学校"），可见，D 在这里同样表达了具体的路径信息，可以是"向"（TOWARD[—抵界]），也可以是"到"（TO[+抵界]），视具体语境而定；3）Özçalıskan 和 Slobin（2003）只列出了两个中立动词，即英语和土耳其语种的 go 和 move，未列 come。英语中的 go 是可以不表任何路径信息（包括指向信息）的（Stefanowitsch & Rohde，2004），我们无法确定作者所指是否就是指向类动词；4）处在"V_1 + V_{2D} + Ø"结构中的 V_{2D}（他跑来/去了）是比较纯粹的只表位移主体和说话主体向背关系的成分，但同样也可以看作视角类（perspective）路径信息（Chu，2004）。因此，我们在统计动词结构时，[MP]算入"方式+路径"类结构自不必言，[P]指非指向类路径，与[D]相对，但鉴于以上考虑，[MD]也算入此类。Huang & Tanangkingsing（2005：315 Table 1）将[MD]结构归入[MPD]一类，而没有归入纯方式（[M]）一类，跟本文的处理相同，不过，他们将[PD]结构也归入[MPD]，与本文处理不同。

表2-b　　　　　　　　　中古汉语运动动词结构分布统计

动词结构		个数	百分比	词项举例
方式+路径	MPD	1	0.24%	跃入…去

续表

动词结构		个数	百分比		词项举例
方式+路径	MP	34	8.04%	13.01%	步归、步入、驰出、遁归、飞出、飞集、飞入、飞散、飞上、趋下、逃入、跳上、投入、突进、突入、踊出、游出、跃出、跃入、追至、走归、走还、走趣、走去、走入、走往、乘……往、逾……而入、走从……入
	MD	17	4.02%		步来、遁去、飞来、飞去、迎来、随去、逃去、跃来、走来、走去、超……去、腾……而去、逾……去
	PM	3	0.71%		归投、返走、回急走
方式	M	19	4.49%	6.39%	乘、冲、从、窜、登、渡、堕、济、投、逾、坠、走
	MM	7	1.66%		奔驰、奔走、登蹑、逃隐、逃走、跳走、逾……而走
	MN$_A$	1	0.24%		从而行
中立	N$_A$	23	5.44%	5.44%	行
路径	PP	18	4.26%	67.83%	反还、过在、还出、还经、还入、还下、还至、进至、经过、入至、下至、往至
	PD	6	1.42%		出去、出来、还来、舍去、出……去、上……去
	DP	7	1.65%		来入、来至、来还
	P	246	58.16%		出、到、返、赴、归、还、进、经、就、趣、入、散、上、下、往、诣、至
	N$_A$P	9	2.1%		行经、行至、行达、行还
	PN$_A$	1	0.24%		出行
指向	D	31	7.33%	7.33%	来、去
总数		423	100%		

表2-c　　　　近代汉语动词结构分布统计

动词结构		个数	百分比	词项举例
方式+路径	MP	43	14.68%	挨身而入、挨到、奔到、穿过、搊入、跌倒、躲过、翻身入、赶到、赶入、赶上、挂在、盘到、盘在、跑到、趋出、随进、踏到、跳在、突过、突入、跃起、转过、撞入、走出、走到、走过、走进、走入、走上

— 495 —

续表

动词结构		个数	百分比		词项举例
方式+路径	MPD	40	13.65%	37.54%	挨上……去、挨将进去、奔入来、冲过去、撑将出来、飞下来、赶人……来、盘出……去、跑将出来、抢出……来、跄入去、跳过……去、跳起身来、跳将下去、跳下……去、推进去、推将进去、拥进来、走出来、走将出来、走出……来、走出……来/去、走归去、走归……去、走过……来/去、走将过去、走回……来、走进去、走起来、走入来、走入……来/去、走上……来
	MMPD	1	0.34%		跌落下去
	MN$_B$P	1	0.34%		骑坐……还
	N$_B$P	3	1.02%		哭出、摸到、说到
	N$_B$PD	4	1.37%		跪上去、喝将过去、劫入……来、哭将入去
	MD	16	5.46%		奔……来、赶来、赶向……去、骑……来、逃来、逃去、突前去、追来、走来、走从……来、走底……来、走去、走往……去
	MDD	1	0.34%		走将去……去
	N$_B$D	1	0.34%		袭将去
方式	M	12	4.09%	5.46%	奔、乘、登、蹬、渡、躲、分、赶、落、拥、走
	MM	4	1.37%		奔走、躲走、逃走、涌身上跳
中立	N$_A$	6	2.05%	2.05%	行
路径	P	76	25.94%	47.11%	出、到、过、归、回、进、离、起、入、上、至
	PP	7	2.39%		出到、归到、进入、回到
	PD	41	14.00%		出来/去、出……来/去、到……来、归去、过来、回来、回……去、进去、入来/去、入……来/去、入……而去
	DP	6	2.05%		来到
	N$_A$P	6	2.05%		行到、行还、行入
	N$_A$PD	1	0.34%		行过去
	N$_A$D	1	0.34%		行去
指向	D	22	7.51%	7.85%	来、去
	DD	1	0.34%		去向……去
总数		293	100%		

表2-d 现代汉语动词结构统计[a]

动词结构		个数	百分比	
方式+路径	MPD	103	19.81%	70.39%
	MP	221	42.50%	
	MD	42	8.08%	
方式	M	35	6.73%	6.73%
路径	PD	27	5.19%	22.12%
	PP	20	3.85%	
	P	68	13.08%	
指向	D	4	0.77%	0.77%
总数		520	100%	

说明:[a]附表2-d根据Chen和Guo（2009：1760 Table 4）修改而成。原文［MD］归在"方式"一类，本表根据附表2-a注c将其统归入"方式+路径"。

本文汉语版为独立创作完成。英文版 Which way to move: The evolution of motion expressions in Chinese 发表于 *Linguistics* 2014 52（5）：1237-1292，与吴义诚合作。

语言库藏显赫性之历时扩张及其效应*

——动趋式在汉语史上的发展

史文磊

摘要 现代汉语里,句法词法成分的线性排列次序与英语有一点显著的不同,即它在很大程度上受到"时间顺序原则"的限制(Tai, 1985;戴浩一,2002、2007),这已得到普遍的认可。然而,逆序动趋式(如"蹲到")中 V_1 和 V_2 的排列次序却有悖于这一原则。本文采用一个新的角度,即语言库藏显赫性扩张(刘丹青,2011、2012)来解释此类现象。该类结构是动趋式成为显赫范畴之后,向相关概念表达范畴扩展的结果。动趋范畴显赫扩张不但可以用来解释逆序动趋式,同时也可用以解释汉语史上的其他一些相关结构,如静源动趋式("摸进")、双路径动趋式("回到、进来")等结构的出现与使用,以及汉语史所经历的相关类型学演变问题。动趋式显赫范畴的历时扩张同时证明:语言成分的组织和构造一方面受制于认知原则,另一方面也会突破认知原则,对语篇中的概念结构和概念表达产生影响和限制。

关键词 语言库藏显赫性 动趋式 时间顺序原则 运动事件 语言结构 概念结构 语言使用

一 引言

认知语法特别强调语言结构和概念结构之间的"象似性"(iconicity),格外关注概念组织模式在多大程度上制约语言组织模式(如 Haiman, 1985;Langaker, 1987;Fauconnier, 1997;等等)。就现代汉语而言,

---

* 本项研究得到了中国教育部人文社会科学基金青年项目(项目编号:12YJC740087)、全国优秀博士学位论文作者专项基金资助项目(项目编号:201206)、中国国家社会科学基金项目(项目编号:13BYY110)资助。杨望龙同学为本文的写作和修改提供了很大帮助,汪维辉老师、陈练军博士和匿审专家提供了很好的修改建议,令笔者获益良多。统此致谢!文中尚存疏漏概由笔者负责。

"时间顺序原则"［Principle of Temporal Sequence（下文简称 PTS）］的提出便是此类研究的代表。戴浩一在多篇论著中详细论述了该条原则（如 Tai，1985；戴浩一，2002、2007）。简言之，PTS 可以概括为：

The relative word order between two syntactic units is determined by the temporal order of the states which they represent in the conceptual world. （Tai，1985：50）

［两个句法单位的相对次序决定于它们所表示的概念领域里的状态的时间顺序。］（黄河中译版，1988：10）

上述句法单位次序和概念单位次序的对应关系，可以通过比较下例（1a）和（1b）在语义上的差异得以彰显。

(1) a. 他坐公共汽车到这儿。
　　　　　X　　　　　Y
　　b. 他到这儿坐公共汽车。（Tai，1985：54）
　　　　　Y　　　X

例（1）的表述中包含"坐公共汽车"和"到这儿"两个不同的事件，但由于受到时间顺序原则的映射和规约，排序不同，表义也就不同。在例（1a）中，"坐公共汽车"在前，"到这儿"在后，意指先乘坐公共汽车，而后到这儿；在例（1b）中，"到这儿"居前，"坐公共汽车"殿后，意指就调了个儿，即先到这儿，再坐公共汽车。对比下例（2a）和（2b），同样的差异显而易见：例（2a）表达的是先"在马背上"而后再"跳"，例（2b）说的则是先"跳"，继之以"在马背上"。

(2) a. 小猴子在马背上跳。
　　　　　　X　　Y
　　b. 小猴子跳在马背上。（Tai，1985：58）
　　　　　　Y　X

Tai（1985：52）认为，PTS 同样适用于一些复合词内部的词序，如"行为—结果"模式（Action-Result Pattern，下文简称动结式）就很好地映现了这一点。戴浩一（2002：6）进一步假设，动结式是汉语时间顺序原则框架中最基本也是最重要的概念基模（conceptual schema）之一。汉语和英语在一些相应概念的编码结构上所表现出的差异，似乎支持这一假设。例如，英语只用单个动词 find 所编码的概念，到汉语中就得用动结式"找到"与之对应。更多的例子如表 1 所示。由此看出，行为和结果在英语中倾向于融合（conflate）于同一个动词进行表达，而在汉语中则倾向于用不同成分依照时间顺序原则单独编码。

— 499 —

表1　　　　　　　　"行为—结果"基模之英汉编码例示

语言	对应表达						
英语	(to) find	(to) build	(to) break	(to) kill	(to) understand	(to) see	(to) hear
汉语	找—到	盖—好	打—破	杀—死	听—懂	看—见	听—见

戴浩一（2002：5-6）提到，时间顺序还影响汉语动趋式①的表达。如例（4）中的汉英对照显示，"英语不管时间的顺序，都很整齐地把介词摆在动词的后面。汉语则需要把相同的情况看成有时间顺序的组合"。

(3) 他走到了公园。

　　 He walked to the park.

(4) 他走进了公园。

　　 He walked into the park. （戴浩一，2002：5）

但是，汉语的词语组合顺序并非总是完全遵照 PTS 进行构建的。这可以分为两种情况。

第一种情况是，有一些结构的词序组织看上去偏离了 PTS，不过经过仔细辨析可以发现，并不违反 PTS。例如，Tai（1985：66，尾注9）提及，下例中方所介词短语"在上海"和动词"住"这两组成分可以互换，但在表义上没有明显差别。

(5) a. 他在上海住。

　　 b. 他住在上海。(Tai, 1985：66)

Tai（1985：66）坚持用 PTS 框架来解释该类词序相对自由的现象："住"所指谓的是持续状态（durative state）而不是瞬时状态（transient action），"在上海"和"住"类动词之间的时间顺序是模糊的，因此，这种情况并不违反 PTS。

其实，无论持续状态也好，瞬时状态也罢，这样区分的目的只有一条，即用以确定被比较的状态之间在时间顺序上是模糊的或无法区分的。"住"和"在上海"这两种成分表达的都是"持续状态"，更关键的在于，这两种状态在时间顺序上没有或不必要有先后之分，抑或说是模糊的，因此就可以名正言顺地认定，其相对自由的排序不违反 PTS。然而，如果两类成分的指谓在时间顺序上有明显的次序，那么，即使它们都是持续状态，若 PTS 成立，其词序也须受到限制。汉语中有不少此类现象，如张丽丽（2003：4-5）所分析的"带有大量现金"之"带有"和"翻

---

① Li 和 Thompson（1981）称为 Directional Resultative Verb Compound (DRVC)。

阅杂志"之"翻阅",① 便是此类。

张丽丽（2003）将动词复合结构遵守 PTS 的情况进一步推衍至其他多类复合动词，详细刻画了时间顺序原则如何"决定"复合动词的内部组合关系。该文提出时间顺序原则在"$V_1 - V_2$"式复合动词中的运作方式是（张丽丽，2003：5，7，8）：

(6) a. 当复合的 V_1 和 V_2 概念不相当，V_2 不是表目的就是表结果。
b. 若 V_2 是施事者所能控制的行为，V_2 作目的事件；V_1 有虚化趋势，整个结构是偏正结构。如"偷看、抢答"。
c. 若 V_2 不是施事者所能控制的行为，V_2 作结果事件；V_2 有虚化趋势，整个结构是述补结构。如"走出、拿起"。
d. 当复合的 V_1 和 V_2 概念相当、相对或相近，排序上无涉于时间顺序原则。如"购买、帮助"。

张丽丽（2003）进而强调，时间顺序原则无论对构词、词义还是用法都会产生一定的连锁效应：

纵使组成成分相同，次序对调，依据时间顺序原则所推得的语义关系也会改变，因此在词构、词义和用法上都会产生明显差异。（张丽丽，2003：21）

然而，还有一种情况，即两个成分的指谓 X 和 Y 之间能够明显地区分出时间顺序的先后，而其词序却倾向于反向排列为 Y - X。这种情况单纯用 PTS 难以给出满意的解释，如下诸例所示：

(7) a. [方雨林] 把上身脱得精赤光溜，<u>蹲到院子当间儿</u>的自来水龙头下。(陆天明《大雪无痕》)
b. 我爹 [……] 解开裤带，<u>蹲了上去</u>。(余华《活着》)
c. 小青 [……] 跟她男朋友边聊边喝。我也<u>坐过去</u>蹭酒喝。(王朔《浮出海面》)
d. 汽车来了，祥子楞头磕脑的<u>坐进去</u>。(老舍《骆驼祥子》)

上列复合动词结构②表面上看都是动趋式。动趋式之趋向补语可以视

---

① 根据张丽丽（2003）的分析，"带有"之"有"是"带"之结果，"翻阅"之"阅"是"翻"之目的。有关二者与时间顺序之关联，请参阅张丽丽（2003：5）。
② 孙良明、金敬华（2002）曾讨论过此类结构，并列举了如下诸例。但其举例都是前后对照，且是自造例，不很典型，更未曾深入分析此类结构产生的原因。
　(i)（宾馆服务员说）男客住到三楼，女客住到二楼。[孙良明、金敬华，2002：18 (8)]
　(ii)（公共汽车乘务员说）孕妇坐到孕妇专座，老人坐到老人专座。[孙良明、金敬华 2002：18 (10)]
　(iii)（在双层床下的同学对在双层床上的同学说）你坐下来，我坐上去。[孙良明、金敬华，2002：18 (11)]

为结果范畴的一个子类（参看 Rappaport Hovav 和 Levin，2010；Beavers & Koontz-Garboden，2012；胡敕瑞，2008：103）。因此，汉语表达移动事件的动趋式可以视为"动作—结果"基模的一个子类，其词序也该受到时间顺序原则的制约。张丽丽（2003：3）也强调，述补动词结构"明显遵循时间顺序原则构成"。然而，(7a-d)中画线的复合动词结构的词序却不符合 PTS，因为词序是 V_1V_2（V_3），但其指谓的却是 V_2（V_3）以后 V_1。(7a-d) 中画线结构的词序和指谓概念顺序的对应关系大致如下所示：

(8) a. <u>蹲到</u>院子当间儿 ≈ 先到院子当间儿后蹲
    X Y   Y   X

b. <u>蹲了上去</u> ≈ 先上去后蹲
   X   Y Y   X

c. <u>坐过去</u> ≈ 先过去后坐
   X Y Y   X

d. <u>坐进去</u> ≈ 先进去后坐
   X   Y Y   X

本文将此类结构称为"逆序动趋式"。针对此类特殊现象，本文建议从语言库藏类型学以及显赫范畴历时扩张的角度对此加以解释（刘丹青，2011、2012、2013）。

在接下来的章节中，我们将对语言库藏类型学框架以及如何用该框架解释上述现象进行简要介绍。我们提出，动趋式从近代以来成为汉语库藏中的显赫范畴，并逐渐向相关的概念结构范畴施加扩张力。这是导致上述结构违反时间顺序原则的一条重要动因。更重要的是，通过分析发现，显赫范畴不仅延及逆序动趋式，还施力于其他概念表达范畴，导致了其他范畴也表现出向动趋式靠拢的倾向，如"摸到"类、"进来"类结构等。因此，我们后面的内容还会详细考察这些结构和相关概念范畴的历时演变。

下文内容大致分为以下几部分：第二节刻画逆序动趋式的句法语义特点；第三节介绍语言库藏类型学以及库藏显赫性；第四节详细论证动趋式作为汉语中的显赫范畴及其历史发展；在此基础上，第五节用范畴显赫性解释逆序动趋式在汉语史上的形成和发展；第六节考察动趋范畴向静源动趋式（如"摸进"）的扩张；第七节考察双路径动趋式（如"回到、进来"）的历时演变；第八节是总结与讨论、揭示语言库藏类型学和动趋范畴显赫扩张的理论意义。

二 逆序动趋式的句法语义特点

Li 和 Thompson（1981：58）对动趋式复合词"V_1V_2"的构成特点做出了较为详细的分析，列举的 V_1 有三种类型，如例9所示。

(9) a. 典型位移动词：走；跑；流；飞；滚

  b. 典型致移动词：搬；扔；送；寄；领；举；推

  c. 可能致移动词：打（进去）

而我们在这三种类型中均找不到与逆序动趋式相应的位置。这类结构的句法和语义特点有待于进一步细致刻画。已有学者指出"他坐上了车"之"坐"为"隐性位移"或"结构性位移"（陈昌来，1994：64），以与"爬上山"之"爬"这样的显性位移加以区别［即（9a）类］，即"'坐'动作本身并不体现位移，但'坐上车'这个结构表明'他'发生了位移"。然而，这种分析依然没有抓住此类结构的核心，因为"坐上车"之"坐"所指谓的行为并非隐性位移，也不是结构性位移，而是位移之后所处的状态。

我们以王朔的十部小说作品①作为现代汉语普通话的语料样本进行了详细调查。我们以路径动词 V_2 为线索检到的一些逆序动趋式列表如表2所示。

表2   王朔小说中的逆序动趋式

V2（V3）	结构	次数	用例
出	站出来	4	刚才哪个骂的站出来
到	坐到	16	她二话没说，坐到床上
	站到	4	我冲她笑笑，站到踏板上悠起来
	躺到	1	不许她躺到我们床上
	蹲到	1	她捏着痛处离座蹲到一边
	住到	1	我不想住到别处去
	伏到	1	她伏到水池前低头等着
过	坐（了）过去	2	我坐了过去
	站过去	1	马锐站过去留影
回	坐回（到/来）	6	他坐回座位｜我一屁股坐回到床上｜高洋手里甩着烟坐回来

---

① 这十部小说分别是：《空中小姐》、《浮出海面》、《一半是海水，一半是火焰》、《过把瘾就死》、《我是你爸爸》、《动物凶猛》、《你不是一个俗人》、《许爷》、《顽主》和《痴人》。所用版本是《王朔自选集》，华艺出版社1998年版。

续表

V2（V3）	结构	次数	用例
	躺回	3	他正在睡觉，开了门又躺回床上
进	坐进（去）	7	我们坐进车里 | 我拉开车门坐进去
上	站上	1	杨重迅速站上岗台

逆序动趋式的句法语义特点可以归纳如下。

（i）语义特点　V_1 都是静态动词①。如果换成位移动词，那原先的意思就得不到识解了。例如把"蹲到院子当间儿"换成"走到院子当间儿"，"先到后V"的意思就难以落实了。

（ii）组合特点　V_1 之后可以结合的路径编码形式可以是一般路径类动词（如"蹲到"），也可以是复合趋向结构（如"蹲上去、坐进去"），但极少有单独的指向类成分，如"＊蹲来、＊坐来"听起来就很别扭。下文（第7.3节）对汉语指向动词历时演变的分析证明，现代汉语中的指向动词"来/去"当跟在其他运动动词后面时，倾向于只表达事件位移的指向信息，而本身不表达典型的位移路径（如"走来、出来"），因此，指向动词不能跟在"蹲、坐"等静态动词后面，因为此类动词不表位移。这种组合特点同时说明，逆序动趋式中的路径动词 V_2 是典型的位移动词。

（iii）变换特点　此类结构一般没有否定式和可能式，例如一般不说"坐不过来/得过来"，因为这里的"过来"从语义上说表达的不是对前面动词行为的补充，所以一般就不能进行否定或者可能性陈述。这种句法行为体现了概念结构和逻辑结构对语法结构的限制，但是另一方面，其肯定式却违反了这条规则。

（iv）句类特点　既可以用于祈使句，也可以用于一般陈述句。祈使句往往会有焦点提前的现象，但一般陈述句中依然经常见到此类结构，这种情况说明，这不单纯是焦点提前或凸显焦点信息的因素使然。

一方面，该类结构中 V_1 不是典型的位移动词，如果换成了典型的位移动词，其时间反序识解就难以落实，这说明此类结构的使用在某种程度上受到了认知原则的限制。另一方面，不可否认的是，此类结构不能完全

---

①　一位匿审专家敏锐地指出："'躺、蹲、坐'等不是纯粹的静态动词，而是兼有两种意义的动词，除了表示在特定位置躺、蹲、坐的状态外，也可以表示从其他状态通过肢体动作转化为躺、蹲、坐的状态的动态过程，所以有'躺下去、坐起来、蹲下去'等表达，甚至可以反复和计量，如'下蹲20次'。这一点不影响文章的主要观点。'蹲到院子里'只有下蹲的动作是动态的，到院子里的行为发生在蹲之前，逆序的性质没有疑义。"

符合时间顺序原则,因此出现了(ii)—(iv)的特点。更重要的是,我们从下文的历时调查发现,逆序动趋式并非从古至今历来就有,而是后来才产生并逐渐发展起来的。在使用逆序动趋式之前,汉语在编码类似概念域时多用连动结构,而连动结构恰恰是符合时间顺序原则的。那么,如何解释这种结构从无到有,从符合到不符合的现象?

三 语言库藏类型学以及库藏显赫性

本文从语言库藏类型学的角度提出,产生上述现象的原因在于,语言结构显赫范畴对概念结构规约的超越和突破,即动趋范畴成为显赫范畴之后向相邻领域强势扩张的结果。本节扼要介绍语言库藏类型学的核心思想和鉴别标准。

语言库藏类型学(Linguistic Inventory Typology)是汉语学界最近提出的一种语言类型学观察视角。与传统的语言类型学思路显著不同的是,传统的类型学思路注重从范畴语义、语用出发,考察各种范畴义的跨语言编码和实现策略,语言库藏类型学则强调语言形式和概念语义的双向互动,尤其关注形式手段对语义范畴的制约(参看刘丹青,2011、2012、2013)。

显赫范畴是语言库藏类型学的一个核心概念,"假如某种范畴语义由语法化程度高或句法功能强大的形式手段表达,并且成为该手段所表达的核心(原型)语义,该范畴便成为该语言中既凸显又强势(prominent and powerful)的范畴,即显赫范畴"。(刘丹青,2012:292)简而言之,显赫范畴是指在一种语言中既凸显又强势的范畴,它会在使用中"侵占"其他语义、语用范畴的领地。一种范畴要成为该语言显赫范畴,需要满足以下几条标准:

(i)由语法化程度高或功能强大的手段表达的范畴,会在该语言中得到凸显,更容易获得直接表现。

(ii)显赫范畴的强势,指其所用形式手段具有很强的扩展力,能用来表达与其原型范畴相关而又不同的范畴,它们在其他语言中可能属于其他语义语用范畴。

(iii)显赫范畴,必须是在该形式所表达的语义中占据原型地位或核心地位的范畴。

(iv)用来表达该范畴的形式手段语法化程度高或句法功能强大。具体表现在强能产性(类推性),使用强制性(productivity and obligation)和较多样的句法分布。

(v)显赫范畴意味着它们在心理层面是易被激活的可及性高的范畴。

— 505 —

我们认为,逆序动趋式是动趋式显赫范畴向相关概念语义范畴施行强势扩张的结果。从语言库藏类型学的角度来观察这个过程,至少具有两个方面的优点。第一,它可以解释为什么逆序动趋式不符合时间顺序原则和如何不符合,从而揭示语言结构影响概念结构这一事实的存在。第二,它可以揭示语言结构并非漫无边际毫无节制地限制概念范畴的表达,同时也会受到认知原则的规约。

四 动趋式作为汉语中的显赫范畴及其历史发展

本节将重点论证动趋式范畴是如何满足以上几条显赫范畴的指标的。为简明起见,我们将以上五条归并为三条,即(i)语法化程度、强制性程度和可及性程度;(ii)语义语用扩张力;(iii)原型核心地位。刘丹青(2012:303)曾提到,动趋式是汉语的显赫范畴之一,但只是一笔带过,并未详细论证。本节将详细论证,动趋式是现代汉语的显赫范畴及其成为显赫范畴的历时进程。

动趋式是近代汉语阶段产生并发展起来的一类编码运动事件(motion event)的结构模式。首先,我们根据 Talmy(1985)的分析框架,将运动事件的各类概念要素分解为以下几类。

表3　　　　　　　　运动事件概念要素与语言编码成分

	内部	外部
概念	运动(Motion):运动本身(以抽象形式存在) 动体(Figure):发生运动的物体(entity) 背景(Ground):动体运动的参照物(reference object) 路径(Path):动体相对于背景位移的路径或所处的位置	方式(Manner):位移运动如何进行 致因(Cause):导致位移发生的外部致因
语言	动词(verb/verb root)、附置词(adposition)、附加语(satellite)、从句(subordinate clause)等	

为了充分论证动趋式是如何逐渐从无到有、从不显赫到显赫的,我们对汉语不同历史时期的语料进行了抽样调查。语料样本选取的标准考虑以下几个方面:第一,目前学界一般把汉语史分成四个时段(参看汪维辉,2000):上古(西汉以前)、中古(东汉—隋)、近代(唐—明清)、现代(清末—今)。本文以这个分期作为参考框架,兼顾相邻阶段之间语言面貌的差异度。从上古、中古和近代每段各选200年作为代表时段,相邻时段的时距大约为600年。第二,议论、韵文对仗等文体都不选,只取叙述

性强的语料做样本。第三，尽量择取口语性强的叙述性情节，不选感叹、祈使等表述片段。

基于以上考虑，我们分别选取了以下几部文献作为各时段的代表语料（如表4所示），每个时段的样本中分别随机择取180个情节。我们将这样的事件叙述的片段界定为一个情节单位：运动事件中的主要移动动体从某一静止位置开始移动，直至到达所预计的事件发生的另一静止位置（Özçalışkan and Slobin，2003：206）。

另需说明的是，最理想的语料自然是同时存在于汉语史四个时期的对同一事件的语言表述（例如历代的注疏翻译），然而这种语料几乎没有。但我们相信，只要选取的语料包含了单位（即情节）相同，且足量的运动事件，同样可以比较真实地反映出各个时代的语言面貌。

表4　　　　　　　　　汉语史各时段语料信息①　　　　　　单位：个

	上古		中古		近代		现代	
		情节		情节		情节		情节
代表文献	《左传》	76	《世说新语》	66	《三朝北盟会编》	10	现代汉语书面作品9种	
	《晏子春秋》	24	短篇小说	89	《朱子语类》	20		
	《论语》	6	《周氏冥通记》	7	宋元话本小说	130		
	《孟子》	7	《奏弹刘整》	7	《原本老乞大》	5		
	《韩非子》	33	《百喻经》	11	《元典章·刑部》	15		
	《吕氏春秋》	34						
总数		180		180		180		180
大致时段	B.C.5中期—B.C.3中期		A.D.4中期—A.D.6中期		A.D.12中期—A.D.14中期		A.D.20—	

通过对各个情节的仔细调查和统计，我们得到了汉语史各个时期用来编码运动事件概念要素的各种动词结构及其使用情况。上古、中古、近代和现代分别列表如下。

---

① 中古"短篇小说"是指《搜神后记》以及从《古小说钩沉》（鲁迅辑）中择取的中古短篇小说，包括《妒记》、《宣验记》、《陆氏异林》、《续异记》、《录异传》、《杂鬼神志怪》和《冥祥记》。近代《三朝北盟会编》只选了3篇，分别为：《燕云奉使录》、《茅斋自叙》和《靖康城下奉使录》；所选的宋元话本小说包括《快嘴李翠莲记》、《杨温拦路虎传》、《简帖和尚》、《宋四公大闹禁魂张》、《碾玉观音》和《错斩崔宁》。现代汉语书面作品9种的数据引自Chen和Guo（2009），包括：巴金《寒夜》、丁玲《太阳照在桑干河上》、金庸《雪山飞狐》、梁晓声《我的大学生活》、单田芳《百年风云》、王朔《玩的就是心跳》、魏巍《地球的红飘带》、周而复《上海的早晨》、周立波《暴风骤雨》。

表 5　　　　　　　　上古汉语运动动词结构分布统计

动词结构		例数	百分比①		词项举例②
方式+路径	MconjP	18	5.59%	10.86%	蹶而出、趋而归、趋而过、踊而出、走而出、走而之、驱……至、驾……以出、踰……而入、撞……而入④
	MP③	7	2.17%		趋入、趋过、驱入、逃归、突出、走出、走如
	MconjD	2	0.62%		趋而往、驾而往
	MD	2	0.62%		驰往、驱……往
	PM	6	1.86%		出奔、出亡
方式	M	35	10.86%	11.17%	奔、乘、登、济、驱、涉、投、逾（踰）、越、追、坠、逐、走
	MM	1	0.31%		趋登
中立	NⅠ	5	1.55%	1.55%	行
路径	PconjP	1	0.31%	74.53%	出而去
	PP	5	1.55%		还反、去之、入及、退入、下之
	P	229	71.12%		出、反（返）、赴、复、归、过、还、及、即、去、如、入、升、适、退、下、之、至
	DP	1	0.31%		往入
	NⅠP	2	0.62%		行至
	PNⅠ	2	0.62%		去行、出行
指向	D	6	1.86%	1.86%	来、往
总数		322	100%		

---

① 下面左栏的百分比是每小类的比例，右栏是和比。下同。

② 表格里的这些例子均摘自所选的各时期的语料样本。

③ 缩写：conj = 连词（conjunction）；D = 指向动词（Deictic verb）；M = 方式动词（Manner verb）；N$_Ⅰ$ = 中立动词（Neutral verb）Ⅰ类；N$_Ⅱ$ = 中立动词Ⅱ类；P = Path verb（路径动词）。N$_Ⅰ$类动词指的是既不编码路径也不编码方式的运动动词，如英语的 go/move、上古汉语的"行"，N$_Ⅱ$类动词指的是，单用时不编码任何位移运动信息，而当占据动趋式之 V$_1$ 的位置时，充当运动事件的位移方式信息，如"摸进"，史文磊（2011）称为中立动词的位移化，本文称为"静源动趋式"。详见下文分析。

④ 原稿表中没有区分 V$_1$ 和 V$_2$ 之间是否带连词的情况，后来根据一位匿名审稿人的建议做了区分和相应的修改。

表6　　　　　　　　　　中古汉语运动动词结构分布统计

动词结构		例数	百分比		词项举例
方式+路径	MPD	1	0.24%	13.01%	跃入……去
	MconjP	1	0.24%		逾……而入
	MP	33	7.80%		步归、步入、驰出、遁归、飞出、飞集、飞入、飞散、飞上、趋下、逃入、跳上、投入、突进、突入、踊出、游出、跃出、跃入、追至、走归、走还、走趣、走去、走入、走往、乘……往、走从……入
	MconjP	1	0.24%		腾……而去
	MD	16	3.78%		步来、遁去、飞来、飞去、迎来、随去、逃去、跃来、走来、走去、超……去、蹰……去
	PM	3	0.71%		归投、返走、回急走
方式	M	19	4.49%	6.39%	乘、冲、从、窜、登、渡、堕、济、投、逾、坠、走
	MconjM	1	0.24%		逾……而走
	MM	6	1.42%		奔驰、奔走、登蹑、逃隐、逃走、跳走
	MconjNⅠ	1	0.24%		从而行
中立	NⅠ	23	5.44%	5.44%	行
路径	PP	18	4.26%	67.83%	反还、过在、还出、还经、还入、还下、还至、进至、经过、入至、下至、往至
	PD	6	1.42%		出去、出来、还来、舍去、出……去、上……去
	DP	7	1.65%		来入、来至、来还
	P	246	58.16%		出、到、返、赴、归、还、进、经、就、趣、入、散、上、下、往、诣、至
	NⅠP	9	2.1%		行经、行至、行达、行还
	PNⅠ	1	0.24%		出行
指向	D	31	7.33%	7.33%	来、去
总数		423	100%		

表7　　　　　　　　　　近代汉语动词结构分布统计

动词结构		例数	百分比		词项举例
方式+路径	MconjP	1	0.34%	37.54%	挨身而入

续表

动词结构		例数	百分比		词项举例
方式+路径	MP	42	14.34%		挨到、奔到、穿过、撺入、跌倒、躲过、翻身入、赶到、赶入、赶上、挂在、盘到、盘在、跑到、趋出、随进、踏过、跳在、突过、突入、跃起、转过、撞入、走出、走到、走过、走进、走入、走上
	MPD	40	13.65%		挨上……去、挨将进去、奔入来、冲过去、撺将出来、飞下来、赶入……来、盘出……去、跑将出来、抢出……来、跄将入去、跳过……去、推进去、推将进去、拥进来、走出来、走将出来、走出……来、走出……来/去、走归去、走归……去、走过……来/去、走将过去、走回……来、走进去、走起去、走入来、走入……来/去、走上……来
	MMPD	1	0.34%		跌落下去
	MNⅡP	1	0.34%		骑坐……还
	NⅡP	3	1.02%		哭出、摸到、说到
	NⅡPD	4	1.37%		跪上去、喝将过去、劫入……来、哭将入去
	MD	16	5.46%		奔……来、赶来、赶向……去、骑……来、逃来、逃去、突前去、追来、走来、走从……来、走底……来、走去、走往……去
	MDD	1	0.34%		走将去……去
	NⅡD	1	0.34%		袭将去
方式	M	12	4.09%	5.46%	奔、乘、登、蹬、渡、躲、分、赶、落、拥、走
	MM	4	1.37%		奔走、躲走、逃走、涌身上跳
中立	NⅠ	6	2.05%	2.05%	行
路径	P	76	25.94%	47.10%	出、到、过、归、回、进、离、起、入、上、至
	PP	7	2.39%		出到、归到、进入、回到
	PconjD	1	0.34%		入……而去
	PD	40	13.65%		出来/去、出……来/去、到……来、归去、过来、回来、回……去、进去、入来/去、入……来/去
	DP	6	2.05%		来到
	NⅠP	6	2.05%		行到、行还、行入
	NⅠPD	1	0.34%		行过去
	NⅠD	1	0.34%		行去

续表

动词结构		例数	百分比		词项举例
指向	D	22	7.51%	7.85%	来、去
	DD	1	0.34%		去向……去
总数		293	100%		

表8　　　　　　　　　　现代汉语动词结构统计[①]

动词结构		例数	百分比	
方式+路径	MPD	103	19.81%	70.39%
	MP	221	42.50%	
	MD	42	8.08%	
方式	M	35	6.73%	6.73%
路径	PD	27	5.19%	22.12%
	PP	20	3.85%	
	P	68	13.08%	
指向	D	4	0.77%	0.77%
总数		520		100%

注：[a] 本表根据 Chen 和 Guo（2009：1760 Table 4）修改而成。原文［MD］归在"方式"一类，我们认为 D 类（即指向）信息也当算入路径，因此本表将其统归入"方式+路径"。

（一）语法化程度、强制性使用程度以及可及性程度

由语法化程度高或功能强大的手段表达的范畴，会在该语言中得到凸显，更容易获得直接表现。

现代汉语中的动趋式是一个语法化程度较高的语法范畴，具体表现在以下几个方面：

（i）趋向补语范畴成员 V_2 是一个封闭的类别（closed-class）。吕叔湘（1999：16）和刘月华等（2001：546）列出的现代汉语动趋式里表示趋向的动词有下面这11个：

（10）来、去、上、下、进、出、回、过、起、开、到。

而从历时演变来考量，下表的数据显示：第一，总体而言，用于专门编码路径的动词类数在汉语史上呈递减趋势。汉语路径动词的使用类数经历了从多到少、从相对开放到相对封闭的演化的趋势。第二，路径动词类

---

① 本表与 Chen 和 Guo（2009：1760）和 Huang 和 Tanangkingsing（2005：315 Table 1）的处理有所不同，为简洁起见，此处略去介绍，详参史文磊（2014）。

数在汉语史四个时段的分布分两大阶段，上古和中古是第一阶段，近代以后是第二阶段。从近代汉语开始，路径动词类数明显减少。这种变化和汉语动趋式从近代以后的迅速发展密切相关。

表9　　　　　　　　汉语史各时段路径动词类数统计

	现代汉语	近代汉语	中古汉语	上古汉语
路径动词类数	13	16	25	23

（ii）路径动词在 V_2 的位置时多数读轻声，形成前重后轻的韵律格式。而语音形式上的省缩（phonological reduction）是语法化的一个重要标志。

（iii）汉语动趋式之趋向补语 V_2 大多都发展出表达结果、体相、行为实现等虚化了的意义（semantic reduction）。有些路径动词在单用和作补语时表面上意思相同，但其实有区别。如下面的"过"例所示，单用的"过"强调路径过程，因此可以与表达进行体的"正在"共现相容，而作补语的"过"凸显了结果义，就排斥进行体，只能与完成类体标记相容。①

(11) a. 他正在过马路。

b. *他正在走过马路。

c. 他已经走过了马路。

（iv）趋向补语 V_2 对 V_1 有一定的依附性（boundness）。除了上述（ii）语音弱化方面的证据之外，我们还可以通过下面几个方面对此进行检测。

第一，否定辖域检测。非核心成分有吸引否定词，使自己处于否定辖域内的能力，补语有这种能力。例如：

(12) 我没有跑累。（跑了，但是不累。"跑"是核心，"累"是非核心。）

(13) 他没有跳出来。（跳了，但是没有出来。"跳"是核心，"出来"是非核心。）

第二，"V没V"反复疑问检测。"V_1V_2 了"可以问"V_1 没 V_1V_2"，也可以问"V_1V_2 没 V_1V_2"，就是不能问"V_1V_2 没 V_2"。可见时体标记"了"可以跟"V_1"联系，也可以跟整个结构联系，就是不能跟"V_2"联系（"V 了"的否定式是"没V"）。例如：

(14) 他跑进了教室　他跑没跑进教室　他跑进没跑进教室　*他跑进没进教室

他跳出了水井　他跳没跳出水井　他跳出没跳出水井　*他跳出没出水井

---

① 感谢一位匿审专家为笔者指出这一点。

第三，从历时演变来看，汉语中的句法性连动式"V_1V_2"通过语法化而发生句法核心左倾，形成动补结构，从句法性运作发展为词法性（或短语性）运作（[$_{VP}$ V_1 V_2] → [$_V$ V_1 $V_{2补}$]），V_2 开始附着于 V_1 而成为补足语，核心从两个变为一个。在此过程中，V_2 语法语义功能发生弱化，尽管 V_2 还可以视为动词，但显然不再是实在的词汇词（lexical words），而逐渐发展为功能词或语法词（functional/grammatical words）。

（v）强制性使用程度（obligatoriness）。我们将上表中编码运动事件的动词结构根据组合使用和单独使用重新排列，分别制成下列表 11、12、13。

表 10　　　　　　　上古汉语动词组合、单用统计

动词结构		例数	百分比	
V_1V_2	MP	7	2.17%	7.75%
	MD	2	0.62%	
	PM	6	1.86%	
	PP	5	1.55%	
	DP	1	0.31%	
	N_1P	2	0.62%	
	PN_1	2	0.62%	
V	M	35	10.86%	85.39%
	N_1	5	1.55%	
	P	229	71.12%	
	D	6	1.86%	
其他	MM①	1	0.31%	6.83%
	MconjP	18	5.59%	
	MconjD	2	0.62%	
PconjP		1	0.31%	
总数		322	100%	

---

① 历时来看，[MM] 结构内部性质不统一。例如，中古汉语归入该类的"奔走"中，两个方式动词其实是同类方式信息并列结构，而且在时间顺序上也不好区分先后，因此不属于典型的编码运动事件的 V_1V_2 结构。但有一些似乎也能区分先后来，如"跳走"，也可以归入 V_1V_2 结构中。由于此类结构所占比例很低，在不影响整体结论的情况下，我们将该类结构排除在统计之外。另外，中间插入连词的 V_1conjV_2 结构，不是先后两个动词接连使用的连动结构，也归入"其他"类中。

表 11　　　　　　　　中古汉语动词组合、单用统计

动词结构		例数	百分比	
$V_1V_2（V_3）$	MPD	1	0.24%	22.20%
	MP	33	7.80%	
	MD	16	3.78%	
	PM	3	0.71%	
	PP	18	4.26%	
	PD	6	1.42%	
	DP	7	1.65%	
	$N_I P$	9	2.1%	
	PN_I	1	0.24%	
V	M	19	4.49%	75.42%
	N_I	23	5.44%	
	P	246	58.16%	
	D	31	7.33%	
其他	MM	6	1.42%	2.38%
	$MconjN_I$	1	0.24%	
	MconjP	1	0.24%	
	MconjD	1	0.24%	
	MconjM	1	0.24%	
总数		423	100%	

表 12　　　　　　　　近代汉语动词组合、单用统计

动词结构		例数	百分比	
$V_1V_2（V_3）$	MP	42	14.34%	36.86%
	MPD	40	13.65%	
	MMPD	1	0.34%	
	$MN_{II}P$	1	0.34%	
	$N_{II}P$	3	1.02%	
	$N_{II}PD$	4	1.37%	
	MD	16	5.46%	
	MDD	1	0.34%	
	$N_{II}D$	1	0.34%	

续表

动词结构		例数	百分比	
$V_1V_2(V_3)$	PP	7	2.39%	58.36%
	PD	40	13.65%	
	DP	6	2.05%	
	N_1P	6	2.05%	
	N_1PD	1	0.34%	
	N_1D	1	0.34%	
	DD	1	0.34%	
V	M	12	4.09%	39.59%
	N_1	6	2.05%	
	P	76	25.94%	
	D	22	7.51%	
其他	MM	4	1.37%	2.05%
	MconjP	1	0.34%	
	PconjD	1	0.34%	
总数		293	100%	

表13　　现代汉语动词组合、单用统计

动词结构		例数	百分比	
$V_1V_2(V_3)$	MPD	103	19.81%	79.43%
	MP	221	42.50%	
	MD	42	8.08%	
	PD	27	5.19%	
	PP	20	3.85%	
V	M	35	6.73%	20.58%
	P	68	13.08%	
	D	4	0.77%	
总数		520	100%	

表11、12、13中动词合用、单用数据可以归纳为表14。数据显示历时变化非常明显：编码运动事件的动词单用结构在汉语史上逐期递减，动词连用结构逐期递增。而在后来的动词连用结构中，绝大多数可以判定为动趋式。以上变化表明，汉语使用者在使用何种策略编码运动事件这方

面，在强制性倾向上发生了历时变化。上古汉语时期，动词单用，尤其是路径动词（占 71.12%，即表 10 中编码路径 P 的动词单用结构），单用带有较高的强制性倾向，而到了现代汉语时期，动趋式成为带有较高的强制性倾向的策略（占 79.43%）。

显赫范畴同时意味着它们在心理层面是易被激活的可及性高的范畴。表 11、12、13 中使用频率上的历时差异也表明，在面对一个运动事件并用语言对其加以表达的时候，上古汉语使用者首先想到的、心理上优先激活的是动词单用形式（尤其是路径动词单用形式），而近代汉语以后，汉语使用者首先想到的、心理上优先激活的逐渐变成了动趋式。这显示出，汉语使用者在编码运动事件时可及性高的结构发生了历时转变。

表 14　　　　　　　汉语史各个时期动词连用、单用统计

动词结构	上古汉语	中古汉语	近代汉语	现代汉语
$V_1V_2(V_3)$	7.75%	22.20%	58.36%	79.43%
V	85.40%	75.42%	39.59%	20.57%

鉴于以上几条证据，我们有理由承认，现代汉语的动趋式是语法化程度较高的结构范畴。而这一范畴发展的加速期是在近代汉语阶段。这一方面可以从表 14 的统计数据看得出来；另一方面可以得到对动趋式语法化的相关研究的支持（参看史文磊，2014；Shi 和 Wu，2014 的介绍）。同时，动趋式在近代汉语以后逐渐成为具有强制性倾向的、可及性高的范畴。

（二）语义语用扩张力

显赫范畴所用的形式手段具有很强的扩张力。就汉语的动趋式而言，第一，该范畴能用来表达与其原型范畴相关而又不同的范畴。例如，趋向补语 V_2 大多都发展出表达结果、体相、行为实现等与原型路径义相关而又不同的各种范畴。这已经成为众所周知的事实，兹不赘述。第二，从与本文相关的结构模式以及汉语历时演变的事实来看，动趋式作为原型范畴又向周围扩张到其他一些相关的语义范畴中去，影响这些范畴中相关概念要素的组织结构。这其中就包括逆序动趋范畴以及静源动趋式（如"摸进"）和双路径动趋式（如"回到、进来"）。下文将依次进行论析。第三，从汉语在编码运动事件时所采用的结构类型的历史消长来看，既有一些结构消失，又有一些新的结构产生。消失的如：中间插入连词的"V_1 而 V_2"结构（走而出）、"$V_P + V_M$"结构（出奔）、"$V_P + V_P$"结构（去之）、"$V_M + V_M$"结构（跳走）等，新生的如："$N_{II} + V_P$"结构（哭出）、"$V_1 + V_D$"结构（走来、出来）、"$V_1 + V_2 + V_D$"结构（冲过去）

等。总体演变趋势是,其他一些运动事件概念要素的组合模式后来逐渐改用动趋式所编码的概念组合模式,这就显示出动趋式的强大扩张力。例如,"去之"是两段路径要素接连的组合模式,到近代汉语以后,基本都采用了动趋式,此类结构只有少数保留(如"进到"等);"走而出"是上古汉语常用的概念要素并列的组合模式,到近代以后,也都基本被动趋式取代。而一些新生的结构模式更是以动趋式来编码此前由其他结构表达的概念要素组合模式。

(三)原型核心地位

一种范畴之所以称为显赫,首先必须是在所用结构表达的语义中占据原型地位或核心地位的范畴。从表10—14的统计数据看,近代汉语以来,编码运动事件的核心策略已经偏向于采用动趋式这一表达手段。动趋式自出现以来,其核心功能也在此处,这是毫无疑问的。其他功能,如上文提到的趋向补语表达的结果、体相、行为实现等范畴,以及动趋式表达的非典型"运动+趋向"组合模式(如"蹲到、摸进"),皆为动趋式之次要功能。

五 动趋式向逆序动趋式概念域的历时扩张

逆序动趋式概念域就是,形式上是 V_1V_2(V_3)的结构顺序,在概念上却表达了 V_2(V_3)V_1 的基本时间顺序,如前文例(7)以及表2中援引的诸例。语料调查显示,逆序动趋式在汉语史上最早可以追溯至南宋前后(公元12世纪),此后逐渐行用开来。然而,翻检更早的文献却找不到一例此类用法。我们分别以"跪""站""坐""躺""蹲"等所在的结构为例,分析出现逆序动趋式之前和之后的汉语在表达类似概念要素的组合结构时的差异。

(一)"跪"

"跪"字逆序动趋式始见于宋代,例如:

(15) 那小娘子正待分说,只见几家邻舍一齐跪上去。(宋《错斩崔宁》)

(16) 看看点完,王喜还道:"钱送得迟想填在后边。"不知究竟没有,王喜急了便跪过去。(明《型世言》,第九回)

在此之前,我们找不到与此严格对应的表达结构。类似的结构是下例这样的表达:

(17) 魔女三人,变却姮娥之貌,自惭丑陋之躯,羞见天宫,求归不得,遂即佛前踟跪。(唐《破魔变文》)

(二)"站"

"站"字逆序动趋式始见于清代,例如:

(18) 那人道:"在那里陪酒。"说了,又<u>站到那里去</u>了。(清《品花宝鉴》,卷五十一)

(19) 黑天王遂即奋勇拒杀,红生率着甘尽忠、乌力骨驱着大队人马敌拒。<u>站出船头</u>,高声唤道。(清《赛花铃》,第十二回)

此前表达类似的概念结构所用形式如下诸例所示:

(20) 施主僧等<u>于堂前立</u>①。| 次有一僧唱"敬礼常住三宝",众僧皆<u>下床而立</u>。| 其作斋晋人之法师先众起立,<u>到佛左边,向南而立</u>。| 一军将跪坐,袖上受书,<u>擎至庭中,向北而立</u>。(唐《入唐求法巡礼行记》)

(21) 毗卢释迦王遥见世尊,下乘礼敬,<u>退立</u>言曰:……(唐《大唐西域记》)

(22) 西门庆即<u>到厅上站立</u>,令他进见。(明《金瓶梅》第七十二回)

(23) 孙雪娥与西门大姐在家,午后时分无事,都<u>出大门首站立</u>。(明《金瓶梅》第九十回)

(三)"坐"

"坐"字逆序动趋式较早的用例见于明代,例如:

(24) 赫大卿把静真抱置膝上,又教空照<u>坐至身边</u>。(明《醒世恒言》第十五卷)

(25) 潘三乐得受不得,便道:"奶奶何不请<u>坐过来</u>。"(清《品花宝鉴》,卷四十)

(26) 黎篆鸿道:"耐喥两家头……<u>坐过来</u>说说闲话,让倪末也听听。"(清《海上花列传》,第十九回)②

此前与此类似的概念结构所用形式如下:

(27) 师随沩山游山,<u>到盘陀石上坐</u>。(南宋《五灯会元》"仰山慧寂禅师")

(28) 没奈何,只得与崔宁回来,<u>到家中坐地</u>。(南宋《碾玉观音》)

---

① 汉语史上表示"站立"义的主导词及其使用情况大致是,"立"在明代之前一直是使用最广、影响最大的词,"站"始见于唐代,明代以后在北方方言中广泛行用,"徛"(倚)自战国以来一直存在于南方各方言中。请参看汪维辉、秋谷裕幸(2010)的论析。

② 《海上花列传》是清末最著名的吴语小说,也有"坐过来"这样的说法。这说明此类结构在使用上具有跨方言的普遍性。

(四)"躺"

"躺"字逆序动趋式较早的例子见于清代,例如:

(29) 这里人瑞却躺到烟炕上去烧烟,嘴里七搭八搭的同老残说话。(清《老残游记》,第十七回)

此前与此类似的概念结构所用形式如下:

(30) 两个絮聒了一回,见夜深了,不免解卸衣衫,挨身上床躺下。(明《金瓶梅》第八十二回)

(五)"蹲"

前文所举的"蹲"字逆序动趋式到20世纪才发现用例,例如:

(31) 随后男女小孩子出来站在门限上撒尿,或蹲到门前撒尿。(现代 沈从文《街》)

此前与此类似的概念结构所用形式如下:

(32) 相公看僧事毕,即于寺里蹲踞大椅上①。(唐《入唐求法巡礼行记》卷一)

(33) 我们方丈中,岂容他打搅!教他往前廊下蹲罢了,报我怎么!(明《西游记》第三十六回)

(六)小结

第一,上述五组逆序动趋式都是宋元以来产生的新兴格式。在此之前,找不到与逆序动趋式在语义表达上完全对应的句法格式。

第二,就我们列出的大致对应格式而言,并不是说逆序动趋式产生之后,原先的结构就不用了,事实上,原先的结构依然行用,但是,问题在于新的结构式为何产生并取代了原先的一些结构编码策略,这是我们关注的问题所在。

第三,前文第2节已经指出,逆序动趋式的使用既受到典型动趋范畴强势类推,同时又体现出一定的认知限制。必须综合两方面才能解释这一现象。

六 动趋式向静源动趋式概念域的历时扩张

现代汉语中有一批中立动词(neutral verb)表现出位移化倾向,即上

---

① 一位匿审专家指出,该例的"蹲踞大椅上"和例(29)的"躺到烟炕上"在事件种类和排列语序上是一致的,不宜作为两类对立结构的例证。笔者认为,"蹲踞大椅上"之"大椅上"理解为蹲踞的所在或位置更合适,而很难理解为到大椅上蹲踞,因此不能识解为逆序动趋式,这跟"我住上海"类似;"躺到烟炕上"则可以识解为逆序动趋式,即到烟炕上躺。二者在这个层面上构成对立。

文所谓 N_{II}。即通常情况下，它们不表达位移事件，但是当占据动趋式之 V_1 时，会获得编码位移事件的方式动词（manner-of-motion verb）的功能和意思。例如"站、躺、坐、摸、挤"等，它们本来是静态的行为动词，表达的不是位移运动事件，但当它们出现在动趋式中时（"$V_{中立动词}$ + $V_{路径补语}$"），其行为义会转化为运动义（Chen 和 Guo, 2009；史文磊, 2011、2014；Shi 和 Wu, 2014）。我们称这一类动词结构为静源动趋式。Chen 和 Guo（2009）的现代汉语语料中检得六类这样的动词："站、挤、坐、躺、摸、带"。但是，根据我们前面的分析，Chen 和 Guo 给出的这几个动词起码可以再细分为两类。"躺"字结构应该属于本文所谓的逆序动趋式。"站""坐"有两种情况，一种是属于逆序动趋式，另一种情况是此处所说的静源动趋式，如下例"站到木樨地"中，"站"本来是静态动词，而在此例的动趋式中表达的是"到"的方式。"摸""挤""带"则主要是出现在静源动趋式中。

(34) 于是老先生不怨天，不尤人，站在那儿，于是他站到木樨地，看到了那个温度计。（刘心武《公共汽车咏叹调》）

我们对《王朔自选集》中十部现代汉语小说进行了抽查，检得静源动趋式列表如表 15 所示。

表 15　　　　　　　　王朔小说中的静源动趋式

静源动趋式	次数	例句
摸进（去）	3	我关了外屋灯，躺在一张竹躺椅上假寐，直到确信卫宁已经睡着了，才悄悄起身，摸进里屋（《动物凶猛》）
挤出	2	没多一会儿，那两个人果然满头大汗地挤出了人群（《一半是海水，一半是火焰》）
挤到	2	阮琳喘吁吁地挤到我身旁（《痴人》）
拥到	1	下班后，我们拥到走廊里（《痴人》）
喊过去	1	他从路边第一幢楼开始一幢楼一幢楼地喊过去（《动物凶猛》）
押回来	1	他在另一个亭子的石阶前追上许逊，拧得他"哎哟哟"乱叫地押回来（《动物凶猛》）
挤进	1	大概他们觉得有些冷清，就端着酒杯挤进厨房（《浮出海面》）
挤上来/去	4	一辆无轨电车驶来，我跑两步挤上去（《浮出海面》）
挤下	1	我挤下车，沿街走了一站（《一半是海水，一半是火焰》）

如表 15 所示，"摸进里屋"中，"摸"本来是静态动词，而在此动趋式表达的是位移路径"进"的方式。再如"挤出了人群"中，"挤"本

来并不蕴含位移运动，但是在此结构中却表达了位移路径"出"的位移方式。

据我们初步调查，静源动趋式大约在宋代以后开始比较多见。例如：

（35）只有小娘子见丈夫又不要他，把他休了，<u>哭出州衙门来</u>。（宋金《简帖和尚》）①

（36）洪大工驮了尸首，大娘将灯<u>照出门去</u>。（宋元《错认尸》）

（37）当夜李逵和李鱼羹引着一行人众<u>杀到</u>王则卧房门前。（明《三遂平妖传》）

（38）催马使斧，<u>杀进营来</u>。（明《封神演义》第三十五回）

（39）董文便轻轻把房门拽上，一路把门<u>靠了出去</u>②。（明《型世言》，第二回）

（40）鲁智深坐在帐子里，都听得，忍住笑，不做一声，那大王<u>摸进房中</u>。（明《水浒传》，第四回）

（41）五个人一径<u>摇到</u>那打鱼船边。（明《水浒传》第九十三回）

（42）瞎子<u>摸了过来</u>扯劝。（清《儒林外史》第五十四回）

（43）包兴<u>挤进去</u>，见地下铺一张纸，上面字迹分明。（清《三侠五义》，第三回）

此前的汉语文献中，没有这种静源动趋式。类似的概念要素组合结构，或者没有相应的句法结构，或者采用并列结构来编码。以"哭"为例，在静源动趋式产生之前，主要的表达结构是如下这种由连词"而"连接的并列结构。

（44）夫人姜氏归于齐，大归也。将行，<u>哭而过市</u>。（上古《左传·文公十八年》）

（45）虽尔我尚嗟之，俱共啼<u>哭而行</u>，已到佛所前，作礼而住。（东汉支谶译《阿阇世王经》，卷下）

（46）遂停柩移时，乃见素车，白马，<u>号哭而来</u>。（六朝《搜神记》二十卷本③，卷十一）

此外，还有一些不用连词的连动式，如下例之"摇船到浅沙"。而有

---

① 五代文献《祖堂集》（公元10世纪）中有"哭入"例："有僧人哭入法堂。"（《祖堂集·百丈和尚》），但是该例也可以理解为从并列格式向动趋式过渡的用法；同时，考虑到此类格式丰富并且多样化地出现是在宋代之后，我们依然把静源动趋式的成熟时期定在宋代以后。

② "靠"有不同理解，暂且置此存疑。

③ 把二十卷本《搜神记》的成书年代定在六朝或有争议，但说它是唐代以前的文献应当没有问题。

不少静源动趋式很难找到之前的对应格式。

(47) 傍池居住有渔家，收网摇船到浅沙。(唐《全唐诗》卷七百九十八)

我们有理由相信，静源动趋式的产生和行用，也证明了动趋式向相邻概念范畴的强势扩张。这种扩张使原先一些只能表达静态行为的动词也加入运动事件的编码策略中来，从而增加了汉语编码运动方式的动词的类数，增强了汉语编码运动事件方式的多样性和表达能力。这对于汉语运动事件的编码类型从动词构架型（verb-framed）向附加语构架型（satellite-framed）转移而言，具有积极的促进作用（详参史文磊，2011、2012、2014和下文分析）。因此，动趋范畴的显赫性扩张既可以解释静源动趋式的产生和发展，同时也可以部分地解释汉语运动事件编码类型的历时转移。

七　动趋式向双路径动趋式概念域的历时扩展

从表5—表8的统计情况来看，还有一类结构变化明显。这种结构是后来伴随动趋式的显赫扩张和规约而逐渐产生的，那就是V_1和V_2皆为路径编码成分的结构，包括一般路径（Path）和指向（Deictic）（参看史文磊，2014的介绍）。

（一）"$V_P + V_P$"

在我们抽样调查的上古汉语语料180个情节中，用到的"$V_P + V_P$"结构有"出而去、还反、去之、入及、退入、下之"（见表16）。这些结构中的两类路径要素基本上都是连续发生的两段路径信息，每段都凸显该路径自身的过程意味。它们是典型的双句法核心结构，尤其是"出而去"有连词衔接，则更为其重要证据。中古时期的情况与上古相比变化不大，如"反还""还入"等皆为此例。但是到了近代汉语时期，情况就发生了重要的转变。这表现在以下两个大的方面，第一，原先的"去之""还入"等典型的双核心句法结构退出了使用；第二，剩下的结构中，除了"进入"是历时同义词的并列结构之外，其余三个结构中的V_2全部是"到"。"到"和其他路径动词的区别在于，它强调位移的终结点，或者说是结果。它跟在其他路径动词之后，则重在突出前一路径位移的终结点和结果。例如，"回到"之"到"凸显了"回"的结果，整个结构倾向于理解为动趋式或动补式。而"$V_P + V_P$"结构到近代汉语时期发生的上述这两方面的变化，我们相信这正是动趋式成为显赫范畴之后对此类结构施加扩张力并对其加以类推和规约的结果。由于现代汉语的统计数据引自Chen和Guo（2009），原表没有给出此项例示，所以表16只能从略。但是我们通过内省语感可以断定，现代汉语通语的组合模式和近代汉语的情况出入不大，只是近代的"出到"结构已经不能说了，"归到"已经被"回到"替换，但可以说"进到"。

表16　　　　　汉语史各时期的"V_P+V_P"结构例示

历史分期	例示
上古汉语	出而去、还反、去之、入及、退入、下之
中古汉语	反还、过在、还出、还经、还入、还下、还至、进至、经过、入至、下至、往至
近代汉语	出到、归到、进入、回到
现代汉语	N/A

（二）同类双路径并列式的动趋化

上文"V_P+V_P"结构中前后两个动词所编码的路径信息是先后相继的两段，汉语史上还出现过另外一些编码运动事件的"V_P+V_P"结构，前后两个动词编码的是在概念上同类的路径信息，如"越过、登上、降下、超过"等。历时考察发现，此类概念表达最初主要使用其中的一个路径动词，后来大概由于双音节韵律模式的规约，出现了同类路径义动词的并列式，常常可以逆序。而近代以来，在动趋式强势类推的作用下，并列式被类化为动趋式（史文磊，2011）。下面以"越过"为例来加以说明。

(48)　ⅰ　单动式→ⅱ　并列式→ⅲ　动趋式
(49)　ⅰ　醉者越百步之沟，以为跬步之浍也。（上古《荀子·解蔽》）
　　　ⅱ　a. 我等三鱼处在厄地，漫水未减，宜可逆上，还归大海。有碍水舟，不得越过。第一鱼者尽其力势，跳舟越过。第二鱼者复得凭草越度。（后秦·竺佛念译《出曜经》，卷三）
　　　b. 时有一士夫，自然出彼一一皆数诸世界尘，过越若干亿百千垓诸佛刹土，乃着一尘。（西晋·竺法护译《佛说宝网经》）
　　　ⅲ　共三万人，越过阿剌兀惕土儿合兀的岭，要与成吉思厮杀。（明《元朝秘史》）

如例（49）所示，上古单用"越"，中古出现同义并列。（ⅱa）"越过""越度"共现，（ⅱb）又有逆序结构"过越"，说明此期为同义动词并列。到近代类化为动趋式，如（ⅲ）。类化为动趋式之后，原路径动词倾向于出现在V_2的位置上，V_1和V_2所融合的路径信息表现出一定程度的羡余性（"越""过"都有"经越"义）。V_2更倾向于表达V_1运动所达成的结果，而 V_1 的方式性和运动性则相应地越加显著。

（三）"$V_P + V_D$"

史文磊（2013）就运动事件指向信息（Deictic）的编码结构在汉语史上的历时演变进行了描写和分析。调查发现，汉语指向信息的编码结构发生了重要的变化。第一，中古汉语之前，汉语基本上没有在既有路径动词上附加指向信息的编码结构（即"$V_P + V_D$"结构，如"进来、进去"之"来、去"），指向信息一般都是作为一个独立运动事件单位来进行编码的（即"来、往"作为动词单用）。中古汉语以后，汉语中逐渐出现了在其他动词后附加指向信息的编码结构。如表5—8所示。第二，中古之前指向动词不直接带参照背景成分（Ground），如下面的甲骨文例，中古以后带背景成分的情况越来越多，到近代以降，甚至"$V_P + V_D$"结构直接带背景成分的用例也不少见，如下例之"入来后地"。

（50）戊寅卜，㱿贞：沚馘不其来？｜贞：沚馘其来？｜己酉卜，召方来，告于父乙？（甲骨文，引自陈年福，2001：57-58）

（51）杨温随员外入来后地，推开一个囿角子门，入去看，一段空地。（宋《杨温拦路虎传》）

上述历时演变表明，上古汉语时期的指向动词"来/往"独立性强，其本身的词义结构就蕴含着参照背景信息（即说话人或叙述者中心），近代汉语以后，指向动词逐渐丧失了凸显其自身的路径过程的功能，附加在前面的运动动词上，与前面的路径或方式融合在一起以凸显整个运动事件位移的指向信息，如下例之"奔进村里来"中，"来"自身的路径过程意味已经不再凸显。

（52）村口守把的这厮们尽数杀了，不留一个，只有这几个奔进村里来。（明《水浒传》第四十二回）

这一类演变的动因也可以用动趋范畴显赫历时扩张来解释。正是动趋式的显赫类推，导致了此类概念组织结构模式的历时变化，被容纳进了动趋式进行编码。

八 总结与讨论

上述论析揭示出汉语史上的一项非常重要的倾向性演变，即原先的一些并列结构或者是连动结构被重新整合为动补结构或动趋结构范畴，充分体现了动趋式在汉语中成为显赫范畴之后向临近概念领域扩张的事实。上述演变可以大致归纳为以下几条：

（53）并列/连动/单动　　　→　动趋

到……站立	→ 站到	（第5节）
哭而出	→ 哭出①	（第6节）
还入→	回来，走进	（第7.1节）
越过→	越过	（第7.2节）
来→	（奔）进来	（第7.3节）

张丽丽（2003：6）在刻画"V有"结构的历时演变时也意识到了汉语的这种倾向性演变，即"V有"的历时演变呈现向述补结构靠拢的趋势。在"V有"结构形成初期（明清），"许多用法都显示它并不是述补结构，但是到了现代汉语这些用法都消失了，只保留了和述补动词相同的用法"。这种变化显示出，"V有""很可能是受到语言中一个强势结构的类推"。不过，她仍坚持用PTS来解释此类演变的原因，归结为"在概念结构上，'有'相当于结果事件"。这种解释就难以周全，因为正如我们在前文已经指出的那样，汉语中有一些结构从其现状和历时演变来看，PTS不怎么适用，如逆序动趋式便是其中一例。

综上所述，本文的论析至少有三个方面的理论价值。

（一）PTS在现代汉语和古代汉语中的体现

首先必须承认，无论如何，戴浩一揭示了汉语句法词法中一条极为重要的组织原则，即PTS，②它可以解释汉语组词造句中的一大批和英语不同的结构顺序现象。然而，Tai（1985：66）自己也意识到，古代汉语显然不符合PTS，如古代汉语的"于"字介词短语、"以"字介词短语，可以前置也可以后置于动词。针对古代汉语违反PTS的现象，蒋绍愚提出，古代汉语是一种遵循抽象原则进行组构的语言。

然而，我们通过本文的调查发现，实际情况要比预想的复杂得多。例如，逆序动趋式的"前世今生"显示出，现代汉语并非完全符合PTS，古代汉语也并不就完全符合抽象原则而无视PTS。因为，逆序动趋式在产生之前，类似的概念结构是用连动结构来与此大致对应的（当然在语用或信息焦点上可能会有微殊），而连动结构是符合PTS的。这就促使我们去思考，汉语从古到今哪些概念编码策略延续了本来的原则？哪些策略表现出从抽象原则到PTS的倾向？哪些表现出从PTS到抽象原则的倾向？这应该成为将来深入考察的一个研究领域。

---

① 请注意，并不是说原先的结构一定要用后来的动趋式编码，而是说动趋式是其可选的编码结构之一。例如，"哭而出"近代汉语以来还可以用"哭着出去"的结构与之对应。

② 当然，戴浩一在一系列文献中还提出了其他的一些组织原则。

(二) 从动趋范畴显赫扩张看汉语运动事件词化类型的历时演化

Talmy（1985、1991、2000）提出，人类语言对运动事件的编码类型可以分为两大类，即动词构架型（verb-framed language/V 型）和附加语构架型（satellite-frame language/S 型）。其区分标准如下：

(54) a. V 型：运动路径由核心动词或词根编码，副事件（co-event，包括方式和致因等）由核心动词外围的附属成分（动名词、从句等）编码。

　　b. S 型：路径由附加语编码，副事件由核心动词编码。

英语是典型的 S 型语，如例（55a）句，路径由附加语 out 编码，方式由主要动词 float 编码；西班牙语是典型的 V 型语，如例（55b）句，主要动词 *salir*（出）编码路径，而方式由非限定性动名词形式（gerundive form）*flotando* 编码。

(55) a. The bottle floated out.

　　瓶子　　飘　　出

　　瓶子飘出去了。

　　b. *La botella salió flotando.*

　　瓶子　　出　　飘

　　瓶子出去了，以飘的方式。

Talmy（2000）将现代汉语普通话归入典型的 S 型语中。近几十年来，学界对此看法不一（参看史文磊，2012）。一些学者通过对汉语史的调查发现（如 Li, 1993；Peyraube, 2006；史文磊，2011；Shi and Wu, 2014），历时来看，汉语对运动事件的编码类型发生了从 V 型语向 S 型语转移的倾向。然而，这一类型演变的过程和机制，却有待于继续深入探索。本文的调查发现，动趋显赫范畴的历时扩张，是促使汉语表现出 V→S 型转变倾向的重要因素。这体现在以下几个方面。

第一，从动趋式的语义结构来看，前一个动词主要用来编码方式，后一个动词主要用来编码路径。这种组合模式，导致了汉语在编码运动事件时对方式和路径的偏好产生了显著的影响。我们对汉语史四个时期的语料样本中方式和路径的组合分布进行了统计，如表 17 所示，同样是 180 个情节的事件，上古汉语绝大多数情况下只提及路径信息，而到了现代汉语时期，绝大多数情况下采用"方式 + 路径"的组合模式（70.39%）。四个时期的数据依次递增或递减。这种倾向上的显著变化，使汉语逐渐远离了"只在必须时才提及方式信息，路径信息优先表达"的 V 型语特点，而偏向了方式信息出现频率相对高的 S 型语的特点（史文磊，2014：表 6-1；Shi 和 Wu，2014：Table 1）。我们没有理由不承认，这种语用倾向上的差异与动趋式的发展和规约有着十分重要的关联。

表 17　汉语史各时段编码各类概念要素的动词结构比例统计

	现代汉语	近代汉语	中古汉语	上古汉语
方式 + 路径	70.39%	37.54%	13.01%	10.86%
路径	22.12%	47.11%	67.83%	74.53%
方式	6.73%	5.46%	6.39%	11.17%

第二，动趋式（包括整个动补结构）中前后两个动词的语法地位是倾向于前重后轻，即 V_1 倾向于是核心动词，V_2 倾向于是补语（参看史文磊，2012；Shi and Wu，2014 以及本文第 4.1 节）。此类结构的广泛使用，必然就导致了汉语 S 型结构占据主导地位的格局。

第三，动趋式向其他概念组合结构的强势扩张，也增强了汉语 S 型语言的特点。例如，静源动趋式的产生和发展便是如此。本来，V_1 单用时不具有位移性（translational），而一旦进入了动趋式，V_1 就充当了编码位移方式的运动动词。譬如"摸"在"摸进"中表示以"偷偷摸摸"的方式进入，"拥"在"拥到"中表示以"相互拥挤"的方式达到。静源动词位移化结构，一方面增多了方式动词的实际数量，另一方面也增强了方式信息的表达性（expressive）（Slobin，2004），这恰恰是一种更具 S 型语言倾向的重要指标（参看 Slobin，1996、1997、2004；Chen 和 Guo，2009）。

英语被界定为典型的 S 型语，该语言中就有为数不少的此类结构，如例（56）中的 laugh 本是静态的行为动词，而用于位移结构作核心动词时，表达的是整个事件的位移方式。再如例（57）中的名源动词 edge，用于位移事件的编码结构中时，表达的是整个事件的位移方式。以上这两个动词，跟前文所举到的汉语"哭"有异曲同工之妙。

(56) He laughed his way into the room.

(57) Keeping a wary eye on the intruder, Howard edged to the bar that
　　　separated the living room from his kitchenette.
　　（http：//www.nature.com/nature/journal/v500/n7461/full/500248a.html）
[2013-10-2]

（三）语言结构影响和限制概念结构

动趋显赫范畴的历时扩张产生了一系列效应，突出的一点表现在，语言结构在历时演变中影响和限制概念要素的组织结构（概念结构）。例如，逆序动趋式导致了一些概念要素的组织结构违反 PTS[①]；动趋式向双向路径动趋式的扩张，导致了原先的一些多路径编码形式连动结构（如"往入"）的消失（第7.1节），对指向与路径、背景等其他运动事件概念要素的排列语序产生了影响（第7.3节）。这说明"概念→语义→句法"这样的投射和决定关系并不总是适用，历时来看，语言结构的演变也会影响概念结构的演变。

最后需要指出的是，从库藏类型学的角度，我们可以刻画语法范畴和结构范畴历时扩张的动态过程，将许多原先没有联系在一起的现象串联在一起观察。而该角度的不足在于，某种语言范畴显赫的原因是什么？范畴显赫性类推的动因是什么[②]？这些都有待于做出进一步的解释。

参考文献

Beavers, John and Andrew Koontz-Garboden, Manner and result in the roots of verbal meaning, *Linguistic Inquiry*, 43: 331 – 369, 2012.

Chen, L. and Guo, J., Motion events in Chinese novels: Evidence for an Equipollently-framed language, *Journal of Pragmatics*, 41 (9): 1749 – 1766, 2009.

Fauconnier, Gilles, *Mappings in Thought and Language*, NY: Cambridge University Press, 1997.

Haiman, John, *Natural Syntax: Iconicity and Erosion*, NY: Cambridge University Press, 1985.

Huang, Shuanfan and Michael Tanangkingsing, "Reference to Motion Events in Six Western Austronesian Languages: Toward a Semantic Typology", *Oceanic Linguistic*, 44 (2), 307 – 340, 2005.

Langacker, Ronald W., *Foundations of Cognitive Grammar: Theoretical Prerequisites*, Volume I. Stanford, California: Stanford University Press, 1987.

Li, Charles N. and Sandra A. Thompson, *Mandarin Chinese: A Functional Reference Grammar*, Berkeley: University of California Press, 1981.

Li, Fengxiang, A diachronic study of V – V compound in Chinese. Ph. D. diss., SUNY at Buffalo, NY, 1993.

Peyraube, A., "Motion Events in Chinese: A Diachronic Study of Directional Complements", In M. Hickmann and S. Robert (eds.), *Space in languages: linguistic sys-*

[①] 当然，正如前文指出的，并非所有的动词都可以占据逆序动趋式之 V_1 的位置，只有少数静态动词可以。因此，这种结构一方面表现出对严格意义上的 PTS 的违反，另一方面也说明，此类结构受到某种认知规则或者信息结构规则的约束。我们将留待以后的研究再对此做详细讨论。

[②] 关于"范畴显赫性类推的动因是什么"这一点，汪维辉老师认为（私人交流）："显赫范畴的强势性使得人们形成一种思维定势，它自然具有了类推的内在动力。"

tems and cognitive categories, 121 – 138, Amsterdam: John Benjamins, 2006.

Rappaport Hovav, M. and B. Levin, "Reflections on Manner/Result Complementarity", In M. Rappaport Hovav, E. Doron, and I. Sichel (eds.), Lexical Semantics, Syntax, and Event Structure, 21 – 38, Oxford: Oxford University Press, 2010.

Shi, Wenlei and Yicheng Wu, Which Way to Move: The Evolution of Motion Expressions in the History of Chinese, to appear in *Linguistics*, 52 (5), 2014.

Slobin, Dan I., Mind, Code, and Text, In J. Haiman and S. A. Thompson eds., *Essays of Language Function and Language Type*, 437 – 467, Amsterdam/Philadelphia: John Benjamins, 1997.

Slobin, Dan I., The Many Ways to Search for a Frog: Linguistic Typology and the Expression of Motion Events, In S. Strömqvist and L. Verhoeven (eds.), *Relating Events in Narrative: Typological and Contextual Perspectives*, 219 – 257, Mahwah, NJ: Lawrence Erlbaum Associates, 2004.

Slobin, Dan I., Two ways to travel: Verbs of Motion in English and Spanish, In M. Shibatani and S. A. Thompson eds., *Grammatical Constructions: Their Form and Meaning*, 195 – 219. Oxford: Clarendon Press, 1996.

Tai, H – Y. James, "Teporal Sequence and Chinese Word Order", In J. Haiman (ed.), *Iconicity in Syntax*, 49 – 72, Amsterdam: John Benjamins, 1985. [中译版:《时间顺序和汉语的语序》,《国外语言学》(黄河译) 1988 年第 1 期]

Talmy, L., "Lexicalization Patterns: Semantic Structure in Lexical Forms", In T. Shopen (ed.), *Language Typology and Syntactic Description*, Vol. 3: *Grammatical Categories and the Lexicon*, 57 – 149, Cambridge: Cambridge University Press, 1985.

Talmy, L., "Main verb Properties and Equipollent Framing", In Jiansheng Guo et al. (eds.), *Crosslinguistic Approaches to the Psychology of Language: Research in the Tradition of Dan Isaac Slobin*, Mahwah, NJ: Lawrence Erlbaum Associates, 2009.

Talmy, L., "Path to Realization: A typology of event conflation", In L. A. Sutton, C. Johnson, and R. Shields (eds.), *Proceedings of the 17th Annual Meeting of the Berkeley Linguistics Society*, 480 – 519, Berkeley, CA: Berkeley Linguistics Society, 1991.

Talmy, L., *Toward a Cognitive Semantics*, Vol. 2 Cambridge, MA: MIT Press, 2000.

Özçalışkan, Ş. and Dan I. Slobin, "Codability effects of the expressions of manner of motion in Turkish and English", In Özsoy, A. S., D. Akar, M. Nakipoğlu-Demiralp, E. E. Taylan, A. Aksu-Koç (eds.), *Studies in Turkish Linguistics*, 259 – 270. Istanbul: Boğaziçi University Press, 2003.

陈昌来:《论动后趋向动词的性质——兼谈趋向动词研究的方法》,《烟台师范学院学报》(哲学社会科学版) 1994 年第 4 期。

陈年福:《甲骨文动词词汇研究》,巴蜀书社 2001 年版。

戴浩一：《概念结构与非自主语性语法：汉语语法概念系统初探》，《当代语言学》2002年第1期。

戴浩一：《中文构词与句法的概念结构》，《华语文教学研究》2007年第1期。

胡敕瑞：《从隐含到呈现（下）——词汇变化影响语法变化》，《语言学论丛》2008年第38辑。

蒋绍愚：《抽象原则和临摹原则在汉语语法史中的体现》，《古汉语研究》1999年第4期。

刘丹青：《汉语的若干显赫范畴：语言库藏类型学视角》，《世界汉语教学》2012年第3期。

刘丹青：《显赫范畴的典型范例：普米语的趋向范畴》，《民族语文》2013年第3期。

刘丹青：《语言库藏类型学构想》，《当代语言学》2011年第4期。

刘月华、潘文娱、故铧：《实用现代汉语语法》（增订本），商务印书馆2001年版。

吕叔湘：《现代汉语八百词》（增订本），商务印书馆1999年版。

史文磊：《汉语运动事件词化类型的历时考察》，商务印书馆2014年版。

史文磊：《汉语运动事件词化类型的历时转移》，《中国语文》2011年第6期。

史文磊：《汉语运动事件词化类型研究综观》，《当代语言学》2012年第1期。

史文磊：《汉语运动事件指向表达的历时演变及相关问题》，《中国语言学集刊》（*Bulletin of Chinese Linguistics*）2014年第8期。

孙良明、金敬华：《正确对待外来理论——谈对"时间顺序原则"的评价及运用》，《语言教学与研究》2002年第4期。

汪维辉：《东汉—隋常用词演变研究》，南京大学出版社2000年版。

汪维辉、秋谷裕幸：《汉语"站立"义词的现状与历史》，《中国语文》2010年第4期。

张丽丽：《动词复合与象似性》，*Language and Linguistics*，2003年第4卷第1期。

原文发表于 *International Journal of Chinese Linguistics* 2014（2）：293–324

汉语运动事件指向表达的历时演变及相关问题

史文磊

摘要 本文对汉语运动事件指向信息编码的句法搭配及其与一般路径、参照背景的排序等的历时演变做出了综合描写和分析。调查发现，汉语指向信息的编码结构发生了较为显著的变化，表现在指向动词与其他动词连用的排序、路径指向与背景的排序、携带背景宾语能力等方面。上述历时演变的动因是汉语句法结构模式的历时演变，主要表现为联合结构逐渐丧失其显赫地位，进而让位于动补结构。本文还指出，句法结构演变在概念结构模式上产生了一系列效应。这说明"概念→语义→句法"这样的投射和决定关系并不总是适用，从历时的角度来看，语言结构的演变会影响到与之相应的概念结构的演变。

关键词 运动事件 指向 路径 背景 语言结构 概念结构 语言演变

一 引言

运动指向（Deictic of motion）涉及运动体（Figure）朝向、远离言者或叙者，如现代汉语"来、去"，其语言编码问题一向颇受关注。近年来，学界在汉语指向表达的研究上取得了显著进展，诸如某个运动指向动

---

① 本文初稿承蒙汪维辉、彭利贞、陈练军等诸位师友审阅并提供了很好的修改建议，后曾在 LFK Society Young Scholars Symposium（University of Washington at Seattle，August 11–13，2013）上宣读，感谢大会组织者余霭芹教授的大力支持。会上池田晋博士为本文做了概述，董建交、汪锋、王弘治、吴瑞文、姚玉敏、张敏、郑伟等诸位师友提供的讨论和建议使笔者获益良多。在此一并谨致谢忱。文中尚存疏漏，概由笔者负责。本项研究得到了中国国家社会科学基金青年项目（项目编号：14CCY034）的资助。

词的词义演变及其携带处所宾语的能力、指向动词跟其他句法成分的排序及其认知解释等。但是，这些研究或者只是针对某一个动词的研究，或者是相关解释存在一些不足。本文拟对汉语运动事件指向信息编码的句法搭配及其与一般路径、参照背景的排序等的历时演变做出综合描写和分析。正文分为以下几个部分：第二部分简要梳理汉语史上三个主要指向动词"来、往、去"的词义演变以及它们在句法搭配上的演变，包括单用、跟其他动词连用以及携带处所宾语的能力等情况。第三部分调查汉语史上指向、路径和背景三类概念信息在语言编码时排列语序的历时演变。第四部分在语料调查的基础上对相关问题做出讨论，包括"路径+指向+背景"语序结构的解释问题、语序演变与动趋式发展的关系、携带宾语能力的变化以及句法和概念互动等。

二 汉语指向信息编码的历时演变

"来、往、去往至"是汉语史上主要的指向动词，也有称其主观趋向动词的（如梁银峰，2007）。上古汉语①"来、往"对立，东汉以后"往"被"去往至"替代，又形成了"来、去"的对立；"来"作为指向动词一直都比较稳定，但其句法表现古今有所不同。下面以这三个词为线索对汉语指向信息编码结构的历时演变进行梳理，顺序基本按照指向动词单用（单动式）、指向动词与其他动词连用（包括连动结构和动趋式）的情况展开分析。

（一）单动式的历时演变

1. "来"

"来"进入单动式由来已久，下例（1）（2）分别是甲骨文和金文语例：

（1）戊寅卜，殼贞：沚馘不其来？

贞：沚馘其来？（3945 正）

（2）己酉卜，召方来，告于父乙？（33105）（甲骨文，引自陈年福，2001：57－58）

伯雍父来自㝬。（辛公簋，西周中期）（金文，引自武振玉，2009：62）

这一单动式的用法沿用至今。不过，有几条历史变化值得注意。调查发现：

---

① 本文所言上古汉语指西汉之前，中古汉语指东汉至隋，近代汉语指唐至清末，现代汉语指清末至今。

Ⅰ "来"单动式的使用频率从上古之后逐渐降低。根据崔达送（2005：30-31）的抽样调查，"来"之单动式上古汉语出现频率为14%，中古时期为9.6%，敦煌变文减少至2.2%；单动式减少的同时，"V+来"结构增多，原因是连动式和后来的动趋式的增多。中古以后连动式逐渐演化为动趋式。

Ⅱ "来"带背景宾语的能力逐渐增强，从不带参照背景（ground）到逐渐带背景信息。上古汉语"来"排斥背景宾语，到魏晋时期多了起来（王力，1980；杨克定，1992）。这种变化帮助，上古汉语"来"的词义结构中蕴含着强烈的主观背景信息，即言者所处，但后来这种信息逐渐淡化，需要用显性的词汇形式进行编码。

2. "往"

"往"是上古与"来"相对的[1]表达离开说话者而向目的地位移的主要动词。调查发现，与"来"类似，"往"之单动式也经历了从不带背景宾语到带背景宾语的变化过程[2]。上古时期，单动式的"往"极少带背景宾语（王力，1999：137-138），例如：

(3) 宣子骤谏，公患之，使鉏麑贼之。晨<u>往</u>，寝门辟矣，盛服将朝。（《左传·宣公二年》）

汉代以后，"往"带背景的用法逐渐多起来。例如：

(4) 今汝独<u>往燕私之处</u>，入户不有声。（西汉《韩诗外传》卷九）

(5) 未曾有开士在家为得道者，皆去家入山泽，以<u>往山泽</u>为得道，以讥家居者。（东汉·严佛调等译《法镜经》）

(6) 毛玠……将避乱荆州，未至，闻刘表政令不明，遂<u>往鲁阳</u>。（《三国志·魏书·毛玠传》）

(7) 今闻将军欲遣家<u>往邺</u>，将北面而事袁绍。（《三国志·魏书·程昱传》）

(8) 常言："吾<u>往南方</u>，则不生还。"（《三国志·魏书·郭嘉传》）

(9) 汝径<u>往门前</u>，伺无人时，取一瓦子，密发其碓屋东头第七椽，以瓦着下，不过明日食时，自送还汝。（《三国志·魏书·方技传》）

(10) 拔奇遂<u>往辽东</u>，有子留句丽国，今古雏加驳位居是也。（《三国

---

[1] 王锦慧（2004：11）指出："往"与"来"的说话者参考点是相同的，对于"往"而言是起点，是背离参考点；相对于"来"则成为终点，是向着参考点。

[2] "往+NP"上古也有，但是极少。譬如：
"如予惟以在周工，往新邑。"（《尚书·洛诰》）

志·魏书·乌丸鲜卑东夷传》)

(11) 其夜开后栅，与飞等轻骑俱去，所得赐遗衣服，悉封留之，乃<u>往</u>小沛收合兵众。(晋《三国志·蜀书·先主传》)

单动式的"往"一直用到唐宋，之后逐渐衰退，现代汉语普通话中已经很少单用了①。

3. "去"

上古汉语"去"主要是表达"离开起点"义。东汉以后，"去"逐渐由"离开"义发展出"往、到"义。学者们对何以有此发展看法不一。(参看祝敏彻、尚春生，1984；杨克定，1992；王国栓，2005；徐丹，2004；等等) 胡敕瑞 (2006) 将既有的观点归纳为三类：1) "去"前有方位词规约说；2) "去"后无方所宾语引发说；3) "去"与"至"、"到"连用沾染说，并提出了新的观点，其观点可以用同化与类推来概括。② 概而言之，"去"经历了如下语义变化过程，这是词义内部融合的路径信息的转变。

(12) ①离开起点→②去往目标→③去至目标

较早的用例如：

(13) 诸佛本何所来，<u>去</u>何所？(吴·支谦译《大明度经》) (引自胡敕瑞，2006，例37)

"去_{往到}"产生后，逐渐取代了"往"而成为主要的指向动词③。

4. 小结

接下来从四个方面对三个指向动词单用时的历时演变情况做一个比较和小结。

Ⅰ 语义信息。单动式"来"和"往"的语义信息的演变有类似之处。首先，二者的变化都不大；其次，二者都从上古蕴含主观背景信息发展到后来逐渐淡化。"去"的语义信息变化比前二者大得多，它经历了"①离开起点→②去往目标→③去至目标"这样显著的语义变化。

---

① 近代偶尔可以见到下面这样的例子，应该是方言差异：
玉甫得不的一声，便辞众人而行，下楼登轿，径往东兴里李漱芳家。(清·韩邦庆《海上花列传》)
② 尽管"去"从"离开"义演变为"往到"义的问题对于汉语运动事件编码的历史演变而言特别重要，但由于观点众多，且本文讨论的重点在于指向信息句法搭配的历史演变，因此这里对"去"的语义演变不展开论述。
③ 不过"去"与"往"有别，"往"语义焦点在终点背景，"去往"焦点在起点背景，只有"去至"焦点指向终点背景；正因为如此，"去_{往至}"没有发展出"朝向"类介词用法。

Ⅱ 使用频率。单动式"来"从古到今一直在用，但是使用频率呈现出逐渐下降的趋势。"往"中古以前较为常用，但和"来"相比有一点明显不同，即近代以降由于词汇替换等逐渐退出了历史舞台。"去"从古到今一直在用，但是语义有较大变化。

Ⅲ 携宾能力。从携带背景宾语能力的历时变化来看，"来"和"往"有相似之处，即从上古之前的排斥背景宾语到之后较多地携带背景宾语。"去"则从古到今一直表现出较强的携带背景宾语的能力。单纯就指向动词的历时演变而言，"去"和"来"、"往"又具有一致性。因为"去"在上古汉语中编码的是"离开"义，中古之后才表达指向信息。因此，总体来看，汉语指向动词表现出上古之前排斥背景宾语，之后逐渐携带显性背景宾语的历时变化。

Ⅳ 词化类型。就运动事件词化模式而言（lexicalization pattern，Talmy，2000），指向动词单动式是典型的动词构架型结构（verb-framing）。这类结构与上古汉语的主导词化类型是一致的，即路径（path）信息由核心动词编码。[①]

（二）连动式以及相关的语法化

现在分析指向动词与其他动词连用结构的历时演变。有学者指出，上古汉语的动词连用结构是并列结构，不是典型的连动结构，因为中间插入连词，如"而"，后来才从并列结构转变为连动结构。（梅广，2003；张敏、李予湘，2009；刘丹青，2011）这一看法是有道理的。本文用句法性连动式的名称以与通常所说的连动结构相区别。根据位序，指向动词与另一动词的排序可以分为A、B两式：

A式　指向动词+V

B式　V+指向动词

1. A式　指向动词+V

（1）"来+V"

上古汉语有不少"来+V"用例，如：

(14) 卫宁武子<u>来聘</u>，公与之宴，为赋《湛露》及《彤弓》。（《左传·文公四年》）

(15) 晋人以公不朝<u>来讨</u>，公如晋。（《左传·文公二年》）

(16) 十六年，鲁宣公卒。赴者未及，东门氏<u>来告乱</u>，子家奔齐。

[①] 关于运动事件各类概念要素、词化类型理论以及汉语运动事件词化类型的历时演变，请参看 Talmy（2000），以及史文磊（2011b，2014a）、Shi 和 Wu（2014）的调查。

(《国语·周语》)

(17) 信身入水中，几死，吏即<u>来救信</u>，出之水中。(《史记·扁鹊仓公列传》)

前二例的格式为"来+V"，后二例的格式为"来+V+O"。从历时的角度来看，上古"来+V"相对多而"来+V+O"相对少。中古以后，后者增多，前者减少（崔达送，2005）。

上古汉语"来+VP"中的"来"和VP分别代表一个具体的事件，合起来表示动体从他处"来"到"我处"作VP所指的行为。从概念事件层面上来讲，"来"后当有一个终点背景（即说话人主观上设定的与自己接近的位置），只有"来到"了这个终点背景，后面的事件（即VP所指）才能进行，所以，尽管上引诸例中"来VP"连续出现，但"来"的终点背景依然可以补出来，譬如"来聘→来（公处）聘"及"来讨→来（公处）讨"。然而，上古汉语中的"来"却不允许后面带显性背景宾语，不论是单动式还是连动式皆是如此。这说明上古汉语"来"本身就蕴含了指向的参照背景信息，再带背景就会冗余。VP往往是行为动词（或者说是静态方式动词），动作性强，所以它才是整个结构的语义重心所在。这样一来，前后两个事件之间就蕴含了目的关系（即VP是"来"的目的），同时又蕴含了表示未来之义（即VP行为是"来"以后的行为）。

古今相较，上古汉语之"来VP"和现代汉语之"来VP"形同实异，现代汉语此类结构中的"来"已经发生了不同程度的语法化。且看现代汉语的一些用法：

(18) 他到医院找我时，医院说我不存在，他找队长问我时，队长也说我不存在，最后<u>他来找陈清扬</u>，陈清扬说，既然大家都说他不存在，大概他就是不存在罢，我也没有意见。（王小波《黄金时代》）

(19) "<u>我来给你们炒一个菜</u>。"刘华玲喝了口酒，放下酒杯，夺我的炒勺。（王朔《浮出海面》）

(20) 一些挂着标语的花龙风筝和气球飘荡在空中，<u>道旁的鲜花可用堆积如山来形容</u>。（王朔《我是你爸爸》）

(21) 他慢慢爬了起来，到厕所里擦了一把脸，然后回来，<u>从书架上拿下一本书来读</u>，可能是本数学书，也可能是本历史书，甚至可能是本小说。（王小波《未来世界》）

画线的小句中，例（18）是一个具体运动事件，"来"的终点背景依然可以补出来，"来"依然是比较典型的趋向动词（指向），前后蕴含目的关系。例（20）（21）就有所不同，已经无法补出终点背景了。例（19）不表示具体位移运动，同时增添了几分主观性，主观化程度就高了。此外，"来"可以删除，删除后基本意思不变（即"我给你们炒一个菜"）。例（20）（21）中的"来"同样可以删除而整个小句基本意思不变，它们与例（19）的区别在于，例（20）（21）中"来"介于前后两个成分之间，这样，"来"让人感觉它在句中是起连接功能的连接词。例（20）"来"前是表方式或工具的介词短语（"用堆积如山"），后面是动词（"形容"），例（21）"来"前后都是动词短语（"拿下一本书""读"）。例（19）中的"来"显然已经是语法化了的用法，它起到的作用不再是陈述事件序列中的前项，而是表示目的或表示"要做某事"，（吕叔湘，1999：309）自然也就透出些表示"未来"的意味，（徐丹，2004）源于其主观指向的语义，"我来"又有些表示"意愿"的意思［请仔细体会例（19）］。例（20）（21）可以看作"来"进一步向功能词语法化的实例，已经可以视为连接词了。

一旦"来"在"来 VP"结构中发生语法化，具体实在的词汇词（content/lexical word）就开始虚化为语法词（function/grammatical word），上面后三例中的"来"已经可以看成目的标记（张伯江，2000；梁银峰，2007）。上面说过，语法化之前"来"还是具体指向动词，前后事件之间的"目的"关系和"未来"关系只是一种蕴含关系；语法化以后，"来"不再具有运动意味而成了专门记录关系的语法标记。这其实就是语用义介入词项，然后在词项中浮现出来的过程。"来"语法化的过程，梁银峰（2007）做过讨论，他说，当"来"不再表示运动主体具体的位移运动，主要作用是引出后面的 VP，意在强调运动主体的主观意愿时，便发展为目的标记。唐宋时期已经出现了例（20）（21）所示的格式。

古今对比来看，上古汉语"来 VP"中"来"的［＋运动］性强，两个动词表达平行的两个事件，整个结构是双句法核心，是典型的句法性连动式；后来"来"发生语法化，时至唐宋，已经从空间位移虚化为目的标记。语法化以后，原先的双句法核心发展为单句法核心。

（2）"往 + V"

"往 + V"是上古汉语"往"与其他动词连用的主要格式，一直用到中古时期。例如：

(22) 王<u>往省</u>，从北？（5117）/贞：重王<u>往伐</u>工方？（614）（甲骨文，引自陈年福，2001：128）

(23) 孔子时其亡也，而<u>往拜</u>之，遇诸涂。（《论语·阳货》）

(24) 至其时，西门豹<u>往会</u>之河上。(《史记·滑稽列传》)
(25) 女子之嫁也，母命之，<u>往送</u>之门，戒之曰："<u>往之</u>女家，必敬必戒，无违夫子。"(《孟子·滕文公下》)
(26) 象<u>往入</u>舜宫，舜在床琴。(《孟子·万章上》)
(27) 时彼秃人，<u>往至</u>其所，语其医言……(《百喻经·治秃喻》)

例（22）—（24）画线部分为"往+V$_{行为}$"，例（25）—（27）画线部分为"往+V$_{路径}$"。伴随中古时期"往"为"去"所替代，"往+V$_{行为}$"也为"去+V$_{行为}$"取代，因此没有像前述指向动词"来"那样虚化为目的标记。"往+V$_{路径}$"类结构渐渐消失，上古一些路径动词连用结构到后来重新整合，被拆开来分别叙述了。

中古汉语"往"还出现在"往+背景+VP"格式中。例如：

(28) 王恭随父在会稽，王大自都来拜墓，恭暂<u>往墓下看</u>之。(《世说新语·识鉴》)
(29) 二将商量，拟<u>往楚家</u>斫营。(唐《汉将王陵变文》)

认为"往+VP"式源自"往+背景+VP"是不恰当的，因为上古汉语的"往"极少带背景宾语。因此，"往+背景+VP"应该是在"往+背景"大量使用的基础上产生的。

"往"后来发展出前置词的用法。如果我们将路径按照起点、过程和终点进行分类，根据"往"蕴含的路径信息就可以把"往"分为两类：往$_1$为[+过程+终点]([+抵界])，往$_2$为[+过程]([-抵界])。"往$_1$"后来为"去"所替代，"往$_2$"跟一个未达终点的位移动词组合（如下例之"拽""来"）后发生语法化，逐渐从动词虚化为介词，表示"朝、向"，从而成为"朝向"类路径的介词标记，时间在唐宋以后。需要指出的是，作为介词的"往$_2$"已经失去了指向意义。例如：

(30) 马儿登程，坐车儿归舍；马儿<u>往西</u>行，坐车儿<u>往东</u>拽。(金·董解元《西厢记诸宫调》，卷六)
(31)（奚宣赞）独自一个拿了弩儿，离家一直径出钱塘门，过昭庆寺，<u>往水磨头</u>来。(《清平山堂话本·西湖三塔记》)

(3)"去+V"

A式"去+V"经历了与前述"来+V"类似的语法化过程，"去"发展出目的标记的用法。(参看梁银峰，2007；史文磊，2014a)

2. B式　V+指向动词

(1)"V+来"

上古汉语B式"V+来"例不多见。以下是早期文献中的几个例子：

(32) a. 羊牛<u>下来</u>。
　　　b. 羊牛下括。毛传：括，至也。
　　　c. 福禄来下。(《诗经·王风·君子于役》)
(33) 秋，郑詹自齐<u>逃来</u>。(《春秋·庄公十七年》)
(34) 既连乌孙，自其西大夏之属皆可<u>招来</u>而为外臣。(《史记·大宛列传》)
(35) 乃作通天茎台，置祠具其下，将<u>招来</u>仙神人之属。(《史记·孝武本纪》)
(36) 昭王谓平原君曰："……范君之仇在君之家，愿使人归<u>取其头来</u>；不然，吾不出君于关。"(《史记·范雎蔡泽列传》)
(37) 毛遂谓楚王之左右曰："<u>取鸡狗马之血来</u>。"(《史记·平原君虞卿列传》)

　　学界对于上述诸例的语法性质存在不少争议。有研究认为例(32)之"下来"是动补结构，其实不然。仔细推敲发现，例(32)之"下来"显然不符合上古早期的语言习惯，上古汉语见不到"来"跟在其他路径动词后面的用法。"羊牛下来"这个例子恐怕跟诗歌措辞有关，不足为凭。例(33)"逃来"出自《春秋》，但也未必可信，综观《春秋》文例，"来"应该作主要动词理解更符合实际。例(34)—(37)出自《史记》，已到了上古末期，这几个例子显然值得重视。例(34)可以理解为"招大夏之属来"的变式，"大夏之属"置于句首作话题，这样"招"与"来"结合，该格式符合梁银峰(2007)、Peyraube(2006)所说的动趋式三种促发语境之一。例(35)中的"来"显然理解为致动好一些，况且两句又都用于动作未发生的语境中，所以将例(34)之"来"理解为"使之来"似乎更合理。例(36)(37)是"V+O+来"格式，这种格式中的"来"已经无法再理解为致动义了，但仍有歧解：1)如果"来"的位移主体就是动作行为"归取其头、取鸡狗马之血"的发出者（"人""王之左右"），这时运动主体具有很强的[+自主][+可控]的语义特点，"来"无疑是实在的位移动词，主要动词；2)如果"来"位移主体指向致移动词的受事（"头""鸡狗马之血"），这时，运动主体是受到外力而被迫发生位移，[+自主][+可控]性不强，所以"来"就有可能向补语发展。同时，例(36)(37)的语境也给"来"向补语发展提供了温床，尤其是例(37)，祈使语气让语义焦点集中在了"鸡狗马之血"上，而"来"倾向于仅表达位移的指向，运动性不强。

　　中古后期是B式"V来"逐渐向动趋式发展的过渡期。此时动趋式基本形成，可以出现在"V"这个位置的动词很多，根据我们对语料库的检索，至少有如下这些：方式动词（"飞"、"驰"、"逆"、"走"、"跃"和"趋"），路径动词（"起"、"出"、"还"和"归"等），致移动词（"取"、"取持"、"买"、"求"、"获"、"得"、"索"、"探"、"截"、"将"、"舁"、"送"、"授"、"呼"和"召"等）。例如：

(38) 浩感其至性，遂令舁来，为诊脉处方。（南朝宋《世说新语·术解》）

(39) 汝且去，一两日思惟，更作一偈，将来吾看。（《坛经·自序品》）

(40) 有大鹫飞来，牛便惊散。（《法苑珠林》，卷七十五，引《冥祥记》）

(41) 少时，押衙差州司衙官李顺把状走来，其状称……（《入唐求法巡礼行记》卷一）

(42) 愚人今在何处，可唤将来。（东晋·法显等译《摩诃僧祇律》，卷三）

(43) 寺中有甚钱帛衣物，速须般运出来！（唐《庐山远公话》）

(44) 还缘知道贡明主，多少龙神送过来。（唐《长兴四年中兴殿应圣节讲经文》）

例（38）（39）为他移事件，"来"的补语化进程极有可能始于他移事件这样的环境中（参看史文磊，2011b：489）。例（40）（41）是自移事件，词化模式是"V[运动+方式]+V[路径]"，例（42）—（44）是复合趋向补语例①。

除了表达趋向、结果意义外，"来"后来又进一步语法化为时体标记（完成体之动态助词、经历体之事态助词②）。（参看曹广顺，1995；梁银峰，2007；太田辰夫，2003 [1958]）

(2)"V+往"

B式"V+往"有若干用例，但一直都没怎么活跃起来。上古用例如：

(45) 方孔悝作乱，子路在外，闻之而驰往。（《史记·仲尼弟子列传》）

中古以后"V往"可以带背景，这一变化跟单动式的"往"汉代以后可以带背景宾语的演变是一致的，很可能是随着"往"后面可以带背景才出现的变化，例如：

(46) 又鲁将杨白等欲害其能，超遂从武都逃入氐中，转奔往蜀。

---

① 梁银峰（2007）认为复合趋向补语由单趋式类推而来。
② 关于事态助词跟动态助词的关系及其产生的途径和时段有不同意见，参看梁银峰（2007）。

(《三国志·蜀书·马超传》)

(47) 二十余年而陈、项起，天下乱，燕、齐、赵民愁苦，稍稍亡往准，准乃置之于西方。(《三国志·魏书·乌丸鲜卑东夷传》)

现代汉语中有"飞往、逃往、开往"等用法，但这些结构有固化倾向，不宜看成动趋式。

(3) "V+去"

中古时期 B 式"V+去"逐渐向动趋式过渡，而后"去"又发展为时体标记（动相补语），附加在"V"后，表示完成或实现（参看史文磊，2014a：224-225）。

唐代以降，"去"和"来"与其他路径动词组成复合趋向补语，附在方式动词后，构成了"$V_1+V_2+V_3$"格式，譬如"V_1+进来/去、V+出来/去、回+来/去、上+来/去、过+来/去、V+起来"。动趋结构中的"来/去"没有实在的移动义，或者说不再蕴含运动路径义，只附在 V（"跑、进"）之后，用来编码 V 所指谓的事件的指向信息。如此一来，中古以前由两个主要动词分别编码的事件合二为一，V 所指事件的方式或路径信息与"来/去"所指的指向信息整合为一体。

元明之后的北方话中"去"出现在一种新语序"背景+去"中，例如"我买书去了、家里去"。杨永龙（2012）提出，近代汉语中的"VP去"和阿尔泰语的 SOV 语序有关联，这种结构可能是受到北方阿尔泰语接触的结果，使"去"从处所词之前移到处所词之后。若是如此，那么现代汉语指向信息后置结构，就可能不是汉语自身发展出来的。不过"去"位于处所词之后的情况在使用上有限制，比如往往用在对话问答中。这个观点能否站得住有待验证。

3. 小结

接下来对三个指向动词与其他动词连用的历时演变情况作如下比较和小结。

Ⅰ A 式与相关语法化。三个动词都曾出现在 A 式"指向动词+V"和 B 式"V+指向动词"两种格式中。"来"和"去"在句法性连动式"来 V"中语法化为目的标记，形态句法核心右倾；相对而言，汉语越来越关注其后面的行为（即"V"）。"往+$V_{行为}$"没有像"来"和"去"那样虚化为目的标记。"往+V"这种结构中古时期渐渐消失，上古一些路径动词连用结构到后来重新整合了，或分开表达，或用动趋式表达（史文磊，2011b）。与"来""去"不同的另一点是，"往"发展出了前置词的用法（"往西行"）。

Ⅱ　B式与相关语法化。"来"和"去"在B式"V+（NP）+来/去"逐渐语法化为趋向补语，形态句法核心左倾（冯胜利，2002）。这种演变应该是首先从及物动词（如"衰""将"）开始，然后类推至非及物动词的（如"走""逃"）。除了表达趋向之外，二者后来又进一步发展出表达结果和时体（完成体之动态助词、经历体之事态助词）等功能。唐代以后，"来""去"与其他路径动词组合成复合趋向补语。"往"也有B式，但是中古以后表现出语素化的倾向（如"开往"），（参看陈练军，2009）无法用句法手段进行测试其补语的性质。

Ⅲ　词化类型。中古以后，"来""去"在B式中发生的语法化演变，促生了大量的附加语构架型结构，即路径信息由动词的附属成分编码。这是汉语从动词构架型语言向附加语构架型语言演变的重要证据之一。（参看史文磊，2010、2011b、2014a；Shi and Wu，2014）

三　指向、路径、背景编码语序之演变

下文考察指向、路径和背景编码排序的历时演变。现代汉语有些不合语法的语序，但是在古代汉语中却符合语法，因此这个问题很重要。朱德熙（1982：128 – 129）在论及趋向补语时指出，"来、去"可以放在其他趋向动词后边作补语，但是"由'来、去'充任补语的述补结构后边只能带一般宾语，不能带处所宾语，处所宾语要插在述语和补语之间"。例如，我们只接受例（48a）"进教室来、回学校去"这样的说法，不接受例（48b）"进来教室、回去学校"那样的说法。当"来、去"与其他趋向动词组成复合趋向补语时，"处所宾语只能插在复合趋向补语中间"，即其他趋向动词之后，"来、去"之前。例如，我们只接受例（49a）"走进屋里来、飞过大海去"这样的说法，不接受例（49b）"走进来屋里、飞过去大海"那样的说法。

(48)　a. 进教室来　　　　　b. *进来教室
　　　　回学校去　　　　　　 *回去学校
(49)　a. 走进屋里来　　　　 b. *走进来屋里
　　　　飞过大海去　　　　　 *飞过去大海①

概括起来，上述分布不对称现象反映的就是如下例（50）所刻画的语义成分排列不对称的问题：

---

① 例（48）（49）中，除最后二例"走进来屋里、飞过去大海"是笔者根据朱德熙先生文意自拟以外，其他语例均引自朱德熙（1982：128 – 129）。句前标"*"代表该句不合语法。

(50) a. 路径＋背景＋指向　　　　b. ＊路径＋指向＋背景

换言之，现代汉语普通话只允许将背景和路径先组合起来，然后再跟指向组合，反之则不合语法。然而，我们在调查汉语史语料的时候发现，古代汉语和现代汉语普通话在指向信息的编码结构上存在不少差别，例如，上述（50b）这样的编码结构在现代汉语普通话中不合语法，但在近代汉语中却有不少用例，而在中古以前又不见了踪影。下面我们将对指向、路径和背景编码语序的历时演变情况做出考察。对演变情况的考察按照从近代到中古再到上古依次上溯。篇幅所限，这里主要调查"入、进"和指向、背景的语序演变情况。其他路径动词在跟指向和背景搭配上和"入、进"可能有所不同①，留待将来继续考察。

（一）路径＋指向＋背景

上文说过，现代汉语普通话不允许"路径＋指向＋背景"，但是这种语序在近代汉语中不乏用例，如以下"进＋去＋背景"诸例所示：

(51) 行主人走进头门，用了钱的并无拦阻。到了龙门下行主人指导："周客人，这是相公们进来的门了。"<u>进去</u>两边号房门。（《儒林外史》第二回）

(52) 姑娘一想，弹弓是来了，就让他<u>进去</u>灵前一拜何妨。应了一声，回身进去。（清·文康《儿女英雄传》第十七回）

(53) 进了大门，顺着一路群房，北面一带粉墙，正中一座甬瓦随墙门楼，四扇屏风。<u>进去</u>一个院落，因西边园里有个大花厅，当日这边便不曾盖厅房，只一溜七间腰房。（清·文康《儿女英雄传》第二十四回）

(54) 过了腰房，穿堂一座垂花二门，<u>进去</u>抄手游廊，五间正房，便是安老爷夫妻的内室。（清·文康《儿女英雄传》第二十四回）

(55) 安老爷只得跟了他到庙前下车，看了看那庙门，写着"三义庙"三个字。<u>进去</u>里面，只一层殿，原来是汉昭烈帝合关圣、张桓侯的香火。（清·文康《儿女英雄传》第三十二回）

(56) 旁边一个小儿，捧上一面琵琶，那人接了，弹了一套《昭君怨》，便惹得门口看的人益发多了。元茂系近视眼，索性<u>挤进去</u>门里呆看。（清《品花宝鉴》第十八回）

(57) 当下两人就<u>进去</u>房内坐了。（清《品花宝鉴》第二十七回）

---

① 路径动词和另一动词接连搭配使用的情况在上古比较多见，（张敏、李予湘，2009；张丽丽，2010）情况也复杂。

(58) 转了两个湾,又是一个弄堂,上面写着"同庆里"三个字。进去第三家,上楼对扶梯一直便是兰芬房间。(《官场现形记》第八回)

(59) 进的城来,观察看见隍庙,便下轿进驻……进去庙门,到了客堂坐下。(《歧路灯》第九十四回)

(60) 贾赦先站起来回了贾母话,次后便唤人来:"带哥儿进去太太屋里坐着。"(《红楼梦》第二十四回)

(61) 随后就同着进了二门,即是三间上房。进得堂屋,有老妈子打起西房的门帘,说声:"请里面坐。"进去房门,贴西墙靠北一张大床。(《老残游记》第三回)

(62) 寻到国子监东边路北里一个所在,进去一座三间北房,两间东房,一间西房,两间南房,一间过道,每月三两房钱。(《醒世姻缘传》)

(63) 我儿你进去梳梳间,换了衣服出来,我陪秦官人在此。(清民歌《白雪遗音》)

(64) 李氏来的勇猛,不一时来到赵家庄,进去门往里正走,那赵大姑一眼看见,流水迎来说:"您大妗子,那阵风刮了你来了?"(《聊斋俚曲集·慈悲曲》)

(65) 四个丫头挑着两对灯笼,送二相公暖云窝合范小姐合婚。进去门,只见满桌酒果。(《聊斋俚曲集·翻魇殃》)

(66) 一阵把宅子打破,下手就把仇禄拿,不给钱就使火把架。进去门开刀就砍,那一时难为了他那探花。(《聊斋俚曲集·翻魇殃》)

(67) 戚将军忽然反叛,一声声叫杀连天。进去家门气不全,到房中不觉声音变。莺声一出,跪倒床前。那软弱书生越发看的见。(《聊斋俚曲集·禳妒咒》)

(68) 夫人上,公子进去门,夫人便问你往那里去来?前年在咱家里做饭的老张婆子他说,人家有个闺女极整齐,待找你来合你商议,再找不着你。(《聊斋俚曲集·禳妒咒》)

(69) 进去门来四下里观,道路清幽气象闲。(《聊斋俚曲集·禳妒咒》)

(70) 果然进去房屋里,坑里洞里,前头后头,都瞧了一遍。(《聊斋俚曲集·磨难曲》)

"进"的前身"入"从上古一直用到近代汉语才慢慢消失,时间跨度很大。近代汉语"入+来+背景"之例始见于唐代,如:

(71) 十八日,相公入来寺里,礼阁上瑞像,及检校新作之像。

（唐·圆仁《入唐求法巡礼行记》第一卷）

(72) 廿九日，迟明，共道玄阇梨<u>入来</u>客房，商量留住之事。（唐·圆仁《入唐求法巡　礼行记》第二卷）

(73) 已而被乡曲所荐，<u>入来</u>京师，久亦思前辈达者，固已有是人矣，有则吾将依之。（唐·李商隐《与陶进士书》）

(74) "三月不违仁"，是在屋底下做得主人多时。"日月至焉"，是有时从外面<u>入来</u>屋子底下。横渠所谓内外宾主之辨者是也。又曰："学者须是识得屋子是我底，始得。"（《朱子语类》第三十一卷"论语"）

(75) 横按主丈云："莫有生而知之者么？<u>入来</u>我者里。"（宋《虚堂和尚语录》第三卷）

(76) 当日茶市已罢，已是日中，只见一个官人入来。……<u>入来</u>茶坊里坐下。开茶坊的王二拿着茶盏，进前唱喏奉茶。（宋元话本《碾玉观音》，又见《喻世明言》第三十五卷）

(77) 杨温随员外<u>入来</u>后地，推开一个固角子门，入去看，一段空地。（宋元话本《杨温拦路虎传》）

(78) 门首伺候报复多时，太师叫唤<u>入来</u>书院相见。（宋元话本《勘皮靴单证二郎神》）

(79) 三个都<u>入来</u>大字焦吉家中。大官人腰里把些碎银子，教焦吉买些酒和肉来共吃。（宋元话本《万秀娘仇报山亭儿》，又见《警世通言》第三十七卷"万秀娘仇报山亭儿"）

(80) 近于大德六年四月初六日，准本州捕盗司隶军户元良弥状告，四月初五日夜，被贼将临街板踏门剜开，<u>入来</u>铺内，偷讫钞两等物。移牒本司，督勒合捕弓兵捕贼，未获。（《元典章·刑部》卷十三"诸盗三"）

(81) 门子见势头不好，一个飞也似<u>入来</u>报监寺，一个虚拖竹篦拦他。（《水浒传》第四回）

(82) 宋江……<u>入来</u>这村，左来右去走，只是这条路，更没第二条路。（《水浒传》第四十二回）

(83) 那妇人还了两礼，请<u>入来</u>里面坐地。（《水浒传》第四十四回）

(84) 却见驿道旁边一个小酒店，两个<u>入来</u>店里坐下。（《水浒传》第五十三回）

(85) 在路行了二日，当晚又饥又渴，见路旁一个村酒店，呼延灼下马，把马拴在门前树上，<u>入来</u>店内，把鞭子放在桌上，坐下

— 545 —

了，叫酒保取酒肉来吃。(《水浒传》第五十六回)

(86) 那人进得门，看着蔡福便拜。蔡福慌忙答礼，便问道："官人高姓？有何说话？"那人道："可借里面说话。"蔡福便请<u>入来</u>一个商议阁里，分宾坐下。(《水浒传》第六十二回)

(87) 忽一日方早开门，见两个着皂衫的，一似虞候府干打扮。<u>入来</u>铺里坐地，问道："本官听得说有个行在崔待诏，教请过来做生活。"(《警世通言》第八卷"崔待诏生死冤家")

(88) 周三入去时，酒保唱了喏。问了升数，安排蔬菜下口。方才吃得两盏，只见一个人，头顶着厮锣，<u>入来</u>阁儿前，道个万福。周三抬头一看，当时两个都吃一惊，不是别人，却是庆奴。(《警世通言》第二十卷"计押番金鳗产祸")

(89) 申窃盗状：某村住某人，年几，无病。右某伏为于今月某日某时已来，本家人口睡卧，不觉有贼人<u>入来</u>本家东屋内，偷盗去布一百匹。实时某声言，叫到邻人并巡宿总甲人等，追赶贼人，约至某处，偷盗前项物色，不知去向。某与邻人等辨验得贼人踪迹，约贼几人，于本家那边跳墙<u>入来</u>家内，于东屋那边剜窟，一个<u>入来</u>屋内，偷盗前项布匹，却跳墙出去。(《朴通事谚解》下)

近代汉语"入+去+背景"结构也有用例，如：

(90) 读书者譬如观此屋，若在外面见有此屋，便谓见了，即无缘识得。须是<u>入去</u>里面，逐一看过。(《朱子语类》卷十"学四")

(91) 闻此地好，赍少饼，径<u>入去</u>石上坐。(《朱子语类》卷一百三十八"杂类")

(92) 宇文绶焦躁，抬起头来看时，见浑家王氏把着蜡烛<u>入去</u>房里。(宋元话本《简帖和尚》)

(93) 且说那妇人见了丈夫，眼泪汪汪<u>入去</u>大相寺里，烧香了出来。(宋元话本《简帖和尚》)

(94) 王秀除下头巾来，只道是虫蚁屎，<u>入去</u>茶坊里揩抹了。(宋元话本《宋四公大闹禁魂张》)

(95) 我<u>入去</u>茶坊揩头巾出来，不见了金丝罐，一日好闷。(宋元话本《宋四公大闹禁魂张》)

(96) 当日是日中前后，员外自<u>入去</u>里面，白汤泡饭吃点心。(宋元话本《宋四公大闹禁魂张》)

(97) 众人不耐烦，<u>入去</u>他房里看时，只见缚着一个老儿。(宋元话

本《宋四公大闹禁魂张》)

"入+来+背景"并非近代汉语独有,中古汉语也偶见用例,但是我们只发现下面这一例。"入+去+背景"则一例未见。由此可见,与近代汉语相比而言,中古汉语"入+指向+背景"组合极少。

(98) 至后汉明帝时,西域道人<u>入来</u>洛阳,时有忆方朔言者,乃试以武帝时灰墨问之。(《搜神记》第十三卷,又见鲁迅《古小说钩沉》所引《曹毗志怪》)

下面是对上述调查的总结:

Ⅰ 从绝对数量看,近代汉语"进+指向+背景"语序的结构很多,分布也较为广泛,与现代汉语普通话表现出显著的不同。但是,这种语序在落实到具体词项上时,又表现出不同的倾向性。例如,近代汉语只有"进+去+背景",未见一例"进+来+背景"。近代汉语"入+来+背景"用例较多,主要见于宋元明时期,而"入+去+背景"用例较少。是纯属偶然还是另有他因,尚需进一步考察。

Ⅱ 出现在"V+进/入+指向+背景"中用作复合趋向补语带背景的例子几乎没有。笔者调查的语料库中只有一例,即《品花宝鉴》"挤进去门里",《水浒传》有"请入来"这种用法,但此处的V不是典型的方式动词。

Ⅲ 由于中古及以前的"进"基本上都表示"前行","进入"的意思,大多都说"入",所以中古之前未见"进+指向+背景"的用例。但总体来看,中古汉语"入+指向+背景"的用例极少。

(二)指向+路径+背景

中古近代之交的一些文献中,我们发现还有另一种带背景的语序,在现代汉语中也不大用,即"指向+入+背景"语序,指向在先,路径在后①。"来+入+背景"用例如下所示:

(99) 时有男子持五百金钱<u>来入</u>其舍。(义净译《根本说一切有部毗奈耶》卷二)

(100) 此嫂幼年<u>来入</u>我舍。无宜辄遣别适异人。(义净译《根本说一切有部毗奈耶》卷六)

(101) 我缘此故<u>来入</u>寺中。……汝等<u>来入</u>寺中,随喜礼拜,实为善事。(义净译《根本说一切有部毗奈耶》卷十一)

(102) 大德邬陀夷何故非时<u>来入</u>寺内,大声叫唤如牧牛人。(义净译

---

① 只有"来到""去到"可以说,像本文指出的"来入"等都不能说。

《根本说一切有部毗奈耶》卷第二十九）

(103) 时有师子<u>来入</u>商营。（义净译《根本说一切有部毗奈耶》卷第三十二）

(104) 长者告曰："秃沙门尼何故逃走？更<u>不得来入</u>我宅内。"（义净译《根本说一切有部毗奈耶》卷第三十三）

(105) 有诸鸟雀<u>来入</u>房中。（义净译《根本说一切有部毗奈耶杂事》卷第十三）

(106) 主人念曰："幸蒙佛母<u>来入</u>我家。"（义净译《根本说一切有部毗奈耶杂事》卷第三十三）

(107) 为大龙王。威猛奋发。遂<u>来入</u>池杀龙王居龙宫。（《大唐西域记》卷一）

(108) 诈为商旅多赍宝货，挟隐军器<u>来入</u>此国。（《大唐西域记》卷三）

(109) 彼大鹿王今<u>来入</u>邑。都人士庶莫不驰观。（《大唐西域记》卷六）

(110) 更深越墙<u>来入</u>宅，夜静无人但说真。（《捉季布传文》）

(111) 卵生者，亦是听法之人，故<u>来入</u>寺听经，在善法堂前坐。（《庐山远公话》）

(112) 第三、是有相者，着街衢见端正之人，便言前境修来，<u>来入</u>寺中听法。（《庐山远公话》）

(113) 须臾之间已至，相公先遣钱二百贯文，然后将善庆<u>来入</u>寺内。（《庐山远公话》）

(114) 擒虎且与圣人取别，面辞合朝大臣，<u>来入</u>自宅内，委嘱妻男，合宅良贱，且辞去也。（《韩擒虎话本》）

(115) 尔时太子既闻和尚之言，深欲出宫修道，遂乃却回车马，<u>来入</u>宫中。（《太子成道变文》）

(116) 忽有一女郎并将二婢，<u>来入</u>我船，鼓琴戏乐，四更辞去。（敦煌本《搜神记》）

(117) 巨自执禠，妻乃抱儿<u>来入</u>后园。（敦煌本《搜神记》）

"去+入+背景"也有零星用例，如：

(118) 汝<u>去入</u>石室里许，莫只与摩便回来。（《祖堂集·洞山和尚》）

(119) 我等且<u>去入</u>村，若不得物，回杀未晚。（义净译《根本说一切有部毗奈耶》卷第四十）

"来+入+背景"这种语序也见于更早的中古时期，而且其用例远多于"入+来+背景"结构。如以下诸例所示：

(120) 不獦邪常或乃<u>来入</u>人之腹中，动人之心，使人心妄为故也。

(《太平经》)

(121) 然欲候得其术，自有大法，四时五行之气来入人腹中，为人五藏精神。(《太平经》)

(122) 大爱道闻佛从诸弟子来入国中，心大欢喜。(昙果共康孟详译《中本起经》)

(123) 又乌来入室中，与燕共斗，燕死，乌去。(《三国志·魏书·方技传》)

(124) 休果信鲂，帅步骑十万，辎重满道，径来入皖。(《三国志·吴书·周鲂传》)

(125) 有池水，从旱山来入沔。(《华阳国志·汉中志》)

(126) 大马一匹来入亭中，又有绣被一领飞堕其前，人莫识者，郡县以异恼。(《华阳国志》卷十上)

(127) 雄止南阳，有赤光长十余丈，来入陈仓祠中。(《列异传》)

(128) 又使高作户限，鬼来入人室，记人罪过，越限拨脚，则忘事矣。(《幽明录》)

(129) 回顾，见二沙门来入祠中。(《搜神后记》卷六)

(130) 初，钱塘杜明师夜梦有人来入其馆。(《诗品》)

"去入"中古未见用例。中古以前汉语跟"来"相对的用"往"不用"去"。我们在中古语料库中检到了"往+入+背景"结构，如：

(131) 新鬼往入大墟东头。(《幽明录》)

(132) 女往入船就之，因共寝接，为设食□蛰。(《祖台之志怪》)

(133) 每水旱不高，居民人咸仪服饰，往入穴中，旱则鞭阴石，应时雨，多雨则鞭阳石，俄而天晴。(《水经注》)

"指向+入（+背景）"这类语序可以上溯至更早的上古汉语时期，如：

(134) 是时匈奴亦来入代郡、雁门，杀略数百人。(《史记·匈奴列传》)

(135) [扁鹊]来入咸阳，闻秦人爱小儿，即为小儿医；随俗为变。(《史记·扁鹊列传》)

(136) 自禄之来入大王之境，田畴益辟，吏民益治，然而大王有一不得者，大王知之乎？(《说苑·善说》)

(137) 象往入舜宫，舜在床琴。(《孟子·万章上》)

以上是带背景的，还有不带背景的，如：

(138) 此亦至矣，夫子奚不时来入观乎？(《庄子·秋水》)

(139) 秦闲来入，赵奢善食而遣之。(《史记·廉颇蔺相如列传》)

— 549 —

(140) 单于闻之，大率众<u>来入</u>。(《史记·廉颇蔺相如列传》)

除了"入"之外，中古以前还可以见到一些"来"后面跟其他运动动词的结构，如：

(141) 乙亥卜，永贞：令戍<u>来归</u>？(甲骨文，引自陈年福，2001：57)

(142) 夏，宋华弱<u>来奔</u>。(《春秋·襄公六年》)

(143) 间一岁余，张助远出<u>来还</u>，见之，惊云……(《风俗通义》卷九"李君神")

上引例(141)和例(143)是"来"与另一路径动词"归、还"组成的连动式；例(142)"来奔"是"来"与一个兼融了方式和路径信息的综合性动词"奔"组成连动式。

下面对"指向+路径+背景"的表达作一个小结：

Ⅰ 唐代文献中有大量"来+入+背景"语序的用例。一方面，这种"来+入+背景"用例与"入+来+背景"结构在表意上有所不同，我们可以体会到两种结构因为语序的不同而显示出来的语义差异，即是两个事件（来而后入）还是一个事件（入即是来）。"来入"倾向于理解为前者，"入来"则倾向于理解为后者。但是另一方面，我们必须看到有一些例子中的"来"和"入"并非仅仅是两个独立的动词在短语层面的松散组合，比如上例中有"非时来入、不得来入"这种表时间和表禁止的状语统辖"来入"的用法，这说明"来"和"入"在此已经紧密结合在了一起，形成了一个单位。如此一来，就这些结构而言，它们有从表达"来"和"入"两个相对独立的事件整合为一个事件的倾向。

Ⅱ 此类结构单从形式上看可以上溯至上古汉语时期，而且上古汉语此类表达要更丰富一些（如"来归""来奔"）。至于中古和上古的"来入"可能不是完全等同的，中古时期的"来入"很可能发生了词汇化或者凝固化的倾向，而上古汉语的"来入"很可能就是由指向动词的词汇句法特点所规定的一种句法结构。

Ⅲ 对比唐代和之后的近代汉语语料发现，"来+入+背景"结构主要用于近代汉语早期之唐代，到宋代之后基本上就见不到踪迹了，改为逆序的排列，如"进来""归来""奔来、逃来""回来"等格式，或是发生语法化的"来投奔"等格式（参看史文磊，2014a：311-313）。这很能反映出汉语指向信息句法位置的古今差异，现代汉语倾向于在V之后，中古汉语倾向于在V之前。但是一方面这两类结构在语义上有差别，是不完全等值的；另一方面我们又找不出上古汉语与现代汉语语义完全对当的表达模式。这种情况表明，上古汉语和现代汉语所对应的概念结构，很可能有不少差别。

四 讨论

本文前两部分主要调查汉语在历史演进过程中在运动事件指向信息的编码结构上以及"指向＋路径（入、进）＋背景"语序上的历时演变情况。现在讨论主要演变以及相关问题。

1）现代汉语不允许例（50b）"路径＋指向＋背景"语序结构，但是近代汉语中却有这样的用法，例如"进去房屋里"（《聊斋俚曲集·磨难曲》）、"入来书院"（宋元话本《勘皮靴单证二郎神》）。甚至有些方言复合趋向补语可以说"走入来教室"，如粤语。

陈忠（2007）从认知语法的角度对现代汉语普通话为什么不能说例（49b）（如"走进来屋里"），即指向信息为什么不能插在路径和背景中间提出了一种解释。他认为，路径和背景之间是内部参照模式，二者在概念和语义上距离紧密，指向和背景之间则是外围的外部参照模式，二者在概念和语义上距离疏远。三种成分之间的语义距离的亲疏投射到句法上，就表现为背景跟指向的句法亲和性低于背景跟路径的句法亲和性，即例（50）中合乎语法与否的区分。这体现了从认知概念到语义关系再到句法分布逐级投射和制约的关系，在此落实为"距离象似"原则。以下是陈忠（2007：42）给出的三种成分的层级关系图示：

```
回        宿舍      来
内参      处所      外参
```

陈忠（2007）提出的方案有一定的解释力，但有一些现象还是无法解释。第一，该分析只针对复合趋向补语的情况，即例（49），并未论及复合补语独立使用的情况，即例（48）。如果说这条从概念到语义再到句法投射的距离象似原则对现代汉语路径、指向和背景成分的句法排序具有普遍解释力的话，那么不能只讨论例（49），也必须讨论例（48）。因为这是从普遍的概念结构规则向句法结构规则的投射，而无论例（48）抑或例（49）都属于这一概念结构范畴。第二，既然这是一条普遍的概念结构规则，那它要解释的现象就不能仅仅限于现代汉语普通话，还要解释现代汉语方言和古代汉语的情况。然而，近代汉语中有许多被该投射规则排除在外的语序模式（"进去房屋里"之类）。近代汉语中只发现例（48b）可以成立，例（49b）用例极少。但是，在现代汉语某些方言中例

（49b）是合乎语法的。例如粤语不但可以说例（48b）和例（49b）类结构，甚至这类结构听起来更加合乎说话习惯①，如下例（144）所示。另外，台湾国语中也有"回来大陆"之类的语序。

(144) 佢九点先**行入来**课室。他九点才走进课室来。

佢**入来**课室之后，揾咗个位坐低。他进课室来以后，找了个位子坐下。

佢**行入去**课室揾人。他走进课室去找人。

佢**入去**课室揾人。他进课室去找人。

台湾客家话动趋结构也常有背景位于复合趋向补语之后的情况，如（江敏华，2013：843，例7-8）：

(145) 该上段这位方**行出来**大林埔该位方买。(《东势（六）》)"（从）山上走出来，到大林埔的地方买。"

紧讲就紧**跋上来**岸项。(《钱有角》)"一边说一边爬到岸上来。"

既然近代汉语和一些方言存在不符合上述象似性规则的语序，那么这条"概念→语义→句法"的投射规则就不具有普适性。是不是近代汉语和一些方言另有其他认知原则驱使？这是值得继续深入的课题。

2) 中古汉语之前，汉语基本上没有在既有运动事件上附加指向信息（如"进来、进去"之"来、去"）的编码结构，其指向信息一般都是作为一个独立运动事件用主要动词来进行编码的。在"来入寺内"这样的"指向+路径+背景"语序结构中，"来"一般都在编码指向的同时也表达了一个独立的运动事件（即从别处来至我处），不少句子在"来"和"入"中间可以逗开。但是，在中古近代的一些用例中，"来"和"去"明显有朝一个单位整合的倾向，如前文说的"来入"作为一个整体前面可以用状语对其加以修饰。中古汉语以后，汉语中逐渐出现了在其他动词后附加指向信息的编码结构。这种历时演变的动因是汉语句法结构模式的历时演变，主要落实为句法性连动结构（或者说是并列结构）逐渐丧失其显赫地位，并让位于动补结构（史文磊，2014b）。上古汉语单动式和句法性连动式是显赫的语法范畴，或者只说"来"，或者说"来+V"。

---

① 粤语的例子由卢鹭博士和施俊博士提供。前者粤语是母语，后者在广州求学多年，他们帮笔者咨询了其他粤语母语者。据调查，粤语中"（V+）路径+指向+背景"并非适用于所有的路径动词和指向动词的搭配，如下例a句可以说，但b句就不大说。这种情况背后有何种动因，是不是其他方言也有这种情况？只好留待将来考察了。

a. 佢行出来课室。　　　b. *佢行出去课室。
佢出来课室。　　　　　*佢出去课室。

中古以后动补结构（包括动趋式和动结式）兴起并取代单动式和句法性连动式，成为显赫的语法范畴，一方面催生了后来的趋向补语的发展，致使后附性的指向信息大量出现。根据我们的调查，大约唐代以后，越来越多的核心动词后面开始带出补语（"来/去"），表达指向信息。如此一来，上古的指向信息从隐含于语境转为由显性形式标记。有如下几种变化格式（参考史文磊，2011a）：

①V+O→V+来/去+O（他移）
（146）援+O→拿来+O、捐+O→除去+O
②V→V+来/去（自移）
（147）出→出来/去、入→进来/去、回→回来/去
③V+O→V+O+来/去（自移）
（148）之/适/如/至+O→到+O+来/去
（149）奔/走至+O→跑到+O+来/去、飞至+O→飞到+O+来/去、行至+O→走到+O+来/去

另一方面，由于这种演变，先前用句法性连动式表达的信息后来失去了对应的格式（如"来+V"）。先前的连动式在动补式的类推作用影响之下也逐渐向一个单位整合，如前文"来+入"加状语的变化。

关于语言库藏显赫范畴的语法形式的跨范畴扩张的动因，刘丹青（2014）提出了一条"物尽其用"的原则，即人类语言会让语言库藏手段，特别是表达显赫范畴的手段，得到尽可能充分的利用，以节省获得、存储和调用语言库藏的脑力资源。这条原则属于聚合—认知经济性，与组合经济性构成语言使用和演变"经济原则"的完整内容。

3) 中古汉语之前，指向动词后基本上是不带背景宾语的，无论是单动式还是跟其他动词接连搭配的组合结构，都是如此。汉代以后开始出现指向动词带背景宾语的情况，"路径+指向"（如"入来洛阳、入去石上"）也就随之可以带背景宾语了。但到了现代汉语普通话中，"路径+指向"往往不再带背景，这可能是受到陈忠（2007）所说的象似性原则的限制。至于近代为什么受此限制，目前还不清楚。

上述汉语指向信息编码结构的历时演变可以作如下所示[①]：

[①] 这里列出的主要是指向动词表示自移的情况，而"自其西大夏之属皆可招来而为外臣"之"来"，我们认为仍然是使动用法或者是致使用法，后面跟的不是处所宾语，而是受"致使"的对象，所以此处没有考虑。

(150) 中古之前 → 中古之后
a. 来/往+∅ → a₁. 来/往/去（+背景）
b. 来/往+V_路径（+背景）→ b₁. 来/去（+背景），V_路径（+背景）（+来/去）
   b₂. V_路径+指向（+背景）
   b₃. V₁+V_路径（+背景）+指向
c. V₁+来/往+∅ → c₁. V_路径+指向（+背景）=b₂
   c₂. V₁+V_路径（+背景）+指向=b₃
d. 来+∅ → 来+背景 → 入+<u>来</u>+背景→入+<u>来</u>+∅

4）上述句法结构模式的演变在概念结构模式上产生了一系列效应。中古之前的单动式和句法性连动式决定了指向信息必须都是用核心动词编码，是作为独立的语义事件来编码的，例如"来"和"来入"中的"来"，一个编码了方式（如"奔"）或路径（如"入"）的语法结构很难再附加指向表达。中古以后，指向信息因为动补复合结构的盛行而得以附加在既有的方式和路径之上，如"入来、跑来"，如此一来，指向信息的排列位置就从上古汉语与其他动词的相对独立，演变为在近现代汉语中紧随其他概念要素之后。这说明语言结构的演变会影响与之对应的概念结构的演变。

参考文献

Peyraube, A., "Motion Events in Chinese: A Diachronic Study of Directional Complements", In M. Hickmann and S. Robert (eds.), *Space in Languages: Linguistic Systems and Cognitive Categories*, Amsterdam: John Benjamins, 2006.

Shi, W. and Y. Wu, Which way to move: Evolution of Motion Event Expressions in Chinese, *Linguistics*, 52 (5): 1237–1292, 2014.

Talmy, L., *Toward a Cognitive Semantics*, Vol. 2 Cambridge, MA: MIT Press, 2000.

曹广顺：《近代汉语助词》，语文出版社1995年版。

陈练军：《古汉语单音词语素化的历时研究》，博士学位论文，南京大学文学院，2009年。

陈年福：《甲骨文动词词汇研究》，巴蜀书社2001年版。

陈忠：《复合趋向补语中"来/去"的句法分布顺序及其理据》，《当代语言学》2007年第1期。

崔达送：《中古汉语位移动词研究》，安徽大学出版社2005年版。

冯胜利：《汉语动补结构来源的句法分析》，《语言学论丛》商务印书馆2002年版。

胡敕瑞：《"去"之"往/至"义的产生过程》，《中国语文》2006年第6期。

江敏华：《台湾客家话动趋结构中与体貌有关的成分》，Language and Linguistics，2013年第5期。

梁银峰：《汉语趋向动词的语法化》，学林出版社2007年版。

刘丹青：《论语言库藏的物尽其用原则》，《中国语文》2014年第5期。

刘丹青：《语言库藏类型学构想》，《当代语言学》2011年第4期。

吕叔湘：《现代汉语八百词》（增订本），商务印书馆1999年版。

梅广：《迎接一个考证学和语言学结合的汉语语法史研究新局面》，何大安主编《古今通塞：汉语的历史与发展》，台北"中研院"语言学研究所筹备处2003年版。

石毓智：《古今汉语动词概念化方式的变化及其对语法的影响》，《汉语学习》2003年第3期。

史文磊：《汉语运动事件词化类型的历时考察》，博士学位论文，南京大学文学院，2010年。

史文磊：《汉语运动事件词化类型的历时考察》，商务印书馆2014a年版。

史文磊：《汉语运动事件词化类型的历时转移》，《中国语文》2011年第6期。

史文磊：《汉语运动事件要素词化模式的历时演变》，《语言学论丛》，商务印书馆2011a年版。

史文磊：《语言库藏显赫性之历时扩张及其效应——动趋式在汉语史上的发展》，International Journal of Chinese Linguistics，2014年第1期。

太田辰夫：《中国语历史文法》（修订译本）（蒋绍愚、徐昌华译），北京大学出版社2003［1958］年版。

王国栓：《趋向问题研究》，华夏出版社2005年版。

王锦慧：《"往""来""去"历时演变研究综论》，里仁书局2004年版。

王力：《古代汉语》，中华书局1999［1962］年版。

王力：《汉语史稿》，中华书局1980年版。

武振玉：《殷周金文中的运动类动词》，《古籍整理研究学刊》2009年第4期。

徐丹：《趋向动词"来/去"与语法化——兼谈"去"的词义转变及其机制》，《国学研究辑刊》2004年第十四辑。

杨克定：《从〈世说新语〉、〈搜神记〉等书看魏晋时期动词"来"、"去"语义表达和语法功能的特点》，程湘清主编《魏晋南北朝汉语研究》，山东教育出版社1992年版。

杨永龙：《目的构式"VP去"与SOV语序的关联》，《中国语文》2012年第6期。

张伯江：《汉语连动式的及物性解释》，《语法研究与探索》，商务印书馆2000年版。

张丽丽：《返回义趋向词作状语——从语义框架看虚化》，《Language and Linguistics》，2010年第11期。

张敏、李予湘：《先秦两汉语趋向动词结构的类型学地位及其变迁》，"汉语趋向词之历史与方言类型研讨会"暨"第六届海峡两岸语法史研讨会"论文，台北"中研院"2009年。

朱德熙：《语法讲义》，商务印书馆 1982 年版。

祝敏彻、尚春生：《敦煌变文中的几个行为动词——穿、走、行李、去》，《语文研究》1984 年第 1 期。

原文发表于《中国语言学集刊》（*Bulletin of Chinese Linguistics*）2015 年总第 8 期

汉语史研究的对象和材料问题

——兼与刁晏斌先生商榷

汪维辉

摘要 汉语史研究的对象是汉语口语发展史。"口语"相当于"谈话体"。汉语口语史是一以贯之的,先秦的文言和唐宋以后的白话,其基础都是当时的口语。东汉到隋时期口语性材料比较贫乏,从上古的"文言"式口语到唐以后的"白话"式口语,中间好像发生了断崖式的突变。事实不可能如此。其间的渐变过程,正是发生在约六百年的中古汉语阶段,只是由于口语文献不足,这种渐变性目前还是若隐若现,看不真切。汉语史研究应该依据口语性语料。古代文献的情况很复杂,就口语性而言,可以大别为两类:(1)比较贴近口语的。这在历史文献中大量存在,是研究口语史的基本依据。(2)文白夹杂的。可以通过一定的方法将其中的口语成分剥离出来。目前普遍存在对语料不加分析导致结论不符合实际的问题,这是违背研究口语史的宗旨的,亟须纠正。

关键词 汉语史 口语 书面语 文言 白话

现代意义上的汉语史研究,如果从王力先生的《汉语史稿》出版[①]算起,已经过去了60多年,其间出版和发表的论著不计其数,取得的成就无疑是巨大的,但是在一些事关汉语史学科发展全局的根本问题上,学界迄今仍存在不同看法,有必要进行深入探讨。汉语史研究的对象和材料就是这样的问题。对象和材料紧密相关,所以放在一起讨论。

一 汉语史研究的对象问题

这个问题本来应该是清楚的:汉语史研究的对象当然是汉语发展的历

---

① 王力:《汉语史稿》,科学出版社1957—1958年版。

史，确切地说，就是汉语口语发展史。王力先生在《汉语史稿》第一章第一节"汉语史的对象和任务"中虽然没有做过这样明确的表述，但是从他所论列的一些具体事实以及全书的内容，我们不难明白他所要研究的汉语史就是汉语口语史。在第四节"汉语史的根据"中，他说："文字是语言的代表，因此，古代一切用汉语写下来的文字记载，对汉语史来说，都有作为资料的价值。但是，特别值得注意的是接近口语的作品。"从王力的《汉语史稿》、太田辰夫的《中国语历史文法》到吕叔湘的《近代汉语指代词》等，前辈大师们的汉语史著作无不贯穿着研究口语史这一基本精神。

但是近些年来，不断有人提出我们的汉语史研究只注重口语有失偏颇，或者对"口语性"提出质疑，对汉语史的研究对象究竟是什么发表了许多不同的看法。刁晏斌（2016）可以看作一个代表。这篇文章在广泛参考相关论著的基础上，提出了不少观点。文章摘要说：

> 汉语史研究取得巨大成绩，但也存在不少问题。其值得反思之处主要有以下几点：第一，在时间范围上，未能对整个历史实现全覆盖，具体而言，就是缺了现代汉语这一段；第二，在研究对象方面，很大程度上把文言和白话这两种文体搅在一起，又与"口语"纠缠不清，因此不具有严格的同一性；第三，在研究内容上有缺漏，对中古及以后的文言发展付之阙如。基于此，提出"复线多头"模式的五史并存的"新汉语史"：复线指汉语史有文言史与白话史两条主线，二者合为新汉语史的主体；此外的几个重要线索，近期主要有语音史、方言史和通语史，远期还要再加上口语史，以上多史合一，才能构成完整的新汉语史。

对以上观点，谈一点个人看法：

第一，现代汉语是否应该包括在汉语史里面，这是可以讨论的。目前把它们分为两个独立的学科，应该是基于共时和历时的区分，这样也便于研究和教学。这也是中国治史的一个传统，中国通史、中国文学史、中国哲学史等一般也不包括现当代史。

第二，研究对象存在"不具有严格的同一性"的问题，详细论述见于该文的第二部分"关于汉语史研究对象的反思"，这是刁文的重点之一，他说："一直以来，人们在汉语史研究对象是什么的问题上远未达成共识，甚至在一定程度上还存在着混乱。"所谓研究对象"不具有严格的同一性",作者是指:"古代汉语—文言,近代汉语—白话(其中:近代汉语—古白话,现代汉语—今白话)","既然如此,那么汉语史的研究对象就不是一个而是两个(文言与白话)了,而这两个对象之间显然不具有严格的同一性"。在这个问题上,我们的观点跟刁先生存在重大分歧,下面再详谈。

第三,中古及以后的文言发展是否需要研究,可以见仁见智。一般认为,汉代以后文言基本定型,句法和基本语汇比较稳定,虽有变化但是并不大(各个时代都会有新词加入,但是并不改变基本格局;语法的变化则很小),笔者认为这个共识是符合实际的。如果有人有兴趣,中古及以后的文言发展史当然可以研究,但是那不是历史语言学意义上的"汉语史",研究旨趣是不同的,而且依笔者看,研究的空间很有限,"油水"不多,郭锡良先生对韩愈古文的研究就是一个例子。[1]

第四,"汉语史有文言史与白话史两条主线",这个说法值得商榷。首先,"文言史与白话史"宜改成"口语史与书面语史"(详下)。其次,汉语史只能有一条主线,这就是口语史;书面语史只是一条副线,地位不能跟口语史相提并论。汉语史属于历史语言学的范畴,是特殊的(或个别的)历史语言学,研究目的是阐明汉语历史发展的真相,总结演变规律。汉语史的研究需要接受普通历史语言学的一般理论、方法和原则的指导,反过来,研究成果也可以为修正、丰富和发展这种一般理论、方法及原则提供参考。[2] 如果不是研究实际口语的发展历史,那就不是历史语言学意义上的汉语史。在笔者看来,汉语口语史是一以贯之的——从上古一直到现代。刁文说"远期还要再加上口语史","与上述五史相比,口语史到目前为止还只是一个比较模糊的概念,其各个方面以及与上述五史的关系均有待进一步厘清,因此把它作为第六史列入新汉语史中的条件还不成熟"。这实际上是把迄今为止所做的大部分汉语史研究的口语史性质全盘否定了。这里有一个关键问题是对上古文献的语言性质如何认定,也就是上古文献反映的究竟是口语还是书面语?这是汉语史学科里的一个重大问题。前贤对此有大体一致的看法,比如吕叔湘先生说:"秦以前的书面语和口语的距离估计不至于太大。"(《近代汉语指代词》序)王力先生说:"……但是,特别值得注意的是接近口语的作品。就先秦来说,《诗

---

[1] 郭锡良:《韩愈在文学语言方面的理论和实践》,载《汉语史论集》(增补本),商务印书馆2005年版。

[2] 参看徐通锵《历史语言学》,商务印书馆1991年版,第1—2页。

经》的《国风》就是民间口头文学的记载;《论语》也可能是孔门弟子所记录下来的当时的口语。当然,其他还有许多接近口语的作品,例如《易经》的《彖辞》和《象辞》就有许多俗谚在内。直到汉代,许多作品还是接近口语的。《史记》《汉书》里面有很生动的描写,也大多数用的是活生生的口语。刘知幾《史通》所批评的'年老口中无齿',也正是忠实地反映口语的地方。魏晋的文章也和口语距离不远(如《抱朴子》)。自从南北朝骈文盛行以后,书面语和口语才分了家。"(《汉语史稿》第一章第四节"汉语史的根据")可见《汉语史稿》依据先秦两汉魏晋文献所研究的就是那一段的口语史,而不是"文言史"。我们不知道刁文所说的"远期还要再加上口语史",这个口语史将依据什么材料来研究上古的口语。

第五,关于汉语史的总体架构。刁文提出"'复线多头'模式的五史并存的'新汉语史'"。"复线"问题上文已辨,如果说是"复线",也只能是一主(口语史)一副(书面语史),而不是"两条主线";所谓"五史并存",刁文实际上提到的有六史:文言史、白话史、语音史、方言史、通语史和口语史。这六史的分类,在逻辑上是混乱的,刁文也承认它们"不在一个层面"。鲁国尧先生多年前就倡导过,汉语史的研究既要重视通语史,也应该重视方言史。这是完全正确的。因此笔者的看法是:汉语史的研究,主线只有一条,就是通语口语史;副线有两条:方言口语史(包括各大方言)和通语书面语史。

第六,关于书面语史和口语史的关系。汉语的口语史和书面语史,在上古阶段基本上是一致的,汉代以后言文分离,才变成了两个系统,需要分开来研究。刁文说:"文言和白话都是古代的书面语,所以文言史和白话史都是书面语史。"笔者认为不能把用文字记录下来的语言材料都叫作"书面语",这涉及对"书面语"如何界定的问题,下面再讨论。在笔者看来,先秦的文言和唐宋以后的白话,其基础都是当时的口语,只要我们采取科学的方法,是可以通过这些书面文献来研究口语史的,而且大部分汉语史研究也正是这样做的。比较麻烦的是东汉—隋这一段,也就是现在一般所说的"中古汉语",口语性材料比较贫乏,口语史的研究难度较大。这是中古汉语研究至今难有重大突破的根本原因。中古汉语研究的意义也在于此:从上古的"文言"式口语,到唐以后的"白话"式口语,中间好像发生了断崖式的突变,这是违背"语言是渐变的"这一语言学基本原理的,事实不可能如此,其间的渐变过程,正是发生在约六百年的中古汉语阶段,只是由于口语文献不足,这种渐变性目前还是若隐若现,看不真切。

现在有必要讨论一下"口语"和"书面语"这两个概念的含义问题。

虽然大家都用"口语—书面语"这一对概念，但是含义往往各不相同。唐松波（1961）指出：①

> 现代汉语的语体总的可以分为两大类：<u>谈话语体和文章语体</u>。前者可以简称为谈话体，后者简称为文章体。<u>不少人曾经混淆了谈话体和口语，文章体和书面语的区别</u>。口语和书面语应该指的是使用语音或文字来表达思想的两种形式；<u>而谈话体和文章体却指的是运用语言时一系列的差异</u>。

唐先生的看法无疑是正确的，分为"谈话体"和"文章体"，显然比"口语"和"书面语"更科学。因为假如"口语"是指"用<u>语音</u>说出来的话"，那么"口语"也可以很不口语化，比如陈建民《汉语口语》（北京出版社1984年版，第1—2页）把"口头形式出现的话"分成七种类型：（1）日常会话（包括问答、对话）；（2）在动作或事件中做出反应的偶发的话；（3）夹杂动作的话；（4）毫无准备地说一段连贯的话；（5）有提纲的即兴发言；（6）离不开讲稿的讲话；（7）念稿子。其中（6）（7）两种就跟一般理解的"书面语"没什么差别。反之，如果"书面语"是指"用<u>文字</u>写下来的话"，"书面语"也可以很不书面语化，比如文学作品中的人物对话、相声脚本以至于像俞敏先生的学术论文②等。有时甚至根本无法归类，比如赵元任先生的《语言问题》，除了"删除重复跟整理句法以外"，基本上是演讲录音的如实转写（参看该书序），在演讲现场，它当然是"口语"，可是印成书，却变成"书面语"了。这种情况并非个例。

虽然"口语"和"书面语"是两个内涵模糊的术语，有其不够科学的地方，但是，只要我们不纠缠字面，这两个术语的所指大致上还是清楚的，所以大多数语言学家都用"口语"和"书面语"的二极对立来指称最重要的两种语体区分。我们主张仍然采用"口语"和"书面语"这两个已经约定俗成的名称，而把它的内涵界定为相当于唐松波（1961）的"谈话语体"和"文章语体"。③

---

① 下划线为引者所加。下同。
② 如《高鹗的语言比曹雪芹更像北京话》（《中国语文》1992年第4期）。据作者说，这篇文章是他"把自己的想法对着录音机记录下来"，然后请他的学生和朋友——刘广和君"把录音整理成文字"的。用地道的北京口语写学术论文是俞敏先生的一贯风格。
③ 以上内容请参看汪维辉（2014b）。

相当于"文章语体"的书面语的历史有其独特的规律，尤其是在中国，出于社会文化方面的原因（比如崇古心理、文献传统、中央集权和科举制度等），几千年的书面语发展史有许多有意思的现象值得研究，吕叔湘先生早就说过："言文开始分歧之后，书面语也不是铁板一块，在不同时期，用于不同场合，有完全用古代汉语的，有不同程度地搀和进去当时的口语的。"① 冯胜利主编的《汉语书面语的历史与现状》（北京大学出版社2013年版）一书已经在这方面做了很好的探索，但是书面语发展史的价值主要不在历史语言学方面。② 作为历史语言学性质的汉语史，它的研究对象无疑是口语史。

问题的复杂性在于，即使是谈话语体的"口语"，内部也不是均质的，从比较正式到十分鄙俗，是一个连续统，因此汉语史研究的对象究竟是什么样的"口语"，仍然是一个有待深究的问题，我们将另行讨论。

二 汉语史研究的材料问题

要研究汉语口语史，自然应该依据口语性语料，这是毫无疑问的。问题是：汉语史上存在口语性语料吗？细究起来，这的确是个问题。

梅祖麟先生对此曾有过论述：③

> 我们研究汉语语法史，常会想到传留下来的资料是否真能代表当时的口语。这个问题从某个角度是可以解答的，但彻底解答却是不太可能。白话文学运动兴起之后，一般写文章是尽量用白话，然而白话和口语到底还是有一段距离，无论中英文，很少有人能把文章写得跟说话完全一样。循此推论，宋代的语体文和口语也不免有一段距离。从另一方面说，我们探讨宋人的口语，唯一的资料是文字的记载，超越文字直接听宋人的谈话是办不到的。此外是拿宋代语录为出发点，再用一套汉语史的规律，来证明这些语录的语言可以变为今日的口语，但目前我们对汉语史规律的知识还不足以做这样的论证。所以以上的问题既无法彻底解决，也暂时不必彻底解决。
>
> 换言之，文言、白话、口语三者之间只有程度上的差别。古代的口语状况是我们研究的终点，目前的资料只限于文言和白话两种，于

---

① 刘坚《近代汉语读本》吕叔湘序。
② 当然也不能完全否定书面语史在这方面的价值，比如书面语也会对口语产生一定的影响，值得深入研究。
③ 下面的引文由南京师范大学硕士生汤传扬同学提供，谨致谢忱。

是我们研究的重心就该放在两者的比较，目的是要看文言和白话的差别在哪些地方。(梅祖麟《〈三朝北盟会编〉里的白话资料》)

梅先生说这个问题"既无法彻底解决，也暂时不必彻底解决"，这是通人之论。同时他也指出，通过比较是可以区分文言和白话的差别的，也是有可能逼近"古代的口语状况"这个"研究的终点"的。在该文的"五 《三朝》和《纪事本末》的文白对照"节，梅先生就为我们做了示范。

有些学者则认为汉语历史文献的口语性是难以证明的，因此也就无法研究真正的口语史。刁文的看法有一定的代表性：

在我们看来，所谓口语和口语性就是一个假设，而实际上看到的，更多的人对此只是"认定"而不是"证明"。可以设想，汉语史上的所谓口语，毕竟是由不同时期、不同地域的古代人以书面的形式记录和反映的，无论说者还是记录者的情况都可能很复杂，所以，二者究竟有多高的一致性？这一点首先就是很难证明的。即使抛开这一层，在实际的言语使用中，"我手写我口"既非理想状态，也非实际状态，现代如此，古代亦当如此。所以，所谓口语或口语性，到底在多大程度上与不同时期真实的口语相一致，实在包含一个大大的问号。

上述对口语的看法近乎"不可知论"。从事过汉语史研究实践的人都知道，实际情形并非如此。

古代文献的情况很复杂，就口语性而言，可以大别为两类：一类是贴近或比较贴近口语的；一类是文白夹杂的。关键是如何选择和分析。

首先，忠实记录口语的语料在历史上是存在的，像下面这样的文字，其口语性笔者想大概用不着"证明"。

◎王梵志诗：
城外土馒头，馅草在城里。一人吃一个，莫嫌没滋味。(318首)
梵志翻着袜，人皆道是错。乍可剌你眼，不可隐我脚。(319首)
◎敦煌曲子词：
莫攀我，攀我太心偏。我是曲江临池柳，者人折了那人攀，恩爱一时间。(望江南)
◎黄庭坚的俚俗词：
见来两个宁宁地。眼厮打、过如拳踢。恰得尝些香甜底。苦杀人、遭

谁调戏。　腊月望州坡上地。冻着你、影躔①村鬼。你但那些一处睡。烧沙糖、管好滋味。（鼓笛令）

　　济楚好得些。憔悴损、都是因它。那回得句闲言语，傍人尽道，你管又还鬼那人吵。　得过口儿嘛。直勾得、风了自家。是即好意也毒害，你还甜杀人了，怎生申报孩儿②。（丑奴儿）

◎元陶宗仪《说郛》卷三十四引宋吕居仁《轩渠录》：

　　族婶陈氏顷寓严州，诸子宦游未归。偶族侄大琮过严州，陈婶令代作书寄其子。因口授云："孩儿要劣妳子，又阅阅【音吸】霍霍地。且买一柄小剪子来，要剪脚上骨出【上声】儿胀【音胖】胝【音支】儿也。"大琮迟疑不能下笔。婶笑云："元来这厮儿也不识字。"闻者哂之。因说昔时京师有营妇，其夫出戍，尝以数十钱托一教学秀才写书寄夫。云："窟赖儿娘传语窟赖儿爷，窟赖儿自爷去后，直是忔【音胖？】憎。每日恨【入声】特特地笑，勃腾腾地跳，天色汪【去声】囊，不要吃温吞【入声】蠖托底物事。"秀才沉思久之，却以钱还，云："你且别处倩人写去！"与此正相似也。

◎高丽、朝鲜时代汉语会话教科书《老乞大》的四种版本：

　　原本③：俺有一个伴当落后了来。俺沿路上慢慢的行着［等］候来。为那上，迟了来。

　　谚解④：我有一个火伴落后了来，我沿路上慢慢的行着等候来，因此上来的迟了。

　　新释⑤：我因有个朋友落后了，所以在路上慢慢的走着，等候他来，故此来的迟了。

　　重刊⑥：我有一个朋友落后了，所以在路上慢慢的走着，等候他来，

---

① 《汉语大字典》"躔"字条："音义未详。"引黄庭坚此词及沈瀛词二例。张涌泉《汉语俗字丛考》及杨宝忠《疑难字考释与研究》《疑难字续考》均未收释此字。

② 鲁国尧《宋代辛弃疾等山东词人用韵考》（《南京大学学报》1979年第2期）发现辛弃疾俚俗词《南乡子》中以支微部"儿"字与家麻部"家、嗏、巴、那、些、赊、他"相叶，不得其解，遂记录在案。十年后，他发现黄庭坚俚俗词《丑奴儿》中有"儿"与"些、它、吵、嘛、家"通叶的现象，今南昌话中"小孩子"称"细伢 [ŋa] 子"，方知辛弃疾词中的此类通押是因其政治失意闲居江西时以当地方音入韵所存留的个别现象。（鲁国尧《宋元江西词人用韵考》，载《近代汉语研究》，商务印书馆1992年版；参看谢维维《汉语中古音研究史》，浙江大学博士后出站报告，2016年，第335页）如此看来，"儿"应该是口语中"伢"的训读字。

③ 1346年前几年。

④ 1480—1483年。

⑤ 1761年。

⑥ 1795年。

故此来的迟了。

◎《型世言》第二十七回：①

那皮匠便对钱公布道："<u>个</u>是高徒么？"钱公布道："正是。是陈宪副令郎。"皮匠便道："<u>个娘戏</u>！<u>阿答</u>虽然不才，做<u>个</u>样小生意，<u>阿答</u>家叔洪仅八三，也是在学。洪论九十二舍弟见选竹溪巡司。就阿答房下，也是张堪舆小峰之女。咱日日在个向张望？先生借重对<u>渠</u>话话，若再来张看，我<u>定</u>用打<u>渠</u>，勿怪粗鲁。"钱公布道："老兄勿用动气，个愚徒极勿听说，阿答也常劝<u>渠</u>，一弗肯改，须用<u>本渠一介</u>大手段。"洪皮匠道："学生定用打<u>渠</u>。"钱公布道："勿用，<u>我侬</u>有一计，特勿好说。"便沉吟不语。皮匠道："驼茶来！——先生但说何妨。"钱公布道："<u>渠侬</u>勿肯听教诲，日后做向事出来，陈老先生<u>毕竟</u>见怪。<u>渠侬</u>公子，<u>你侬</u>打<u>渠</u>，毕竟吃亏。依<u>我侬</u>，只是老兄勿肯<u>肯</u>（读作孔）。"皮匠道："<u>但话</u>。"钱公布道："<u>个</u>须分付令正，哄<u>渠</u>进，老兄拿住子要杀，<u>我侬</u>来收扒，写<u>渠</u>一张服辨，还要诈<u>渠</u>百来两银子，<u>渠侬</u>下次定勿敢来。"皮匠欢天喜地道："若有百来两银子，在下定作东请老先生。"钱公布道："<u>个</u>用对分。"皮匠道："便四六分罢。只陈副使知道<u>咱伊</u>？"钱公布道："有服辨<u>在东</u>，怕<u>渠</u>？"此时鞋已缝完，两个又附耳说了几句，分手。

◎《红楼梦》第十六回：

凤姐道："我那里管的上这些事来！见识又浅，嘴又笨，心又直，人家给个棒槌，我就拿着认作'针'了。脸又软，搁不住人家给两句好话儿。况且又没经过事，胆子又小，太太略有点不舒服，就吓的我连觉也睡不着了。我苦辞过几回，太太不许，倒说我图受用，不肯学习。那里知道我是捻着把汗儿呢！一句也不敢多说，一步也不敢妄行！你是知道的，咱们家所有的这些管家奶奶，那一个是好缠的？错一点儿，他们就笑话打趣；偏一点儿，他们就指桑骂槐的抱怨。坐山看虎斗，借刀杀人，引风吹火，站干岸儿，推倒了油瓶儿不扶，都是全挂子的本事！况且我又年轻，不压人，怨不得不把我搁在眼里。更可笑那府里蓉儿媳妇死了，珍大哥再三在太太跟前跪着讨情，只要请我帮他几天，我再四推辞，太太做情应了，只得从命。到底叫我闹了个马仰人翻，更不成个体统，至今珍大哥还抱怨后悔呢。你明儿见了他，好歹赔释赔释，就说我年轻，原没见过世

---

① 这是一大段吴语的口语对话，划线部分都是吴语词语，为省篇幅，不作注释，可参看汪维辉（2014a）。

面，谁叫大爷错委了他呢。"①

这样的材料不胜枚举，尤其是在近代汉语阶段，像王梵志诗、禅宗语录、敦煌俗文学作品、宋代的俚俗词、《三朝北盟会编》中的谈判记录、《朱子语类》等宋儒语录、宋元话本、金元诸宫调、元杂剧、元明白话讲章、明初皇帝的口语诏令、明清白话小说、朝鲜时代的汉语口语教科书等，都是此类语料。《近代汉语语法资料汇编》收了不少，但那只是近代汉语口语语料的一小部分而已。先秦文献的口语性上面已经引过王力先生的论述，此不赘。所以，比较接近口语的语料在历史文献中是大量存在的，这是我们研究汉语口语史的基本依据。当然，即使是像上面所举的几乎纯口语的资料，是否全都属于"我手写我口"，也还是需要分析的，更何况所谓"口语"本身也是一个混合体，有各色各样的口语。这涉及语言研究的对象如何"提纯"这样一个大问题，② 这里不再详谈。我们的基本看法是：所谓"口语性"，只能是一个相对的概念，纯而又纯的语言研究对象是不存在的，即使是现代的活语言也是如此，如果一定要纠缠纯粹的口语性，就只能陷入"不可知论"。

其次，不可否认，除了贴近和比较贴近口语的材料外，更多的文献是文白夹杂的。③ 对于这部分语料，我们可以通过一定的方法（主要是对比法）将其中的口语成分剥离出来，并不是束手无策。④ 这里有一个观念必须澄清，就是口语和书面语是可以区分而且应该区分的，并非混沌一团。张永言《词汇学简论》 "§4.7 词的风格分化——口语词汇和书语词汇"说：

---

① 试比较贾政和北静王的一段对话：北静王见他语言清朗，谈吐有致，一面又向贾政笑道："令郎真乃龙驹凤雏！非小王在世翁前唐突，将来'雏凤清于老凤声'，未可量也。"贾政忙陪笑道："犬子岂敢谬承金奖。赖蕃郡余恩，果如所言，亦荫生辈之幸矣。"（《红楼梦》第十五回）虽然同为嘴里说出来的话，但是雅俗之别有多大！参看太田辰夫《关于汉儿言语——试论白话发展史》（《汉语史通考》，第 190 页）。

② 可参看朱德熙《现代汉语语法研究的对象是什么？》一文的论述。

③ 徐时仪（2016）把反映口语的文献大体分为五类：文中夹白、半文半白、白中夹文、白话为主、现代白话雏形。可以参考。

④ 太田辰夫《关于汉儿言语——试论白话发展史》曾经有过精辟的论述："现在只就作为主流的文言文来看，假使能反映口语的话也肯定是在对话的部分，而不是叙述的部分。于是进一步考察它的对话部分看看，可知大致有两种场合。其一是说话人或听话人有无教养，无教养者的场合表现口语的地方多。另一是感情状态，说话者感情平静的场合表现口语的地方少，感情激昂的场合，比如发怒，或极度高兴，或戏谑玩笑时，表现口语的地方就多。"（见《汉语史通考》，第 188 页）这真是经验之谈！

就汉语而言，口语词汇还有一个特点，就是它的基本成员是单音节词。

就汉语而论，口语词汇多半是单音节词，而跟它们相当的书语词汇则是双音节词。例如：住～居住、送～赠送、读～阅读、买～购买、听～聆听、爱～喜爱、怕～惧怕、窄～狭窄、穷～贫穷、病～疾病、进～进入、睡～睡眠、挑～挑选。一般说来，双音节词的意义要狭窄一些，确定一些；在风格上双音节词"文"一些，单音节词"白"一些。①

这就是区分口语词汇和书面语词汇的一个例子。② 语音史研究中早已成功地运用了"剥离法"，词汇史和语法史一样可以采用。事实上，关于如何区分文献中的口语成分和书面语成分，已经有不少出色的研究，比如胡敕瑞先生的《汉译佛典所反映的汉魏时期的文言与白话——兼论中古汉语口语语料的鉴定》，就是一篇具有方法论意义的杰作。笔者也曾做过这方面的工作（汪维辉，2014a）。

在目前的汉语史研究中，对语料不加分析，用统计法简单化地"一锅煮"，导致研究结论不符合实际，这样的问题普遍存在，这是违背研究口语史的宗旨的，亟须纠正。至于怎样选择口语性语料来探明汉语史的真相，我们也已经做过例示（汪维辉、胡波，2013），不再赘述。

参考文献

刁晏斌：《传统汉语史的反思与新汉语史的建构》，《吉林大学社会科学学报》2016年第2期，中国人民大学书报资料中心《语言文字学》2016年第6期全文复印。

胡敕瑞：《汉译佛典所反映的汉魏时期的文言与白话——兼论中古汉语口语语料的鉴定》，冯胜利主编《汉语书面语的历史与现状》，北京大学出版社2013年版。

梅祖麟：《〈三朝北盟会编〉里的白话资料》，《梅祖麟语言学论文集》，商务印书馆2000年版。原载《中国书目季刊》第14卷第2期。

唐松波：《谈现代汉语的语体》，《中国语文》1961年第5期。

汪维辉：《〈型世言〉语言成分分析》，载何志华、冯胜利主编《承继与拓新——汉语言文字学研究》，（香港）商务印书馆2014年版。

---

① 原注：参看北京大学中文系汉语教研室《现代汉语》中册，第4章第6节，高等教育出版社1960年版。

② 当然，也存在既通用于口语又通用于书面语的"通体词汇"，如仓石武四郎《岩波中国语辞典》中的0级词汇。参看汪维辉（2014b）。

汪维辉:《现代汉语"语体词汇"刍论》,《长江学术》2014年第1期,又收入远藤光晓、石崎博志主编《现代汉语的历史研究》,浙江大学出版社2015年版。

汪维辉、胡波:《汉语史研究中的语料使用问题——兼论系词"是"发展成熟的时代》,《中国语文》2013年第4期。

王力:《汉语史稿》,科学出版社/中华书局1958/1980年版。

徐时仪:《汉语白话史研究刍议》,《华夏文化论坛》2016年第15期,中国人民大学书报资料中心《语言文字学》2016年第11期全文复印。

朱德熙:《现代汉语语法研究的对象是什么?》,《中国语文》1987年第5期。

【附记】本文初稿曾经在中国社会科学院语言研究所和中国人民大学文学院共同主办的"历史语言学高端论坛"(2016.12.3·北京)上报告,修改稿曾在"第五届《中国语文》青年学者论坛"(2017.4.8—9·浙江大学汉语史研究中心)上报告,得到好几位与会专家的鼓励和指教;友生真大成、史文磊、刘君敬、王翠等也提出过不少意见和建议,在此统致谢忱。文中如有错误,概由笔者负责。

(原载《吉林大学社会科学学报》2017年第4期,中国人民大学书报资料中心《语言文字学》2017年第12期全文复印)

说"日""月"

汪维辉

摘要 文章从纵、横结合的角度讨论汉语中的"日""月"这对基本词,并把两者进行比较。主要观点有:(1){太阳}的名称,在现代方言中主要有"日头"和"太阳"两大系;在汉语史上则有两大变化:一是"日"的复音化,二是从"日"到"太阳"的历时更替,更替过程至今仍未完成,但"日头"正处在急剧消亡中;"太阳"取代"日/日头"可能跟避讳有关;"太阳"呈现出"长江型"分布的特点。(2){月亮}的名称,在方言中只有"月"一系,最重要的是"月亮""月光""月明""月儿"四种形式;历时演变主要是复音化,其中"月光"和"月明"产生都很早,中古已见,"月儿"始见于宋代,"月亮"则出现于明代;"月亮"是主谓短语凝缩成的词,结构与"月光""月明"相同;"月亮"很可能是一个"长江型词";文章勾勒了"月明""月光""月亮"三个词在历史上可能存在的演变关系。(3)"日""月"这对"姊妹词"的演变历史有同也有异:"同"主要表现在复音化、"长江型"分布和历史层次三个方面;"异"则主要表现在词汇更替、复音化方式、词尾、单音形式和尊称形式五个方面。

关键词 基本词 历时演变 共时分布 汉语词汇史 日、月、太阳、月亮

---

* 本文为国家社会科学基金项目"汉语核心词的历史与现状研究"(项目编号:11BYY062)的阶段性成果。感谢好友姚永铭先生、朱冠明先生和博士生胡波、任玉函对本文写作提供的帮助。岩田礼教授、秋谷裕幸先生、朱冠明先生和友生高列过教授、真大成博士、贾燕子博士、钟小勇副教授以及博士生胡波、李雪敏等对本文初稿或修改稿提出过很好的意见,笔者多有采纳。本文初稿曾在中国语言学会第16届年会(2012.8.21—23·云南大学)上作大会报告,承朱庆之、魏钢强、汪化云、夏先培等先生提出意见或提供方言资料;修改稿曾在"《太田斋·古屋昭弘两教授还历记念中国语学论集》刊行记念研究会"(2013.3.16·早稻田大学)上作报告,承平田昌司、远藤光晓、岩田礼、太田斋、古屋昭弘等先生提出很好的意见和建议。对于上述各位的指教和帮助,笔者在此深表谢意。文中错误概由笔者负责。

太阳（sun）和月亮（moon）是与人类关系最密切的两大天体，代表它们的词属于人类语言的基本词，任何一家的核心词表都少不了它们俩。本文从纵（历时演变）、横（共时分布）结合的角度讨论汉语中的这对词，并把两者进行比较。文中所用的现代汉语方言资料主要依据曹志耘主编（2008）《汉语方言地图集》（简称《地图集》）和岩田礼编（2009）《汉语方言解释地图》（简称《解释地图》）①，这是目前搜集方言点最全的两部地图集（后者还有解释）。两者的数据存在一些差异，有些可以互补，遇有分歧处，则根据笔者的判断及核实择善而从。

一 日

在现代方言中，{太阳}② 的名称各地存在差异，这里依据《汉语方言地图集·词汇卷》001"太阳"地图，把主要的分布情况归纳为表1：

表1　　　　　　　　　方言中{太阳}的异称

用词 方言区	太阳	日	日头	热头	日头爷/ 热头爷	老爷儿	天地儿
官话、晋语	136	1③	149	25	9	39	5
吴语	34		63	14	4		2
赣语	1		70	14	4		
徽语			13		2		
湘语	12		31				
客家话			35	35			
粤语			27	33			
闽语		3	92	2	3		1
平话			18	19			
土话			9	12	1		
畲话			1	1			

---

① 其中"太阳"和"月亮"共有5幅地图（包括解释），作者为松江崇先生。
② { } 内表示概念。下同。
③ 《地图集》标的是陕西镇巴。这个点很特殊，《解释地图》无。笔者请教了《地图集》该点的调查人陕西师范大学邢向东教授，邢先生答复说："又请人问了老年人，少数老年人仍单说'日'。以下大多说'太阳'了。弟意仍以'日'较好。"（2012年7月23日手机短信）感谢邢先生在百忙之中赐复。

续表

方言区＼用词	太阳	日	日头	热头	日头爷/热头爷	老爷儿	天地儿
儋州话		1					
乡话			4				

注：① "太阳"类包括：太阳、太阳包、太阳地儿、太影、太阳佛、太阳菩萨、阳婆、阳窝⁼。

② "日"类包括：日、日头~日。

③ "日头"类包括：日头、日头~太阳、日头~热头、X①头、X头窠、日头~日头孔、日头~日头眼、日头眼、日头龙、日头地儿、日哩~太阳、日雷⁼儿、日口 [tsʰou³³]、月头。

④ "热头"类包括：热头、热头~太阳、热头~热头孔、热头呱、热头孔、热头火、热口 [lɑɯ⁵³]。

⑤ "日头爷/热头爷"包括：日头爷/热头爷、日头老爷儿~日头、老爷儿~日头、日头佛/热头佛、日头王、日头公~热头公、日牯、日头牯/热头牯。

⑥ "老爷儿"类包括：老爷儿、天老爷爷、红老爷、爷爷儿/爷儿、老爷爷儿、老爷子~知⁼爷儿、老太爷儿。

⑦ "天地儿"类包括：天地儿、戏⁼头、口 [zo³¹] 头、口 [biŋ²¹] 日。

⑧ 表中数字是方言点数。下同。

方言中对 {太阳} 的称呼可谓纷繁复杂，但实际上主要是以下两大系。

（一）"日头"系

包括变体"热头"、"月头"② 以及所有的扩充形式。其中"日头"分布最广，遍布各个方言区，而且方言点最多，可见在 {太阳} 的各种称呼中"日头"是最强势的一个。保留单音词"日"的方言点是极少数，与上古汉语一致，代表了最古老的词汇层次。这些点基本上都在闽语区，其中大部分地点兼说"日头"，或者"日""日头""日头公"三者并存，真正单说"日"的只有个别点③。

（二）"太阳"系

包括其扩充形式。"太阳"主要分布在官话区和北部吴语区，此外湘语区中有部分分布，赣语区只有湖南华容一个点。徽语和客家话以下

---

① 《地图集》原注："X"包括因方言"日""热"同音而难以确定是"日"字还是"热"字。

② "热头"和"月头"都是"日头"的变体，参看《解释地图》"地图1-3 太阳：'热头'和'月头'的来源"。

③ 《地图集》"日"类除上述陕西镇巴外，标了3个点：福建晋江、云霄（"日"和"日头"兼说）和广东揭东。《解释地图》则标有11个点，除福建东山、厦门、永春、漳州和广东澄海、南澳、潮州、汕头、普宁这些闽粤沿海地区外，还有海南海口（以上都是"日"和"日头"、"日头公"前两者兼说或三者兼说）和江西黎川（赣语，"日"和"热头"兼说）。此外，据岩田礼先生告知：珠江三角洲的斗门也说"日"，由于此点不在我们设计的"地点过滤网"之内，地图没表示出来。依据资料是《珠江三角洲方言词汇对照》。(2012年7月22日电邮)

（含客家话）的南部方言区都不说"太阳"。

不少方言中对｛太阳｝都有拟人化的尊称，所用的构词成分有爷、公、爸爸、婆、奶儿和王、菩（萨）、佛等，其中男性称谓较多。这是出于对太阳的崇敬，也反映出佛教对汉语的影响。这些形式实际上都是"太阳"或"日头"的变体，是后起的。①

两大系之外，还有少数地点说天地儿、戏⁼头、□［zo³¹］头、□［biŋ²¹］日等，其中"□［zo³¹］头"和"□［biŋ²¹］日"可能也可以归入"日头"系。②

｛太阳｝古称"日"。《说文解字·日部》："日，实也。太阳之精不亏。从□一。象形。"段玉裁注："□象其轮廓，一象其中不亏。""日"字甲骨文已见，作□、□等形，是个象形字，许慎所说不误，不过以"实"释"日"，则是用的声训。古籍中例子常见，不必举。

｛太阳｝的名称，在汉语史上主要有两大变化：一是"日"的复音化（主要是"日头"及其变体"热头"、"月头"和它们的扩充形式），二是从"日"到"太阳"的历时更替。

"日头"的说法大概始见于唐代，③例如：

(1) 又为《喜雨》诗曰：暗去也没雨，明来也没云。日头赫赤出，地上绿氲氲④。（《太平广记》卷258"权龙襄"条引《朝野佥载》）

(2) 午时庵内坐，始觉日头暾。（寒山《以我栖迟处》诗）

(3) 醉后吟哦动鬼神，任意日头向西落。（五代吕岩《长短句》，《全唐诗》卷859）

(4) 师云："老僧要坐却日头，天下黯黑，忙然皆匝地普天。"（《祖堂集》卷7"夹山和尚"）

此后一直沿用下来，今天仍遍布各方言区。"日"双音化为"日头"，符合汉语词汇双音化的大趋势。

关于"太阳"，王力先生（1958/1980：495）说："'日'的转变为

---

① 参看《解释地图》"地图1-2太阳：含尊称的词形"。

② 秋谷裕幸先生函示："表示'太阳'的'biŋ²¹日'，我觉得前字有可能是'皮'（韵尾ŋ可以理解为受到后字声母同化的产物）。我在《吴语处衢方言研究》中用了方框，表示该字为有音无字。不过现在看来，可以写作'皮'。"（2012年8月20日电邮）

③ 潘允中（1989：82）云："据钱大昕《恒言录》六《俗语有出》条记'日头'出于宋神童诗：'真个有天无日头。'"溯源嫌晚。叶雪萍（2010）已经溯源至唐代，引了(1)(2)两例及五代何光远《鉴诫录》卷十："若觅修，八万浮图何处求。只知黄叶上啼哭，不觉黑云遮日头。"

④ 《全唐诗》卷869作"氤氲"，当是。又中华书局点校本《朝野佥载》后两句作"日头赫赤赤，地上丝氲氲"。

说"日""月"

'太阳',在汉语词汇演变史中是一个很有趣的、很典型的例子,所以值得追溯它的历史。""先秦的'阳'字早已有了'日光'的意义(《诗经·小雅·湛露》:'匪阳不晞'①;《孟子·滕文公》:'秋阳以暴之')。但是,'太阳'二字连在一起是汉代的事,那时'太阳'的'阳'是'阴阳二气'的'阳'。'太阳'在最初并不专指'日',而是指极盛的阳气,或这种极盛的阳气的代表物。例如:日,实也,太阳之精不亏。(《说文解字》)……但是,《淮南子·天文训》说:'日者阳之主也……月者阴之宗也',这就是'日'称'太阳'、'月'称'太阴'的来源。'月'称'太阴'到后代只用于特殊的场合,没有能在全民语言中生根,算是失败了;'日'称'太阳'却成功了。"按:称"日"为"太阳"确是源于阴阳五行学说,所以正是在阴阳五行说最盛行的汉代,"日"有了"太阳"这样一个新名称,例如:②

(5) 是以氛邪岁增,侵犯太阳,正气湛掩,日久夺光。(《汉书·元帝纪》)颜师古注:"太阳,日也。"

(6) 自岁末以来,太阳不照,霖雨积时,月犯执法,彗孛仍见,昼阴夜阳,雾气交侵。(《后汉书·王允传》载士孙瑞语)

(7) 远而望之,皎若太阳升朝霞。(三国魏曹植《洛神赋》)李善注引《正历》曰:"太阳,日也。"

在引了李白、杜甫和李贺诗的例子后王先生说:"在唐代,'太阳'只是'日'的别名,它在口语里是否完全代替了'日',还不敢断定。但是,我们相信,它这样常常见用,至少从宋代起,它已经进入了基本词汇了。"(第496页)这一看法需要重新验证。比如在《朱子语类》中,"太阳"虽然出现了10次,但只有1例是指称{太阳},而"日头"则有3例。可见宋代口语基本上还是说"日头"的。即使到了《红楼梦》中,"太阳"(7例)和"日头"(8例)的出现频率仍不相上下,替换过程远未完成。实际上从"日"到"太阳"的历时更替直到今天也没有完成,

---

① 原注:毛传:"阳,日也。"所谓"日"也是指"日光"。
② 王力(1958/1980)所引的始见例证为《世说新语》,嫌晚。潘允中(1989:45)引《释名·释彩帛》:"赤,赫也,太阳之色也。"说:"可见日的同义词'太阳',在汉魏以前已经通行了。"友生真大成博士指出:此例"太阳"恐怕不是指"日",而是"太阳、太阴、少阳、少阴"四象之一。《说文·赤部》:"赤,南方色也。"四象中"太阳"正对应南方。《诗·大雅·瞻卬》"妇无公事,休其蚕织"下孔疏:"其纮,天子以朱、诸侯以青者,以朱,南方太阳之色,故天子用之;青,东方,少阳之色,故诸侯用之,所以下天子。""太阳""少阳"对应"南方""东方"、"朱(朱雀)""青(青龙)"。维辉按:真说甚是。古书中的许多"太阳"跟今天指称{太阳}的其实不同。

— 573 —

现在各地方言中老派大都还说"日头",① 不过随着中国现代化的快速推进和"语言统一进程"(普通话化)的不断加快,"日头"正处在急剧消亡中,受过教育的当代青年人大概基本上已经只说"太阳"不说"日头"了,哪怕是讲方言。

{太阳}之于人类的重要性自不待言,可是这样的一个基本词在汉语史上却发生了词汇替换,原因何在? 我们认为可能跟避讳有一定关系。大概从元代开始,"日"在北方地区与亵词"合"(又写作"入"等)同音,所以逐渐被"太阳"所取代。② 这也正是"太阳"一词今天主要分布在官话区和吴语区的原因③。在大部分非官话区,"日"字不需避讳,所以就没有改称为"太阳"的必要。

从共时平面看,"太阳"呈现出"长江型"分布的特点④。《解释地图》"1-1 太阳:综合地图"说:"普通话词'太阳'虽然分布区域很广,但是出现频率比'日头'要低一些,特别是在吴语以外的南方非官话地区出现得较少。而在江苏及其周边的江淮官话区可以看到集中性的分布。""'太阴'和'太影'集中分布在江苏北部至山东南部一带。苏晓青、吕永卫(1994:186)认为'阴'和'影'均为'阳'的轻读。值得注意的是,这些词形出现在'太阳'与'日头'的交界地带。"(第60页)这些情况都表明,"江苏及其周边的江淮官话区"是"太阳"一词的扩散源。如今说"太阳"的地区,原先也是"日头",明代以后逐渐被"太阳"所覆盖。

二 月

在各地方言中,{月亮}也存在丰富的异称,据《汉语方言地图

---

① 王力先生(1958/1980)说:"在现代汉语里,'日'已经让位给'太阳'。"(第495页)普通话也许可以这么说,但是方言并非如此。

② 《解释地图》"地图1-3 太阳:'热头'和'月头'的来源"说:"'日'在官话地区以及吴语地区和禁忌词'入'(日母缉韵开口三等,人执切,MC:*ȵiəp)同音(李荣,1982)。因此也有可能在这些方言中存在要回避'日'音的倾向。实际上,在有些方言点'日头'的'日'和字音'日'语音并不相同。例如山西新绛,'日头'为[ər tʰəu],而字音'日'为[ɿ],后者和禁忌词性交义的'入'同音。"此说甚是。太田斋(1996)对此类现象有详细讨论,可参看。另可参看太田斋给《汉语方言地图集·词汇卷》写的书评,载(日)《中国语学》第256号,2009年10月。笔者在此谢谢太田斋先生发来这两篇文章的电子本。

③ 李荣(1982)说:"据现在所知,专用的'入'字流行于长江以北和西南各省区市。……专用的'入'字也见于吴语方言,如松江、奉贤、杭州、湖州、孝丰、安吉、金华、武义、永康、嵊县、温州。"

④ 关于"长江型"分布,可参看岩田礼(2009:15-16,19)和汪维辉、秋谷裕幸(2010)。

集·词汇卷》002"月亮"和 003"'月亮'的拟人称呼"地图,主要的分布情况如表 2 所示:

表 2　　　　　　　　　方言中{月亮}的异称

用词 方言区	月亮	月明	月光	月	月儿	月头	亮月	凉月	月牙儿	日光	只有拟人称呼①			
											月娘	月奶	月姑	月爹
官话、晋语	274	30	6	②	11		10	2	2	8	10	18		5
吴语	84		18	4			10			5				1
赣语	20		59	2				1	1	1				4
徽语	7		8											
湘语	22		20						1					
客家话	2		67						1					
粤语	22		28	1		2			1		2	3		3
闽语	4		9	44						1	32	6	3	6
平话	24		10	1							3			
土话	12		10											
畲话				2										
儋州话	1													
乡话	4													

注:①"月亮"类包括:月亮、月亮包儿、月亮地儿、月亮奶奶、月亮爷、月亮爷儿、月亮佛、月亮菩萨。
②"月明"类包括:月明、月明~月亮、月明地儿、月明奶奶、月明爷。
③"月光"类包括:月光、月光~月亮、月光嚼、月儿光、月子光、月亮光、月娘~月光娘、月光婆、月光佛。
④"月"类包括:月、月~月亮。
⑤"月头"类包括:月头、月头牯。
⑥"亮月"类包括:亮月、亮月子。
⑦"月牙儿"类包括:月牙儿、月牙子、月□［eu¹³］、月□［kei⁵⁵］。
⑧"日光"类包括:日光、太阳光、凉日子、亮阴、太阴、光天儿、面=光、腊—=子、□□［lɛʔ⁴⁵lɛʔ⁴⁵］子、□［kʰui¹¹］知=。
⑨"月娘"类包括:月娘、月娘~月娘妈、月妈妈、月妈妈儿、月母、月嬷、月嬷光、老母、老母儿、老母地儿。
⑩"月奶"类包括:月奶、月奶奶、月日奶、月姥姥、月姥娘、月婆儿、婆梳、天妳③。
⑪"月姑"类包括:月姑、月姑娘、月南=姊。
⑫"月爹"类包括:月爹、月汁=爹、月爷、月爷儿、后天爷、后天爷儿、后头爷、月公。

---

① 《地图集》原注:不包括儿语。
② 秋谷裕幸先生函示:"刘勋宁先生所调查的山西永和方言'月亮'单说'月'(现在手头没有他的调查报告),宁夏固原方言也单说'月'(林涛《宁夏方言概要》,第 92 页)。这两个点单说的'月'有可能是古词语的保存。"(2012 年 8 月 20 日电邮)
③ 《地图集》原注:妳:《集韵》戈韵当何切,《方言》南楚谓妇妣曰母妳,妇考曰父妳。

语言学的古今会通

　　方言中｛月亮｝称谓之纷繁不亚于｛太阳｝，所不同的是，｛月亮｝实际上只有一系，即"月"系——各种异称基本上都离不开"月"这个词根。

　　最重要的是"月亮"（包括其扩充形式），遍布各方言区，方言点也最多。"亮月"应该是"月亮"的变体（逆序形式）①，也可以包括在"月亮"系中。

　　其次是"月光"，分布也很广泛：客家话除个别点外都说"月光"，在赣语中它也是主导词；在南部吴语、徽语、湘语、粤语和土话中也占有重要的地位；此外在官话区、闽语和平话中亦有少量分布②。

　　再次是"月明"，分布范围很窄，只见于官话区的河南、山东、山西和陕西的部分地点。

　　"月儿"是仅见于官话区的一个复音形式，这跟官话区名词多带"儿"尾是一致的。"月儿"的产生不会晚于宋代，③宋词中已非一见，如辛弃疾《南歌子》："凿个池儿，唤个月儿来。……有个人人，把做镜儿猜。"张镃《乌夜啼》："月儿犹未全明。乞怜生。几片彩云来去、更风轻。"李曾伯《瑞鹤仙》："风儿渐凉也。近中秋月儿，又初生也。"刘埙《满庭芳》："东城路，一回一感，愁见月儿弯。"《西厢记诸宫调》中也屡见，如卷一［越调］［上平西缠令］："月儿沉，鸡儿叫，现东方，日光渐拥出扶桑。"④ 到了元曲中就极为常见了，还有"月儿高"的曲牌名。《元典章·乱言平民作歹》："'您杀了俺，几时还俺？'那将军道：'日头月儿厮见呵还您。'"可见当时口语已是"日头"和"月儿"并称了。此后在北方系文献中一直不乏用例。

　　此外还有少数地点用不带词根"月"的词形，包括太阳光、凉日子、亮阴、太阴、光天儿、面⁼光、腊⁼一⁼子、□□［lɛʔ⁴⁵ lɛʔ⁴⁵］子、□［kʰui¹¹］知⁼、老母、老母儿、老母地儿、婆梳、天婞、后天爷、后天爷儿、后头爷等。《解释地图》"地图 2－2 月亮：含尊称的词形"指出："〈亲属称谓〉（A）⑤ 多数分布在以河北为中心的北方地区，其分布区域

---

　　① 参看《解释地图》"地图 2－1 月亮：综合地图"（第 66 页）。
　　② 官话区的陕西富县是孤零零的一个点，显得很突兀。笔者请教了邢向东先生，根据他的调查，富县（城关）只有"月亮"，没有"月光"。
　　③ 此点承友生贾燕子博士指出，甚感。
　　④ 以上例子承友生胡波、贾燕子检示，谨致谢忱。
　　⑤ 维辉按：指明奶奶、婆婆、老婆婆、婆梳、老母、老母地儿、老妈妈儿、老母奶奶、后天爷、爷爷宝。

说"日""月"

往往与'X①+〈亲属称谓〉'系（B）的分布区域毗连。……由此推定，北方的〈亲属称谓〉系是'X+〈亲属称谓〉'的X脱落所致，也就是说，前者的产生应晚于后者。"（第68页）因此一部分表面看来不带"月"的词形实际上也是从带词根的形式变来的。

｛月亮｝古称"月"。《说文解字·月部》："月，阙也。大阴之精。象形。"段玉裁注："月、阙叠韵。《释名》曰：'月，缺也。满则缺也。'象不满之形。"《说文》和《释名》都是用的声训。徐灏《说文解字注笺》："古文、钟鼎文象上下弦之形，日象圜形，故月象其阙也。小篆相承取字形茂美耳。""月"字甲骨文已见，作)、(、)等形，也是个象形字。②

｛月亮｝名称的历时演变，最重要的也是复音化。古称"月"，今通称"月亮"，方言还有一系列以"月"为词根的复音词（见上）。保留单音词"月"的方言远少于"月亮"和"月光"，但不管是方言区还是方言点，单音词"月"的保留都明显多于单音词"日"，主要也集中在闽语区，与上古汉语一致，代表了最古老的词汇层次。今天通用的"月亮"一词则代表了最新的词汇层次，文献上始见于明代，清代才通行开来。

下面重点讨论"月光"、"月明"和"月亮"的由来及其相互关系。

（一）月光

潘允中（1989：45）说："单音词的'月'，中古时也称'月光'。南朝陈徐陵编辑《玉台新咏·和王舍人送客未还，闺中有望诗》：'良人在何处，唯见月光还。'③现在华南许多地方还保留着这个名称。"按，这个"月光"的确可以理解成｛月亮｝，但此句有异文，一作"光唯见月还"④，不过笔者认为"光唯见月还"不可通，当以作"唯见月光还"为是，如明小宛堂覆宋本《玉台新咏》（人民文学出版社2010年影印本）即如此作。检索文献，宋代以前这样的"月光"殊不多见，例如：

---

① 维辉按：X代表月、月儿、月亮、亮月、月光、月明、太阴等。
② 一般认为甲骨文"月""夕"同字（早期和中期卜辞两字不分），董作宾、于省吾则认为并非同字，而是前后期互易其形，参看《古文字诂林》第六册（上海教育出版社2003年版，第496页）。谢谢远藤光晓教授提醒笔者注意这一点。另可参林沄《王、士同源及相关问题》（《林沄学术文集》，中国大百科全书出版社1998年版，第24—25页）、裘锡圭《从文字学角度看殷墟甲骨文的复杂性》（《裘锡圭学术文集·甲骨文卷》，复旦大学出版社2012年版，第416—421页）、朱国理（1998）等。
③ 维辉按，此诗的作者即为《玉台新咏》编者徐陵（字孝穆）。
④ 逯钦立编《先秦汉魏晋南北朝诗·陈诗卷五》就直接录作"光唯见月还"（所标出处为《玉台新咏》八、《诗纪》一百），未出异文，恐欠妥。

— 577 —

(1) 谁堪三五夜，空树月光圆①。(荀仲举《铜雀台》,《先秦汉魏晋南北朝诗·北齐诗卷一》)

(2) 夜江清未晓，徒惜月光沉。[钱起（一作钱珝）《江行无题一百首》,《全唐诗》卷239]

(3) 羌竹繁弦银烛红，月光初出柳城东。(刘言史《处州月夜穆中丞席和主人》,《全唐诗》卷468)

(4) 团团月光照西壁，嵩阳故人千里隔。(施肩吾《对月忆嵩阳故人》,《全唐诗》卷494)

(5) 紫府空歌碧落寒，晓星寥亮月光残。(李群玉《紫极宫斋后》,《全唐诗》卷570)

上述例子中的"月光"，从出现的语境看，都应该理解成{月亮}。元明清白话作品中时见用例，如：

(6) 展玉腕把春纤合掌，恰便似白莲蕊初生在这藕上，高卷珠帘拜月光。(元刘庭信《〔正宫〕端正好》)

(7) 今年元宵节，却与上年别。月光作灯笼，四方俱照彻。(明徐元《八义记》第三出)

(8) 时约初更，月光未上。(《三国演义》第十二回)

(9) 却才卸甲而坐，月光方出，忽四下火光冲天，鼓声大震，矢石如雨，魏兵杀到。(又第九十二回)《三国演义》中称呼{月亮}一般单说"月"，复音词只有"月光"的这两例，"月亮"未见，"月明"则都是主谓短语。

(10) 纣王吩咐布列停妥，恨不得将太阳速送西山，皎月忙升东上。……且说纣王见日已西沉，月光东上，纣王大喜，如得了万斛珠玉一般。……只听得台上飘飘的落下人来，那月光渐渐的现出；妲己悄悄启曰："仙子来了。"(《封神演义》第二十五回) 此例上文"太阳"对"皎月"，下文"日"对"月光"，"月光"显然是指{月亮}。又，《封神演义》中{月亮}的复音形式也只有"月光"。

(11) 此时十月下旬，月光初起，公子悄步上前观看，一个汉子被马踢倒在地。(《警世通言》卷二十一)

(12) 却说孽龙精只等待日轮下去月光上来的酉牌时分，就呼风唤雨，驱云使雷，把这豫章一郡滚沉。(又卷四十) 此例"日

---

① 《乐府诗集》卷三十一"圆"作"圜"。

轮"与"月光"分指日、月甚明。

(13) 闷恹恹,独坐在荼蘼架。猛抬头,见一个月光菩萨。菩萨,你有灵有圣,与我说句知心话。月光华菩萨,你与我去照察他。我待他是真心,菩萨,他到待我是假。(明冯梦龙编《挂枝儿·月》)"月光菩萨"又见于清代小说《双凤奇缘》《隔帘花影》《金屋梦》《续金瓶梅》《后水浒传》等,犹今方言称"月亮菩萨"。①

(14) 是日八月既望后,月光正圆。(清樵云山人《飞花艳想》第十二回)

(15) 再看那堤上柳影,一棵一棵的影子,都已照在地下,一丝一丝的摇动,原来月光已放出光亮来了。(《老残游记》第十二回)

可见称{月亮}为"月光"历史悠久,南北朝后期以来文献中时见用例。由于"月光"的词义存在灵活性,既可指{月亮},也可指{月亮之光},在具体的语境中常常不易明确判定究竟指何者,如果我们放宽标准,例子应该还会更多一些。

(二) 月明

称{月亮}为"月明",目前见到的最早例子出自东汉佛经:

(16) 时裘夷见五梦,即便惊觉,太子问之:"何故惊寤?"对曰:"向者梦中,见须弥山崩、月明落地、珠光忽灭、头髻堕地、人夺我盖,是故惊觉。"菩萨心念:"五梦者应吾身耳。"念"当出家"。告裘夷言:"须弥不崩、月明续照、珠光不灭、头髻不落、伞盖今在,且自安寐,莫忧失盖。"(东汉竺大力共康孟详译《修行本起经》卷下,3/467c)

这个"月明"显然是指{月亮}。不过在《经律异相》卷四(出《普曜经》第三卷,又出第四卷)中同样的一段话两个"月明"都作"明月"(53/16b),而今传西晋竺法护译的《普曜经》中未见相应的文句。②故此例的可靠性暂时存疑。

两晋南北朝偶见,例如:

(17) 驾鸾行日时,月明济长河。(《先秦汉魏晋南北朝诗·晋诗卷十九》《清商曲辞·七日夜女郎歌九首》)"月明济长河"当指七

---

① 中古汉译佛经已见"月光菩萨",是菩萨名,而非指{月亮},如姚秦鸠摩罗什译《妙法莲华经》卷一《叙品第一》:"其名曰文殊师利菩萨、观世音菩萨、宝月菩萨、月光菩萨、满月菩萨……如是等菩萨摩诃萨。"

② 以上材料承高列过教授检示,谨致谢忱。

夕月亮渡过银河。

(18) 月明光光星欲堕，欲来不来早语我。(《先秦汉魏晋南北朝诗·梁诗卷二十九》《横吹曲辞·地驱乐歌》)"月明"与"星"相对，显然是指{月亮}。

以上两例都出自民歌，应该是当时口语的真实反映。到了唐诗中，用例就比较多见了，例如：

(19) 相看不忍发，惨淡暮潮平。语罢更携手，月明洲渚生。(王维《阙题二首》，《全唐诗》卷128)

(20) 良友呼我宿，月明悬天宫。(王昌龄《洛阳尉刘晏与府掾诸公茶集天宫寺岸道上人房》，《全唐诗》卷141)

(21) 天山雪后海风寒，横笛偏吹行路难。碛里征人三十万，一时回向月明看。(李益《从军北征》，《全唐诗》卷283)

(22) 芳菲无限路，几夜月明新。(杨凭《巴江雨夜》，《全唐诗》卷289)

(23) 月明无罪过，不纠蚀月虫！(卢仝《月蚀诗》，《全唐诗》卷387)

(24) 漠漠暗苔新雨地，微微凉露欲秋天。莫对月明思往事，损君颜色减君年。(白居易《赠内》，《全唐诗》卷437)

(25) 笼鸟无常主，风花不恋枝。今宵在何处，唯有月明知。(白居易《失婢》，《全唐诗》卷449)

(26) 东方暮空海面平，骊龙弄珠烧月明。(鲍溶《采珠行》，《全唐诗》卷487)

(27) 约我中秋夜，同来看月明。(顾非熊《题觉真上人院》，《全唐诗》卷509)

(28) 江馆迢遥处，知音信渐赊。夜深乡梦觉，窗下月明斜。(朱庆馀《宿江馆》，《全唐诗》卷515)

(29) 一夕瘴烟风卷尽，月明初上浪西楼。(贾岛《寄韩潮州愈》，《全唐诗》卷574)

(30) 疏柳高槐古巷通，月明西照上阳宫。(刘沧《洛阳月夜书怀》，《全唐诗》卷586)

(31) 严陵何事轻轩冕，独向桐江钓月明。(汪遵《桐江》，《全唐诗》卷602)

(32) 送君若浪水，叠叠愁思起。梦魂如月明，相送秋江里。(邵谒《送友人江行》，《全唐诗》卷605)

(33) 欹枕正牵题柱思，隔楼谁转绕梁声。锦帆天子狂魂魄，应过扬州看月明。(罗隐《中元夜泊淮口》，《全唐诗》卷662)

说"日""月"

(34) 三五月明临阙泽，百千人众看王恭。(徐夤《尚书荣拜恩命奚疾中辄课恶诗二首以申攀赞》，《全唐诗》卷709)

(35) 明月峰头石，曾闻学月明。别舒长夜彩，高照一村耕。(齐己《明月峰》，《全唐诗》卷840)

(36) 花露月明残，锦衾知晓寒。(温庭筠《菩萨蛮·夜来皓月才当午》，《全唐诗》卷891)

(37) 残酒欲醒中夜起，月明如练天如水。(冯延巳《鹊踏枝·萧索清秋珠泪坠》，《全唐诗》卷898) 从"如练"看，此例"月明"应指"月光"，但那是"月亮"义的灵活用法（详下），并非"明"本身具有名词"光"义。

在元代文献中，"月明"也时见用例，元曲中尤多，如：

(38) 当日个月明才上柳梢头，却早人约黄昏后。(王实甫《西厢记》第四本第二折) 此系化用南宋朱淑真《生查子·元夕》词的名句"月上柳梢头，人约黄昏后"，可证"月明"就是"月"。

(39) 斩眼不得绿窗儿外月明却又早转，畅好是疾明也么天！(关汉卿《〔双调〕新水令》)

(40) 孤村晓，稚子道犹自月明高。(马致远《邯郸道省悟黄粱梦》第三折)

(41) 浓云渐消，月明斜照，送清香梅绽灞陵桥。(马致远《〔仙吕〕赏花时》)

(42) 绿莎轻衬，月明空照黄昏。(孟昉《〔越调〕天净沙·十二月乐词并序》)

(43) 投至得闹炒炒阵面上逃了生性，便是番滚滚波心捞月明，感叹伤情。(杨梓《忠义士豫让吞炭》第二折)

(44) 酒醉归，月明上，棹歌齐唱，惊起锦鸳鸯。(张可久《〔双调〕风入松·九日》)

(45) 月明涓涓兮夜色澄，风露凄凄兮隔幽庭。(郑光祖《㑳梅香骗翰林风月》第一折)

(46) 投到你做官，直等的那日头不红，月明带黑，星宿睁眼，北斗打呵欠！(无名氏《朱太守风雪渔樵记》第二折) "月明"与"日头""星宿"对举，指{月亮}甚明。

(47) 中秋夜，饮玉卮，满酌不须辞。沉醉后，仰望时，月明儿，便似个青铜镜儿。(无名氏《十二月·八月》) 此例"月明"还带了"儿"尾。

— 581 —

《原本老乞大》："今日是二十二，五更头正有月明也。鸡儿叫，起来便行。"《老乞大谚解》同，《老乞大新释》改作"五更时正有月"，《重刊老乞大》则把"月明"改作"月亮"。可见"月明"是"月"和"月亮"的同义词，从《原老》《老谚》的"月明"到《重老》的"月亮"，正好反映了北方话中｛月亮｝称谓的更替过程。

明代小说、戏曲中也有用例，如：

（48）看看月明光彩照入东窗。武松吃得半醉，却都忘了礼数，只顾痛饮。（《水浒传》第二十九回）

（49）茶罢进斋，斋后不觉天晚，正是那：影动星河近，月明无点尘。雁声鸣远汉，砧韵响西邻。（《西游记》第十三回）

（50）金蛇缭绕逐波斜，飘忽流星飞洒。疑是气冲狱底，更如灯泛渔槎。辉煌芒映野人家，堪与月明争射。（《型世言》第三十九回）

（51）书后有诗十首，录其一云：端阳一别杳无音，两地相看对月明。……（《警世通言》卷三十四）

（52）风流止许月明知，幽情却怕人前漏。（明周履靖《锦笺记》第二十一出《泛月》）

清代白话作品中"月明"多见，如《冷眼观》《双凤奇缘》《续金瓶梅》《风月梦》《飞花艳想》等都有用例，连文言小说《聊斋志异》也出现了七八例，① 如：

（53）师乃剪纸如镜粘壁间，俄顷月明辉室，光鉴毫芒。……俄一客曰："蒙赐月明之照，乃尔寂饮，何不呼嫦娥来？"（《劳山道士》）

（54）时值上弦，幸月色昏黄，门户可辨。摩娑数进，始抵后楼。登月台，光洁可爱，遂止焉。西望月明，惟衔山一线耳。（《狐嫁女》）

（55）是夜月明高洁，清光似水，二人促膝殿廊，各展姓字。（《聂小倩》）

"月明"的词义也存在灵活性，既可以指｛月亮｝，也可以指｛月儿明亮｝。上述例子是经从严筛选后挑出来的一部分，没有全举；如果放宽标准，例子自然还会更多。值得注意的是元代以后的例子多出现在北方和长江流域作家的作品中。

（三）"月亮"的产生时代及其结构

《汉语大词典》"月亮"条说：

---

① 《聊斋志异》虽用文言写成，但常常会巧妙地插用一些方言词和口语词，这是蒲松龄语言艺术的高超之处。

月球的通称。通常指其明亮的部分，故称。语出唐李益《奉酬崔员外副使携琴宿使院见示》诗："庭木已衰空月亮，城砧自急对霜繁。"清李光庭《乡言解颐·月》："月者，太阴之精。然举世乡言无谓太阴者，通谓之月亮。唐李益诗……以'繁'对'亮'，言其光也。相习不察，遂若成月之名矣。或曰月儿。"《官场现形记》第十二回："不如等到下半夜月亮上来，潮水来的时候。"（第6册，第1130页）

"月亮"最初确实是一个主谓短语，指"月光明亮"，如李益诗例，但是李光庭认为后世称"月"为"月亮"是误解李益诗所致，则显系无稽之谈。古人对语言现象缺乏科学认识，无足深怪；《汉语大词典》引其说而不置可否，则有未当。李益诗影响再大，也不可能改变全民语言中一个基本词的说法。

"月亮"这一名称的确立应该是较晚的事，但不至于晚到《汉语大词典》所引的始见书证《官场现形记》的时代，这是确定无疑的，但是究竟始见于何时，时贤意见不一。① 谭代龙（2004）引明末温璜《温氏母训》："人言日月相望，所以为望，还是月亮望日，所以圆满不久也。……待到月亮尽情乌有，那时日影再来光顾些须，此天上榜样也。"（引自文渊阁《四库全书》）认为："从目前掌握的材料来看，这还是最早的用例。"蒋绍愚（2012）则认为："'月亮'表示'日月星辰'的'月'，是从清代开始的，明代还没有这个词。"本文认同谭代龙的看法，认为至迟到明代晚期，口语作品中的一些"月亮"已经是指｛月亮｝了。除了谭文所引的一例外，还有以下一些例子：

(56) 娟娟月亮照黄昏，你做子张生，我做崔家里莺。花前月下，吟诗寄情。（冯梦龙编《夹竹桃·惹得诗人》）

(57) 月亮底下，抱子花弹能个姐儿只一看，疑是蟾宫谪降仙。（又《疑是蟾宫》）

(58) 眉来眼去未着身，外头哦要捉奸情。典当内无钱啰弗说我搭你有，月亮里提灯空挂明。（冯梦龙编《山歌·捉奸》）

(59) 姐道："郎呀，好像冷水里洗疮杀弗得我个痒，月亮里灯笼空挂明！"（又《老阿姐》）

---

① 潘允中（1989：45）说："单音词的'月'，中古时也称'月光'。……后来又易'光'为'亮'，称'月亮'。这大概是唐时的事。唐李益诗：'庭木已衰空月亮'，以后就固定为词。"潘说非是。

(60) 从<u>月亮</u>里边看去，果然是一个人，踞在禅椅之上，肆然坐下。（《二刻拍案惊奇》卷十三）

(61) 大<u>月亮</u>地里，蹑足潜踪，走到前房窗下。（《金瓶梅词话》第八十三回）①

(62) 〔末〕古人读书，有囊萤的，趁<u>月亮</u>的。〔贴〕待映月，耀蟾蜍眼花；待囊萤，把虫蚁儿活支煞。（汤显祖《牡丹亭》第七出）

(63) 〔生〕冷清光，气色霏微漾，晕影儿朦胧晃。敢是霜也？〔众〕是<u>月亮</u>。〔生〕步寒宫认得分明，不道昏黄相，衣痕上辨晓霜。〔又〕〔众〕是嫦娥在女墙，照愁人白发三千丈。（汤显祖《紫钗记》第三十四出）

这些"月亮"可以有三解：1）月儿明亮；2）月光；3）{月亮}。时贤多取前两解，而本文则认为应该是指{月亮}。因为关系到"月亮"成词的始见年代问题，这里不惜多花一点笔墨，逐例作个辨析。

例（56），"娟娟"一词只能修饰 NP，不能修饰 VP，因此"月儿明亮"的解释可以排除。检索文献可知，"娟娟"用来形容{月亮}，在唐宋元明时期的文学作品中有大量用例，这里撮举一部分：娟娟西江月，犹照草玄处。（《全唐诗》卷 198 岑参《杨雄草玄台》）娟娟东岑月，照耀独归虑。（又卷 202 沈颂《春旦歌》）娟娟唯有西林月，不惜清光照竹扉。（又卷 586 刘沧《晚归山居》）江月娟娟上高柳。（《全宋词》毛滂《感皇恩》）娟娟明月上，人在广寒宫。（又米友仁《临江仙》）云鬓风裳，照心事、娟娟山月。（又王庭珪《解佩令》）娟娟新月又黄昏。（又吴儆《浣溪沙》）争忍见，旧时娟娟素月，照人千里。（又张孝祥《转调二郎神》）冉冉烟生兰渚，娟娟月挂愁村。（又刘过《西江月》）算只有娟娟，马头皓月，今夜照归路。（又柴望《摸鱼儿》）娟娟明月鉴空帷，花下寻人步款移。（明孙梅锡《琴心记》第八出）好风吹去芦花舫，娟娟月照在渔竿上。（明屠隆《昙花记》第八出）娟娟月照，行行可归。（明孙仁孺《东郭记》第二十三出）公廉寡欲，娟娟明月照鹔冠；直节端方，凛凛清霜飞象简。（明无名氏《四贤记》第一出）明月娟娟筛柳，春色溶溶如酒。（《喻世明言》卷二十三）月娟娟，清光千古照无边。（明吴敬所《国色天香》卷一）亦写作"涓涓"，见上文例（45）。这里我们有意选取了一些与例（56）语境相近的例子，用资比较。偶尔也有形容月光的，但例子罕见，如：林摵摵兮悲风，光娟娟兮夜月。（《全唐文》卷 759 寇

---

① 《金瓶梅词话》中"月亮地"共 3 见，谭文和蒋文均已引，这里不备举。

可长《辛氏墓志铭》)① 从上面的比较中可以看出，例（56）应该是指{月亮}。

例（57）—（61），属于蒋绍愚（2012）所说的"月亮+处所词"，蒋先生认为这种组合中的"月亮"还是主谓短语"月+亮"，而不是指{月亮}。其实仔细玩味，例（57）"月亮底下"和例（61）"大月亮地里"看作{月亮}是很贴切的，分析为"月儿明亮"反倒绕了。笔者母语（吴语宁波话）今天仍有"月亮地里"一类说法，在笔者的语感中，其中的"月亮"很自然是指{月亮}，而不会理解成"月儿明亮"。其余3例的"月亮里/里边"，"月亮"分析成主谓短语同样觉得绕弯。其实这5例理解成"月光"倒是很通顺的，但是检索唐代至清代的文献，未见"月光底下""月光地里"，只有"月光之下"；"月光里"也仅见2例：金陵市合月光里，甘露门开峰朵头。（《全唐诗》卷723李洞《智新上人话旧》）便揽衣下了亭子，在月光里舞了一回。（清俞万春《荡寇志》第一百三十九回）可见在"月亮+处所词"这一组合里，"月亮"并不等于"月光"，否则应该有更多的"月光"出现在"月亮"的位置上才合理。因此这5例"月亮"分析成"月儿明亮"和"月光"其实都不合适，看作指{月亮}才是最合理的。还有一点附带一提，就是"月亮+处所词"和"太阳+处所词"的关系问题。蒋先生认为"月亮+处所词"（明代已见）比"太阳+处所词"（清代方见）出现得早，其中的"月亮"是一个词组，"太阳"则是一个词，两者不一样。"但'月亮地里'指月光照着的地面，'太阳地里'指阳光照着的地面，两者很相似，语言使用者会觉得，既然'太阳地里'的'太阳'指'日'，那么'月亮地里'的'月亮'也可以指'月'。也许，就是基于这样的类推，'月亮地里'的'月亮'这个本来已经凝固得比较紧的语言单位，就会产生指'月'的意义。"蒋先生所说的这种类推是合乎情理的，问题是发生在何时。检索文献，明代虽然没有"太阳+处所词"的例子，却有"日头+处所词"，见到2例"日头里"：每日个日头里晒，比及晌午挫正热时分收拾。（《朴通事谚解》上）武松那日早饭罢，行出寨里来闲走，只见一般的囚徒都在那里，担水的，劈柴的，做杂工的，却在晴日头里晒着。正是六月炎天，那里去躲这热？武松却背叉着手，问道："你们却如何在这日头里做工？"（《水浒传》第二十七回）这两例都是明代前期的例子。"日头"当然是

---

① 《汉语大词典》引鲁迅《集外集拾遗·怀旧》："月光娟娟，照见众齿，历落如排朽琼。"已是现代用例。

{太阳}，虽然实际上是指太阳光（词义的灵活性）。所以要说类推，明代的"日头里"就可以类推给"月亮里"，不必等到清代的"太阳地里"。这样来看例（58）（59）（60）的"月亮里/里边"，把其中的"月亮"分析为指{月亮}，就更顺理成章了。

例（62），蒋绍愚（2012）认为："'趁月亮'是指趁着月光明亮，'月亮'还是'月+亮'。"本文认为这个"趁"是"利用（时间、机会等）；借助"之义，在这里与"映"义近，后面跟的是 NP 而非 VP，如"二典"所引的例子——白居易《早发楚城驿》诗："月乘残夜出，人趁早凉①行。"辛弃疾《水调歌头·和赵景明知县韵》："君要花满县，桃李趁时栽。"所以"趁月亮"就是"映月"，"趁月亮"是口语，"映月"则是文言，月亮=月。"囊萤"和"趁月亮"都是动宾短语，后面承前省略了"读书"。

例（63）前称"月亮"，后称"嫦娥"，"嫦娥"是{月亮}的代称，可证"月亮"也是指"月"。

分析至此，上引8例的"月亮"是指称{月亮}，应该是可以成立的。问题是，这些"月亮"几乎也都可以理解成"月光"，或者说理解成"月光"似乎于文意更顺，尤其是例（63），上面说："冷清光，气色霏微漾，晕影儿朦胧晃。敢是霜也？"分明是说月光，意境跟李白诗"床前明月光，疑是地上霜"如出一辙，那么回答说"是月亮"，最顺理成章的理解自然是"月光"。这个问题如何解释呢？本文的解释是，这是"月亮"一词词义的灵活性所导致的，并非"月亮"的"亮"本身具有"光"义。事实上凡是能作"月光"讲的"月亮"，都是源于"月亮"词义的灵活性，在"月亮"这一组合中，"亮"不等于名词"光"。谭代龙（2004）举例证明了"亮"有"光"义，这是可以成立的，但是"亮"当名词"光"讲实际上用法很有局限，而且例子很少，不能随意类推。谭文所举的"月亮"当"月光"讲的例子存在循环论证和分析可商的问题。"月亮"本是主谓短语，蒋绍愚（2012）已经做了很清楚的分析，下面再补充一例：

(64)（齐公子云）合眼虎，唤你来别无甚事，某昨夜作一梦，见一轮皓月，出离海角，恰丽中天，忽被云遮。未知主何凶吉，请你来圆梦。（净合眼虎云）我道为甚么，原来是梦境之事。打甚么不紧！公子，你寻思波，<u>月者是亮也，亮者是明也</u>，云者雾也。月里头云，云里头雾，月云雾，好事吉祥之兆。今日若不得财，公

---

① "早凉"在这里应是定中结构的名词，与"残夜"对仗。

子，必然有人请你嚼酒。(元郑光祖《智勇定齐》第一折)

这个例子很形象地告诉我们，人们由"月"自然联想到的是它的"亮"——形容词，明亮——而非名词"光线"。谭文把可以理解为"月光"的"月亮"分析为定中结构，实际上是证据不足的，他根据白维国《金瓶梅词典》"月亮地"条释作"月光下的地面"，就认为白先生是把"月亮"解释为"月光"，恐怕是太坐实了。其实在语言交际中，说的是"月亮"，实际指的却是"月光"，这样的情形是很常见的，从认知角度讲也是很正常的，因为由"月亮"自然会联想到"月光"。所以"月亮""月光""月明"的词义都存在灵活性。"月"也是如此，在具体的上下文中，有时是指月光，如：娟娟霜月又侵门。(《全宋词》程垓《摊破江城子》)"侵门"的只能是"如霜的月光"(霜月)而不可能是"月亮"。"月亮"的姊妹词"太阳/日头"也一样，今天的口语还常说"今儿个太阳真大"之类的话，实际上并不是指太阳本身形状的大小，而是指太阳光强烈。古书中这样的例子很多(如上引《水浒传》例)，不必详举。

综上所述，指{月亮}的"月亮"一词明代已经产生应该是可以肯定的。不过在明代文献里这样的"月亮"还不多见，有些例子可以两解，如《西游记》第八十四回："那楼上有方便的桌椅，推开窗格，映月光齐齐坐下。只见有人点上灯来，行者拦门，一口吹息道：'这般月亮不用灯。'""这般月亮"可以理解为"这样的月光"，也可以理解为"月这般亮"。[①] 同时明代白话文献中的"月亮"仍然多用作主谓短语，如《夹竹桃·明月明年》："星稀月亮半更天，接着子情郎心喜欢。""星稀"和"月亮"都是主谓短语。又如《训世评话》36白："昨夜月亮，在后园葡萄架子底下玩月赏景，遇着旋窝风吹倒了那架子，被那葡萄藤刺磕抓了有伤。"文言部分作"月白"，也都是主谓短语。这与元代的用法是一脉相承的，如元李文蔚《燕青博鱼》第三折："衙内，咱两个往那黑地里走，休往月亮处，着人瞧见，要说短说长的。"蒋绍愚(2012)认为名词"月亮"就是由主谓短语"月+亮"凝固而成的，动因是"太阳"的类推和复音化趋势的影响。我们认同这一分析，只是认为名词"月亮"的形成时代至少可以从清代上推至明代后期。到了《醒世姻缘传》《儒林外史》《红楼梦》《儿女英雄传》《荡寇志》等清代白话小说中，"月亮"就用得

[①] 蒋绍愚(2012)认为，这个"月亮""解释为'月明'和'月'都说得通，但从时代来看，应该还是'月+亮'"。这是因为蒋先生认为表示{月亮}的"月亮"明代还没有。谭代龙(2004)则认为"月亮"就是上文的"月光"。本文认为不宜这么简单地类比，上面已经说过，把"月亮"分析成定中短语"月光"是缺乏依据的。

十分普遍了，如《红楼梦》第三十一回："怪道人都管着日头叫'太阳'呢，算命的管着月亮叫什么'太阴星'，就是这个理了。"《红楼梦》中指称{月亮}除单音词"月"外，双音形式只有"月亮"，共5见。

对于"月亮"一词的来源和内部结构，学界存在不同看法。董秀芳（2002）认为"月亮"从表"月光明亮"的主谓短语词汇化为表"月球"的名词[①]；蒋绍愚（2012）也认为："从本文列举的例句看，'月亮'从主谓关系的'月+亮'变为一个不能分开的词，成了'月之名'，其演变并非一步到位，而是有一个过程的。"谭代龙（2004）则认为："今天的'月亮'与唐宋时期出现的主谓结构的'月/亮'无直接关系，而是从明代出现的本义为'月光'的定中结构的'月亮'而来。即'月亮'最先是指月光，而后由部分进而指全体，指称发出月光的'月球'，完成了这个词的形成过程。"谢永芳（2011）认同主谓说，不过认为"月亮"的"月""只是个标记"，并从经济原则解释了"月亮"的词素序。

我们认为董秀芳（2002）和蒋绍愚（2012）对"月亮"一词的来源和结构的分析是正确的，除了上文提到的文献证据外，通过比较方言对应词"月明"和"月光"也可以证明这一点。

据上文表2可知，在现代汉语共时平面上，"月亮""月光""月明"是地域同义词。查看《汉语方言词汇》（第2版）与《汉语方言地图集·词汇卷》，我们发现"月亮"系列词与"天亮"系列词在方言分布上大致相对应，表3是部分点的情况：

表3

方言点	{月亮}	{天亮}
山东：诸城 山西：长子、霍州、临县、娄烦 河南：清丰、滑县	月明	天明
浙江：温州 江西：南昌、赣县 湖南：双峰 广东：广州	月光	天光
北京、南京、西安、重庆、武汉[②]	月亮	天亮

[①] 不过董秀芳（2011修订本）删去了此例。

[②] 汪化云先生告诉笔者：他的母语武汉话，老派其实是说"月亮/天光"的，年轻人则说"月亮/天亮"。维辉按：据此可以推测，早期的武汉话{月亮}也应该是说"月光"的，今天的情形是受通语影响的结果。

形容词"明"、"光"与"亮"之间恰好存在着历时替换关系。① 因为"月亮"系列词与"天亮"系列词不仅在现代方言的分布上大致对应,而且历时替换也一致,所以,表{月亮}的"月明""月光""月亮"三词中的"明""光""亮"与"天明""天光""天亮"中的"明""光""亮"一样,都是形容词。"月明""月光""月亮"与"天明""天光""天亮"一样都是主谓结构,分别由之前的"月/明""月/光""月/亮"三个主谓短语词汇化而成。② 因此我们认为"月亮"是从主谓短语凝缩成词的。③

汉语是一个系统,它的各个方言又是它的子系统,子系统下面还有次级系统,直至一个个"共时共域"的最小系统。各个系统内部是自成体系的,系统与系统之间则是异质的,不能进行简单类比。如果从普通话的立场去看"月光",很可能会把它分析成定中结构,因为在普通话里"光"主要是用作名词"光线;亮光"义,可是在说"月光"的言语社团的语言意识里,可能觉得"月光"应该是主谓结构,因为在那些方言区,"光"就等于普通话的"亮",是个形容词。所以必须把方言词放到相应的方言系统中去讨论才有意义,用普通话的眼光看方言或用此方言的眼光看彼方言都容易发生偏差。把"月亮"跟地域同义词"月光""月明"放在一起来作系统的考察,并且把它们和"天亮"系列词作比较,"月亮"的内部结构就比较清楚了。

(四)"月亮"的源生地及其扩散

"月亮"很可能是一个"长江型词"。因为从共时分布来看,长江中下游的安徽、江苏、浙江的江淮官话区和北部吴语区是"月亮"分布最密集的地区,其中江苏涟水、盱眙、灌云、南通、泰兴、射阳、宝应、江都、句容(以上江淮官话)和常州、金坛、溧阳、通州、常熟、靖江(吴)、江阴、宜兴、丹阳、张家港(以上吴语)还分布着"亮月",《解释地图》"地图2-1月亮:综合地图"说:"'亮月'(C系)主要分布在江苏,其分布区域被'月亮'所包围,且和'月亮'并用的地点较多。

---

① 关于"亮"对"明"的替换,可参看汪维辉(2005)"(天)明—(天)亮"条。从"光"到"亮"的历时更替则尚需研究。

② 参看杨玲《"月亮"再考》(未刊稿)。

③ 魏钢强先生告诉笔者:江西宜春、萍乡一带方言管"月亮"叫"月晶","天亮"说"天晶"(详见魏钢强编《萍乡方言词典》),老百姓不知道"晶"字应该怎么写,多以为是"笑"字,其实本字应该是"明亮"义的"晶"。这也可以给"月亮""月明""月光"为主谓结构提供旁证。

由此可以推测，'亮月'是'月亮'基于某种原因发生语素倒位而生成的。如果这种推测成立的话，那么江淮地区起初应该是'月亮'集中分布的区域。"（第66页）可见"亮月"是"月亮"的后起形式，也就是说，在"月亮"的源生地，它又发生了新的变异。这样的密集分布以及新兴变异形式的存在，表明江淮官话区应该是"月亮"这一形式最初产生的地区。随着明初江淮官话地位的提高，它向北、向西扩散到广大的官话区（其中河南、山东、山西和陕西的部分地点尚未被"月亮"覆盖，仍说"月明"），向南则扩散到北部吴语区，但是再往南的大片南方地区包括南部吴语、赣语、徽语、湘语、客家话、粤语、闽语、平话、土话等仍然密集地分布着南方固有词"月光"，尚未受到"月亮"的覆盖。从历史文献看，元曲中表示｛月亮｝的"月明"常见，《原本老乞大》管｛月亮｝叫"月明"，表明在当时"月明"是北方地区称呼｛月亮｝的通用词；而"月亮"的早期用例则主要出现在冯梦龙、温璜、凌濛初、汤显祖的作品和《金瓶梅词话》中，《西游记》也有疑似的例子（见上文），由于例子太少，还不易对其源生地遽下判断。不过冯梦龙是苏州人，温璜和凌濛初都是乌程（今属浙江湖州市）人，《西游记》所反映的是江淮官话，这些都是今天"月亮"密集分布的地区。汤显祖是临川（今江西抚州）人，今属赣语区，｛月亮｝称"月光"，不过汤显祖曾较长时间在南京和浙江遂昌做官，他对这一带的方言应该是熟悉的。因此，虽然汤显祖作品和《金瓶梅词话》中用到"月亮"的原因尚待进一步探究，但是这些有限的早期用例与今天方言的分布无疑存在着明显的对应关系，这应该不是出于偶然。

综上所述，历史上表｛月亮｝的"月明""月光""月亮"三词之间很可能存在如下的演变关系：

南北朝以前　　南北朝—明代　　　　　明代以后
　　　　　　　月明（北方）　　　　　月明（北方少数）
　　月　→　　　　　　　　　→　　　月亮（通语及官话等）
　　　　　　　月光（南方）　　　　　月光（南方多数）

三　比较

基本词演变史是汉语词汇史学科的核心课题之一，对于现代汉语词汇和方言史的研究也具有重要意义。｛太阳｝和｛月亮｝无疑属于最核心的基本词，它们在汉语发展史上的经历有同也有异。比较一下这对"姊妹词"的演变历史，可以发现许多有意思的现象和规律。

（一）同

1. 复音化

两者都发生了复音化，主要是双音化，而且"太阳"和"月亮"的后一音节在许多官话方言中都念成了轻声。① 汉语词汇双音化的总趋势在最基本的词上也体现了出来，可见其影响之深广，同时这可能也跟"日""月"的义项比较丰富有关——为了避免歧义而选择了双音形式。"月"的双音化略早于"日"，但普遍使用双音形式都是在入唐以后。太田辰夫先生在《中国语历史文法·跋》中说："唐五代是那种可以称为'白话的祖型'的语言形成的时期，因此特别重要。"（中译本第 376 页）汉语从唐五代以后确实发生了一些本质性的变化，进入了近代汉语阶段，这在一批基本词上也有反映。②

2. "长江型"分布

从共时平面看，"太阳"和"月亮"都呈现出"长江型"分布的特点，也就是说，江淮官话区是它们分布最密集的地区。关于"长江型"分布，岩田礼（2009：15 - 16，19）有过系统的论述，这里节引如下："长江流域处于华北和华南的中间，在语言方面表现出两个特点：一是过渡性，二是创新性。……长江流域方言的特点在于其创新性质。……这些词形的历史根源，至少多数是较浅近的，也就是说，这一分布类型的形成是属于晚期的，与自明朝初期以来汉人在云南的大规模移民有关。……不可否认，表现出'长江'型的词形多数都是江淮起源的，尤其是以南京和扬州为中心的一带应是语言创新的发源地。这一地区可以称作'南方的核心地区'。""月亮"大概就是"江淮起源"的，而"太阳"则不一定，因为它早在汉代就已经产生了。③ "太阳"和"月亮"虽然发源地不一定相同，但它们都在明代以后向周围扩散，形成了今天的分布格局，这跟明代官话的基础方言存在着密切的关系。④ 属于这种类型的基本词还有

---

① 夏先培先生告诉笔者：他的母语长沙话"月亮"的"亮"念阴去，"天亮"的"亮"则念阳去，两者声调不同。维辉按：长沙话"月亮"的"亮"念阴去可能跟普通话"亮"念轻声属于同一类性质的音变。

② 参看汪维辉（2003）。

③ 岩田礼先生来信提醒："月亮"很可能是江淮起源，但"太阳"一词未必是，因为这词已经出现在六朝以前……形成"江淮型"分布的词形不一定都是江淮起源。如《汉语方言解释地图（续集）·前言》（第一页）言及的"壁虎"。（2012 年 8 月 6 日电邮）《汉语方言解释地图（续集）·前言》在分析了"壁虎"的分布特点后说："因此，我们即使看到某些词形集中在长江流域，也不能直接下断言，说该词形就是起源于江淮一带。"对岩田礼先生的指正笔者深表感谢。

④ 参看岩田礼（2009）和汪维辉、秋谷裕幸（2010）。

一批，值得作系统的研究。

3. 历史层次

方言的共时分布反映着不同的历史层次，可以大别为三层：

（1）单音形式"日"和"月"代表最古老的上古层；

（2）双音形式"日头"代表唐五代的近代早期层，"月明"和"月光"代表东汉魏晋南北朝的中古层；

（3）"太阳"和"月亮"代表明代以后的最新层（近代晚期层）。①

当然，如果细分，每层内部还可以再分出若干下位层次，比如"热头"是晚于"日头"的层次，"亮月"是晚于"月亮"的层次，带尊称的扩展形式要晚于不带尊称的形式，而其中脱落了词根的纯尊称形式则是更新的层次，等等。②

（二）异

1. 词汇更替

正如王力（1958/1980）所说，"太阳"替换"日"成功了，而"太阴"替换"月"却失败了。③ 这是两者最大的不同。这大概跟避讳有关。

2. 复音化方式

两者采取的复音化方式不同。"日"主要采用附加式变成"日头"；"月"的复音化方式则比较独特，除北方少数地点的"月儿"外，没有采用常见的附加式，而是来自主谓短语的词汇化——月明、月光、月亮。原因是"月"附加词尾"头"存在语义上的困难。（详下）

3. 词尾

在附加式中，两者所用的词尾也不同：日头—月儿④。原因何在？我们的初步解释是："头"是唐代最常用的名词词尾之一，一旦"日"需要双音化，很自然地就会和"头"结合构成双音词"日头"（那时"太阳"一词还远未进入全民通语。详下），此后约定俗成，一直沿用下来，没有必要再变换词尾。而"月头"则是一个有特定含义的词，指"月初"，《汉语大词典》所引的始见书证是五代前蜀花蕊夫人《宫词（其八十

---

① 指称｛太阳｝的"太阳"虽然产生很早，但是在通语中与"日头"形成竞争并扩散开来则是明代以后的事。

② 可参看岩田礼（2009）对各个形式的具体分析。

③ 方言中｛月亮｝说"太阴"的并非绝对没有，不过甚为罕见，《地图集》"太阴"只有云南楚雄和会泽两个点（属西南官话）。

④ 未见"日儿"；"月头"。《地图集》标了广东台山和江西乐安两个点（均属粤语），《解释地图》则未标。

八)》："月头支给买花钱，满殿宫人近数千。"如果把指称｛月亮｝的"月"双音化为"月头"，就会产生歧义，① 所以"月"可能从一开始就没有采用附加式的方式实现双音化，而是采用了把主谓短语凝缩为双音词的办法。到了"儿"尾很发达的宋元时代，在北方地区才出现了新的双音形式"月儿"，但是它始终未能取代"月明"、"月光"以及后来的"月亮"，成为主流形式。

4. 单音形式

两者都存在单音形式，集中在闽语区，这说明闽语在这对基本词上属于最古老的方言。但是"月"的分布比"日"要广，也就是说，"日"的复音化进度要快于"月"，这大概是因为｛太阳｝的使用频率要高于｛月亮｝。｛太阳｝比｛月亮｝跟人们的日常生活关系更密切，两者的地位其实并不相等，反映在语言中，就会导致种种差异。

5. 尊称形式

秋谷裕幸先生来信指出："跟'太阳'相比，'月亮'更容易与表示女性的附着成分结合（奶、姑、娘）。"（2012年8月20日电邮）这大概跟汉族人的观念有关，"太阳"是极阳，"月亮"是极阴，跟人类的男性和女性相似，所以人们常常把"太阳"称为"公公"等，而把"月亮"称作"婆婆"等。

参考文献

北京大学中国语言文学系语言学教研室编：《汉语方言词汇》第二版，语文出版社1995年版。

曹志耘主编：《汉语方言地图集·词汇卷》，商务印书馆2008年版。

陈章太、李行健主编：《普通话基础方言基本词汇集·词汇卷上》，语文出版社1996年版。

董秀芳：《词汇化：汉语双音词的衍生和发展》，四川民族出版社/商务印书馆（修订本）2002/2011年版。

蒋绍愚：《汉语常用词考源》，《国学研究》2012年第29卷，中国人民大学报刊复印资料《语言文字学》2012年第10期全文复印。

---

① 真大成博士认为：指"月初"的"月头"似乎始见于花蕊夫人《宫词》，可见唐人并不使用"月头"来表示月初。这样的话，用附加式将"月"双音化为"月头"不会造成歧义，但是唐人没有这样做，应该另有原因（不是"语义上的困难"），有待探索。没有"月头"，但也没有"日儿"，这是不是和汉族人对"日""月"的传统观念有关？"日"代表阳，"月"代表阴，"儿"含有阴弱、幼小的含义，所以一直没有"日儿"的说法，只有"月儿""月牙儿"。维辉按：大成博士的看法颇有道理，这个问题可以继续探索。

李荣：《论"人"字的音》，《方言》1982年第4期。

李荣主编：《现代汉语方言大词典》（六卷本），江苏教育出版社2002年版。

潘允中：《汉语词汇史概要》，上海古籍出版社1989年版。

［日］松江崇：《太阳与月亮》，载《中国语方言の言语地理学的研究》，平成16—18年度科研报告书（第三分册），2007年。

［日］太田斋：《晋方言常用词汇中的特殊字音——"今日"和"今年"》，载陈庆延、文琴、沈慧云、乔全生主编《首届晋方言国际学术研讨会论文集》，山西高校联合出版社1996年版。

谭代龙：《"月亮"考》，《语言科学》2004年第4期。

汪维辉：《〈词汇化：汉语双音词的衍生和发展〉评介》，《语言科学》2006年第2期。

汪维辉：《〈老乞大〉诸版本所反映的基本词历时更替》，《中国语文》2005年第6期。

汪维辉：《汉语"说类词"的历时演变与共时分布》，《中国语文》2003年第4期。

汪维辉、秋谷裕幸：《汉语"站立"义词的现状与历史》，《中国语文》2010年第4期。

王力：《汉语史稿》，科学出版社/中华书局1958/1980年版。

谢永芳：《"月亮"的词素序——兼论A－AB式双音化对词素序的制约》，北京师范大学民俗典籍文字研究中心编《民俗典籍文字研究》第八辑，商务印书馆2011年版。

谢永芳：《双音词词汇化研究模式的特点及思考——以"月亮"的成词为例》，《楚雄师范学院学报》2012年第8期。

［日］岩田礼编：《汉语方言解释地图》，（日本）白帝社2009年版。

［日］岩田礼编：《汉语方言解释地图》（续集），（日本）好文出版2012年版。

杨玲：《"月亮"再考》（未刊稿），2009年。

叶雪萍：《客家方言词语源流考》，硕士学位论文，西北大学，2010年。

叶雪萍：《日头》，《语言文字周报》2011年1月26日第4版。

朱国理：《"月""夕"同源考》，《古汉语研究》1998年第2期。

（原载《中国语言学报》第十六期，商务印书馆2014年版）

"把似/把如"的词义与理据

汪维辉

摘要 "把似/把如"是宋元时期常见的一个口语词,用法灵活,词义复杂,自张相(1953)以来,解释者不乏其人,但意见颇为纷歧,对同一个例子往往有不同的理解。至于"把"字作何解、"把似/把如"的得义理据是什么、各个义项之间是什么关系,则未见有人论及。本文利用"大数据"(big data)的便利条件,在穷尽搜罗文献用例和已有成果的基础上,重新梳理"把似/把如"的词义及其理据。"把似/把如"的词义可以归纳为五项:①当作;比作。②假如。③即使;就算。④与其。⑤不如;何如。"把"有"拿;当"义,"把似/把如"即"拿来像;当作像","像"义淡化,就是"当作;比作",这就是它的得义理据。五个义项间的关系为:①→④是引申关系,④→⑤则是转化关系。张相的《诗词曲语辞汇释》一书创辟新域,影响深远,但也存在美中不足,对它进行全面研究和整理是一项很有必要和意义的工作。

关键词 把似/把如 词义 理据 近代汉语 训诂学 《诗词曲语辞汇释》

"把似①"是宋元时期常见的一个口语词,明代以后还偶见用例,也写作"把如",但比较少见。此词用法灵活,词义复杂,自张相(1953)以来,解释者不乏其人,但意见颇为纷歧,对同一个例子往往有不同的理解。至于"把"字作何解、"把似/把如"的得义理据是什么、各个义项之间是什么关系,则未见有人论及。前贤限于条件,难以把用例搜罗完备,加之方法上的局限或对文例没有透彻理解等原因,解释未周、未尽在

---

① "似"字偶有写作"自""使"的(例子见王学奇、王静竹,2002:24),当是同音或近音异写。

所难免。在今天这个"大数据（big data）时代"，我们几乎可以把全部例句和前人的解释"一网打尽"，就有可能对此词进行一次彻底的梳理，做出更加确切清晰的训释。本文即试图在穷尽搜罗文献用例和已有成果的基础上，重新梳理"把似/把如"的词义及其理据。未妥之处，敬祈方家指正。

一 "把似/把如"的词义

最早解释此词的大概是张相（1953）[1]"把似 把如"条，搜集的例子相当丰富，归纳为"假如"和"不如"两义，分四项进行说解。张相的解说影响很大，后出的解释多沿用其说，但张说有得有失，总地来看释义不够全面、精当，对例子的理解也多有可商之处。[2] 通过仔细玩味搜集到的例子和各家解释，笔者认为"把似/把如"的词义可以归纳为五项：①当作；比作。②假如。③即使；就算。④与其。⑤不如；何如。[3] 下面分项论说，有歧解或疑问的例子随文加以辨析。

①当作；比作。

(1) 甚天花、纷纷坠也，偏偏着余帽。乾坤清皓。任海角荒荒，都变瑶草。落梅天上无人扫。角吹吹不到。想特为、东皇开宴，琼林依旧好。　看儿贪耍不知寒，须塑就玉狮，置儿怀抱。奈转眼、今何在，泪痕成恼。白发翁翁向儿道：那曲巷袁安爱晴早。便把似、一年春看，惜花花自老。（宋刘辰翁《花犯·再和中甫》）

(2) 灯舫华星，崖山碕口，官军围处。璧月辉圆，银花焰短，春事遽如许。麟洲清浅，鳌山流播，愁似泪罗夜雨。还知道，良辰美景，当时邺下仙侣。　而今无奈，元正元夕，把似月朝十五。小庙看灯，团街转鼓，总是添恻楚。传柑袖冷，吹箎漏尽，又见岁来岁去。空犹记，弓弯一句，似虞兮语。（宋刘辰翁《永遇乐·余方

---

[1] 此书第一版（上海中华书局 1953 年 11 月）今天已不易见到，现在通行的是中华书局 1977 年据 1955 年第三版的重印本，本文所据即为此本。
[2] 入矢义高（1954/1997：96）将"把似"列为此书"训诂舛误与疏漏尤多者"中的一条。
[3] 唐人用"把似"为"拿给，拿与"义（参看汪维辉，2011），本文不讨论。下面这个例子可能就是这种用法：卢氏不中第，步出都门，投逆旅。有一人附火，吟曰："学织锦绫工未多，乱安机杼错抛梭。莫教宫锦行家见，把似文章笑杀他。"因问之，答云："家业织绫，离乱前隶属宫锦坊，近以薄艺投本行，皆云'如今花样不同'。且东归也。"（宋曾慥《类说》卷四十九引《卢氏杂说》，《记纂渊海》卷三十七、《锦绣万花谷》前集卷二十二、《山堂肆考》卷八十五略同）《太平广记》卷二五七"织锦人"条引《卢氏杂说》文字颇异，"把似"作"把此"。

痛海上元夕之习，邓中甫适和易安词至，遂以其事吊之》）

以上两例张相（1953：257）均释为"譬做",[①] 廖珣英（2007：11）释作"当做；比做"；例（1）刘宗彬、康泰、黄桃红（1998：177）释作"当作"。例（2）席嘉（2010：98）认为是"比起来似"的意思，恐怕不如"当作"确切，因为这是主观上把元正元夕"当作"月朝十五，而不是客观上"比起来像"。

（3）不成三五夜，不放霎时晴。长街灯火三两，到此眼方明。把似每时庭院，传说个般障子，无路与君行。推手复却手，都付断肠声。 漏通晓，灯收市，人下棚。中山铁马何似，遗恨杳难平。一落掺挒声愤，再见大晟舞罢，乐事总伤情。便有尘随马，也任雨霖铃。（宋刘辰翁《水调歌头》）

吴企明（1998：412）释作"譬如"，刘宗彬、康泰、黄桃红（1998：254）释作"比作"。

（4）想幼安、辽东归后，自羞年少龙首。长安市上垆边卧，枉却快行家走。空两袖。染醉墨淋漓，把似天香透。功名邂逅。便六一词高，君谟字伟，但见说行昼。 人间事，苦似成丹无候。神清苕字如镂。明年六十闻歌后，颇记薄醺醺否。儿拍手。笑马上葛疆，也作家山友。烦伊起寿。更待复一中，毋多酌我，疏影共三嗅。（宋刘辰翁《摸鱼儿·赠友人》）

刘宗彬、康泰、黄桃红（1998：254）释作"当作"。

（5）沉云别浦。又何苦扁舟，青衫尘土。客里相逢，洒洒舌端飞雨。只今便把如伊吕，是当年、渔翁樵父。少知音者，苍烟吾社，白鸥吾侣。 是如此英雄辛苦。知从前、几个适齐去鲁。一剑西风，大海鱼龙掀舞。自来多被清谈误。把刘琨、埋没千古。扣舷一笑，夕阳西下，大江东去。（宋詹玉《桂枝香·丙子送李倅东归》）

此例是说：如今便当作伊尹、吕望，实际上是当年的渔翁樵父。席嘉（2010：98）认为是"比起来似"的意思，恐亦不确。

（6）休把似残花败柳冤仇结，我与你生男长女填还彻。（元白仁甫《墙头马上》第三折［鸳鸯煞］）

此例李崇兴等（1998：10）释作"当作"，甚是。

"当作；比作"是"把似/把如"的初义，说详下文第二节。

[①] 张相（1953：332）"看（二）"条引例（1），云"把似亦当做义"。

②假如

(7) 深院榴花吐。画帘开、練衣纨扇,午风清暑。儿女纷纷夸结束,新样钗符艾虎。早已有、游人观渡。老大逢场慵作戏,任陌头、年少争旗鼓。溪雨急,浪花舞。　灵均标致高如许。忆生平、既纫兰佩,更怀椒糈。谁信骚魂千载后,波底垂涎角黍。又说是、蛟馋龙怒。**把似**而今醒到了,料当年、醉死差无苦。聊一笑,吊千古。(宋刘克庄《贺新郎·端午》)

张相(1953：257)云："言假如屈原独醒至今日,不如当年醉死之差无苦也。"钱仲联(1980：289)、唐圭璋(1979：197)均承其说释作"假如"。张相释"把似"为"假如"可从,唯将"而今醒到了"解为"独醒至今日"恐不确,应该是"如今醒来了"。这是为屈原叫屈,嘲笑俗人拿粽子去给他吃,又说是什么"蛟馋龙怒",如果不把粽子投到江里,它们就会伤害屈原——假如屈原如今醒来了,看到此种情景,料想还不如当年醉死之略无苦也。龙潜庵(1985：414)释作"尽管,即使",不确。

(8) 金玉旧情怀,风月追陪,扁舟千里兴佳哉。不似子猷行半路,却棹船回。　来岁菊花开,记我清杯。西风雁过填山台,**把似**倩他书不到,好与同来。(宋辛弃疾《浪淘沙·送吴子似县尉》)

张相(1953：257)云："此戏言假如倩雁传书而书不到,则君但记着,于雁来时俱来可也。"邓广铭(1978：391)承其说释作"假如"。

(9) 弛担逢除夕,檀栾共拥炉。**把如**为客看,还得似家无?(宋刘克庄《乍归》九首之六)

张相(1953：257)谓"此亦譬做义"。《汉语大词典》释作"譬如",仅引此一例。席嘉(2010：99)认为是表示比较的结果。似以释作"假如"为确。此例不用"把似"而用"把如",显然是出于调平仄的需要。

(10) 客程愁雨复愁风,君意怜侬却忘侬。**把似**相怜不相忘,只消那转马头东。(明孙蕡《西庵集》卷七《闺怨》一百二十四首①之一百一十)

这是说,假如你怜我而且不忘我,那么只消掉转马头向东(回家)就行了。

(11) **把似**你肯留头嫁做个良人妇,不枉了发似漆,体如酥。(明冯惟敏《僧尼共犯》二[骂玉郎])②

---

① 《四库全书》本题作"一百二十四首",实际只有一百二十首。
② 此例转引自陆澹安(1981：203)。

(12) 把似怕我焦，则休将彼邀。（清洪昇《长生殿》第十九出［北四门子］）

徐朔方（1983）注："把似，如果。焦，心焦。"

③即使；就算

(13) 粉碎了阎浮世界，今年是九龙治水，少不的珠露成灾。将一统家丈三碑，霹雳做了石头块，这的则好与妇女掴帛。把似你便逞头角欺负俺这秀才，把似你便有牙爪近取那澹台，周处也曾除三害。我若得那魏征剑来，我可也敢驱上斩龙台。（元马致远《荐福碑》第三折［满庭芳］）

此例龙潜庵（1985：413）释作"尽管，即使"，李崇兴等（1998：10）释作"即使；就算"，均甚确。两个"把似"与下句的"也"呼应，正是让步语气。剧情是：张镐流落在荐福寺，没有盘费上京赶考，该寺长老有心资助他，打算第二天一早把寺中碑亭内颜真卿亲手书写并镌刻的一通碑文拓印一千份，让张镐一路上卖钱充当盘缠。但是张镐之前因题诗得罪了龙神，龙神要报复他，一路上跟随着他与他过不去，当晚用雷劈碎了荐福碑，这是张镐看到一夜雷轰碎了丈三高的碑文后的一段唱词，"把似你"以下数句是对龙神说的话：就算你便逞头角欺负俺这秀才，就算你便有牙爪近取那澹台灭明，周处也曾除三害。① 我如果得到那魏征的斩龙宝剑来，我可也敢把你驱上斩龙台！王学奇（1994：1598）释为"假若，如果"，认为跟辛弃疾《浪淘沙·送吴子似县尉》词义同，非是，因为"把似"两句所说的是已然的事实，而不是假设的情景。可比较同剧上文：这孽畜，更做你这般神通广大，也不合佛顶上大惊小怪。（《荐福碑》第三折［幺篇］）"更做"相当于"就算；即使"，与"也"相应，也是让步语气。

(14) 问你个赏花人有甚么穷薄事，则待拗双飞撇马多回次。可也要会人情把似你秀才家性儿使。（明汤显祖《紫钗记》第五十一出）

这是埋名豪客设计把李益骗回家去与霍小玉团圆，快到家时李益醒悟后推说有事拨马欲回，豪客对他的唱词：你有什么破事儿几次拨马欲回？即使你使秀才家性儿，可也要懂人情啊！"可也要会人情把似你秀才家性儿使"当是因押韵而把上下句倒装了。

④与其

多用在"把似/把如……争如/何如/不如/何似……"一类复句中，

---

① 这是用周处杀蛟的典故，见《世说新语·自新》。

张相（1953：257）释作"犹云假如或譬做也"，不如释作"与其"准确。例如：

(15) 下马东山路。怳临风、周情孔思，悠然千古。寂寞东家丘何在，缥缈危亭小鲁。试重上、岩岩高处。更忆公归西悲日，正蒙蒙、陌上多零雨。嗟费却，几章句。　谢安雅志还成趣。记风流、中年怀抱，长携歌舞。政尔良难君臣事，晚听秦筝声苦。快满眼、松篁千亩。把似渠垂功名泪，算何如、且作溪山主。双白鸟，又飞去。（宋辛弃疾《贺新郎·题赵兼善龙图东山园小鲁亭》）

邓广铭（1978：342）释此例云："'把'字有'与其'、'假使'二义。"魏耕原（2005：107）云："……但谢安无'垂功名泪'事。《宋元语言词典》例举此词释'把似'为'与其'义，则此句言：与其他垂功名泪，则语气阻涩不通。《汇释》释为'假如'，谓此二句'言假如功名不遂志，何如归隐也。'其'渠'未落在实处。似当言：假如他（谢安）也垂功名泪，那他还算什么溪山主！所以此处的'把似'，还是看作'假如'义为佳。"① 按，魏氏对原文的解读可谓鲁莽灭裂：原文明明是说"算何如且作溪山主"，即算来何如且作溪山主（指谢安高卧东山事），怎么会成了"那他还算什么溪山主"了呢？谢安作为东晋一方的总指挥，在淝水之战中以八万兵力打败了号称百万的前秦军队，致使前秦一蹶不振，为东晋赢得几十年的安静和平。但功高震主，始终不为会稽王司马道子所容，太元十年四月，他被迫以抵御前秦为名北赴广陵，筑新城留住，返回建康后病卒。② 这就是辛词所说的"垂功名泪"事。《宋元语言词典》所释是。

(16) 把似众中呈丑拙，争如静里且诙谐！（宋邵雍《先几吟》）

(17) 尽是狼虫虎豹，蛇蝎狐狸。把似养他毒物，又何如、物外修持？（宋马钰《满庭芳·自咏》）③

(18) 咄！这老顽，顽于石铁！喝倒又起，棒打不杀；急里翻身，当机便撚；若教挝鼓说禅，也会七七八八。咄！把似口罗舌沸，何似耳聋眼瞎？（宋楼钥《攻媿集》卷八十一《鉴堂昕老赞》）

(19) 把如立作山头石，何似急行归故乡。（宋邹浩《道乡集》卷十

---

① 魏耕原（2006：280）略同。
② 参《晋书·谢安传》。
③ 此例转引自袁宾等（1997：6）。

三《斗米滩》)

（20）大官人说："大丈夫，告他做什么？把似告他，何似自告！"（《警世通言》卷三十七《万秀娘仇报山亭儿》）

（21）焦吉道："我几回说与我这哥哥，教他推了这牛子，左右不肯。把似你今日不肯，明日又不肯，不如我与你下手推了这牛子，免致后患。"（同上）

（22）我身穿着百衲袍，腰缠着碌簌绦，头直上丫髻三角。任东西散诞逍遥，抄化的酒一壶饭一瓢。因来时醉眠芳草，煞强如极品随朝。把似你受惊受怕将家私办，争如我无辱无荣将道德学，行满功高。（元杨景贤《刘行首》第二折［滚绣球］）

（23）愁人倦听，杜鹃声更哀。不去向他根底，偏来近奴空侧，诉离怀。把似唤将春去，争如撺顿取那人来①。（元朱庭玉《闺思》）

（24）毅曰："我不仗皇帝之势，此也便杀你。"膑道："把如你先杀我，不如先杀你。"轮起沉香木拐，觑着乐毅头上便打。（元《新刊全相平话乐毅图齐七国春秋后集》卷中）

此例"不如"原作"不好"，此从钟兆华（1990：143）校。钟先生注解说："把如：连词，与其。"（153页）甚是。

（25）把似他日在家守着，何如今日不去的是。（《二刻拍案惊奇》卷三十二）

有时下句省去"何如/不如"等关联词语，张相（1953：259）云："大抵开合呼应句往往有省文。兹更以《西厢》证之。方诸生校注古本《西厢》三之四，《紫花儿序》曲全文：'把似你倚着栊门儿待月，依着韵脚儿联诗，侧着耳朵儿听琴，怒时节把个书生迭窨，欢时节将个侍妾逼临，难禁，可教我似线脚儿般殷勤不离针。从今后教他一任，将人些义海盟山，变做了远水遥岑。'迭窨与撖窨同，言使之顿足忍气也。此为张生跳墙被莺莺面责因而成病后，莺莺又倩红娘送诗订约时红娘所唱之词。盖莺莺反复之后，红娘颇有怨意，把似你至不离针七句为开，从今后三句为合，从今后之上省去不如字。大意言假如你这样反复无常，始则待月联诗听琴而钟情，继则将张生迭窨而变卦，今则又逼我去转圜而累得我似线脚不离针，为我计，不如以后一任他负盟忘义，免使我受累也。此亦开合句法省文之例，与三之二把似你使性子三句之机轴同，不过文字有长短而已。"所论甚是，唯"假如"不如"与其"准确。实际用例中往往省略关

---

① 张相（1953：258）云："撺顿与撺掇同，此言争如去撺掇着我那意中人归来也。"

联词语（特别是诗词曲等每句字数有定的作品），致使复句关系含糊不明。如：

(26) 落花传语五更风：能傍亭台几日红！把似匆匆又飞去，不消裁染费春工。（宋许棐《落花》）

这是说：与其匆匆又飞去，不如不消裁染费春工。张相（1953：257）云："意言假如花要落，则直不须开也。"释作"假如"，不如"与其"准确，因为落花要匆匆飞去，是必然之事，属于已知的前提，无须假设。

(27) 郑恒打惨道："把如吃恁摧残，厮合燥，不出衙门觅个身亡却是了！"（金董解元《西厢记诸宫调》卷八）

张相（1953：258）云："把如句开，不出句合。不出衙门上省去不如字，盖郑恒在杜太守处与张生争莺莺不胜，被衙前众人讥笑，故云假如这样受欺，却不如觅个自尽也。"所论甚确，郑恒说完这话，果真投阶而死。有人认为"不出衙门"应作"不如出衙门"，脱一"如"字，① 实与剧情不合。原文并无脱字，只是省略了下句的关联词语"不如"。不过张相释"把如"为"假如"，同样不如"与其"确切，因为"吃恁摧残、厮合燥"是已然的事实，不是假设。

(28) （夫人云）我请个良医来调治你。（正旦唱）若是他来到这里，煞强如请扁鹊卢医。（夫人云）我如今着人请王生去。（正旦唱）把似请他时，便许做东床婿。到如今悔后应迟。（元郑光祖《倩女离魂》第三折[石榴花]）

这是倩女的唱词："与其请他呵，何如当初便许做东床婿！到如今后悔已经迟了。"据剧情，"便许做东床婿"句有省文，是倩女责怪母亲当初见面时没有答应把她许配给王生。李崇兴等（1998：10）释作"引入一个事实或情况，与另一事实情况作比较，以决定优劣或作出抉择"，但引文作"把似请他时便许做东床婿；到如今悔后应迟"，文字和标点都有问题；王学奇（1994：1882）释作"如果"，席嘉（2010：214）看作假设连词，则不合剧情。

张相（1953：259）把这种用法的"把似/把如"与"比似"比较："《蓝采和》剧一：'你既为出家人，比似你看勾阑呵！你学那许真君白日上青天。'比似之用法，意与把似同，比似句开，你学那句合。你学那句

---

① 钟兆华（1990：153 注[141]）引此例，作"不（如）出衙门觅个身亡却是了"，王学奇、王静竹（2002：23）同。

上省去不如字。"甚是。席嘉（2010：84）举有更多此类"比似"的例子，可以参看。

⑤不如；何如

多用在"譬如/比如……把似/把如……"一类复句中，张相（1953）释作"不如"，谓可比较下句径作"不如/争如"者，甚是。如果用于陈述句，就是"不如"；用于反诘句，则为"何如"。例如：

(29) 譬如这里闹镬铎，把似书房里睡取一觉。（金董解元《西厢记诸宫调》卷一）

(30) 譬如对灯闷闷的坐，把似和衣强强的眠。（金董解元《西厢记诸宫调》卷四）

(31) 这衣服但存几件，怕你子母每受穷时典卖盘缠。比如包尸裹骨棺函内烂，把似遇节迎寒你子母每穿，省可里熬煎。（元岳伯川《铁拐李》第二折［滚绣球］）

(32) 天子道："娘娘休虚谬，譬如怕寡人生受，把似你描不成，画不就。"（元王伯成《天宝遗事诸宫调·媾欢杨妃》）

此例张相（1953：260）云："譬如句开，把似句合，描不成画不就云云，貌美貌丑均可解，此当作貌丑解，意言因你貌美，所以不惜劳尊；假如怕寡人劳尊，你何不生得貌丑也。"凌景埏、谢伯阳（1988：125）沿用其说。

以上诸例可比较：譬如蹉踏俺寺家门户，不如守着你娘坟墓。（金董解元《西厢记诸宫调》卷二）譬如往日害相思，争如今夜悬梁自尽，也胜他时憔悴死。（金董解元《西厢记诸宫调》卷四）譬如向尘世为君，争如就月宫作赘。（《九宫大成》七十三，《瑶台月》，《天宝遗事》）①

"把似/把如"也可以单用，往往是省略了上句"譬如（与其）……"所以语气较一般的"不如"为强，相当于"（与其如此，还/倒）不如……"例如：

(33) 行者道："先生本待观景致，把似这里闲行，随喜塔位。"（金董解元《西厢记诸宫调》卷一）

此例张相（1953：258）释作"不如"。凌景埏（1962：29）注："把似——何如、倒不如。"甚确。"把似"句前实际上隐含了省略的上句：先生本待观景致，（与其到别处闲逛）倒不如在这里闲行，随喜塔位。

(34) 引调得张生没乱煞：把似当初休见他，越添我闷愁加！（金董

---

① 参看张相（1953：260）。

解元《西厢记诸宫调》卷一)

(35) 划地相逢，引调得人来眼狂心热。见了又休，把似当初，不见是他时节。(金董解元《西厢记诸宫调》卷一)

(36) 婆婆娘儿好心毒，把如休教请俺去。及至请得我这里来，却教我眼受苦。(金董解元《西厢记诸宫调》卷三)

这是说：婆婆娘儿好心毒，（与其不让我与莺莺成亲①）还不如别让（红娘）去请我来。

(37) 当初遭难，与俺成亲事，及至如今放二四。把如合下，休许咱家——你怎地，我离了他家门便是。○不如归去，却往京师。见你姐姐、夫人俱传示：你咱说谎，我着甚痴心没去就，白甚只管久淹萧寺？(金董解元《西厢记诸宫调》卷三)

"把如合下，休许咱家"：还不如当初不要应许我。此例上用"把如"，下用"不如"，两相比较，可以看出细微的差别："把如"是承上而来——"与其……，还不如……"；"不如"则没有这样的意味。

(38) 君瑞悬梁，莺莺觅死，法聪连忙救。"您死后教人打官防，我寻思着甚来由？好出丑，夫妻大小大不会寻思，笑破贫僧口。人死后浑如悠悠地逝水，厌厌地不断东流。荣华富贵尽都休，精爽冥寞葬荒丘。一失人身，万劫不复，再难能勾。○欲不分离，把似投托个知心友。(金董解元《西厢记诸宫调》卷八)

(39) 把似当初休相识，今日倒省得别离。(元张可久《普天乐·别情》)

(40) 把似你则守着一家一计，谁着你收拾下两妇三妻？你常好是七八下里不伶俐。堪相守留着相守，可别离与个别离，这公事合行的不在你！(元关汉卿《望江亭》第二折 [红绣鞋])

王学奇、王静竹（2002：24）云："此例'把似'用在上句，应属开句，而非合句，而张相则解为：'言不如一夫一妇为得也。'这种违反开合呼应句程式的解法，值得考虑。"所疑并非无理，但实际上此例前无所承，不妨看作倒装句法：谁让你收拾下两妇三妻？不如你只守着一家一计。蓝立蓂（1993：6；2006：761）承张相说释"把似"为"不如"，是。

(41) 伴当，恁如今那里去？我也往大都去。既恁投大都去时，俺是高丽人，汉儿田地里不惯行，你把似拖带俺做伴当去，不

---

① 指让崔莺莺与张生以兄妹相称。

好那？　　那般者，咱每一处去来。（《原本老乞大》）

在后来的《老乞大谚解》《老乞大新释》《重刊老乞大》中，"把似"均被改作"好歹"，可见此例的"把似"表示"不如"的意味已经很淡，近似于一个表达请求语气的标记。同时可以证明，明代以后"把似"已经退出口语了。

以上④、⑤两义是"把似/把如"一词最常见的用法，例子最多。元王实甫《西厢记》第三本第二折［脱布衫］："小孩儿家口没遮拦，一迷的将言语摧残。把似你使性子，休思量秀才，做多少好人家风范。"王季思（1987：116）注云：

> 把似，含有两相比较意的连接词，有何如意，与其意，大约用在"与其那样，何如这样"的地方。"把似你使性子，休思量秀才"，意说与其你使性子，何如勿生心思量张生。《青衫泪》剧第三折《沽美酒》曲："把似噇不的少吃。"即说与其吃不得，何如少吃。《㑇梅香》剧第三折《鬼三台》曲："见他时胆战心惊，把似你无人处休眠思梦想。"即说与其见他时胆战心惊，何如你无人处休眠思梦想。本剧第三本第四折："昨夜这般抢白他呵，把似你休倚着桃门儿待月，依着韵脚儿联诗，侧着耳朵儿听琴。"用法亦同。

所释甚是。

入矢义高（1954/1997：95）曾说："何况作为诗语使用的语辞，较之散文中的语辞，不仅语意的蕴含宽泛，其变化也多种多样，微妙难言。像这样富于弹性、生动活泼的语言，要通过训诂使之意义确定，旨趣明朗，可以说没有比这更困难的工作了。"可谓知言。因此以上五义的归纳，未必都已确当无误，希望读者诸君共同切磋，俾臻美备。

二　"把似/把如"的理据

"把似/把如"为什么有上述五义？这五个义项之间是什么关系？据目前所掌握的材料，未见有人对这些问题做过讨论。张永言（1960/1999：87）指出："了解词义的引申关系，理清其发展线索，对于训释语辞是极其重要的；只有这样，才能做到执简驭繁，有条不紊。"又说："探讨词义的发展，最重要的是掌握词的本义和中心义这一环。"（第89页）下面试作探讨。

就"把似/把如"的得义理据来说，"似/如"易解，需要讨论的是

"把"字。

"把"本是动词，义为"抓握；持拿"，相当于今天的"拿"。这种用法在唐宋时期很常见，例如：

(42) 你莫问，不教<u>把</u>与你！(《清平山堂话本·简帖和尚》)

可以组成同义连文"把捉"、"把拿"(把拏)等，意思多泛化，例如：

(43) 虽是必有焉而勿正，亦须且恁地<u>把捉</u>操持，不可便放下了。(《朱子语类辑略》卷四)

(44) 不由我心中自警，百般的<u>把拏</u>不定。(元无名氏《朱砂担》第一折〔醉中天〕)

又有"把做/把作"一词。张相(1953)"把做　把作"条云："犹云当做也。"例如：

(45) 有个人人，<u>把做</u>镜儿猜。(宋辛弃疾《南歌子·新开池戏作》)

(46) 记得太行山百万，曾入宗爷驾驭。今<u>把作</u>握蛇骑虎。(宋刘克庄《贺新郎·送陈真州子华》)

可见"把"有"当"义。"把做/把作"的最初意思应该是"拿来作"，也就是"当作"，因此"把似/把如"也就是"拿来像；当作像"，"像"义淡化，就是"当作；比作"，即上文归纳的第①义，也是它的初义。

由"①当作；比作"引申出"②假如"——"假设"也是一种"当作"；

再由"②假如"引申为"③即使；就算"——在承认假设的前提下的一种让步；①

再由"③即使；就算"引申为"④与其"——让步意味淡化，重在比较和选择；②

第⑤义"不如/何如"则非自然引申而来，在下面的引申序列中找不到它的位置。入矢义高(1954/1997：97—98)对此有过这样的论述：

"然"用于"虽"意，似是从"虽……然"这样原有的呼应句法转化而来的，<u>这恰与诗词中"把似……不如"的呼应句法转化到戏曲里，"把似"就被用于"不如"之意的情况，十分相似</u>。与此更为相近的例子，是"亦"与"虽"同义的用法：时大师(五祖弘

---

① 《现代汉语八百词》(增订本)"即使(即便)"条第一个义项是："表示假设兼让步；就是。"(第289页)

② 《现代汉语八百词》(增订本)"与其"条："表示在比较之后不选择某事而选择另一事。"(第637页)

忍）复往观之，举颜微笑，亦不赞赏，心自诠胜。（《祖堂集》卷二）亦知如在梦，睡里实是闹。（同前卷三）如果把这些语义变化的现象搞清楚了，"把似"条的训解就会更加确切。

入矢先生的这一看法深有见地，用如"不如/何如"的"把似/把如"确实都出现在戏曲作品中，而且正如上文所提及的那样，"把似/把如"用作"不如"义，跟普通的"不如"并不完全一样，总是带有一种前有所承的意味，相当于"（与其……还/倒）不如……"。因此，"⑤不如/何如"义来自句法转化是目前看来最为合理的解释。①

综上所述，"把似/把如"五个义项间的关系可以归结如下：

①当作；比作→②假如→③即使；就算→④与其→（转化）⑤不如；何如

需要说明的是，②、③、④从假设到让步再到选择，三义之间差别很细微，因此有的例子看上去可以两解，比如：

(47) 出处男儿事。甚从前、说着渊明，放高头地。点检柴桑无剩粟，未肯低头为米。算此事、非难非易。三十年间如昨日，秀才瞒、撰到专城贵。饱共暖，已不翅。　旁人问我归耶未。数痴年、平头六十，更须三岁。把似如今高一着，更好闻鸡禁市。总不似、长伸脚睡。六月荷风芗州路，北螺山、别是般滋味。今不去，视江水。（宋吴编修一说《贺新郎》）

此例解作"与其"或"即使，就算"似乎都通。廖珣英（2007：11）释作"如果；假如"，则未确，因为这里是让步，而非假设。

(48) 〔刽做摩生颈介〕老爷颈子嫩，不受苦。〔生〕咳！把似你试刀痕，俺颈玉无瑕，云阳市好一抹凌烟画。〔众〕老爷也曾杀人来？〔生〕哎也，俺曾施军令斩首如麻。（明汤显祖《邯郸记》第二十出［北刮地风］）

这是卢生在云阳市被处斩前的唱词，"把似"解作"假如"和"就算"似乎均可。刽子手摩摩卢生的脖子说："老爷您脖子嫩，（一刀下去就斩断了，）不受苦。"卢生回答："咳！假如/就算你试刀痕，我的脖子也是白玉无瑕。云阳市将有一幅好凌烟画（指凌烟阁上的功臣画像）。"

---

① 笔者曾推测是否因为在某些方言中"把"与"不"音近因而人们将"把似/把如"误用作"不似/不如"，但是目前找不到证据来证明这种猜测。

(49) 怎生腿瘸？师父也，把似你与我个完全尸首，怕做什么呢！
（元岳伯川《铁拐李》第三折）

此例张相（1953：257）释作"假如"，并无不可，但似乎解作"即使；就算"更准确，因为在这里让步语气重于假设语气。剧情是：吕洞宾劝说阎王让岳寿借李屠的尸首还魂，岳寿醒来后发现不是在自己家里，就借口要去城隍庙取回一魄魂灵，可是刚起身就跌倒了。李屠的父亲告诉他："你一条腿瘸，你走不动。"岳寿很奇怪："怎生腿瘸？"然后就对冥冥之中的师父吕洞宾说："师父啊，就算你给我一个完整的尸首又怕什么呢！"意思是抱怨吕洞宾让他借尸还魂却没有借一个肢体完好的尸体，而是找了个一条腿瘸的李屠。

也许是因为有这种两可的例子存在，王学奇、王静竹（2002：24）干脆把这几个意思合并在一起，认为它们"皆用在开合呼应句的上句，显然均系拟设词，有与其、假如、若是等义"。笔者认为这样处理并不可取，因为大部分例子还是可以清楚区分的，如上文第一部分所举；不能因为少数例子可以两解而混淆了②、③、④诸义的区别。汉语的有些连词本来就可以兼表假设、让步和选择。

三 余论

被入矢义高（1954）誉为"确为划时代的杰作"的《诗词曲语辞汇释》（以下简称《汇释》），出版已经整整六十年了，直到今天，不管是研读唐诗、宋词、元明戏曲以至白话小说，还是研究近代汉语的词汇和语法，《汇释》仍是一部必读的参考书。张相草创不易，《汇释》存在种种美中不足实属难免，[①]作者曾在《叙言》中说："假定之义，自知不惬，譬之草案，殊非定论。深冀天下学人，引绳落斧，或就所有之证，转益多闻，重定确义。""不揣棉力，筚路蓝缕，姑就初步，大雅有作，分为糠秕。然扬弃之余，菁华斯见，他日名著益出，训诂益精，得于欣赏近古文学，深有裨助，则不佞之所深望者也。"诚恳谦逊，期望殷殷，令人感佩。《汇释》一书出版以来，虽有一些补正、商榷的文章发表，也有王锳先生的续作——《诗词曲语辞例释》[②]，但是对它进行全面研究和整理的工作迄今没有见到，希望有人来从事这项很有必要和意义的工作。[③] 本文

[①] 参看入矢义高（1954/1997）、张永言（1960/1999）、王锳《诗词曲语辞例释·前言》等。
[②] 王锳：《诗词曲语辞例释》，中华书局1980年版，1986年增订本，2005年第二次增订本。
[③] 入矢义高（1954/1997）和张永言（1960/1999）早已提出了这一研究课题，而且有不少示例和具体的思路，为我们指点了门径。

只是尝试着在这方面做了一个小小的个案研究而已。

【附记】本文的写作利用了"今训汇纂·宋元卷"课题组成员集体收集的资料,友生胡波博士协助查找材料,史文磊博士提供了很好的意见。本文曾在"元明汉语工作坊"(2013.9.1·浙江大学汉语史研究中心)宣读,得到与会者的指教。在此统致谢忱。文中错误概由笔者负责。本文系教育部人文社会科学重点研究基地重大项目"今训汇纂·宋元卷"(编号:10JJD740005)。

参考文献

邓广铭:《稼轩词编年笺注》,上海古籍出版社1978年版。
高文达主编:《近代汉语词典》,知识出版社1992年版。
顾学颉、王学奇:《元曲释词》(一),中国社会科学出版社1983年版。
(清)洪昇著,徐朔方校注:《长生殿》,人民文学出版社1983年版。
黄丽贞:《金元北曲词语汇释》,(台湾)"国家"出版社1997年版。
黄丽贞:《金元北曲语汇之研究》第三版,(台湾)商务印书馆1982年版。
蓝立蓂:《关汉卿戏曲词典》,四川人民出版社1993年版。
蓝立蓂:《汇校详注关汉卿集》,中华书局2006年版。
李崇兴、黄树先、邵则遂:《元语言词典》,上海教育出版社1998年版。
廖珣英:《〈全宋词〉语言词典》,中华书局2007年版。
凌景埏、谢伯阳:《诸宫调两种》,齐鲁书社1988年版。
凌景埏校注:《董解元西厢记》,人民文学出版社1962年版。
(宋)刘辰翁著,刘宗彬、康泰、黄桃红笺注:《须溪词》,江西高校出版社1998年版。
(宋)刘辰翁著,吴企明校注:《须溪词》,上海古籍出版社1998年版。
(宋)刘克庄著,钱仲联笺注:《后村词笺注》,上海古籍出版社1980年版。
龙潜庵:《宋元语言词典》,上海辞书出版社1985年版。
陆澹安:《戏曲词语汇释》,上海古籍出版社1981年版。
吕叔湘主编:《现代汉语八百词》(增订本),商务印书馆1999年版。
[日]入矢义高:《评张相〈诗词曲语辞汇释〉》,京都大学《中国文学报》1954年第1号。中译本载《俗语言研究》1997年第4期,蔡毅译。
唐圭璋笺注:《宋词三百首笺注》,上海古籍出版社1979年版。
汪维辉:《再说"举似"》,《古汉语研究》2011年第2期。
(元)王实甫著,王季思校注,张人和集评:《集评校注西厢记》,上海古籍出版社1987年版。
王学奇、王静竹:《宋金元明清曲辞通释》,语文出版社2002年版。
王学奇、吴振清、王静竹校注:《关汉卿全集校注》,河北教育出版社1988年版。

王学奇校注：《元曲选校注》，河北教育出版社1994年版。
魏耕原：《稼轩长短句俗语词邓注疑议》，《唐都学刊》2005年第4期。
魏耕原：《唐宋诗词语词考释》，商务印书馆2006年版。
席嘉：《近代汉语连词》，中国社会科学出版社2010年版。
辛更儒笺校：《刘克庄集笺校》，中华书局2011年版。
许少峰：《近代汉语大词典》，中华书局2008年版。
袁宾、段晓华、徐时仪、曹澂明：《宋语言词典》，上海教育出版社1997年版。
张相：《诗词曲语辞汇释》，中华书局1953年版。
张永言：《古典诗歌"语辞"研究的一些问题》，《中国语文》1960年第4期/《语文学论集》（增补本），语文出版社1999年版。
钟兆华：《元刊全相平话五种校注》，巴蜀书社1990年版。
仲颖（叶圣陶）：《介绍〈诗词曲语辞汇释〉》，《中国语文》1953年11月号。
朱居易：《元剧俗语方言例释》，商务印书馆1956年版。

（原载《语言研究》2014年第1期，中国人民大学书报资料中心《语言文字学》2014年第4期全文复印）

说"逸义"

颜洽茂

提要 "逸义"即"义项漏略"。汉语词汇历史积淀深厚,词义系统十分复杂,时过"义"迁,一些词义的传承出现了"中断",这是造成"逸义"的主要原因。为了建立汉语历史词库,应大力搜寻"逸义"。本文以古代注疏和汉译佛经材料为例,说明"逸义"散落在历代的典籍之中,特别是古代的注疏(含当时的辞书)、汉译佛经、诗词曲、笔记小说、语录、民谣、道书、诏令、奏状、碑文、书简等材料中,必须辛勤爬梳、细心钩稽,方能得其所在。本文还提出抉发"逸义"必须遵循的几条原则。

关键词 义项 逸义 汉语历史词库 汉语历史词汇学

逸义者,先师云从先生定义为"流浪于辞书之外"① 的义项,也即郭在贻师所谓"义项漏略"——"所谓义项漏略,是指一些字头和词条下面所列的义项不全,一些重要的或在古籍中习见的义项遗漏掉了"。②

造成逸义的原因,首先,汉语是汉藏语系中最主要的语言,汉语词汇历史积淀深厚,词义系统十分复杂,"从有文字记载以来,汉语词汇经过3000多年的历史进程","随着中国社会的发展而发展……达到非常丰富的境地"。③ 词汇所反映的大千世界处于不断变化之中,时过"义"迁,一些词义的传承出现"中断"。其次,汉语历史词汇的研究还很薄弱。20世纪的古汉语词汇研究,经过了训诂学的复兴和更新、语源学研究的进展

---

① 蒋礼鸿:《辞书三议》,《怀任斋文集》,上海古籍出版社1986年版,第303页。
② 郭在贻:《〈辞海·语词分册〉义项漏略举例》,《训诂丛稿》,上海古籍出版社1985年版,第201页。
③ 张永言:《汉语词汇》,《中国大百科全书·语言文字》,中国大百科全书出版社1988年版,第133页。

以及古汉语词汇研究范围的扩大，取得了不小的成绩。但是，对汉语词汇的基本事实，还缺乏全面、深入的了解，对它的历史发展线索还缺乏细密的研究，汉语历史词汇学的建立还有很长的路程要走——历史研究的总体框架还没有真正建立，理论的研究还刚刚起步。① 从这个角度来认识，通过汉语词汇史研究来弄清楚从商周到明清每一个历史时期的词汇面貌和词义的发展变化还远远不够，各个时期词的面貌还十分模糊。再次，是汉语历史词典的编纂，尚存在不少问题。顾炎武谓古人纂书"采铜于山"，而今人纂书"则买旧钱""以充铸而已"。综观时下一些古汉语词典的编写，大抵凭借已有的工具书，如《佩文韵府》《骈字类编》《康熙字典》《辞海》《辞源》……之类而缺少广泛的搜索，陈陈相因，习于成解而废夫研寻，以讹传讹，贻害无穷！有学者谓：编词典不好好利用古代的辞书、韵书、类书，是"弃宝于地"；一味依赖旧资料，不积极采录考古发掘和古籍整理发现的新资料，必定会"坐吃山空"。② 可不慎哉！

为什么要搜寻逸义？从直接的原因来讲，自然是编纂汉语历史辞典的需要，因为，我们至今还没有一部《汉语历史大词典》。词书在现代社会生活中的求解、寻找、识别、巩固、丰富（简言之，即学习、参考、研究）作用自不待言；从信息论角度来说，一部《汉语历史大词典》本身便是巨大的信息库，研究者可以从历时角度观察同一个词在不同时段发生的形态、语音、语义上的变化，也可以从共时角度观察一组词在某一时期所形成的语义场和它的语义结构；当然，还可以从词所反映的文物制度观察社会形态的变化。

那么，我们今天的辞书能否担当起这个责任呢？过去比较大型的辞书的最高水平，似乎可以《辞海》《辞源》为代表。《辞源》的编纂始于1908年，《辞海》则刊行于1936年，50年代后，这两部辞书曾多次修订；但由于书成众手，其中问题不少，云从师归结其弊为三："一、所谓'参见'与'系联'往往只是表面上看得到的联系，而很少能抉示语词与语词之间的内在联系，跟'穷本溯源、历叙演变'还有很大距离"；"二、取材欠广，见于载籍中的词条的义项未尽搜罗，遗略甚多"；"三、因仍旧说，缺乏断制"。③ "古今兼收，源流并重"的《汉语大词典》发轫于

---

① 参见蒋绍愚《20世纪的古汉语词汇研究》，《汉语词汇语法史论文集》，商务印书馆2000年版，第346页。

② 参见刘叶秋《古汉语词典编撰简说》，中国人民大学词典进修班《词书与语言》，湖北人民出版社1985年版，第24页。

③ 蒋礼鸿：《辞书三议》，《怀任斋文集》，上海古籍出版社1986年版，第297页。

四人帮垮台前夕的1975年,到1994年出齐《附录·索引》,历时二十年,是汉语辞书编纂史上具有划时代意义的丰碑。它"着重从语词的历史演变过程加以全面阐述,所收条目力求义项完备"。① 这部词典搜集了七百多万张资料卡片,释义方面吸取了历年来汉语词汇研究的成果,堪称迄今为止最大型的、历史性的汉语语文词典。但由于语词涉及社会生活、古今习俗、中外文化,乃至各种宗教教义等方方面面,考订源流、理清语词脉络,绝非易事;特别是遗文逸义,为《汉语大词典》所漏略的确属不少,不少人对之进行了匡补。当然,大型语文辞书的编纂不可能毕其功于一役,匡谬补缺不可避免,搜寻逸义正是为了它的完美。只有把从先秦直到明清各个历史时期的词语一个一个地搞清楚,并尽可能完全地收录自古以来出现于本民族文献的词、词义,以及词的语音和形态变体,才能编出一部详尽的"穷本溯源、历叙演变"的汉语历史大词典。

究其根柢,则是汉语历史词汇学建立的需要。因为《汉语历史大词典》应该是、也必须是经过清理的完整的汉语历史词库;而一个完整的、脉络清晰的汉语历史词库的建立则是汉语历史词汇学建立的必备条件。

逸义在何处?广义地说,散落在各个时代的典籍之中,特别是古代的注疏(含当时的辞书)、汉译佛经、诗词曲、笔记小说、语录、民谣、道书、诏令、奏状、碑文、书简等材料中。何以这些材料在搜寻逸义中具有较高的语料价值?首先,这些材料反映了当时的实际语言。例如宗教是以群众为对象的,为争取"大众",早期的译经文字中包含较多的口语成分;"书简(如二王'杂帖')称心而谈,不借藻饰";② 词、曲起源民间,"能言诗之所不能言",③ 相对"诗言志",更多抒发欢愉愁怨的个人胸臆;小说与戏曲,"中国向来是看作邪宗的",④ 认为是街谈巷议之言,自然反映当时实际语言。其次,这些材料过去较少为治语言者措意,仅为研究文学、历史或宗教者重视,尽管今天人们已充分认识到它们的语料价值,由于这些材料浩如烟海,仍大有采撷的余地。至于古代的注疏,往往颇具价值,清人阮元有一段话说得好:"窃谓士人读书,当从经学始,经学当从

---

① 汉语大词典编委会:《汉语大词典·前言》,《汉语大词典》,上海辞书出版社1986年版,第1页。
② 蒋礼鸿:《〈中古汉语语词例释〉序》,王云路、方一新《中古汉语语词例释》,吉林教育出版社1992年版,第1页。
③ 王国维:《人间词话》,四川人民出版社1981年版,第1页。
④ 鲁迅:《且介亭杂文二集·徐懋庸作〈打杂集〉序》,《鲁迅杂文全集》,河南人民出版社1994年版,第794页。

注疏始。……至于注疏诸义,亦有是有非;……好学深思实事求是之士,由注疏而推求寻览之也。"① 注疏材料能给我们提供不少有用的线索,往往是词典建立义项的重要依据。下面仅以注疏和佛经中的材料为例:

(1) 目部:"瞻,临视也。"段注:"释诂、毛传皆曰:瞻,视也。许别之云临视,今人谓仰视曰瞻,此古今义不同也。"(段玉裁《说文解字注》四上)释诂、毛传皆曰:瞻,视也。惟《论语》"尊其瞻视"是临下之意。若"瞻彼日月""民具尔瞻",皆仰望之意。(王筠《说文句读》)

今按:《汉语大词典》不立"临视"义项。《论语·尧曰》:"君子正其衣冠,尊其瞻视,俨然人望而畏之。"君子者,万人所仰望,故正其衣冠,居高而临下,瞻视为下视义。汉徐幹《中论·法象》:"若夫堕其威仪,恍其瞻视,忽其辞令,而望民之则我者,未之有也。"瞻视,下视也。又《三国志·魏志·裴潜传》"秀,咸熙中为尚书仆射"裴松之注引三国魏鱼豢《魏略》:"时天大寒,宣(韩宣)前以当受仗,豫脱袴,缠裈面缚;及其原,裈腰不下,乃趋而去。帝目送之,笑曰:此家有瞻谛之士也。"瞻谛,谓向下看。又《南史·后妃传下》陈后主张贵妃:"(张丽华)每瞻视眄睐,光彩溢目,照映左右。"明李东阳《送毕验封充淮府册封副使诗》序:"夫所贵乎使者,必其威仪足以耸瞻视,辞令足以宣德意。"耸者,敬也。张丽华贵为后主之妃,使者乃钦差大臣,自然都是居高临下,故瞻视亦下视义。

(2) 时愚惑信邪,母沐浴著新衣卧,吾蹈母首,故太山以火轮轹其首耳。……弥兰出太山狱,闭心三恶。(康僧会《六度集经》卷三) 调达亦为魔天王,行四天下,教人为恶,从心所欲,无有太山殃祸之报行。(又卷六)

今按:太山即泰山,又称岱山,亦称东岳。《后汉书》乌桓传:"使(犬)护死者神灵归赤山,……如中国死者魂归岱山也。"《水经注》汶水注引《开山图》:"太山在左,亢父在右;亢父主生,梁父主死。"梁父亦作梁甫,为泰山下一座小山,属泰山。唐李白《赠僧崖公》"晚谒太山君"王琦注:"太山君,主太山之神也。"《广博物志》:"东岳太山君,领群神五千九百人,主治死生,百鬼之主帅也。"汉魏以来,传说人死魂归太山,以泰山神为地下之主,时俗因之,遂使"太山"有地狱义。《汉语大词典》失收此义,当补。

---

① 阮元:《重刻宋板注疏总目录》,《十三经注疏》,中华书局1980年版,第2页。

说"逸义"

(3) 直心行四等,豺狼为退却,伏藏及珍宝,悉令汝经略。(帛尸梨蜜多罗《大灌顶经》卷十) 狐以穴为居,获古人伏藏。(康僧会《六度集经》卷二)

今按:《汉语大词典》伏藏:隐藏;潜藏。引《墨子》杂守:"及为微职,可以迹知往来者少多,即所伏藏之处。"《朱子语类》卷六九:"利贞是静,而伏藏于内。""伏藏"尚有隐伏的宝藏之义,《大方等无想经》卷六:"如有宝藏,隐伏地中。"即其释也。

(4) 尔时溥首为王阿阇世及诸眷属并余来者无数之众开化说法。……即从坐起,与比丘众王阿阇世群臣寮属及无数人出宫门行。(竺法护《文殊师利普超三昧经》卷下) 摩诃波阇提比丘尼与其眷属千比丘尼俱。……文殊师利法王子与其眷属五百菩萨俱。(沮渠京声《佛说观弥勒菩萨上升兜率天经》) 佛语阿难:"是须弥顶上三十六神王名字如是,有七万鬼神以为眷属,当作拥护。"(帛尸梨蜜多罗《大灌顶经》卷二) 北方天王毗沙门王与其眷属恭敬合掌,以清净心赞叹世尊。(鸠摩罗什《佛说弥勒大成佛经》)

复有八万四千众宝小城,以为眷属。翅头末城,最处其中。(鸠摩罗什《佛说弥勒大成佛经》) 此四大河流出四方投四大海。恒河眷属具五百河,入于东海;辛头眷属具五百河,入于南海;博叉眷属具五百河,入于西海;私陀眷属具五百河,入于北海。(昙摩蜜多《佛说诸法勇王经》) 彼四大河入四大海,何者为四?殑伽大河五百眷属流满东海,辛头大河五百眷属流满南海,博叉大河五百眷属流满西海,斯陀大河五百眷属流满北海。(瞿昙般若流之《佛说一切法高王经》) 是时于法界宫殿上起大宝莲花师子藏座,纵广无量亿由旬,无量光明摩尼珠所成:电灯摩尼珠为交络,不可思议力摩尼珠为竿,以无譬喻摩尼珠为眷属……(僧伽婆罗《度一切诸佛境界智严经》)

今按:《汉语大词典》"眷属"条列有二个义项:①家属,亲属。引《南齐书·江敩传》。②指夫妻。引《京本通俗小说》。"眷属"六朝时尚有部属、僚属、下属及附属义,这是从家属、亲属义引申而来的。《文殊师利普超三昧经》例上言"眷属",下言"群臣寮属","眷属"之有僚属义甚明。后几例中比丘尼是出家人,自然没有家属、亲属,故"与其眷属千比丘尼俱"就是与其部属千比丘尼俱。"七万鬼神以为眷属""毗沙门王与其眷属"都应该是部属、部下义。第二组中几个例子与第一组

— 615 —

的区别在于都是讲物与物之间的隶属关系，当是附属义。后世佛典中仍有这样的用法，《翻译名义集》卷二，地狱篇第二十三："八大地狱，复有十六小地狱为眷属。"

（5）须福有女，名曰龙施，厥年十四，时在浴室澡浴，涂香著好衣，为佛眉间毫相之光照七重楼上，东向见佛在门外住……（支谦《佛说龙施女经》）见弥勒欢喜，礼毕住一面，弥勒为说法。……于是龙施身，住立在佛前。（竺法护《佛说龙施菩萨本起经》）有一女人……从其室出，问须菩提："贤者何缘住门中庭？"（竺法护《顺权方便品经》卷上）大德何缘，中门而立？须菩提言：姊我乞食，故在门而住。（昙摩耶舍《乐璎珞庄严方便品经》）未来世中，若有众生能住能行。（佛陀扇多《佛说正恭敬经》）又时增长，成栴檀树，若有人来住其荫中，彼人离病。（瞿昙般若流之《佛说一切法高王经》）

今按：《汉语大词典》"住"条：①停留；留。引《后汉书·蓟子训传》。②停止；停住。引北魏贾思勰《齐民要术》。③居住。引《南齐书·张融传》。漏却"站立"义。上引末例底本为广胜寺本，永乐南藏本"住"作往，今按作住是。"住其荫中"，即站其荫中。经中或以立、住互言，或住、立连文，或住、行对言，可证"住"，即站立之义。

（6）亲忆儿始生之誓，无辞御焉。即从其愿，听为沙门，周旋教化。（康僧会《六度集经》卷一）（阿群）早丧其父，孤与母居，事梵志道，性笃言信，勇力擘象，师爱友敬，遐迩称贤。师每周旋，辄委以居。师妻怀嬖，援其手，淫辞诱之。（又卷三）师曰："大善。"稽首而退，周旋近国，睹梵志五百人会讲。（又卷七）舍利弗，皆由菩萨周旋教化，故令三千大千世界所有众生得受安乐。（昙摩蜜多《佛说诸法勇王经》）

今按："周旋"义本运转。《汉语大词典》引《左传》僖公十五年："进退不可，周旋不能。"并且列有"谓辗转相追逐""古代行礼时进退揖让的动作""环绕；盘曲""盘桓""照顾；周济"等义；漏失六朝时"周游"义。"周旋教化"就是周游教化，"师每周旋"就是师每周游，"周旋近国"就是周游近国。

（7）王抱两孙，坐之于膝，曰："属不就抱，今来何疾乎？"对曰："属是奴婢，今为王孙。"（康僧会《六度集经》卷二）属者言当持身饲饿虎，今者何故飞上虚空耶？（释法炬《佛说前世三转经》）

今按：《汉语大词典》"属"条：……⑫正、恰。引《国语》例。⑬

刚,新近。引《史记·留侯世家》:"上曰:'天下属安定,何故反乎?'"⑭适逢。引《颜氏家训》例。《汉语大词典》漏失从前、往昔义。《六度集经》例以"属"与"今"对文,且"属不就抱"非刚才、新近之事,可证"属"就是从前、往昔。《佛说前世三转经》例"属者"与"今者"相对,"属者所言"发生在过去,"属者"当即向者。六朝译经用例,亦有所本。《后汉书·朱晖传》:"属者掾自视孰与蔺相如?"李贤注:"属,向也。"

(8) 臣等旧君,当就终没,乞为微馔,以赠死灵。(康僧会《六度集经》卷一) 明日欲设微饭,惟愿世尊与诸圣众,降德屈神。(竺法护《佛说月光童子经》)

今按:《汉语大词典》"微"条:①隐匿;隐藏。②精深;奥妙。③小;细;少。④衰微;衰弱;衰败。⑤指日月亏损不明。⑥贫贱;卑下。漏失"薄"义。"微馔""微饭"之微犹"薄酒"之薄,"微馔、微饭"就是薄馔、薄饭,也即粗陋、粗劣的饭食。"微"有薄义,经外亦有用例。《南齐书·明帝纪》:"日者百司耆齿,许以自陈,东西二省,犹沾微俸。"唐谷神子《博异志》崔玄微:"处士倘不阻见庇,亦有微报耳。"唐高适《平台夜遇李景参有别》:"家贫羡尔有微禄,欲往从之何所之?"宋刘子翚《喻俗》:"锥刀剥微利,舞智欺茕独。""微俸、微禄",即薄俸、薄禄,"微报",即薄报,"微利",即薄利。

如何抉发逸义?自然要钩沉探赜,爬罗剔抉,然后审定音读,辨析词义,排比分合,最后建立义项。其中,有几个原则是必须要遵循的。

一 须讲求版本

往古典籍,既经金石竹简缣纸变迁,复因数千年传抄翻刻,讹字、衍文、误脱,乃至缺行、缺页,势所难免。讲求版本,是对材料的甄别;采用善本,是为了减少错误。余嘉锡谓:"执残本、误本、别本以为之说,所言是非得失,皆与事实大相径庭,是不惟厚诬古人,抑且贻误后学。"① 试看下面三例。

(1) 释诂二:"缛、色,缝也。"(张揖《广雅》)《康熙字典》据此给"色"列了一个"缝"的义项。未集色部:"色,……又《博雅》:色,缝也。"《中文大辞典》因袭之,色部云:"色,……(十五)缝也。《广雅·释诂》:色,缝也。"

今按:《广雅疏证》云:"缛,曹宪音色,各本色字误入正文,惟影

---

① 余嘉锡:《版本序跋》,《目录学发微》,中华书局1963年版,第1页。

宋本、皇甫本不误。"据此可知"色"原为注音而羼入正文，《康熙字典》照录误本《广雅》，尚情有可原；而《中文大辞典》出于王氏之后，就不可理解了。此实为因袭旧误，以讹传讹之弊。①

(2) 卓氏曰："吾闻汶山之下沃野，下有蹲鸱，至死不饥。"（《史记·货殖列传》）"峒野草昧，林麓黝倩，交让所植，蹲鸱所伏。"（晋左思《蜀都赋》）

蹲鸱为何物？《史记·货殖列传》注："徐广曰：古蹲字作踆。骃案：《汉书音义》曰：水乡多鸱，其山下有沃野灌溉。一曰大芋。"张守节《正义》谓："蹲鸱，芋也。"刘逵注云："蹲鸱，大芋也，其形类蹲鸱。"据此可知蹲鸱原为鸟名，因芋形类鸟，故指称之。朱亦栋《群书札记》十："伊世珍《琅嬛记》：张九龄知萧炅不学，相调谑。一日送芋，书称蹲鸱，萧答云：'损芋拜嘉，惟蹲鸱未至耳。然仆家多怪，亦不愿见此恶鸟也。'九龄以书示客，满座大笑。"此为萧炅学浅，不知芋有别名"蹲鸱"之弊。然更有甚者，"江南有一权贵，读误本《蜀都赋》注，解'蹲鸱，芋也'，乃为'羊'字。人馈羊肉，答书云：'损惠蹲鸱。'举朝惊骇，不解事义。久后寻迹，方知如此。"②误本以"芋"讹作羊，故贻人笑柄；倘若据此误本而立逸义，并且编入辞典，岂不是贻害无穷么！

(3) 与犹"语"，名词或动词。……肖纲《咏蛱蝶》："寄与相知者，同心终莫违。"谓寄语相知者，此"语"名词。白居易《听水部吴员外新诗因赠绝句》："明朝与向诗家道，水部如今不姓何。"谓明朝语向诗家道也。（徐仁甫《广释词》卷一）

今按：且不说"与犹语"是否站得住脚，唯所引白诗出于何本？检中华书局本《全唐诗》卷四百三十八《听水部吴员外新诗因赠绝句》："明朝说与（一作向）诗人道，水部如今不姓何。""吾所据为善本，而彼所读为误本，则考之而不符矣。吾所引为原本，而彼所书为别本，则篇卷之分合，先后之次序，皆相刺谬矣。"③如此，则其说何能服众？

二 须认字辨音

明陈第谓："时有古今，地有南北，字有更革，音有转移，亦势所必

---

① 鄢先觉：《辞典的资料工作》，辞书研究编辑部《辞书编纂经验荟萃》，上海辞书出版社1992年版，第340页。

② 颜之推：《勉学》，王利器《颜氏家训集解》，上海古籍出版社1980年版，第141页。

③ 余嘉锡：《版本序跋》，《目录学发微》，中华书局1963年版，第1页。

至。"① 故典籍中一字多义、一字多音、假借字和本字杂出、简体俗体字和正字并列的现象十分普遍，要搜寻逸义，重要的任务是认字辨音。

(4) 尔时八千四百诸王络绎而至，咸见大王，腹拍王前。（慧觉等《贤愚经》卷六）时梵天王甚以惶惧，谓欲牵摄而取杀之，怖不自宁。起谢已过，手足四布，腹拍前地。（又卷八）厨监惶怖，腹拍王前。（又卷十一）

今按："腹拍"一词不好懂。张联荣《汉魏六朝佛经释词》认为"腹拍"，即匍匐。试申说之：《广韵》屋韵："匐，匍匐，伏地貌。"《通雅》卷六涟语："重俯伏之音为匍匐，一作匍匐、扶服、扶伏、蒲服、蒲伏、匍百。俯伏轻唇，匍匐重唇，故古人之字通转。《檀弓》引《诗》：'扶服救之。'《左传》：'宋公子城射张丐折股，扶服而击之。'《汉书》传：'扶服称臣。'霍去病传：'扶伏叩头。'范雎传：'蒲服。'韩信：'蒲伏胯下。'《七发》：'蒲伏连延。'即匍匐也。丁度又作匍匐。邝氏曰：'《秦和钟铭》："高引有庆，匍百四方。"言四方匍匐归命也。'"匍匐或作匐匍、匐伏、服跌、趙趁、趁趙。《广韵》德韵："匐，匐匍。"《集韵》德韵："匐，匐伏、服跌。《说文》：伏地也。或作匐伏、服跌。"《类篇》走部："趙趁，小儿手据地行。"《集韵》模韵："趙，趁趙，伏也。"又"趁，趁趙，伏也。"匍匐既可写作"匐匍"，则匍自然也可以写作"腹"，匐、腹同从复得声；匍匐既可以写作"匍百"，则匐自然可以写作"拍"，拍从白得声，白、百音近（《广韵》陌韵中拍、趙、泊皆音普伯切）。据此，说腹拍就是匍匐，在语音上应该没有什么问题，而伏地义也正与经文相合。可见，"腹拍"不是新词逸义，仅是"匍匐"的异写。

(5) 太子朝觐，辄湏相国，进退如礼，未尝失仪。（康僧会《六度集经》卷三）山下有水，深不可渡。妃语太子："且当住此，湏水灭乃渡。"（圣坚《太子须大拿经》）淫女人报言："且待湏我，为汝持食来。"答曰："卿未出门顷，我当饿死，那能湏卿持饭来耶？"（释法炬《前世三转经》）

今按：查《汉语大字典》湏字，引《集韵》，湏或读呼内切，同"沬"，洗脸也；或音虎猥切，同"澗"，水流貌，此二义皆与经文不合，似为逸义。又检《一切经音义》卷四九，大庄严论卷二："须愦，上相俞反，俗用从水非也。《说文》正体从立从须作颁，犹待也。"又卷六九，

---

① 陈第：《毛诗古音考自序》，《毛诗古音考》，中华书局1988年版，第7页。

阿毗达磨大毗婆沙论一三八卷："须鎌，上思朱反。《说文》从彡从页。顾野王云：所须待之。须从彡作须，从水作湏，音海。今俗行已久且依也。"据此，湏当须之俗写。《说文》立部："頾，立而待也，从立须声。"段注："依《韵会》补'立而'二字。今字多作需、作须，而頾废矣。……须者，頾之假借，頾字仅见《汉书·翟方进传》。"

三 忌以偏概全

搜寻逸义须用排比归纳之法。排比归纳的基础是掌握尽可能多而全面的材料，所谓"例不十，法不立"也。倘若仅据一、二个句例来归纳词义，或只注意一类用法而忽略另一类用法，就会犯以偏概全的错误。

（6）《敦煌变文字义通释》根据《降魔变文》"若死膏楔，方便直须下脱""卿是忠臣行妄语，方便下脱寡人园""无端诈计设潜谋，方便欲兴篡国意"三例，释方便为"采用不正当的手段、虚妄"，其实方便"是受上下文'下脱'（欺骗）、'巧诈'等词语的影响而呈现'采用不正当的手段、虚妄'之意的"，[①] 倘若我们认为"方便"的用法仅止于此，那就错了。

且看变文内、变文外的其他一些例句。《难陀出家缘起》："自世尊种种方便，教化难陀不得。"《无常经讲经文》："释迦师，巧方便，演说《莲花经》七卷，千方万便化众生，意恶总交登彼岸。"《祖堂集》卷十八："（仰山）所以假设方便，夺汝诸人尘劫来粗识。"[②] 这三个"方便"是佛教语，谓以灵活方式因人施教，使悟佛法真义，并无贬义。又南朝宋刘义庆《幽明录·新鬼》："有新死鬼，形疲瘦顿。忽见生时友人死及二十年，肥健，相问讯曰：'卿那尔？'曰：'吾饥饿殆不自任，卿知诸方便，故当以见教。'"《百喻经》小儿得大龟喻："（小儿）得一大龟，意欲杀之，不知方便。"《生经》："我念过去无数劫时，见国中人多有贫穷，悯伤怜之：以何方便，而令丰饶？"《杂宝藏经》："（王投指环于热锅中）王语臣言：'颇有方便可得取不？'"《出曜经》："汝等安意，勿怀恐惧，吾设方便，向王求哀，必得济命，各令无他。"[③] 这几个"方便"为方法、办法、诀窍义，亦不具贬义。显然，只有把这些用法归纳在一起，才能避免偏颇，得出正确的释义。

[①] 参见蒋绍愚《近代汉语词汇研究》，《蒋绍愚自选集》，河南教育出版社1994年版，第198页。
[②] 以上三例引自蒋绍愚《近代汉语词汇研究》，《蒋绍愚自选集》，河南教育出版社1994年版，第198页。
[③] 以上几例引自江蓝生《魏晋南北朝小说词语汇释》，语文出版社1988年版，第58页。

(7) 围：⑥圆周的周长。宋陆游《舟中作》诗："梨大围三寸，鲈肥叠四腮。"清蒲松龄《聊斋志异·晚霞》："鸣大钲，围四尺许。"（《汉语大词典》第三卷）

今按："围"作物体圆周周长解，汉魏六朝译经已见其例：《六度集经》卷七："其国有树，树名须波檀树，围五百六十里，下根四被八百四十里。"经外散文用例，如宋陆游《建宁府尊胜院佛殿记》："石痕村之杉，脩百有三十尺，围十有五尺。"《徐霞客游记·粤西游日记二》："道旁有空树一圆，出地尺五，围大五尺，中贮水一泓。"但"围"不限于指圆形物体的周长，尚有其他用法。如《六度集经》卷一《波耶王经》："王城广长四百里，围千六百里。"此指正方形的周长。又《魏书·崔辩传》："身长八尺，围亦如之。"此又指人之腰围。所以综合这些用例，这个义项的概括应该是"物体的周边长度"。

四　忌随文立义

随文释义是训诂学中辨析词义的常法，其目的是发掘微言大义而贯通文理，所谓读经辨志也。但此"义"乃句中义、语境义（即词在具体上下文中意义），而非固有义、词典义（义项）。因为义项具有概括性的特征，它是对在不同上下文中的意义进行提炼、概括、抽象的结果，它与词在具体语境中的意义是不同的。故考释逸义时，忌随文立义，将句中义（语境义）当辞典义。换句话说，所释不仅要"揆之本文而协"，而且要"验之他卷亦通"。

(8) 鞅掌：①谓职事纷扰烦忙。《诗·小雅·北山》："或栖迟偃仰，或王事鞅掌。"毛传："鞅掌，失容也。"郑玄笺："鞅犹何也，掌谓捧之也。负何捧持以趋走，言促遽也。"孔颖达疏："传以鞅掌为烦劳之状，故云失容。言事烦鞅掌然，不暇为容仪也，今俗语以职烦为鞅掌，其言出于此传也。故郑以鞅掌为事烦之实，故言鞅犹荷也。"《旧唐书·王播传》："播长于吏术，虽案牍鞅掌，剖析如流，黠吏诋欺，无不彰败。"（《汉语大词典》第十二卷）

今按：职事者，职务、职业也，偏指政务。《汉语大词典》囿于疏文旧说而遽从之，误。所引诸例中"鞅掌"乃受上下文"王事""案牍"等词语影响而呈现烦忙义，这是它的句中义，而非固有义。"今俗语以职烦为鞅掌"——乃孔疏时"今义"，而非《诗经》时代之义。鞅掌，众多也。马瑞辰《毛诗传笺通释》云："鞅掌，叠韵，即秧穰之类。禾之叶多

— 621 —

曰秧穰，人之事多曰鞅掌，其义一也。传训失容，亦状事多之貌，笺分二字释之，失其义也。"今按马说是。《庄子·在宥》："浮游不知所求，猖狂不知所往。游者鞅掌，以观无妄。"成玄英疏："鞅掌，众多也。"《文选·嵇康〈与山巨源绝交书〉》："心不耐烦，而官事鞅掌，机务缠其心，世故繁其虑。"五臣注，良曰："鞅掌，众多貌。"故"鞅掌"释为"众多貌，特指事多"则更为妥帖。

考释逸义时，尤其不可将临时的修辞用法误以为固有义。如《汉语大字典》"雨"部字中问题不少，不足为训。如：

"雨③"比喻离散，引三国魏王粲《赠蔡子笃》："风流云散，一别如雨。""雪③"比喻高洁，引唐贯休《送姜道士归南岳》："松品落落，雪格索索。""云⑤"比喻多，引汉贾谊《过秦论》："天下云集而响应。"……①

这些"义项"其实只是提供了一种用法。"此词本无此义，只是从上下推测它有这个意思，我们只能在这个地方遇到它，在别的地方再也遇不到它。"② 不可否认，积极修辞的借代、比喻的运用与词义演变有密切联系，只有当修辞方法运用经常化，以至于形成了凝固的修辞义，才可作为义项列入辞书中。

传统训诂资料汇编中，罗列大量的在一定上下文中表现的句中义，我们在引用时，尤其要注意句中义和固有义的区别。因为句中义并不能直接提供词的基本意义信息，更多提供的是词所反映的情感信息。例如《经籍纂诂》收罗群经、诸子本文中训诂以及经史子集和群书旧注，以"仁"为例，所列竟达一百多条，如"仁犹存也""仁之为言人也""仁，信之器也""温良者仁之本也""成己，仁也""以德予人者谓之仁""非其所欲，勿施于人，仁也""恕则仁也""德无不容，仁也""所谓仁者同好者也""同和者，仁也""分均，仁也""为天下得人者谓之仁"（例多不备引）。王力先生曾说："同一时代，同一个词有五个以上的义项是可疑的，有十个以上的义项几乎是不可能的。"③ 所以有人说，"《经籍纂诂》

---

① 参见汪耀楠《语文词典的义项》，辞书研究编辑部《辞书编纂经验荟萃》，上海辞书出版社 1992 年版，第 130 页。
② 王力：《训诂学上的一些问题》，《中国语文》1962 年第 1 期。
③ 王力：《〈诗经词典〉序》，向熹《诗经词典》，四川人民出版社 1986 年版，第 1 页。

一书甚善，乃学者之邓林也。但如一屋散钱，未上串。"① 这些五花八门的解说、定义无非说什么是"仁"，怎样实现"仁"，"仁"这一道德范畴与其他道德范畴的关系等。对于这些材料，必须进行甄别，加以爬梳、归纳。《汉语大词典》"仁"下列十一个义项，释"仁①"为："古代一种含义极广的道德观念。其核心指人与人相互亲爱。孔子以之作为最高的道德标准。"庶几得其旨哉！

五　忌滥用对文、异文

利用对文、异文抉发逸义是词语考释之常法，如古文中"平列之句，义多相应"——大体上字数相等、词性相同、句式一致，所谓"文同一例"，由此演化为"对文同义"——然而真理超过一步即是谬误，如若忽略造成对文的复杂情况，滥用对文，则就谬以千里了。

(9) 聿——肇　聿犹"肇"，始也。时间副词。傅咸《赠褚武良诗》："肇振凤翼，羽仪上京；聿作喉舌，纳言紫庭。""肇""聿"互文，"聿"犹"肇"也。（徐仁甫《广释词》卷二）

今按：此乃作者"据互文（实对文）以求同义"。"相对为文"是王念孙校释古书的重要依据，"平列之句，义多相应"只是说明"对文"存在同义的可能性，而非"凡对文必定同义"。否则，傅诗中"凤翼"就是"喉舌"，"上京"就是"紫庭"，岂不谬哉！"聿"在句中就是一个语助词。杨树达《词诠》卷九："聿：（1）语首助词。《文选·江赋注》引《韩诗薛君章句》云：聿，辞也。《幽通赋注》云：聿，惟也。按实无义。……（2）语中助词，无义。"说聿字有音无义，是最直接明了的说法，一定要把某字说出个意义来，实在是很迂曲难通的。对于这种缘词生训之弊，古人早有议论。王引之《经传释词》卷二："（聿）《传》于'岁聿其莫'，释之为'遂'；于'聿脩厥德'，释之为'述'。《笺》于'聿来胥宇'，释之为'自'；于'我征聿至'，'聿怀多福'……并释之为'述'。今考之，皆承明上文之辞耳。……而为'遂'为'述'为'自'，缘词生训，皆非也。"

(10) 与——复　与犹"复"，又也。副词。王维《赠张五弟諲》："清川与悠悠，空林对偃蹇。"又《至滑州隔河望黎阳忆丁三寓》："故人不可见，河水复悠悠。""清川与悠悠"，即"河水复悠悠"，是"与"犹"复"也。（徐仁甫《广释词》卷一）

---

① 参见段玉裁《与刘端临第二十四书》，《经韵楼集·文集补编下》，清道光元年（1821）七叶衍祥堂刊本。

今按：作者这里是"据异文而求近义"。但《赠张五弟諲》与《至滑州隔河望黎阳忆丁三寓》是王维在不同的时间、不同的地点写的二首诗，诗句歧义颇大，怎么能算异文？此其一惑也。查检中华书局本《全唐诗》卷一百二十五王维《戏赠张五弟諲三首》，"清川与悠悠"作"清川兴悠悠"；《全唐诗》卷一百二十五《至滑州隔河望黎阳忆丁三寓》，"河水复悠悠"作"河水复悠然"，这二句诗倒真正有其异文，不知作者是否查检过？此其二惑也。作者进一步谓："推之，岑参《虢州郡斋南池幽兴因与阎二侍御道别》：'仰望浮与沉，忽如雪与泥。'谓仰望浮复沉，忽如雪复泥也。因雪可化而为泥，故'复'为副词。崔峒《题崇福寺禅院》：'僧家更无事，扫地与焚香。'谓扫地复焚香也。""与"在岑诗与崔诗中作连词，本来文从字顺，不烦另为义解。如果把"与"读成"复"，诗句自然可通，但这种读法有没有足够证据？此其三惑也。异文固然可以用作两词同义之证，但却不能说绝对同义。如杜甫《春夜喜雨》："好雨知时节，当春乃发生。""乃"一本作"及"。我们不能说"乃"和"及"同义。否则，这样的"逸义"一定不能使人信服。而"乃"在此或恰为"及"之误。先师云从先生释曰："作及者是也。及者，及时也。春为发生之季，雨则当其时而至，若知群植之待霖润以茁长而无后其期者，故曰知时节，曰好雨，曰喜。乃者，词之难也，于此何施乎？读陆游《春雨》云：'午夜听春雨，发生端及期。'则知放翁所见杜集正作'及'字，或虽有作'乃'之本，而放翁不取，斯亦明矣。"[1]

参考文献

郭在贻：《〈辞海·语词分册〉义项漏略举例》，《训诂丛稿》，上海古籍出版社 1985 年版。

汉语大词典编委会：《汉语大词典·前言》，《汉语大词典》，上海辞书出版社 1986 年版。

江蓝生：《魏晋南北朝小说词语汇释》，语文出版社 1988 年版。

蒋礼鸿：《辞书三议》，《怀任斋文集》，上海古籍出版社 1986 年版。

蒋绍愚：《20 世纪的古汉语词汇研究》，《汉语词汇语法史论文集》，商务印书馆 2000 年版。

蒋绍愚：《近代汉语词汇研究》，《蒋绍愚自选集》，河南教育出版社 1994 年版。

刘叶秋：《古汉语词典编撰简说》，中国人民大学词典进修班《词书与语言》，湖北人民出版社 1985 年版。

汪耀楠：《语文词典的义项》，辞书研究编辑部《辞书编纂经验荟萃》，上海辞书出版

---

[1] 蒋礼鸿：《杜诗释词》，《怀任斋文集》，上海古籍出版社 1986 年版，第 56 页。

社 1992 年版。

鄢先觉:《辞典的资料工作》,辞书研究编辑部《辞书编纂经验荟萃》,上海辞书出版社 1992 年版。

张永言:《汉语词汇》,《中国大百科全书·语言文字》,中国大百科全书出版社 1988 年版。

原文发表于《古汉语研究》2003 年第 4 期

试论六朝译经中词义发展演变新趋向

颜洽茂

在古汉语词义研究中,"对词义引申、演变规律的探讨是个重要的、核心的问题"①。长期以来,我国语言学界袭用的西方"扩大、缩小、转移"理论(源于德国语言学家保罗1880年出版的《语言史原理》一书),无法说明汉语词义、特别是古汉语词义引申演变的种种复杂情况。笔者认为,语言作为人类社会的交际工具,的确有其共通的规律,但是个别语言除了与其他语言在词义发展演变上有共同互通的规律之外,应当还有其自身的特殊规律。因此,探讨汉语自身的规律,用"汉语特色"的理论来诠释汉语中的语言现象,已经成为越来越多的语言研究工作者的共识。本文试就六朝翻译佛经中所呈现的几种词义发展演变现象,加以归纳总结,以求教于方家。

六朝译经中所呈现的词义发展演变"新趋向"②,主要表现为以下几种:

一、灌注得义　佛教为外来之学,译经师除创造"寂灭""烦恼""解脱""慈悲"等新词或通过音译转写等方式接收用外语词表示教义外,大部分则是通过"灌注"而使中土语词"佛化",使之成为佛教名词术语。译经中有两种情况:

(一)利用原有的汉语词灌注教义,使之成为佛教名词术语。

　　我　《佛说无希望经》:"依猗计吾,而贪著我。"《佛说如来独证自誓三昧经》:"三界无识,无吾无我。"

　　按:"我"在古代汉语中是人称代词,用以称自己、我们,或泛指自己的一方。译经师用作梵文 Ātman 的意译,成为佛教术语。梵文 Ātman

---

① 苏宝荣、宋永培:《古汉语词义简论》,河北教育出版社1987年版,第52页。
② 说是"新趋向",与"以前"不同而言,与"扩大、缩小、转移"比较而言。

的原义是"呼吸",在佛教中已转义为生命、自己、身体,相当于自我、物体自性,指支配人和事物的内部主宰。《成唯识论》卷一:"我谓主宰。"窥基《成唯识论述记》卷一:"我如主宰者,如国之主有主宰故,及如辅宰能割断故,有自在力及割断力义。"《大毗婆沙论》卷九:"我有二种,一者法我,二者补特伽罗我(即人我)。"《圆觉经略疏》谓有四种我:"一凡夫妄计我,谓世间凡夫之人,不了五阴等法皆空,于中妄计我身,强立主宰,造作诸业,流转生死,无有休息,是为凡夫妄计我。二外道神我,谓外道之人,于五阴中妄计识神如麻豆等,或计遍身,起于我见,坠堕边邪,轮回生死,是为外道神我。三三乘假我,谓三乘之人,了知一切五阴等法虚假不实,悉无有我,是为三乘假我。四法身真我,谓如来法身,量等虚空,无所不遍,故于无我法中,明八自在我,是为法身真我。"佛教主张"无我",把承认有"我"视为外道异说。这一"灌注"的结果甚至连"我"的同义词"吾"也带有佛教义,下文将会分析这一现象。

定 《六度集经》卷一:"兴斯慈定,蛇毒即灭。"

按:"定"在古代汉语中表示"安定、平定"之意,《易》家人:"正家而天下定也。"引申之,则有完成,奠定,稳定,固定,停止,止息,确定,规定,约定,预定,订正,修改,必定、一定等义项。译人作为梵语 Samādhi(音译三摩地、三昧)的意译,指心专注一境,精力集中不散乱的一种精神状态,佛教用此作为取得确定之认识、做出确定之判断的心理条件,它是印度宗教哲学中特定的宗教实践。"定"有两种:一谓"生定",即人们与生俱有的一种精神功能;一谓"修定",指专为获得佛教智慧或功德和神通、通过修习后形成产生的东西。后者亦称定学,指禅定,是学佛者必须修持的三种基本学业(戒、定、慧)之一,亦是"六度"中的"定波罗蜜"。

漏 《百喻经》卷上宝箧镜喻:"于是堕落,失诸功德、禅定、道品、无漏诸善,三乘道果,一切都失。"《百喻经》卷上牧羊人喻:"既修多闻,为其名利,秘惜其法,不肯为人教化演说,为此漏身之所诳惑。"

按:"漏"有渗出、排出义,《庄子》让王:"上漏下湿,匡坐而弦歌。"佛教用为梵语 Āsrava 的意译,为烦恼的异名。它还有"流""住"两义:(1)流。谓因为烦恼业因,众生不断从"六疮门"(眼、耳、鼻、舌、身、意六处)流出"不净",造成新的业因而流转于生死之途。《俱舍论》卷二十:"诸境界中流注相续,泄过不绝,故名为漏。"《妙法莲花经玄义》一末:"诸论皆云烦恼现行,令心连注,流散不绝,名之为漏,如漏器、漏舍，深可厌恶。"（2）住。《大毗婆沙论》卷四十七载，由于业因，会使众生"留住三界，不能摆脱生死轮回"。"漏身"指因欲望带来的烦恼之身，"无漏"则谓以真智消除烦恼。

　　因缘　《百喻经》卷下小儿得大龟喻："凡夫之人亦复如是，欲守护六根，修诸功德，不解方便，而问人言：'作何因缘，而得解脱？'"

　　按："因缘"本指机会。《史记》田叔列传："（任安）求事为小吏，未有因缘也。"引申为依据、凭借。《汉书》郑崇传："高武侯以三公封，尚有因缘，今无故欲封商，坏乱制度，逆天人心。"佛教用为 Hetupratyaya 的译名，指得以形成事物、引起认识和造就业报等现象所依赖的原因和条件。《俱舍论》卷六："因缘合，诸法即生。"《维摩诘经》佛国品僧肇注："前后相生，因也；现相助，缘也。诸法要因缘相假，然后成立。"《止观辅行传弘决》卷一之三："亲生为因，疏助为缘。"谓在生"果"中起主要、直接作用的条件叫"因"，起间接、辅助作用的条件叫"缘"，合之则会使事物生起、变化和坏灭。

　　精进　《贤愚经》卷一梵天请法六事品第一："大王今者勇猛精进，不惮苦痛，为于法故？欲何所求？"

　　按："精进"本谓精干而有上进心。《汉书》叙传上："乃召属县长吏，选精进掾史，分部收捕。"颜师古注："精明而进趋也。"佛家用为梵语 vīrya 的意译，为小乘有部七十五法中大善地法之一，大乘百法中善心所法之一。指按佛教教义，在修善断恶、去染转净的过程中努力不懈。《慈恩上生经》疏下："精谓精纯，无恶染故；进谓升进，不懈怠故。""精进"是成就菩提、修行佛道的必要条件，因此它是"六波罗蜜"（亦即"六度"——布施、持戒、忍辱、精进、禅定、智慧）之一。

　　（二）利用原有词组，借形灌义，使之成为佛教名词术语。

　　杀生　《贤愚经》卷九善求恶求缘品第四十九："尔时提婆达多，虽复出家，利养蔽心，……杀漏尽比丘尼，以故杀生，疑畏受后报。"

　　按：《管子》海王："桓公问于管子，曰：'吾欲籍于六畜。'管子对曰：'此杀生也。'""杀生"为词组，谓宰杀生灵。佛教则以"杀生"为十恶业之一，谓杀害人畜等一切有情之生命，也包括自伤自杀在内。《智度论》卷十三："若实是众生。知是众生，发心欲杀而夺其命。生身业，有作色，是名杀生罪。"《俱舍论》卷十四："何等名为五所应离？一者杀生，二不与取，三欲邪行，四虚诳语，五饮诸酒。"

　　乞食　《大灌顶经》卷一："日时欲至，便著衣持钵，入城聚落，分卫乞食。"

按：《左传·僖公二十三年》："（重耳）乞食于野人，野人与之块。"谓乞讨食物，是词组。佛家用为 Piṇḍapāta 的意译，为十二头陀行之一。《大乘义章》卷十五："专行乞食，所为有二：一者为自，省事修道；二者为他，福利世人。"《行事钞》下三："三乘圣人，悉皆乞食。"

从上面所举的例子来看，这种意义的"灌注"似乎仍以引申作为基础：如"定"的原有义与"心专注一境，精力集中不散乱"有联系；"因缘"的依据、凭借义同"得以形成事物、引起认识与造就业报等现象所依赖的原因和条件"有关联；"杀生"的宰杀生灵也与"杀害人畜等一切有情之生命"有共通之处，换言之，即佛教义多多少少与原词（词组）的理性义、隐含义或词组义搭得上"界"。但是它们又确实不同于一般的自然引申。

所谓自然引申，有二层意思：一是从词本身的理性义和隐含义出发、基于联想作用而产生的词义发展，往往受到本民族文化心理的制约，因为"联想"具有人文因素。从汉语史实践来看，词语的命名，往往可从民族文化、心理、习俗去溯源；词的构成方式可从民族文化精神去观照；词汇系统，往往是民族文化观体系的反映。[1] 佛教为外来宗教，中土原有词义系统并不具备佛教教义的要素，如果没有佛教的传入，在一般情况下，词义不会向那个方向引申转化。二是自然引申下产生的新义，从模糊影响到渐渐清晰，往往有一个词义逐步稳定并得到社会认可的约定俗成的过程。

而这种"灌注"是译经师将外来的哲学概念"嫁接"在中土的语词上，带有强烈的主观色彩。这种"灌注"而成的意义，往往是翻译完成，便得以广布流通，为佛教徒认可。早期译经中出现的"格义"现象——译经师将佛学义理、概念"强行移栽"在当时流行的玄学、儒学名词上——尽管"先旧格义，于理多违"[2]，却从反面证明了"灌注"的存在。

其次，所"灌注"的词义，或蕴含丰富的哲学含义，其表达的概念复杂化，往往具有体系性。如"我"包括"法我"和"人我"，它的表层义是生命、自我、身体，相当于自我和物体自性，它的深层义是支配人和事物的内部主宰，"有自在力及割断力"。"定"包括"生定"和"修定"，它又是"三学"和"六度"的组成部分之一。或蕴含丰富的内涵，其表达的内容呈集团型。如佛家"乞食"有许多讲究："乞食遮五处"，指乞食时有五种地方不能去，据《显扬圣教论》，一为倡家（乐人家），

---

[1] 参看苏新春《汉语词义学》，广东教育出版社1992年版，第263页。
[2] 释道安语，引自马祖毅《中国翻译简史》，中国对外翻译出版公司1984年版，第35页。

二为淫女家，三为酒家，四为帝王家（指王宫），五为屠家；"乞食四分"，指所乞食物均应分四份，据《宝云经》，一分同道，二分穷人，三分鬼神（供祭祀），四分己身；又有"乞食三意"，谓如来乞食三种旨趣，据《法集经》，一不贪珍味，美恶均等（随施所得，不论食物好坏），二为破我慢，贵贱同游（为破自我贡高，富贵贫贱之家皆无选择），三慈悲平等，大作利益（如来并无饥渴羸损瘦乏之苦，为度众生，以平等慈悲，现行乞食，广作利益）。

再次，"灌注"的结果往往引起词义重心转移和词性改变，或者使词组凝固成词。如"我"由单表人称的代词转为表教义的佛学名词；"精进"由形容词转为表示成就菩提、到达涅槃彼岸修行途径的佛学术语；"乞食"由词组成词，表示佛教徒的日常功课。译经中这些词大抵由原来表一般义演化为表佛教义的名词术语。

蒋绍愚先生说："词不是孤立地存在的，它们处在相互的联系之中。一批有关联的词，组成一个语义场。在语言的历史发展中，词在语义场中的分布会产生种种变化。有的词从这一语义场跑到了另一语义场，有的词留在原来的语义场中，但和其他词的关系发生了变化。"[①] 译经中这些"佛化"的中土语词，一方面以原有身份在原来的语义场继续发挥作用；另一方面又与其他词组成新的聚合关系，形成新的语义场。如"我"，一方面继续以人称代词的身份发挥作用；另一方面构成"我见""我所""我执""我慢"等佛教名词术语，形成新的语义场。毫无疑问，这种"流动"必会打破原有平衡，引起词与词之间关系的变化，关于这个问题，还有待于进一步的研究来加以说明。

二、节缩代义　所谓节缩代义，是指由两个语素（或词）合成的复合词（或词组），在译经中却用其中一个语素（或词）表达另一个语素（或词）的含义，并形成新义的现象。译经中盖有两种情况：

（一）节缩后字。

惠施——惠，代施义。

《佛说大净法门经》："大姊，若能发无上正真道意，吾身尔乃以衣相惠。"《六度集经》卷一："王曰：'吾以国惠人，倪忘子钱。'"又卷二："象是国宝，惠怨胡为？"又卷二："又逢梵志来丐其车，即下妻子，以车惠之。……两儿睹之，中心怛惧，兄弟俱曰：'吾父尚施，而斯子来，财尽无副，必以吾兄弟惠与之。'"

[①] 蒋绍愚：《古汉语词汇纲要》，北京大学出版社1989年版，第280页。

按："惠"是惠施的节缩。《百喻经》卷上见他人涂舍喻："虚弃稻谷，都无利益，不如惠施，可得功德。"《佛说大净法门经》："愿以此衣，而见惠施。"皆可为证。经中"尚施"与"惠与"对言，也可见"惠"表示的就是施义。"惠施"词形早在译经前就已形成，《吴子》料敌："上爱其下，惠施流布。"汉贾谊《新书》傅职："或明惠施以道之忠。"这两个"惠施"其实是施惠（恩惠）的意思。译经中"惠施"却是布施义，"惠"可能有两种情况：惠有赐给义，《广雅》释言："惠，赐也。"则"惠施"就是赐施。"惠"又可用作敬词。《仪礼》聘礼"公当楣再拜"郑玄注："贶，惠赐也。"《三国志 魏志》崔琰传："昨奉嘉命，惠示雅数。"它如"惠临""惠顾"（均见《三国志》），则"惠施"之惠亦为敬词。但不管哪一种，译经中以"惠"代施却是肯定的，上引《六度集经》卷二整卷皆说"布施度无极"可证。作为宗教行为的布施与一般的赐送当有区别。

漂溺——漂，代溺义。

《月灯三昧经》卷六："一者，火不能烧；二者，刀不能割；三者，毒不能中；四者，水不能漂。"又："是人火不烧，刀杖莫能伤，毒药所不中，暴水无能漂。"

按："漂"是漂溺的节缩。《月灯三昧经》卷六："以持如是三昧故，不为火毒之所伤，一切刀杖莫能害，入大水中不漂溺，斯由持是三昧故。"《南史》顾协传："至峡江遇风，同旅皆漂溺。"《一切经音义》卷二九金光明最胜王经第一："漂溺，上匹遥反，顾野王云：漂，流也。《说文》：'浮也，从水票声。'票音同上。下宁滴反，《考声》：'溺，沉也，惑也。'从人从水作你，正体字也。"据此，"漂溺"本谓漂流淹没。经中以"漂"代溺，沉没、淹没义极为显明。

归伏——归，代伏义。

《顺权方便经》卷下："尔时诸天，常侍卫须菩提者，欢喜恒随，而奉事之，归其威神。"又："是诸天众，这发心已，稽首自归，礼须菩提足，责己悔过。"

按："归"是归伏的节缩。《后汉书》桓谭传："四方盗贼未尽归伏者，此权谋未得也。"南朝陈徐陵《与智颉书》："无畏之吼，众咸归伏。"两例"归伏"谓归顺（被）降伏，佛教中指归投依服。"伏"是服的假借，"归其威神"就是服其威神，"稽首自归"就是稽首自服。

承闻——承，代闻义。

《撰集百缘经》乾闼婆作乐赞佛缘："遥承王边有乾闼婆，善巧弹琴，歌舞戏笑。故从远来，求共角试弹琴技术。"《贤愚因缘经》快目王眼施缘品："时婆罗门渐到大城，径至殿前高声唱言：'我在他国承王名德，一切布施，不逆人意，故涉远来。'"①

按："承"是承闻的省缩。《撰集百缘经》乾闼婆作乐赞佛缘："善爱白言：'承闻王边有乾闼婆，善巧弹琴歌舞戏笑。今在何许？我当共角试技术。'"《撰集百缘经》同篇上作"承闻"，下作"承"，是"承闻"节缩的明证。"承"本为敬词，而代"闻"义，在同时代的典籍乃至后世都有其例。《全晋文》卷二七王献之《杂帖》："承妇等复不当差，深忧虑耳。"《世说》雅量："远近久承公名，令于是大遽。"《宋书》何尚之传："昨遣修问，承丈人已晦志山田。"又如唐慧立、彦悰《大慈恩寺三藏法师传》卷一："既方事孤游，又承西路艰险，乃自试其心，以人间众苦种种调伏，堪任不退。"卷二："法师欲往礼拜，承其路道荒阻，又多盗贼，二三年来人往多不得见，以故去者稀疏。"卷三："法师得亲承斯记，悲喜不能自胜。"卷五："时迦毕试王先在马锋迦汉茶城，闻法师至躬到河侧，奉迎问曰：'承师河中失经，师不将印度花果种来？'"此例以"闻"与"承"对言。卷六："承至言于先圣，受真教于上览。"卷七："蒙问，并承起居康豫，豁然目朗，若睹尊颜。""承"以敬词身份因节缩代义而成"正果"，乃至后来可组成"闻承"，甚至前面加上了敬词。如《大慈恩寺三藏法师传》卷一："（校尉）答曰：'闻承奘师已东还，何因到此？'"卷七："彼苾刍法长至，辱书敬承休豫，用增欣悦。"

（二）节缩前字。

何缘——缘，代何义。

《六度集经》卷二："梵志曰：'吾老气微，儿舍遁迈，之其母所，吾缘获之？'"又："昔为王孙，今为奴婢。奴婢之贱，缘坐王膝乎？"卷四："四姓觉知，诘曰：'缘窃浑乎？'"卷七："吾是补蹿翁耶，真天子乎？若是天子，肌肤何粗？本补蹿翁，缘处王宫？"

按："缘"是"何缘"的节缩。《晋书》桓冲传："冲性俭素，而谦虚爱士，尝浴后，其妻送以新衣，冲大怒，促令持去，其妻复送之，而谓曰：'衣不经新，何缘得故！'冲笑而服之。"又上引《六度集经》卷四："缘窃浑乎？"同篇上文为："牧人寻察，睹儿即叹，曰：'上帝，何缘落其子于兹乎？'取归育之，以羊浑乳。"其下文为："商人察其所以，睹儿惊曰：'天帝之子，何缘在兹乎？'"上下作"何缘"，中作"缘"，足证

---

① 两例都引自蔡镜浩《魏晋南北朝词语例释》，江苏古籍出版社1990年版，第40页。

"缘"为"何缘"的节缩。"何"有为什么、怎么、哪里之义,古书中用例甚众,不必赘举。"吾缘获之"就是吾何获之,"缘坐王膝乎"就是何坐王膝乎,"缘处王宫"就是何处王宫。

甚用——用,代甚义。

《撰集百缘经》宝珠比丘尼生时光照城内缘:"婢答大家:'今有佛僧在其门外乞食立住,我持此食用布施尽。'大家闻已,寻用欢喜。"《贤愚因缘经》微妙比丘尼品:"诸贵姓妇女见其如此,心用憔悴,不乐于俗。"①

按:"用"是"甚用"的节缩。《撰集百缘经》化生比丘缘:"有诸比丘夏坐之月在于山林坐禅,行道乞食,远妨废行,甚用疲劳。"又二梵志共受斋缘:"大臣得已,甚用喜欢。"《贤愚经》卷二:"株杌妇闻,忆之在心,豫掩一灯,藏著屏处,何夫卧讫,发灯来看,见其形体,甚用恐怖,即夜严驾,还至本国。"又:"时律师跋蹉甚用愤恼,合诸群臣博议其事。"以上诸例皆可证"用"是"甚用"的节缩。"寻用欢喜""心用憔悴"就是寻甚欢喜、心甚憔悴。

何所——所,代何义。

《百喻经》卷下诈言马死喻:"汝所乘马,今为所在?"《六度集经》卷二:"所由来乎?苦体如何?"《太子须大拏经》:"诸臣即问:'所从得此儿?'"《杂宝藏经》卷一:"怪而问之:'尔舍所以有此莲花?'"

按:"所"有何义,太田辰夫已有论及,可参。②《六度集经》卷二:"太子……慰劳之曰:'所由来乎?苦体如何?欲所求索?以一脚住乎?'"《太子须大拏经》作:"太子……因相劳问:'何所从来?行道得无勤苦?欲何所求索?用一脚为翘乎?'"太田辰夫比较了这显然依据同一原文翻译的两个不同译本中"所由来乎——何所从来""欲所求索——欲何所求索"后,得出"前译本与后译本的差别不过是'何'字的有无。很清楚,前译本的'所'在后译本中作'何所'"的结论。③据此,可证"所"就是"何所"的节缩,"所在"就是何在,"所由"就是何由,"所从"就是何从,"所以"就是何以。

译经中所以出现节缩代义的现象,有其存在的理据。笔者认为,其外因是由于译经文体的影响,因句式限制所致。来自印度的梵文原典以及西域语言转译本一般都有非偈颂和偈颂两个部分。翻译过程中,非偈颂部分

---

① 两例引自蔡镜浩《魏晋南北朝词语例释》,江苏古籍出版社1990年版,第295页。
② [日] 太田辰夫:《汉语史通考》,重庆出版社1991年版,第70页。
③ [日] 太田辰夫:《汉语史通考》,重庆出版社1991年版,第70页。

用散文移译,句式以四字为常,其语音链大多可切分为 2+2 形式,音节句读与语法句读不尽一致;偈颂则用无韵诗体移译,以五字偈、七字偈为常见,每句都有字数规定。试比较上引经例:

以衣相惠、惠怨胡为——不如惠施、而见惠施;
水不能漂、暴水不能漂(五字偈)——入大水中不漂溺(七字偈);
遥承王边、承王名德——承闻王边;
寻用欢喜、心用憔悴——甚用疲劳;
缘坐王膝乎——何缘在兹乎;
所由来乎——何所从来。

可见节缩是译者因句式所限,不得已而为之。经中大部分句例符合这种情况,偶有出例,盖为某些译经句式不够整饬之故。就内因言,一是这些语素(或词)处于同一复合词形(或固定结构)中,其关系较为紧密;二是古文自有简称一途,如"子"就是孔子,《前汉》就是《前汉书》。既然因句式所限不允许用复合词或固定结构的全形,自然就会用以偏代全之法,以"惠"代"惠施","漂"代"漂溺","缘"代"何缘"……然而经中句例表明,实际所代的并非"全"义而是节缩义。这是因为"惠""漂""缘"已出现在文中,事实上它们所代的仅是"施""溺""何",这里便出现了概念的偷换,或者说认识上的偏差:既然"惠"代的是"施",那么就有了"施"义;"漂"代的是"溺",那么就有了"溺"义;"缘"代的是"何",于是就有了"何"义。这种偏差所致当然是不合理的,但语言是约定俗成的,只要社会认可,这些词就能形成新义得以流通,如"所"在中古汉语里常用作"何"义,即是其证。

三、相因生义 作为词义发展横向运动的相因生义,本来不是什么"新趋向",古已如此。只是相对于词义衍生基本形式引申来说,译经中一些例子颇能说明问题,所以附在这里讨论。相因生义是由语言类推作用而引起的,是在两个(或以上)语词之间发生的意义渗透变化。译经中其例为数不少,如:

我 吾 吾我:俱表佛教义。

《佛说无希望经》:"依猗计吾,而贪著我。"《佛说如来独证自誓三昧经》:"三界无识,无吾无我。"《佛说慧印三昧经》:"从我学恭敬意,持净清除吾我,勇猛者坏生死,持谛法得三昧。"又:"佛尔时便说偈言:已住吾我,便言有世,持想作行,欲脱于世。"《文殊师利普超三昧经》卷上:"惟族姓子已住吾我,自见己身,则便处于魔之事业。已断吾我,不睹所虚。"《顺权方便经》卷上:"谓沙门法,不著吾我,解一切空,寂然淡泊。"

《太子须大拿经》:"计有吾我人者,何时当得道耶?虽久在山中,亦如树木无异,不可吾我人者,乃可得道耶?"《佛说龙施菩萨本起经》:"龙施菩萨立于佛前,作师子吼。嗟叹大乘,说前世行,积功累德,不惜身命,不计吾我,无所希求。"

按:吾、我均为第一人称代词,但上古在用法上有区别,"吾字用于主格和领格,我字用于主格和宾格"①。上古汉语没有发现连用的例子。译经中由于句式之需引起语词增扩而出现了连用之例。《无极宝三昧经》:"诸法不可呵,即得无上宝,吾我及与人,世间无得者。""吾我及与人",就是我和别人。"我"由于教义的灌注而成为佛教名词,前文已作了分析,"我"的这一佛教义便向它的同义词"吾"的含义范围发生转化,从而使"吾"相应也带有佛教义,例中"计吾"与"贪著我"对文可证,进而"吾""我"又组成"吾我"表示佛教义,经中用例甚众。

视 看 瞻 看视 瞻视:俱有照顾、照料义。

《佛说弥勒大成佛经》:"时四部众平治道路,洒扫烧香,皆悉来集,持诸供具,供养如来及比丘僧。谛观如来,喻如孝子视于慈父。"《杂宝藏经》卷五:"少失怙恃,居家丧尽,无人见看,是以困苦褴褛如此。"《贤愚经》卷六:"婢使便看养长者得瘥,于时其婢白长者言:'大家!我看大家,……病得除瘥,唯当垂愍,赐我一愿。'"《增一阿含经》卷四十:"我等自当瞻此病人,如来勿复执劳。"《贤愚经》卷三:"梵志怜我,将我归家,供给无乏,看视如子。"又卷六:"各以家居妇儿付嘱富那奇:'为我看视斯等大小,及家余事,悉以相累。'"《佛说太子墓珀经》:"父母奇之,供养瞻视,须其长大,当为立字。"《佛说睒子经》:"我不惜身,但念我盲父母耳。年既衰老,两眼复盲,一旦无我,亦当终没,无瞻视者。"

按:看、瞻何以有照料、照顾义?笔者以为其源当出于"视"。《国语》晋语八:"叔鱼生,其母视之,曰:'是虎目而豕喙,鸢肩而牛腹,溪壑可盈,是不可厌也,必以贿死。'遂不视。"后一"视"当为照料义,故韦昭注曰:"不自养视。"又《后汉书》刘虞传:"青徐士庶避黄巾之难归虞者百万余口,皆收视温恤,为安立生业。"可见"视"有照料义,其来古矣。"视"作为多义词,包含如下义项:

(1)看。《易》履:"眇能视,跛能履。"
(2)观察;考察。《论语》为政:"视其所以,观其所由。"

---

① 王力:《汉语史稿》中册,中华书局1980年版,第262页。

（3）看待；对待。《论语》先进："回也视予犹父也。"

（4）照顾；照料。上引《国语》例。

"看"有两个义项与"视"相同、相近。

（1）以手翳目而望。《说文》目部："看，睎也。"

（2）探访。《韩非子》外储说左下："梁车为邺令，其姊往看之。"《通俗编》交际："看，按世以尊者造候卑者为看，其言古矣。"

（3）使视线接触人或物，即一般的看。《乐府诗集》横吹曲辞五《十五从军行》："遥看是君家，松柏冢累累。"

（4）观察。《三国志 吴志》周舫传："看伺空隙，欲复为乱。"

中古时期"视"和"看"已用作同义词，《广雅》释诂一："看，视也。"人们出于如下类推：既然两词同义（有两个义项相同、相近），那么"视"有照顾、照料义，则"看"也应有照顾、照料义。于是，"视"的照顾、照料义便向"看"的含义范围转化、渗入，使"看"相因具此义。《释氏要览》卷下瞻病："瞻病制，《僧祇律》云：'有比丘久病，佛因按行见，躬与阿难为洗身及衣，晒卧具讫，又为说法。'"佛问："汝曾看病否？"答："不曾。"佛言："汝既不看，谁当看汝？"乃制戒："自今后应看病比丘。若欲供养，我应供养病人。""应看病比丘"就是照料病比丘，即文中所说"洗身及衣、晒卧具"等事。又《说文》见部："视，瞻也。"可见其为同义词。"瞻"获得照顾、照料义的情形同"看"。"视、看、瞻"均有照顾、照料义，故可构成"看视""瞻视"。

参考文献

蔡镜浩：《魏晋南北朝词语例释》，江苏古籍出版社 1990 年版。

蒋绍愚：《古汉语词汇纲要》，北京大学出版社 1989 年版。

马祖毅：《中国翻译简史》，中国对外翻译出版公司 1984 年版。

苏宝荣、宋永培：《古汉语词义简论》，河北教育出版社 1987 年版。

苏新春：《汉语词义学》，广东教育出版社 1992 年版。

［日］太田辰夫：《汉语史通考》，重庆出版社 1991 年版。

王力：《汉语史稿》，中华书局 1980 年版。

本文原载《古典文献与文化论丛》，中华书局 1997 年版

中古佛经借词略说

颜洽茂

摘要 佛教词汇输入中国，是历史上一件大事。中古佛经引进了大量的外语词，引进语词的词类（包括内部小类）有了明显的扩展，接受外语词的体式已基本确立，但存在不规范现象。中古佛经已开始对梵语借词运用缩略、词型规范等同化手段进行初步整饬。

关键词 佛经 外语词 借词 整饬

萨丕尔说："语言，象文化一样，很少是自给自足的。交际的需要使说一种语言的人和说邻近语言的或文化上占优势的语言的人发生直接或间接的接触。"[1] 汉语在历史上曾经出现过大量吸收外来词（借词）的时期，其中，"佛教词汇的输入中国，在历史上算是一件大事"[2]。

来源于梵语的外来词在数量上远远超出了前期的西域借词，并且在整个译经中占有一定的比重。据笔者对《百喻经》《杂宝藏经》《贤愚经》[3] 所作的统计，《百喻经》中西域借词占外来词总数的 6.5%，梵借词占了 93.5%；《杂宝藏经》中西域借词占 1.2%，梵借词占 98.8%；《贤愚经》中西域借词占 1%，梵借词占 99%。

早期外语词的引进，局限于西域南海传来的少数物名（如蒲陶、苜蓿、师比、琉璃之类），这一期间则是一整套佛教理论、事物有关语词的吸收，这是不可同日而语的。而且引进语词的词类（包括内部小类）有了明显的扩展。以名词而言，不仅有物名（如袈裟、钵、摩尼珠）、称谓

---

[1] 萨丕尔：《语言论：言语研究导论》，陆卓元译，商务印书馆1985年版，第120页。
[2] 王力：《汉语史稿》下册，中华书局1980年版，第525页。
[3] （萧齐）求那毗地译：《百喻经》，《中华大藏经（汉文部分）》，中华书局1984年版；
（元魏）吉迦夜共昙曜译：《杂宝藏经》，《中华大藏经（汉文部分）》，中华书局1984年版；
（元魏）慧觉等译：《贤愚经》，《中华大藏经（汉文部分）》，中华书局1984年版。

(比丘、和上、婆罗门)、国名(舍卫国、安陀国)、山名(阇崛山、利师山)、人名(阿难、提婆达多)等,而且更多的是抽象名词(如禅那、三昧、须陀洹等)。尽管梵借词绝大部分仍是名词,但已扩及动词(如布萨、耶旬)、数词(如阿僧祇、那由他)、量词(如由旬、拘屡)等其他词类。

从接受外语词的方式来看,西域借词基本上采用对音转写(即音译)的方式,此期除转写外,还创立了"转写+指类名词"①"转写+意译"②"意译组合"③等多种形式,汉语吸收外语词的体式至此已基本确立。据笔者对《百喻经》《杂宝藏经》《贤愚经》三经统计,上述四式中,转写和"转写+指类名词"占绝大多数。转写在译经中仍是接受外语词的主要形式,约占梵借词的59%(三经平均值),"转写+指类名词"约占30.5%(三经平均值),一些专有名词基本上都用这种方式构成,显示了汉语在接受外语词时有抗拒完全转写、乐于接受意译和部分转写的倾向。

不可否认,此期外来词确实还存在如下不规范的现象:

(1)"转写"与"转写+类名"并存。

夜叉(《贤愚经》卷一)——夜叉鬼(同上卷十)

须陀洹(同上卷一)——须陀洹果(同上)

(2)转写与转写省略并存。

毗琉璃(《杂宝藏经》卷九)——琉璃(《贤愚经》卷五)

般涅槃(《贤愚经》卷七)——涅槃(同上卷一)

(3)转写的不同词形并存。

阎浮提(《大灌顶经》卷六)——阎浮利(《佛说慧印三昧经》)

涅槃(《贤愚经》卷一)——泥洹(同上卷十二)——般泥(《六度集经》卷五)

(4)转写、"转写+类名"与意译并存。

辟支佛(《杂宝藏经》卷一)——缘觉(同上卷七)

忉利天(《贤愚经》卷十二)——三十三天(同上卷四)

偈(《佛说宝如来三昧经》)——颂(《无极宝三昧经》)

泥洹(《无极宝三昧经》)——灭度(《六度集经》卷七)

---

① 如优钵罗花,花为指类名词,优钵罗为梵文 Utpala 的转写,义即青莲花。
② 如忏悔,忏为梵文 Ksama(忏摩)转写之略,悔是意译,合璧成词。
③ 如戒律,合梵文 Sila(尸罗)及 Vinaya(毗奈耶)二词意译而成。

有时转写、转写省略、"转写+意译"等几种译名同时出现，如：

阿鼻泥犁（《贤愚经》卷六）——阿鼻（同上卷五）——阿鼻地狱（同上卷十）——阿鼻狱（同上卷十三）。

由于译经师语言修养不同，方音不同，在大规模吸收外语词的情况下，这种混乱状况在所难免。当然，也应指出，音节不同、构词方式不同的译名，有时往往是文体句式限制所造成的。如：

命终皆堕/阿鼻泥犁。（《贤愚经》卷六）

身坏命终，堕阿鼻狱。（同上卷十三）

下阿鼻火，上冲大海，海水消涸。（同上卷五）

此期佛经在外语词的吸收方面也有值得肯定之处。

其一，改"梵音"为汉意，即尽量用意译来取代转写。早期译经，辞质多胡（梵）音，"全采原音，则几同不译"[①]，于是三国时支谦、康僧会主张译文中尽量减少胡（梵）语成分，以适应汉人口胃，以《大般若经》第四分中一段为例：

后汉支娄迦谶译文：

"菩萨行般若波罗蜜，色不当于中住。……不行者，菩萨不得萨芸若。"

三国支谦译文：

"菩萨修行，明度无极，不以色住。……其不具足/明度无极，终不得一切知。"

支谦以"明"译"般若"，"度无极"译"波罗蜜"，"一切智"译"萨芸若"，尽管他的译文因追求词藻而失真受到讥评，但这种努力应予肯定。其后的鸠摩罗什及真谛在倡导意译、少用梵音转写上都有过探索。此期译经中一大批意译词，正是这种努力的结果。如：方便（aapayika）、圆满（parisphata）、烦恼（klesa）、慈悲（karuna）、因果（hetavaphalani）、信心（eitta-mati）、导师（aayaka），等等。

除此之外，一些原有的转写词出现了与之对应的意译形式，如：

《乐璎珞庄严方便品经》："时有大德须菩提，即便入於/王舍大城，次第乞食，至异长者家。"

"大德、王舍大城、乞食"，其转写形式分别是"婆檀陀、罗阅祇、分卫"。

其二，对引进的外来词进行了初步整饬，以符合汉语习惯。

[①] 梁启超：《佛典之翻译》，《佛学研究十八篇》，中华书局1989年版，第183页。

1. 对音转写的缩略

梵词音节大抵在三音节以上，全部对音，自然有悖汉语语词以单、双音节为主的习惯。此期译经对前期译经中大量全译进行了缩略。

缩略为三音节：

Brahmana——波罗钦末拿、婆罗贺磨拿、没啰憾摩——婆罗门

Upasaka——乌波索迦、乌波娑迦、邬波索迦、邬婆素迦、优婆娑迦、优婆娑柯——优婆塞

Srota-apanna——窣路多阿半那、窣路陀阿半那、窣路陀阿钵囊、窣路多阿钵囊、苏卢多波那、须陀般那——须陀洹

Asamkhya——阿僧企耶——阿僧祇

缩略为二音节：

Sramanera——室末那伊洛迦、室罗摩拿洛迦、室罗末尼罗、室罗摩尼罗、室摩那拿——沙弥

Sarira——摄哩蓝、摄悉蓝、室利罗、设利罗——舍利

Samadhi——三摩地、三摩帝、三摩提、三摩底、三摩眡、三昧地——三昧

缩减为单音节：

patra——本多罗、波多罗、波怛罗、播怛罗、钵呾罗、钵得罗、钵多罗、钵多——钵

gatha——伽陀、偈佗、偈他、偈缔——偈

mara——摩罗耶、末罗、磨罗——魔

简缩或取前舍后：

般涅槃那——般涅槃、三昧地——三昧、钵多罗——钵、劫波——劫

或取后舍前：

魔波旬——波旬、阿修罗——修罗、阿罗汉——罗汉

或取二头而舍中间：

尼拘屡陀——尼拘陀、达拿嚩——哒嚩、夜乞叉——夜叉

或从中摘取：

阎摩罗阇——阎罗、菩提萨垂——菩萨、辟支迦佛陀——辟支佛

有些译名的省缩很可能采用了多级缩略的方式，如：

迦罗沙曳——迦沙曳、迦沙野、迦沙异（取二头舍中间）——迦沙（取前舍后）

僧伽蓝摩——僧伽蓝（取前舍后）——伽蓝（取后舍前）

在缩略过程中有合音、改字现象的，如：室罗末尼罗（Sramanera）——

沙弥,"弥"显然是"末尼"的合音;室啰米拿(Sramana)——沙门,"门"显然为梵词音节 mana 省略后 a 的对音。优婆娑柯——优婆塞,对音字"娑"改为塞;室利罗——舍利,对音字"室"改为舍。

缩略的方式似以"取前舍后"式稍多。严格地说,缩略并不彻底,译经中三音节以上的转写词仍比比皆是,如"阿耨多罗三藐三菩提"(梵文 Anuttarasamyaksambodhi,意译无上正等正觉,见《文殊师利问菩提经》)。

2. 词形的逐步规范

转写是用汉字记录梵音,由于译者的梵语语音分析水平高低不一,加上方音之歧、古今音流变,所以一词往往多写,造成了古译、旧译、今译等多种译名,这自然是妨碍交际的。相同音节的转写词出现一词多写,似乎同汉语联绵词一词有多种写法类似。所谓词形的逐步规范,是指:

(1) 对一词多写的转写译名,通过约定俗成逐步固定为一种或二种较通行的写法,以音节相同的转写词为例:

乌婆索、乌婆塞、伊蒲塞、邬波塞——优婆塞

比呼、苾蒭、煏刍——比丘

南摩、那麻、那谟、那模、娜谟、捺麻、捺谟、纳谟、纳慕、囊谟、曩莫——南谟,南无

药叉、阅叉——夜叉

(2) 一些转写词的用字增加或调换了偏旁,更符合汉语习惯,这是"同化"的深入。

用于转写的汉字本来只对音而无"义",增加或调换偏旁形成专字而使之有"义",这种做法似乎从汉语开始接受外语词就开始了,如蒲陶之为葡萄、橐它之为骆驼,抹利之为茉莉、宾郎之为槟榔、目宿之为苜蓿、流离之为琉璃,皆此类也。译经中的例子,如:

磨——魔,《翻译名义集》卷二,四魔篇引《摄辅行》云:"古译经论魔字从石,自梁武以来,谓魔能恼人,字宜从鬼。"《说文新附》鬼部:"魔,鬼也。"《南史》梁本纪中:"及中大同元年,同泰寺灾。……帝曰:'斯魔鬼也。酉应见卯,金来剋木,卯为阴贼。鬼而带贼,非魔何也?'"《正字通》云:"魔古从石作磨,礳省也。梁武帝改从鬼。"

迦沙——毠䯻——袈裟,玄应《一切经音义》卷十五:"袈裟,上举佉切,下所加切。《韵集》音加沙,字本从毛,作'毠䯻'二形,葛洪后作《字苑》,始改从衣。"

(3) 以缩略或规范后的转写词为词素进而造出新的复合词,这是"同化"的进一步深入。

如：菩提萨垂——菩萨、苾蒭——比丘，用为"转写+类名"中的指类名词，《贤愚经》卷一"婆修密菩萨"，卷十"檀弥离比丘"，皆其例。

译经以外同时代或后世以这种方式构成的复合词甚多，如：

塔婆、兜婆——塔——塔庙，《魏书》释老志："塔亦胡言，犹宗庙也，故世称塔庙。"《颜氏家训》归心："岂令罄井田而起塔庙，穷编户而为僧尼也？"

其他的例子如：

磨罗——磨（魔）——恶魔、魔障、魔鬼

禅那——禅——禅师、参禅、坐禅、禅林

钵多罗、钵多——钵——衣钵、钵盂

参考文献

刘正埮、高名凯、麦永乾、史有为：《汉语外来词词典》，上海辞书出版社1984年版。

萨丕尔：《语言论：言语研究导论》，陆卓元译，商务印书馆1985年版。

王力：《汉语史稿》，中华书局1980年版。

本文原载于《浙江大学学报》（人文社会科学版）2002年第3期。

《大正新修大藏经》平议二题

颜洽茂

内容提要 《大正新修大藏经》是汉文大藏为数不多的外国版本之一，从文献、语言角度而言，《大正藏》值得平议之处有二：一为校勘，二为句读。本文以《经律异相》为例，以《大正藏》与宋元间《碛砂藏》对勘，以明后出转精之本可纠前出善本文字之误。《大正藏》之断句虽非新式标点，然便利阅读，功不可没。不过，其断句可商榷之处亦甚夥。本文归纳《大正藏》断句之误盖有四种类型，并提出佛典标点断句之"三不易"。

关键词 大正藏　校勘　句读

汉文大藏经的刊刻有着悠久的历史，它以鸿篇巨制、版本众多闻名于世。作为汉文大藏的重要组成和补充的外国版本，不仅是中外文化交流的象征，而且有其独特的文献价值。例如《高丽大藏经》，其版本、校勘上的价值即为世所公认。

由"大正一切经刊行会"编纂出版的《大正新修大藏经》（以下简称《大正藏》）收正编五十五册、续编四十五册，计经文八十五册、法宝总目录三册、图像十二册。《大正藏》的出版是佛学界的一件盛事，作为汉文大藏为数不多的外国版本，它无疑是中日佛教文化交流源远流长的见证。同时，它以"后出转精"，成为近年来国际上佛学研究中的通用版本之一。

从文献、语言角度而言，《大正藏》值得平议之处有二：

一为校勘。

《大正藏》的正编部分（收录阿含、本缘、般若、法华、华严、宝积、涅槃、大集、经集、密教、律、释经论、昆昙、中观、瑜伽、论集、经疏、律疏、论疏、诸宗、史传、事汇、外教、目录等传统经典三藏）以《高丽藏》为主要底本，其用于对校、参校的本子计有：

宋本（The 'Sung Edition' A. D. 1239）

元本（The 'Yuan Edition' A. D. 1290）

明本（The 'Ming Edition' A. D. 1601）

丽本（The 'Kao—Li Edition' A. D. 1151）

丽本别刷（Another print of Kao—Li Edition）

正仓院圣语藏本（天平写经）（The Tempyo Mss. ［A. D729—］and the Chinese Mss. of the Sui ［A. D. 581—617］and Tang ［A. D. 618—822］dynasties, belonging to the Imperial Treasure House Shoso—In at Nara, specially called Shogo—Zo）

正仓院圣语藏本别写（Another copy of the same）

宫内省图书寮本（旧宋本）（The old Sung Edition ［A. D. 1104—1148］belonging to the Library of the Imperial Household）

大德寺本（The Tempyo Mss. of the monastery 'Daitoku—ji'）

万德寺本（The Tempyo Mss. of the monastery 'Mantoku—ji'）

石山寺本（The Temnyo Mss. of the monastery 'Ishiyama—dera'）

知恩院本（The Tempyo Mss. of the monastery 'Chion—in'）

醍醐寺本（The Tempyo Mss. of the monastery 'Daigo—ji'）

仁和寺藏本（Ninnaji Mss. by kukai and others. C. 800 A. D.）

东大寺本（The Tempyo Mss. of the monastery 'Todai—ji'）

中村不折氏藏本（Mr. Nakamura's Mss. From Tun—huang）

久原文库本（The Tempyo Mss. belonging to the Kuhara Library）

森田清太郎氏藏本（The Tempyo Mss. owned by Mr. Seitaro Morita）

敦煌本（Stein Mss. from Tun—huang）

西福寺本（The Tempyo Mss. of the monastery 'Saifuku—ji'）

东京帝室博物馆本（The Chinese Mss. of the Tang dynasty belonging to the Imperial Museum of Tokyo）

缩刷本（Tokyo Edition ［small typed］）

金刚藏本（The Mss. preserved in the Kongo—Zo Library, Toji, kyoto）

高野版本（The Edition of Koya—San, C. 1250 A. D.）

用于对、参校的馆藏、寺藏、私藏藏经计二十四种之多。

《大正藏》的校勘采用上述参校本经籍与底本逐句逐字对校的方法，勘出经文异同和字句错落，校记附于页末。校记内容大致为：

1. 勘出异文异本。

得＝相（元）（明）　　得元本明本俱作相（＝作）

［心］——（宋）（元）　　宋本元本俱无心字（——无）

［彼依……兴衰］八字——（三）　　已上宋元明三本俱无"彼依乃至兴衰"八字（……字句省略）

我＋（时於彼遇值世尊）（三）　　我下宋元明三本俱有时于彼遇值世尊（＋有）

2. 注出下同之文。

本文：世尊正①　　游知

注：（1）游＝遍（三）＊　　游宋元明三本俱作遍　　下同（＊下同）

3. 底本、对校本注记\校异。

底本注记：止＝正亻（原）　　止一本（指底本）作正　　（（原）：底本　亻底本、对校本注记符号）In the original text, it is noted that a text reads 正 for 止

对校本注记：［止］亻—（甲）止一本（指对校本甲）无　　（（甲）：对校本甲　亻底本、对校本注记符号）

4. 底本对校本注记考讹。

底本注记：捐＝损力（原）　　捐疑是损之讹

对校本注记：如＋（是）力（乙）如下疑有是字（力底本、对校本注记考讹略符）

有时则为本藏校合者的考讹：如朋＝明？朋是否明之误？（？本藏校合者考讹略符）

此外尚有指出卷品异同、词序位置转换（盖亦可归入异文）等内容。

由于校勘精细、校记周详，无疑给研究者引用语言资料时斟酌文字（特别是审辨字形，考察异文），以便把讹脱、舛误减少到最低程度提供了极大的便利。

我们且以佛学类书《经律异相》为例，以《大正藏》与宋元间平江府陈湖碛砂延圣院所刊《碛砂藏》对勘，以明后出转精之本可纠前出善本文字之误。

1. 《碛砂藏》　　卷十四　舍利弗先佛涅槃八："婆罗门曰：'办我行道粮食所须，却后七日便当发别。'"

大正藏作"发引"，校记（14）谓宋元明本及宫本俱作别。今按：

"发引"是。

2.《碛砂藏》　　卷十六　优婆笈多降魔三："是时淫女，贪其物故，杀长者子，取共身骸置不净处。"

《大正藏》共作"其"，校注（19）其＝共（三）（宫）今按：作共无义，作其是。共当其之误。

3.《碛砂藏》　　卷十六　分那先为下贱多知方宜遇佛得道十二："时世饥俭，难得分那，恐不相活，以为愁忧。"

《大正藏》難作"雖"，校记谓三本及宫本俱作雖。今按：難当是雖之形误。

4.《碛砂藏》　　卷十七　朱利槃特诵一偈能解其义又以神力授钵九："佛坐殿上，行水已毕，槃特擎钵伸臂遥以授佛，王及群臣夫人太子，众会日辈见臂来入，不见其形。"

今按："日辈"不可通，检《大正藏》此文作"四辈"。四辈者，云比丘、比丘尼、优婆塞、优婆夷四众也。日当为"四"之形误。

5.《碛砂藏》　　卷十八　比丘贫老公垂殒佛说往行许其出家二十五："时有寒素沙门……所求不多，唯法衣耳。而卿了不当接，遇之甚恶，衣既不乞，又不与食……昼夜七日，水浆華绝……"

《大正藏》作"水浆乖绝"，"乖绝"是。

又同篇："即便遣去，驱逐出国，出界十余里，逢遭饿贼，欲杀啖之。沙门言曰：'我穷冻沙门，赢瘦骨立，肉病腥臊不中食也，空当见杀而无所任。'饿贼答曰：'我饿困累日，但食土耳。卿虽小瘦，故是肉也。终不相放，但当就死。'如此前却食久。"

《大正藏》作"如此前却良久"。今按："良久"较之义长。

6.《碛砂藏》　　卷十九　比丘居深山为鬼所娆佛禁非人处住十六："林中有非人女，语比丘：'莫作淫欲。'比丘言：'莫作是语，我是断淫欲人。'"

《大正藏》作"共作淫欲"。今按：作"共"是，"莫"或涉下"莫"而误。《碛砂藏》中凡言莫（暮）者皆作"暮"。又同篇下文：又憍萨罗国有一比丘，阿兰若住处有毘舍遮鬼女来语比丘言：'共作淫欲来。'比丘言：'莫作是语，我断婬欲人。'"语义句例与上文相同，也可旁证。

7.《碛砂藏》　　卷二十　族姓子出家佛为欲爱证贤圣明法九："有一仙人兴五神通……忽然来下，而为说爱欲之难、离欲之德，出家为道，修四梵行。寿终之后，生子梵天。"

《大正藏》"子"作"于"，是。

8.《碛砂藏》　　卷二十一　调达与佛结怨之始一:"尔时调达心念毒害,诽谤如来,自谓有道,众人呵之。天龙鬼神、释梵四正,悉共晓喻……"

《大正藏》作"释梵四王"。今按:释梵四王者,帝释与梵王也。

9.《碛砂藏》　　卷二十一　调达博学兼修神足止要利养三:"时阿阇世日给五百金食,随时供养,不令有乏。"

《大正藏》"金"作釜。今按:作"釜"是,食以"釜"量,由来久矣。《左传·昭公三年》:"齐旧四量:豆、区、釜、钟。"杜预注:"釜六斗四升。"

10.《碛砂藏》　　卷二十一　调达拘迦利更相赞叹四:"时大位人言:'横相嗟叹,言虚无实。'"

《大正藏》作"大仙人",是。"位"当仙之误。《碛砂藏》中仙俱不作僊。下文"仙人者,则菩萨是",更可佐证。

11.《碛砂藏》　　卷二十一　调达就佛索众不得翻失眷属五:"调达……白佛言:'唯愿世尊自闲静室,禅定自娱。四部之众愿见付授,我当教诫如佛无异,随时供养,四事不之。'"

《大正藏》作"四事不乏",是。"之"当"乏"之形误。

当然,《大正藏》亦非白璧无瑕,讹字错形时亦可见,如:

1.《大正藏》　　卷十五　阿难为栴陀罗母咒力所摄十一:"阿难见十方尽阇冥,譬如日月为罗咒所厌,阿难有大人力,当十大力士力而不能得动。"

"阇冥"义不可通。《碛砂藏》同文作"闇冥"。阇当闇之形误。

2.《大正藏》　　卷十七　兄弟争财请佛解竟为说往事便得四果十二:"时有贫人启言:'能得。'王即听许。其人巧黠,先寻师子所在。"

《碛砂藏》作"巧黠",是。

3.《大正藏》　　卷十八　比丘在俗害母为溥首菩萨所化出家得道二十四:"吾当往诣能仁佛所,其无救者佛为设救,其恐惧者佛能慰除,如佛所教,我当奉還。"

《碛砂藏》作"奉遵",奉遵是。還当为遵之形误。

4.《大正藏》　　卷十九　跋璩鹫鸟乞羽龙乞珠四:"干时象者,林中比丘是也。"

"干"当为"于"之误。经中或作"于时",或作"尔时",例不赘举。

5.《大正藏》　　卷十九　耶舍因年饥犯欲母为通致佛说往行五:"时猎师持弓矢渐次北行,前到雪山,山有仙人,藏诸猎具,诸仙人所作礼问讯。"

《碛砂藏》作"诣仙人所"。今按:诣义长。"诸"当是涉上"藏诸"而误。

6.《大正藏》 卷二十一 提舍等四比丘受罪轻重十一:"调达愚人,若有人起欲使获安隐义,以四十大海水灌其身上。彼大海火速尽,彼火不灭。"

今按:"大海火"不可解,"大海火尽而彼火不灭"义不可通,当是涉下火而误水为火。文中如"若二十大海水灌彼身上,彼海水尽,火故不灭""以三十大海水灌其身上,大海水速尽",皆可为旁证。

二为句读。

汉文诸藏本无句读,于诵读理解多有不便。《大正藏》乃大藏断句之肇端,虽然不是新式标点,然便利阅读,有益初学,筚路蓝缕,功不可没。

梁启超先生在《翻译文学与佛典》中曾对佛经的文体加以总结,认为"文体与他书迥然殊异"①,笔者也曾对佛经中非偈颂部分和偈颂部分的文体特点加以探究,归纳其特点为:1. 非偈颂部分,从独字到七字句在译经中交互出现,但基本上以四字句为常;偈颂则以五字句和七字句为常。2. 音节句读与语祛句读不尽一致,主要是为了服从诵读的需要。3. 讲求节奏,四字句语音链大多可切分为 2+2 形式,但偈颂不押韵。②

佛典断句,实有"三不易":其一,佛理深奥,概念迥异,经中华梵交错(音译梵词屡见),要做到正确断句,极为不易;其二,佛经文体与中土固有文体不同,乃"画然辟一新国土"③,要把握文体特点断句,殊为不易;其三,佛经专供诵念,断句既要照顾到意义(以义为之),又要服从诵读需要(以音为之),尤为不易。

以此言之,则《大正藏》断句中可商榷之处甚多。如断句标准游移,长短随意为之。试以《经律异相》为例:

长例:卷八 净藏净眼化其父母三:时云雷音宿王华智佛告四众言。汝等见是妙庄严王于我前合掌立不。此王于我法中当作比丘精勤修习助佛道法当得作佛号娑罗树王。国名大光劫名大高王。

短例:卷十七 鸯崛髻暴害人民遇佛出家得罗汉道十:婆伽婆。

---

① 梁启超:《翻译文学与佛典》,《佛学研究十八篇》,中华书局1989年版,第179页。
② 参见颜洽茂《佛教语言阐释——中古佛经词汇研究》,杭州大学出版社1997年版,第27—39页。
③ 梁启超:《翻译文学与佛典》,《佛学研究十八篇》,中华书局1989年版,第179页。

在舍卫城。祇树给孤独园。

过长过短皆不适宜。长则妨碍诵读，如上举例中"此王……"句，实在是难以一口气读完的；短则妨碍语意理解，如上举例中"婆伽婆……"实可作为一句。

有时甚至造成误解。如：

卷十四　舍利弗化人蟒令生天上五：王闻佛语。怪而更问。佛言。大罪之人何得生天。佛言。以见舍利弗慈心七反上下视之。

粗一看去，"大罪之人何得生天"似乎是佛所言；细玩文意，实是"王"所问，"怪而更问佛言"应作一句。

考《大正藏》中断句之误，盖有如下几类：

（一）应属上而下之误

1. 卷十四　舍利弗入金刚定为鬼所打不能毁伤六：等寿一时在闲静处入于寂定。时牧牛羊人取薪草人。见各相谓言。此沙门今取无常。

按："见各相谓言"于义不明，"见"应属上，谓牧牛羊人及取薪草人见之后，各相谓言。

2. 卷十六　分那先为下贱善知方宜遇佛得道十二：时有长者得重病。当得此牛头栴檀二两合药。求不能得。分那持往即得二千两金。如是卖尽所得不訾富兄十倍大家感念。分那不违言誓。放为良人。

按："如是……"句太长，似可再断。后"分那"应属上，当为"如是卖尽，所得不訾（訾）富兄十倍。大家感念分那，不违言誓，放为良人。"

3. 卷十九　耶舍因年饥犯欲母为通致佛说往行五：母复告之。汝若不乐五欲。但乞我种以续系嗣。令我死没后财物不没官耳。耶舍答言。欲令留种者。今奉此敕。母疾入告。新妇曰好。严庄及一相见。妇即有身后遂生男因名续种。

按："新妇曰好"于义不通，"严庄及一相见"于义也不明。"新妇"应属上，"严庄"亦应属上。当为：母疾入告新妇曰："好严庄。"意谓母亲听得耶舍答应，马上去告诉媳妇，让她好好打扮一下，"及一相见，妇即有身，后遂生男，因名续种。"

4. 卷十九同篇：夫人念言。取得此皮持作褥者死无遗恨。若不得者用作王夫人。为即脱璎珞著垢弊衣。入忧恼房。

按："为"当属上，"若不得者，用作王夫人为？""用……为"是古汉语中常见疑问句式，"为"为语气词。意谓：如不得金色鹿皮作被褥，还作什么王夫人呢？

5. 同篇：时有一猎师。名耐阇。勇健多力走及奔兽。仰射飞鸟箭无空落。自惟无罪而见囚。执说计问曰。颇有见闻者不。

按："执说计问曰"不通。"执"属上，应为"自惟无罪而见囚执"。"囚执"为一词，如《汉书·萧望之传》："父兄囚执。"《三国志·吴志·太史慈传》："策躬身攻讨，遂见囚执。"

6. 卷十九　阐陀昔经为奴叛远从学教授五百童子七：时彼弗卢醯婆罗门具闻奴在彼。作是念。我奴迦罗呵。逃在他国。当往捉来。或可得奴。直便诣彼国。

按："直"言价值，非径直，当属上，应为"或可得奴值"。下文"彼奴言：'我逃来此国，向国师说大家是我父。愿尊今日勿彰我事，当与奴直奉上。'"意谓把卖身钱奉上。

7. 卷二十二　须陀耶在家生长遇佛得道二：时有凡人居贫无业。常为国中富贵。赁牧养数百头牛。

按："常为国中富贵"语义不明，"为"介词乎？动词耶？"赁"应属上。"常为国中富贵赁"意谓居贫无业，故常被人雇用。"赁"属上，则"为"属性乃定。

8. 卷二十二　沙弥于龙女生爱遂生龙中十：师默然思之。知是龙娆沙弥便起到堤基上。持杖叩薮之。龙化作老公来。出头面著地。

按："出"应归上，"龙化作老公来出"。"头面著地"谓以头面著地，为参见礼节。"出头面"则嫌扞格。

（二）应属下而上之误

1. 卷二十二　须陀耶在家生长遇佛得道二：王重小夫人。诸夫人憎嫉。以金赠婆罗门谮之于王。言其生子必为国患（文长不录）王便柱杀儿。后于冢中生。其母半身不朽。儿饮其㮉。

按：王杀的是小夫人，并不是"儿"，否则便不会"在冢生长"了，故"儿"应属下。后文云："自后魂神为王作子，时未出生，母为王所杀须陀是也。"（即当时没出生、母亲即被王所杀的须陀）也可旁证。

2. 卷二十二　沙弥随圣师入山得四通知为五母所痛念八：今五母共会。各言亡子相对。啼哭念我一人。

按："相对"应属下。"各言亡子，相对啼哭，念我一人"，是说沙弥曾为五母作子；为前四母作子，不久即死；为第五母作子后，舍家学道。故五母相会，各说起死亡（亡失）之子，相对痛哭。

（三）当断不断或不当断而断之误

1. 卷十四　舍利弗化人蟒令生天上五：王闻佛语。怪而更问。佛言。

大罪之人何得生天。

按："怪而更问""佛言"之间不应断句，否则就造成歧义。"大罪之人何得生天"非佛言，而是王问佛言。

2. 卷十五　阿难试山向比丘并问阿育王十四：三百乞儿悉死。山向比丘便行假丐沐浴棺殓。阿育国王令人葬之后数日阿难。又与两比丘化作三书生。衣被洁净。往到松中。

按：此例"阿难"后不应断而断，又有当断不断者多处。应为："三百乞儿悉死，山向比丘便行假丐，沐浴棺殓，阿育国王令人葬之。后数日，阿难又与两比丘化作三书生，衣被洁净，往到松中。"

3. 卷十六　摩诃迦天时热现凉风细雨十三：长者白。尊者。摩诃迦。愿常住此林中。我当尽寿四事供养。

按：此为不当断而断之例。有两种标点法：或作一句："长者白尊者摩诃迦"；或作二句："长者白：'尊者摩诃迦……'"

4. 卷二十一　调达博学兼修神足止要利养三：世尊告曰。汝今且置神足。何不学四。非常义。苦义空义无我之义。

按："四"后不应句断。"四非常义"又称"四非常"，为佛学术语，指无常、苦、空、无我。后文有多处可证，如："舍利弗谓调达曰：汝今且置，何不修四非常？"又："目连语曰：止止调达，始行之人先学四非常，复当精修四禅。"断句者将非常义、苦义、空义、无我之义凑成"四"，实曲解佛祖原意。世尊谓四非常义，则以苦义、空义、无我之义……概举之。故此段应标点为：世尊告曰："汝今且置神足，何不学四非常义？苦义、空义、无我之义……"

5. 卷二十二　沙弥护戒舍所爱身九：尔时比丘以道眼观。此人出家能持净戒。度为沙弥时优婆塞有一亲善居士。明日客会。

按："沙弥"后应句断。前者说比丘认为此人出家可持净戒，故度为沙弥；后者则说优婆塞到居士家造访作客。前后显属二事。

（四）混杂型之误

断句中的有些错误是混合性的，很难归入上述类别，今别立一类。如：

1. 卷十四　舍利弗化人蟒令生天上五：舍利弗便还精舍。吸气人蟒终于其日。即天地大动。极善能动。天地极恶。亦能动。

按："天地极恶"，于义扞格不通。后一"天地"应属上，而"极恶"应属下。意谓：极善能动天地，而极恶亦能动天地。

2. 卷十七　僧大不纳其妻出家山泽贼害得道一：（贼）到其弟所呼曰。沙门汝疾出来。其弟出曰。诸君何求。吾有水火麨蜜可食夜时已半。

贼曰。不求水火。麨蜜不问。卿时欲得汝头持走之耳。

按：此句混乱，几不可读。"麨蜜不问"不可解读。"麨蜜"应属上，"不问"应属下，"卿时"后应句断。"水火麨蜜"盖为当时一种食品。前文言弟僧大入山出家时，沙门告诫他说："处山泽者当学星宿，明知候时。常当储持水火麨蜜。所以然者，盗贼之求水火麨蜜，夜半向晨。"是说盗贼常在深更半夜觅求水火麨蜜，所以要学会观星识时，储存水火麨蜜以避贼害。故此段应为：其弟出曰："诸君何求？吾有水火麨蜜可食，夜时已半……"贼曰："不求水火麨蜜，不问卿时，欲得汝头持走之耳！"

3. 卷十七　五百盲儿崎岖见佛眼明悟道十七：（盲儿）行乞经时。人获一钱。左右唤人谁将我等到舍卫者。金钱五百雇其劳苦。时有一人来。共相可以钱与之。

按："唤人"后应句断；"共相可以钱与之"，其义分歧。"来"当属下，"可"后应断。当为：时有一人，来共相可，以钱与之。"来共相可"谓来应聘领路的工作。

4. 卷十八　比丘贫老公垂殒佛说往行许其出家二十五：（贫穷老公）貌而视之。似如有相。而贫穷辛苦。衣不盖形五体裸露。腹恒饥空行步。纔动示有气息。

按：后二句初视似无毛病，细玩文意，则以为"行步"应属下，"才动"后应句断。即："腹恒饥空，行步才动，示有气息。"是说肚子常空（躺着像活死人），只有行步走动，才显得有气息。

5. 卷二十　比丘自誓入定经时即久出定便死三：有一比丘。得灭尽定。乞食时。著衣诣食堂中。其日彼寺打揵搥。晚彼比丘。精勤而作是念。我何故空过此时。

按："晚彼比丘"，其义不通。"晚"应属上，"彼比丘"应属下。盖谓此日彼寺打钟晚了，而比丘又到得早了，所以"彼比丘精勤，而作是念：我何故空过此时？"所以才入于灭定。

《大正藏》中断句之误，凡皆类此；指摘其误，并非吹求。暇不掩瑜，其创始之功、便利之用，仍应充分肯定。

此文原发表于《汉语史学报》第二辑，上海教育出版社2002年版，第200—206页

"塌坊"名义考

真大成

不少研究中国社会经济史的著作述及南宋都城临安（今杭州）商业的发达时，都会提到"塌坊（房）"一物，也大都引用以下两条材料：

柳永《咏钱塘》词云："参差一万人家。"此元丰以前语也。今中兴行都已百余年，其户口蕃息仅百万余家者。城之南、西、北三处，各数十里，人烟生聚，市井坊陌，数日经行不尽，各可比外路一小小州郡，足见行都繁盛。而城中北关水门内有水数十里曰白洋湖，其富家于水次起迭塌坊十数所，每所为屋千余间，小者亦数百间，以寄藏都城店铺及客旅物货。四维皆水，亦可防避风烛，又免盗贼，甚为都城富室之便。其他州郡无此，虽荆南、沙市、太平州、黄池，皆客商所聚，亦无此等坊院。（《都城纪胜》"坊院"条）

柳永《咏钱塘》词曰："参差十万家。"此元丰前语也。自高宗车驾自建康幸杭，驻跸几近二百余年，户口蕃息近百万余家。杭城之外，城东西南北各数十里，人烟生聚，民物阜蕃，市井坊陌铺席骈盛，数日经行不尽，各可比外路一州郡，足见杭城繁盛耳。且城郭内北关水门里有水路，周回数里，自梅家桥至白洋湖、方家桥，直到法物库市舶前，有慈元殿及富豪内侍诸司等人家，于水次起造塌房数十所，为屋数千间，专以假赁与市郭间铺席宅舍及客旅寄藏物货，并动具等物。四面皆水，不惟可避风烛，亦可免偷盗，极为利便。盖置塌房家，月月取索假赁者管巡廊钱会，雇养人力，遇夜巡警，不致疏虞。其他州郡如荆南、沙市、太平川[州]、黄池，皆客商所聚，虽云浩繁，亦恐无此等稳当房屋矣。（《梦粱录》卷一九"塌房"条）

二书行文相类。《四库总目提要》卷七〇"都城纪胜"条："其书成于端平二年。"又同卷"梦粱录"条："末署'甲戌岁中秋日书',考甲戌为宋度宗咸淳十年,其时宋未亡也,意甲戌字传写舛讹欤?"钱大昕《十驾斋养新录》卷一四"梦粱录"条："后题'甲戌岁中秋日',盖元顺帝元统二年也;若前六十年,则为宋咸淳十年,宋祚未亡,不当有沧桑之感矣。"① 据此,《梦粱录》书成晚于《都城纪胜》,其所载"塌房"云云当是本《都城纪胜》而稍作敷衍增改。

"塌坊(房)"何指?俞樾《茶香室丛钞》卷一九"塌房"条引上揭《梦粱录》文后云："今无此等屋,且'塌房'之义亦不知何解也。"②

据《都城纪胜》《梦粱录》之描述,可明"塌坊(房)"之功用为"寄藏都城店铺及客旅物货""寄藏物货",约略等于今时之货仓。

李剑农《宋元明经济史稿》第五章"宋元明之商业(上)"第二节"商业都会"论及当时杭州的繁盛时亦引《梦粱录》本条,并云："此所谓塌房,即隋唐时之所谓邸舍,今之所谓堆栈。"③

"邸"用以充任货仓,魏晋南北朝时便已见,又称"邸阁""邸舍"等。《三国志》卷四〇《蜀书·魏延传》注引《魏略》略云："今假(魏)延精兵五千……不过十日可到长安……长安中惟有御史、京兆太守耳,横门邸阁与散民之谷足周食也。"《资治通鉴》卷七一"魏明帝太和二年"条胡注云："魏置邸阁于横门以积粟,民闻兵至必逃散,可收其谷以周食。"可见"邸阁"用作"积粟"之仓库。程大昌《演繁露》卷一"邸阁"条云："为邸为阁,贮粮也。《通典》'漕运门':后魏于水运处立邸阁八所,俗名为仓也。"④《文选·王融〈三月三日曲水诗序〉》："盈衍储邸,充牣郊虞。"李善注："储邸,犹府藏也。"日本源顺《倭名类聚钞》卷三"邸家"条引古辞书《辨色立成》云："邸家,停卖物取赁处也。"狩谷棭斋笺注引《梁书·徐勉传》："或使创辟田园,或劝兴立邸店,又欲舳舻运致,亦令货殖聚敛。"又引《唐名律例》："邸店者,居物之处为邸,沽卖之所为店。"⑤(引者按:《唐名律例》即《唐律疏议·名

---

① 关于《梦粱录》及作者可参看[日]梅原郁《关于〈梦粱录〉及其作者吴自牧》,载漆侠主编《宋史研究论文集》,河北大学出版社2002年版,第438—449页。
② (清)俞樾:《茶香室丛钞》第一册,中华书局1995年版,第418页。
③ 李剑农:《宋元明经济史稿》,生活·读书·新知三联书店1957年版,第127页。
④ (宋)程大昌:《演繁露》,丛书集成初编本。所载后魏事见《魏书》卷一一〇《食货志六》。
⑤ [日]狩谷棭斋:《笺注倭名类聚钞》,全国书房1943年版,第138页。

例四》）可见"邸""邸阁"在魏晋南北朝隋唐时作货仓用已是习见现象①。因此，"塌坊（房）"亦即货仓之属。

斯波义信《宋代江南经济史研究》论"南宋都城杭州的商业中心"一节讲当时杭州"盐桥以北"是"石砌仓库林立的地区"，除了"有咸淳仓、丰储仓等官仓群，还有存放民间舟车器物、商品的库房"，"库房"后括注"塌坊"②。此条又见于氏著《宋都杭州的商业中心》一文，亦云"塌坊"，即仓库③。傅筑夫《中国封建社会经济史》第五卷第六章论南宋之都市商业亦有"杭州商业既如此繁盛，商店林立，四方商贾辐辏，则为商业服务的行业如汴京邸店之类的货栈，自必应运而生，取名'塌房'"云云④。另如杨宽《中国古代都城制度史研究》、漆侠《宋代经济史》等对"塌坊（房）"均有论列，此不一一赘述。

据当时史料记载，设置"塌坊"的地方不仅限于杭州。《建炎以来系年要录》卷一八八"绍兴三十一年正月壬辰"条载侍御史汪澈、殿中侍御史陈俊卿上言，略云：

> 臣等常再论刘宝罪恶，乞夺其节钺，投之荒裔，未蒙施行。今复有访闻事迹，择其灼然者，更历为陛下言之：……逯逵者，一选锋军使臣，专任为回易库监官，开激赏等库于市心，置塌坊、柴场于江口，分布钱物，差人于荆湖、福建收买南货，络绎不绝。⑤

此段文字乃是御史列言镇江都统制刘宝之罪状，其中一条列其部下逯逵被任为"回易库监官"，"开激赏等库于市心，置塌坊、柴场于江口"。

---

① 参看王国维《邸阁考》，《观堂集林》第四册，中华书局1959年版，第1162—1167页；唐长孺《南朝的屯、邸、别墅及山泽占领》，载《历史研究》1954年第3期，又收入《山居存稿》，中华书局1989年版；李剑农《魏晋南北朝隋唐经济史稿》，生活·读书·新知三联书店1959年版，第108—109、233页；张弓《唐代仓廪制度初探》，中华书局1983年版，第26页；冷鹏飞《中国古代社会商品经济形态研究》，中华书局2002年版，第218—220页；刘聪《吴简中所见"关邸阁"试解》，载《历史研究》2001年第4期。

② ［日］斯波义信：《宋代江南经济史研究》，方健、何忠礼译，江苏人民出版社2001年版，第329页。

③ ［日］斯波义信：《宋都杭州的商业中心》，载《中国近世的都市和文化》，京都大学人文科学研究所1984年版；此据索介然中译本，载刘俊文主编《日本学者研究中国史论著选译》第五卷，中华书局1993年版，第326页。

④ 傅筑夫：《中国封建社会经济史》第五卷，人民出版社1989年版，第420页。

⑤ （宋）李心传：《建炎以来系年要录》，文渊阁四库全书本。

"回易"是宋代由基层行政机构和军队组织的以盈利为目的的贸易活动①,"激赏库"是当时国家仓库之一②,"塌坊"与"柴场"并言,亦应即贮物之货仓。据此可知当时镇江亦有"塌坊"。

《三朝北盟会编》卷二三六"绍兴三十一年十月二十四日癸亥"条略云:

> 韩之纯为荆湖北路转运判官……之纯除北运判填见阙,有赃败失官人王训者,居于鄂州南草市,卖私酒起家,妻女婢妾皆娼妓。结托总漕两司属官,时复群饮于训家,训出群娼以奉之,污秽靡所不至。两司公事独训占断请嘱。鄂州人呼训家为"淫窟",又呼为"关节塌坊"。之纯为总领司属官,时常往来训家,至是惟训昼夜无间。自此通关节请嘱公事,纷纷矣。③

"草市"是当时的商品贸易市场④。"关节塌坊"云云,一则指草市所需之贮物货仓,一则又暗喻王训家为请托关节之集中所在,乃双关语。

当时除"塌坊(房)"外,尚有"塌场"。"坊""场"义近,"坊场"连言两宋文献经见。《续资治通鉴长编》卷三五六"神宗元丰八年五月"条载诏云:

> 汴河堤岸及房廊水磨、茶场,京东西沿汴船渡,京岸朝陵船,广济船渡,京城诸处房廊四壁花果、水池、冰雪窨、菜园,并依旧。万木场、天汉桥及四壁果市,京城猪羊圈、东西面市、牛圈、垛麻场、肉行、西塌场,各废罢,令贾种民等依罢物货场已得指挥,堆垛般运。东南及西河客人物货亦废罢。⑤

《续资治通鉴长编》卷三〇三"神宗元丰三年三月"条载都大提举导洛通汴司宋用臣上言:

---

① 参看傅宗文《宋代草市镇研究》,福建人民出版社1989年版,第73—76页;姜锡东《宋代商人和商业资本》,中华书局2002年版,第92、112—114页。
② 参看(宋)李心传《建炎以来朝野杂记》卷一七"左藏南库"诸条,中华书局2000年版,第382—386页。
③ (宋)徐梦莘《三朝北盟会编》,文渊阁四库全书本。
④ 参看[日]加藤繁《中国经济史考证》第一卷,吴杰译,商务印书馆1959年版,第304—336页;傅宗文:前揭书。
⑤ (宋)李焘:《续资治通鉴长编》,中华书局1990年版,第8512页。据《宋史》卷一六《神宗纪三》,神宗崩于元丰八年三月,哲宗继位。《长编》此处所载实是哲宗所下诏书。

> 近泗州置场堆垛商货，本司承揽般载，将欲至京，乞以通津水门外顺成仓为堆垛场。

原注：

> 二年十月四日初置泗州堆垛场。

由此可知，继元丰二年在泗州设堆垛场后，三年又在汴京通津水门外以顺成仓为堆垛场。"堆垛场"即存放停积货物之所[1]。据上揭《长编》所载哲宗诏书可知，至元丰八年，又停废"猪羊圈、东西面市、牛圈、垛麻场、肉行、西塌场"等，《宋史》卷一八六《食货志下八》则云："自哲宗即位，罢导洛物货场。"[2] 据此，"塌场"云云，职能当与"堆垛场""物货场"相类，亦应即"塌坊（房）"之属。

二

如上所举，"塌坊（房）""塌场"即指存放、贮存物品之仓库，然则"塌"何以得表存放、贮藏义？

《汉语大词典》"塌房"条云：

> 又名邸店。宋以后寄存商旅货物的场所。商人、军队、官员、寺观都有开设，寄存者须向主人支付寄存和保管费用。

首例引上揭吴自牧《梦粱录》文。
又"塌坊"条云：

> 即塌房。宋灌圃耐得翁《都城纪胜·坊院》："其富家于水次起叠塌坊十数所，每所为屋千余间，小者亦数百间，以寄藏都城店铺及

---

[1] 宋代漕运实行所谓的"转般法"，各地船只到达真、扬、楚、泗四州，将粮食货物等缴纳到指定的仓库中，然后汴河漕船从上揭四州仓库装运粮食货物至汴京诸仓。因此《长编》中提及的两个"堆垛场"应即泗州和汴京的贮物仓库（转般仓）。关于"转般法"，可参看漆侠：《宋代经济史》下册，上海人民出版社1988年版，第953—954页；傅筑夫：前揭书，第61页。

[2] （元）脱脱等：《宋史》，中华书局1977年版，第4545页。

客旅物货。"①

《宋语言词典》"塌房"条（未收"塌坊"）云：

  一种租借给商店、客旅存放货品的仓库，多建于水边。②

亦引《梦粱录》文。
王锳《唐宋笔记语辞汇释》（修订本）"停榻 塌房"条云：

  "塌房"略同今之堆栈或货栈。

引《梦粱录》文为证，又云：

  "塌（榻）"之表"囤积"、"贮藏"义，疑出方言。③

上揭二词典及王书仅释义而未说明"塌"指存放、贮藏之理据。李文泽《宋代公牍用语例释》"停塌 榻（引者按，此字当是误植，实应作塌）房"条尝试作出解释：

  "塌"应当是"塔"的通假字。《集韵·合韵》下云：塔，达合切，为定母合韵，释义为"累土也"，即堆积、贮存。"塌"在《集韵》为托盍切，透母盍韵。二字声、韵俱近，具有通假的条件，因此宋人舍弃本字"塔"而使用了"塌"。

在此段说明下又有一附注：

  在《集韵·合韵》下，我们还可以找到与"塔"有关的同源词，都表示重迭、积聚的意义："沓"，言语重复；"溚"，水漫溢；"䠀"，

---

① 《都城纪胜》原文作"其富家于水次起迭塌坊十数所"，"迭"为"造"之误，《大词典》所引例又误将"迭"繁化作"叠"。
② 袁宾等：《宋语言词典》，上海教育出版社1997年版，第268页。
③ 王锳：《唐宋笔记语辞汇释》（修订本），中华书局2000年版，第168页。

足趾重迭;"碴",重复舂米谷;"嵃",山重复。①

李文从声音角度出发认为"塌房(坊)"之"塌"是"墖"之通借,可备一说。但是"墖"字少见(似仅见于辞书),且"停塌"之"塌"也写作"榻""搨"(详见下文),其"存放""贮藏"义与"墖"表"累土"义尚有距离。表"存放""贮藏"的"塌""榻""搨"是否是某字的通假字,或者其本字是否定是"墖",都可怀疑。不过李文以声音为线索,也有一定的启示作用。

就笔者见闻所及,对"塌坊(房)""塌场"作出最翔实解释的是日本研究中国社会经济史的名家加藤繁教授。在其名著《中国经济史考证》卷一所收录的《唐宋时代的仓库》和《居停和停塌》两篇文章里,作者对"塌坊(房)""塌场"进行了很细密的研究。

事实上,在加藤繁先生之前,英国著名的东方学家慕阿德(A. C. Moule)在 *The Fire-proof Warehouses of Li-an*(载 *The New China Review*, Vol. 2, No. 2)一文中已对"塌"作了解释,译为"below the surface of the ground",显然是误解。加藤繁先生针对这一误释,综合各种材料,提出了自己的看法:

> 塌大约本来就是东西坠落下来,或者倒在地上的意思,而又转成土地低下,或者是在地上安放东西的意思,这样形成贮藏自己的东西,同时又存放别人的东西的意思,于是发生了停塌、塌坊等的用语。②

加藤先生着眼于"塌"字本义,通过词义的引申,认为"塌"有"在地上安放东西的意思",从而转指储藏、贮存。这一解释给人以启发。下文将在前贤时彦的研究基础上进一步讨论"塌坊(房)"之名义。

三

《广雅·释诂二》:"塌,堕也。"指(物体从高处往低处)堕落、落下。除辞书外,使用"塌"字较早的语例见于唐代文献,一般都指坍塌、

---

① 李文泽:《宋代公牍用语例释》,载《汉语史研究集刊》第五辑,巴蜀书社2002年版,第231—232、237页。

② 参看[日]加藤繁:前揭书,第379—380页。

塌陷，大约是后起义。杜甫《苏端薛复筵简薛华醉歌》："忽忆雨时秋井塌，古人白骨生青苔，如何不饮令心哀。"仇兆鳌注："塌，倾颓也。"《类篇·土部》："塌，地下也，又堕也。"

除指"坍塌""塌陷"外，"塌"还有其他意义。《朝野佥载》卷二"北齐稠禅师"条言禅师因"劣弱见凌"，"乃入殿中，闭户抱金刚足而誓"，果得异遇而多力，其后云：

  须臾于堂中会食，食毕，诸同列又戏殴，禅师曰："吾有力，恐不堪于汝。"同列试引其臂，筋骨强劲，殆非人也。方惊疑，禅师曰："吾为汝试之。"因入殿中，横塌壁行，自西至东凡数百步；又跃，首至于梁数四。①

"塌"犹言"着"。
宋初禅宗语录《景德传灯录》卷二一"漳州罗汉院桂琛禅师"条云：

  问："如何是诸圣玄旨？"师曰："四楞塌地。"（51/371/a）②

又卷二六"苏州长寿朋彦大师"条云：

  僧问："如何是玄旨？"师曰："四棱塌地。"（51/422/a）

宋代禅宗语录中多见此机锋，"塌地"又作"着地"。《大慧普觉禅师语录》卷一三："父母未生时底也不思量，即今底也不思量，四楞着地一切放下。"（47/864/b）《古尊宿语录》卷三九："问：'如何是无缝塔？'师云：'四楞着地。'"（68/254/c）在宋代禅宗语录中，"四楞（棱、稜）塌地""四楞（棱、稜）着地"的说法均经见，兹不备引。由此亦见"塌""着"义近。

还可注意的是，"塌地"也作"榻地"或"搨地"③。《宏智禅师广

---

① （唐）张鷟：《朝野佥载》，中华书局1979年版，第39页。
② 文中涉及之佛教文献除特别注明外都据《大正藏》本。引例后括号中的数字和字母依次表示卷数、页数、栏数。
③ 由于"木"旁和"扌"旁常相串乱混用，这就给判定异文"搨""榻"是两个不同的字，还是仅为一对异体字带来了困难。根据本文所持的观点，一律将"搨""榻"视为两个不同的字。下文凡是涉及异文"搨""榻"处均准此。

录》卷三云：

若有人问长芦，只向道："四棱榻地。"（48/33/a）

《密庵禅师语录》云：

僧问："南泉和尚云：'自小牧一头水牯牛，拟向溪东放，不免食国王水草，拟向溪西放，不免食国王水草，意旨如何？'"师云："四棱搨地。"（47/971/b）

"搨"《校勘记》云甲本（大日本续藏经本）作"塌"。

据此可见，"塌""榻""搨"三个从"昜"得声的字可以通用。后汉支谶译《道行般若经》卷九《萨陀波伦菩萨品》：

萨陀波伦菩萨及五百女人，闻是大欢欣，踊跃无极，俱往至般若波罗蜜台所，持杂华杂香散般若波罗蜜上，持金镂织成杂衣，中有持衣散上者，中有持衣作织者，中有持衣榻壁者，中有持衣布施者。（8/473/b）

据《校勘记》，"榻"，元、明本作"搭"①，宫内省本作"褡"；"施"，明本作"地"②。据文义，"榻壁"与前后的"散上""作织""布地"平列，都是萨陀波伦菩萨及五百女人持衣所进行的活动。"榻壁"是动宾词组，"持衣榻壁"谓持衣着壁以作装饰。

三国吴支谦译《大明度经》乃《道行般若经》之异译本，检此经对应上揭《道行般若经》经文的卷六《普慈闿士品》：

普慈闿士及诸女闻之大喜，俱以杂香金缕织成杂衣有散上、作幡③、氎壁、敷地者。（8/505/b）

---

① 检赵城金藏本《道行般若经》，"榻"作"搯"，《校勘记》云："资、碛、南、径、清均作搭。"

② 金藏本《道行般若经》亦作"施"，《校勘记》云："碛、径、清均作地。"按作"地"是。参看胡敕瑞《〈道行般若经〉与其汉文异译的互校》，载《汉语史学报》第四辑，上海教育出版社2004年版，第134页。

③ 胡敕瑞上揭文据此以为《道行般若经》中"持衣作织"之"织"或当作"帜"。按"织"实通"帜"，《诗·小雅·六月》："织文鸟章，白旆央央。"朱熹集传："织、帜字同。"《汉书·食货志下》："治楼船，高十余丈，旗织加其上，甚壮。"颜师古注："织，读曰帜。"作"织"不误。

— 661 —

"氍壁"对应《道行般若经》中的"榻壁"。"氍",《校勘记》云宋本、宫内省本作"榻",元、明本作"搭"①。《玄应音义》卷三《明度无极经》音义"氍壁"条:

> 毛席也,施之于壁,因以名焉。经文作㲣,非体也。

据释文可知玄应所见之《大明度经》本作"㲣",词目作"氍"当是玄应认为"㲣"字"非体"而径改。同时他还认为经文中的"氍壁"是名词,指一种毛席,得名于"施之于壁"。笔者以为,对于"㲣(榻、搭)壁",玄应不仅误改其字,而且误释其义。他应该是误解文义,将其和当时一种外来的称作"拓壁"的舞毯混同了②,这种舞毯本是毛织品,所以玄应将"㲣"改作从毛之"氍",且"氍毹"实乃佛经中常见之物事,改"㲣"作"氍"更可使"名实相符"。但是,《道行般若经》中的"榻壁"、《大明度经》中的"㲣壁"与作为舞毯的"拓壁"恐非一事。

蔡鸿生《唐代九姓胡与突厥文化》上编第三部分《九姓胡的贡表和贡品》列有据《册府元龟》所制的"唐代九姓胡入贡年表",其中玄宗开元六年四月米国献"拓壁舞筵",七年二月安国献"柘(引者按,当是'拓'之误字)必大氍毹"(宋本《册府元龟》卷九九九作"柘壁",《新唐书》卷二二一下《西域传》作"柘辟"),"拓壁""柘必(辟、壁)"为一物③。亦作"托壁""托璧",见于敦煌文书,如 S.1776《显德五年某寺法律尼戒性等交割常住什物点检历状》:"床梯壹,除。拓壁两条,内壹破。"P.2880《习字杂写》:"银椀,花毡一领,银盏,漆椀,托壁。"P.3391《杂集时要用字》:"毛锦,氍毹,托壁,花毡。""拓壁""拓必""拓辟""托壁""托璧"显然都只是记音字,美国东方学家劳费尔(Berthold Laufer)认为"这些字相当于古代 ta-blik(壁或辟)或 ta-biδ

---

① 金藏本《大明度经》亦作"氍",《校勘记》云:"石作㲣;资、碛、普、南、径、清作搭。"

② [美]谢弗(E. H. Schafer)认为是"羊毛地毯",参看氏著《唐代的外来文明》(*The Golden Peaches of Samarkand*),吴玉贵译,中国社会科学出版社1995年版,第448页注24。

③ 参看蔡鸿生《唐代九姓胡与突厥文化》,中华书局1998年版,第50页。史源见《册府元龟》卷九七一外臣部朝贡门、卷九九九外臣部请求门。《新唐书》卷二二一下《西域传下》记米国"开元时,献璧、舞筵、师子、胡旋女";[法]沙畹(Edouard Chavannes)《西突厥史料》第三篇《关于西突厥之其他史料》"米国传"亦收入此条(冯承钧译,中华书局2004年版,第134页),颇疑《新唐书》所载乃杂糅前代米国入贡史料而作,"璧"为"壁"之讹字,前夺一"拓"字。或是作者不明此为何物,遂改作玉璧之"璧"。

（必），显然可以推原到两个中古波斯字 tābiχ 和 tābeδ 或 tābīd（或许中间是 p 音）"①，据此，劳氏将其看作源自波斯语的外来词；而林梅村则认为"柘辟疑即犍陀罗语 thavitaga"，"这个词还有更古老的译名，就是《魏书·西戎传》所记西域纺织品名单中的'氍绸'"②。不论来源于波斯语还是犍陀罗语，"拓壁"是外来语当可无疑。而正因为仅用来记音的"拓壁"（拓必、拓辟、托壁、托壁）和《大明度经》中表以衣着壁的动宾词组"闒壁"（榻壁、搭壁）形音俱近，以致玄应将二者混淆了③。

"搨"字大概始见于魏晋南北朝文献，其用例主要集中于医籍，如《肘后备急方》卷一"救卒中恶死方"条："破白犬以搨心上，无白犬，白鸡亦佳。"卷四"治卒心腹症坚方"条："鸭子一枚，合捣以苦酒，和涂，以布搨病，不过三，差。"④《刘涓子鬼遗方》卷四"搨汤方"条："右六味，以水六升，煮取三升，去滓，还铛中，内芒硝一沸，贴布帛中，以搨肿上数百遍。"⑤ "搨"在不同语句中可随文释作"涂""贴""覆""敷"等⑥，但究其核心语义，都还是"着""置"义（在《肘后备急方》里，类似的语句既可用"搨"也可用"着"）。魏晋医籍用语向来较为俚俗，颇疑此种用法之"搨"乃是当时口语。

《肘后备急方》卷五"治痈疽妒乳诸毒肿方"条引姚方云：

> 瘭疽者，肉中忽生一黡子，如豆粟，剧者如梅李大。或赤，或黑，或白，或青。其黡有核，核有深根应心。少久四面悉肿疱，黯黕紫黑色，能烂坏筋骨，毒入脏腑，杀人。南方人名为搨着毒。⑦

---

① ［美］劳费尔：《中国伊朗编》（*Sino-Iranica*：*Chinese Contributions to the History of Civilization in Ancient Iran with Special Reference to the History of Cultivated Plants and Products*），林筠因译，商务印书馆1964年版，第322页。
② 林梅村：《古道西风：考古新发现所见中西文化交流》，生活·读书·新知三联书店2000年版，第386页。
③ 蔡鸿生讲："'拓壁'……即慧琳《一切经音义》卷一〇释为'毛席'的'氍壁'。"（前揭书，第66页）徐时仪《玄应〈众经音义〉研究》说"壁衣亦即壁毯，又称作'氍壁'"，引《玄应音义》本条（中华书局2005年版，第550页），恐皆以讹为不讹。
④ （晋）葛洪：《肘后备急方》，人民卫生出版社1963年版，第2、102页。
⑤ （晋）刘涓子著，（南齐）龚庆宣整理：《刘涓子鬼遗方》，于文忠点校，人民卫生出版社1986年版，第51页。
⑥ 参看王云路、方一新《中古汉语语词例释》"搨"条，吉林教育出版社1992年版，第357—358页。
⑦ （晋）葛洪：前揭书，第143页。

语言学的古今会通

"搨着毒",《外台秘要》卷二四作"榻着毒"。《诸病源候论》卷三三"爊疽候"条论之甚详,并云"此皆毒气客于经络,气血否涩,毒变所生也"。"搨"大约是指积聚。"姚方"当即姚僧垣《集验方》①(见《隋书·经籍志三》。在今本《肘后备急方》中凡陶弘景称引《集验方》均作"姚方",杨用道"附方"则径作"集验方")。僧垣,吴兴武康人,入仕南朝梁武帝朝,后入北周,为当代名医,《周书》有传。僧垣笔下"南方人名为搨着毒"云云,颇有南方俗语之意味②。

南朝陈真谛译《佛说立世阿毗昙论》卷八《地狱名大叫唤品》:

> 复有地狱名大叫唤,其相犹如大坎,广长无数由旬,皆是赤铁,具如前说。是中狱卒手持铁拍拟怖罪人,罪人见已,生大怖畏,或走逃叛,或不逃叛,或周章漫走,或面搨壁,或复直视,或逢迎赞叹,或辞谢乞恩……漫走不走、搨壁正视、叛不叛者,各问打治,例皆如是。(32/210/a)

"面搨壁"当谓以面附着、附贴于壁。

唐释道宣《续高僧传》卷一"拘那罗陀"条云:

> 有时或以荷叶搨水,乘之而度,如斯神异,其例甚众。(50/429/c)

"搨"《校勘记》云宋本作"㬱",元、明本作"蹋"。"以荷叶搨水"即谓以荷叶贴着水面。

唐释道世《法苑珠林》卷九九"四果部"条载一梵志自污其指,诣金师欲以火烧,金师谏止之,梵志闻而怀嗔云云,后言:

> 金师闻之,烧钻正赤,以搨彼指。③

---

① 今人高文铸辑校《集验方》已收入此条,天津科学技术出版社1986年版,第132页。
② 许宝华等《上海市区方言志》"分类词表·动作"中收有"搨"及相关词条,可参看(上海教育出版社1988年版,第289页)。检李荣主编《现代汉语方言大词典》可见"搨"主要使用于南方地区的各方言点,特别是在吴方言中分布广泛。在北方仅有西安一地,且是"摹搨"义。
③ (唐)释道世:《法苑珠林》,周叔迦、苏晋仁校注,中华书局2003年版,第2845—2846页。《大正藏》本"搨"作"榻"。

其事本出西晋竺法护译《修行地道经》卷六《学地品》，相应部分作"金师闻之，烧钳正赤，以镊彼指"。竺法护用"镊"，指夹取；道世用"搨"，谓着、置指上，意义相近。

《乐府诗集》卷九二唐张祜《塞上曲》诗云：

> 边风卷地时，日暮帐初移。碛迥三通角，山寒一点旗。连收榻索马，引满射雕儿。莫道勋功细，将军昔戍师。①

《朝野佥载》卷一云："天后中，契丹李尽忠、孙万荣之破营府也，以地牢囚汉俘数百人。闻麻仁节等诸军欲至，乃令守囚雷等绐之曰……至黄麞峪，贼又令老者投官军，送遗老牛瘦马于道侧。仁节等三军弃步卒，将马先争入，被贼设伏横截，军将被索绲之，生擒节等，死者填山谷，罕有一遗。"又卷六云："天后时将军李楷固，契丹人也，善用绲索。李尽忠之败也，麻仁节、张玄遇等并被绲。将麋鹿狐兔走马遮截，放索绲之，百无一漏。"

上揭《佥载》所记麻仁节、张玄遇被俘事，并见于两唐书，仅云"败绩"；《资治通鉴》卷二〇五"则天皇后万岁通天元年"条记载稍详，当本《佥载》，胡注云："字书无绲字，今读与榻同。""绲"当是晚起之字。清黄生《字诂》"绲"条云："张祜诗'连收榻索马'，榻当作绲，音同，以索绲物也。马散牧未就羁靮，必用绲索绲其首，而后可御。"②《塞上曲》及《佥载》中"搨（榻）"、"绲"当指"套取"③。《五音集韵·盍韵》："绲，以索绲物也。"或即黄生所本。

"绲索"又称"搭索"，即"冒（帽）索"。《慧琳音义》卷二五《大般涅槃经》音义"冒索"条：

> 掷绳继（引者按，"继"通"系"）取也……羂索也，一名搭索

---

① （宋）郭茂倩编：《乐府诗集》，文学古籍刊行社1955年版，第2081页。《全唐诗》作"榻"，扬州诗局本，上海古籍出版社1986年版。
② （清）黄生撰，黄承吉合按：《字诂义府合按》，中华书局1984年版，第72—73页。
③ 《说文·金部》："鋈，以金有所冒也。"王筠句读："是知古所谓鋈，即今所谓套也。"《急就篇》卷四"鬼薪白粲钳釱髡"颜师古注："以铁鋈头曰钳，鋈足曰釱。""鋈头""鋈足"即言套头、套脚。此用金属制品套，故字从"金"，"绲"以绳索套，故字从"纟"，其语源实一致。以"搨/榻"言套，取其音而不限于形。构件"沓""绲"常通用，详见下文。

也。(54/465/b)①

又卷二九《金光明最胜王经》音义"羂索"条：

案羂索者，西国战具也，一名搭索。遥掷绳系取敌人头脚名为羂索。(54/502b)

又卷六一《根本说一切有部毗奈耶律》音义"羂索"条：

或作罥，案羂索者，鬪战之处或羂取人，或羂取马脚，俗名为搭索。捉生马时搭取马头名羂索。(54/713c)

"搨""搨""搭"实同，皆谓套取、系取。

上举《肘后备急方》至张祜《塞上曲》诸"搨"例，从具体上下文看，这些"搨"似乎有着不同的意义，但是究其语义核心，都表达了以一物着、附于另一物的意思。广而言之，"搨""榻""塌"都包含两物之间"靠近""接触""附着"的意义，只不过在不同语境中可用相应的同义、近义词来代换。

《入唐求法巡礼行记》卷三"（开成五年七月）十一日"条云：

早发，行廿里许，到大于普通院断中。行廿五里，至蹋地店宿。②

"蹋地店"白化文等未注。"蹋地"即踏地，义谓着地，此处实指停止住宿。"店"非谓一般商店，而是旅店、客店。

《旧唐书》卷四九《食货志下》，宣宗大中六年正月盐铁转运使裴休上奏云：

---

① 《汉语大词典》"罥索"条释作"秋千"，引南朝梁宗懔《荆楚岁时记》："春节悬长绳于高木，士女袨服坐立其上，推引之，名秋千……《涅盘经》谓之罥索。"今通检《大正藏》，于《大般涅盘经》中觅得"罥索"二例（据北凉昙无谶译本，南朝宋慧严等改治本、东晋法显译《大般泥洹经》例均同，不重复计算），卷一："时魔波旬于地狱中，悉除刀剑无量苦毒……令诸眷属皆舍刀剑弓弩铠仗铧槊长钩金锤钺斧鬪轮羂索。"卷六："譬如有人勇健威猛，有怯弱者常来依附，其勇健人常教怯者：'汝当如是持弓执箭，修学稍道长钩羂索。'""羂索"均指战具兵器言，与游戏之"秋千"似无涉，恐是作者理解有误。

② 白化文、李鼎霞、许德楠：《〈入唐求法巡礼行记〉校注》，花山文艺出版社1992年版，第316—317页。

> 诸道节度、观察使，置店停上茶商，每斤收搨地钱，并税经过商人，颇乖法理。

"停上"，《唐会要》卷八四、《册府元龟》卷五〇四邦计部关市门作"停止"，义长可从。"搨"，《元龟》作"踢"。王雷鸣《历代食货志注释》第一册注："指地方大吏节度使等开设堆栈招徕商贾，收取栈租税钱。"① 《新唐书》休本传云："时方镇设邸阁居茶取直，因视商人它货横赋之，道路苛扰。休建言：'许收邸直，毋擅赋商人。'" 当即言此事。

《新唐书》卷五四《食货志四》记其本末稍详：

> 武宗即位，盐铁转运使崔珙又增江淮茶税。是时茶商所过州县有重税，或掠夺舟车，露积雨中，诸道置邸以收税，谓之"搨地钱"，故私贩益起。

《旧唐书》用"店"，《新唐书》则作"邸"。王雷鸣《历代食货志注释》第一册注"搨地钱"云："'搨'，又作'塌'。塌房、停塌，均指堆栈、仓库。此处指地方官置房舍供商人存寄茶货，征收税课。"②
又检《宋史》卷一八三《食货志下五》，光宗绍熙五年户部上言云：

> 潼川府盐、酒为蜀重害。盐既收其土产钱给卖官引，又从而征之，矧州县额外收税，如买酒钱、到岸钱、搨地钱之类，皆是创增。③

上揭两唐书"搨地钱"，《宋史》"搨地钱"，实为一物。清胡文英《吴下方言考》卷一一"搨"条云："《唐书·食货志》'茶商所过诸道置邸以收税谓之搨地钱'。案搨着地置物也。吴谚谓着地为搨地。"④ 此说虽有望文之嫌，但仍有一定启发意义。"搨（搨）地"应是当时俗语，从字面上看，即谓着地、放置于地，实际是指存寄于邸店。其所征收钱款

---

① 王雷鸣：《历代食货志注释》第一册，农业出版社1984年版，第301页。
② 王雷鸣：前揭书，第360页。
③ （元）脱脱等：前揭书，第4476页。
④ （清）胡文英：《吴下方言考》，《中国风土志丛刊》第三十六册，广陵书社2003年版，第354页。

("塌地钱")亦即存寄费税,是当时地方商税之一种①。明方以智《通雅》卷二七作"塌地",谓为"茶税",虽未中亦不远。

又《宋史》卷一八四《食货志下》云:

> 崇宁二年,提举京城茶场所奏:"绍圣初,兴复水磨,岁收二十六万余缗。四年,于长葛等处京、索、溵水河增修磨二百六十余所,自辅郡榷法罢,遂失其利,请复举行。"从之。寻诏商贩腊茶入京城者,本场尽买之,其翻引出外者,收堆垛钱。

《宋会要辑稿·食货·茶法杂录上》载崇宁二年十月三日京城提举茶场司状云:

> 勘会未置水磨茶坊已前,商客贩茶到京,系民间邸店堆垛,候货鬻了当,或翻引出外,自例出备垛地户钱与邸店之家。

又云:

> 兼元丰中,尝置垛茶场,遇有客茶到京,尽赴本场堆垛,客人出纳垛地官钱,今欲乞:如客茶到京,赴茶场堆垛,除中卖入官外,其翻引出外茶数,从本司相度茶色高下,路分紧慢,量收堆垛钱入官。②

此"堆垛钱""垛地户钱""垛地官钱"性质皆与"塌(榻)地钱"有相类处,均指存放物品所需交纳的费用③。尤其是一言"垛地",一言"塌(榻)地",颇可玩味。

通过考察魏晋以迄唐宋时期"塌"("榻""搨")的用例,可以发现,此三字虽然在不同的语境中可用相应的同义、近义词去替换,如可释作"贴""涂""附""套"等,但是分析这些释义后,可明了在其语义

---

① 参看张国刚《唐代藩镇研究》,湖南教育出版社1987年版,第211页;[日]日野开三郎《唐代商税考》,黄正建译,《日本学者研究中国史论著译丛》第四卷,中华书局1992年版,第427—430页;蔡次薛《隋唐五代财政史》,中国财政经济出版社1990年版,第82—83页;李锦绣《唐代财政史稿》下卷,北京大学出版社2001年版,1307页。张泽咸认为"揭地钱"是指"住宿税",似未达一间,参看氏著《唐五代赋役史草》,中华书局1986年版,第205页。
② 《宋会要辑稿》,第六册,中华书局1957年版,第5335—5336页。
③ 加藤繁:前揭书,第375—376页。

构成中包含共同的意义特征,即表"着""置"义,也就是指某一人或物"靠近""接触""附着"另一人或物。正是因为它们意义之间有贯通处,表现在文字上,即三字在文献中时常两两构成异文;反过来说,这种异文也有提示作用:它们在意义上有共通处因而在书写时不必拘泥于某一字形。

四

据上所述,可明"塌""榻""搨"都有"着""置"义。"塌""榻""搨"均从"曷"得声,归纳从"曷"得声的字,可以发现,它们蕴含着一个共同的意义特征,即"靠近""接触""附着"义,这也正是"塌""榻""搨"可指"着""置"的语义基础①。下面对这个问题试加讨论。

先看几个从"曷"得声的字。

艋 《广弘明集》卷二九梁武帝萧衍《净业赋序》:"以齐永元二年正月发自襄阳,义勇如云,舳舻䑣汉……有双白鱼跳入艋前。"《慧琳音义》卷九九《广弘明集音下卷》"入艋"条云:"《考声》:'两船并也。'《文字集略》云:'两曹大舟也。'"P. 2011《王仁昫刊谬补缺切韵》(一)"盍"韵:"艋,两艚大船。"②故宫博物院藏《王仁昫刊谬补缺切韵》(二)、《裴务齐正字本刊谬补缺切韵》、蒋斧藏本《唐韵残卷》、张士俊泽存堂本《广韵》均同③。

北京图书馆藏宋本《集韵》、张士俊泽存堂本《大广益会玉篇》、姚刊三韵本、汲古阁影宋钞本《类篇》均作"艋,大船",似经后人删削。"艋"是一种由两只船并连起来体形较大的船只,大约类似于并连方舟④,《晋书》卷四二《王濬传》:"武帝谋伐吴,诏濬修舟舰。濬乃作大船连舫,方百二十步,受二千余人。""大船连舫"或即"艋"之属。其言"两船并"或"两曹(艚)大舟(船)",实缘于其声旁"曷"有"靠近""接触""附着"之含义。方以智《通雅》卷三四"器物"条云:"艋取宽容平榻。"似未中肯綮。

---

① 殷寄明认为"曷"声包含"低下"义和"贴"义,参看氏著《汉语同源字词丛考》,学林出版社2007年版,第448—449页。
② 周祖谟:《唐五代韵书集存》,中华书局1983年版,第432页。
③ 周祖谟:前揭书,第521、619、717页;《广韵校本》,中华书局2004年版,第539页。
④ 关于方舟,可参看凌纯声《中国古代与太平洋区的方舟与楼船》,《"中央研究院"民族学研究所集刊》第28辑,1969年。

褐　《大广益会玉篇·衣部》："褐，衣也。"①《五音集韵》亦同。"褐"从衣曷声，必是衣之一类，但到底是何种衣服，古辞书亦语焉不详。

从后世文献用例及方言看，"褐"是指贴身穿的单衣②。有"汗褐"③，也写作"汗塌""汗鞈""汗搨"等，指汗衫或衬衣。张慎仪《蜀方言》卷上："贴身短衣曰汗褐。"清蒲松龄《日用杂字·裁缝章》："马夫汗鞈真鄙俚，家丁抌肩称粗豪。"④清钱大昕《恒言录》卷五："汗搨，衬衫也。京师人语。"元欧阳玄《渔家傲·南词》之五："血色金罗轻汗搨，宫中画扇传油法。"⑤"金罗""汗搨"均指衣裳言。《汉语大词典》举此例将"搨"释作"贴"，似有割裂"汗搨"一词之嫌。

后面或加词尾"儿""子"。《儿女英雄传》第七回："你们瞧，……我这裤子、汗塌儿都是绸子的。"曾晓渝主编《重庆方言词典》有"汗褐儿"条，释作"贴身内衣、汗衫"。哈森等著《内蒙古西部汉语方言词典》有"汗褐子"条，释作"汗衫儿；类似背心儿的布制内衣"⑥。清光绪十年《玉田县志》："汗搨子，小单衣也。"作"褐"或"塌"、"搨"、"鞈"，皆以"曷"取"靠近"、"接触"、"附着"义，可谓得其义而不拘字形。

鳎　《说文·鱼部》："鳎，虚鳎也。"《史记》卷一一七《司马相如列传》载《上林赋》："禺禺鱋魶。"裴骃集解引徐广："鱋一作魜，音榻；魶音纳，一作鳎。"《汉书》正作"魜鳎"。"虚鳎""鱋魶""魜鳎"皆一物。《史》《汉》旧注皆以"魜鳎"为二鱼："魜"为比目鱼，"鳎"为鲵鱼。段玉裁《说文解字注》已辨其非。朱骏声《说文通训定声》云："鳎，比目鱼也，一名魜。"

比目鱼何以名"鳎"？这和它的生活习性有关。比目鱼体形扁平而阔。《初学记》卷三〇引《临海异物志》："比目鱼，……南越谓之板

---

①《原本玉篇残卷》虽有"衣部"，但残缺不全。检空海《篆隶万象名义·衣部》未收"褐"字，今本《玉篇》所见"褐"字当是唐孙强或北宋陈彭年等人增补。

② 殷寄明谓"褐"来源于"袤"，二者为同源词。参看氏著：前揭书，第449页。

③ "汗褐"的写法很多，具见下文。元代杂剧、宫词里多见汗衫、汗替之类事物，"汗褐"亦同。参看陈高华等《中国风俗通史·元代卷》，上海文艺出版社2001年版，第106页。

④ （清）蒲松龄：《蒲松龄集》，路大荒整理，上海古籍出版社1986年版，第755页。

⑤ （元）欧阳玄：《圭斋文集》卷四，四部丛刊初编本。按文渊阁四库全书本《圭斋文集》亦作"搨"，强村丛书本《圭斋词》作"浹"（朱孝臧辑校，上海古籍出版社1989年版），唐圭璋编《全金元词》从之（中华书局1979年版）。

⑥ 参看哈森等《内蒙古西部汉语方言词典》，内蒙古教育出版社1999年版，第199页。今日蒙古语中称男式坎肩为"Hantaaz"，当即"汗褐（塌/搨）子"的音译。

鱼。"① 宋罗愿《尔雅翼》卷二九《释鱼二》："比目鱼，……亦谓之箬叶鱼。"② 取其形扁平似板与箬叶。因此，比目鱼多贴水底沙面而行。唐刘恂《岭表录异》卷下："比目鱼，南人谓之鞋底鱼。"③ "底"，《太平御览》卷九三八引作"屉"。《太平御览》卷九四〇引《临海异物志》有"婢屣鱼""奴屩鱼"，明方以智《通雅》卷四七云："曰魼、曰鲽……曰版鱼……曰婢筵、曰奴屩、曰箬叶、曰鞋底，……所谓比目鱼也。"明杨慎《异鱼图赞》亦录此，清胡安世笺云："即比目鱼……皆因形也。"民间俗语以鞋（底、屉）为比目鱼命名，一方面取其扁平之形，一方面取其接触地面之义，暗示比目鱼贴沙而行的习性。

俗语除以"板""箬叶""鞋底"之类形似的事物为比目鱼命名外，还直接根据其习性来命名。唐刘恂《岭表录异》卷下："比目鱼，……江淮谓之拖沙鱼。"清屈大均《广东新语·鳞语》"鱼"条："贴沙，一名版鱼，亦曰左魼。身扁，喜贴沙上，故名。市归以贴墙壁，两三日犹鲜，即比目鱼也。"④ 明屠本畯《闽中海错疏》卷上："鲽鲥，形扁而薄，邵武名鞋底鱼，又名漯沙。"屠疏云："按漯音挞，鱼在江中行漯漯也。左目明，右目晦昧。今闽广以此鱼名比目。盖比目只一目，必两鱼相合乃行，而此鱼独行，殊非比目也。四明谓之江箬，以形如箬故名，又谓之箬漯，以其行漯漯，故名。"⑤ "拖沙""贴沙""漯沙"均指比目鱼贴沙而行的习性。屠氏谓"漯，……鱼在江中行漯漯也"，又云"盖比目只一目，必两鱼相合乃行，而此鱼独行，殊非比目也"，囿于字形及陈说，非是。宋张杲《医说》卷七"瘵饥虫"条记一高姓老母得饥疾，一日"觉一物上触喉间，引手探得之，如拇指大，坠于地，头尖匾，类塌沙鱼"（亦见《夷坚丁志》卷六"高氏饥虫"条），"塌沙鱼"当即比目鱼。《中国动物图谱·鱼类》、2000 年《中国脊椎动物大全》在诸多舌鳎鱼下列别名为"塔沙""挞沙""塔曼"⑥，"塔""挞"亦即"塌"之记音字。今舟山、宁波方言亦将比目鱼称作"肉塌"或"肉鳎"⑦。

比目鱼名"鳎"，正取其贴水底沙面而行之习性，从中亦可看出

---

① （唐）徐坚：《初学记》，中华书局 2004 年版，第 742 页。
② （宋）罗愿：《尔雅翼》，黄山书社 1991 年版，第 296 页。
③ （唐）刘恂：《岭表录异》，《鲁迅辑录古籍丛编》第三册，人民文学出版社 1999 年版，第 466 页。
④ （清）屈大均：《广东新语》，中华书局 1985 年版，第 554 页。
⑤ （明）屠本畯：《闽中海错疏》，文渊阁四库全书本。
⑥ 参看李海霞《汉语动物命名考释》，巴蜀书社 2005 年版，第 512 页。
⑦ 承《浙江大学学报》（人文社会科学版）编辑部周梦烨博士及业师汪维辉教授示知，谨谢。

"弱"实蕴"靠近""接触""附着"义。宋戴侗《六书故》卷二〇云："鳎，他盍切，薄鱼弱土而行者。"大约是最早明确指出"鳎"得名之由的记载。

再从若干从"弱"得声之字的异体字论"弱"有"靠近""接触""附着"义①。《集韵》入声"合""盍"二韵下均收有从"弱"得声之字，试论数例如下：

弱—翕

搨、榻、艜、蹋，《集韵·盍韵》下此四字均有异体作搶、檜、艙、蹡。《说文·羽部》："翕，起也。从羽合声。"段注："《释诂》《毛传》皆云'翕，合也。'许云'起'也者，但言合则不起，言起而合在起中矣。翕从合者，鸟将起必敛翼也。"据此，"翕"本指鸟向上飞起，但是在飞起之初又必然收合翅膀。因此，在"翕"所具有的意义中，外显者为（向上）飞起，实际上又隐含收合、附贴（翅膀）的含义，而构成其字的义符"羽"、声符"合"都表达了特定的意义。从古训可以看出，"翕"的意义大致分为两途：一为"合""敛"，引申有闭、收、聚等义②，这是从鸟飞收合翅膀之义生发而来；一为"盛""炽""炙""疾"等③，这是从鸟向上飞起之义演变而来。由此可见，"翕"隐含"鸟起敛翼"的意义，人们可以将其理解为翅膀靠近、接触、附着于身体，也就是说，"翕"也蕴含着靠近、接触、附着义。当从"弱"得声的字其"弱"旁被"翕"替换的现象出现时，至少给我们一种暗示，即"弱"也具有上述含义。

再看上揭"搨""榻""艜""蹋"四字所表达的意义。"艜"字上文已述，此不论④。"搨，打也"（仅举《集韵》释义，下同）。所谓"打"，必然是两事物相接触。"榻，床也。""床"之所以称"榻"，是因为低矮而较贴近地面⑤。《释名·释床帐》："长狭而卑曰榻，言其榻然近地也。""蹋"，"《说文》'践也。'"指脚着地，其有靠近、接触、附着义自不待言。

---

① 这里的异体字仅指异写法，和与"正字"相对的"异体字"含义不同。
② 宗福邦等主编：《故训汇纂》，商务印书馆2003年版，第1814—1815页。
③ 宗福邦等：前揭书，第1814—1815页。
④ （清）洪亮吉《卷施阁文甲集》卷三《释舟》云："大舟谓之橹……又谓之艒谓之艜"，又云："《玉篇》：'艒艜，并大船。《集韵》：'艜，两艚大船。'梁元帝《吴趋行》：'何时乘艜归。'按别作艜，非是。"按艜艙实同，洪说未安。参看洪亮吉《洪亮吉集》，中华书局2001年版，第61—63页。
⑤ 黄侃认为"榻"之得名来源于"蹋"，说见《说文新附考原》，载氏著《说文笺识》，中华书局2006年版，第256页。

冐—眔/沓

阘、搨、蹋，《集韵·合韵》下此三字均列有异体作鞈、搚、踏。《说文·目部》（段注本）："眔，目相及也。从目隶省。读若与隶同也。"段注云："眔与隶音义俱同。"又《隶部》："隶，及也。从又，尾省。又，持尾者，从后及之也。"《说文·曰部》："沓，语多沓沓也。"段注云："引伸为重沓字。"是"沓"引申有重复、交合义①，《玉篇·曰部》："沓，合也。"《文选·扬雄〈羽猎赋〉》："出入日月，天与地沓。"李善注引应劭曰："沓，合也。"是故"沓"与"及"义亦贯通。二字作汉字构件多混用。"眔""沓"均可指相及、相合，则实有靠近、接触、附着义。理同上揭"禽""冐"混用例，"眔""沓"替换"冐"，亦可作"冐"有靠近、接触、附着义之佐证。

"阘""搨""蹋"三字中"蹋"上文已论，兹不赘。"阘"，"镗鞈钟鼓声"，言其鼓声大而相接续。"搨"，"冒也，一曰摹也"，言"冒"，取"触冒"义；言"摹"，谓以纸覆于书画、器物上描摹或捶印，要之，均有靠近、接触、附着义。

以上从两个角度说明从"冐"得声之字有靠近、接触、附着义，然则从"冐"得声之字何以有此义？检《说文·羽部》云："冐，飞盛貌。"徐铉等注："犯冒而飞是盛也。"字从"羽"从"冃"，段注云："从冃者，《庄子》所云'翼若垂天之云'也。"

"冐"小篆作"冐"，"冒"作"冒"，二"冃"实同。"冃"，象形字，即"帽"古字，象其覆蒙义②。段注引《逍遥游》文，正用此义。"冐"之所谓"飞盛"，据徐铉说，乃指"犯冒而飞"言。《说文·冃部》："冒，蒙而前也。"段注："蒙者，覆也。引伸之有所干犯而不顾亦曰冒。""冐"之言飞，实含冒触阻碍奋力前进之意蕴③。由此，"冐"之本义中实有靠近、触碰意味在。

归纳起来，可以得到以下几点认识：

（1）根据"冐"的字形结构，可以明了它实指冒触阻碍勉力而飞，由此蕴含靠近、触碰、附着的意味。

---

① 宋人王观国认为"凡此沓字皆合也，此皆沓字本义，无语言多之义"，参看《学林》卷二"沓"条，中华书局1988年版，第73页。

② 参看董莲池《说文部首形义通释》，东北师范大学出版社2000年版，第205页；徐复、宋文民《说文五百四十部首正解》，江苏古籍出版社2003年版，第224—225页。

③ 张舜徽《说文解字约注》"冐"字下云："冐训飞盛貌，谓众鸟群飞覆蔽天日之状……此则谓众鸟群飞也。"本文理解与之不同。

（2）这种靠近、触碰、附着意味是隐性语义，就"嗒"这个字（词）而言，它不外露（表现在辞书释义时就是不须把这种义素显示出来）。

（3）这就为从"嗒"得声的字（词）多有"靠近""接触""附着"的含义奠定了语义基础。

（4）这种语义特征在从"嗒"得声的字（词）里有时表现为该字（词）的独立义项，有时又是隐晦不露的。

就"塌"而论，本义是指"（物体从高处往低处）堕落、落下"，除了这一指示动作本身的表层意义外，也蕴含着"靠近""接触""附着"的内在意义特征。就动作过程言，物体从高处往低处落，是一个物体和终点之间在位移上逐渐"靠近"的过程；就动作结果言，物体落于终点，表达了两物之间"接触""附着"的状态。

在词语的不断使用中，显豁的外在意义演化出各项引申义自不待言，而那些隐晦的意义特征要么继续潜藏，要么呈现为独立的义位。《汉语大词典》"塌"字下义项③"减；掉；垮"，举"塌了膘"、运动"塌下去"例，这个意义的诞生经由了"向下落"含义的隐喻过程。历史文献及现今方言中"塌"表"下垂""衰减""消退""脱落""遗漏""失败""没赶上（车）""凹下的；扁平的"等义①也都经过了同样的过程。但是，我们也发现"塌"还可以表示其他一些含义：在吴语中可表"得；贪图"义，如"塌些便宜"；吴语、粤语、闽语里可表"紧贴；贴近"义，如"绒线衫塌肉穿难过哦？""骸塌骸"；中原官话里可指"掷打"，如"他拿石子塌我"；冀鲁官话可表"（汗水把衣服等）浸湿"，如"汗把衣服都塌湿了"，也可表"欠（债）"，如"我还塌了不少债哩"；西南官话里可表"舀；抠"，如"拿我塌点儿尝尝"；也可表"滞留"，如"糍粑吃多了，老在胃上塌起"；等等②。这些意义似乎并不是直接引申自"塌"之"向下落"义，而是更接近于比较隐晦的"靠近""接触""附着"的意义特征。上揭各方言中最可玩味的是"塌"表"欠（债）"义和"滞留"义，这和本文所论"塌"表存放、储存义有很相近的关系。显然，"欠""滞留"和"存放""储存"有着隐喻关系。

五

我们再回过头来看历史上"塌"表存放、储存义。"塌"可指"着"

---

① 这里不区分词汇义和语境义。
② 许宝华等主编：《汉语方言大词典》；李荣主编：《现代汉语方言大词典》相关各条。

"置",那么引申指"存放、贮存"就是题中之义了,从"着""置"到"存放""储存",其中蕴含着一个基于行为相似性的隐喻过程,"塌坊(房)""塌场"也正是根据这个意义而得名。从"存放""储存"引申开去,又可指"囤积"。这些用法随着宋代以来商品经济的发展而成熟起来,其例多见①:

宋廖刚《乞预备赈济札子》,《历代名臣奏议》卷二四六:

> 若籴本降迟,谷米先为塌家收聚,虽欲增价取之,民间已无米矣。②

廖刚《宋史》卷三七四有传。"塌家"本集作"搨家"③。"塌家"也称"停塌之家",专指买占囤积货物、垄断市场,等待价格上扬从而渔利的人④,大约等于《管子·国蓄》中所说的"蓄家"。

宋黄震《黄氏日抄》卷三九:

> 温公自陕归洛,以俸余贾布。洛布贾高,即以陕贾买之。先生曰:不如伊川塌麦。有来问麦贾者,曰:依市贾。欲损之,不答。先生曰:若减贾,便是近名。⑤

"塌"即谓贮藏,"塌麦"指囤积麦子。

元汪大渊《岛夷志略》"沙里八丹"条:

> 其地采珠,官抽毕,皆以小舟渡此国互易,富者用金银以低价塌之。舶至,求售于唐人,其利岂浅鲜哉!⑥

"以低价塌之"谓以低价买进存放贮积起来。

又有"停塌""收塌""塌藏""顿塌""囤塌"诸同义连文例。宋·吕陶《奏具置场买茶旋行出卖远方不便事状》:

---

① "塌"表"存放""囤积",现代汉语方言中仍有留存,也写作"搨"。参看李荣主编《现代汉语方言大词典》相关各条。
② (明)杨士奇等编:《历代名臣奏议》,文渊阁四库全书本。
③ (宋)廖刚:《高峰文集》卷二,文渊阁四库全书本。
④ 参看姜锡东:前揭书,第71页。
⑤ (宋)黄震:《黄氏日抄》,文渊阁四库全书本。
⑥ (元)汪大渊:《岛夷志略》,苏继庼校释,中华书局1981年版,第273页。

晓示园户并停塌之家，尽将赴场投税出卖。①

宋苏轼《论浙西闭籴状》：

苏、秀等州米斛既不到杭，杭州又禁米不得过浙东，是致人心惊危，有停塌之家亦皆深藏固惜，不肯出粜。②

宋华镇《湖南转运司申明茶事札子》：

每茶一斤，尝费数百钱，民力不便，深苦其弊；唯停塌揽纳之家与茶场公人、市廛游手之民以此为便。③

宋李焘《续资治通鉴长编》卷四九九载泾原路经略安抚使章楶上言：

如将来官中收籴不行，岁计阙乏，即委所属官根括停塌之家积蓄斛斗，各计本家口数，销一全年所用斛斗外，其余尽依逐处和籴场价例，收籴入官。

宋朱熹《约束粜米及劫掠榜》：

切恐有米积蓄上户与停塌之家未知前项事，因以谓旱损少米，意图邀求厚利，闭籴不粜。④

"停塌之家"即上文所谓"塌家"。当时文献中还可见"停藏之人""停藏之家"诸称谓，均与"停塌之家"同。两宋公牍文中"停塌"其例颇多，后世文献亦经见，也作"停榻""停搨"，例不备举。

宋陈淳《上赵寺丞论秤提会》：

---

① （宋）吕陶：《净德集》卷一，丛书集成初编本。
② （宋）苏轼：《苏轼文集》，孔凡礼点校，第 3 册，中华书局 1986 年版，第 1045 页。
③ （宋）华镇：《云溪居士集》卷二六，文渊阁四库全书本。所谓"揽纳之家"即揽户，指专门收揽他人税物代为输纳的人户，参看傅宗文，前揭书，第 56—57 页。
④ （宋）朱熹：《晦庵先生朱文公文集》卷九九，四部丛刊初编本。参看姜锡东，前揭书，第 84 页。

今莫若出一定格：富室上户自产钱七千而上，巨商贾户自铺前积货七百缗以上，质库户若不在产户之家者以簿历有典百缗以上，僧户以产钱二十千而上，并使收塌若干数，以备官司不时之点兑，而其他诸户皆不必立定数责之。①

宋周密《齐东野语》卷一七"景定彗星"条：

薪茗搨藏，香椒积压，与商贾争微利。②

"搨"，《津逮秘书》本作"塌"，《宋稗类钞》作"榻"。"搨藏"与"积压"对文。

元乔吉《水仙子·为友人作》：

豫章城开了座相思店……愁行货顿塌在眉尖。③

元王晔《桃花女破法嫁周公》第一折：

俺可也比每年多余黍麦，广有蚕桑，囤塌细米，垛下干柴，端的个无福也难消受。④

元佚名《包待制陈州粜米》第二折：

河涯边趱运下些粮，仓廒中囤塌下些筹，只要肥了你私囊，也不管民间瘦。⑤

从文献用字来看，这种用法的"塌"多有异文作"榻"或"搨"。这也说明基于"咠"所蕴含的"靠近""接触""附着"的语义特征，这三个从"咠"得声的字都可表示"存放""贮存"义，声近而义通。

"塌"也由"存放""贮存"义引申指郁积、不通畅。宋王衮《博济

---

① （宋）陈淳：《北溪大全集》卷四四，文渊阁四库全书本。
② （宋）周密：《齐东野语》，张茂鹏点校，中华书局1983年版，第320页。
③ 隋树森编：《全元散曲》，中华书局1964年版，第624页。
④ （明）臧晋叔编：《元曲选》，中华书局1958年版，第1021页。
⑤ （明）臧晋叔编：前揭书，第44页。

— 677 —

方》卷二"诸气"条中有药曰"塌气散","治虚气攻冲心胸满闷,元气冷疼,及一切气不调顺","塌气"即积气。宋元医书中有"塌气丸""塌气汤"诸方,均主治郁积停滞之症。"塌"亦作"榻""搨"。

六

"塌坊(房)""停塌"诸语在元明时代仍然使用,字或作"榻""搨"。元蒲道源《节妇曹氏墓志铭》:

> 二子,长名逸,字彦才,为安西邸实资居积库提举,年四十二,先卒……次子名荣,字茂之,亦尝提举塌房,寻不仕。①

元杂剧秦简夫《东堂老劝破家子弟》第一折:

> [正末云]:"扬州奴,你说甚的?"[扬州奴云]:"没。您孩儿商量做买卖,到那榻房里,不要黑地里交与他钞;黑地里交钞,着人瞒过了。"②

刘时中《端正好·上高监司》:

> 殷实户欺心不良,停塌户瞒天不当,吞象心肠歹伎俩:谷中添秕屑,米内插粗糠。怎指望他儿孙久长。③

"塌房""榻房"同。《墓志铭》例"塌房"当与上文提及之"居积库"相类,"居积"谓积储,囤藏;《东堂老》例"榻房"亦即仓库,在此处交易则钱、货两清。"停塌户"从文义看当是囤积居奇之人。

明时太祖洪武初年即设塌房,《明会典》卷三二"事例"条云:

> 洪武初,京城置塌房及六畜场,停积客商货物及猪羊等畜。

又云:

---

① (元)蒲道源:《闲居丛稿》,文渊阁四库全书本。
② (明)臧晋叔编:前揭书,第214页。
③ 隋树森编:前揭书,第669页。

二十四年，令三山门外塌房许停积各处客商货物，分定各坊厢长看守其货物。①

《明史》卷八一《食货志五》：

初，京师军民居室皆官所给，比舍无隙地。商货至，或止于舟，或贮城外，驵侩上下其价，商人病之。帝乃命于三山诸门外，濒水为屋，名塌房，以贮商货。

此在南京设立存积货物之塌房。其后成祖于永乐初年亦在北京设立塌房，具见《明会典》《明史》《续文献通考》，兹不赘述②。

清时大约已不见"塌坊（房）"，因此博学如俞樾也说："今无此等屋，且'塌房'之义亦不知何解也。"但是"塌/榻/搨"表示贮藏义可能还保留在当时的某些熟语中，胡文英说："今谚谓以钱蓄货待价曰榻货。"③

七

随着社会经济的逐渐兴盛，贮物的仓库作为商品流通环节中的基础设施之一，其重要性日渐显现出来。"邸"在用作官舍、客舍外，早在三国时期就有了贮物的功能。"店"是魏晋南北朝时期产生的新词，晋崔豹《古今注》卷上："店，所以置货鬻之物也……店，置也。"是"店"作商店外，还有贮物的职能。"邸店"连文，大约较早见于《梁书》。虽然《唐律疏议·名例四》中说"邸店者，居物之处为邸，沽卖之所为店"，对"邸""店"的职能作了区分，但实际上当时"邸""店"在作旅舍、商店外都可充当储物之所，具有仓库的作用④。到了宋代，"邸""店"而外，还出现了专门的货仓，那就是"堆垛场"（垛场）和"塌坊"（塌房）。这两个专用名词的得名之由，前者昭然易晓，后者则颇费解。本文

---

① （明）李东阳等：《明会典》，文渊阁四库全书本。
② 参看唐文基《明朝对行商的管理和征税》，载《中国史研究》1982年第3期；赵冈、陈钟毅《中国经济制度史论》，新星出版社2006年版，第435页。
③ （清）胡文英，前揭书，第354页。今上海方言中仍有"搨货"一词，指囤积货物，参看李荣主编，前揭书，第4675页。
④ 李剑农云："事实上殆不如疏议区别之严格。"参看氏著《魏晋南北朝隋唐经济史稿》，第233页；加藤繁，前揭书，第370—374页。

对此尝试作出解释，主要观点是："塌坊（房）"之"塌"表示"存放""贮藏"义实来源于其"着""置"义，而这个意义又基于从"扇"得声之字共同蕴含的"靠近""接触""附着"的语义特征。"塌坊""停塌"诸相关语词又有异文作"搨""榻"，说明语言中表示"存放""贮藏"义的词反映在文字上不必定于一尊，音义之间自有相当密切的关系。

　　附记：本文承张永言先生提供了许多极富价值的材料，业师汪维辉教授及姚永铭老师是正多处，谨此致谢。文章定稿后，得读胡铁球《"歇家牙行"经营模式的形成与演变》一文（《历史研究》2007年第3期），该文对明代"塌房"的情况及其衰落有详尽的探讨，可参看。

原文载《汉语史学报》第7辑，上海教育出版社2008年版

《朝野佥载》校补

真大成

张𬸦《朝野佥载》(以下简称《佥载》)"皆纪唐代故事"①，具有很高的史料价值，是研治唐代文史的重要典籍②。此书还保存了不少当时的口语词，对于研究唐代词汇史、特别是唐代前期词汇具有重要价值③。

《佥载》原书二十卷，今已不存。现传世《佥载》有六卷本和一卷本两种，前者以《宝颜堂秘籍》本(以下简称《秘籍》本)为最始，继起的《四库全书》本源出于是并有所校改；后者主要有《说郛》本、《历代小史》本和《古今说海》本当据《说郛》本又有所删简。

《宝颜堂秘籍》校勘质量不高，清人黄廷鉴即谓"凡《汉魏丛书》以及《稗海》《说海》《秘籍》中诸书，皆割裂分并，句删字易，无一完善，古书面目全失"④，《秘籍》本《佥载》也存在不少这样的问题。而且此本实由明人从《太平广记》辑录裒集而成，"检阅未周，多所挂漏"⑤，还有不少实属他书而误收的条目⑥，因此《秘籍》本《佥载》错讹甚夥。

1979 年，中华书局出版了点校本《佥载》。是本"以《宝颜堂秘籍》

---

① 《四库全书总目》卷一四〇"朝野佥载"条，中华书局 2003 年版，第 1183 页。
② 参看赵守俨《张𬸦和〈朝野佥载〉》，《文史》第 8 辑，第 129—140 页；黄永年《唐史史料学》"朝野佥载"条，上海书店出版社 2002 年版，第 142—143 页；周勋初《唐代笔记小说叙录》"朝野佥载"条，《周勋初文集》第 5 册，江苏古籍出版社 2000 年版，第 333—339 页。
③ 郭在贻：《训诂学》(修订本)附录二《俗语词研究参考文献要目》第二部分"为俗语词研究提供原始材料或其中涉及俗语词问题的有关文献"中即列有此书，中华书局 2005 年版，第 170 页。
④ 《第六弦溪文钞》卷一《校书说二》，凤凰出版社影印《后知不足斋丛书》本，2010 年，第 4252 页。
⑤ 余嘉锡：《四库提要辨证》卷十七"朝野佥载"条，中华书局 2007 年版，第 1024—1025 页。
⑥ 参看赵守俨《张𬸦和〈朝野佥载〉》，中华书局点校本《朝野佥载》"点校帮助"。

本为底本，与《太平广记》《说郛》《历代小史》诸本对校，并参考两《唐书》、《大唐新语》等书校正了《宝颜堂》本的讹脱衍倒"①，并补辑逸文近百条，读者称便。但是诚如周勋初所指出的，此书"异文仍应搜求并作考订，……佚文仍应继续发掘"②，因此它的校勘和辑佚工作还应进一步展开③。

笔者近来利用《太平广记》等书所引《金载》与点校本对勘一过，发现点校本尚存不少漏校之处，某些条目的校勘也有待进一步商讨，今不揣谫陋，在研读笔记的基础上敷衍成文，条陈如下，敬请方家指正。

卷一

1. 泉州有客卢元钦染大疯，惟鼻根未倒。属五月五日官取蚺蛇胆欲进，或言肉可治疯，遂取一截蛇肉食之。……又商州有人患大疯。（第 2 页）

"疯"，《太平广记》（以下简称《广记》）卷二一八、陈元靓《岁时广记》卷二三、唐慎微《重修政和经史证类备用本草》卷一引并作"风"。张杲《医说》卷三"蚺蛇治风"条亦载此事，当本《金载》，字同作"风"。按，"风"当是原文，作"疯"者殆出后人改。"风"谓风疾，蛇可以疗之。柳宗元《捕蛇者说》："永州之野产异蛇。……然得而腊之以为饵，可以已大风、挛踠、瘘、疠，去死肌，杀三虫。"正谓其事。古医籍早已记载蛇可治风之功效，南朝宋雷敩《雷公炮炙论》即谓"蛇性窜，能引药至于有风疾处，故能治风"。（《本草纲目》卷四三"白花蛇"条引"敩曰"）《集韵·东韵》："疯，头病。"似为"疯"前缀见者。《五音集韵·东韵》："疯，头风也。"《字汇·疒部》："疯，头疯病。"据此可见"疯"原表头风，为风疾之一种。以"疯"泛指风疾，应为宋元以后之事，如郑刚中《封州寄良嗣书》："泾童已深瘴，又遍身生疮如大疯，人已废物，盖往日拖拽损也。"陈亮《与勾熙载提举书》："亮六月还自临安，道出麾下，以手足俱中疯湿，不成礼度，不敢进谒。"④ 高濂《遵生八笺》卷十八"神秘浸

---

① 中华书局点校本《朝野佥载》"点校帮助"。
② 周勋初：《唐代笔记小说叙录》"朝野佥载"条，《周勋初文集》第 5 册，第 334 页。
③ 马雪芹：《评〈朝野佥载〉》亦云："今中华本仍有可校正讹补辑之处。"（黄永年主编：《古代文献研究集林》第一集，陕西师范大学出版社 1989 年版，第 61 页）对赵校本订讹补遗的论著有刘瑞明《〈隋唐嘉话〉〈朝野佥载〉校勘商榷》（《文献》1987 年第 1 期），刘真伦《〈朝野佥载〉点校本管窥》（上、下）（《书品》1989 年第 1 期、1989 年第 2 期），刘真伦《〈隋唐嘉话〉、〈朝野佥载〉拾补》（《书品》1989 年第 6 期）等。
④ 须指出的是，这里虽举宋人例，然而所据文献均非宋椠，用字容或有后人更动之可能。不过也无改字之确据，故而仍定为宋代。

酒方"条:"治左瘫右痪、半身不遂、口眼歪斜、一切诸疯。"例不备举。《佥载》唐时书,当用"风"字较合当时用字之实情。

2. 岭南风俗,多为毒药。……或以涂马鞭头控上,拂着手即毒,试着口即死。(第4页)

"控"上《广记》卷二二〇引有"马"字;"试",《广记》卷二二〇引作"拭"。按,"试"字于文意不协,当为"拭"之形讹;四库本《佥载》已改正。又点校本校记谓"口"原作"手",据《广记》改,实际上四库本早已改订。"马鞭头控"不辞,当据《广记》作"马鞭头、马控",后人辑刻时误脱"马"字。"马鞭头"即马鞘,何超《晋书音义》卷下:"长鞘,所交反,马鞭头也。""控"读如"鞚"①,"鞚"即马笼头。玄应《一切经音义》卷十四《四分律》音义"射鞚"条引《难字》:"鞚,马鞚也。"慧琳《一切经音义》卷八五《辩正论》音义"坚鞚勒"条:"空贡反,马辔头,人所执者曰鞚。"《初学记》卷二二"武部·辔":"辔之为饰,有衔、勒、镳、羁、缰、鞚之类。……鞚,控制之义也,《通俗文》云:'所以制马曰鞚。'"《太平御览》卷三五八引《埤苍》:"鞚,马勒也。""马鞚(控)"习见于六朝以来文献,姚秦佛陀耶舍共竺佛念等译《四分律》卷四一《衣揵度之三》:"时有射琉璃王营,……或有中马勒、马鞚、马缰。"《宋书》卷五〇《胡藩传》:"义旗起,玄战败将出奔,藩于南掖门捉玄马控。"② 《隋书》卷六四《陈茂传》:"后从高祖与齐师战于晋州,贼甚盛,高祖将挑战,茂固止不得,因捉马鞚。"《太平御览》卷三五八引《晋起居注》载王浃表:"臣已发许昌,城内北人诸将孙凯等谋欲逼臣留身,……牵臣马鞚。"《南史》卷四一《萧坦之传》:"帝又夜醉,乘马从西步廊向北驰走,如此两三将倒,坦之谏不从,执马控,帝运拳击坦之不着,倒地。"均其例。

3. 其孙佺之北也,处郁曰:"飧若入咽,百无一全。"山东人谓温饭为飧(音孙),幽州以北并为燕地,故云。(第13页)

点校本校记:"温饭,《广记》卷一六三引作'湿饭'。"列异文而未下按断。按,"温"当即"湿"之形近讹字③。"飧"即"飱"字,《释

---

① 《资治通鉴》卷六七"汉献帝建安二十年"条:"亲近监谷利在马后,使权持鞍缓控。"胡三省注:"控,即马鞚。"中华书局1956年版,第2142页。

② 《初学记》卷二二引《宋书》《资治通鉴》卷一一三"晋安帝元兴三年"条叙其事并作"马鞚"。

③ "温""湿"相讹尚有别例,《原本玉篇残卷·糸部》"纳"字下引《说文》"丝温纳纳也",今本《说文》作"丝湿纳纳也","温"为"湿"之讹字。

名·释饮食》:"飱,散也,投水于中解散也。"故以水和饭谓之"飱",《礼记·玉藻》:"君未覆手,不敢飱。"孔颖达疏:"飱,谓用饮浇饭于器中也。"《太平御览》卷八五〇引《通俗文》:"水浇饭为飱。"《玉篇·食部》:"飱,水和饭也。"字亦作"飱"(餐),《原本玉篇残卷·食部》:"飱,苏昆反。……《字书》:'饮浇饭也。'"由此汤水所泡的饭也称"飱",亦即《佥载》所谓之"湿饭"。慧琳《一切经音义》卷六二《根本说一切有部毘奈耶杂事律》音义"饼麪"条引《韵诠》:"炊米干曰餘,湿曰飱。"

4. 龙朔年已来,百姓饮酒作令云:"子母相去离,连台拗倒。"子母者,盏与盘也;连台者,连盘拗倒盏也。(第13页)

"拗倒盏",《广记》卷一六三引作"拗盏倒"。按,"拗盏倒"似应为《佥载》原文。"拗盏倒"云云从语法角度而言是述补结构中的分用型(或称"隔开式")的动结式(VOC)①,这类结构产生于魏晋南北朝,盛行于唐代,宋元之后逐渐少用乃至衰亡,代而起之的是VCO型②。《广记》所引《佥载》之"拗盏倒"正是唐时常见的句式③,今本《佥载》作"拗倒盏"者或因明人据《广记》辑录时由于当时已不习用VOC式,又因上文"拗倒"连文而改作VCO式。

5. 太常卿卢崇道坐女壻中书令崔湜反,羽林郎将张仙坐与薛介然口陈欲反之状,俱流岭南。经年,无日不悲号,两目皆肿,不胜凄楚,遂并逃归。(第16页)

"楚",《广记》卷一四六引作"恋"。按,颇疑"恋"为《佥载》原文。"凄(凄)恋"是南北朝以来的新词,《南史》卷六九《沈炯传》载炯表:"但雀台之吊,空怆魏君;雍丘之祠,未光夏后,瞻仰烟霞,伏增凄恋。"庾信《为阎大将军乞致仕表》:"但瞻仰天威,方违咫尺,徘徊城阙,私增凄恋,不任知止之情。"均指心绪凄凉眷恋。唐时之例又如《旧唐书》卷七六《太宗诸子传·吴王恪》载太宗书:"汝方违膝下,凄恋何已,欲遗汝珍玩,恐益骄奢,故诫此一言,以为庭训。"(亦见《唐会要》卷五)

---

① 梅祖麟:《从汉代的"动杀"、"动死"来看述补结构的发展——兼论中古时期起词的施受关系的中立化》,《语言学论丛》第16辑,商务印书馆1991年版,第112—136页。

② 蒋绍愚:《汉语动结式产生的时代》,《国学研究》第6卷,北京大学出版社1999年版,第327—348页;蒋绍愚:《魏晋南北朝的"述宾补"式述补结构》,《国学研究》第12卷,北京大学出版社2003年版,第293—322页;蒋绍愚、曹广顺主编:《近代汉语语法史研究综述》第十章《述补结构》(赵长才执笔),商务印书馆2005年版,第305—351页。

③ 《朝野佥载》卷二:"昌仪打双脚折,抉取心肝而后死。""打双脚折"与"拗盏倒"句法一律。

《文苑英华》卷六〇四李峤《谢恩敕许致仕表》："林壑长辞，俟卉木而俱槁；云霄坐隔，仰阙庭而增慕，无任犬马凄恋之至。"《佥载》"不胜凄恋"谓卢崇道等流配岭南而不堪悲伤眷恋之情，故而逃归。明人不察文意，以为"恋"字不伦而又常见"凄楚"，遂将"恋"臆改作"楚"。

6. 平王诛逆韦，崔日用将兵杜曲，诛诸韦略尽，绷子中婴孩亦榁杀之。（第17页）

按，玩索文意，"榁"当即"捏"字，《广记》卷一四六引《佥载》正作"捏"。《秘籍》本《佥载》作"榁"，亦即"捏"（捏）之讹字。点校本据《秘籍》本排印，因形近而误成"榁"。"捏"应是汉魏间出现的新词，玄应《一切经音义》卷十四《四分律》音义"捻毦"条引《通俗文》："手捏曰捻。"慧琳《一切经音义》卷三八《金刚光焰止风雨陀罗尼经》音义"素捏"条引《埤苍》："捏，探搦也。"①但现存唐以前文献中罕见可靠的用例②；大约自唐代起，"捏"在书面文献中的用例逐渐增加，成为一个常用词。

7. 逆韦之变，吏部尚书张嘉福河北道存抚使③，至怀州武涉驿，有勅所至处斩之。（第17页）

"涉"，《广记》卷一四六引作"陟"。按，作"陟"是。唐代怀州有武陟县，《元和郡县图志》卷十六《河北道·怀州》谓"管县五"，内有"武陟县"："本汉怀县地，隋开皇十六年分修武县、置武陟县④，理武德故城，今县东二十里武德故城是也，属殷州。皇朝因之，贞观元年省殷

---

① "探"疑当作"捺"，玄应《一切经音义》卷十四《四分律》音义"捻毦"条引《字林》："捏，捺也。"慧琳《一切经音义》卷四二《大佛顶经》音义"捏所"条引《古今正字》："捏，捺也。"《埤苍》今佚，陈鳣《简庄诗文钞》卷二《〈埤仓拾存〉自叙》："此所谓埤，盖杂取汉、魏间俗字。"由此推断"捏"极可能是汉、魏间新生之词语。

② 今本葛洪《肘后备急方》有数例"捏"，但目前所见之《肘后》早非原貌，其中"捏"字未必可靠；大正藏本西晋竺法护译《普曜经》卷三《为太子求妃品》有"扑捏杀之"，然据校勘记可知宋、元、明三本"捏"并作"地"；又大正藏本姚秦佛陀耶舍共竺佛念等译《四分律》卷五一《杂揵度之一》："彼捻毦令翘，佛言不应尔。"玄应《一切经音义》卷十四《四分律》音义"捻毦"条谓"律文作捏"，又据校勘记知日本圣语藏乙种写本作"涅"（应是"捏"的误钞），可见当时确有别本作"捏"。总的说来，唐以前"捏"的可靠用例很罕见。又《汉语大词典》"捏"下义项⑥"伪造，虚构"下首举晋干宝《搜神记》卷二："刺史阴谋欲夺我马，私捏人诉，意欲杀我。"此例实际上出于八卷本《搜神记》；据江蓝生《八卷本〈搜神记〉语言的时代》（《近代汉语探源》，商务印书馆2000年版，第320—337页）、汪维辉《从词汇史看八卷本〈搜神记〉语言的时代》（《汉语史研究集刊》第3辑，巴蜀书社2000年版，第208—222页；《汉语史研究集刊》第4辑，巴蜀书社2001年版，第244—256页）考证，八卷本《搜神记》实出唐宋人手。

③ "福"字后疑脱"为"字。

④ 参看《隋书》卷三〇《地理志中》"河内郡"条，中华书局点校本1973年版，第848页。

州，属怀州。"今本《金载》作"涉"者当与"陟"形近而误。

8. 沈君亮见冥道事，上元年中，吏部员外张仁祎延生问曰："明公看祎何当迁。"（第17页）

"生"，《广记》卷一五〇引作"坐"。按，"延生"不辞，"生"当作"坐"。"生""坐"形近而误。"延坐"谓张仁祎延请沈君亮就坐（座）而咨事。

9. （刘）知元乃拣取怀孕牛犊及猪羊驴等杀之，其胎仍动，良久乃绝。无何，舜臣一奴无病而死，心上仍暖，七日而苏。云见一水犊，白额，并子随之，见王诉云："怀胎五个月，扛杀母子。"（第18页）

点校本校记："'扛'，《广记》卷一三二引作'柾'。"按，"扛"谓举物，《说文·手部》："扛，横关对举也。"段玉裁注："以木横持门户曰关，凡大物而两手对举之曰扛。""扛杀"云云，义不可通。"扛"应为"柾"之讹字，刘知元杀怀孕牛犊，牛犊母子无辜而死之，故云"柾杀"。

10. 开元八年，契丹叛，关中兵救营府，至渑池缺门，营于谷水侧。夜半水涨，漂二万余人。惟行网夜樗蒲不睡，据高获免，村店并没尽。（第21页）

点校本校记："行网，《广记》卷一四〇引作'行纲'，疑是。"按，校记所疑当是。《南部新书》卷七亦载此事，应本《金载》，字同作"纲"，可为旁证。唐时成批运送货物钱粮谓之"纲"。《旧唐书》卷四九《食货志》载贞元五年十二月度支转运盐铁奏："比年自扬子运米，皆分配缘路观察使差长纲发遣。"此以运米为纲。又卷五二《后妃传下·穆宗贞献皇后萧氏》言萧皇后有弟一人，文宗命人查访，"有户部茶纲役人萧洪，自言有姊流落"，《资治通鉴》卷二四三"唐文宗太和二年"条亦载此事，胡注云："凡茶商贩茶，各以若干为一纲而输税于官。"《唐会要》卷三一《舆服上·杂录》载"其骡纲、车纲等，缘常押驴骡于诸州府搬运……"《宣和画谱》卷十著录当时内府所藏王维画作，中有"骡纲图"，当绘以驴骡押运货物之情状。《五代会要》卷二六《盐铁杂条上》又有"般（搬）盐船纲"，当谓以船运送食盐之纲。《旧唐书》卷一〇五《韦坚传》："坚贬黜后，林甫讽所司发使于江淮、东京缘河转运使，恣求坚之罪以闻，因之纲典、船夫溢于牢狱。"此事又见《资治通鉴》卷二一五"唐玄宗天宝六年"条，胡注："十船为一纲，以吏为纲典。"[①]"纲典"

[①] 胡注"十船为一纲"或本《新唐书》卷五三《食货志三》："（刘）晏为歇艎支江船二千艘，每船受千斛，十船为纲，每纲三百人，篙工五十。"

— 686 —

即负责纲运之官吏。《五代会要》卷二六《盐铁杂条上》有"押纲军将",职责当与"纲典"同。唐代文献中又可见"纲吏""纲商""纲使""租纲""纲运"等词,"纲"之所指均同。又有"行纲"一词,当指运"纲",《旧唐书》卷一二九《韩滉传》:"滉既掌司计,清勤检辖,不容奸妄,下吏及四方行纲过犯者,必痛绳之。"《册府元龟》卷四八七《邦计部·赋税》载玄宗开元九年十月敕:"如闻天下诸州送租庸,行纲发州之日,依数收领。"又卷四九八《邦计部·漕运》载贞元十三年判度支苏弁奏:"领南行纲送钱物数满二万贯无损折者,即依旧敕,例与改官。"其例尚伙,不备举。《佥载》所称之"行纲"大抵即押纲之人,《太平广记》卷二六三"李宏"条(出《朝野佥载》):"(李宏)每高鞍壮马,巡坊历店,吓唬调租船纲典,动盈数百贯,强贷商人巨万,竟无一还。商旅惊波,行纲侧胆。"①"行纲"义亦同。

卷二

11. 北齐南阳王入朝,上问何以为乐,王曰:"致蝎最乐。"遂收蝎,一宿得五斗,置大浴斛中。令一人脱衣而入,被蝎螫死,宛转号叫,苦痛不可言,食顷而死。帝与王看之。(第29页)

"螫死",《广记》卷二六七引作"所螫";"看之"后有"极喜"二字。按,此事始见于《北齐书》卷十二《武成十二王传·南阳王绰》,或为张鷟本。"螫死"应据《广记》引作"所螫","被蝎所螫"乃至"食顷而死",事理文情俱怡然理顺;若依今本作"螫死",则下文又云"宛转号叫""食顷而死",事理矛盾且文意重复,必非《佥载》原文。又检《北齐书》卷十二高绰本传,有"帝与绰临观,喜噱不已"云云,据此《广记》引文"帝与王看之,极喜"应是《佥载》之旧。今本脱"极喜"二字,当补。

12. 周推事使索元礼,时人号为"索使"。讯囚作铁笼头,觢(原注:呼角反)其头,仍加楔焉,多至脑裂髓出。(第30页)

《广记》卷二六七引《佥载》同作"觢"字;《新唐书》卷二〇九《酷吏传·索元礼》亦载此事,当本《佥载》,"觢"作"罄"。《旧唐书》卷一八六上《酷吏传上·索元礼》载左台御史周矩上疏,中有"泥耳笼头,枷研楔毂"之语②,《资治通鉴》卷二〇三"则天皇后垂拱二年"条

---

① 此条未见于《秘籍》本,点校本补辑。
② 《文苑英华》卷六九七亦载此疏,"毂"作"惚",误。

叙元礼作铁笼头事、卷二〇五"则天皇后长寿元年"条载周矩疏，字并作"縠"。按，当以"縠"为正字，《玉篇·革部》、《广韵·觉韵》、《龙龛手镜·殳部》和《通鉴》胡注并释"縠"为"急束"，亦即紧束，与文意合。"縠"从革殳声，以"殳"为构件之字既可为左右结构，又可为上下结构，如"縠"又作"鼜"①，"縠"又作"鞪"②，可以模拟。如此"縠"又可作"鞫"（参见《篆隶万象名义·革部》、敦煌文献 S. 2071《笺注本切韵·觉韵》、敦煌残卷 S. 5731《时要字样》、敦煌残卷 P. 2011《王仁昫刊谬补缺切韵·觉韵》、宋跋本《王仁昫刊谬补缺切韵·觉韵》《广韵·觉韵》），而"殳"有时又与"殸"混用③，"革""韦"混用则为汉字常例。据此，"鞫"应为"縠"（鞫）之换旁异体字，"鬠"则是"鞫"的形近讹字。"縠"字生僻，《记纂渊海》卷五八、《锦绣万花谷》后集卷二〇叙索元礼事，或作"箍"，或作"罩"，均以臆改字。

13. 以椽关手足而转之，并斫骨至碎。（第 30 页）

点校本校记："《广记》卷二六七汪（引按指汪绍楹）校云，明钞本'斫'作'研'。义长。"按，《说郛》本《金载》亦作"研"。"研"谓研磨碾压，义较胜。"研""斫"形近而误。

14. 此日可怜偏自许，此时歌舞得人情。（第 31 页）

点校本校记："《本事诗》、《唐诗纪事》卷六'此日'作'昔日'，'偏自许'作'君自许'。"按，乔知之美婢碧玉为武承嗣所夺而作《绿珠怨》事屡见于唐宋文献。《绿珠怨》辞多异文，盖出手民钞刻讹误者半，出口耳流传有别者亦半（此为诗作异文之常事）。上引二句皆为《绿珠怨》中辞，《本事诗》、《唐诗纪事》、《万首唐人绝句》和《吟窗杂录》"此日"并作"昔日"。按之诗意，似作"昔日"义长。"昔日"言在乔处，"此时"则谓得武承嗣之欢心，意相对而宛转。

15. 承嗣撩出尸，于裙带上得诗，大怒，乃讽罗织人告之。（第 31 页）

《广记》卷二六七引《金载》文字全同。按，"罗织人"一词似未闻，颇疑"人"当在"罗织"前。"讽人罗织告之"谓讽人罗织其罪并控告之。《资治通鉴考异》卷十一引《金载》作"讽人罗告之"，"罗告"即罗织（罪名）并告发的省称。《旧唐书》卷一九〇中《文苑传中·乔知之》述此事作"因讽酷吏罗织诛之"，唐孟棨《本事诗》则作"遣酷吏

---

① 《篇海类编·鸟兽类·鼠部》："縠，亦作鼜。"
② 《集韵·候韵》有"縠"字，《玉篇·牛部》《广韵·候韵》均作"鞪"。
③ 如《字汇补·殳部》："鬠，同殸。"

诬陷知之"，均可为旁证。

16. 监察御史李嵩、李全交、殿中王旭，京师号为三豹。……每讯囚，……遣仙人献果、玉女登梯、犊子悬驹、驴儿拔橛、凤皇晒翅、狝猴钻火、上麦索、下阑单，人不聊生，囚皆乞死。（第34页）

点校本校记："《广记》卷二六八引'遣'下有'作'字，是。又汪校云，明钞本'驹'作'拘'。按：本卷下文云：'缚枷头着树，名曰犊子悬车。'疑当作'车'，'驹''拘'皆以音近致讹。"按，校记疑当作"车"，应是。宋祝穆《事文类聚》别集卷二二引《唐朱〔宋？〕掇遗》即作"犊子悬车"，可为旁证。又文渊阁《四库全书》本《太平广记》引《佥载》正作"车"，已校正明本讹字。

17. 牵船皆令系二䥷于胸背，落栈着石，百无一存，满路悲号，声动山谷。（第36页）

"牵船"下《广记》卷二六八引有"夫"字。按，当有"夫"字。《新唐书》卷五三《食货志》："其后将作大匠杨务廉又凿为栈，以挽漕舟。挽夫系二䥷于胸，而绳多绝，挽夫辄坠死。"可为旁证。

18. 监察御史李全交素以罗织酷虐为业。（第36页）

"素"，《广记》卷二六八引作"等"。按，作"素"者当为辑录者见"等"字不合文意而改。《说郛》本《佥载》、宋马永易《实宾录》卷九、潘自牧《记纂渊海》卷三〇、《翰苑新书》前集卷十三并作"专"，揆之文意，《佥载》原文似作"专"义胜。《广记》引作"等"，盖因与"专"形近而讹。

19. 又苏州嘉兴令杨廷玉，则天之表侄也，贪狠无厌。着词曰："回波尔时廷玉，打獠取钱未足。阿姑婆见作天子，傍人不得枨触。"（第37页）

"狠"，《广记》卷三二九引作"猥"。按，"贪狠"固有其词，然《佥载》原文以作"贪猥"较合文意。考"贪猥"为唐代以来之新词，义为贪婪鄙劣，多用于表达某人贪求钱物之语境中，试看下举文例：《旧唐书》卷一七二《李石传》："石用金部员外郎韩益判度支案，益坐赃系台。石奏曰：'臣以韩益晓钱谷録用之，不谓贪猥如此！'"又卷一一八《王缙传》："又纵弟妹女尼等广纳财贿，贪猥之迹如市贾焉。"《旧五代史》卷九八《晋书·安重荣传》："自梁、唐已来，藩侯郡牧，多以勋授，不明治道，例为左右群小惑乱，卖官鬻狱，割剥蒸民，率有贪猥之名，其实贿赂半归于下。"《太平广记》卷一三三"章邵"条（出《野人闲话》）："章邵者，恒为商贾，巨有财帛，而终不舍路歧，贪猥诛求。"此四例"贪猥"均涉钱财赃赂。唐裴庭裕《东观奏记》卷中："广州节度使纥干暨以贪猥闻,贬庆王府长史,分司东都。"下载舍人韩宗所作制又有"钟陵问俗,澄清之化靡闻;南海抚封,贪黩之声何甚!而又交通诡遇,沟壑无厌"云云,正与"贪猥"相应,言纥干暨贪求无厌。元结《元鲁县墓表》:"元大夫……未尝求足而言利,苟辞而便色,不颂之何以戒贪猥佞媚之徒也哉?""苟辞而便色"正言"佞媚","求足而言利"则正言"贪猥"也。《金载》作"贪猥"与上下文中"无厌""取钱未足"照应,固得唐人语意。《文苑英华》卷六四九许敬宗《代御史王师旦弹莒国公唐俭文》:"臣闻古人莅职,不膳池鱼,前良罢官,尚留家犊。……若乃营求不已,贪猥无厌,徇私利而黩官方,挟朝权而侮天宪,有一于此,必寘明科。"亦用"贪猥无厌"之语。又检张鹫《龙筋凤髓判》卷一有"贪猥辈好行贿赂,请托多有"及"恐贪猥之吏,政以贿成;黩货之夫,情随利动"云云,可证"贪猥"正乃文成之词。今本作"狠"者或因与"猥"形近而讹,或经后人臆改。

20. 因入殿中,横塌壁行,自西至东凡数百步,又跃首至于梁数四。(第39页)

"塌",《广记》卷九一引作"蹋"。按,"蹋"字义长。"塌"或为"蹋"之刻误。

21. 禅师是日领僧徒谷口迎候,文宣问曰:"师何遽此来?"稠曰:"陛下将杀贫僧,恐山中血污伽蓝,故此谷口受戮。"(第39页)

"僧",《广记》卷九一引作"道"。按,"贫僧"固是常词,然颇疑为辑录者改,"贫道"方是《金载》原文。"贫道"作为僧人自称,乃六朝以来之习语①。《世说新语·言语》:"竺法深在简文坐,刘尹问:'道人何以游朱门?'答曰:'君自见朱门,贫道如游蓬户。'"《宋书》卷七五《颜竣传》:"初,沙门释僧含粗有学义,谓竣曰:'贫道粗见谶记,当有真人应符,名称次第,属在殿下。'"《南齐书》卷四一《周颙传》载西凉州智林道人遗颙书曰:"贫道年二十时,便得此义,窃每欢喜,无与共之。……贫道捉麈尾来四十余年,东西讲说,谬重一时……""道人""贫道"均谓僧人。智林是南朝宋、齐时高僧,《高僧传》卷八有传。颜之推《冤魂志》:"宋高祖平桓玄后,以刘毅为抚军将军,荆州刺史,到州便收牛牧寺僧主,云藏桓家儿,度为沙弥,并杀四道人。后夜梦见此僧

---

① 参看钱大昕著,方诗铭、周殿杰校点《廿二史考异》卷二五"高逸传"条,上海古籍出版社2004年版,第434页;蔡镜浩《魏晋南北朝词语例释》"道人"条,江苏古籍出版社1990年版,第68页。

来云：'君何以枉见杀贫道？贫道已白于天帝，恐君亦不得久。'"唐时仍沿用。宋叶梦得《避暑录话》卷下云："晋宋间，佛学初行，其徒犹未有僧称，通曰道人……'贫道'亦是当时仪制，定以自名之辞，不得不称者，疑示尊礼，许其不名云尔。今乃反以名相呼而不讳，盖自唐已然，而'贫道'之言废矣。"其说以为唐宋以来"'贫道'之言废矣"，恐不尽确。据文献用例看，当时僧人仍习以"贫道"自称，例夥不备举。

22. 道逢一道人，着衲帽弊衣，掐数珠，自云贤者五戒讲。（第41页）

"掐"，《广记》卷一二七引作"掐"。按，"掐"谓掏、挖，与文意不合，当是"掐"之形近误字。"掐数珠"谓用拇指拨弄数珠。唐阿地瞿多译《陀罗尼集经》卷二《佛说作数珠法相品》："若以此等宝物数珠，掐之诵呪诵经念佛诸行者等，当得十种波罗蜜功德满足。"唐菩提流志译《不空羂索神变真言经》卷十九《神变真言品》："如是真言三遍，加持数珠取珠持掐。"均其例。

23. 去店十余里，忽袖中出两刃刀矛，便刺杀畅。（第41页）

"矛"，《广记》卷一二七引作"子"。按，"矛"无由置于袖中，当为"子"之形近误字。

24. 时同宿三卫子被持弓箭，乘马赶四十余里，以弓箭拟之，即下骡乞死。（第42页）

"赶"，《广记》卷一二七引作"趁"。按，疑"趁"是《佥载》原文。"趁"表追逐、追赶，是隋唐五代时期的习语[1]，《佥载》本书也有用例，如卷五："其石走时，有锄禾人见之，各手把锄，趁至所止。"卷六："至怀州路次拜，怀恩突过，不与语。步趁二百余步，亦不遣乘马。"而"赶"的可靠用例要在唐末五代的文献中方才出现[2]，如孙棨《北里志》"王苏苏"条："怪得犬惊鸡乱飞，羸童瘦马老麻衣，阿谁乱引闲人到，留住青蚨热赶归。"刘崇远《金华子杂编》："厨人馈食于堂，俄手中盘馔皆被众禽搏撮，莫可驱赶。"因此颇疑今本《佥载》作"赶"实经后

---

[1] 参看蒋礼鸿《敦煌变文字义通释》（增补定本），上海古籍出版社1997年版，第153—155页。

[2] 今本《搜神记》卷一八"吴兴老狸"条："晋时，吴兴有一人，有二男，田中作时，尝见父来骂詈赶打之。"此条辑自《太平广记》，而时代较早之《法苑珠林》卷三一引作"打拍之"。颇疑今本《搜神记》之"赶"亦经后人窜改。《敦煌变文集》（《敦煌变文集新书》）中有数例"赶"，然皆为"趁"或"赴"之录误，参看郭在贻等《敦煌变文集校议》，《郭在贻文集》第二卷，中华书局2002年版，第8、256页。黄征指出："敦煌卷子中罕见'赶'字，表示追逐之义多用'趁'、'逐'、'赴'等字。"（黄征、张涌泉校注：《敦煌变文校注·难陀出家缘起》注释九六，中华书局1997年版，第600页）这是很准确的看法。

人臆改，盖不明"趁"之义也。

25. 姜师度好奇诡，为沧州刺史兼按察，造抢车运粮，开河筑堰，州县鼎沸。（第47页）

"抢"，《广记》卷二五九引作"枪"。按，当作"枪"是。因"扌"旁、"木"旁常讹混，故"枪"误作"抢"。《隋书》卷十三《仪礼志七》："又造六合殿、千人帐，载以枪车，车载六合三板。其车辂解合交叉，即为马枪。……两车之间，施车辂马枪，皆外其辕，以为外围。"其车之车辂拆开后即为马枪，由此得名。姜师度所造"枪车"，当即此物。

卷三

26. 太宗闻之，令上宫赍金壶瓶酒赐之。（第59页）

"壶"，《广记》卷二七二引作"胡"。按，颇疑原文当作"胡"，今本作"壶"盖出后世浅人臆改。"金胡瓶"为金质酒器①，产于西域，故时人称为"胡瓶"。《太平御览》卷七五八引《前凉录》："张轨时，西胡致金胡瓶。"又引《西域记》："疏勒王致魏文帝金胡瓶二枚，银胡瓶二枚。"则魏晋时已有此物。亦流行于唐代，《册府元龟》卷五四九载唐太宗与李大亮书："今赐御金胡瓶一枚，虽无千镒之重，是朕自用之物。"②《旧唐书》卷一九六上《吐蕃传上》载吐蕃上表："谨奉金胡瓶一、金盘一、金椀一、马脑杯一、零羊衫段一，谨充微国之礼。"唐代文献中又多见"胡瓶"，当即一物，唯未必以金制也。

27. 葬毕，官人路见鬼师雍文智。（第62页）

"路"，《广记》卷二八三作"赂"。按，本条下文云"有告文智诈受赂贿验"，据此，"路"当为"赂"之讹字。

28. 孟知俭合运出身，为曹州参军，转邓州司金。……满授邓州司金。（第68页）

"金"，《广记》卷一一二引作"仓"。按，"司金"云云，唐代无闻，"金"当作"仓"。作"金"者或为后人以后代职官臆改。"司仓"则是唐代职官，为郡佐（参看《通典》卷十九《职官一》），屡见于当时文献。

29. 迥秀畏其盛，嫌其老，乃荒饮无度，昏醉是常，频唤不觉。（第69页）

"是"下《广记》卷二三六引有"务"字。按，当有"务"是。

---

① 《资治通鉴》卷一九三"唐太宗贞观三年"条"赐以胡瓶"，史照《释文》："汲水器。"胡三省《通鉴释文辨误》："盖酒器也，非汲水器也。"

② 传世本《贞观政要》作"金壶瓶"或"金盏瓶"（参看吴兢著，谢保成《贞观政要集校》，中华书局2003年版，第105页），恐亦出后人臆改。两《唐书》作"胡瓶"。

"务"与"是"连读,"常"字属下读,作"昏醉是务,常频唤不觉",语意更为明畅。

30. 顾直典回宅取杯酒暖愈。(第75页)

"回",《广记》卷二四二引作"向";"愈",《广记》同卷引作"疮"。按,上文言阎玄一"鞭送书人","愈"谓病,于文意未尽密合,"疮"谓鞭打所致之伤口、创伤,正得其意。"愈"应是"疮"之形近误字。"回"作"向"义更长。

31. 有首领取妇,裴郎要障车绫,索一千匹,得八百匹,仍不肯放。(第77页)

"郎",《广记》卷二四三引作"即"。按,作"即"义胜,"郎"当为"即"之讹。

32. 我亦不记,得有姓薛者即与。(第78页)

"有"前《广记》卷二四三引有"但"。按,有"但"字是。"记得"连文,"但"属下读,作"我亦不记得,但有姓薛者即与"。"记得"为唐代口语,"得"是结构助词。

卷四

33. 甲仗纵抛却,骑猪正南蹿。(第87页)

"纵",《广记》卷二五四引作"揔";《绀珠集》卷三叙此事作"总",《类说》卷四十叙此事作"緫";《说郛》本《佥载》作"总"。按,"揔""緫""总"即"总"字。"总"谓皆、都,本书卷三:"沧州南皮县丞郭务静初上,典王庆通判票,静曰:'尔何姓?'庆曰:'姓王。'须臾庆又来,又问何姓,庆又曰姓王。静怪愕良久,仰看庆曰:'南皮佐史总姓王。'"卷五:"三十头牛总是外甥牸牛所生。"均其例。本条"总抛却"即谓都抛却、皆抛却,与上文"军资器械遗于道路"相应。"纵"字无意,疑为后人臆改。

34. 唐兵部尚书姚元崇长大行急,魏光乘目为"赶蛇鹳鹊"。(第90页)

"赶",《广记》卷二五五引作"趁",《酉阳杂俎》续集卷四、《实宾录》和《事类备要》别集卷六六亦并作"趁"。按,当作"趁"是,参看第24条。

35. 又有舍人郑勉为"醉高丽"。(第91页)

"有",《广记》卷二五五引作"目"。按,据文中"目御史张孝嵩为'小村方相'。目舍人杨伸嗣为'熟〔热〕鳌上猢狲'。目补阙袁辉为'王门下弹琴博士'。目员外郎魏恬为'祈雨婆罗门'。目李全交为'品官给使'。目黄门侍郎李广为'饱水虾蟆'"云云，"有"当是"目"之误。"目"谓品评，这里有谐谑之意。

36. 吃饱即鸣杖以驱之还。（第 101 页）

"杖"，《广记》卷四六六引作"板"。按，"鸣杖"无意，"杖"当作"板"。"鸣板"即敲击木板以发声，起警示提醒作用。朱熹《太孺人邵氏墓表》"晨兴鸣板"，杨简《和至斋记》"每晨鸣版"，均其例。

卷五

37. 子云令送（王）敬府狱禁，教追盗牛贼李进。（第 108 页）

"府"，《广记》卷一七一、《事类备要》外集卷二六引作"付"。《折狱龟鉴》卷七引《疑狱集》载其事亦作"付"①。按，裴子云时为"新乡县令"，以常情言，必无送王敬入"府"狱之理。"府"当是"付"之误。"付狱禁"，投入监狱关押。

38. （李）进急，乃吐欵云"三十头牛总是外甥犉牛所生，实非盗得"云。遣去布衫，进见是敬，曰："此是外甥也。"（第 108 页）

下"云"《广记》卷一七一、《事类备要》外集卷二六引作"云"。《疑狱集》卷一载其事作"子云"。按，"云"当作"云"，属下读，作"云遣去布衫"。"云"谓裴子云。

39. 不良主帅魏昶有策略，取舍人家奴，选年少端正者三人，布衫笼头至卫。（第 108 页）

"卫"，《广记》卷一七一引作"街"。按，"卫"字无意，当是"街"之误。

40. 行成至街中见，嗤之曰："个贼住，即下驴来。"（第 109 页）

"嗤"，《广记》卷一七一引作"叱"。按，"嗤"谓嘲笑、讥笑，与文意不合。原文当作"叱"，"叱""嗤"音近而误。"叱"谓呵斥、呼喝，"个贼住，即下驴来"云云显然是呵斥之语。

41. 尚书饭白而细，诸人饭黑而粗，呼驿长嗔之曰："饭何为两种者？"驿客将恐，对曰："邂逅淅米不得，死罪。"（第 111 页）

按，"淅"字下点校本标专名线，当以为地名。然唐代以"淅米"为精白之米，向所未闻，故以"淅"为地名，恐无据。窃以为"淅"当是"折"字之误。《齐民要术》卷九《飧饭》记载"折粟米法"："取香美好穀脱粟米一石，勿令有碎杂。于木槽内，以汤淘，脚踏；泻去浦，更踏；

---

① 今本《疑狱集》作"令送恭狱禁"，当脱"付"字。

如此十遍，隐约有七斗米在，便止。漉出，曝干。炊时，又净淘。下馈时，于大盆中多着冷水，必令冷彻米心，以手挼馈，良久停之。折米坚实，必须弱炊故也，不停则硬。投饭调浆，一如上法。粒似青玉，滑而且美。又甚坚实，竟日不饥。弱炊作酪粥者，美于粳米。"缪启愉注："折：凡粗粝使精白，或粉碎，贾氏、《食经》、《食次》都称为'折'，意谓耗折。这粟米一石只剩下七斗，确实折耗很多，很精白……所以炊成饭很坚实，又滑溜细腻好吃。"可见"折米"即经过折耗变得精细之米。《南齐书》卷二八《崔祖思传》："汉文集上书囊以为殿帷，身衣弋绨，以韦带剑，慎夫人衣不曳地，惜中人十家之产，不为露台。刘备取帐钩铜铸钱以充国用。魏武遣女，皂帐，婢十人。东阿妇以绣衣赐死，王景兴以淅米见诮。""淅"亦当是"折"之误，《三国志》卷十三《魏志·王朗传》注引《魏略》："太祖请同会，嘲朗曰：'不能效君昔在会稽折粳米饭也。'"即其事。一误作"浙"，一误作"淅"，可相模拟。

42. 宋明帝嗜蜜渍蝇蛦，每啖数升。（第113页）

"蝇"，《广记》卷二〇一引作"蝮"。按，"蝇"为"蝮"之形近误字。"蝮蛦"又作"逐夷"，宋明帝嗜蜜渍逐夷事见《南齐书》卷五三《良政传·虞愿》："帝素能食，尤好逐夷，以银钵盛蜜渍之，一食数钵。""逐夷"为何物，说法不一，或以为是鱼肠，见《齐民要术》卷八《作酱等法》、《广韵·脂韵》"鮧"字、沈括《梦溪笔谈》卷二四、程大昌《演繁露》续集卷五等；或以为是鱼鳔，见陈藏器《本草拾遗》卷六、李时珍《本草纲目》卷四四、徐文靖《管城硕记》卷二二等①。

43. 其夜欻电霹雳，风雨晦冥，寺浮图佛殿一时荡尽。（第116页）

按，"欻"字与文意不合，当是"覢"字之误。"覢电"即闪电。《说文·见部》："覢，暂见也。"段玉裁注："猝乍之见也。"因闪电乍见乍灭，故以"覢"称之，后又借作"闪"。宋楚圆《汾阳无德禅师歌颂》卷下："驱雷风，击覢电，霹雳锋机如击箭。"亦其例。玄应《一切经音义》卷一《大威德陀罗尼经》"覢电"条谓"经文作闪"，则至晚唐代即已写作"闪电"。

44. 东都丰都市在长寿市之东北。（第118页）

"长寿市"之"市"，《广记》卷三九一引作"寺"。按，东都即洛阳，未闻唐代洛阳有"长寿市"。"市"当作"寺"，涉上而误。当时洛

---

① 参看吴世昌《中国饮食史料丛谈》"蜜渍逐夷"条，《罗音室学术论著》第四卷，社会科学文献出版社1998年版，第866—868页。

阳有长寿寺。唐圆照《代宗朝赠司空大辨正广智三藏和上表制集》卷一《制许搜访梵夹祠部告牒》"中京慈恩等寺及东京圣善长寿寺","中京"即长安,"东京"即洛阳。洛阳有"圣善长寿寺","长寿寺"即其简称。智升《开元释教录》卷九谓菩提流志"至开元十二年随驾入洛,敕于长寿寺安置"。白居易《画弥勒上生帧赞并序》:"南赡部洲大唐国东都城长寿寺大苾蒭道嵩、存一、惠恭等六十人与优婆塞士良、惟俭等八十人,以大和八年夏受八戒、修十善。"卢仝《寄赠含曦上人》诗前小序:"含曦,元和、太和间僧,住洛京长寿寺。"是均可证唐时洛阳有长寿寺。

45. 初筑市垣,掘得古冢,土藏无砧甓,棺木陈朽,触之便散。(第118页)

"砧",《广记》卷三九一作"砖"。按,"砧"指捣衣石或锻铁时受锤的垫具,与文意不合,与"甓"连文也显不伦。原文当作"砖(甎)","甎甓"同义连文,指砖,古代文献习见。

46. 止戈龙者,言太后临朝也,止戈为武,武,天后氏也。(第118页)

"太",《广记》卷三九七作"天"。按,当作"天"是。天后,指武则天。

47. 赵州石桥甚工……望之如初日出云,长虹饮涧。(第119页)

"日",《广记》卷三九八、蔡梦弼《草堂诗笺》补遗卷二引并作"月"。按,"日"当作"月",字之误也。初月即新月,指每月初出的弯形的月亮,与赵州桥之弧形桥拱形状正相合。"日"字不契事理。

48. 山南五溪黔中皆有毒蛇,乌而反鼻,蟠于草中。其牙倒勾,去人数步,直来疾如缴箭,螫人立死。(第121页)

"缴",《广记》卷四五六引作"激"。按,"缴箭"未闻,"缴"应是"激"之形近误字。"激箭"谓疾飞的箭,用以比况毒蛇直来之迅速。《抱朴子外篇·自叙》:"夫期颐犹奔星之腾烟,黄发如激箭之过隙。"《北史》卷五三《綦连猛传》:"谣曰:'七月刈禾太早,九月啖糕未好,本欲寻山射虎,激箭旁中赵老。'"《初学记》卷二二引唐太宗《咏弓诗》:"上弦明月半,激箭流星远。"均其例。

49. 时有行客,云解符镇,取桃枝四枝书符,绕宅四面钉之,蛇渐退,符亦移就之。(第122页)

"四枝"之"枝",《广记》卷四五七作"枚"。按,作"枚"较长。"枚""枝"形近,又涉上"枝",故而致误。

50. 七月三日,破家身斩,何异鹪鹩栖于苇苕,大风忽起,巢折卵破。(第124页)

"鹓鸰"，《广记》卷二四〇引作"鹘鵃"。按，《文选·陈琳〈檄吴将校部曲文〉》："鹘鵃之鸟，巢于苇苕，苕折子破，下愚之惑也。"《佥载》当用此文之意，则"鹓鸰"应是"鹘鵃"之误。疑"鵃"先误作"鸰"，后人见"鸰"与"鹘"无属，遂改"鹘"为"鹓"。

51. 猳獝小人，心佞而险，行僻而骄，折支势族，舐痔权门，谄于事上，傲于接下，猛若饥虎，贪若饿狼。（第124页）

"饥"，《广记》卷二四〇引作"虩"。按，《说文新附》："虩，虐也，急也。"《周礼·地官·大司徒》："以形教中，则民不虩。""虩"同"暴"（见《广韵·号韵》）。疑《佥载》原文即作"虩"，"虩虎"即暴虎；然"虩"字僻，后人据下文"饿"而臆改作"饥"。

卷六

52. 于后巡检坊曲，遂至京城南罗城，有一坊中，一宅门向南开，宛然记得追来及乞杖处。（第131页）

校记云："《广记》卷三八〇引'乞'作'吃'。"按，校记列出异文，未作辨析，实则犹可申说。此处"乞"并非误字，亦非谓乞讨，而是用作"吃"字①。"吃杖"即谓受杖，犹言挨打，乃唐以来俗语。唐赵璘《因话录》卷三："若一一以官高下为优劣，则卿合书上上考，少卿合上中考，丞合中上考，主簿合中考，协律合下考，某等合吃杖矣。"唐佚名《玉泉子》："又判决祗承人云：'如此痴顽，岂合吃杖五下？'或语据曰：'岂合吃杖，不合吃杖也。'"《敦煌变文校注·庐山远公话》："解事速说情由，不说眼看吃杖。"均其例。而宋明以来之俗写屡将"乞"用同"吃"，如明万历刻本《唐三藏西游释厄传·玉帝遣将征悟空》："巨灵神冷笑道：'这泼猴这等无状，乞吾一斧。'"② 明容与堂刻本《水浒传》第三六回："刘唐答道：'奉山上哥哥将令，特使人打听得哥哥乞官司，直要来郓城县劫牢。'"③ 明嘉靖刻本《清平山堂话本·五戒禅师私红莲记》："清一不敢隐匿，引长老到房中，一见乞了一惊。"④ "乞"均用同"吃"。《秘籍》本《佥载》为明刊本（点校本之底本），本条之"乞"就

---

① 承蒙匿名审稿人提醒这一点，谨致谢忱。"乞"用作"吃"（喫）可参看江蓝生《被动关系词"吃"字的来源初探》，载《近代汉语探源》，商务印书馆2000年版，第37—53页。
② "国立"政治大学古典小说研究中心主编《明清善本小说丛刊》影印本，天一出版社1985年版。
③ 上海人民出版社据中华书局上海编辑所影印本翻印1973年版。
④ 《古本小说集成》影印本，上海古籍出版社1994年版。

是当时的流俗用字。

53. 常使一仆杜亮，每一决责，皆由非义。平复，遭其指使如故。（第133页）

"遭"，《广记》卷二四四引作"遵"。按，作"遵"义长，谓杜亮疮伤平复后仍旧遵照指使。"遭"当为"遵"之形近误字。

54. 敬宗时，高崔巍喜弄痴。（第133页）

"喜"，《广记》卷二四四引作"善"。按，作"善"义长。"弄痴"谓装痴以娱人，乃高崔巍擅长之事，故云"善"。《酉阳杂俎》续集卷四载其事亦作"善"。

55. 一夕暴卒，亲宾具小殓，夫人尉迟氏，敬德之孙也，性通明强毅，曰："公算术神妙，自言官至方伯，今岂长往。"即安然不哭。（第136页）

"即"，《广记》卷三〇〇引作"耶"。按，作"耶"义长，属上读，作"今岂长往耶"，语义、语气均较通畅。

56. 俄至并州祈县界而卒。（第145页）

"祈"，《广记》卷一四三引作"祁"。按，当作"祁"是。祁县属并州，《元和郡县志》卷十六"祁县"条："本汉旧县，即春秋时晋大夫祁奚之邑也。《左传》曰：晋杀祁盈，遂灭祁氏。分为七县，以贾辛为祁大夫。注曰：'太原祁县也。'按，汉祁县在东南五里故祁城是也。后汉迄后魏并不改，高齐天保七年省。隋开皇十年重置，属并州。武德二年改属泰州，六年省泰州，还属并州。"

原文载《文史》2014年第2辑

《声类》索隐

真大成

《声类》在我国语言学史上具有特殊的地位，一般认为，它是韵书之始。南宋以后，其书日渐逸亡。清代以还，虽有多家辑本，然于逸文不能无遗，且多有误录。在中国语言学史的研究中，专论《声类》之文甚鲜，笔者所寓目者惟高明、龙宇纯、殷正林、张清常诸家而已，余者唯于探讨中国语言文字递进时稍及之，然又不能无误。职是之故，本文在重辑《声类》逸文的基础上从流传、辑本、内容和性质以及价值四个方面对其书展开讨论，并对前人在辑佚、研究过程中出现的漏略讹误有所补苴发正，敬请方家指教。

一 《声类》之流传

文献中最早记载李登着《声类》，当在北魏宣武帝延昌三年（514）江式求作《古今文字》所上表：

（吕）忱弟静别放故左校令李登《声类》之法作《韵集》五卷，宫、商、角、徵、羽各为一篇。

稍后贾思勰《齐民要术》、顾野王《玉篇》均引及，可见其书盛行于南北朝。《隋书·经籍志一》着录：

《声类》十卷，魏左校令李登撰。

隋唐以降之文献亦多有援引，如颜之推《颜氏家训》、曹宪《博雅音》、吉顺《弥勒经游意》、陆德明《经典释文》、虞世南《北堂书钞》、颜师古《匡谬正俗》、《汉书注》、玄应《一切经音义》、慧琳《一切经音义》、张守节《史记索隐》、殷敬顺《列子释文》等，据此可以想见《声类》在隋唐之际应流传甚广，多为学者所利用。至宋（辽、金）引据渐希，各种官私书目，如《崇文总目》《郡斋读书志》《直斋书录解题》《遂初堂书目》等均未著录，但种种迹象表明，宋（辽、金）人犹见其书。

辽释希麟《续一切经音义》引《声类》凡30次（包括重复条目）。麟音虽多有承袭前代佛经音义之处，但所引《声类》不乏逸出玄应《音义》、慧琳《音义》引及的条目，如：

嬉，美也，游也。
沃，以水淋下也。
蓦，踰也。
裹，裹束缠缚也。
捃，拾穗也。①

上揭诸条未见于前此佛经音义，外典亦未引及，当可推断应为希麟依《声类》本书而揭举之，非蹈袭转述前代文献之引文。

《汉书》卷八五《杜邺传》"陈平共壹饭之馔而将相加欢"下所附宋祁校语引《声类》：

馔字或作籑。

又《纬略》卷六"襣襫"条引《声类》：

襣襫，不晓事之称也。

"馔""襣襫"二条均未见宋以前人引用，由此亦可推测宋祁、高似孙曾见及《声类》，当时仍存其书。

两宋文献征引《声类》的次数较前代文献大幅度减少，可见它在当时流传已不甚广；大约在南宋以后，日渐亡佚②，元代脱脱等编纂《宋史·艺文志》、明初编《永乐大典》之现存各卷均未言（引）及《声

---

① 为行文简洁计，本文径出《声类》逸文，一般不标出处。
② 关于《声类》亡佚的时间，或以为"佚亡于唐代"，或以为"唐以后失传"，或以为"唐代中叶以后才散失"，均未谛。王欣夫《蛾术轩箧存善本书录·癸卯稿》"《声类》一卷"谓"其书当亦亡于南宋"（上海古籍出版社2002年版，第816页），此说得之。

类》，则元明之时其书或已不存①。

二 《声类》之辑本

《声类》本书虽自南宋以来逐渐亡散，然诸往籍（注疏、类书、字书、音义等）多有征引，保存了不少条目。虽是零篇散章，但也弥足珍贵。清代以来，在辑佚学勃兴的背景下，曾有多位学者收集《声类》逸文，排比成书。这些辑本为进一步研究、使用《声类》比较集中地提供了相关材料，其功非细；但毋庸讳言，其中仍然存在着不少缺陷和不足，甚至错误，亟待明辨，以免相关研究踵讹袭谬。

（一）《声类》辑本叙录

1. 任大椿辑本

见《小学钩沈》卷一一。此本据《玉篇》、玄应《一切经音义》、《文选注》、《颜氏家训》、《汉书音义》、《经典释文》、《古易音训》、《周易会通》、《广韵》、《史记正义》、《后汉书注》、《史记索隐》、《集韵》、《龙龛手镜》、《北堂书钞》、《汉书注》、《太平御览》、《列子释文》、《孟子音义》、《齐民要术》、《佩觿》、《广雅音解》②、《国语补音》、《匡谬正俗》及《汉书校本》等书所引，共辑录逸文237条，是《声类》最早的辑本。逸文字头随书逐录，未加编次。王念孙曾手校此本，勘正了原文中的若干讹文误字。

2. 马国翰辑本

见《玉函山房辑佚书·经编·小学类》。此本据玄应《一切经音义》、《集韵》、《经典释文》、《文选注》、《广韵》、《北堂书钞》、《匡谬正俗》、《太平御览》、《玉篇》、《汉书注》、《龙龛手镜》、《后汉书注》、《国语补音》、《翻译名义集》、《颜氏家训》、《齐民要术》、《篇海》、《尔雅正义》、《史记正义》及《史记索隐》所引，共辑录逸文237条。逸文字头"隐依今韵排次"③。马辑本与任辑本虽同辑237条，实则二家所采互为有无。

3. 黄奭辑本

见《黄氏逸书考·汉学堂经解·小学》（《汉学堂丛书·经解逸书考·小学》）。此本全据任大椿辑本，黄氏之功仅在于据玄应《一切经音

---

① 前代《声类》辑本有从元、明文献中辑出《声类》条目者，似乎当时仍传其书，但实际上不可为据，详见下文。
② 即隋曹宪《博雅音》。
③ 《玉函山房辑佚书·经编·小学类·声类》前小序。

义》另得逸文 16 条为补遗，共辑录逸文 253 条①。任辑本误字亦未改正，所附王念孙校语则删去"念孙"二字，尤为未当②。

4. 顾震福辑本

见《小学钩沈续编》卷三。此本续补任大椿辑本未备者，据《北堂书钞》、《类篇》、《倭名类聚钞》、《杨慎集》、《史记索隐》、原本《玉篇》残卷、玄应《一切经音义》、慧琳《一切经音义》、慧苑《新译大方广佛华严经音义》、希麟《续一切经音义》及《急就篇补注》所引，共辑录逸文 311 条。此本所据材料虽稍少，但较此前诸辑本具有鲜明的特点，即主要利用了当时由海东传入中土的新材料，如慧琳《一切经音义》、希麟《续一切经音义》、原本《玉篇》残卷以及日本古辞书《倭名类聚钞》。这些文献保存了不少《声类》遗文，前人无缘得睹，因此顾辑本中的许多条目为前代辑本所未见。除此以外，顾辑本进一步捃拾中土传世文献如《北堂书钞》《史记索隐》《类篇》中为任辑本所漏略的条目③，较以往辑本更为周备详密。不少条目下附有顾氏按语，勘正原文误字，颇有精核之论。

5. 姚东升辑本

见《佚书拾存》④。此本为稿本，据《经典释文》、《文选注》、《汉书注》、《五音集韵》、《国语补音》、《后汉书注》、《广韵》、《孟子音义》、玄应《一切经音义》、《芋谱》、《史记正义》、《尔雅疏》及《广雅注》⑤，共辑录逸文 98 条。此本所辑逸文条目较少，大抵不出任、马二家。逸文字头按四声排列，每条下略有疏证考校。

6. 龙璋辑本

见《小学搜佚》下编。此本据卷子本《玉篇》⑥、玄应《一切经音

---

① 高明：《黄辑李登〈声类〉跋》（《高明小学论丛》，黎明文化事业公司 1971 年版）统计得 252 条，当漏略 1 条；林明波：《唐以前小学书之分类与考证》（中国学术著作奖助委员会 1975 年版）统计得 257 条，亦不确。

② 高明《黄辑李登〈声类〉跋》认为"黄氏所辑亦非尽善尽美，即如引玄应《一切经音义》而不着玄应之名……又如引玄应《一切经音义》而不取众本互校，往往据误本所引……又如引玄应《一切经音义》而不举其名及卷数"，这种议论当是因为高氏不明黄奭辑本实际上全录任大椿辑本而发。他所述的这些缺点都来源于任辑本，黄辑本晚出却承其不足而弗知改进，不能后出转精，这才是它的最大失误。

③ 任辑本缺而马辑本有的 20 条逸文，顾辑本补得其半。

④ 姚东升，浙江秀水（今嘉兴）人，清代嘉庆、道光年间人。辑撰《佚书拾存》共辑逸书 173 种，内容极为广博。成书后一直未能梓行于世，稿本今藏国家图书馆。2003 年殷梦霞、王冠选编《古籍佚书拾存》（北京图书馆出版社）据以影印。

⑤ 即隋曹宪《博雅音》。

⑥ 即收入黎庶昌《古逸丛书》之"影旧钞卷子原本玉篇零卷"。

义》、慧琳《一切经音义》、《经典释文》、《文选注》、《古易音训》、《周易会通》、《玉篇》、《匡谬正俗》、《集韵》、《希麟音义》、《北堂书钞》、《太平御览》、《广韵》、《汉书注》、慧苑《新译大方广佛华严经音义》、《龙龛手镜》、《颜氏家训》、《汉书音义》、《后汉书注》、《国语补音》、《孟子音义》、《佩觿》、《齐民要术》、《汉书注》、《史记索隐》、《汉书校本》、《广雅音解》、《列子释文》和《史记正义》等书所引，共辑录逸文527条。此本搜罗逸文最为周备，佚文字头按四声分韵编录。

7. 章宗源辑本

未见。据王欣夫《蛾术轩箧存善本书录·癸卯稿》"《声类》一卷"着录，章辑本"从群书所引，采集得二百一十余条"[1]。南京图书馆藏有清抄本[2]。

8. 陈鳣辑本

未见。陈鳣《〈声类拾存〉自叙》云："魏左校令李登撰《声类》十卷，《隋书·经籍志》载其目，唐以后失传。鳣从群书所引采集得二百余条，因元本以五声命字，次弟不可考见，姑依陆法言书部分，录为一卷。"[3] 然据《蛾术轩箧存善本书录·癸卯稿》"《声类》一卷"着录，陈鳣仅对章辑本复作补正。他的《声类拾存》主要建立在章辑本的基础上[4]，却又"没去逢之原辑之迹"[5]。据《自叙》，陈辑本共辑录逸文200余条，逸文字头按《广韵》分韵排次。国家图书馆藏有稿本[6]。

除此以外，林明波《唐以前小学书之分类与考证》第四类《音韵》"一六八·李登《声类》"下列举任、马、黄、顾、龙诸家辑本后又云："阮元《声类拾存》，待访。"[7] 按，阮元并未辑《声类》，据上文所述，《声类拾存》实出陈鳣之手，阮元所作乃是《书〈声类拾存〉后》，见谢启昆《小学考》卷二九"李氏登《声类》"下引。

---

[1] 王欣夫：《蛾术轩箧存善本书录》，第816页。
[2] 据《中国古籍善本书目·经部·小学类》，上海古籍出版社1985年版，第457页；孙启治、陈建华编：《古佚书辑本目录》，中华书局1997年版，第100页。
[3] 《简庄诗文钞》卷二。
[4] 顾震福《小学钩沈续编·自序》："至我朝昌明经术，诸老宿慨古义之不存，乃群焉裒辑，如兴化任氏《小学钩沉》、海宁陈氏《小学拾存》、历城马氏《玉函山房小学类辑佚书》皆有功于古籍。"据此，陈鳣《小学拾存》也当为荟萃众小学佚书之著，《声类拾存》或为其中一种。
[5] 王欣夫：《蛾术轩箧存善本书录》，上海古籍出版社2002年版，第815页。
[6] 据《中国古籍善本书目·经部·小学类》，第457页；孙启治、陈建华编：《古佚书辑本目录》，第100页。
[7] 林明波：《唐以前小学书之分类与考证》，第645页。

(二)《声类》辑本之不足

《声类》各辑本比较集中地提供了一批材料，为学者探寻此书面貌与价值省却搜讨之劳，实有惠学林。但毋庸讳言，上述辑本或多或少存在着不足与缺陷，甚至错误，以致后人在依据辑本从事《声类》本身及其他相关研究时，踵讹袭谬，得出不准确的结论。下面结合实例试述《声类》诸辑本存在的不足。

1. 所辑逸文未能详备周全

梁启超云："既辑一书，则必求备。"① 逸文是否搜罗详备是检验辑佚工作成败优劣的基本标准之一。这就要求学者辑佚时应用心细，眼界宽，爬梳广，捃拾逸文方能臻于齐备；当然，所获佚文的数量又取决于可供辑佚的材料的多寡，新材料出，则可能获得新逸文。就《声类》辑佚而言，似可以原本《玉篇》残卷、慧琳《一切经音义》等传回中土为界分为两个阶段：前一阶段为任大椿、马国翰、黄奭、姚东升、章宗源、陈鳣辑本，后一阶段为顾震福、龙璋辑本。前者多赖中土固有文献，后者尤仗海东传回中土之故籍，但是撮拾佚文均不能无遗，如：

䙝襫，不晓事之称也②。
祃，师（祭也）③。

宋人高似孙《纬略》为中土经见之书，然而所引《声类》二条上揭各本均失收。即使是作为辑佚渊薮的慧琳《一切经音义》这样的域外传回文献，顾、龙辑本虽然肆力搜采，然而犹有可补，比如以下各条在目前收罗逸文最备的龙璋辑本中均失收：

鸽，《声类》作䳡［雉］。
帜，或作㣦字。
噢，亦鸣也。
黩，黑也。
硅，有所碍也。

---

① 梁启超：《清代学者整理旧学之总成绩》第五章《辑佚书》，商务印书馆1999年版，第105页。
② 《能改斋漫录》卷五"䙝襫子"条引作《释名》，今本《释名》无此条。
③ 原文有缺字，据《尔雅·释天》"师"下当缺"祭也"二字。

上举五条仅为举例，实际漏略的条目远不止此，因而现有各辑本所漏略之逸文尚待大力补苴。

2. 所辑逸文失真

逸文失真的原因各异，因此也有多种表现形式，这里着重论述在各辑本中具有一定普遍性的两个问题。

（1）逸文所在原书历经传写，讹文误字往往难免，有时错字就存在于逸文之中，这是逸文失真的最常见原因。各辑本往往据误本而录，对于其中错字疏于考辨勘正①。

顾震福据原本《玉篇》残卷辑：

醻，或醋字也；醋，酨酒也，嫐也②。

按，顾辑本"嫐"源自《玉篇》残卷"嫐"，然实无此从"女"从"发"之字。"嫐"究竟为何字，应作查考。《广雅·释诂一》："醋，美也。"据此，可知"嫐"当为"嫨"之形近讹字。"嫨"即"美"字，《集韵·旨韵》："嫨，善也。通作美。"③《说文·酉部》："醋，酨酒也。"《声类》"酨酒也，嫨也"当是汇集《说文》《广雅》释义而成。古"散"（㪔、㪚）、"发"（发、發）形近，极易误写④，以致"嫨"误作"嫐"。黎庶昌本摹刻作"嫐"。顾震福辑本据黎本录作"嫐"而未作校正。

顾震福据原本《玉篇》残卷辑：

溓，泠水溓物也，音含鉴反⑤。

按，"泠"当为"冷"，下"溓"当为"渍"，均字之误。《集韵·衔

---

① 参看刘咸炘《辑佚书纠缪》，《刘咸炘论目录学》，上海科学技术文献出版社2008年版，第144页。按，王念孙曾对任大椿辑本做过一些校勘，但未能毕功；顾震福辑本在某些条目下也有一些校勘性质的按语，但也只是零碎的。

② 见《原本玉篇残卷》卷九"食"部，中华书局1985年版，第98页（罗本），又第300—301页（黎本）。

③ 金文、战国文字中有"散"，是"嫨"的初文，即"美"字。

④ 百衲本《宋书》卷四二《刘穆之传》"刘式之于国家耗石发分"，"耗石发分"义不可通，必有讹字。《南史》同传作"粗有微分"，是。意《宋书》原文作"粗有散分"（"散"是"微"的古字），传写中因形近误作"耗石发分"。

⑤ 见《原本玉篇残卷》卷一九"水"部，第361页（黎本）；续修四库全书本《玉篇》（据中国科学院藏日本昭和八年京都东方文化学院编东方文化丛书本影印）卷一九"水"部，第435页。

韵》:"溓,渍水沾物。""渍"应是"渍"的形误字,《广雅·释诂二》:"溓,渍也。"是为明证。"渍水沾物"当指将物体浸入水中。"溓"又见于《集韵·陷韵》,释作"沉物水中使冷",与"渍水沾物"义相贯通;而《声类》"冷水渍物"当是《集韵》释义之所本。

类似的例子还有不少,如顾辑本"绢,绷也,今以为缚字","缚"当作"縛";"墊,湿也","墊"当作"墊";"松,速也","松"当作"伀";"窟,免所伏也","免"当作"兔";等等。

有时候辑本所见错讹很可能是底本之误和辑录或刊刻之误综合而成的。

顾震福据慧琳《一切经音义》卷三九辑:

黏作粘,亦作䵒。

按,遍检辞书,未见"䵒"字,此条逸文不禁令人生疑。复检大正藏本慧琳《一切经音义》卷三九《不空羂索经》音义作:"䴴黏,下音胡……《声类》作粘,亦作䵒、鬻。"据"下音胡","黏"当是"黏"之讹①。《说文·黍部》:"黏,黏也。……粘,黏或从米。"据此,"粘"又为"粘"之误。丽藏本、狮谷白莲社本、频伽精舍校刊本慧琳《音义》并作"黏""粘"。顾氏所据本字有误。"䵒",大正藏本、丽藏本、狮谷白莲社本、频伽精舍校刊本并同,乃"黏"之异体,《集韵·模韵》:"黏,或作䵒。"顾辑本作"䵒"很可能是辑录或刊刻时致误。另可申说的是,此条漏辑"鬻"字,而"鬻"又为"鬻"之讹字②。综上所述,此条逸文实当作"黏作粘,亦作䵒、鬻"。

(2) 不明逸文所在原书的体例,将原书作者之语误作逸文,亦即刘咸炘所谓"本非书文"③。这是各家误辑逸文以致失真最为普遍的情况,对于后人依据逸文从事相关研究所造成的不利影响也最巨。

顾震福据慧琳《一切经音义》卷七六辑:

扮,击也,手握乾麨互相扮击,从手分声。

按,慧琳《一切经音义》卷七六《阿育王经》音义"相扮"条:

---

① 大正藏本《不空羂索神变真言经》亦讹作"黏"。宋、元、明、圣语藏乙本并作"糊",即"黏"之后起俗字。
② 丽藏本、频伽精舍校刊本亦讹作"鬻",狮谷白莲社本作"鬻",是。
③ 刘咸炘:《辑佚书纠缪》,《刘咸炘论目录学》,第142页。

"汾吻反，《说文》握也，《声类》击也，手握干勢互相扮击，从手分声，经文从木作枌，是木名，误也。"其中哪些文字是《声类》原文？顾氏以为自"击也"至"从手分声"，实际上这是错误的。他之所以这样辑录，原因在于不明《一切经音义》的体例"手握干勢［𪳤］互相扮击，从手分声"是慧琳在引用《声类》"击也"之后的补充说明。南朝梁僧伽婆罗译《阿育王经》卷三《供养菩提树因缘品》"时阿育王自手行食，从上座为始，尽于一众；于众僧末有二沙弥，以𪳤相扮欢喜丸等共戏相掷。""手握干勢［𪳤］互相扮击"是慧琳对经文文意的进一步申说。而"从手分声"这样的字形分析在《一切经音义》中比比皆是，大抵为慧琳语（引《说文》者自然例外）[①]。

马国翰据《孛经钞》音义（玄应《一切经音义》卷二〇）、《阿毗达磨俱舍论》音义（玄应《一切经音义》卷一七）辑：

蚑蚿，多足虫也。关西谓蛦溲，蛦音求俱反，下所诛反。
䓗，草木烟也。关西言烟，山东云䓗，江南亦言痿，方言也。

按，此二条中属于《声类》本文者仅"多足虫也""草木烟也"二句，其余均为玄应之语，马氏误辑作佚文。

任大椿据玄应《一切经音义》卷二、马国翰据《大集日藏分经》音义等、《生经》音义等、《大般涅槃经》音义等、《四分律》音义等辑[②]：

髣髴，谓相似见不谛也。
挑，抉也，谓以手抉取物也。
睢曜，大视也，谓张目叫呼也。
爆，愤起也，谓皮散起。
拂，扶也，谓以手扶取物，拂音于穴反。

按，此五条中属于《声类》本文者应为"髣髴"[③]"抉也""大视也"

---

① 参看徐时仪《〈慧琳音义〉研究》，上海社会科学院出版社1997年版，第34—35、64—65页；姚永铭《慧琳〈一切经音义〉研究》，江苏古籍出版社2003年版，第33页。
② 马辑本所据众经音义均出玄应《一切经音义》。
③ 玄应《一切经音义》卷二《大般涅槃经》音义："仿佛，《声类》作髣髴。"

"愤［燌］起也""扶也",",谓"以下者均为玄应别作解释之语①。

马国翰据《正法念经》音义（玄应《一切经音义》卷一一）、顾震福据玄应《一切经音义》卷二〇辑：

> 鸡或鸿字，同，胡公反，鸿鹄也。
> 窠作薖，同，口和反。

按，如上揭二条的行文在玄应《音义》、慧琳《音义》中屡见不鲜，按照二书体例，应在"同"字下绝句，表示《音义》作者认为"鸡"和"鸿"、"窠"和"薖"同字。一般说来，"同"字以下之文句应是《音义》作者本人的注音和释义②，在辑录佚文时不当辑入；而与上举二条情况类似的误辑在各家辑本中也是常见的。

任大椿据玄应《一切经音义》卷二、卷一〇辑：

> 恻，楚力反。

按，玄应《音义》卷二《大般涅盘经》音义"流恻"条、卷一〇《地持论》音义"悲恻"条："《声类》作恻，同。楚力反。"任氏据以辑佚文时，以为"楚力反"属《声类》，便索性把"同"删去，将"楚力反"直接当作《声类》为"恻"所注之音。但实际上它是玄应自己的注语，这从其他条目中可以看得很清楚：卷四《大灌顶经》音义"恳恻"条："下古文恻，同。楚力反。"卷二三《显扬圣教论》音义"恻怆"条："古文恻，同。楚力反。"任辑本"儴，止叶反"、"剌，之兖反"、"醶，猪芮反"、"孖，子思反"及"郲，以车反"诸条其误亦同③。

3. 未能辨识某些文献对于采辑佚文的可靠性和有效性，所辑佚文为"假佚文"；有时候佚文所在原书中的"声类"字样，或有讹衍，据以辑录的佚文也可能为"假佚文"。

《声类》自南宋以后不存于世，如此说来，元明人自不能见其书，但

---

① 参看徐时仪《〈慧琳音义〉研究》，第62—63页；姚永铭《慧琳〈一切经音义〉研究》，第17页。

② 关于玄应《一切经音义》注音的依据参看徐时仪《玄应〈众经音义〉研究》第三章第四节，中华书局2005年版，第182—184页；《玄应〈一切经音义〉注音依据考》，《黔南民族师范学院学报》2005年第2期。

③ 这样的误辑在马国翰辑本中也屡见不鲜。

有的辑本中的某些条目却是辑自当时之书,这该如何解释?大体而论,元明文献中出现"《声类》"的条目有两种可能:一种是钞撮前代文献中的引文以为己用,并非亲见其书;另一种很可能就是假佚文,或是书名、作者偶合,或是作者误记、误引,或是别有动机妄造古书。对于前两种情况,只要加以考源即可扫清疑惑,而后一种情况具有更大的迷惑性,需要明辨。

顾震福据《杨慎集》辑以下四条:

> 水衍沙出曰潬。
> 物相杂故曰文,文相滋故曰字。
> 僾音倚,僾俙,仿佛,字一作嗳飶。
> 宫室相连曰謻。

按,"水衍沙出曰潬"、"物相杂故曰文"分别出《丹铅总录》卷二"滩潬字考"条、卷一五"文字"条引《声类》,"僾音倚"出《谭苑醍醐》卷六"嗳飶字音"条引"李登云","宫室相连曰謻"出《奇字韵》卷三"纸"韵引《声类》。这四条"佚文"首见于杨慎所著书中,但是否确实可靠,不能无疑。

检杨慎《转注古音略》卷一"支"韵:"謻,音移,《说文》:周景王作洛阳謻台。《广苍》云:宫室相连曰謻。《陆云集》云:曹公有謻塘。"再看《奇字韵》卷三"纸"韵:"謻,《说文》:离别也。读若《论语》'跨子之足'。周景王作洛阳謻台。……《声类》云:宫室相连曰謻。《陆云集》:曹公有謻塘。"两相比照,文字大同,但"宫室相连曰謻"云云一引《广苍》(南朝梁樊恭撰),一引《声类》,这是否说明它同见于《广苍》《声类》,而杨慎又亲睹其书呢?笔者认为,这极可能是由于杨慎本人为炫博而自我作古,著书时随意捏造古小学书,以示博洽,导致同条"引"自两书①。杨慎这种妄造古书的欺人把戏在他的其他著作中也经见,

---

① 《广苍》一书很早即已亡佚,唐人征引已稀,宋人更不见其书,《广韵》及《大广益会玉篇》虽有征引,但很可能是承自前代《切韵》系韵书和原本《玉篇》。与杨慎同时的焦竑在《焦氏笔乘》卷六"杨用修字书目"条中详列杨氏"闻见字书目",其中包括不少魏晋南北朝隋唐小学佚籍;进一步探查其《转注古音略》《古音骈字》《古音余》《奇字韵》《升庵经说》《谭苑醍醐》《山海经补注》等著作,其中确实征引古小学书多种,但是对这些条目的真实性不能无疑。焦竑所谓"闻见"大约是上了杨慎的当。关于杨慎著作征引古小学书,笔者拟另文专门考述。

— 709 —

也早已被人揭穿①。《四库全书总目》对杨撰《异鱼图赞》即说："万震《南州异物志》一卷,沈怀远《南越志》五卷,仅见于《唐志》,《宋志》已不着录,慎何从而见之? 尤出依托。"而在《丹铅余录》等下明确指出他"好伪撰古书以证成己说",在《升庵集》下又言杨氏"恃气求胜,每说有窒碍,辄造古书以实之"。因此,上揭四条《声类》"佚文"的可靠性和真实性大可怀疑,极可能是假佚文。

除了伪造古小学书外,还有一种情况也可能造成假佚文,即"佚文"所在原书经传抄刻写,所见"声类"字样实有讹衍,并非真的《声类》。

顾震福、龙璋据原本《玉篇》残卷辑:

詉,在人上也。

按,"詉"字从言,"在人上"云云义似不通。检《原本玉篇残卷·言部》:"詉,胡内反。《说文》:胆满气也。《苍颉篇》:胡市也。《声类》:在人上也。《字书》:一曰市决后悔也。"原文似乎确实引《声类》作"在人上也"。然检《说文·言部》:"詉,胆气满,声在人上。"《大广益会玉篇·言部》:"胡内切。胆气满,声在人上也。又胡市切。"("胡市切"之"切"为衍文)② 两相比照,颇疑《原本玉篇残卷》中本属《说文》之"声在人上也"经钞胥之手窜乱置于《苍颉篇》"胡市也"下,又衍"类"字③。这样一来,所谓《声类》"在人上也"显然就是一条本来并不存在的假佚文。又《集韵·队韵》:"詉,胆气满声,一曰胡市也,一曰决后悔也。"根据义项排列次序看,似本原本《玉篇》,从中亦可见"声"本当与"胆满气"连属。

4. 佚文出处标列不明或有误

这种情况表现在有的辑本仅举书名,如顾辑本辑自原本《玉篇》残卷者仅标"原本《玉篇》",不言卷数、部首、字头;任辑本辑自《广韵》者仅标"《广韵》",不言韵目。有的辑本辑自玄应《一切经音义》者仅举经名,如马辑本在相关佚文条目下仅标"四分律音义""大般涅槃经音义"云云,不标卷数,覆按实不敢称便。所列举的佚文出处甚至有不少错误,如马辑本于"韭者,久长也,一种永生"条下标该条出处:

---

① 参看《四库全书总目》卷四三《石鼓文音释》提要。
② 胡吉宣《玉篇校释》以为"《苍颉篇》'胡市也'者,切韵同,本书今本误为胡市切"。
③ 胡吉宣《玉篇校释》以为"此引'《声类》在人上也',疑衍'类'字,'声在人上'亦《苍颉篇》文",今按"疑衍'类'字"之说可从,"亦《苍颉篇》文"云云似不可据。

"贾思勰《齐民要术》卷三陈氏注",此条为贾氏自注,"陈氏注"云云未知所从出。又龙辑本据《文选·马融〈长笛赋〉》李善注辑"嘈,碎声貌,嘈音曹,啐,才喝切",然《文选》各本均引《埤苍》。类似这样佚文出处标列不明、甚而有误的情况在各辑本中都存在着,这里不再赘举。

(三)误辑佚文对相关研究的不利影响

《声类》各辑本所存在的不足和缺失大抵可归纳为"漏""误""假"三个方面,上文结合实例作了初步分析。无论哪一方面的问题,都会对相关研究产生不利影响。下文以将原书之文误作佚文辑入这一现象为例结合既有研究成果略论之。

将原书之文误作《声类》佚文辑入,以致失真,导致据以研究《声类》本身的内容、体例、性质、价值等方面的问题时极易产生误说。

殷正林《李登〈声类〉性质管窥》从"注音""释形""释义"三个方面谈《声类》注文概况[①]。关于《声类》的"注音",殷文认为:

> 李登不仅对书中所列正字注音,两读字也分别注音:
> 箷　所佳、所饥二反。(玄应《妙法莲华经》)
> 刬[掠]　《声类》作刬,同力尚反,抄掠也。(玄应《大庄严经论》卷三)
> 　　　　力约反,谓强夺取物也。(慧琳《大般涅经》卷三)

按,玄应《一切经音义》卷六《妙法莲华经》音义:"捣箷,古文籚、簌二形,《声类》作筛,同。所佳、所饥二反。《说文》:'竹器也。'可以除粗取细也。""所佳、所饥二反"实为玄应之语,所谓《声类》对"两读字也分别注音"根本无从谈起。"掠"条"力尚反"亦为慧琳语,而云公撰、慧琳删补《大般涅盘经》音义"抄掠"条(见慧琳《一切经音义》卷二五)并未引《声类》,未知殷氏何据,但无论如何说不上《声类》对"掠"之两读分别注了音。

殷文还认为:

> 连注文中的僻字也常有注音:

[①] 《辞书研究》1983年第6期。另有吴礼权《关于〈声类〉的性质与价值》一文(《古籍整理研究学刊》1996年第6期),材料和行文与殷文多有雷同,甚而殷文中的错误也"承袭"之。本文即以殷文为准。

> 蚑蛷，多足虫也。关西谓蛗蝼，蛗音求俱反，下所诛反。（玄应《字经抄》）

按，据上文所述，"关西"以下并非《声类》佚文，因此所谓《声类》"连注文中的僻字也常有注音"的说法自然是无根之谈。实际上，"连注文中的僻字也常有注音"（甚而包括引书中的文字）恰恰是玄应、慧琳两部《一切经音义》本身的解说体例之一①。这样的例子在《一切经音义》中俯拾皆是，兹不赘述。

关于《声类》的"释形"，殷文以为：

> 《声类》对字形作了多方面的解释。一是释字形构造，对形声字，有时则直言"形声字也"。如：
> 抟　捉，从手专声也。（慧琳《大宝积经音义》卷一百一十三）
> 斑　从班省，从文。（同上，卷一百一十）
> 踝　足外附骨也，形声字也。（慧琳《大乘理趣六波罗蜜多经》卷三）
> 褓　小儿被子名为褔褓，形声字也。（《慧琳《根本说一切有部毗奈耶律》卷一）

按，殷文所举的四条例证中的字形分析无一是《声类》原文，"从手专声""形声字也"云云乃是慧琳之语，前文已述。需要略作申说的是第二条"斑　从班省，从文"，此条乍看很像是《声类》原文，但初不其然。慧琳《一切经音义》卷一五《大宝积经》音义"斑驳"条："上补间反。《说文》作辬，驳文也。《声类》从班省从文。《玉篇》：'杂色也。'"审其文意，"《声类》从班省从文"实际上是针对"《说文》作辬"而发：此字在《说文》作"辬"（形声字）②，而在《声类》则"从班省从文"作"斑"（会意字），"辬""斑"虽然造字法不同，但实际上是一组异体字。"从班省从文"还是慧琳针对《声类》"斑"字所作的字形分析，以示与《说文》之"辬"不同，而非《声类》本身所有。

关于《声类》的"释义"，殷文以为：

---

① 参看徐时仪《〈慧琳音义〉研究》，第61—62页。
② 《说文·文部》："辬，驳文也。从文辡声。"

《声类》索隐

释文又间有解释方语者：

菱，草木烟也。关西言烟，山东云蔫，江南亦言痿，方言也。（玄应《俱舍论》卷八）

按，《声类》确有解释方言的条目，但殷文所举的"关西"以下并非《声类》文（详见上文），而是玄应对前文释义所补充的当时实际方言情况。这也是玄应、慧琳二《音义》解说词语的行文通例之一①。玄应《一切经音义》引《声类》"菱"条凡4次，除上举《俱舍论》音义外，还见于卷四《大灌顶经》音义、卷九《大智度论》音义、卷一五《僧祇律》音义；慧琳《一切经音义》引《声类》"菱"条凡4次，除1次转引玄应《音义》（即《俱舍论》音义）外，还见于卷四六《大智度论》音义（当本玄应）、卷五八《僧祇律》音义（当本玄应）、卷七六《请宾头卢法》音义，无独有偶，在这些条目引《声类》中均无"关西"云云，这也从一个侧面说明它们并非《声类》之文。又玄应《一切经音义》卷一〇《大庄严经论》音义"烟瘦"条："《韵集》一余反，今关西言烟，山东言蔫，蔫音于言反，江南亦言痿。"与《俱舍论》音义相较，愈可见"关西"云云乃是玄应语，所谓"今"乃是他所在的7世纪。

除了影响对《声类》本身的研究外，误辑佚文还直接关系到汉语历史方言学和词汇史的研究。不能准确地把握佚文的真实面貌，就无法对方言词进行正确的定性和断代，在相关研究中对词语的时代性和地域性就会出现误判、误说。

华学诚《周秦汉晋方言研究史》第九章第一节《三国时期的方言研究》论述当时方言词汇时举如下一条：

秔米，不黏稻也，江南呼稉为籼。（玄应《一切经音义》卷四引李登《声类》）②

按，"江南呼稉为籼"非属《声类》（《尔雅·释草》释文、《文选·长杨赋》李善注引并无此句可为旁证）③，因此据此条并不能证明"籼"

---

① 参看徐时仪《玄应〈众经音义〉研究》第三章第四节、《玄应〈一切经音义〉注音依据考》。
② 华学诚：《周秦汉晋方言研究史》（修订本），复旦大学出版社2007年版，第394页。
③ 《集韵·僊韵》"籼"字下云："方言，江南呼稉为籼。"若此"方言"为扬雄书（今本无此条），则玄应即本《方言》。或为编者据"江南"（即据《玄应音义》?）云云而言其为地域方言。笔者倾向于后一种可能。

— 713 —

是三国时期的方言词。

在论述当时方言语音时又举:

> 篾,篾也。今中国蜀土人谓竹篾为篾也。篾,音弥。(玄应《一切经音义》卷一五引李登《声类》)①

按,"今中国蜀土人谓竹篾为篾也。篾,音弥"非《声类》所有,乃玄应以"今"之方言对"篾"的补述和注音。《玄应音义》卷一二《长阿含经》"为篾"条:"土支反。《字林》:'竹篾也。'经文或作蔑,义同。今蜀土关中皆谓竹蔑为篾。"又卷一七《阿毗昙毗婆沙论》音义"竹篾"条:"莫结反。《埤苍》:相竹皮也。中国谓竹篾为篾,篾音弥。蜀土亦然。"与前条比读,益明"中国"云云非《声类》之文。既然如此,那么华先生在该条之下所作的分析就成了蹈空之论②。

利用这种误辑而得的佚文研究语音史也会多有虚诞之谈。

高明《黄辑李登〈声类〉跋》云:"黄辑《声类》二百五十二条中,涉及字音者,凡三十七条。其标音法大体皆用反切。……诸书引《声类》反切,皆称某某反,惟李善《文选注》引称某某切,按敦煌所出写本韵书残卷无不称某某反,未有称某某切者,盖皆仿诸《声类》。"③又据"诸书所引《声类》反切","考订其与后来韵书之因缘及其得失"④。黄辑本承袭任辑本而来,其中"诸书所引《声类》反切"大抵是佚文所在原书作者所加,并非《声类》本有,所谓"仿诸《声类》"实不足为信。其所考订,出玄应《一切经音义》者多据"掠,《声类》作剠,同,力尚反"之类,此不可凭,上文已述;又有据《文选·西京赋》注引《声类》"夻,侉字也,昌氏切"者,殊不知"昌氏切"实为李善注语。因此,高文在这样一些条目下所作的考订其实都是无的放矢。其所谓"所为反语有相沿至唐宋而未改者",实则即为唐时反语;其所谓"可以考见字音衍变之迹",究竟归于虚茫。

(四) 重辑《声类》应注意的若干问题

针对以往辑本所存在的不足与缺陷,本节略论在现有条件下重辑《声类》佚文时应注意的两个问题。

---

① 华学诚:《周秦汉晋方言研究史》(修订本),第398页。
② 华学诚:《周秦汉晋方言研究史》(修订本),第398页。
③ 高明:《黄辑李登〈声类〉跋》,《高明小学论丛》,第252页。
④ 高明:《黄辑李登〈声类〉跋》,《高明小学论丛》,第253页。

（1）细密排查固有材料，大力收集可据以再辑佚文的新材料，力求据采佚文更为完备。可供辑录佚文的固有传世文献以往各辑本大体已检，但在目前古籍数字化和大型数据库的支持下，对海量的文献进行穷尽式地排查逐渐成为可能。慧琳《一切经音义》、原本《玉篇》残卷等域外传回文献，也具备了这样的条件。实践已经证明，细密搜检固有材料，对于《声类》佚文仍能有所得（详上文）。不过，这里想要着重指出的是，重辑佚文还应大力开掘新材料，尤其是域外文献和出土文献，力求从中发现新佚文。以下几条佚文从日本佛教撰述中搜求而得，上揭各辑本均未提及：

不，弗也，词之违也。
幡，亦旛字。
词，辤辯辞辞四形皆同，《声类》以为皆词字。
虽，两设之辞也。（以上出释中算《妙法莲华经释文》卷上）
倒，颠仆也。
捶，策也。
恚，忿也。
滋，蕃也，长也。（以上出《妙法莲华经释文》卷中）
脓，奴冬反，亦作盥［盥］矣。
髓，骨中脂也。（以上出《妙法莲华经释文》卷下）
催，促也。（释圆珍《佛说观普贤菩萨行法经记》卷上）

又如日僧空海据顾野王《玉篇》所撰《篆隶万象名义·雨部》：

霁，《声类》。

按，《名义》所谓"声类"当出顾野王《玉篇》所引，据此可知《声类》所收释之字头中当有"霁"字。

又日本石山寺藏古钞本《香药字抄》① 在多个字头下引及《玉篇》，从内容与体制看，当为顾野王原本之旧②，这些《玉篇》引文亦曾引及《声类》，为各辑本均未见及之佚文：

---

① 据日本古典研究会《古辞书音义集成》第十三卷。沼本克明《香药字抄解题》以为当抄于日本院政时代（11世纪末年至12世纪末年）。
② 参看沼本克明《香药字抄解题》。

芽，上［亦？］狼芽也。（"芽"字下《玉篇》引）

术，古文秫字。（"术"字下《玉篇》引）

总之，《声类》佚文的发掘仍有一定空间。近来笔者正在从事重辑《声类》佚文的工作，据初步统计，目前所得佚文已近七百条，超过以往辑录最为完备的龙璋本一百余条。随着文献调查范围的进一步扩大，相信佚文数量仍会增加，可在前人基础上形成一个更为周备的辑本。

（2）注意佚文所在原书的版本。这里所说的注意版本有两层含义，一是辑录佚文应用善本，佚文所在原书若是善本，则能避免文字讹误，保证佚文的真实性和准确性。

顾辑本、龙辑本利用原本《玉篇》残卷辑得《声类》佚文多条，经比照文字，可知二人依据的是黎庶昌《古逸丛书》摹刻卷子本《玉篇》[①]。不过，黎本《玉篇》残卷"刊版时颇有校改"[②]，纠正了残卷既有的一些抄误，但也增加了一些原来没有的讹误。顾、龙二辑本中某些条目的失毖处正是源自黎本校刊之不当。

顾震福据原本《玉篇》残卷辑：

訬，亦𧧝字，𧧝，健疾也。

按，罗振玉印本《玉篇》残卷卷九"言"部："訬，《说文》：訬，扰也，一曰狯也。《声类》亦𧧝字，𧧝，健也疾。"黎本与顾辑本同。黎本之所以作"健疾也"，当以为写卷"健也疾"辞义不明，遂乙"也疾"二字，以"健疾"连读。其实，《玉篇》残卷"健也疾"字序不误，唯"疾"下脱"也"字。原文当作"𧧝，健也，疾也"。《广雅·释诂》："𧧝，健也。"玄应《一切经音义》卷一二《贤愚经》音义"剿了"条引《声类》："𧧝，疾也。"[③] 与原本《玉篇》所引相合。《篆隶万象名义·言部》："訬，佮［狯］也，扰也，健也，疾也。"《大广益会玉篇·言部》："訬，扰也，健也，疾也。"据此，原本《玉篇》引《声类》作"健也，

---

① 据《小学钩沈续编》罗振玉序及顾氏自序，可知其书作于光绪十八年（1892）前；龙璋卒于1918年，《小学搜佚》也必在此前完成。黎庶昌《古逸丛书》刊于光绪十年（1885），罗振玉两次影印《玉篇》残卷则在1916年和1917年，因此顾、龙二人只能利用黎本《玉篇》残卷。

② 罗振玉丙辰年（1916）第一次影印《玉篇》残卷卷九后附跋，《原本玉篇残卷》，第107页；又《罗振玉校刊群书叙录》，江苏广陵古籍刻印社1998年版，第356页。

③ 据碛砂藏本。

疾也"灼然无疑。从这个例子可见，据原本《玉篇》残卷辑佚时不能全凭黎本，还是应该依据更为近真的影印本，而目前存世的原本《玉篇》残卷大抵已经影印①，足资利用。当然，黎本也不可完全弃置，它对写本中的讹误有不少正确的校改，值得参考。

马国翰据《大般涅槃经》音义（玄应《一切经音义》卷二）辑：

憀，且也。

按，马氏辑"憀，且也"实据误本②，"且"当为"且"字。《篆隶万象名义·心部》："憀，赖也，然也，且也。"《大广益会玉篇·心部》："憀，赖也，且也。"（《集韵·尤韵》"憀"字同）"憀"表姑且义当是"聊"之通假③。对于目前利用玄应《一切经音义》辑录佚文来说，则有更为精善的古本可据，即如上揭此条，丽藏本及金藏本并作"憀，且也"，是也。

二是辑录佚文时应排比众本。随着《声类》佚文所在原书版本的不同，会出现这样两种情况：一是某本引"《声类》"，另本则引作他书；一是某本引"《声类》"，另本则无所见，这两种情况都会影响佚文的完整性和真实性。只有罗列众本，综合考校，佚文方能臻于齐备、准确。

任大椿辑本有如下一条：

贳，音世。

按，任辑本此条的依据是《史记·高祖本纪》司马贞索隐"邹诞生贳音世，与《字林》《声类》并同"，但查检《史记》耿秉本、黄善夫本、彭寅翁本、百衲本、殿本及汲古阁单索隐本，包括水泽利忠《史记会注考证校补》所列各本，"声类"并作"声韵"，是任氏所据本与上述

---

① 目前影印各卷最为全面且国内较易见的当推《续修四库全书》据中国科学院图书馆藏日本昭和八年京都东方文化学院编东方文化丛书本影印本。此本绝大部分是据原写卷影印，仅"卷九詰部六字、卷十九水部泠字起至潦字"共31个字头用黎本配补。

② 碛砂藏本、永乐南藏本、宛委别藏本、海山仙馆丛书本《玄应音义》并误作"旦"。

③ "憀""聊"同属《广韵·萧韵》落萧切小韵，声同例得通假。"憀""聊"在依赖义上也通用，大正藏本《贤愚经》卷八《大施抒海品》："众贾闻此，愁憀无憀。"宋、元、明三本"憀"作"聊"。大正藏本《法苑珠林》卷二三："自救无憀，何能利物。"宋、元、明三本"憀"作"聊"。

诸本不同，引书题名亦有异①。

胡克家刻本《文选·马融〈长笛赋〉》"挑截本末，规摹蒦矩"李善注：

> 《声类》曰：挑，决也。郑玄《毛诗笺》曰：挑，支落之。佗尧切。《说文》曰：摹，规也。莫奴切。蒦，亦矱字。王逸《楚辞注》曰：矱，度也。矩，法也。蒦，于缚切。

按，胡克家《文选考异》云："注'声类曰挑决也'袁本、茶陵本无此六字。"若据袁本、茶陵本辑《声类》佚文则此条必失去。

碛砂藏本、永乐南藏本、宛委别藏本、海山仙馆丛书本玄应《一切经音义》卷四《菩萨见实三昧经》音义"秔米"条：

> 俗作粳，同。加衡反。《声类》云：不黏稻也。江南呼粳为籼。

按，丽藏本、金藏本以及日本金刚寺藏本、七寺藏本、西方寺藏本②玄应《一切经音义》并无"声类云"三字。

碛砂藏本、永乐南藏本、宛委别藏本、海山仙馆丛书本玄应《一切经音义》卷一二《贤愚经》音义"劋了"条：

> 仕交反。便捷也。谓劲速劋健也。《说文》作勦。《广雅》：勦，捷也。《声类》：勦，疾也③。

按，丽藏本、金藏本以及日本金刚寺藏本、七寺藏本、西方寺藏本玄应《一切经音义》并无"声类勦"三字。这样的例子尚有不少，兹不赘

---

① "声类""声韵"异文，何者为是？这涉及佚文的完整性和真实性，不可不辨。《汉书·高帝纪上》"常从王媪、武负贳酒"，颜师古注："贳，赊也，李登、吕忱并音式制反。""李登、吕忱"即指《声类》《韵集》。《汉书》"常从王媪、武负贳酒"承袭自《史记》，而在《史记》此句下司马贞《索隐》先引邹诞生《史记音义》"贳音世"，下文若作"《字林》、《声韵》"，则与《汉书》颜师古注之"李登、吕忱"扞格，由此看来，"声韵"极可能是"声类"之误。《史记索隐》只有作"声类"，方能与《汉书》颜注"李登"相协。据上文《史记》耿秉本等并作"韵"，可知其误由来已久。

② 日本金刚寺藏本、七寺藏本、西方寺藏本玄应《音义》据落合俊典主持《日本古写经善本丛刊》第一辑《玄应撰〈一切经音义〉二十五卷》，日本国际佛教学大学院学术フロンテイア实行委员会2006年版。

③ 宛委别藏本、海山仙馆丛书本"勦"作"趬"，字同。

举。从玄应《一切经音义》之丽藏本系与碛砂藏本系各版本的内容差异看，这种情况不仅限于《声类》，而是引书往往前者无、后者有。其中之差异，应该源于版本系统的不同①，大约各有所自。追溯其源，可能早在唐代写本阶段即有违异，后来的刻本分别承之②。至于文字繁简之别，究竟是在哪个阶段经过删省或增订，目前还不能定论。因此，虽然文字上丽藏本（金藏本）更为精审，但所引《声类》条目远比碛砂藏本少，我们据以辑佚时不能独尊一本，仍应罗列众本，综合考校。

三　《声类》之内容与性质

由于《声类》早佚，已不可知其全貌，然据遗文尚能窥其梗概。下面依据文献记述及所辑佚文对《声类》的内容与性质略作研讨。

（一）《声类》的内容

《封氏闻见记》卷二"文字"条载：

> 魏时有李登者，撰《声类》十卷，凡一万一千五百二十字。

据此，《声类》全书共收 11520 字，较《说文》稍多，与稍晚的吕忱《字林》收字数量大抵相近③。全书不像《说文》那样设立部首，而是按照"五声"来编排归类这一万多字④，其书曰"声类"当据此而得名。这个"五声"应该就是本文开头所引江式求作《古今文字》表中提及的"宫、商、角、徵、羽"。至于"声"的具体所指，历来聚讼纷纭，或以为指声调，或以为即如《广韵》之上平声、下平声、上声、去声、入声，或以为是韵部，也有学者认为乃是五种发音部位（喉、牙、舌、齿、唇）。由于材料不足，这个问题实际上已经很难获得定案，不妨各存其说。

至于《声类》以"声"为经统贯全书之外，是否已经设立韵部，仅从目前所存佚文材料看，似乎还难以得出确实的结论⑤。虽然《韵集》仿

---

① 参看徐时仪《玄应〈众经音义〉研究》第二章第五节。
② 参看上揭书，第 86—87、97 页。
③ 据《封氏闻见记》记载，《字林》收 12824 字。
④ 《封氏闻见记》卷二"文字"条："以五声命字，不立诸部。"其中的"部"到底何指，历来有多种说法，本文采用部首说。
⑤ 何九盈《中国古代语言学史》说："又如《尔雅音义》说《声类》、《韵集》并以'蝗'协庚韵，可证二书都有'庚韵'这样的韵目。"（新增订本，北京大学出版社 2006 年版，第 121 页）似仍觉证据不足。有的学者持《声类》未分韵部的观点，其依据是将《封氏闻见记》"不立诸部"的"部"理解成韵部，这应是误解。

《声类》之法而作,前者据学者研究已经区别韵部①,但是否能据以逆推时代在先的《声类》也已设立韵部②,仍须审慎从事。

从现存佚文来看,《声类》兼有加注字音、阐释字义、标列字形三方面的内容。

1. 加注字音

现存《声类》佚文中真正涉及注音的条目并不多,大约二十条。注音方式主要有反切和直音两种。前者如:

佁,嗣理切。

蹶,渠月切。

妠,奴绀切。

脓,奴冬反。

聆,力丁反。

戆,丑巷反。

欿,口感反。

䇲,千笠反。

贳,式制反。

戎,人周[同]反。

䧹,五格反。

盅,弋[戈]者反。

偤,于来反。

䛐,顺伦反。

划,初产反③。

剔,他计反。

---

① 参看魏建功《王仁昫刊谬补缺切韵韵目下注吕静、夏侯咏、阳休之、李季节、杜台卿诸家韵部考目》,《古音系研究》,中华书局1996年版,第137—140页;张清常《中国声韵学所借用的音乐术语》(《语言学论文集》,商务印书馆1993年版,第213页)、何九盈《中国古代语言学史》(第120—121页)等也持这种观点。

② 龙宇纯《李登〈声类〉考》认为《声类》已经分韵分调,《韵集》即是证明其然的"一项间接资料":"《韵集》既是仿《声类》而作,由于我们对《韵集》的具体了解,于是《声类》的面目也愈发的宛然可睹了。"(氏著《中上古汉语音韵论文集》,学生书局2002年版,第283页)

③ 慧琳《一切经音义》卷八一《集神州三宝感通录》音义"划錾"条:"划,上初产反,《博雅》云:划,犹削也。《声类》或作铲,音义并同。"据此或可推定《声类》此条"初产反"为其注音。

灤，含鉴反。

后者如：

贳，音埶。
斡，音管。
峐，音起。
夹，音叶。

某些条目并未采用"某音某"的方式，而是引者以意出之，但可据以推想《声类》原文也当是直音法：

李登《声类》以系音羿。→羿，音系。
㥻，祖回反，《字书》、《声类》音为局促。→㥻，音促。
《声类》、《集韵》并音蝗为横①。→蝗，音横。

高明《黄辑李登〈声类〉跋》言及《声类》直音法时，据黄辑本论"妠"字云：

"妠"字据《后汉书》注引作"音纳"，而《文选·繁休伯〈与魏文帝笺〉》注引《声类》则云："妠，奴绀切。"音"奴绀反"为去声字，"音纳"为入声字，是"音纳"乃为妠字之"又音"。今《广韵》于本音咸用反切（惟"拯"字为例外），而于又音则往往用直音法，……当亦本之于《声类》。②

按，《后汉书》卷一〇下《梁皇后纪》李贤注："《声类》：'妠，妠娶也。'音纳。"这里的"音纳"恐怕不属《声类》，而是李贤注语③。考"妠"在《广韵》有二切：去声勘韵"奴绀切"和入声合韵"奴答切"，

---

① 《集韵》当是《韵集》之倒，《尔雅·释虫》释文"《声类》《韵集》并以'蝗'协庚韵"可为证。
② 《高明小学论丛》，第252页。
③ 《后汉书》李贤注在征引字书后往往注音，或以反切，或以直音，例如卷一《光武帝纪》注："《说文》曰：'诖，亦误也。'音古卖反。"卷二《明帝纪》注："《说文》曰：'杅，饮器。'音于。"以例推之，此条"音纳"当亦不为《声类》本文。

后者与"纳"属同一个小韵。据此可见"妠"在唐代很可能即有两读，李贤注"音纳"仅取其一耳。高文云"'音纳'乃为妠字之'又音'"固无不可，但要明确的是，《声类》本身并不即于本音用反切、于又音用直音，因此所谓《广韵》对本音、又音采用不同标注法"当亦本之于《声类》"，恐怕是站不住脚的。

2. 阐释字义

现存佚文中最多的是解释字义的条目，由此可见释义也是《声类》的主体内容之一。它的基本释义体式应该是"某，某也"，与《说文》一致，例如：

迍，迫也。
宰，治也。
挽，引也。
搒，笞也。
但，徒也。

其例甚夥，兹不赘举。但有时也能见到同一字采用不同的释义体式，例如：

袤，长也。
袤，犹长也。

鮅，更生也。
鮅，更生曰鮅。

瘨，小儿瘨也。
瘨，今谓小儿瘨曰瘨也。

扪，摸也。
扪，亦摸也。

每组的后一种释义体式（犹、曰、谓、亦）应是引者据《声类》"某，某也"以己意出之，恐非《声类》本书固有。

对于多义词，《声类》释义往往采用两种方式：一是以"一曰"的形式另出别义，一是采用几个含义并列的形式。前者如：

  谊，哗也，一曰忘也①。
  洇，一曰通去汁也②。
  綮，一曰戟衣也。
  挻，一曰柔也③。

后三条仅出"一曰"义，当为应释义需要而抉取原文，可据以推想《声类》原文当作"某，某也，一曰……"《声类》这种"一曰"的体式应当承自《说文》。后者如：

  詧，审也，明也，知也。
  剔，治也，解也，剃发也。
  征，责也，求也。
  挡，捶也，击也。
  滋，蕃也，长也。
  殒，没（也），尽也，消绝也。

这种一字之下将几个意义并列训释的体式当也承自《说文》④。在并列的几个义项中，有的意义相近却有别，有的则时代先后有殊⑤。有时不同佚文条目是对同一字作不同释义，如：

---

  ① 慧琳《一切经音义》卷五《大般若波罗蜜多经》音义"谊杂"条引《声类》："谊，哗也；谊，忘也。""忘也"亦即"一曰"之文。又卷一三《大宝积经》音义"谊哗"条引《玉篇》："志也。""志"当为"忘"之误。
  ② 胡吉宣以为"'通'字疑为'逼'之形误"，《玉篇校释》，第3733页。《大广益会玉篇》作"去汁"。
  ③ 《老子释文》引《声类》径作"柔也"，当是陆德明将"一曰"删略。
  ④ 《说文·手部》："承，奉也，受也。"又《夂部》："夔，繇也，舞也。"（段注以为"繇"当作"肯"，上"也"字衍文，"肯舞"连读，兹不从）又《髟部》："髹，鬄也，忽见也。"（段注以为"鬄也"为衍文，兹不从）均为一字下并列数个义项之例。
  ⑤ 如"剔"表剃去毛发当是战国后期产生的新义。《韩非子·显学》："夫婴儿不剔首则腹痛。"这大概是比较确实的最早用例。《庄子·马蹄》："及至伯乐，曰：'我善治马。'烧之，剔之，刻之，雒之，连之以羁馽，编之以皁栈，马之死者十二、三矣。"陆德明释文引《字林》："剔，剃也。"成玄英疏："剔，谓翦其毛。"《马蹄》属外篇，写作时代大约在战国末年、秦汉之际。

搜，索也。
搜，取也。
搜，聚也。

黭，深黑也。
黭，如漆色也。

抟，捉也。
抟，握也。

挝，捶也，击也。
挝，撞也。

这些释义歧异的条目貌似扞格难通，实际上也是《声类》一字之下并列多个义项的一种表现。根据上举条目，我们可以大致还原《声类》相关字头下的释义："搜，索也，取也，聚也""黭，深黑也，如漆色也""抟，捉也，握也""挝，捶也，击也，撞也"。不同佚文条目之所以呈现不同释义，只是引者应解释需要引原文释义其中一项而已。玄应《一切经音义》卷四《菩萨见实三昧经》音义"勺挠"条引《声类》："挠，搅也。"又卷一七《俱舍论》音义"沸挠"条引《声类》："挠，扰也。"据此可以推测《声类》本文当作"挠，搅也，扰也"，而慧琳《一切经音义》卷九三《续高僧传》音义"嚣挠"条引《声类》："挠，搅也，（又）云扰也。"正能证实上述推测。

《声类》还注意辨析同近义词的意义差别：

无足曰镫，有足曰锭。
出气急曰吹，缓曰嘘。

陈鳣论及《声类》"训诂既有以补《说文》之遗"时即以上举第二条为例："《说文》以嘘为吹，以吹为嘘，《声类》云：'出气缓曰嘘，出气急曰吹。'不有此训，何所分别哉？"[①] 实际上，不仅"吹""嘘"如此，"镫""锭"在《说文》中也是互相为训，不见词义差别，此间之

---

① 陈鳣：《简庄诗文钞》卷三《〈声类拾存〉自叙》。

异，端赖《声类》别之①。

现辑《声类》佚文与《说文》有许多字头是重合的，但释义相同者绝少，例如：

> 默，犬暂逐人也。(《说文·犬部》)
> 嘿，静不言也。(《声类》)
>
> 䮄，上马也。(《说文·马部》)
> 䮄，踰也。(《声类》)
>
> 袤，衣带以上。(《说文·衣部》)
> 袤，长也。(《声类》)

大抵而言，在释义上，《说文》注重本义，《声类》则多言引申义或假借义。

从收释的词目来看，《声类》不仅解释单音词，对复音词也有所阐发，包括联绵词、叠音词、同义复词等，例如：

> 瀹泱，云起貌也。
> 乌殟，欲死也。
> 碾朱［硃］，不平也。
> 婣嫪，恋惜也。
> 硗确，磽薄也。
> 惺憿，了慧貌。
> 惙惙，忧貌。
> 愔愔，和静貌。
> 黤黮，深黑貌也，不明净也。
> 謟謩，言不止也。

也解释虚词：

---

① 《急就篇》卷三："锻铸铅锡镫锭鐎。"颜师古注："镫，所以盛膏夜然燎者也，其形若杆而中施釭。有柎者曰镫，无柎者曰锭。柎，谓下施足也。"与《声类》说正相反。

> 虽，两设之辞也。
> 佚，词之所之也。

对当时方言也有所措意：

> 葩，秦人谓花为葩也。

3. 标列字形

与《说文》揭举"重文"相类似，《声类》也有大量条目标列了异体字，可见荟萃字形也是《声类》旨趣之一。《声类》标列异体字用"某亦/亦作/亦为某字""某或作/或为某字"的表述①，例如：

> 垒，亦垒字也。
> 磥，亦磊字也。
> 謩，亦作譕字。
> 繵，亦为悻［幝］字也。
> 詎，或为短字。

若字有"古文"者，以"某，古文/古文作某"的表述标出，例如：

> 俯，古文俯字。
> 噩，古文咢字也。
> 曁，古文作臮。

也有称"古字"者，例如：

> 迫，或作敀［敂］，古字也。

据统计，现辑《声类》佚文中共有20个字头标举"古文/古字"。这些"古文/古字"的字形均未见于前代辞书著录。应该注意的是，《声类》"古文"与汉字史上的"古文字"及《说文》所载"古文"的含义不尽

---

① 需要注意的是，有的"或作""亦为"未必表示二字异体，也可能是通假关系，详见下文。

相同，它所谓的"古文"既指来源于战国时东方六国文字的字形，也仅指比字头更为古早的字形，"古"只是相对于"今"而言。前者如：

　　珤，古文宝字。

　　按，郭忠恕《汗简》卷上玉部有"㻪"字，释文作"珤"，谓"见《尚书》"。据此可见，《声类》所列"宝"的"古文"字形"珤"当来源于战国东方六国文字。后者如：

　　頫，古文俯字。

　　按，本条所谓"古文"实指表达低头这一概念"頫"较"俯"更为古早。《说文·页部》："頫，低头也。……太史卜书，頫仰字如此。……俛，頫或从人免。""俯仰"之"俯"作"俯"当为后起形声字①。据《声类》此条，可知李登所在时代"俯"字便已出现。又颜师古《匡谬正俗》卷六"跌"条引张揖《古今字诂》："頫，今俯俛也。"与《声类》所载相参证，益可明"俯"已见于三国时。实际上，汉隶已有"俯"字②，《史晨碑》："仰瞻榱桷，俯视几筵。"《夏承碑》："大傅胡公，歆其德美，旌招俯就。"③对于《声类》而言，显然"頫"为古文，"俯"为今字。戴家祥《金石大字典》"俯"字条："《文选·上林赋》'俯杳眇而无见'，李善引李登《声类》云：'頫，古文俯字。'……若然，俯为篆文，许书失收，古文作頫，俗书作俛。"④恐怕是拘挛于《声类》"古文"之意。

　　总的看来，《声类》一万余字头以"声"编次，注音、释义、标形兼具，而《说文》亦涉形、音、义，唯全书九千余字头以"部首"统摄。《声类》《说文》正代表了我国古代字典的两种主要编排方式，对其书性质的认定也应着眼于这种组织汉字的方式。

　　（二）《声类》的性质

　　正因为历代文献中关于《声类》的记载十分有限，而目前所见佚文又呈现音、义、形兼备的面貌，于是就有学者对它的韵书性质表示怀疑。

----

① 裘锡圭认为"頫""俯"是同义换读的关系，参看氏著《文字学概要》，商务印书馆1988年版，第219—220页。
② 参看顾蔼吉《隶辨》，中华书局1986年版，第92页。
③ 录文据高文《汉碑集释》，河南大学出版社1997年版，第324、348页。
④ 转引自李圃《古文字诂林》第8册"俯"字条，上海教育出版社2003年版，第24页。

如姜亮夫认为"此等书籍去韵书尚远",并非"韵书体系的著作"①。殷正林对《声类》的性质进一步提出疑问,认为"把《声类》当作一部韵书,实在是一种误会",它实际上"是旨在释义、兼释音读的'音义类'书","由于它兼释字形,又可以看作一部综释形、音、义的字书"②。

诚然,《声类》所据以编排字头的"声"是否确指声调,是否包含韵部,至今实已茫昧难明、不易确认,但至少有一点可以肯定,即它是从字音的角度去组织汉字,进而编次成书,从辞书体制发展史来看,这较《说文》以字形为纲是一个显著的不同,完全可以说启后世《切韵》系韵书之先声。至于它的体制是否"与《切韵》实无二致"③,恐怕仍不易断言。对此赵诚有比较中肯的看法,兹移录于下:

> 李登的《声类》是韵书的胚胎(按五音分类编排的字表);后来隋陆法言的《切韵》是定型之作,两者有一定的差别本是极自然的事,我们不必以《切韵》为准去否定《声类》,也不必因为《切韵》是由《声类》发展而来就说两者完全一样。④

当然,《声类》不仅仅是"字表",从上文所述可知,它还解释词义、标列异体,完全具有字典的功效,因此殷正林认为它是"一部综释形、音、义的字书"。其实将《声类》看作字书并无不可,但据此认为"把《声类》当作一部韵书,实在是一种误会",却又是另一种误会。我国之字典,向于每字下注其音,训其义,有异写、异构之形亦附列之,字书如《说文》《玉篇》其然,韵书如《广韵》《集韵》亦其然⑤,形、音、义同条共贯正是我国字典编写之传统⑥。《广韵》《集韵》诸书,均以声韵分类,后人从其体式,名曰韵书;而其规制不在于声而在形,或以形分类者,则名之曰字书,如《说文》《玉篇》,此二类殊途而同归。刘叶秋即云:"这类书(引者按,指《广韵》等韵书)虽以审音辨韵为主,也兼讲

---

① 姜亮夫:《切韵系统》,《浙江师范学院学报》1955年第1期;又收录于《姜亮夫全集》十三《敦煌学论文集》(一),云南人民出版社2002年版,第341页。
② 殷正林:《李登〈声类〉性质管窥》。
③ 龙宇纯:《李登〈声类〉考》,《中上古汉语音韵论文集》,第273页。
④ 赵诚:《中国古代韵书》,中华书局2003年版,第9页。
⑤ 刘叶秋《中国字典史略》云:"韵书之兼讲文字的形音义,自唐已然,至宋而字书之用益显。"(中华书局1983年版,第200页)其源头当更早。
⑥ 参看周祖谟《中国辞典学发展史》,《周祖谟学术论著自选集》,北京师范学院出版社1993年版,第460—461页。

文字形义，实际是字书的一种。"①

殷正林还以《封氏闻见记》将《声类》归入"文字"类而不归入"声韵"类作为"《声类》并非韵书"的佐证。对于封演的归类，笔者认为，应从其所在的特定的时代背景去认识。封演大约生活在8世纪中期至9世纪早期，距陆法言《切韵》成书已近200年，而此时王仁昫《刊谬补缺切韵》、孙愐《唐韵》也已问世，正是韵学大兴、韵书蜂出的时代。与这些已经非常成熟的韵书相较，仅以"五声命字"的《声类》看起来势必显得规制简略，仍处于一种以声归字比较初始的、萌芽的阶段，因而封演不将其归在"声韵"类，与陆孙韵书并列也是自然之事；加之其中解释词义、标列字形的内容占据相当大的比重，那么把它与《说文》《字林》《字统》《玉篇》等纳入"文字"类同样不足为奇。

实际上，唐人也未必尽如封演将《声类》归入字书。孙愐《唐韵序》云：

> 今加三千五百字……皆按《三苍》、《尔雅》、《字统》、《说文》、《玉篇》、石经、《声类》、《韵谱》、九经诸子……②

按，《三苍》至《玉篇》为一类，石经为一类，《韵谱》虽不知作者，然据书名可知应为韵书一类的著作，而《声类》与之并列，则在孙愐看来亦当为韵书之属。此外，在《隋志》《旧唐志》《玉海·艺文》等书志目录中，《声类》也均归于韵书，不与字书相厕，这也反映了六朝至宋人们对《声类》性质的看法。

要之，《声类》以"五声"统摄一万余字头，开创了以字音编次汉字成书的体例，与后世韵书相较，无论内容还是体制，或有疏密详略之别③，但无可否认的是，它们之间"有继承关系，由此可将它们（引者按，

---

① 刘叶秋：《中国字典史略》，第2页。
② 据清卞永誉《式古堂书画汇考》卷八。
③ 隋代潘徽批评《声类》"全无引据，过伤浅局"（《隋书·潘徽传》），实际上也是从当时风气去看待《声类》的。前代字典大略较简，即有引据，也无繁文。大约自齐梁以来，字典的编写逐渐有了广为征引的趋势，这从《原本玉篇残卷》可见一斑，其中缘故或与当时诗赋创作需要有关。据《隋书·潘徽传》所述，他的《韵纂》"即随注释，详之诂训，证以经史，备包《骚》《雅》，博牵子集"，据此可见其体式大约是：全书之字"声别相从"，每字下有注释，并有详备的书证。由此看来，它实际上与原本《玉篇》当无二致，唯一以声韵编次，一以部首归类而已。后来孙愐《唐韵》"其（有）异闻，奇怪传说，姓氏原由，土地物产，山河草木，鸟兽虫鱼，略载其间，皆引凭据"（《唐韵序》），大约也是这种风气的余绪（周祖谟认为这是"韵书的编纂内容"上的"一个新的变化"，恐怕只是相对于陆法言《切韵》而言。《切韵》大概正因简略，不符当时风气，才续有"补缺"之作）。

指《声类》、《韵集》）看成是韵书的先行者，是萌芽，是发展的起点"①。

四 《声类》之价值

《声类》全书虽然已经亡佚，但残存之遗文仍然具有较高的研究价值。从上文所述可知，《声类》注音、释义、标形兼备，因此既有助于音韵、训诂、文字的研究，对于当前辞书编撰也有一定的参考价值。

（一）《声类》与汉语言文字学研究

现辑《声类》佚文涉及反切、直音、释义和异体字，且时代较早，对于音韵、训诂、文字研究都是相当宝贵的材料。由于有关语音的条目相对较少，本文暂时略而不论，下面略论它在文字和词汇（词义）研究上的价值和作用。

1. 提供了一批异体字材料，有助于研究当时异体字的情况

在汉字发展史上很早就出现了一字异体的现象，异体字对于汉字字形的演化和字量的增减均有重要影响，因而历来是汉字研究的重要课题。历代辞书是保存异体字的重要载体之一，其中所见异体字既是历史累积的结果，在一定程度上也是辞书所在时代实际用字的反映，应开展系统的整理和研究。《声类》也记录了许多异体字，为相关研究提供了材料，比如以下所举诸例均为较早著录于辞书的异体字：

帜，或作恄［帾］字。
偈，亦僁字也。
㗗［嚳］，或为遪字。
紗，亦紧字也。
溢，亦泗［洫］字也。
砳，亦砈字也。
鸣，或鸿字。
䅥，亦糁字也。
絮，或作觜［觜］、竦。
啖，亦作焰［啖］。
嗷，或作啖也。
陵，或为埈字。
髀，此亦臀字。

---

① 赵诚：《中国古代韵书》，第15页。

幡，亦旙字。
胺，又作屐。
巏，亦猲字也。
峭，亦陗字也。
譱，或为善字。
䪲，或㫊字也。
䜃，亦謇字。
硃，亦礎字也。

《声类》中一些有关异体字的条目还能为考订某个字形的产生时间提供线索，有裨于字源研究。和词有时代性一样，每个汉字也都有自己发生发展的历史。在这一过程中，有许多值得考索的问题，其中确定某个汉字（包括某字的异体字形）产生的时代是特别重要的问题。如何论定字源的年代？这是一个相当困难而艰巨的课题。一个字产生的绝对年代自不可考，但其相对年代还是可以大致确定的，历代辞书就为这一工作提供了依据。赵振铎即指出："某个字出现于某部字典，可以说明那个字至少在编写这部字典的时代就已经存在。"在举《说文》等字典之后，他更进一步指出："除了上面提到的一些字典外，其他的字典，包括已经佚亡的字典佚文，可以作为进一步确定某些字产生年代的依据。"[①] 诚如所言，《声类》虽已佚亡，但其佚文仍有考订字源产生时代的作用。

鍼，今作针。

按，"鍼"字见于《说文》，从金咸声，形声字。据《声类》所载，"鍼"至晚在三国时已出现异体"针"。"针"从金从十，当为会意字。六朝碑字可见其例，如北魏杜文雅造象作"针"[②]，北齐封子绘墓志作"▇"[③]，北齐娄黑女墓志作"▇"[④]，均为"鍼"之异写。唐以来更为常见，应是当时十分通行的写法[⑤]。敦煌文献 S.388《正名要录》"字形虽别音义是同古而典者居上今而要者居下"，其中正有"鍼针"。慧琳《一

---

① 赵振铎：《字典论·字源考订》，上海辞书出版社 2001 年版，第 54—55 页。
② 秦公：《碑别字新编》，文物出版社 1985 年版，第 143 页。
③ 王平主编：《中国异体字大系·楷书编》，上海书画出版社 2008 年版，第 456 页。
④ 秦公：《碑别字新编》，文物出版社 1985 年版，第 143 页。
⑤ 参看张涌泉《敦煌俗字研究》，上海教育出版社 1996 年版，第 618 页。

切经音义》卷二九《金光明最胜王经》音义"鍼刺"条:"俗用从十作针,亦顺时且用也,正从金从箴省声。"今简化字"针"即据"針"而来,溯其源,则早在汉魏之际①。

　　　　仙,今僊字。

　　按,"僊"字亦见于《说文》,从人从䙴,䙴亦声,为会意兼形声字。《声类》所谓"僊"的今字"仙",已见于汉碑②,从人从山,当为汉代新制之会意字③。《声类》谓"仙"为今字,可知汉魏之际"仙"已习用,可与汉碑所载"仙"字相参证。

2. 在一定程度上记录了当时的用字情况,有助于研究字际关系

　　一个汉字在实际使用中可能会与其他字构成一定的关系,有的还比较纷繁复杂。在考订字源和探讨字形发展外,从共时和历时的角度考察汉字的用字情况、厘清字际关系也应是汉字史研究的内容之一。《声类》中有不少"某或为某字""某或作某字""某亦某字"的条目,在一定程度上反映了当时的字际关系,与文献相参证,则有助于考索李登所在时代的用字情况。

　　　　縛,今作绢字。
　　　　今正绢字。

　　按,《说文·糸部》:"绢,缯如麦䅌色。"又同部:"縛,白鲜卮也。"(均据段注本)"鲜卮"即"鲜支",《广雅·释器》:"鲜支,绢也。""縛""绢"虽同为丝织品,词义有关联,但实是两物。段玉裁在《说文》"縛"字下已作辨析:"据许则縛与绢各物,音近而义殊。二礼之郑注自谓縛④,不谓绢也。縛以其质坚名之,字从专;绢以色如麦䅌名之,字从肙。"但是从《声类》"今作绢字"或"今正绢字"的话来看,李登所在的时代,在实际用字时,对"縛""绢"二字已经不加区分而混用,

---

① 俞欣:《古代简体字研究》,(博士学位论文,浙江大学,2003年),曾考"鍼—针"源流,惜未及《声类》此条。
② 参看宋刘球《隶韵》,中华书局1989年版,第57页;清顾蔼吉《隶辨》,第45页。
③ 以会意的方法创造一个新字,与原来已有的字组成异体字的情况历代皆有,不仅限于汉隶。
④ 《礼记·聘礼》"束纺"郑注:"纺,纺丝为之,今之縛也。"《周礼·天官·内司服》"素沙"郑注:"素沙者,今之白縛也。""二礼之郑注"即指此。

将其视为一组异体字。"缚"不见于先秦，应为汉代新词①；"绢"虽已见于先秦，但直至两汉仍不多见，据王凤阳考察，"绢"的大量使用在汉末六朝时代②。大约正是"绢"的高频使用，逐渐成为表示"丝织品"这个概念的上位词（原先应该是"缯"③），"绢""缚"之间的词义差别在语用中得以销磨，人们也逐渐意识不到二者之异，表现在用字上，即"绢""缚"混用。段玉裁以为"《声类》混'缚'、'绢'为一字，由不考其义之殊也"④，非不考也，实无别也。

潘，或为潘。

按，《说文·水部》："潘，淅米汁也。"又同部："潘，大波也。"据《声类》"潘，或为潘"可知，在李登之时，"潘"这个词还有另外一个书写形式——"潘"。大正藏本后秦鸠摩罗什译《大智度论》卷一四："是时，一家有一老使人，持破瓦器，盛臭潘淀，出门弃之。""潘淀"，元普宁藏、明径山藏本并作"潘淀"。"潘淀"即沉积多日的淘米水。丽藏、金藏广胜寺本玄应《一切经音义》卷九《大智度论》音义"潘淀"条则云："《苍颉篇》作潘，同。""潘"即"潘"。慧琳《一切经音义》卷四六转录则"潘"作"潘"，与词目"潘淀"字同，显误。徐时仪《一切经音义三种校本合刊·慧琳音义》此条下校勘记云："《玄》卷九释此词作'潘'。据文意似作'潘'。"⑤ 以为"潘"是"潘"误。又丽藏、金藏广胜寺本玄应《一切经音义》卷一六《沙弥威仪经》音义"潘中"条："《苍颉篇》作潘，同。"《一切经音义三种校本合刊·玄应音义》此条下校勘记云："据文意似当作'嫡'。"⑥ 实际上，《玄应音义》引《苍颉篇》作"潘/潘"正可与《声类》"潘，或为潘"相参证，非为误字，徐氏所作校语当昧于"潘"与"潘"之字际关系；据此亦可见假"潘/潘"为"潘"乃汉魏之际的用字习惯。"潘""潘"之间的这种字际关系，现有各辞书"潘""潘"条下均未揭出⑦。

---

① 先秦有音 zhuàn 的"缚"，此为另一字。
② 王凤阳：《古辞辨》"绢"条，第146—147页。
③ 参看上揭书"缯"条，第146页。
④ 见《说文解字注》"绢"字下。
⑤ 徐时仪：《〈一切经音义〉三种校本合刊》中册，上海古籍出版社2008年版，第1316页。
⑥ 上揭书，上册，第355页。
⑦ 《说文通训定声》"潘"字下朱骏声以为"潘"假借为"潘"，诚为卓识。

3. 记录了汉魏间的一些新词新义，有裨于汉语历史词汇学研究

《声类》作于三国时，其中收录了一些汉魏以来新产生的词语；与《说文》"惟就字说其本义"不同①，《声类》的释义比较关注语言实际，对词语在汉魏以来产生的新义也有所收释。这些都是研治汉语词汇史的宝贵材料，对考定词语、词义的时代性均有一定的参考价值。

搦，捉也。

按，《说文·手部》："搦，按也。"指向下按压。《史记·扁鹊仓公列传》有"搦髓脑"之语，是目前所见最早用例。《周礼·考工记·矢人》："桡之以视其鸿杀之称也。"郑玄注："桡，搦其干。"孙诒让正义："谓抑按其干令曲。"东汉以来又引申出握、持义，即《声类》所谓"捉也"。《后汉书》卷五八《臧洪传》载其答陈琳书："每登城勒兵，观主人之旗鼓，瞻望帐幄，感故友之周旋，抚弦搦矢，不觉流涕之覆面也。"李贤注："搦，捉也。"正可与《声类》相比照。魏晋以来，其例甚夥，已经成为"搦"的常用义。《文选·郭璞〈江赋〉》："舟子于是搦棹，涉人于是䌸榜。"李善注："搦，捉也。""搦棹"即执棹。《文心雕龙·神思》："方其搦翰，气倍辞前；暨乎篇成，半折心始。""搦翰"犹言执笔。段玉裁《说文解字注》"搦"字下云："《玄应书》曰：'搦，犹捉也。'此今义，非古义也。"《声类》所载正当其时之"今义"也。

迮，迫也。

按，《说文·辵部》："迮，迮迮，起也。"本指"作""起"。"引伸训为迫迮"② 则为后世产生的新义。"迮"当压迫、逼迫讲，较早的例子如《后汉书》卷四六《陈忠传》载忠上疏："是以盗发之家，不敢申告，邻舍比里，共相压迮，或出私财，以偿所亡。"李贤注："迮，迫也。""压迮"即言压迫。《文选·陈琳〈檄吴将校部曲文〉》："及诸将校，孙权婚亲，皆我国家良宝利器，而并见驱迮。""驱迮"即言驱迫。《声类》"迮，迫也"及时、准确地收录了当时所产生的新义。在考订"迮"的压迫、逼迫义的产生时代时，结合《声类》所载和文献实例，推定为东汉

---

① 见《说文·叙》"庶有达者，理而董之"下段注。
② 见《说文解字注》"迮"字下。

当可无疑。

蓦,踰也。

按,《说文·马部》:"蓦,上马也。"由此引申又有越过、跨过之义。从现有的文献用例看,表示越过、跨过义的"蓦"最早见于唐代,如李贺《送沈亚之歌》:"雄光宝矿献春卿,烟底蓦波乘一叶。"又《马诗》二十三首之十八:"只今捋白草,何日蓦青山。"王琦注并云:"蓦,越也。"白居易《闲游即事》诗:"蓦山寻涅涧,踏水渡伊河。"司空图《次韵和秀上人游南五台》诗:"危松临砌偃,惊鹿蓦溪来。"均其例。因此张永言将其称为"唐代口语词"①。张先生进一步指出"蓦"字亦作"趄/趙"②,并追溯至郭璞《江赋》:"鼓帆迅越,趙涨截洄。"③ 李善注:"趙,犹越也。"认为"这个词早在晋代已见"。现在依据《声类》"蓦,踰也"则可以推定至晚在三国时"蓦"已有越过、跨过义。虽然这个意义的"蓦"的实际用例在魏晋南北朝时未见,但另有一例颇堪玩味:《齐民要术·杂说》:"书带勿太急,急则令书腰折;骑蓦书上过者,亦令书腰折。"(此例出自卷中《杂说》)缪启愉校释:"蓦,音陌,超越。'骑蓦书上过者',横扣书上而过。"这里的"骑蓦"显然带有比喻意味,是一种较为形象的说法,据此可以推测"蓦"表越过、跨过义在当时已有较强的口语基础。综合以上几条材料,似可大胆判定这一意义的"蓦"至晚从三国时开始,经两晋南北朝,一直沿用不绝,并延续至唐代。至于为什么在魏晋南北朝文献中没有实际用例,一直要到唐代才用例渐伙,是一个值得进一步探讨的问题。此外,"趄/趙"当是"蓦"的后起分化字。《龙龛手镜·走部》:"趄,音陌,越也。今作蓦。"它之所以说"今作蓦"当是因为《手镜》所在时代"蓦"行"趄"废,以致编者以为"趄"古"蓦"今。

(二)《声类》与辞书编撰

《声类》对于当前的辞书编撰也有一定的参考价值。利用它的佚文材

---

① 参看张永言《李贺诗词义杂记》,氏著《语文学论集》(增补本),语文出版社1997年版,第225页。

② 张涌泉以为"趙"为"趄"的俗字,参看氏著《汉语俗字丛考》,中华书局2000年版,第961页。

③ 检胡克家刻本、《四部丛刊》影宋本、日本足利学校藏明州本《文选》,"趙"下均有直音注"陌",当是宋人刻书时所加。

料可以进一步完善目前各辞书所存在的不足，主要表现在补充词条、补充义项、提前书证几个方面。下面以《汉语大字典》《汉语大词典》为例略述之。

1. 补充词条

  謟，謟詟，言不止。
  碨，碨朶[磈]，不平也。
  婣，婣嫪，恋惜也。
  偓㹠，迫促貌也。

按，"謟詟""碨朶""婣嫪""偓㹠"《汉语大词典》均失收，可据以在相应字头下补入。

2. 补充义项

  爆，燌[坟]起也①。
  皮散[皵]起也。

按，《说文·火部》："爆，灼也。"指烧灼，似与上揭《声类》"坟起""皮皵起"义无涉。实际上，《声类》中的"爆"乃是假借字，本字应即"㿺/皶"。玄应《一切经音义》卷一〇《大庄严经论》音义"爆火"条："郭璞注《山海经》云：'爆谓皮散起也。'"检今本《山海经·西山经》："其中多铜，有鸟焉，其名曰螐渠，其状如山鸡，黑身赤足，可以已㿺。"郭璞注："㿺谓皮皱起也。"玄应《一切经音义》所见"爆"即通今本"㿺"。《广韵·觉韵》："皶，人皮起。"《集韵·觉韵》："㿺，坟起也。""㿺""皶"字同，指人的表皮凸起，也特指皮肤因干燥皱裂凸起②，《声类》"皮散起"即言此。

王筠《说文解字句读》"爆"字条下云："元应引'爆，灼也'，而说之曰'谓皮散起也，古文皶㿺二形'，案此则与皮部疱字音义同，虽是别义，然今俗谓火迸散为爆，与皮散起之说相似。"按，王筠所谓"元应引"实即玄应《一切经音义》卷六《妙法莲华经》音义"爆声"条：

---

  ① 校改从蒋礼鸿《玄应〈一切经音义〉校录》，《蒋礼鸿语言文字学论丛》，浙江古籍出版社1994年版，第140页；下条同。
  ② "皶"的这种含义还保留在现代方言中，尤其是冀鲁、胶辽、北京等官话区，参看许宝华、[日]宫田一郎主编《汉语方言大词典》"皶"条，中华书局1999年版，第7482页。

"古文皵皻，二形同。……《说文》：'爆，灼也。'谓皮散起也。"他将"火迸散"与"皮散起"相比附，实未明《音义》语意。《音义》"谓皮散起也"并不是进一步申说前文所引《说文》表"灼"义的"爆"，讲的实际上是"䐈/皵"这个词，只不过当时也将"䐈/皵"写作"爆"，玄应便合本义（"灼也"）和假借义（"皮散起"）为一条。

"皵"字出现得可能较晚，可以称为后起本字。《篆隶万象名义·皮部》："皵，䐈字，皶也，均［肕］也。"据以推度顾野王《玉篇》已收此字。

综上所述，《声类》表"坟起""皮皶起"义的"爆"为假借字，本字为"䐈/皵"。"爆"的本义是烧灼，"坟起""皮皶起"是假借义。根据《声类》的这条材料，可在《汉语大字典》《汉语大词典》"爆"字条下补：通"䐈/皵"，指人的皮肤皱裂凸起。

3. 提前书证

书证包括例证和例句。辞书、注疏及可据的考证都是例证。"这些材料可以说明某一个义项什么时候已经为人们发现并见于着录。"① 因此，辞书书证的首例应尽量举始见书②。这对确定词语（词义）的语源及判定它们的时代性均有帮助。《汉语大词典》《汉语大字典》某些条目下的始见例稍晚，而《声类》佚文则能提前书证。

谜，隐语迷人也。

按，谜语古称"讔"或"廋"。程大昌《演繁露》谓"古无谜字"，"至鲍照集则有井谜矣"。《汉语大词典》"谜"条下首言南朝宋鲍照有《字谜》诗（《颜氏家训·书证》言"鲍昭《谜字》"、《艺文类聚》卷五六引亦作《谜字诗》），据此似以为"谜"字产生于南北朝。当时文献确有例，如《魏书》卷二一上《献文六王传·咸阳王禧》："吾愦愦不能堪，试作一谜，当思解之，以释毒闷。"然据上引《声类》，可知早在三国时便已有"谜"字，正可与《文心雕龙·谐隐》"自魏代以来，颇非俳优，而君子嘲隐，化为谜语"相参证。如此看来，"谜"大约是三国时产生的新词，较《汉语大词典》据鲍照《字谜》诗早200余年。

---

① 赵振铎：《字典论·字典的举例》，第146页。
② 参看王力《字典问题杂谈》，《辞书研究》1983年第2期。

泱，瀇泱，云起貌也①。

按，《汉语大词典》收"瀇泱"，释作"水弥漫，浩茫"，首举唐元稹《酬郑从事宴望海亭》诗："舟船骈比有宗侣，水云瀇泱无始终。"据《声类》所载，则知晚至三国时即有此词，较元稹早500余年。

（本文在写作过程中得到鲁国尧、汪维辉、方一新、姚永铭诸先生的指正，并承苏芃、刘君敬博士的大力协助，在此统致谢忱。）

原文载《国学研究》第33卷，北京大学出版社2014年版

---

① 《说文·水部》："瀇，云气起也。"又同部："泱，瀇也。"《声类》"瀇泱"乃连言成词。